YBM
전략토익
LC

**YBM
전략 토익
LC**

발행인	허문호
발행처	YBM
편집	최정현
감수	토미
디자인	DOTS
마케팅	정연철, 박천산, 고영노, 박찬경, 김동진, 김윤하
초판발행	2018년 1월 5일
12쇄발행	2024년 10월 1일
신고일자	1964년 3월 28일
신고번호	제 1964-000003호
주소	서울시 종로구 종로 104
전화	(02) 2000-0515 [구입문의] / (02) 2000-0563 [내용문의]
팩스	(02) 2285-1523
홈페이지	www.ybmbooks.com

ISBN 978-89-17-22875-5

저작권자 © 2018 YBM
이 책의 저작권, 책의 제호 및 디자인에 대한 모든 권리는 출판사인 YBM에게 있습니다.
서면에 의한 저자와 출판사의 허락 없이 내용의 일부 혹은 전부를 인용 및 복제하거나 발췌하는 것을 금합니다.

낙장 및 파본은 교환해 드립니다.
구입 철회는 구매처 규정에 따라 교환 및 환불 처리됩니다.

토익 주관사가 제시하는 토익비법

YBM 전략토익 LC 이렇게 다릅니다!

토익 주관사의 사명감으로 개발했습니다

YBM은 1982년부터 한국의 토익시험을 운영해온 토익 주관사로, 지난 30여 년간 400권이 넘는 토익 교재를 출간, 토익 수험자들의 영어 능력 향상에 이바지했습니다. 이제 YBM이 한 세대 넘게 쌓아 온 전문성을 바탕으로 〈YBM 전략토익 LC〉를 선보입니다.

시험에 나오는 정보들만 실었습니다

쏟아지는 토익 정보들 중에서 토익 고득점을 위해 꼭 알고 있어야 하는 핵심 전략들과 정답 패턴, 빈출 표현들을 엄선해 수록했습니다. 정기시험에 실제 출제되는 표현과 문제 유형들로 각 토익 문항들을 개발, 수험자들이 신토익 환경에 빠르게 적응할 수 있도록 설계했습니다.

ETS 교재 출간 노하우를 고스란히 담았습니다

출제기관 ETS의 토익 교재를 독점 출간하는 YBM이 그동안 쌓아온 노하우를 바탕으로 개발하였습니다. 본 책에 실린 모든 문항과 설명은 출제자의 의도를 정확히 반영하고 분석했기 때문에 타사의 어떤 토익 교재와도 비교할 수 없는 퀄리티를 자랑합니다.

YBM의 모든 노하우가 집대성된 〈YBM 전략토익 LC〉는 최단 시간에 최고의 점수를 토익 수험자 여러분께 약속드립니다.

YBM 토익연구소

CONTENTS

PART 1

기본기 다지기 — 빈출 문형 & 오답 분석		16
UNIT 1	인물 묘사	20
UNIT 2	사물 풍경 / 인물 사물 혼합 묘사	26
UNIT 3	상황별 묘사	32
ACTUAL TEST		38

PART 2

기본기 다지기 — 오답 분석 & 만능 답변		42
UNIT 1	Who / What / Which 의문문	46
UNIT 2	When / Where 의문문	52
UNIT 3	Why / How 의문문	58
UNIT 4	일반 / 간접 의문문	64
UNIT 5	부정 / 부가 / 선택 의문문	70
UNIT 6	요청·제안 의문문 / 평서문	76
ACTUAL TEST		81

PART 3

기본기 다지기 — 키워드 청취 & 패러프레이징		84
UNIT 1	대화 주제 / 목적 파악	86
UNIT 2	화자 직업 / 장소 유추	92
UNIT 3	문제점 / 걱정거리 / 이유	98
UNIT 4	제안 / 요청	104
UNIT 5	미래의 행동 / 계획	110
UNIT 6	기타 세부사항	116
UNIT 7	화자의 의도 파악	122
UNIT 8	시각정보 연계	128
ACTUAL TEST		134

PART 4

기본기 다지기 — 키워드 청취 & 패러프레이징		140
UNIT 1	전화 메시지	142
UNIT 2	회의 / 회사 내부 공지사항	148
UNIT 3	공공장소 안내방송	154
UNIT 4	발표 / 연설 / 인물 소개	160
UNIT 5	방송	166
UNIT 6	광고	172
UNIT 7	관광 / 견학	178
ACTUAL TEST		184

FINAL TEST 188

이 책의 구성과 특징

[일목요연한 토익 전략]

UNIT 01

인물 묘사

사진 속 인물의 동작이나 상태를 가장 잘 묘사한 것을 고르는 유형이다. 현재진행형 보기

① 1인 등장 사진

전략1 인물의 행동을 묘사하는 동사를 반드시 듣는다.

인물의 행동이 부각된 사진이 나오고 선택지의 주어가 모두 동일하며, 동사에 초점을 맞추어 들으면서 사진 속 인물의 동작과 비교 후 정답 여부!

(A) He's cleaning a desk.
(B) He's adjusting his chair.
(C) He's talking on the phone.
(D) He's walking in his office.

각 Part별 빈출 유형을 분류, 유형별 토익 기술 습득을 위한 전략을 단순 명료하게 제시했습니다.

[신토익 데이터 반영]

■ **빈출 담화 지문 패턴**

회의	시장 조사 결과, 계약 체결 안내, 안전 점검, 제품군 확장 계획, 퇴사 빌
매출 / 마케팅	신제품 판매 개시, TV 광고 효과, 택배 비용 절감, 가격 인하 결정, 신규
신제품 / 행사	박람회・세미나 참가 준비, 회의 주최, 대체 연설자 찾기, 직원 교육
프로젝트 / 배송 / 인수	인수로 인해 시장 점유율 상승, 선적 번호 확인, 의류 회사 인수, 새 포

■ **빈출 질문 패턴**

회의 목적	What is the purpose of the meeting?	회의의 목적은
근무 분야	What kind of business does the speaker work for?	화자가 근무하
의도 파악	Why does the speaker say, "문장"?	화자가 ~라고
요청사항	What are listeners asked to do?	청자들이 요청
다음 행동	What will the speaker do next?	화자는 다음에

■ **빈출 정답 단서 패턴**

회의 목적	Let's begin by reviewing... ~을 검토하면서 시작합시다 We're here to... ~하기 위해서 우리는 이곳에 모였습니다 I called today's meeting to announce... ~을 발표하기 위해서 오늘 모임을 Welcome to.../Attention,... ~회의에 오신 것을 환영합니다/~직원께 알려드립

신토익을 포함한 최근 수년간 기출 데이터를 분석하여, 최빈출 포인트를 빈도 순으로 정리했습니다.

[출제되는 핵심 정보만 집중공략]

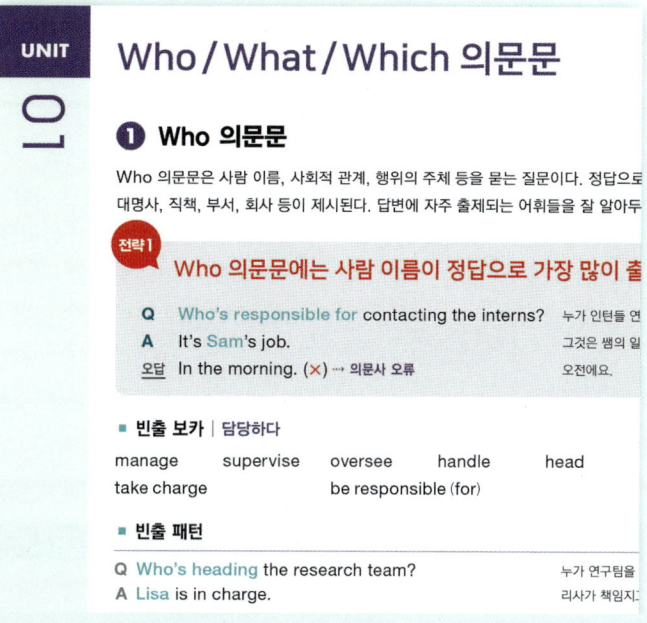

최근 시험에 출제되는 지식들만 콤팩트하게 정리했습니다.

[방대한 실전문제]

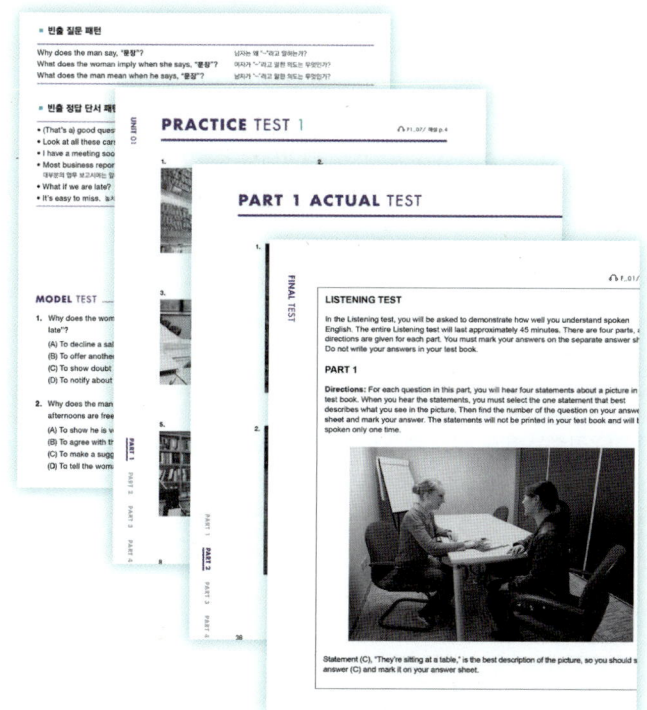

각 Unit마다 학습 후 즉각 확인이 가능한 MODEL TEST,
단원 평가 문제 PRACTICE TEST,
각 Part 마무리를 위한
ACTUAL TEST,
시험 직전 점검을 위한
FINAL TEST로 구성했습니다.

토익의 구성과 수험 정보

TOEIC은 어떤 시험인가요?

Test of English for International Communication(국제적 의사소통을 위한 영어 시험)의 약자로서, 영어가 모국어가 아닌 사람들이 일상생활 또는 비즈니스 현장에서 꼭 필요한 실용적 영어 구사 능력을 갖추었는가를 평가하는 시험이다.

시험 구성

구성	Part	내용		문항수	시간	배점
듣기 (L/C)	1	사진 묘사		6	45분	495점
	2	질의 & 응답		25		
	3	짧은 대화		39		
	4	짧은 담화		30		
읽기 (R/C)	5	단문 빈칸 채우기(문법/어휘)		30	75분	495점
	6	장문 빈칸 채우기		16		
	7	독해	단일 지문	29		
			이중 지문	10		
			삼중 지문	15		
Total	7 Parts			200문항	120분	990점

TOEIC 접수는 어떻게 하나요?

TOEIC 접수는 한국 토익 위원회 사이트(www.toeic.co.kr)에서 온라인 상으로만 접수가 가능하다. 사이트에서 매월 자세한 접수 일정과 시험 일정 등의 구체적 정보 확인이 가능하니, 미리 일정을 확인하여 접수하도록 한다.

시험장에 반드시 가져가야 할 준비물은요?

신분증 규정 신분증만 가능
(주민등록증, 운전면허증, 기간 만료 전의 여권, 공무원증 등)

필기구 연필, 지우개 (볼펜이나 사인펜은 사용 금지)

시험은 어떻게 진행되나요?

09:20	입실 (09:50 이후는 입실 불가)
09:30 - 09:45	답안지 작성에 관한 오리엔테이션
09:45 - 09:50	휴식
09:50 - 10:05	신분증 확인
10:05 - 10:10	문제지 배부 및 파본 확인
10:10 - 10:55	듣기 평가 (Listening Test)
10:55 - 12:10	독해 평가 (Reading Test)

TOEIC 성적 확인은 어떻게 하죠?

시험일로부터 약 9~11일 후, 인터넷 홈페이지와 어플리케이션을 통해 성적을 확인할 수 있다. TOEIC 성적표는 우편이나 온라인으로 발급받을 수 있다(시험 접수 시 양자택일). 우편으로 발급받을 경우는 성적 발표 후 대략 일주일이 소요되며, 온라인 발급을 선택하면 유효기간 내에 홈페이지에서 본인이 직접 1회에 한해 무료 출력할 수 있다. TOEIC 성적은 시험일로부터 2년간 유효하다.

TOEIC은 몇 점 만점인가요?

TOEIC 점수는 듣기 영역(LC) 점수, 읽기 영역(RC) 점수, 그리고 이 두 영역을 합계한 전체 점수 세 부분으로 구성된다. 각 부분의 점수는 5점 단위이며, 5점에서 495점에 걸쳐 주어지고, 전체 점수는 10점에서 990점까지이며, 만점은 990점이다. TOEIC 성적은 각 문제 유형의 난이도에 따른 점수 환산표에 의해 결정된다.

신토익 경향 분석

PART 1

기존의 난이도와 정답 패턴 유지
Part 1의 정답은 반복 출제되는 경향이 있다. 자주 출제되는 표현이 있는가 하면 1년에 한 번, 수년에 한 번씩 나오는 표현들이 있는데 신토익 또한 그 틀을 유지하고 있다.

새로운 정답 표현 등장
매회는 아니더라도 새로운 표현의 정답이 조금씩 추가되는 특징이 있다.

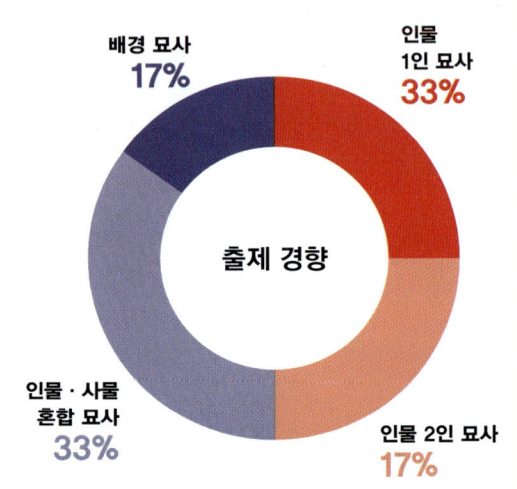

출제 경향
- 인물 1인 묘사 33%
- 인물 2인 묘사 17%
- 인물·사물 혼합 묘사 33%
- 배경 묘사 17%

PART 2

LC 중 최고난도 파트
신토익에서 Part 2는 시험 직후 실시한 설문조사에서 매번 수험생들이 LC Part 중 가장 어려웠다고 답하고 있으므로 이 파트에 대한 철저한 대비가 필요하다.

기존의 빈출 응답 패턴 탈피, 간접 응답 비율 상승
다양한 간접 응답들이 답으로 나올 수 있음을 염두에 두고 다양한 응답에 대비하자.

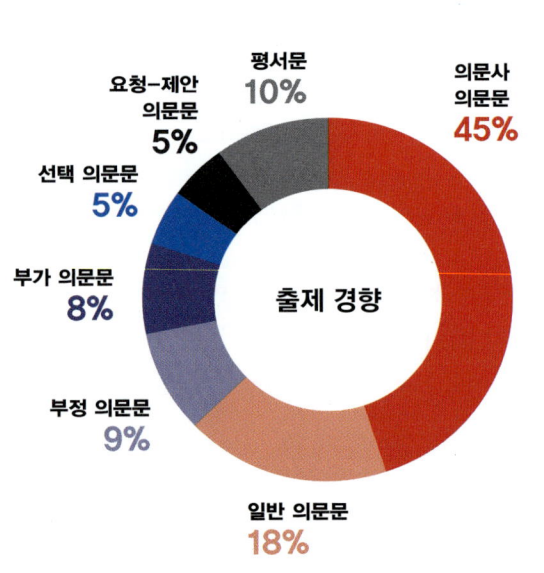

출제 경향
- 의문사 의문문 45%
- 일반 의문문 18%
- 부정 의문문 9%
- 부가 의문문 8%
- 선택 의문문 5%
- 요청-제안 의문문 5%
- 평서문 10%

PART 3

화자의 의도 파악 / 시각정보 연계 / 3인 대화문 체감 난이도 최고

화자의 의도를 묻는 문제와 시각정보 연계 문제는 청취력뿐만 아니라 논리력을 요구하고 있어 수험생들이 가장 어려워하고, 오답률이 높은 유형이다. 3명의 화자가 나누는 대화문도 매회 1~2개 출제된다.

대화 길이 늘어남

서너 번 주고받는 대화뿐 아니라, 6~8번 주고받는 대화문도 많이 출제된다. 즉, 대사의 길이는 짧아지되 대사를 더 여러 번 주고받는 대화 형식에 익숙해져야 한다.

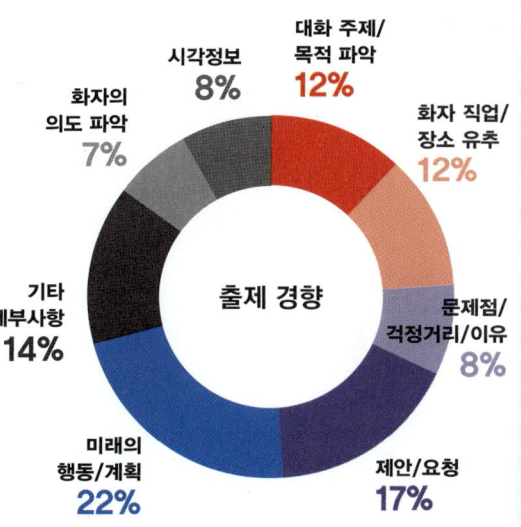

PART 4

화자의 의도 파악 / 시각정보 연계 체감 난이도 최고

Part 3와 마찬가지로 Part 4에서도 화자의 의도 파악 문제와 시각정보 연계 문제의 오답 비율이 가장 높다. 이 두 가지 유형은 최상위 청취력을 요구하므로 별도의 시간을 투자해 고득점을 얻도록 하자.

새로운 담화문 유형 등장

회의 내용 발췌 담화문이 많이 출제되고, 전화 자동 응답 메시지(ARS)는 최근 많이 출제되지 않으며, 방송에서는 음악 · 기술 · 팟캐스트 방송 등 새로운 유형의 담화들이 나온다.

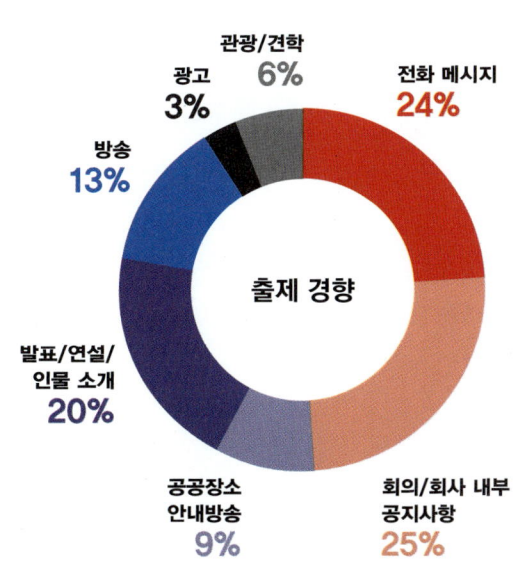

STUDY PLAN

2주 완성 플랜
단기간에 토익을 마스터하고자 중고급 학습자를 위한 2주 완성 플랜

	DAY 1 월	DAY 2 화	DAY 3 수	DAY 4 목	DAY 5 금
WEEK 1	Part 1 Unit 1 ~ 3	Part 2 Unit 1 ~ 3	Part 2 Unit 4 ~ 6	Part 3 Unit 1 ~ 3	Part 3 Unit 4 ~ 6
	Part 1 Actual Test		Part 2 Actual Test		
	DAY 6 월	DAY 7 화	DAY 8 수	DAY 9 목	DAY 10 금
WEEK 2	Part 3 Unit 7 ~ 8	Part 4 Unit 1 ~ 3	Part 4 Unit 4 ~ 6	Part 4 Unit 7	Final Test
	Part 3 Actual Test			Part 4 Actual Test	

4주 완성 플랜

토익을 차근차근 마스터하고자 하는 초중급 학습자를 위한 4주 완성 플랜

	DAY 1 월	DAY 2 화	DAY 3 수	DAY 4 목	DAY 5 금
WEEK 1	Part 1 Unit 1 & 2	Part 1 Unit 3	Part 2 Unit 1 & 2	Part 2 Unit 3 & 4	Part 2 Unit 5 & 6
		Part 1 Actual Test			
	DAY 6 월	DAY 7 화	DAY 8 수	DAY 9 목	DAY 10 금
WEEK 2		Part 3 Unit 1 & 2	Part 3 Unit 3 ~4	Part 3 Unit 5 & 6	Part 3 Unit 7 & 8
	Part 2 Actual Test				
	DAY 11 월	DAY 12 화	DAY 13 수	DAY 14 목	DAY 15 금
WEEK 3		Part 4 Unit 1 & 2	Part 4 Unit 3 & 4	Part 4 Unit 5 & 6	Part 4 Unit 7
	Part 3 Actual Test				
	DAY 16 월	DAY 17 화	DAY 18 수	DAY 19 목	DAY 20 금
WEEK 4		Final Test	틀린 문제 Review	틀린 문제 Review	틀린 문제 Review
	Part 4 Actual Test				

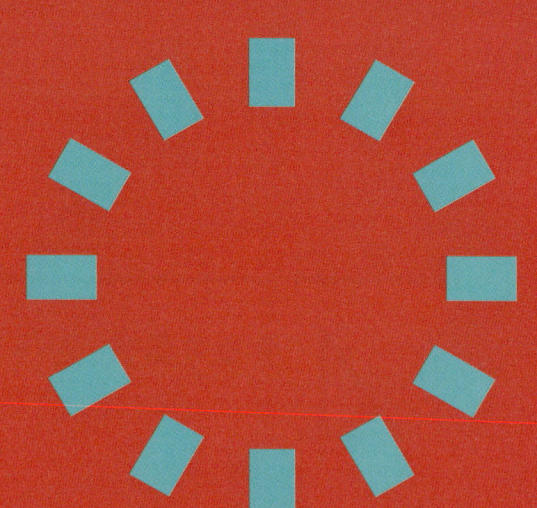

PROLOGUE
UNIT 01-03
ACTUAL TEST

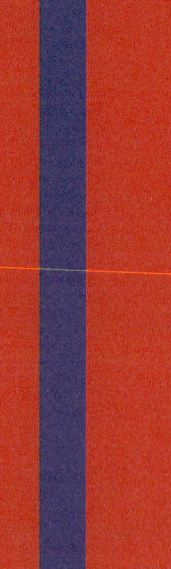

PART 1

PART 1 빈출 문형

① 현재진행 주어 + is[are] + -ing 주어가 ~하고 있다

가장 많이 출제되는 구문이다. 사람·사물의 현재 진행 중인 동작이나 현재의 상태를 묘사하기 위해 사용된다.

① 사람의 동작

He **is using** a computer.
남자가 컴퓨터를 사용하고 있다.

② 사람의 상태

A woman **is wearing** eyeglasses.
여자가 안경을 쓰고 있다.

③ 사물의 상태

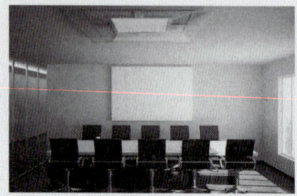

Chairs **are standing** around the table. 의자들이 테이블 둘레에 놓여 있다.

② 현재

주어 + is[are] 주어가 ~한 상태이다 / ~에 있다
There is[are] + 주어 ~ 주어가 있다
주어 + 일반동사 현재 주어가 ~한다 / 하고 있는 상태이다

사람·사물의 현재 상태와 그것이 어디에 위치하고 있는지를 묘사하기 위해 사용된다.

① 주어 + is[are]

Some jewelry **is** on display.
보석류 장신구들이 전시되어 있다.

② There is[are] + 주어

There is a line of cars along the street. 길을 따라서 차들이 줄지어 있다.

③ 주어 + 일반동사 현재

A bridge **crosses** over the water.
다리가 물 위를 가로지르고 있다.

③ 현재완료 주어 + have[has] p.p. 주어가 ~했다

현재완료는 과거부터 현재까지의 동작이나 상태가 어떤지 나타내는 데 사용된다.

People **have gathered** in a meeting room.
사람들이 회의실에 모였다.

She **has opened** a suitcase.
여자가 옷 가방을 열었다.

A train **has arrived** at a platform.
열차가 승강장에 도착했다.

4 현재 수동 주어 + is[are] p.p. 주어가 ~되어지다 / 되어 있다

수동태는 상태를 강조하는 것으로, 주로 사물의 상태를 묘사하기 위해 사용된다.

Some buildings **are located** in the background.
배경에 건물들이 위치해 있다.

Papers **are stacked**.
서류들이 쌓여 있다.

Some people **are seated** in a waiting area.
몇몇 사람들이 대기실에 앉아 있다.

5 현재진행 수동 주어 + is[are] being p.p. 주어가 ~ 되고/ 되어지고 있다

현재진행 수동형은 사람이나 기계가 사물에 동작을 가할 때 정답 형태로 사용된다. 하지만, 사물·배경 사진에서는 주로 오답에 사용되며, 식물이 재배되는 것 같은 보이지 않는 움직임에도 사용될 수 있다는 점에 주의하자.

A cart **is being pushed** across the street.
수레가 길을 가로질러 밀어 움직여지고 있다.

A customer **is being waited on**.
손님이 접대받고 있다.

Some plants **are being grown** in pots.
식물들이 화분에서 재배되고 있다.

6 현재완료 수동 주어 + have[has] been p.p. 주어가 ~ 되었다

현재완료 수동형 역시 사물·배경 사진에서 주로 등장하며, 현재 수동과 같은 의미로 간주하면 된다.

Flowers **have been put** in a vase.
꽃들이 꽃병에 넣어져 있다.

Some produce **has been sorted** into baskets.
농산물이 바구니에 분류돼 있다.

A cabinet door **has been left** open.
보관함 문 한 개가 열려 있다.

PART 1 오답 분석

기본기 다지기

오답 유형 ❶ 사진에 없는 단어를 사용하면 오답이다

사진을 객관적으로 묘사하려면 사진 속 단어만으로 설명해야 한다. 따라서, 사진에 없는 단어가 들리면 즉시 오답 처리한다.

오답 A **computer** is on the table. 컴퓨터 한 대가 테이블 위에 있다.
  ⋯▶ 여기까지 듣고 바로 오답 처리

정답 She **is holding** some papers. 여자가 서류를 잡고 있다.
  ⋯▶ 사진 속 단어를 사용해 제대로 묘사했다.

오답 유형 ❷ 동작과 상태 혼동에 주의한다

사물 묘사에는 수동태(be p.p.)가 많이 사용되며, 그 사물에 동작이 가해지고 있으면 수동 진행형(be being p.p.)이 되어야 한다.

오답 A line is **being** painted on the road. 선 하나가 도로에 그려지고 있다. [수동 진행]
정답 A line **is painted** on the road. 선 하나가 도로에 그려져 있다. [수동]
  ⋯▶ 도로의 선(line)에 대해서 어떤 동작도 행해지지 않으므로 동작의 진행을 나타내는 being을 사용할 수 없다.

옷, 시계, 장신구를 현재 착용해 보고 있는 동작과 이미 착용한 상태는 우리말 해석이 동일해서 혼동하기 쉽다.

오답 They **are putting on** their helmets. 사람들이 헬멧을 쓰고 있다. [동작]
정답 They **are wearing** their helmets. 사람들이 헬멧을 쓰고 있다. [상태]

오답 유형 ❸ 사실 / 숫자 오류와 추측에 주의한다

사진 속 내용과 다른 것을 제시하거나, 틀린 숫자 정보를 제시하거나, 사진만으로는 판단할 수 없는 추측성 묘사에 주의한다.

오답 A **presentation** is being made. 발표가 되고 있다. [사실 오류] 발표 모습이 아니다.
오답 **All of the chairs** are occupied at the moment.
  모든 의자들에 현재 사람이 앉아 있다. [숫자 오류] 빈 의자가 있다.
오답 They are having a **serious** conversation.
  사람들이 심각한 대화를 하고 있다. [추측] 대화가 심각한지 여부는 판단할 수 없다
정답 They **have gathered** for a business meeting.
  사람들이 비즈니스 회의를 하기 위해서 모였다.

오답 유형 ④ 주어/목적어/동작/위치 오류에 주의한다

주어나 목적어가 사진과 불일치하거나, 주어의 동작과 전혀 다른 동사로 혼동시키는 오답이 가장 많이 출제된다.

오답 **She** is pointing into the distance. 여자는 멀리 손으로 가리키고 있다. [주어 오류]
오답 They're facing **each other**. 사람들이 서로를 쳐다보고 있다. [목적어 오류]
오답 Some people **are walking** together. 몇몇 사람들이 함께 걷고 있다. [동작 오류]
정답 They are standing **side by side**. 사람들이 나란히 서 있다.
정답 The couple **is wearing** sunglasses. 두 사람이 선글라스를 착용하고 있다.

위치·장소를 표현하는 전치사나 부사를 이용해서 혼동을 주거나, 주어나 목적어의 상태를 사진과 다르게 설명하는 함정에 주의한다.

오답 There are potted plants **inside** a house.
집 안에 화분들이 있다. [위치 오류]
오답 The lights have been turned **on**. 전등들이 켜져 있다. [상태 오류]
정답 A door of the house is **closed**. 집 문이 닫혀 있다.
정답 There are light fixtures on **either side of** the doorway.
문 양쪽에 조명기구들이 있다.

오답 유형 ⑤ 빈출 유사 발음 어휘들을 알아두자

정답에 나오는 단어와 유사한 발음의 단어를 이용한 오답에 주의한다.

오답 She's having <u>coffee</u>. 여자가 커피를 마시고 있다.
정답 She's making <u>copies</u>. 여자가 복사하고 있다.
⋯▸ coffee 커피 / copy 복사하다 – 유사 발음을 구분해서 잘 듣자.

■ **빈출 유사 발음 어휘**

walk 걷다 / work 일하다	read 읽다 / lead 이끌다	file 파일 / pile 더미
hold 잡다 / fold 접다	dock 선착장 / duck 오리	ladder 사다리 / letter 편지

UNIT 01 인물 묘사

사진 속 인물의 동작이나 상태를 가장 잘 묘사한 것을 고르는 유형이다. 현재진행형 보기와 정답이 가장 많이 출제된다.

❶ 1인 등장 사진

🎧 P1_01 / 해설 p.2

전략1 인물의 행동을 묘사하는 동사를 반드시 듣는다.

인물의 행동이 부각된 사진이 나오고 선택지의 주어가 모두 동일하며, 동사는 현재진행 시제로 제시된다. 동사에 초점을 맞추어 들으면서 사진 속 인물의 동작과 비교 후 정답 여부를 판단한다.

(A) He's cleaning a desk. …▶ 동사 오류
(B) He's adjusting his chair. …▶ 동사 오류
(C) He's talking on the phone. …▶ 정답
(D) He's walking in his office. …▶ 유사 발음 [walking / working]

POSSIBLE ANSWERS
A man is holding a pen. 한 남자가 펜을 잡고 있다.
The man is sitting at his desk. 남자가 책상에 앉아 있다.

- 인물의 주된 동작과 자세 / 시선 / 손동작 / 발동작 / 입동작 등의 구체적인 동작까지 파악한다.
  [위 사진] 주된 동작 — He is working at his desk.
  [위 사진] 구체적 동작 — [자세] sitting [시선] looking down [손] holding a pen [입] talking on the phone
- 유사한 발음으로 혼동시키는 어휘들에 대비하자.
  copy 복사하다 / coffee 커피   hold 잡다 / fold 접다   write 적다 / ride 타다
  file 철하다 / pile 쌓다   wait 기다리다 / weigh 무게를 재다   read 읽다 / reach 손을 뻗다 / lead 이끌다

전략2 사진에 없는 사물을 언급하면 바로 오답 소거한다.

Part 1에서 가장 대표적인 오답을 걸러내는 방법이다. 사진에 나오는 사물만을 이용하여 사진을 객관적으로 묘사하는 것이 출제 원칙임을 잊지 말자.

(A) The woman is sweeping the floor. …▶ 정답
(B) The woman is sitting on a chair. …▶ 없는 사물
(C) The woman is cleaning a carpet. …▶ 없는 사물
(D) The woman is lifting packages. …▶ 없는 사물

POSSIBLE ANSWERS
She's grasping a broomstick. 여자가 빗자루를 움켜잡고 있다.
A woman is wearing an apron. 여자가 앞치마를 입고 있다.

- 사진 속 사물을 이용한 오답 함정에 유의한다.
  Ex) [위 사진] She's caring for a plant. 여자가 식물을 돌보고 있다. …▶ 사진 속 plant를 이용한 오답

20

빈출 정답 표현 🎧 P1_02

자세

standing behind the counter
계산대 뒤에 서 있다
be seated in a waiting area 대기실에 앉아 있다
relaxing in a park 공원에서 쉬고 있다
kneeling down 무릎을 꿇고 있다
leaning against a wall 벽에 기대어 있다
posing for a photograph
사진을 위해 포즈를 취하고 있다

눈동작

looking at clothing 옷을 보고 있다
looking into a glass case
유리 진열장 안을 들여다보고 있다
watching a performance 공연을 보고 있다
searching for a file 파일을 찾고 있다
browsing through a book 책을 훑어보고 있다
focusing on a monitor 모니터에 집중하고 있다
examining an item 물건을 검사하고 있다

발동작

crossing the street 길을 건너고 있다
stepping off a bridge 다리에서 내려오고 있다
climbing[descending] some stairs
계단을 올라[내려]가고 있다
boarding an airplane 비행기에 탑승하고 있다
taking a stroll through the park
공원을 산책하고 있다

손동작

typing on a keyboard 자판을 치고 있다
writing on a form 양식을 작성하고 있다
holding a fishing pole 낚싯대를 잡고 있다
cutting some food 음식을 자르고 있다
loading bags into a car 가방들을 차에 싣고 있다
lifting a package 짐을 들어올리고 있다
reaching for a book 책 쪽으로 손을 뻗고 있다
drawing on some paper 종이에 그리고 있다
pointing at a document 서류를 가리키고 있다
pushing a cart 수레를 밀고 있다
opening a cabinet 캐비닛을 열고 있다
gripping a hammer 망치를 잡고 있다
sweeping a floor 바닥을 쓸고 있다
wiping a desk 책상을 닦고 있다
taking a book from the shelf
선반에서 책 한 권을 꺼내고 있다
playing an instrument 악기를 연주하고 있다

입동작

talking on the phone 전화 통화하고 있다
singing into a microphone
마이크에 대고 노래하고 있다
addressing a group 한 무리에게 연설하고 있다
drinking from a cup 컵으로 마시고 있다

MODEL TEST 🎧 P1_03 / 해설 p.2

1.

2.

3.

2인 이상 등장 사진

🎧 P1_04 / 해설 p.2

전략 1 인물들의 공통 동작에 주목한다.

보기의 주어가 They, Some people, People, Some men처럼 복수로 등장할 경우 두 명 이상의 공통된 동작이나 상호작용 동작을 파악한 후 정답을 선택한다.

(A) They are entering a park. → 동사 오류
(B) They are fishing near the water. → 동사 오류
(C) They are sitting on a bench. → 정답
(D) They are enjoying a picnic. → 사실·추측 오류

POSSIBLE ANSWERS
Some people are resting in the park. 몇몇 사람들이 공원에서 쉬고 있다.
The people are looking in the same direction. 사람들이 같은 방향을 바라보고 있다.

- 포괄적으로 묘사하는 표현도 출제된다. 위 사진에서 They are seated on a bench처럼 구체적 행동을 제시하는 정답도 있지만, 시험에서는 relax outdoors/rest처럼 포괄적인 묘사가 정답이 되기도 한다.
  Ex) 공원 ⋯ They are spending time together. 사람들이 함께 시간을 보내고 있다.
     공연 ⋯ Some people are enjoying a performance. 사람들이 공연을 즐기고 있다.

- 헷갈리는 오답 동사 enter & leave & buy
  Ex) 사무실에서 일하는 사진 ⋯ The men are entering an office. (×)
     상점에서 쇼핑하는 사진 ⋯ The women are leaving a shop. (×)
     상점에서 물품을 보는 사진 ⋯ A woman is buying some items. (×)

전략 2 주어와 동작이 서로 일치되는지 개별 동작을 파악한다.

서로 다른 주어들이 보기로 제시되므로 주어를 듣고 시선을 해당 주어로 이동한다. One of the people이 주어로 나오면 어느 인물을 가리키는지 예측할 수 없으므로 모두의 행동에 유념한다.

(A) The man is pointing at a chart. → 정답
(B) One of the women is drinking from a glass. → 동사 오류
(C) One of the people is distributing papers. → 동사 오류
(D) The presenter is putting on a tie. → 동사·상태 혼동 오류

POSSIBLE ANSWERS
A woman is resting her chin on her hand. 여자가 손으로 턱을 괴고 있다.
The presenter is standing at the front of the room. 발표자가 방 앞쪽에 서 있다.

- 사진에 나오는 사람의 신분이나 직업이 확실히 드러나는 경우 presenter/colleague/server 등과 같은 명사 주어로도 출제되니 직업·신분 관련 명사를 꼭 알아두자.

- 혼동 주의! 동작과 상태의 구분
  A woman is wearing a jacket. 여자가 재킷을 입고 있다. ⋯ 이미 착용하고 있는 상태
  (be wearing/have sth on/be dressed)
  A man is trying on a hat. 남자가 모자를 써보고 있다. ⋯ 지금 착용하는 동작
  (try on/put on/pull on)

빈출 정답 표현 🎧 P1_05

사람 주어 명사 표현

상점/식당
vendor / merchant 상인
sales person 판매원
shop owner 매장 소유주
shopkeeper 상점 주인
chef 요리사
diner 식사하는 사람
server 식당 종업원

공연
audience 청중(들)
crowd 군중
spectator 관중
musician 음악가
band member 밴드 구성원
performer 공연자
conductor 지휘자

교통
passenger 승객
pedestrian 보행자
commuter 통근자
cyclist 자전거 타는 사람

직장/기타
hairdresser 미용사
employee 직원
librarian 사서
mechanic 기계공
instructor 강사

상호작용/단체 행동

회의/대화
attending a presentation 발표에 참가하고 있다
addressing participants 참가자들에게 연설하고 있다
talking to a group 무리에게 말하고 있다
meeting in a conference room 회의실에서 만나고 있다
having[holding] a conversation 대화를 하고 있다
facing each other 서로 얼굴을 마주보고 있다
conversing with each other 서로 대화하고 있다

인사
shaking hands 악수하고 있다
greeting each other 서로 인사하고 있다
bowing to each other 서로에게 고개 숙여 인사를 하고 있다
waving at each other 서로에게 손을 흔들고 있다

상점
handing a customer a card 손님에게 카드를 건네고 있다
holding a bag open 봉지를 연 채 잡고 있다
paying for a purchase 구매품에 대해 지불하고 있다
waiting to make purchases 구매를 하려고 기다리고 있다

일꾼
loading a vehicle with furniture 차량에 가구를 싣고 있다
carrying cargo up a ramp 경사로 위로 짐을 옮기고 있다
collaborating on a project 과제 공동작업을 하고 있다

[상태] She is **wearing** glasses.
그녀는 안경을 착용한 상태이다.
[동작] He is **trying on** shoes.
그는 신발을 신어보고 있다.

MODEL TEST 🎧 P1_06 / 해설 p.2

1.
2.
3.

PRACTICE TEST 1

P1_07 / 해설 p.3

1.

2.

3.

4.

5.

6.

PRACTICE TEST 2

🎧 P1_08 / 해설 p.5

1.

2.

3.

4.

5.

6.

UNIT 02 사물 풍경 / 인물 사물 혼합 묘사

사진에 사람이 등장하지 않고 사물이나 풍경만 등장하는 유형과 사람이 비교적 작은 크기로 나오면서 인물과 사물에 대해 두루두루 묘사하는 보기들로 구성된 문제 유형에 대해 살펴보자.

❶ 사물 풍경 사진

🎧 P1_09 / 해설 p.6

전략1 사람이 등장하지 않는 사진이 나오면 사물의 상태 파악에 주력한다.

사물이 주어로 등장하면 이어 나오는 동사, 형용사, 전치사구를 집중해서 듣는다. 사물의 상태 묘사 표현이 등장하며 사진 정보와 다른 묘사에 주의한다.

(A) **Flowers** are being arranged. … 동작·상태 혼동
(B) Some **food** is on display. … 정답
(C) There are **plates** sitting in a sink. … 장소 오류·없는 사물
(D) A **tablecloth** is being folded on a table. … 상태 오류

POSSIBLE ANSWERS
Flowers are in vases. 꽃들이 화병 속에 있다.
Some dishes are stacked on the table. 접시들이 테이블 위에 쌓여 있다.

만점특강
- 수동태(be p.p.)는 사물의 상태 묘사에, 진행 수동태(be being + p.p.)는 동작 묘사에 사용된다.
  사진에 사람의 동작이 안 보이는데 being이 들리면 일단 오답 소거한다.
  Ex) 테이블 정물 사진 … A table is set up. (○) 테이블 하나가 설치되어 있다.
  … A table is being set up. (×) 테이블 하나가 설치되고 있다.
- **혼동 주의!** 판매를 위해 상품이 전시되어 있는 사진에는 being을 사용할 수 있다. being은 해석하지 않아도 된다.
  Ex) 판매 중인 상품 사진 … Items are being displayed[exhibited] on the shelves. (○)
  물건들이 선반에 전시되어 있다.

전략2 사물의 위치나 전체적인 장소 묘사 표현을 구분해서 듣는다.

위치, 장소 묘사는 주로 문장 끝에서 제시하므로 끝까지 잘 듣고 판단한다.

(A) All the windows are open. … 상태 오류
(B) Bushes are planted along the walkway. … 위치 오류
(C) Tree branches have fallen onto a roof. … 상태 오류
(D) There are some tall trees in the background. … 정답

POSSIBLE ANSWERS
A path leads to the house. 길 하나가 집으로 이어진다.
Trees are growing around a building. 나무들이 건물 둘레에서 자라고 있다.

- 사물의 상태를 묘사하는 동사 표현들을 정리해두자.
  – A lamp is placed[put / positioned / situated] on the table. 램프가 테이블 위에 놓여 있다.
  – A bicycle is lying[resting] on the ground. 자전거가 땅에 놓혀 있다. (○) / 뉘어지는 중이다. (×)

빈출 정답 표현 🎧 P1_10

위치나 방향 관련 표현

- **in front of** ~의 앞에
  There is a chair in front of the desk.
  책상 앞에 의자가 있다.

- **behind** ~의 뒤에
  A clerk is standing behind the counter.
  계산대 뒤에 점원이 서 있다.

- **on[at] the top of** ~의 꼭대기에, ~의 맨 위에
  A pencil is on the top of the books.
  연필이 책들의 맨 위에 있다.

- **over** (떨어져서 타고 넘듯이) ~의 위에, ~쪽에
  There is a bridge over the water.
  물 위로 다리 하나가 있다.

- **above** (떨어져서 수직적으로) ~의 위쪽에
  A picture is hanging above the desk.
  그림이 책상 위쪽에 걸려 있다.

- **under = underneath** (떨어져서) ~아래에
  A book is under the table.
  책 한 권이 탁자 아래에 있다.

- **beneath** ~의 밑에, 바로 아래에
  She is standing beneath a tree.
  여자가 나무 아래에 서 있다.

- **by = next to = beside** ~의 옆에
  He's sitting by a plant.
  남자가 식물 옆에 앉아 있다.

- **near(by) = close to = adjacent to**
  ~의 가까이에
  They're seated adjacent to each other.
  사람들이 서로 가까이에 앉아 있다.

- **against** ~에 기대어; ~을 등지고
  A shovel is leaning against the wall.
  삽이 벽에 기대어 있다.
  Vending machines are placed against the wall. 자판기들이 벽을 등지고 놓여 있다.

- **alongside** ~옆에; ~와 함께
  There are some chairs and a table alongside the van.
  승합차 옆에 몇 개의 의자들과 탁자 하나가 있다.

- **between** ~사이에
  A boat is sitting between the trees.
  배 한 척이 나무 사이에 놓여 있다.

- **in the corner of** ~의 구석에
  A plant is standing in the corner of the room. 식물 하나가 방의 구석에 서 있다.

- **through** ~을 통과해서
  The people are passing through a gate.
  사람들이 문을 통과하고 있다.

- **on both sides of = on either side of**
  ~의 양쪽에
  There are buildings on both sides of the street. 도로의 양쪽에 건물들이 있다.

- **toward(s)** ~ 쪽에, ~을 향하여
  The pedestrians are heading towards the archway.
  보행자들이 아치형 입구 쪽으로 향하고 있다.

MODEL TEST 🎧 P1_11 / 해설 p.6

1.

2.

3.

❷ 인물 사물 혼합 사진

🎧 P1_12 / 해설 p.7

전략1 주어를 듣는 순간 시선을 사진의 해당 위치로 이동한다.

인물이 특별히 부각되지 않는 사진에서는 인물과 사물, 배경이 모두 주어로 나올 수 있다. 따라서 주어를 듣는 순간 사진에서 해당 주어에 초점을 맞추어 묘사의 진위 여부를 재빨리 파악한다.

(A) A car is being worked on. … 정답
(B) One of the car doors is open. … 주어 오류
(C) The man is looking into a toolbox. … 목적어 오류
(D) A tire is being replaced. … 동작 오류

POSSIBLE ANSWERS
The man is leaning forward. 남자는 몸을 앞으로 기울이고 있다.
A mechanic is repairing a car. 수리공이 차를 수리하고 있다.

 • 사람이 눈에 먼저 들어오는 사진이라도 주변 사물이나 배경 묘사가 정답으로 제시되기도 한다. 따라서 사진의 중심 부분뿐만 아니라 주변까지 빠뜨리지 않고 파악하도록 하자.

전략2 다양한 시제와 태 구문을 이해하자.

Part 1에서 사람이나 사물/배경 묘사는 여러 상황에 맞게 현재진행 능동태(64%), 현재 능동태(19%), 현재 수동태(11%), 현재완료 수동태/능동태(3%), 현재진행 수동태(1%) 등 다양한 형태로 출제되므로 기본적인 형태와 개념을 잘 알아두자.

(A) A wardrobe closet is being installed. … 현재진행 수동태
(B) Clothes are hanging on a rack. … 정답 [현재 상태 능동태]
(C) Some products have been bagged. … 현재완료 수동태
(D) A woman is at an outdoor market. … 현재 능동태

POSSIBLE ANSWERS
Some clothes have been arranged for display. 옷이 전시를 위해 정리되어 있다.
She is examining some clothing. 여자는 옷을 검사하고 있다.

시제와 태에 따른 정답 출제 순위

1. [현재진행 능동태]   He is reading a book. 그는 책을 읽고 있다.
2. [현재 능동태]   A computer is on the desk. 컴퓨터가 책상 위에 있다.
3. [현재 수동태]   Chairs are placed along the wall. 의자들이 벽을 따라서 놓여 있다.
4. [현재완료 능동태]   A man has stopped near the park. 남자가 공원 근처에 멈췄다.
5. [현재완료 수동태]   Items have been arranged on the shelf. 물건들이 선반에 정렬되어 있다.
6. [현재진행 수동태]   A telephone is being used. 전화가 사용되고 있다.

• **혼동 주의!** 옷이나 그림이 걸려 있는 상태 vs. 거는 동작
[상태] 이미 걸려 있는 경우   Pictures are hanging. = Pictures have been hung.
[동작] 걸고 있는 동작   He is hanging a picture.

빈출 정답 표현 🎧 P1_13

동작

주방
holding the edges of the container
용기의 가장자리를 잡고 있다
taking cookware down from a display
진열된 것에서 취사도구를 내리고 있다

공연 / 예술
playing outdoors 야외에서 연주하고 있다
holding an instrument 악기를 잡고 있다
drawing on some paper 종이에 그리고 있다

사진 찍기
taking a picture 사진을 찍고 있다
posing for a photograph
사진을 위해 자세를 취하고 있다

실험실
using some laboratory equipment
실험장비를 사용하고 있다

미용실 / 이발소
getting a haircut 이발을 받고 있다
trimming a customer's hair
손님의 머리를 자르고 있다

청소
sweeping a floor 빗자루로 바닥을 쓸고 있다
wiping a desk 책상을 닦고 있다
clearing snow from a car 차의 눈을 치우고 있다

재봉틀
sewing a hat 모자에 바느질하고 있다
operating a sewing machine
재봉틀을 작동시키고 있다

주유소
A car is being filled up at a gas station.
주유소에서 차에 연료가 채워지고 있다.

도서관 / 서점
browsing through a book 책을 훑어보고 있다
stacking some books 책을 쌓고 있다

상태

공연 / 예술
A case is open on the ground.
케이스 하나가 땅바닥에 열려 있다.
Some artwork is hanging on the wall.
예술품이 벽에 걸려 있다.

주방
Some equipment is laid out on a work surface. 장비가 조리대 위에 놓여 있다.
Bowls have been stacked on shelves.
사발들이 선반에 쌓여 있다.

도서관 / 서점
Books and magazines have been arranged on shelves.
책과 잡지들이 선반에 정리되어 있다.
Some books are spread out on a counter.
책들이 계산대에 펼쳐져 있다.

MODEL TEST 🎧 P1_14 / 해설 p.7

1.

2.

3.

PRACTICE TEST 1

1.

2.

3.

4.

5.

6.

PRACTICE TEST 2

1.

2.
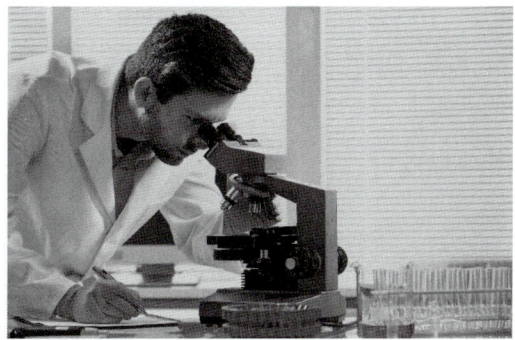

3.

4.

5.

6.

상황별 묘사

상황·장소별로 빈출되는 사진 유형이 있다. 사무실 상황이 단연 가장 많이 출제되고 식당, 상점, 건설, 교통, 풍경 등에서 자주 출제되는 표현들을 중심으로 정리해보자.

❶ 실내 사진

🎧 P1_17 / 해설 p.11

상황1 사무실

Part 1에서 자주 등장하는 사무실 사진으로 책상 컴퓨터 앞에서 일하는 장면 / 사무기기 사용 / 회의·발표 / 전화 통화 / 서류 검토 등이 있다.

(A) A machine is being moved. ⋯ 동사 오류
(B) A drawer has been left open. ⋯ 없는 사물
(C) The man is using a copier. ⋯ 정답
(D) The man is adjusting his tie. ⋯ 목적어 오류

POSSIBLE ANSWERS
A man is making photocopies. 남자가 복사를 하고 있다.
The man is holding a machine lid open. 남자가 기계의 덮개를 연 상태로 잡고 있다.

• 같은 상황에 사용하는 다양한 표현들
'보다'류 동사 look at / stare at / gaze at / glance at / check / watch
'읽다'류 동사 read / review / examine / study / go over / look over[through] / leaf[flip / page] through

상황2 식당 / 쇼핑

식당에서는 주문·메뉴 확인 / 식사 장면 / 테이블 점유 상태 / 접시 상태 등이 출제된다. 쇼핑은 상품 전시 상태 / 카트 이용 / 상품 선택·점검 / 계산대 상황 등이 출제된다. 고객과 직원 역할에 맞는 표현을 구분해 익혀두자.

(A) The man is holding a utensil. ⋯ 목적어 오류
(B) A bill is being handed to the man. ⋯ 없는 사물
(C) One of the women is pouring a beverage. ⋯ 동사 오류
(D) Menus have been provided to the customers. ⋯ 정답

POSSIBLE ANSWERS
A waitress is taking an order. 여자 종업원이 주문을 받고 있다.
The man is reading a menu. 남자가 메뉴를 살펴보고 있다.

• 좌석 상태를 구분하는 문제는 여러 상황(식당, 사무실, 회의실)에서 출제된다.
이용자가 있는 경우 be occupied[taken] 점유되어 있다
이용자가 없는 경우 be empty[available / not occupied / unoccupied / not taken] 비어 있다

빈출 정답 표현 🎧 P1_18

사무실

데스크 업무 / 전화 통화
operating a computer 컴퓨터를 작동시키고 있다
facing computer monitors
컴퓨터 모니터 쪽을 향하고 있다
working on laptop computers
노트북 컴퓨터로 작업하고 있다
making a call 전화를 하고 있다
taking some notes 메모를 하고 있다
reaching over a desk 책상 위로 손을 뻗고 있다
standing in front of a workstation
작업대 앞에 서 있다
looking in a file drawer
파일 서랍 안을 들여다보고 있다

사무 기기
copying some documents 서류를 복사하고 있다
opening a cabinet 캐비닛을 열고 있다
The office has been equipped with computers. 사무실에 컴퓨터가 설치되어 있다.
A file drawer has been filled with folders.
파일 서랍 하나가 폴더들로 채워져 있다.
A whiteboard is propped against a wall.
화이트보드가 벽에 기대어 있다.

회의실 / 발표
giving a speech 연설하고 있다
addressing the audience 청중에게 연설하고 있다
listening to a presentation 발표를 듣고 있다
attending a presentation 발표에 참석하고 있다
has opened a briefcase 서류 가방을 열었다

식당 / 카페

pouring a beverage 음료수를 따르고 있다
sitting under a canopy 덮개 아래에 앉아 있다
Some of the tables are occupied.
몇몇 테이블이 점유되어 있다.
Serving trays have been filled with the food. 서빙 쟁반들이 음식으로 채워져 있다.

쇼핑

쇼핑객
examining some clothing 옷을 살펴보고 있다
inspecting some rugs 깔개들을 살펴보고 있다
pushing a cart stocked with items
물건들이 채워져 있는 수레를 밀고 있다
reaching for a product 상품 하나에 손을 뻗고 있다
weighing some fruit on a scale
저울에 과일의 무게를 재고 있다

상품 모습
Clothing is hanging on racks.
옷이 옷걸이에 걸려 있다.
Shelves have been stocked with bread.
선반에 빵이 채워져 있다.
Some merchandise is arranged on shelves.
물건들이 선반에 정렬되어 있다.

계산대
handing a customer a card
손님에게 카드를 건네고 있다
Customers are waiting to make purchases.
손님들이 구매를 하려고 기다리고 있다.

MODEL TEST 🎧 P1_19 / 해설 p.11

1.

2.

3.

실외 사진

상황1 **건설/교통**

> 건설 작업 사진에서는 전반적인 건설 현장/건설 인부의 개별 작업/건설 자재나 중장비의 위치 등이 출제된다. 교통 관련 사진에서는 교통 수단의 움직임이나 상태/승객이나 운전자의 동작/주차 묘사 등이 출제된다.

(A) The building is under construction. ⋯ 정답
(B) Two workers are climbing onto the roof. ⋯ 시제 오류
(C) A ladder is being dismantled. ⋯ 동사 오류
(D) Some men are carrying logs. ⋯ 동사 오류

POSSIBLE ANSWERS
Some workers are working on the roof. 일꾼들이 지붕 위에서 작업하고 있다.
The men are doing some construction work. 남자들이 건설 작업을 하고 있다.

 만점특강
• 혼동 주의! 동작의 진행 vs. 동작의 완료
  동작의 진행 They are climbing onto the roof. 사람들이 지붕 위로 올라가고 있는 중이다.
  동작의 완료 They have climbed onto the roof. 사람들이 지붕 위에 올라가 있다.

상황2 **자연/풍경**

> 산, 호수, 강가의 집, 언덕 위의 집, 등대, 공원, 도시의 전경, 정원, 분수대, 항구, 다리, 해변, 마을 전경, 한적한 도로, 실외 수영장 등의 다양한 사진이 등장한다. 주로 사물의 상태나 위치 묘사가 정답으로 제시되니, 사진에서 주어진 명사를 빠르게 찾아 묘사가 맞는지 여부를 판단하도록 하자.

(A) Some workers are cutting down trees. ⋯ 동사 오류
(B) There is a river running through a forest. ⋯ 없는 명사
(C) Some people are hiking through a rocky area. ⋯ 없는 명사
(D) Mountains are visible in the distance. ⋯ 정답

POSSIBLE ANSWERS
Some people are hiking on a trail. 사람들이 오솔길에서 도보 여행을 하고 있다.
There are clouds in the sky. 하늘에 구름들이 있다.

 만점특강
• 건물 배경 사진에서 overlook(바라보다, 내려다보다)이 포함된 정답이 자주 출제된다.
  Ex) Some buildings overlook the train tracks. 건물들이 선로를 내려다보고 있다.
      Buildings are overlooking the water. 건물들이 물을 내려다보고 있다.
• lead to(~로 이어지다)는 주로 정답으로, lead(~을 이끌다)는 오답으로 출제된다.
  Ex) A path leads to the fountain. 길 하나가 분수대로 이어진다. ⋯ 주로 정답으로 출제
      He is leading a small group. 그는 작은 무리를 이끌고 있다. ⋯ 주로 오답으로 출제

빈출 정답 표현 🎧 P1_21

건설
heavy machinery 중장비
under construction 공사 중인
holding a hammer 망치를 잡고 있다
using a shovel 삽을 이용하고 있다
standing on a ladder 사다리에 서 있다
Some construction work is being done.
건설 작업이 진행되고 있다.

주택
Some stairs lead up to an entrance.
계단이 위로 입구까지 이어진다.
Flowers are being watered.
꽃에 물을 주고 있다.
Some umbrellas have been set up in a courtyard. 파라솔 몇 개가 마당에 설치되어 있다.
Some furniture has been set out on a deck.
가구가 덱에 설치되어 있다.

거리
Some vehicles are parked along a street.
차량들이 길을 따라서 주차되어 있다.
Some bikes are unattended.
몇몇 자전거들이 방치되어 있다.
There are lampposts along a street.
길을 따라 가로등이 있다.

야외 풍경
A fence surrounds a fountain.
울타리가 분수대를 둘러싸고 있다.
Picnic tables are lined up in a row.
피크닉 테이블들이 일렬로 줄지어 있다.
A bridge crosses over a river.
다리 하나가 강 위를 가로지르고 있다.
Some buildings are located near a hill.
몇몇 건물들이 언덕 근처에 위치해 있다.
Some trees line a street.
나무들이 길을 따라 죽 늘어서 있다.
A street lamp is being repaired.
가로등이 수리되고 있다.

교통
Some people are lined up to board a bus.
사람들이 버스에 탑승하기 위해 줄 서 있다.
A cyclist has stopped near some benches.
자전거 탄 사람이 벤치들 근처에 멈췄다.
A sign hangs over a platform.
표지판이 승강장 위쪽에 걸려 있다.
The train is stopped at a station.
기차가 역에 멈췄다.
Boats are docked in a harbor.
배들이 항구에 정박되어 있다.
Boats are floating in the water.
배들이 물에 떠 있다.

MODEL TEST 🎧 P1_22/ 해설 p.12

1.
2.
3.

PRACTICE TEST 1

1.

2.

3.

4.

5.

6.

PRACTICE TEST 2

1.

2.

3.

4.

5.

6.

PART 1 ACTUAL TEST

1.

2.

3.

4.

5.

6.

PROLOGUE
UNIT 01-06
ACTUAL TEST

PART 2

오답 분석

오답 유형 ❶ 의문사에 Yes / No / Sure / Okay로 답하면 오답이다

Yes / No / Sure / Okay는 의문사가 아닌 비의문사 질문에만 사용할 수 있다. 의문사는 특정 정보를 묻기 때문에 그 정보를 제공하는 답변이 정답이 된다.

Who has the budget report? 누가 예산 보고서를 가지고 있죠? – Yes… (✗)
Why are there documents here? 왜 여기에 서류들이 있죠? – No… (✗)

Q **Where** can I get the express bus for Manila? 마닐라 행 고속버스를 어디에서 탈 수 있나요?
오답 **Yes**, within an hour. 네, 한 시간 내로요.
정답 At gate 9. 9번 게이트에서요.

>
>
> **Why don't you[we]…? / What[How] about…?** [제안문] ~하는 것이 어때요?
> 의문사가 있으나 비의문사 질문으로 분류되므로 Yes / No / Sure / Okay 답변이 가능하다.
>
> - **Why don't** we go to the new restaurant? 새로 생긴 식당에 가는 것이 어때요?
>   – **Yes**, that sounds good. 네, 좋아요.
>
> **A or B?** [선택 의문문] A인가요 B인가요?
> 선택 의문문에서 선택사항 A, B를 문장으로 묻는 경우에만 Yes / No 답변이 가능하다. 나머지 형태의 선택 의문문에서는 Yes / No 답변이 불가능하다.
>
> - Is the director in his office now **or** is he still out for lunch?
>   이사님이 지금 사무실에 계시나요, 아니면 아직 외부에서 점심식사하고 계시나요?
>   – **Yes**, you can see him now. 네, 지금 그분을 만나 뵐 수 있으세요.

오답 유형 ❷ 발음이 유사한 오답 보기가 가장 많이 출제된다

질문 속 단어가 선택지에 반복 사용되면 정답일 때도, 혹은 오답일 때도 있으므로 주의한다. 하지만, 유사한 발음의 어휘가 사용되면 오답일 가능성이 높다.

Q Don't you work in **Sales**? 영업부에서 근무하지 않나요?
오답 The **sale** starts next week. 할인은 다음 주에 시작해요. → Sales / sale을 이용한 오답 함정
정답 Yes, I am on a **sales** team. 네, 저는 영업팀 소속이에요. → sales가 반복되었지만 정답

Q Have you **set** up the projector yet? 영사기를 설치했나요?
오답 You can **sit** here. 여기에 앉으셔도 됩니다. → set / sit을 이용한 오답 함정
정답 No, I'll do it after lunch. 아뇨, 점심식사 후에 할 거예요.

오답 유형 ❸ he, his, him, she, her로 답하면 오답 가능성이 높다

Part 2에서 3인칭 대명사(he, his, him, she, her)가 들리면 일단 오답 가능성을 점검한다. 주로 이름, 직책, 직업으로 물을 때 그것을 지칭하는 3인칭 대명사를 사용할 수 있다. Where is **Sam**? 질문에 **He** is here는 가능한 답변이다.

Q   Are **you** finished with the novel you borrowed from me? 저한테 빌려간 소설책을 다 읽으셨나요?
오답   **He** can lend you. 그가 당신에게 빌려줄 수 있어요. ⇢ **대명사 오류**
정답   No, I haven't read it yet. 아뇨, 저는 아직 그것을 읽지 못했어요.

   Who 질문에는 3인칭 대명사(he, his, him, she, her)로 답변 가능하며, 반드시 답변 속에 그 대명사에 해당하는 사람을 밝혀야 정답이 된다.

• **Who** wrote this report? 누가 이 보고서를 작성했나요?

오답   No, **he** didn't. 아뇨, 그는 안 했어요. ⇢ **he를 지칭하는 사람이 없어서 오답이다.**
정답   **He** is Sam. 그는 샘이에요. ⇢ **He를 지칭하는 사람은 Sam이다.**

오답 유형 ❹ 질문 속 명사의 수 일치에 주의하자

단수 명사는 단수 대명사로, 복수 명사는 복수 대명사로 받는다.

Q   How is your new **car**? 새차 어때요?
오답   **They** are fast. 그것들은 빨라요. ⇢ **대명사 수 불일치**
정답   **It** is great. 매우 좋아요.

   복수 명사를 단수로 받는 것에 주의하자. 복수 명사를 포함한 구나 절을 지칭할 때는 단수로 받는다. 구와 절은 단수 취급하기 때문이다.

• You contacted the **clients** in Canada, didn't you? 캐나다 고객들에게 연락했죠?

오답   I'll call **him** today. 오늘 그에게 전화할게요. ⇢ **복수 명사(clients)는 them으로 받아야 한다.**
정답   Yes, I did **it** this morning. 네, 오전에 했어요. ⇢ **연락 행위(contacting the clients)는 단수 it으로 받는다.**

오답 유형 ❺ 의미상 연상 가능한 단어를 사용한 오답에 주의한다

질문 속 단어 library(도서관)와 연결 가능한 book(책)이 오답에 자주 등장한다. 의미상 적절한 응답을 찾아야 하는 문제 유형이지만, 단순히 연상 가능한 단어만 들어간 오답 보기도 많이 나온다.

Q Do you want to go out for **dinner** after the **seminar**? 세미나 끝나고 저녁 먹으러 나갈래요?
오답 The **workshop** was useful. 워크숍은 유용했어요. ⋯➤ seminar / workshop
정답 Sure, how about **Italian food**? 네, 이태리 음식 어때요? ⋯➤ dinner / Italian food

오답 유형 ❻ 비의문사 질문에서는 Yes/No 뒤를 주의해서 듣는다

비의문사 질문에서는 Yes/No로 답하기도 하고 그것을 생략하기도 한다. 그런데, Yes/No로 답하는 경우, 일단 거기까지는 정답이지만, 그 뒤에 이어지는 말이 의미상 적절한지를 따져보아야 한다.

Q Is the new staff getting used to his job? 신입사원이 맡은 업무에 적응하고 있나요?
오답 **No**, it's not that old. 아뇨, 그렇게 오래되지 않았어요. ⋯➤ No 이하가 질문과 무관한 답변
정답 **Yes**, he's doing great. 네, 잘하고 있어요.

오답 유형 ❼ 시제가 적절한지 확인하자

질문과 답변의 시제가 일치되도록, 즉 과거로 물으면 답변도 기본적으로 과거로 대답해야 한다. 하지만, 질문의 시제와 다른 시제라도 논리적으로 서로 연결이 되면 정답이 될 수 있다.

Q When **is** the meeting **supposed to** begin? 회의는 언제 시작할 예정이죠?
오답 Five minutes **ago**. 5분 전에요. ⋯➤ 과거 질문에 가능한 답변
정답 In ten minutes. 10분 후에요. ⋯➤ 미래(is supposed to ~할 예정이다) 질문에 미래로 답변

Q **Did** you complete the registration form? 등록 양식을 작성했나요?
오답 Yes, I **do**. 네, 그래요. ⋯➤ Yes, I did로 답해야 함
정답 No, I'll finish it soon. 아뇨, 곧 그것을 끝낼게요. ⋯➤ 과거(Did) 시제 질문에 미래(will finish)로 답변

만능 정답 답변

우회적으로 표현한 간접 응답 표현들이 정답일 경우가 많다. 서로 다른 질문들에 대해서도 답변이 가능한 경우가 많아 일명 만능 답변이라고도 한다. 미리 정리해 암기하고 있으면 실제 시험에서 쉽게 정답을 고를 수 있다.

❶ 모르겠어요 / 확실하지 않아요 / ~가 알아요 / ~나 되어야 알 거예요

I'm not sure. 잘 모르겠어요.
It's not certain yet. 아직 확실하지 않아요.
Our supervisor will know. 관리자가 알 거예요.
I don't know. 모르겠어요.
We're still uncertain. 여전히 몰라요.
We won't know until May. 5월이나 되어야 알 거예요.

Q How far is the warehouse from the airport? 공항으로부터 창고는 얼마나 멀리 있나요?
A **I'm not sure.** 잘 모르겠어요

❷ (모르니) 확인해 / 물어 / 찾아 / 알아 / 말해 / 전화해 볼게요

I'll check. 확인해 볼게요.
I'll find it out. 그것을 알아볼게요.
Let me talk to my manager. 관리자와 말해 볼게요.
I'll have to ask. 물어봐야 해요.
I'll look it up. 그것을 찾아 볼게요.
You'd better call them. 그들에게 전화해 보는 게 나아요.

Q Isn't there a concert at the park today? 오늘 공원에서 콘서트가 있지 않나요?
A **I'll check.** 확인해 볼게요.

❸ (아직) 발표 / 결정 / 논의 / 확정되지 않았어요 (그래서 몰라요)

It hasn't been decided yet. 아직 결정되지 않았어요.
That hasn't been announced. 발표되지 않았어요.
The schedule hasn't been confirmed yet. 일정이 아직 확정되지 않았어요.
It hasn't been discussed yet. 아직 얘기되지 않았어요.

Q Where will the new employee orientation take place? 신입사원 교육은 어디에서 하나요?
A **It hasn't been decided yet.** 아직 결정되지 않았어요

❹ 알고 싶어요 / (모르니) 나중에 알려줄게요 / (저는 모르고) ~가 도와줄 거예요 / (저는 모르는데) ~가 말하지 않았나요?

I wish I knew. 알고 싶어요.
I'll let you know later. 나중에 알려드릴게요.
Sam will help us. 샘이 우리를 도울 거예요.
Didn't your manager tell you? 관리자가 말해주지 않았나요?

Q Should I order more or check the inventory first?
주문을 더 해야 하나요, 아니면 먼저 재고를 확인해야 하나요?
A **Didn't your manager tell you?** 관리자가 말해주지 않았나요?

UNIT 01 Who / What / Which 의문문

❶ Who 의문문
🎧 P2_01

Who 의문문은 사람 이름, 사회적 관계, 행위의 주체 등을 묻는 질문이다. 정답으로는 사람 이름, 사람을 지칭하는 대명사, 직책, 부서, 회사 등이 제시된다. 답변에 자주 출제되는 어휘들을 잘 알아두자.

전략1 Who 의문문에는 사람 이름이 정답으로 가장 많이 출제된다.

Q	Who's responsible for contacting the interns?	누가 인턴들 연락을 담당하죠?
A	It's Sam's job.	그것은 샘의 일이에요.
오답	In the morning. (✗) ⋯ 의문사 오류	오전에요.

■ **빈출 보카** | 담당하다

manage   supervise   oversee   handle   head   lead   take on
take charge   be responsible (for)   be in charge (of)

■ **빈출 패턴**

Q Who's heading the research team?	누가 연구팀을 이끌고 있나요?
A Lisa is in charge.	리사가 책임지고 있어요.
Q Who's managing the reception desk?	누가 접수처를 관리하고 있나요?
A I think it's Mary Kim's shift.	메리 킴의 근무시간이라고 생각해요.
Q Who's in charge of advertising our new product?	누가 신제품 광고를 담당하고 있나요?
A I heard it was Mr. Tanaka.	다나카 씨라고 들었어요.

전략2 I / someone과 같은 대명사 정답이 두 번째로 많이 나온다.

Q	Who's the new accounting manager?	누가 새로운 회계 관리자죠?
A	Someone from the headquarters.	본사 출신의 사람이요.
오답	My secretary counted them. (✗) ⋯ 유사 발음	제 비서가 계수를 했어요.

■ **빈출 패턴**

Q Who contacted the catering company?	누가 출장 요리 업체에 연락했나요?
A I called them this morning.	제가 오늘 오전에 그들에게 전화했어요.
Q Who waters the flowers in the office?	누가 사무실에 있는 꽃들에 물을 주나요?
A We take turns.	저희가 교대로 해요.
Q Who is going to attend the reception party?	누가 환영회에 참가할 건가요?
A Everyone has been invited.	모두가 초대되었어요.

전략3 직책 / 직업 / 신분 / 부서명 / 회사이름도 Who 의문문의 빈출 정답이다.

Q Who approved the small business loan? 누가 소기업 대출을 승인했나요?
A The vice president okayed it. 부사장님이 승인했어요.
오답 To borrow some money. (✗) ⋯ 연상 어휘 돈을 좀 빌리기 위해서요.

■ 빈출 보카 | 직업, 신분, 부서

vice president 부사장   director 이사   sales representative 영업사원
applicant 지원자   maintenance department 관리부   finance department 재무부
accounting (department) 경리부 shipping department 발송부   human resources 인사부

■ 빈출 패턴

직책   Q Who will be the keynote speaker for the seminar? 누가 세미나 기조 연설자가 될 건가요?
      A The director said he would. 이사님이 하겠다고 했어요.
신분   Q Who printed out the training materials? 누가 교육 자료를 출력했나요?
      A One of the interns, I think. 인턴 중 한 명인 것 같아요.
부서명 Q Who should I talk to about the damaged chair? 파손된 의자에 대해서 누구와 얘기를 해야 하나요?
      A The Maintenance Department. 관리부서요.
회사명 Q Who can I call for an estimate for moving? 이사 견적을 받으려면 누구에게 전화하면 되나요?
      A Allstar Moving company is highly recommended. 올스타 이사업체를 강력하게 추천해요.

 전략4 제3의 답변 / 모른다류 / 불특정인 등 간접 응답들도 정답으로 출제된다.

Q Who's creating the itinerary for the overseas client? 누가 해외 고객 여행일정표를 만들 거예요?
A Actually, I'm not sure. 사실, 저는 잘 몰라요.
오답 Mostly London and Paris. (✗) ⋯ 연상 어휘 대부분 런던과 파리예요.

■ 빈출 패턴

모른다류 Q Who's going to write a book review? 누가 서평을 쓸 건가요?
         A Let me check. 확인해볼게요.
불특정인 Q Who is the person in charge of Accounting? 누가 경리부를 책임지고 있나요?
         A A woman I used to work with. 저와 함께 일했던 여자분이요.

MODEL TEST .... 🎧 P2_02 / 해설 p.17

1. Mark the answer.   (A) (B) (C)
2. Mark the answer.   (A) (B) (C)
3. Mark the answer.   (A) (B) (C)
4. Mark the answer.   (A) (B) (C)
5. Mark the answer.   (A) (B) (C)

❷ What / Which 의문문

🎧 P2_03

What 의문문은 뒤에 오는 키워드에 따라 시간/가격/방법/이유/크기/행위/의견 등 다양한 질문 유형으로 출제된다. What 뒤에 오는 키워드를 놓치지 말고 확실히 파악하도록 하자. Which 의문문은 한정된 것 중에서 선택하는 질문이며, What은 불특정 무한 범위 중에서의 선택이다.

What 다음의 명사 키워드에 따라 정답이 결정된다.

- Q What kind of printer do you need? — 어떤 종류의 프린터가 필요하나요?
- A I'm looking for a color printer. — 컬러 프린터를 찾고 있어요.
- 오답 I'll print it for you. (✗) ⋯ 유사 발음 — 제가 출력해 줄게요.

■ 빈출 패턴

시간	Q What time is your train this afternoon?	열차는 오늘 오후 몇 시에 있나요?
	A It's scheduled to leave at 2 P.M.	2시에 출발할 예정이에요.
가격	Q What's the price of this watch?	이 시계의 가격은 얼마예요?
	A We're offering a twenty percent discount.	20% 할인해 드리고 있어요.
주제	Q What was the topic of the seminar?	세미나의 주제는 무엇이었나요?
	A About time management.	시간 관리에 대한 것이었어요.
층	Q What floor is the workshop on?	워크숍은 몇 층에서 있나요?
	A The sixth.	6층에서요.
방법	Q What's the best way to get to the bus terminal?	버스 터미널에 가는 가장 좋은 방법이 무엇인가요?
	A You'd better take the subway.	전철을 이용하는 것이 나아요.

What 다음에 나오는 동사도 중요한 키워드가 된다.

- Q What happened at the meeting with the overseas client? — 해외 고객과의 회의 때 무슨 일이 있었나요?
- A Sorry, I missed it, too. — 미안해요, 저도 참석하지 못했어요.
- 오답 For two hours. (✗) → 의문사 오류 — 두 시간 동안이요.

■ 빈출 패턴

- Q What did you have for breakfast? — 아침식사로 무엇을 드셨나요?
- A Actually, I don't eat anything in the morning. — 실은 저는 아침에는 아무것도 먹지 않아요.
- Q What was your team asked to handle? — 당신 팀은 무엇을 처리하라고 요청받았나요?
- A We're working on the market research project. — 시장 조사 프로젝트를 하고 있어요.
- Q What should I include in the package? — 소포에 무엇을 포함시켜야 하나요?
- A Don't forget the receipt. — 영수증 잊어버리지 마세요.

What do you think of...?는 의견을 묻는 표현이다.

- **Q** What do you think of this proposal? — 이 제안서에 대해 어떻게 생각해요?
- **A** It's quite detailed. — 매우 상세하네요.
- 오답 I've already submitted it. (✗) … 관련 없는 답변 — 이미 그것을 제출했어요.

■ 빈출 표현

What do you think of…? 에 대해서 어떻게 생각하나요?   What do A say about…? A는 ~에 대해서 어떻게 생각하나요?
What's your opinion of…? ~에 대한 의견이 어떤가요?   What is A like? A는 어떠한가요? 〈상태〉

■ 빈출 패턴

- **Q** What did the client say about our new building plan? — 새 설계도에 대해서 고객은 어떻게 생각했나요?
- **A** She liked it. — 마음에 들어 했어요.
- **Q** What's your opinion of the factory's new work schedule? — 공장의 새 근무 일정에 대해 어떤 의견인가요?
- **A** I think it looks very reasonable. — 매우 합리적인 것 같아요.

Which 의문문은 선택사항을 물으며, 주로 여러 선택사항 중에서 하나를 지정하는 것이 정답이다.

- **Q** Which restaurant do you recommend? — 어느 식당을 추천하세요?
- **A** The new one is better. — 새로운 곳이 더 나아요.
- 오답 It was delicious. (✗) … 연상 어휘 — 맛있었어요.

■ 빈출 패턴

- **Q** Which container should I use to store these items? — 이 물건들을 저장하기 위해서 어느 용기를 사용해야 하나요?
- **A** The one in the corner. — 구석에 있는 것이요.
- **Q** Which meeting room has been assigned to us? — 어느 회의실이 우리에게 배정되었나요?
- **A** This one is good enough. — 이것이 충분히 좋아요.
- **Q** Which of you works late tonight? — 여러분 중 어느 사람이 오늘 밤에 야근하나요?
- **A** None of us, except the engineering team. — 엔지니어링 팀을 제외하고 아무도 하지 않아요.

MODEL TEST
P2_04 / 해설 p.18

1. Mark the answer.   (A) (B) (C)
2. Mark the answer.   (A) (B) (C)
3. Mark the answer.   (A) (B) (C)
4. Mark the answer.   (A) (B) (C)
5. Mark the answer.   (A) (B) (C)

PRACTICE TEST

🎧 P2_05 / 해설 p.19

1. Mark the answer. (A) (B) (C)
2. Mark the answer. (A) (B) (C)
3. Mark the answer. (A) (B) (C)
4. Mark the answer. (A) (B) (C)
5. Mark the answer. (A) (B) (C)
6. Mark the answer. (A) (B) (C)
7. Mark the answer. (A) (B) (C)
8. Mark the answer. (A) (B) (C)
9. Mark the answer. (A) (B) (C)
10. Mark the answer. (A) (B) (C)
11. Mark the answer. (A) (B) (C)
12. Mark the answer. (A) (B) (C)
13. Mark the answer. (A) (B) (C)
14. Mark the answer. (A) (B) (C)
15. Mark the answer. (A) (B) (C)
16. Mark the answer. (A) (B) (C)
17. Mark the answer. (A) (B) (C)
18. Mark the answer. (A) (B) (C)
19. Mark the answer. (A) (B) (C)
20. Mark the answer. (A) (B) (C)
21. Mark the answer. (A) (B) (C)
22. Mark the answer. (A) (B) (C)
23. Mark the answer. (A) (B) (C)
24. Mark the answer. (A) (B) (C)
25. Mark the answer. (A) (B) (C)

LC 고수들의 만점

알아두면 유용한 다의어

다의어란 여러 가지 의미로 사용되는 단어를 말하는데, Part 2에서 질문과 오답 선택지에서 각각 다른 의미로 사용되어 자주 출제된다.

charge
- 몡 책임; 수수료, 경비, 요금
- 동 (대금을) 청구하다; (배터리 등을) 충전시키다

> Mr. Shin is in **charge** of that job. 신 씨가 그 일을 책임지고 있습니다.
> It's free of **charge**. 무료입니다.
> It will **charge** to your account. 귀하의 계정으로 청구될 겁니다.
> The battery is **charging**. 배터리가 충전되고 있다.

cover
- 몡 덮개
- 동 덮다; (일을) 대신하다

> Peter took the **cover** off. 피터가 덮개를 떼어냈다.
> Susan will **cover** my shift tomorrow. 수잔이 내일 제 근무를 대신할 겁니다.

store
- 몡 상점; 저장
- 동 저장하다

> I will stop by the **store** on the way. 도중에 그 상점에 들를게요.
> Extra batteries are **stored** in the cabinet. 여분의 배터리들은 보관함에 저장되어 있다.

order
- 몡 주문(품); 순서, 차례
- 동 주문하다

> Put them in any **order**. 어떤 순서로든 두세요.
> I **ordered** Italian food. 나는 이태리 음식을 주문했어요.
> The copier is **out of order**. 복사기가 고장이에요.

UNIT 02 When / Where 의문문

❶ When 의문문
🎧 P2_06

토익에 출제되는 시간 관련 질문에는 세 가지 종류가 있다. 시점/시각/때를 묻는 When 의문문, 기간을 묻는 How long 의문문, 빈도를 묻는 How often 의문문이다. When 의문문은 특히 질문의 시제까지 정확하게 들어야 오답 함정에 빠지지 않는다.

> **전략1** 현재 및 미래 시제의 When 의문문에는 시간 표현이 나오면 정답 가능성이 높다.
>
> Q When should I return the book? — 책을 언제 반납해야 하나요?
> A By the end of the month. — 월말까지요.
> 오답 The Publishing department. (✗) ⋯ 연상 어휘 — 출판부요.

■ 빈출 패턴

Q When will the new product be launched? — 신제품은 언제 출시되죠?
A Probably in late June. — 아마도 6월 말에요.

Q When does the restaurant open? — 식당이 언제 문을 열죠?
A Not until 9 o'clock. — 9시나 되어서요.

Q When is the president due to visit the factory? — 사장님은 언제 새 공장을 방문할 예정이죠?
A Next Tuesday at the earliest. — 빨라야 다음 주 화요일이요.

Q When should I call the new client? — 신규 고객에게 언제 전화해야 하죠?
A Anytime tomorrow. — 내일 아무 때나요.

> **전략2** 과거 시제의 When 의문문에는 ago, last, after, earlier 등이 자주 나온다.
>
> Q When was the last time we cleaned the storage room? — 창고를 마지막으로 청소한 게 언제였죠?
> A Three weeks ago. — 3주 전이요.
> 오답 It was Sam. (✗) ⋯ 의문사 오류 — 그것은 샘이었어요.

■ 빈출 패턴

Q When did the Purchasing Department order new desks? — 구매 부서에서 새 책상들을 언제 주문했나요?
A Last week. — 지난주요.

Q When did the company decide to open a new branch? — 회사가 언제 새 지사를 열기로 결정했어요?
A After business increased. — 사업이 증가한 후에요.

A When were our suggestions authorized? — 언제 저희 제안들이 허가받았나요?
Q Earlier this week. — 이번 주 초에요.

전략3 부사구(절) 표현을 이용한 정답도 자주 출제된다.

Q When are we changing the layout of the office? 언제 사무실 배치를 바꿀 거죠?
A After the supervisor approves. 관리자가 승인한 후에요.
오답 He'll do it. (✗) … 대명사 오류 그가 그것을 할 거예요.

■ 빈출 패턴

Q When can we take a break? 언제 잠시 쉴 수 있나요?
A As soon as we finish copying these. 이것들 복사를 끝내자마자요.
Q When does the meeting start? 회의는 언제 시작하나요?
A Not for an hour. 한 시간 후에요.
Q When can I receive the test results? 실험 결과들을 언제 받을 수 있나요?
A Within two to three days. 이삼일 내로요.

 • 시간과 전혀 관련 없는 행사 장소가 정답으로 가능하다.
　Ex) When can I present my sales plan? 이 판매 계획을 제가 언제 발표를 할 수 있나요?
　　- You can discuss it at our monthly meeting. 월례 회의에서 의논할 수 있어요.
• When을 Where로 잘못 알아들은 오답 함정에 주의한다.
　Ex) When does the museum tour begin? 박물관 관광은 언제 시작하나요?
　　- In the lobby. (✗) 로비에서요.

 전략4 간접 응답/제3의 답변도 정답으로 자주 출제된다.

Q When will the airport shuttle bus come? 공항 셔틀버스는 언제 오죠?
A Let's take a taxi. 택시 탑시다.
오답 Right outside of the main gate. (✗) … 의문사 오류 주출입문 바로 앞에서요.

■ 빈출 패턴

Q When is the budget report due? 예산 보고서는 언제가 마감인가요?
A We already submitted it. 우리는 이미 그것을 제출했어요.
Q When are you going to meet with the client? 고객을 언제 만날 거예요?
A She delayed the appointment. 그녀가 약속을 연기했어요.

MODEL TEST　　　　　　　　　　　　　　　　　　　　🎧 P2_07 / 해설 p.24

1. Mark the answer.　　(A)　(B)　(C)
2. Mark the answer.　　(A)　(B)　(C)
3. Mark the answer.　　(A)　(B)　(C)
4. Mark the answer.　　(A)　(B)　(C)
5. Mark the answer.　　(A)　(B)　(C)

❷ Where 의문문

Where 의문문은 건물이나 사무실의 위치, 사물을 놓아둔 장소나 배치 등을 묻는다. 전치사와 장소를 함께 사용하는 정답이 주를 이룬다.

전략 1 · Where 의문문에서는 장소·위치를 나타내는 전치사구가 정답으로 가장 많이 출제된다.

Q **Where** should I place this copy machine? — 이 복사기를 어디에 놓을까요?
A **In the corner.** — 구석에요.
오답 On Monday. (✗) → 의문사 오류 — 월요일에요.

■ 빈출 패턴

Q **Where** is the nearest stationery store? — 가장 가까운 문구점은 어디에 있나요?
A There is one **near** the intersection. — 교차로 근처에 하나 있어요.

Q **Where** can I see the work schedule? — 근무 일정표를 어디에서 볼 수 있나요?
A It's posted **on the bulletin board**. — 게시판에 게시되어 있어요.

Q **Where** did you park your car? — 차를 어디에 주차했어요?
A **By** the building. — 건물 옆에요.

Q **Where** do you think Jeff left the stapler? — 제프가 스테이플러를 어디에 둔 것 같아요?
A It should be **in** the cabinet. — 보관함 안에 있을 거예요.

전략 2 · 지명과 place도 정답으로 출제된다.

Q **Where** is a good location for opening a new branch? — 새 지사를 열기 위한 좋은 장소가 어디에 있나요?
A **In Toronto.** — 토론토에요.
오답 We'll hire many people. (✗) → 연상 어휘 — 우리는 많은 사람을 채용할 거예요.

■ 빈출 패턴

Q **Where** are the new cell phones being manufactured? — 새 휴대폰들은 어디에서 제조되고 있나요?
A I think they are made **in Korea**. — 한국에서 만들어지는 것 같아요.

Q **Where** do you usually do your grocery shopping? — 식료품 쇼핑을 주로 어디에서 하나요?
A At a **place** near my apartment. — 아파트 근처에서요.

Q **Where** would you recommend going to get a car fixed? — 차를 수리하기 위해 어디를 추천하나요?
A There's a good **place** on Fifth Street. — 5번가에 좋은 곳이 있어요.

전략3 담당자나 출처, Try / Check / Go to + 장소 표현도 정답으로 출제된다.

Q	Where can I get a parking permit?	주차 허가증을 어디에서 받을 수 있나요?
A	Try the security office.	경비실에 가보세요.
오답	No, you can't park here. (✗) → 유사 발음	아뇨, 이곳에 주차하실 수 없어요.

■ 빈출 패턴

Q	Where are the results of the product tests?	제품 실험 결과들은 어디에 있나요?
A	Susan has them.	수잔이 가지고 있어요.
Q	Where do we keep toner cartridges?	토너 카트리지들을 어디에 보관하세요?
A	Check the cabinet.	보관함을 확인해보세요.
Q	Where is the conference room located?	회의실은 어디에 있나요?
A	Go to the second floor.	2층으로 가세요.
Q	Where did you get these children's books?	이 아동 도서들을 어디에서 구매했나요?
A	From Monster's Bookstore.	몬스터 서점에서요.

 전략4 다양한 간접 응답도 정답으로 자주 출제된다.

Q	Where will the picnic be held this year?	올해 야유회는 어디에서 열리나요?
A	It hasn't been decided yet.	아직 결정되지 않았어요.
오답	I'll hold it for you. (✗) → 유사 발음	제가 그것을 잡고 있을게요.

■ 빈출 패턴

Q	Where is the vending machine?	자판기는 어디에 있나요?
A	It is out of order.	고장이에요.

→ 자판기를 사용할 수 없는 이유를 묻는 Why 질문에 대한 정답으로도 출제된다.

Q	Where can I find discounted items in the store?	매장 내에서 할인 품목들을 어디에서 찾을 수 있나요?
A	The sale ended yesterday.	할인 행사는 어제 끝났어요.

→ 할인 행사가 끝나는 시점을 묻는 When 질문에 대한 정답으로도 출제된다.

Q	Where will the training seminar take place?	교육 세미나는 어디에서 열리나요?
A	Oh, I didn't think you could make it.	아, 당신이 참석 못할 줄 알았어요.

MODEL TEST   P2_09 / 해설 p.25

1. Mark the answer.   (A) (B) (C)
2. Mark the answer.   (A) (B) (C)
3. Mark the answer.   (A) (B) (C)
4. Mark the answer.   (A) (B) (C)
5. Mark the answer.   (A) (B) (C)

PRACTICE TEST

1. Mark the answer.   (A) (B) (C)
2. Mark the answer.   (A) (B) (C)
3. Mark the answer.   (A) (B) (C)
4. Mark the answer.   (A) (B) (C)
5. Mark the answer.   (A) (B) (C)
6. Mark the answer.   (A) (B) (C)
7. Mark the answer.   (A) (B) (C)
8. Mark the answer.   (A) (B) (C)
9. Mark the answer.   (A) (B) (C)
10. Mark the answer. (A) (B) (C)
11. Mark the answer. (A) (B) (C)
12. Mark the answer. (A) (B) (C)
13. Mark the answer. (A) (B) (C)
14. Mark the answer. (A) (B) (C)
15. Mark the answer. (A) (B) (C)
16. Mark the answer. (A) (B) (C)
17. Mark the answer. (A) (B) (C)
18. Mark the answer. (A) (B) (C)
19. Mark the answer. (A) (B) (C)
20. Mark the answer. (A) (B) (C)
21. Mark the answer. (A) (B) (C)
22. Mark the answer. (A) (B) (C)
23. Mark the answer. (A) (B) (C)
24. Mark the answer. (A) (B) (C)
25. Mark the answer. (A) (B) (C)

LC 고수들의 만점

Where 의문사 주의 사항

다음은 수험생들이 많이 틀리는 문제이다. 정답은 무엇일까?

> **Q** Where are you going?
> (A) At the meeting room.
> (B) To the lobby.

TIP 보기 둘 다 장소, 위치를 언급할 경우 질문 속 동사와 연결되는 것만 답이 된다는 것을 반드시 기억하자. 즉, 여기서는 'go to 장소 (~로 가다)'를 아는지 묻고 있다. 'go at 장소'는 옳지 않다.

> **Q** Where are you going? 어디 가세요?
> (A) At the meeting room. (✗) 회의실에요.
>   → 우리말로만 번역하면 답으로 착각할 수 있으니 유의.
> (B) To the lobby. (○) 로비로요.

When 의문사 주의 사항

다음은 수험생들이 많이 틀리는 문제이다. 정답은 무엇일까?

> **Q** When is your shift scheduled to end?
> (A) In ten minutes.
> (B) It's the tenth.

TIP 보기 둘 다 When 질문에 가능한 응답인데, 질문의 의미를 정확히 파악하지 못하고 근무가 언제인지 묻는 질문으로 착각하면 (B)를 답으로 고를 수 있다.

> **Q** When is your shift scheduled to end? 근무가 언제 끝날 예정이죠?
> (A) In ten minutes. (○) 10분 후에요.
> (B) It's the tenth. (✗) 10일이요.

UNIT 03 Why / How 의문문

❶ Why 의문문

🎧 P2_11

이유나 목적, 원인을 묻는 Why 의문문은 Because처럼 이유를 나타내는 직접적인 표현이 응답에 나오면 쉽게 정답을 고를 수 있다. 하지만 아무런 단서 표현 없이 논리적인 흐름을 통해 정답을 찾아야 하는 유형도 출제된다.

Why 의문문에 대해 Because가 없어도 정답이 될 수 있다.

- **Q** Why did you leave early yesterday? — 왜 어제 일찍 퇴근했나요?
- **A** I had a meeting with a client. — 고객과의 만남이 있었어요.
- **오답** About thirty minutes ago. (✕) → 의문사 오류 — 약 30분 전에요.

■ 빈출 패턴

- **Q** Why did you come to work early today? — 오늘 일찍 출근한 이유가 뭔가요?
- **A** An urgent matter came up. — 시급한 문제가 하나 발생했어요.

- **Q** Why is the warehouse locked? — 창고가 왜 잠겼죠?
- **A** I'm sure the janitor should have a key. — 수위가 열쇠를 가지고 있을 거예요.

- **Q** Why did you ask for the budget report? — 왜 예산 보고서를 요청했나요?
- **A** Actually, I meant the market research report. — 실은, 저는 시장 조사 보고서를 말했던 거였어요.

Because가 들리면 일단 정답 가능성을 살핀다.

- **Q** Why did the customer return the keyboard? — 고객이 키보드를 반납한 이유가 뭔가요?
- **A** Because it was damaged. — 고장 났기 때문이에요.
- **오답** Okay, leave it on the table. (✕) → Yes / No 대체 표현 불가 — 좋아요. 탁자 위에 두세요.

■ 빈출 패턴

- **Q** Why has the factory supervisor called everyone? — 왜 공장 관리자가 모두를 소집했나요?
- **A** Because we just received a large order. — 우리가 방금 대량 주문을 받았기 때문이에요.

- **Q** Why is the shoe store closed today? — 왜 신발 매장이 오늘 문을 닫았나요?
- **A** Because of renovation work. — 수리 작업 때문이에요.

- Because가 들어간 오답 함정에 유의해야 한다.
  - Ex) Why did Rita visit the Accounting Department? 리타가 왜 경리부를 방문했나요?
    Because I want to ask about the reimbursement process. (✕) → 대명사 오류
    저는 환급 절차에 대해서 물어보고 싶었기 때문이에요.
- Why don't you…?는 이유를 묻는 것이 아니라, 권유나 제안의 표현이다.

전략3 부정 의문문의 형태로도 자주 출제된다. Not이 들어간 발음에 유의하자.

Q Why can't I access my e-mail? 이메일에 접속할 수 없는 이유가 뭔가요?
A The Internet connection is not working. 인터넷 연결이 안 되고 있어요.
오답 Through the side entrance. (✗) ⋯ 의문사 오류 옆문을 통해서요.

■ 빈출 패턴

Q Why hasn't the proposal been approved yet? 왜 제안서가 승인되지 않았나요?
A It's still under review. 아직 검토 중이에요.
Q Why haven't you completed the report? 보고서를 왜 완성하지 못했나요?
A I'm waiting for some figures from the headquarters. 본사로부터 수치들을 기다리는 중이에요.
Q Why isn't the manager at her desk? 관리자가 왜 자리에 없나요?
A Isn't she interviewing someone? 누군가를 면접하고 있지 않나요?

 전략4 목적을 설명하는 To do⋯ / For doing⋯ 단서 표현들도 기억하자.

Q Why did you visit the warehouse yesterday? 어제 창고를 방문한 이유가 뭐죠?
A To check the inventory. 재고를 확인하기 위해서요.
오답 To the supply room. (✗) ⋯ 연상 어휘 비품실에요.

■ 빈출 패턴

Q Why have they closed the parking lot? 주차장을 왜 폐쇄했나요?
A For repaving work. 재포장 작업을 위해서요.
Q Why do you want to take the train? 왜 열차를 타려는 거예요?
A So I can avoid traffic jams. 교통 체증을 피하려구요.

 • since가 '~때문에'라는 의미로 사용되는 보기에 유의하자. Why 의문문의 답으로 착각하기 쉬운데 주로 오답 함정이다.
Ex) Why are there flyers on the table? 테이블 위에 전단지들이 있는 이유가 뭐죠?
Since I posted them. (✗) 제가 게시했기 때문이에요.

MODEL TEST 🎧 P2_12/ 해설 p.30

1. Mark the answer.   (A) (B) (C)
2. Mark the answer.   (A) (B) (C)
3. Mark the answer.   (A) (B) (C)
4. Mark the answer.   (A) (B) (C)
5. Mark the answer.   (A) (B) (C)

❷ How 의문문

🎧 P2_13

How 의문문은 주로 수량, 수단·방법, 의견·상태를 묻는 데 사용된다. How와 연결되는 키워드(형용사, 부사, 동사, 명사)에 따라서 묻는 대상이 달라지고 그에 따라 정답이 결정된다.

 전략1 **How 다음의 형용사나 부사에 따라 정답이 결정된다. 수 관련 표현이 들어가면 정답 가능성이 높다.**

Q	How long will the meeting be?	회의는 얼마나 오래 계속 될까요?
A	Just thirty minutes.	겨우 30분이요.
오답	I enjoy meeting everyone. (✗) ⋯ 어휘 반복	모든 사람들을 만나는 게 좋아요.

■ 빈출 패턴

빈도	Q	How often do you clean the supply closet?	얼마나 자주 비품실을 청소하나요?
	A	At least once a month.	적어도 한 달에 한 번요.
가격	Q	How much will it cost to repair this machine?	이 기계를 수리하는 데 얼마나 들까요?
	A	Forty five euros.	45유로요.
숫자	Q	How many people have registered for the workshop?	워크숍에 몇 명이 등록했나요?
	A	About thirty, I think.	약 30명쯤인 것 같아요.
시간	Q	How soon can you be done with the job?	그 일을 얼마나 빨리 끝낼 수 있죠?
	A	In about an hour.	약 한 시간 후예요.

 전략2 **How 다음에 동사가 나오면 수단이나 방법을 묻는다.**

Q	How could you complete the repair work so quickly?	수리 작업을 어떻게 그렇게 빨리 끝냈죠?
A	We got some help.	도움을 받았어요.
오답	It will be ready soon. (✗) ⋯ 연상 어휘	그것은 곧 준비될 거예요.

■ 빈출 패턴

Q How do I turn on this projector?	이 영사기를 어떻게 켜죠?
A By pressing the red button on its side.	옆쪽에 있는 빨간 버튼을 눌러서요.
Q How can I get some cardboard boxes?	판지 상자들을 어떻게 구할 수 있죠?
A There are some in the back room.	뒷방에 좀 있어요.
Q How do I get to the library from here?	여기서 도서관에 어떻게 가죠?
A Turn left at the intersection.	교차로에서 좌회전하세요.

전략3 How가 의견이나 상태를 묻기도 한다.

Q How is your new apartment? 　　　　　새 아파트는 어때요?
A It's so cozy. 　　　　　　　　　　　　매우 안락해요.
오답 By bus. (✕) ⋯ 관련 없는 답변 　　　　버스로요.

■ 빈출 패턴

Q How do you like the new printer? 　　　　새 프린터 어때요?
A It is much faster than the old one. 　　　이전 것보다 훨씬 빨라요.
Q How did the salary negotiations go? 　　임금 협상은 어떻게 되었어요?
A They went pretty well. 　　　　　　　　정말 잘되었어요.
Q How is the project coming along? 　　　프로젝트는 어떻게 되고 있어요?
A We're a little behind schedule. 　　　　일정보다 조금 늦어지고 있어요.

 다양한 관용표현들과 간접 응답들도 정답으로 출제된다.

Q How much time do you need? 　　　　　얼마나 많은 시간이 필요하세요?
A It depends on the project. 　　　　　　프로젝트에 따라 달라요.
오답 We need to work here. (✕) ⋯ 어휘 반복 　우리는 여기서 일해야 해요.

■ 빈출 보카

How many days 며칠간　　　How many times 몇 번　　　How much time 얼마나 많은 시간
How much longer 얼마나 더 오래

■ 빈출 패턴

Q How many times do I have to water the plants in the office? 　사무실 식물에 몇 번이나 물을 줘야 하나요?
A Only once a week. 　　　　　　　　　1주일에 한 번만요.
Q How much longer will you be using a copier? 　　복사기를 얼마나 더 사용할 건가요?
A I'm almost done. 　　　　　　　　　　거의 다 했어요.

MODEL TEST　　　　　　　　　　　　　　　　　　　P2_14 / 해설 p.31

1. Mark the answer.　　(A)　(B)　(C)
2. Mark the answer.　　(A)　(B)　(C)
3. Mark the answer.　　(A)　(B)　(C)
4. Mark the answer.　　(A)　(B)　(C)
5. Mark the answer.　　(A)　(B)　(C)

PRACTICE TEST

1. Mark the answer.   (A) (B) (C)
2. Mark the answer.   (A) (B) (C)
3. Mark the answer.   (A) (B) (C)
4. Mark the answer.   (A) (B) (C)
5. Mark the answer.   (A) (B) (C)
6. Mark the answer.   (A) (B) (C)
7. Mark the answer.   (A) (B) (C)
8. Mark the answer.   (A) (B) (C)
9. Mark the answer.   (A) (B) (C)
10. Mark the answer.   (A) (B) (C)
11. Mark the answer.   (A) (B) (C)
12. Mark the answer.   (A) (B) (C)
13. Mark the answer.   (A) (B) (C)
14. Mark the answer.   (A) (B) (C)
15. Mark the answer.   (A) (B) (C)
16. Mark the answer.   (A) (B) (C)
17. Mark the answer.   (A) (B) (C)
18. Mark the answer.   (A) (B) (C)
19. Mark the answer.   (A) (B) (C)
20. Mark the answer.   (A) (B) (C)
21. Mark the answer.   (A) (B) (C)
22. Mark the answer.   (A) (B) (C)
23. Mark the answer.   (A) (B) (C)
24. Mark the answer.   (A) (B) (C)
25. Mark the answer.   (A) (B) (C)

TIP

LC 고수들의 만점

For의 다양한 의미와 사용

1. for + 모임/목적/이유 ~를 위해서

> Q **Why** did you go to Seoul? 왜 서울에 갔나요?
> A **For** a meeting. 회의를 위해서요.
> ➜ Why 의문문의 빈출 정답
>
> Q What's in the box? 상자 안에는 무엇이 있나요?
> A It's **for** a birthday party. 그것은 생일파티를 위한 거예요.

2. for + 수 + 시간 ~동안

> Q **How long** are you going to be out of the office? 얼마나 오랫동안 사무실에 없을 건가요?
> A **For** an hour. 한 시간 동안이요.

3. ~에

> Q Why were you **late for** the meeting? 왜 회의에 늦었나요?
> A My car broke down. 차가 고장 났어요.

63

UNIT 04 일반/간접 의문문

❶ 일반 의문문

🎧 P2_16

의문사 없이 Be 동사/Do 동사/Have 동사/조동사로 묻는 의문문을 일반 의문문이라고 한다. 의문사 의문문과 달리 Yes/No 응답이 가능하다. 의문사 의문문보다 더 길고 복잡한 구조로 다양한 내용이 출제된다.

전략1 Do 동사 의문문이 가장 많이 출제된다.

Q	Does the director know that a client is arriving soon?	고객이 곧 도착한다는 것을 이사님이 아나요?
A	He is expecting her.	그는 그녀를 기다리고 있어요.
오답	Yes, in the meeting room. (✗) → 관련 없는 답변	네, 회의실 안에요.

■ 빈출 패턴

Q Do you have time to go over this report? / 이 보고서를 검토할 시간 있으세요?
A Yes, I'll be free this afternoon. / 오늘 오후에 시간이 될 거예요.

Q Do you know if there's a post office nearby? / 근처에 우체국이 있는지 아세요?
A There is a map over there. / 저쪽에 지도가 있어요.

Q Did you go to the musical last weekend? / 지난 주말에 뮤지컬 보러 갔나요?
A It was fantastic. / 매우 좋았어요.

> **만점특강**
> • 일반 의문문에 대해 문장이 아닌 구나 단어로 답하면 오답일 가능성이 높다.
>   Ex) Do we have paper clips? 클립이 있나요?
>   - They are in the top drawer. (○) 그것들은 맨 위 서랍 안에 있어요.
>   - For these documents. (✗) 이 서류들을 위해서요.

전략2 현재완료형인 Have 동사 의문문은 완료나 경험 등을 묻는다.

Q	Have they changed the lights in the meeting room?	회의실의 전등들을 갈았나요?
A	It's brighter now.	지금은 더 밝네요.
오답	The ladder is over there. (✗) → 연상 어휘	사다리는 저쪽에 있어요.

■ 빈출 패턴

Q Have you been to our headquarters? / 본사에 가본 적 있나요?
A Yes, once last year. / 네, 작년에 한 번이요.

Q Have you printed out the training manuals? / 교육 설명서들을 출력했나요?
A I thought the manager wanted to change a few things. / 관리자가 몇 가지를 수정하기를 원하는 것 같았어요.

Q Has the workshop been postponed? / 워크숍이 연기되었나요?
A The instructor is sick. / 강사가 아파요.

전략3 **Be 동사 의문문은 사실을 확인하거나 미래의 계획을 묻는다.**

Q Is there some place in the hotel where I can make copies?   호텔 내에 복사할 곳이 있나요?
A The business center is open 24 hours a day.   비즈니스 센터는 24시간 문 열어요.
오답 There's coffee in the staff room. (✗) ⋯ 유사 발음   직원실 안에 커피가 있어요.

■ 빈출 패턴

Q Are you ready for this afternoon's presentation to the clients?   고객들에게 하는 오늘 오후 발표 준비가 되었나요?
A Actually, I want you to look at the materials I prepared.   실은, 준비한 자료들을 좀 봐주셨으면 해요.
Q Are you going to use the projector this morning?   오늘 오전에 영사기를 사용할 건가요?
A You go ahead.   사용하셔도 돼요.
Q Was this copier repaired last week?   이 복사기를 지난주에 수리했나요?
A I don't think so.   그런 것 같지 않아요.

 전략4 **다양한 형태의 조동사 의문문은 뒤에 나오는 동사를 꼭 들어야 한다.**

Q Will you call the headquarters?   본사에 전화할 건가요?
A Yes, I'll do that after lunch.   네, 점심 시간 지나서 할게요.
오답 No, it's quite cold today. (✗) ⋯ 유사 발음   아뇨, 오늘은 상당히 춥네요.

■ 빈출 패턴

Q Should I turn off the photocopier?   복사기를 꺼야 하나요?
A Please leave it on.   켜두세요.
Q Would you be interested in free tickets to a play?   무료 연극 표에 관심 있나요?
A Who's performing?   누가 공연하나요?
Q Could we order lab coats?   실험복을 주문할 수 있을까요?
A There are some left here.   여기 좀 남아 있어요.

MODEL TEST .... 🎧 P2_17/ 해설 p.36

1. Mark the answer.   (A)   (B)   (C)
2. Mark the answer.   (A)   (B)   (C)
3. Mark the answer.   (A)   (B)   (C)
4. Mark the answer.   (A)   (B)   (C)
5. Mark the answer.   (A)   (B)   (C)

전략5 일반 의문문에는 의문사 의문문과 달리 Yes / No 답변이 가능하다.

Q	Did you check the new projector?	새 영사기를 확인해봤나요?
A	Yes, it's working well.	네, 잘 작동하고 있어요.
오답	No, in the morning. (✗) ⋯ **Yes / No 오류(Yes라고 해야 함)**	아뇨, 오전에요.

■ 빈출 패턴

Q	Have the results of the customer survey been announced yet?	고객 설문조사 결과가 이미 발표되었나요?
A	Yes, an hour ago.	네, 한 시간 전에요.
Q	Is our laboratory planning to purchase a microscope?	우리 실험실은 현미경을 구매할 계획인가요?
A	Yes, we're getting one next month.	네, 다음 달에 한 개를 살 거예요.
Q	Can we hire some part-time help?	임시직 근로자를 좀 채용할 수 있나요?
A	No, we do not have enough money in the budget.	아뇨, 충분한 예산이 없어요.

 전략6 일반 의문문에서 Yes / No 대체 표현도 꼭 알아두자.

Q	Do you want to try these shoes on?	이 신발들을 신어보시겠어요?
A	Sure, I really want to.	그럼요, 정말 그러고 싶어요.
오답	I'll try it. (✗) ⋯ **대명사 오류**	그것을 시도해 볼게요.

■ 빈출 패턴

Q	Should I install more shelves in the stockroom?	비품실에 선반을 더 설치해야 하나요?
A	Sure, that would be great.	그럼요, 그러면 아주 좋겠네요.
Q	Have you heard about the good reviews for the play?	그 연극에 대한 좋은 평가를 들어보셨죠?
A	Okay, let's go see it.	좋아요, 그것을 보러 갑시다.
Q	Can we have lunch before we leave?	출발 전에 점심을 먹을 수 있을까요?
A	Unfortunately, we can't.	유감스럽게도 안 돼요.

- Yes 대체 표현   Sure. / Okay.
- No 대체 표현   Not quite. / Not yet. / Unfortunately.

❷ 간접 의문문

간접 의문문은 의문사 의문문이 일반 의문문에 들어가 있는 형태이다. 간접 의문문은 「일반 의문문＋의문사＋주어＋동사」의 어순이 된다.

Do you know? ＋ Where is the post office? → Do you know where the post office is?
직접 의문문   직접 의문문   간접 의문문
(Do 동사 의문문) (의문사 의문문)

Do you know ＋ 의문사…?가 최다 빈출 유형이다.

Q Do you know where the conference room is?   회의실이 어디에 있는지 아세요?
A It's on the third floor.   3층에 있어요.
오답 There's a parking space. (✗) ⋯ 연상 어휘   주차 공간이 하나 있어요.

■ 빈출 패턴

Q Do you happen to know who wrote the summary?   혹시 누가 요약본을 썼는지 아시나요?
A It was Elizabeth.   엘리자베스였어요.

Can[Could] you tell me ＋ 의문사…?도 기억하자.

Q Can you tell me why there are documents by the copier? 복사기 옆에 왜 서류들이 있나요?
A It looks like Joan forgot them.   조앤이 깜박한 것 같아요.
오답 Yes, I'd like to buy some. (✗) ⋯ 유사 발음   네, 좀 사고 싶어요.

■ 빈출 패턴

Q Can you show me how to operate this equipment?   이 장비의 사용법 좀 알려주시겠어요?
A There is the manual over here.   여기에 설명서가 있어요.

• Do you remember ＋ 의문사…? ~을 기억하시나요?
• Does anyone know here ＋ 의문사…? 여기 누가 ~을 아시나요?

MODEL TEST

1. Mark the answer.   (A) (B) (C)
2. Mark the answer.   (A) (B) (C)
3. Mark the answer.   (A) (B) (C)
4. Mark the answer.   (A) (B) (C)
5. Mark the answer.   (A) (B) (C)

PRACTICE TEST

1. Mark the answer. (A) (B) (C)
2. Mark the answer. (A) (B) (C)
3. Mark the answer. (A) (B) (C)
4. Mark the answer. (A) (B) (C)
5. Mark the answer. (A) (B) (C)
6. Mark the answer. (A) (B) (C)
7. Mark the answer. (A) (B) (C)
8. Mark the answer. (A) (B) (C)
9. Mark the answer. (A) (B) (C)
10. Mark the answer. (A) (B) (C)
11. Mark the answer. (A) (B) (C)
12. Mark the answer. (A) (B) (C)
13. Mark the answer. (A) (B) (C)
14. Mark the answer. (A) (B) (C)
15. Mark the answer. (A) (B) (C)
16. Mark the answer. (A) (B) (C)
17. Mark the answer. (A) (B) (C)
18. Mark the answer. (A) (B) (C)
19. Mark the answer. (A) (B) (C)
20. Mark the answer. (A) (B) (C)
21. Mark the answer. (A) (B) (C)
22. Mark the answer. (A) (B) (C)
23. Mark the answer. (A) (B) (C)
24. Mark the answer. (A) (B) (C)
25. Mark the answer. (A) (B) (C)

LC 고수들의 만점

주의! 짧은 답변

1. Do you have an extra pen? 여분의 펜이 있나요?

- Yes, **I do.** (O) 네, 저는 가지고 있어요. ➔ you가 '당신 / 너'로 해석될 때 I로 답변
- Yes, **we do.** (O) 네, 저희는 가지고 있어요. ➔ you가 '여러분 / 당신들'로 해석될 때 we로 답변

2. Can you fix this machine? 이 기계 좀 수리해주시겠어요?

- Yes, I can. (O) 네, 할 수 있어요.
- Yes, **you can.** (✗) 네, 당신이 할 수 있어요. ➔ you 질문에는 you로 답하지 못한다!

3. Would you like to see the report? 보고서를 보시겠어요?

- Yes, I would. (O) 네, 좋아요.
- Yes, I **do/am.** (✗) ➔ 조동사 불일치로 오답

4. Is it hot today? 오늘 덥나요?

- Yes, it is. (O) 네, 그래요.
- Yes, it **sure(ly)** is. (O) 네, 정말 그래요. ➔ 부사 sure(ly)로 강조
- Yes, it **should** be. (O) 네, 정말 그래요. ➔ should는 '확신'을 의미

5. Have you **finished** the report? 보고서 끝내셨나요?

- Yes, I **have.** (O) 네, 했어요. ➔ have p.p.의 줄임말
- Yes, I **did.** (O) 네, 했어요. ➔ 동사의 과거형을 대신하는 조동사
- Yes, I **was.** (✗) ➔ 조동사 불일치로 오답

UNIT 05 부정/부가/선택 의문문

❶ 부정/부가 의문문 P2_21

일반 의문문은 상대에게 궁금한 사항을 문의하는 것이지만, 부정 의문문은 사실을 확인하거나 동의를 구하기 위한 것이다. 부가 의문문은 평서문 뒤에 의문문이 붙은 형태로, 평서문의 말을 확인하기 위한 것이다.

전략1 부정 의문문에는 Not을 제외한 내용에 대해 긍정이면 Yes, 부정이면 No로 답한다.

Q	Isn't it supposed to be cloudy this afternoon?	오늘 오후에 날씨가 흐릴 거라고 했죠?
A	Yes, that's what they say.	네, 그렇다고 하네요.
오답	We're meeting tomorrow. (✗) ···→ 연상 어휘	우리는 내일 만날 거예요.

■ 빈출 패턴

Q Aren't you planning to go to a bank this morning? — 오늘 오전에 은행에 갈 계획이죠?
A No, not until this afternoon. — 아뇨, 오늘 오후에나요.

Q Don't we need more flyers? — 전단지가 더 필요하죠?
A Yes, shall I order some? — 네, 제가 좀 주문할까요?

Q Won't Adam be setting up the company retreat this year? — 아담이 올해 회사 단합회를 준비하겠죠?
A No, I believe Leslie will. — 아뇨, 레슬리가 할 거라 생각해요.

> **만점특강** · 혼동 주의! Won't/Weren't는 발음으로 구분하기 어렵다. 주어 뒤의 동사로 구분하자.
> Ex) Won't the plane be faster? 비행기가 더 빠르겠죠?
> Weren't the materials for the presentation prepared? 발표 자료들이 준비되었죠?

전략2 부정 의문문에는 Yes/No를 생략한 답변도 정답으로 많이 출제된다.

Q	Wasn't the proposal supposed to be completed yesterday?	제안서가 어제 끝날 예정이었죠?
A	We found some errors in it.	그 안에 오류를 좀 발견했어요.
오답	That's what I'd propose. (✗) ···→ 유사 발음	제가 제안하려는 거예요.

■ 빈출 패턴

Q Isn't the training scheduled for this afternoon? — 교육이 오늘 오후로 예정되어 있죠?
A It's right after lunch. — 점심시간 직후예요.

Q Don't we need to prepare some more food? — 우리가 음식을 좀 더 준비해야 하죠?
A People will bring their own food. — 사람들이 자신의 음식을 가져올 거예요.

Q Hasn't the agenda for the symposium been updated yet? — 심포지움 안건이 최신화되었죠?
A I completed doing that yesterday. — 어제 그렇게 하는 것을 끝냈어요.

Q Wouldn't you rather buy a new one? — 새 것을 사는 게 낫겠죠?
A I'll get it fixed. — 수리받을 거예요.

전략3 **부가 의문문에도 평서문 내용에 대해 긍정이면 Yes, 부정이면 No로 답한다.**

Q	You can't get me a discount, can you?	할인해 줄 수 없는지요?
A	Only If you order online.	온라인으로 주문하신다면요.
오답	It's a speech on sales. (✕) → 연상 어휘	판매에 대한 연설이에요.

■ 빈출 패턴

Q	You're going out soon, aren't you?	곧 외출할 거죠?
A	I'll be meeting with a client.	고객을 만날 거예요.
Q	I can leave my luggage here, can't I?	여기에 짐을 맡길 수 있죠?
A	Of course, we'll keep an eye on it.	물론이죠, 저희가 지켜볼게요.
Q	We won't wait so long, will we?	우리가 너무 오래 기다리지는 않겠죠?
A	The line is moving quickly.	줄이 빠르게 줄어들고 있어요.
Q	There aren't any more buses to New York, are there?	뉴욕행 버스들이 더 없지 않나요?
A	The last one left already.	마지막 버스가 이미 떠났어요.

 • 부가 의문문에 나오는 동사와 어울리지 않는 오답 유형에 유의한다.
..., would you? — Yes, I would. (○)/Yes, I do. (✕)/Yes, I am. (✕)
..., have you? — Yes, I have. (○)/Yes, I did. (○)/Yes, I was. (✕)
..., is it? — Yes, it is. (○)/Yes, it sure is. (○)/Yes, it should be. (○)

 전략4 **특수한 형태의 빈출 부가 의문문인 right을 알아두자.**

Q	The company finished updating our Internet site, right?	회사가 인터넷 사이트 업데이트를 끝냈죠?
A	Yes, the homepage looks better now.	네, 홈페이지가 이제 더 좋아 보여요.
오답	Yes, he chose the site. (✕) → 대명사 오류	네, 그가 그 장소를 선택했어요.

■ 빈출 패턴

Q	We're having staff workshops this month, right?	이번 달에 직원 워크숍이 있죠?
A	I haven't heard that.	그런 말 못 들었어요.
Q	It's chilly in this office, don't you think?	여기 사무실이 쌀쌀한 것 같지 않나요?
A	Yes, I'll turn up the heat.	네, 히터를 켤게요.

MODEL TEST   🎧 P2_22/ 해설 p.42

1. Mark the answer.   (A) (B) (C)
2. Mark the answer.   (A) (B) (C)
3. Mark the answer.   (A) (B) (C)
4. Mark the answer.   (A) (B) (C)
5. Mark the answer.   (A) (B) (C)

② 선택 의문문

 P2_23

선택 의문문은 의문문에 or를 써서 둘 중 어느 하나의 선택을 요구하는 의문문이다. 대개 둘 중 하나를 선택하는 답변이 나오지만, 둘 다 선택하거나 아무것도 선택하지 않거나 제3의 것을 선택하는 등 다양한 답변이 가능하다.

전략1 선택 의문문에는 원래 Yes / No 답변이 불가능하지만 문장과 문장으로 물을 때는 가능하다.

Q	Do you have to leave now, or are you still working?	지금 출발해야 하나요, 아니면 아직 일하고 있나요?
A1	No, my train isn't until 6.	아뇨, 제 기차는 6시나 돼서야 있어요.
A2	Yes, I am writing a report.	네, 저는 보고서를 작성하고 있어요.

■ 빈출 패턴

Q	Are you still going over the report, or are you finished with it?	보고서를 아직 검토 중인가요, 아니면 끝냈나요?
A	Yes, I'm done reading it.	네, 읽기를 끝냈어요.
Q	Should I have the package sent to the client, or will you mail it?	제가 소포를 고객에게 보낼까요, 아니면 직접 우편 발송을 하실 건가요?
A	No, I'll stop by the post office this morning.	아뇨, 오늘 제가 오전에 우체국에 들를게요.
Q	Will you give a speech first, or can I?	먼저 연설하실 건가요, 아니면 제가 해도 될까요?
A	No, you can go first.	아뇨, 먼저 하셔도 돼요.

전략2 선택 의문문에 대해서는 질문의 어휘를 반복한 정답이 자주 출제된다.

Q	Would you like a cup of coffee or some water?	커피 한 잔이나 물 드릴까요?
A	Coffee, please.	커피 주세요.
오답	Yes, please do. (✗) → Yes / No 불가	네, 그렇게 해주세요.

■ 빈출 패턴

Q	Did most of the job applicants submit their résumés by e-mail or by fax?	대부분의 지원자들은 이력서를 이메일로 보냈나요, 아니면 팩스로 보냈나요?
A	They used e-mails.	이메일을 사용했어요.
Q	Would it be better to use a messenger or fax it?	배달원을 이용하는 게 나을까요, 아니면 팩스로 보내는 게 나을까요?
A	The fax machine is out of order.	팩스기기는 고장이에요.
Q	Can the concert tickets be purchased over the phone or online?	콘서트 표 구매는 전화로 할 수 있나요, 아니면 온라인으로 할 수 있나요?
A	You should visit their site.	사이트를 방문해야 해요. ⋯ online을 패러프레이징

전략3 둘 다 선택 혹은 아무 것도 선택하지 않을 수도 있다.

Q Are you going to the cafeteria now or the employee lounge?
A Neither, I have a meeting with a client.
오답 She's a new employee. (✗) ⋯ 어휘 반복

지금 구내 식당에 갈 건가요, 아니면 직원 휴게실로 갈 건가요?
둘 다 아니에요, 고객과의 회의가 있어요.
그녀는 신규 직원이에요

■ 빈출 패턴

Q Which restaurant would you like to try, the French one or the Italian?
A Either is fine with me.
Q Are you driving to the convention center or taking the bus?
A Neither, I'm taking a taxi.
Q Would you like to discuss our project now or later?
A Whatever you prefer.

프랑스 식당과 이태리 식당 중 어느 식당에 가고 싶나요?
둘 다 좋아요.
컨벤션 센터까지 차로 갈 건가요, 아니면 버스를 탈 건가요?
둘 다 아니에요, 택시를 탈 거예요.
프로젝트를 지금 논의하고 싶으세요, 아니면 나중에 하고 싶으세요?
원하시는 대로요.

 전략4 둘 중 하나가 아닌 제3의 것을 선택하기도 한다.

Q Do you want to review the regulations here or in the meeting room?
A My office would be quieter.
오답 Usually in the afternoon. (✗) ⋯ 관련 없는 답변

규정을 이곳에서 검토하고 싶으세요, 아니면 회의실에서 하고 싶으세요?
제 사무실이 더 조용하겠어요.
주로 오후에요.

■ 빈출 패턴

Q Does Sasha work in Accounting or Personnel?
A She no longer works here.
Q Will you watch the 6 o'clock play or the 9 o'clock?
A Let's see the one right after lunch.

샤샤가 근무하는 부서가 회계부인가요, 아니면 인사부인가요?
그녀는 더 이상 여기서 근무하지 않아요.
6시 연극을 볼 건가요, 아니면 9시 것을 볼 건가요?
점심 직후 것을 봅시다.

MODEL TEST   🎧 P2_24 / 해설 p. 43

1. Mark the answer.   (A) (B) (C)
2. Mark the answer.   (A) (B) (C)
3. Mark the answer.   (A) (B) (C)
4. Mark the answer.   (A) (B) (C)
5. Mark the answer.   (A) (B) (C)

PRACTICE TEST

1. Mark the answer. (A) (B) (C)
2. Mark the answer. (A) (B) (C)
3. Mark the answer. (A) (B) (C)
4. Mark the answer. (A) (B) (C)
5. Mark the answer. (A) (B) (C)
6. Mark the answer. (A) (B) (C)
7. Mark the answer. (A) (B) (C)
8. Mark the answer. (A) (B) (C)
9. Mark the answer. (A) (B) (C)
10. Mark the answer. (A) (B) (C)
11. Mark the answer. (A) (B) (C)
12. Mark the answer. (A) (B) (C)
13. Mark the answer. (A) (B) (C)
14. Mark the answer. (A) (B) (C)
15. Mark the answer. (A) (B) (C)
16. Mark the answer. (A) (B) (C)
17. Mark the answer. (A) (B) (C)
18. Mark the answer. (A) (B) (C)
19. Mark the answer. (A) (B) (C)
20. Mark the answer. (A) (B) (C)
21. Mark the answer. (A) (B) (C)
22. Mark the answer. (A) (B) (C)
23. Mark the answer. (A) (B) (C)
24. Mark the answer. (A) (B) (C)
25. Mark the answer. (A) (B) (C)

LC 고수들의 만점

address

1. 주소를 적다, ~로 보내다

> Q Didn't you **address** this application to the Personnel Department?
> 이 지원서를 인사부로 보내지 않았나요?
> A Yes, in the morning. 네, 오전에요.

2. 연설하다(give[make / deliver] a speech[talk])

> Q Rick **addressed** the last year's seminar, didn't he?
> 릭이 작년 세미나 때 연설하지 않았나요?
> A Yes, he talked about sales techniques. 네, 그는 판매 기술에 대해서 말했어요.

3. 문제를 해결하다(solve, resolve, fix)

> Q Can we **address** this problem ourselves, or do I have to talk to the manager?
> 이 문제를 우리가 직접 해결할 수 있을까요, 아니면 관리자에게 말해야 할까요?
> A We'd better report it to the supervisor. 관리자에게 그것을 보고하는 게 낫겠어요.

could use

~을 사용하고 싶다, ~이 필요하다

> Q Would you like to take a break or continue to work?
> 쉬고 싶나요, 아니면 계속 일하고 싶나요?
> A I **could use** some rest. 휴식이 좀 필요해요.

UNIT 06 제안·요청 의문문 / 평서문

❶ 제안·요청 의문문 🎧 P2_26

의문사나 조동사 의문문 형태를 하고 있지만 요청(request), 제안(suggestion), 제의(offer), 허락(permission), 초대(invitation)의 의미를 갖는 질문 표현들을 정리해 두자.

전략1 상대에게 도움을 청하는 요청(request)이 가장 많이 출제된다.

Q	**Could you** help me with this table?	이 테이블 옮기는 것 좀 도와주시겠어요?
A	Of course, where do you want it to be?	물론이죠, 그것을 어디에 두기를 원하세요?
오답	To the corner over there. (✗) … 관련 없는 답변	저기 구석으로요.

■ 빈출 패턴

Q **Would you please** clean up the counter? 계산대 좀 청소해 주시겠어요?
A I already did. 이미 했어요.

Q **Do you mind turning** off the radio? 라디오 좀 꺼주시겠어요?
A Sorry, I'll do that right away. 미안해요, 바로 그렇게 할게요.

 요청 만능 답변
Sure [Surely / Certainly / No problem / Of course / Absolutely], …. 그럼[그래]요, ~
I'll be glad[happy / delighted] to 기꺼이요.
(No,) not at all. (아뇨,) 전혀요. / Of course not. 물론 싫지 않죠. / No, I don't mind. 아뇨, 싫지 않아요.

전략2 제안(suggestion)이 두 번째로 많이 출제된다.

Q	**Let's** stop at the sporting goods store.	스포츠 용품점에 들릅시다.
A	Oh, what do you need?	아, 무엇이 필요한가요?
오답	It's stored in the warehouse. (✗) … 다의어 함정	창고에 저장되어 있어요.

■ 빈출 패턴

Q **How about** checking out the new café nearby? 근처 새로 생긴 카페에 가보는 거 어때요?
A Sure, I'd love to. 네, 좋아요.

Q **Why don't we** try to park somewhere else? 다른 곳에 주차하는 것이 어때요?
A There's a space over there in the shade. 저쪽 그늘에 공간이 있네요.

Q **I think we should** think about building a new warehouse. 새 창고 건설에 대해서 생각해봐야 할 것 같아요.
A Let's discuss it at the board meeting. 이사회에서 논의합시다.

• Why don't…? / How[What] about…?은 의문사로 시작하지만 Yes / No / Sure / Okay로 답할 수 있다.
• 제안 만능 답변
That's a good[great / excellent] idea. 좋은 생각입니다.
(That) Sounds like a good idea[plan]. 좋은 생각입니다.
That sounds[would be] great[nice]. 그거 좋겠네요.

상대에게 도움을 주고자 할 때는 제의(offer) 표현이 사용된다.

Q	Would you like a seat by the window?	창가쪽 좌석을 드릴까요?
A	Yes, that'd be great.	네, 그러면 매우 좋겠네요.
오답	No, she didn't. (✗) ⋯ 대명사 오류	아뇨, 그녀는 하지 않았어요.

■ **빈출 패턴**

Q	Would you like me to unload these boxes?	이 상자들을 내려드릴까요?
A	That would be very helpful.	그래 주시면 정말 좋죠.
Q	Do you want me to help you with your report?	보고서 작업을 도와드릴까요?
A	Yes, thank you very much.	네, 매우 고맙습니다.

만점특강
- 제의 만능 답변
  That would be great. 매우 좋겠네요.
  Thanks, I'd appreciate it. 고맙습니다.
  That would be very helpful. 매우 도움이 될 겁니다.
  No thanks, I can manage. 괜찮아요, 제가 처리할 수 있어요.

 허락(permission)과 초대(invitation) 표현도 알아두자.

Q	Can I borrow the projector?	영사기를 빌려도 될까요?
A	Sure, take it.	물론이죠, 가져가세요.
오답	The one in the cabinet. (✗) ⋯ 관련 없는 답변	보관함 안에 있는 거요.

■ **빈출 패턴**

Q	Do you mind if I use your phone?	전화기를 사용해도 될까요?
A	No problem, go ahead.	물론이죠, 사용하세요.
Q	Do you want to go to a fitness center with me?	헬스클럽에 같이 가시겠어요?
A	I'd love to.	기꺼이요.

MODEL TEST ……………………………………………… 🎧 P2_27 / 해설 p.49

1. Mark the answer.   (A) (B) (C)
2. Mark the answer.   (A) (B) (C)
3. Mark the answer.   (A) (B) (C)
4. Mark the answer.   (A) (B) (C)
5. Mark the answer.   (A) (B) (C)

❷ 평서문

🎧 P2_28

Part 2에서 제시되는 평서문은 문제점 제기 / 바람·의견·감정 제시 / 일정·사실 전달 / 요청·제안·제의 / 의미상 질문 등을 나타낸다.

문제점을 제기하는 평서문에 대해 해결책을 제시하는 정답이 가장 많이 출제된다.

- **Q** The <u>seats</u> in the conference room are <u>not comfortable</u>. 회의실 좌석들은 불편해요.
- **A** I'll call Maintenance about them. 그것들에 대해서 관리부서에 전화할게요.
- 오답 Of course, you can <u>sit</u> here. (✗) → 유사 발음 네, 이곳에 앉으셔도 돼요.

■ 빈출 패턴

Q	I <u>left</u> my smartphone at the café.	휴대폰을 카페에 두고 왔어요.
A	I'll wait for you to get it.	기다릴 테니 가져오세요.
Q	The back door of the building is <u>locked</u>.	건물 뒷문이 잠겼어요.
A	Let me call the janitor.	수위를 부를게요.
Q	The computer is <u>not working properly</u>.	컴퓨터가 제대로 작동하지 않고 있어요.
A	You need to contact the tech support.	기술지원 부서에 연락해야 해요.
Q	I accidentally <u>damaged</u> the remote control.	실수로 리모콘을 파손했어요.
A	I'm sure I have a replacement.	교체품이 있을 거예요.

바람·의견·감정을 제시하는 평서문이 두 번째로 많이 출제된다.

- **Q** <u>I think</u> the <u>interviews</u> I had last week went well. 지난주에 있은 면접이 잘된 것 같아요.
- **A** I'm sure a business will give you an offer. 분명히 한 군데에서 일자리 제의를 할 거예요.
- 오답 Seven <u>applicants</u> so far. (✗) → 연상 어휘 현재까지 지원자가 7명이에요.

■ 빈출 패턴

Q	<u>I thought</u> the training session was very informative.	교육은 매우 유익했어요.
A	I've learned a lot too.	저도 많이 배웠어요.
Q	<u>I hope</u> we've got an extra copier in stock.	우리에게 여분의 복사기가 있으면 해요.
A	Fortunately, there is one left.	다행히, 한 개 남은 것이 있어요.
Q	<u>I was</u> very <u>impressed</u> with Mr. Kim's lecture at the workshop.	워크숍 때 미스터 킴의 강의에 매우 감명받았어요.
A	Yes, he's well-known in that area.	네, 그는 그 분야에서 매우 유명해요.
Q	This café serves <u>the best desserts</u> around the area.	이 카페 디저트는 이 근방에서 최고예요.
A	Didn't you try Joe's café?	조 카페에 가보지 않았나요?

전략3 일정·사실을 전달하는 평서문에는 논리적으로 다양한 답변들이 나온다.

Q The supervisor is planning to go on vacation for two weeks. 관리자는 2주간 휴가를 갈 계획이에요.
A Okay, I'll tell everyone about it. 알겠어요, 모두에게 말할게요.
오답 No, last month. (✗) → 관련 없는 답변 아뇨, 지난달이요.

■ 빈출 패턴

Q Our firm will be closed next Wednesday to celebrate its anniversary. 회사는 창립 기념일을 축하하기 위해서 다음 주 수요일에 문을 닫을 거예요.
A Let me put a notice on the Web site. 제가 웹사이트에 공지를 올릴게요.
Q The vice president will be retiring next month. 부사장님은 다음 달에 은퇴할 거예요.
A Shouldn't we prepare some gifts? 선물을 준비해야 하지 않을까요?
Q The sales are down by almost 5% so far this month. 이번 달 매출이 현재 거의 5% 하락했어요.
A We need to change our advertising company. 광고회사를 바꿔야 해요.

 전략4 평서문이지만 요청·제안을 나타내거나 의미상 질문에 해당하는 경우도 있다.

Q Please send the building plan to me. 설계도를 저에게 보내주세요.
A You'll have it in about ten minutes. 약 10분 후에 받게 될 거예요.
오답 At the manufacturing plant. (✗) → 유사 발음 제조 공장에서요.

■ 빈출 패턴

요청 Q I'd like to reserve a table for tomorrow at 6 o'clock. 내일 6시로 테이블 하나를 예약하고 싶어요.
     A Sorry, we're fully booked. 죄송하지만, 예약이 다 찼습니다.
제안 Q Maybe you can change the product images with better resolution files. 더 나은 해상도 파일들로 제품 이미지들을 수정할 수 있어요.
     A That's a good idea. 좋은 생각이네요.
질문 Q I wonder if Debbie has already submitted a report. 더비가 보고서를 제출했는지 궁금해요.
        ← Do you know if...
     A Yes, she did that in time. 네, 그녀는 제시간에 그렇게 했어요.

MODEL TEST ······ 🎧 P2_29/ 해설 p.50

1. Mark the answer.   (A) (B) (C)
2. Mark the answer.   (A) (B) (C)
3. Mark the answer.   (A) (B) (C)
4. Mark the answer.   (A) (B) (C)
5. Mark the answer.   (A) (B) (C)

PRACTICE TEST

1. Mark the answer. (A) (B) (C)
2. Mark the answer. (A) (B) (C)
3. Mark the answer. (A) (B) (C)
4. Mark the answer. (A) (B) (C)
5. Mark the answer. (A) (B) (C)
6. Mark the answer. (A) (B) (C)
7. Mark the answer. (A) (B) (C)
8. Mark the answer. (A) (B) (C)
9. Mark the answer. (A) (B) (C)
10. Mark the answer. (A) (B) (C)
11. Mark the answer. (A) (B) (C)
12. Mark the answer. (A) (B) (C)
13. Mark the answer. (A) (B) (C)
14. Mark the answer. (A) (B) (C)
15. Mark the answer. (A) (B) (C)
16. Mark the answer. (A) (B) (C)
17. Mark the answer. (A) (B) (C)
18. Mark the answer. (A) (B) (C)
19. Mark the answer. (A) (B) (C)
20. Mark the answer. (A) (B) (C)
21. Mark the answer. (A) (B) (C)
22. Mark the answer. (A) (B) (C)
23. Mark the answer. (A) (B) (C)
24. Mark the answer. (A) (B) (C)
25. Mark the answer. (A) (B) (C)

PART 2 ACTUAL TEST

🎧 P2_31 / 해설 p.55

7. Mark the answer.	(A) (B) (C)		20. Mark the answer.	(A) (B) (C)
8. Mark the answer.	(A) (B) (C)		21. Mark the answer.	(A) (B) (C)
9. Mark the answer.	(A) (B) (C)		22. Mark the answer.	(A) (B) (C)
10. Mark the answer.	(A) (B) (C)		23. Mark the answer.	(A) (B) (C)
11. Mark the answer.	(A) (B) (C)		24. Mark the answer.	(A) (B) (C)
12. Mark the answer.	(A) (B) (C)		25. Mark the answer.	(A) (B) (C)
13. Mark the answer.	(A) (B) (C)		26. Mark the answer.	(A) (B) (C)
14. Mark the answer.	(A) (B) (C)		27. Mark the answer.	(A) (B) (C)
15. Mark the answer.	(A) (B) (C)		28. Mark the answer.	(A) (B) (C)
16. Mark the answer.	(A) (B) (C)		29. Mark the answer.	(A) (B) (C)
17. Mark the answer.	(A) (B) (C)		30. Mark the answer.	(A) (B) (C)
18. Mark the answer.	(A) (B) (C)		31. Mark the answer.	(A) (B) (C)
19. Mark the answer.	(A) (B) (C)			

PROLOGUE
UNIT 01-08
ACTUAL TEST

PART 3

PART 3 키워드 청취

질문과 보기 미리 읽고 분석하기

 1단계 질문을 읽고 중요 키워드에 밑줄을 긋는다.
질문 옆에 한글로 핵심을 적어도 좋다.
기본 키워드 – 의문사 / 주어 / 동사+목적어 / 시간 / 장소

 2단계 보기를 읽고 키워드에 밑줄을 그은 후 대략의 정답을 예측해 본다.
주어가 같으면 동사 이하 키워드에 밑줄을 긋는다.
시간과 장소 표현은 따로 표시한다.

 3단계 질문과 보기의 키워드를 동시에 생각하며 대화를 듣는다.
대부분 문제 순서대로 대화에서 정답 단서가 주어지므로 순서대로 정답을 찾는다.

---

1. What problem does the man mention? 남자의 문제점
   (A) The computer has a virus.
   (B) A new part needs to be ordered.
   (C) A conference has been postponed.
   (D) The computer needs updates.

2. What field does the woman most likely work in? 여자의 업무 분야
   (A) Information Technology
   (B) Banking
   (C) Medical
   (D) Textiles

3. What does the man offer to do? 남자의 제의사항
   (A) Help her prepare for a speech
   (B) Fix her computer very quickly
   (C) Organize a company event
   (D) Lend her his laptop computer

청취 포인트 정답 (A)
남자의 대사 중 부정적인 것에 주목

청취 포인트 정답 (C)
전체 대사 중 직업 / 분야와 관련된 말에 주목

청취 포인트 정답 (D)
남자의 대사 중 도움을 주는 내용에 주목

M Good afternoon, Ms. Jones. This is James calling from Integrated IT Solutions.
W Hello James, is my laptop fixed?
M Well... I managed to fix the keyboard. Uh, ¹it looks like your computer is infected with a virus. I will reformat your hard drive to get rid of it, but I will need to save all of your data, so it will take some time to do.
W Well, ²I need my laptop to make a speech at a medical conference in two days, I am speaking about a new procedure I have developed.
M It won't be ready for that. I tell you what, ³how about I lend you my notebook computer?
W That would be perfect, thank you so much.

남: 안녕하세요, 존스 씨. 통합 IT 솔루션즈에서 전화드리는 제임스입니다.
여: 안녕하세요 제임스, 제 노트북이 수리되었나요?
남: 음… 키보드는 겨우 수리할 수 있었습니다. 아, 컴퓨터가 바이러스에 감염된 것 같습니다. 그것을 제거하기 위해 하드 드라이브를 다시 포맷하려고 하는데, 모든 데이터를 저장해야 합니다, 그래서 시간이 걸릴 겁니다.
여: 음, 이틀 후에 의학 컨퍼런스에서 연설하려면 제 노트북 컴퓨터가 필요해요, 제가 개발한 새 치료에 대해 이야기할 거예요.
남: 그렇게는 준비가 되지 않을 겁니다. 그럼 이렇게 하시죠, 제 노트북 컴퓨터를 빌려드리는 건 어떨까요?
여: 그러면 완벽하죠, 너무 감사해요.

패러프레이징

대화 장소/직업/근무 분야 등을 묻는 질문에서는 대화문에 나온 표현이 그대로 정답에 제시되기도 하지만, 나머지 질문 유형들에서는 같은 의미의 다른 어휘나 표현으로 바뀌어서, 즉 패러프레이징되어 제시된다.

① 동의어나 유사한 표현으로 정답을 제시한다. (대다수의 질문 유형들)

drop off a résumé 이력서를 가져다 주다	→	apply for a job 일자리에 지원하다
at a reduced price 할인 가격으로	→	lower prices 더 낮은 가격으로
reserve a flight 비행기 예약을 하다	→	make travel arrangements 여행 준비를 하다
get some temporary workers 임시 직원을 구하다	→	hire additional workers 추가로 직원을 채용하다
keep a work area in order 작업장을 정리하다	→	keep a workplace organized 작업장을 정리하다
walk the rest of the way 남은 거리를 걸어가다	→	walk to a destination 목적지까지 걸어가다
stop producing 생산을 멈추다	→	discontinue a product 제품 생산을 중단하다
finish a project 프로젝트를 끝내다	→	complete some work 작업을 끝내다
announce the new plan 새 계획을 발표하다	→	introduce a new program 새 프로그램을 소개하다
go visit a client 고객을 방문하다	→	go on a business trip 출장 가다
give a ride 차를 태워주다	→	provide transportation 차편을 제공하다
close the store early 가게 문을 일찍 닫다	→	adjust store hours 가게 영업 시간을 조정하다

② 어휘들을 종합해 정답을 유추한다. (대화 장소/직업/근무 분야)

open an account, withdrawal, save / deposit, account number 계좌를 개설하다 인출 예금하다 계좌번호	→	bank teller 은행창구 직원
menu, main dish, server, dining area, reserve a table 메뉴 주요리 종업원 식사 구역 테이블을 예약하다	→	restaurant 식당
house, apartment, rent, landlord, tenant, move in[out] 주택 아파트 임대료 집주인 세입자 이사 들어가다[나가다]	→	real estate agent 부동산 업자
room, suite, room key, front desk, housekeeping, check in[out] 방 특실 방 열쇠 프런트 데스크 객실관리 입실[퇴실]하다	→	hotel 호텔

UNIT 01 대화 주제 / 목적 파악

전체 대화의 내용이나 전화를 건 용건·이유를 묻는 질문 유형이 여기에 속한다. 대화의 목적을 묻는 질문 유형은 전화 대화 중에 정형화된 단서 패턴이 나오는 경우가 많으므로 미리 정리해 두자.

🎧 P3_01 / 해설 p.60

전략 1 대화의 주제 / 목적 문제는 첫 대사의 키워드를 반드시 듣는다.

정답 단서의 80%가 첫 대사에서 제시되므로 시작 부분을 최대한 집중해서 들어야 한다. 두 번째 대사까지 들어야 정답을 알 수 있는 경우가 약 20%, 아주 가끔은 세 번째 대사까지 들어야 파악할 수 있다.

W Hi, James. **Do you think we could** be prepared for the sales convention soon? The boss suggests we travel a bit earlier.

M That's fine with me. Actually, I'm excited to leave soon. We still have two weeks to get ready anyway. And you?

W I'm okay with the plan. I'd better inform the other associates so they could adjust their schedules as well.

Q What is the conversation about?
(A) A delivery schedule
(B) A conference

• 대화 속 키워드를 그대로 사용한 오답 보기에 유의한다.

전략 2 전화 건 목적은 전화를 건 화자의 대사에서 정답을 찾는다.

문제에 전화 건 목적이나 이유를 묻는 질문이 나오면 대화를 들으면서 누가 누구에게 무슨 이유로 전화를 하는지 파악해야 한다.

M Hi, you've reached "Online Shopping Solutions." What can I do for you?

W **I'm calling about** how I can pay for things from your Web site. I do not use Internet banking and I do not trust other online payment methods, but I would like to buy some things from you.

M We accept credit cards. You could also make a bank transfer from your account to our account at an ATM.

Q Why is the woman calling?
(A) To ask about payment options
(B) To order products online

• Why is the man[woman] calling?처럼 전화 건 사람의 성별이 질문에 나올 때는 해당 화자의 말에서 정답을 찾는다. 하지만 What is the purpose of the phone call?처럼 질문만으로 발신자의 성별을 판단하기 어려울 때는 I'm calling... 등의 정답 단서를 적극 활용한다.
• 위 예제처럼 I'm calling about... 이하 한 문장만으로 정답을 고를 수 있는 경우도 있지만, 이어지는 두세 문장을 다 듣고 종합해야 전화 건 용건을 파악할 수 있을 때도 있다.

■ 빈출 질문 패턴

대화 주제	What are the speakers discussing?	화자들이 논의하고 있는 것은?
	What is the conversation mainly about?	대화는 주로 무엇에 관한 것인가?
전화 목적	Why is the woman calling?	여자가 전화를 하는 이유는?
	Why did the man call the woman?	남자가 여자에게 전화한 이유는?
	What is the purpose of the phone call?	전화 건 목적은 무엇인가?

■ 빈출 정답 단서 패턴

대화 주제
Let's talk about… ~에 대해서 대화합시다
What did you think about…? ~에 대해서 어떻게 생각하세요?
I'm thinking about… ~에 대해서 생각 중이에요
Do you think we could…? 우리가 ~할 수 있다고 생각하세요?
How … coming along? ~은 어떻게 돼가고 있어요?
Did you hear the news about…? ~에 관한 소식 들었나요?
Did you know…? ~을 알았나요?
I[We] have[need] to… ~해야 해요

전화 용건
I'm calling about… ~에 관해서 전화드립니다
I'm calling to see[find out] if… ~인지 알아보기 위해서 전화드립니다
Can you tell me…? ~을 말씀해 주시겠어요?
I'm following up on… ~에 대해서 후속 행동을 취하고 있습니다
I'm interested in… ~에 관심이 있습니다
I'd like to let you know that… ~을 알려드리고자 합니다

MODEL TEST

P3_02 / 해설 p.60

1. What is the conversation mainly about?
   (A) An advertising campaign
   (B) Product upgrades
   (C) A design proposal
   (D) Production costs

2. Why is the woman calling?
   (A) To promote a sale event
   (B) To get consumer feedback
   (C) To check the man's order details
   (D) To purchase a new car

3. What are the speakers discussing?
   (A) Giving a cooking demonstration
   (B) Using a catering service
   (C) Holding a company picnic
   (D) Changing an event venue

4. What is the purpose of the conversation?
   (A) To make a shopping list
   (B) To discuss a reduction in sales
   (C) To determine new menu items
   (D) To talk about a supplier's prices

UNIT 01

대화문 토픽별 빈출 표현 🎧 P3_03

1. 회의/일정

officemate/coworker/colleague/associate 동료
shareholders' meeting 주주 회의
video conference meeting 화상 회의
conference call 전화 회의
call[hold/miss] a meeting 회의를 소집하다[열다/놓치다]
meeting minutes 회의록
send a proposal 제안서를 보내다
meet the deadline 마감일을 맞추다
address 문제를 해결하다
on a regular basis 정기적으로
catch up on ~을 만회하다
present ideas 아이디어를 내다
come up with ~을 생각해내다
behind[on/ahead of] schedule 예정보다 늦게[예정대로/예정보다 일찍]

adjust a schedule 일정을 조정하다
on such short notice 그토록 촉박한 통지에
bring me up to date 나에게 최신 정보를 알려주다
fill you in 지금까지 있은 일을 알려주다
be put on the agenda 안건에 들어가다
go over/review revisions 수정본을 검토하다
assign projects 프로젝트를 배정하다
collaborate on a project 프로젝트를 공동 작업하다
make some adjustments 조정하다
put in some overtime hours 초과 근무를 하다
troubleshoot problems 문제를 해결하다
have one's hands full 매우 바쁘다
run into some unexpected problems 예상치 못한 문제를 겪다
revise the contract 계약서를 수정하다
acquire a competitor 경쟁 업체를 인수하다

2. 출장/출근

business trip 출장
travel for work 출장 가다
expense report 경비 보고서
get reimbursed for ~을 환급받다
call in sick 아파서 결근한다고 전화하다

make travel arrangements 출장 준비를 하다
submit travel reimbursement requests 출장 경비 상환 요청서를 제출하다
travel expenses will be charged to the company 출장 경비는 회사로 청구될 것이다

3. 사무실 시설 관리/보수

maintenance crew[worker] 시설 관리직원
status report 현황 보고서
safety inspection 안전 점검
poor maintenance 정비 불량
restore 복구하다
work on 작업하다
redo/renovate/remodel 개조하다
install/set up 설치하다

not working properly 제대로 작동하지 않다
out of order 고장 난
get it fixed shortly 빨리 수리받다
issue a new computer 새 컴퓨터를 지급하다
check some specifications 명세서를 확인하다
fill out a service request form 서비스 요청 양식을 작성하다

PRACTICE TEST

1. What are the speakers talking about?
   (A) New employee orientation
   (B) A delivery date
   (C) A storage facility
   (D) A training seminar

2. What does the man say about the conference room?
   (A) It has been rented.
   (B) The location is ideal.
   (C) It is too small now.
   (D) The rent is too expensive.

3. What would the speakers like to do?
   (A) Rent some equipment
   (B) Look for a convention center
   (C) Add more seating
   (D) Reserve a room in advance

4. Why is the man calling?
   (A) To ask for a phone number search
   (B) To report damage to a telephone network
   (C) To give the company new bank details
   (D) To put another person on his account

5. Why does Wendy transfer a call?
   (A) She has another call coming in.
   (B) She cannot help the customer.
   (C) She does not understand the customer.
   (D) She wants to help her colleague.

6. What information does Anne need?
   (A) A phone number
   (B) A company's address
   (C) An e-mail address
   (D) An ID number

7. What are the speakers discussing?
   (A) Increasing monthly parking costs
   (B) A car-sharing plan
   (C) Public transportation fees
   (D) A new employee

8. What does the man think of the woman's proposal?
   (A) It is unnecessary.
   (B) It is unlikely to be successful.
   (C) It should be postponed indefinitely.
   (D) It is cost-effective.

9. What would the speakers like to do at a meeting?
   (A) Remodel the employee lounge
   (B) Introduce a new program
   (C) Obtain parking permits
   (D) Discuss expansion plans for a business

10. Why does the man talk to the woman?
    (A) To take her to a new restaurant
    (B) To invite her to an event
    (C) To interview her for a job
    (D) To ask a favor

11. What is the woman concerned about?
    (A) Being late for a movie
    (B) Finding tickets
    (C) Meeting the man's family
    (D) Waiting in a long line

12. What does the woman agree to do?
    (A) Accompany the man
    (B) Have dinner at a festival
    (C) Book a reservation
    (D) Return to the office

13. What is the topic of the conversation?

    (A) An investment strategy
    (B) A work schedule
    (C) A business presentation
    (D) An office layout

14. What does the woman recommend?

    (A) Checking the schedule
    (B) Starting a new project
    (C) Meeting with clients
    (D) Showing a business's future growth

15. What does the woman offer to do?

    (A) Give a presentation
    (B) Help make a chart
    (C) Attract more customers
    (D) Invest in the business

16. What are the speakers mainly discussing?

    (A) Product branding
    (B) Staff recruitment
    (C) Quarterly earnings
    (D) Sales figures

17. What does the man mean when he says, "I have other matters to attend to this morning"?

    (A) He wants some help with a task.
    (B) He will go to lunch with the woman.
    (C) He needs to clarify a point the woman has made.
    (D) He has got a lot of work to do.

18. What does the man want to know?

    (A) If stores will need to be closed temporarily
    (B) If projected numbers will not be met
    (C) If he needs to contact store managers personally
    (D) If a sales forecast is too positive

19. Why most likely is the man calling the woman?

    (A) To remind her of check out times
    (B) To inform her of a cleaning service
    (C) To provide her a wake-up call
    (D) To tell her how to get to a post office

20. What will the woman most likely do tomorrow morning?

    (A) Write e-mails
    (B) Mail documents
    (C) Reserve a room
    (D) Take a train

21. What does the man say the woman can do on the third floor?

    (A) Purchase needed supplies
    (B) Have a meal
    (C) Use a sauna
    (D) Visit a business center

22. Why is the woman calling the man?

    (A) To get some information
    (B) To locate another store
    (C) To look for a car dealer
    (D) To buy a truck

23. What does the woman expect to receive?

    (A) A discounted price
    (B) A list of products
    (C) A rental car
    (D) Pick-up service

24. Why does the man say, "you've got the right place"?

    (A) To tell the woman her building plans are accurate
    (B) To reassure her about choosing his business
    (C) To explain a location is on the right
    (D) To compliment her on her sense of direction

Garland's Office Catering Credits Rewards	
Fresh Juice Box	1,000
Cookie Gift Set	2,000
Organic Coffee Set	5,000
Gourmet Food Basket	7,000

Beachcomber's Surfboard Rental	
2 Hours	$25.00
4 Hours	$35.00
6 Hours	$45.00
All Day	$55.00

25. Why does the man call the woman?

   (A) To trade loyalty points for a reward
   (B) To arrange for an event to be catered
   (C) To make a reservation at a restaurant
   (D) To schedule a meeting with the woman

26. What does the woman suggest the man do?

   (A) Use his points for a cheaper reward
   (B) Call her back at a later date
   (C) Change an order to include more items
   (D) Speak to her immediate supervisor

27. Look at the graphic. How many Garland's Office Catering credits will the man use?

   (A) 1,000
   (B) 2,000
   (C) 5,000
   (D) 7,000

28. What is the purpose of the conversation?

   (A) She needs to ask directions.
   (B) She needs to check in to a resort.
   (C) She wants to rent an item.
   (D) She wants to get lessons.

29. What does the man mention about Fletcher's Bay?

   (A) It is the most popular place.
   (B) It will take a long time to drive there.
   (C) It has many good restaurants nearby.
   (D) It is good for inexperienced surfers.

30. Look at the graphic. How much will the man probably charge the woman?

   (A) $25.00
   (B) $35.00
   (C) $45.00
   (D) $55.00

UNIT 02 화자 직업 / 장소 유추

화자가 근무하는 장소나 부서, 대화를 나누고 있는 장소, 화자의 직업이 무엇인지 묻는 문제이다. Part 3 질문 유형 중 가장 많이 출제되며, 수험생들이 의외로 가장 많이 실수를 하는 유형이다.

 P3_05 / 해설 p.70

전략1 대화 장소나 직업 관련 어휘 단서를 활용하자.

대화에서 정답 단서 어휘가 직접적으로 언급되는 경우도 있지만, 대화를 다 듣고 종합해서 정답을 골라야 할 경우도 있다. 예를 들어 our patients(우리 환자들), nursing staff(간호사)를 통해 '병원'이라는 대화 장소를 유추할 수 있다.

M Good morning. **I'd like to buy** half a dozen of these tulips. Please enclose them in a special wrap with ribbons. **W** Certainly. Would you like to include something else in the bouquet? **M** Oh, please add this card. These flowers are for my wife. Could you have it delivered at this address?	**Q Where** does **the woman** probably **work**? (A) At a post office (B) At a flower shop

- 대화의 초반부의 상황을 듣고 직업을 유추한다.
- 보기가 짧게 제시되므로 질문과 보기를 미리 읽으면 비교적 쉽게 맞출 수 있는 유형이다.

전략2 여자의 직업을 묻는 질문이라도 상대 남자의 대사도 주목해야 한다.

여자의 직업을 묻는 질문에, 여자 스스로 답을 주기도 하지만 대화 상대인 남자가 알려주는 경우도 많다. 따라서, 반드시 전체 대사를 듣고 직업에 대한 정답 단서를 찾도록 한다.

M Hello, this is Rob from Premier Real Estate. **I'm just calling to** see how construction of the apartment complex is coming along? **W** There are no problems at all. We worked through the rainy season and we're on track to finish the project in October, just like we promised. **M** Great, I've got a lot of interested buyers lined up. Do you know when we can start showing them around?	**Q** What is **the woman's job**? (A) An architect (B) A real estate agent

- 대화나 근무 장소, 직업에 대한 정답 단서는 위 예제처럼 대명사 we, our, us, you, your 등으로 제시되는 경우가 많다.
- 장소 부사 here 다음에 나오는 명사를 통해 대화 장소나 근무 장소에 대한 정보를 파악할 수도 있다.

■ 빈출 질문 패턴

직업	Who most likely is the woman?	여자는 누구일 것 같은가?
	What is the man's job[profession / occupation]?	남자의 직업은 무엇인가?
장소	Where do the speakers most likely work?	화자들은 어디에서 근무할 것 같은가?
	Where are the speakers?	화자들은 어디에 있나?
	Where is the conversation most likely taking place?	대화가 어디에서 이루어지고 있는 것 같은가?

■ 빈출 정답 단서 패턴

직업	대화 속에 제시되는 정답 근거
hotel receptionist 호텔 접수직원	confirm my room reservation 방 예약을 확인하다 a guest here at the hotel 이곳 호텔 손님 a conference at your hotel 호텔에서 열리는 컨퍼런스
journalist 기자, 저널리스트	I am a newspaper reporter. 저는 신문 기자입니다. I'm here to interview… 저는 이곳에 ~를 인터뷰하러 왔습니다 my press identification 나의 기자 신분증
technician 기술자	Technical Support 기술 지원 turn in your laboratory report 실험실 보고서를 제출하다
architect 건축가	office renovations 사무실 개조 공사 architecture 건축 gallery's innovative design 갤러리의 혁신적인 디자인 architect's plan 설계도(building drawings) building's specifications 건물 세부사항

MODEL TEST

P3_06/ 해설 p.70

1. Where does the woman work?
   (A) At a real estate agency
   (B) At a medical center
   (C) At an airline
   (D) At a hotel

2. Who most likely is the man?
   (A) A writer
   (B) A dancer
   (C) A musician
   (D) A sculptor

3. What department does the woman probably work in?
   (A) In Maintenance
   (B) In Customer Service
   (C) In Personnel
   (D) In Marketing

4. What most likely is the man's job?
   (A) A store clerk
   (B) A hotel employee
   (C) A librarian
   (D) A travel agent

대화문 토픽별 빈출 표현 🎧 P3_07

1. 면접/인사

career[job] fair 취업 박람회
intern 인턴
hiring committee 채용 위원회
recruit/hire/employ/take on 채용하다
interviewer 면접관 cf) interviewee 면접받는 사람
job applicant[candidate] 일자리 지원자
new hire[employee] 신입 직원
staffing agency 직업 소개소
employee benefits 복리후생 제도
training manuals 훈련 교본
handout 인쇄물, 유인물
pay scale 급여 등급
timesheet 출퇴근 시간 기록부
good fit/right person 적임자
referral 소개
performance reviews[evaluations] 인사고과

short-staffed 일손이 부족한
apply for ~에 지원하다
post a job opening 채용 공고를 내다
submit an application 지원서를 제출하다
sort through all the applications 모든 지원서를 자세히 살펴보다
interview/conduct an interview 인터뷰를 하다
set up[schedule/arrange] an interview 면접 일정을 잡다
we've got an opening 공석이 있다
you're our top pick 최우수 선정자이다
remove the job listing 채용 공고를 내리다
complete new hire forms 신입 직원 양식을 작성하다
take on more responsibility 더 많은 책임을 지다
have a certificate in ~에 자격증이 있다
qualified for that position 직책을 맡을 자격이 되는

2. 교육, 행사

annual awards banquet 연례 시상식 연회
company-wide training session 회사 전체 교육
company dinner 직장 회식
formal sit-down dinner 저녁 만찬
company outing 회사 야유회
corporate[team] retreat 회사[팀] 단합회, 수련회
charity's fundraising gala 자선 모금 행사
event coordinator[planner/organizer] 행사 진행자
attendee/participant 참석자
lead the workshop 워크숍을 이끌다
attendance 참석(률), 참석자 수
ballroom/banquet hall/banquet room 연회장
event venue 행사 장소
keynote speaker 기조 연설자
sign up for/register for/enroll in 등록하다

put together 만들다, 준비하다
host an event 행사를 주최하다
give[make/deliver] a speech 연설하다
sit in on/attend/take part in/participate in ~에 참석하다
make it 시간에 맞춰 가다
be in charge of/be responsible for/take charge of 담당하다
assign the spaces 공간을 배정하다
hire a catering service 출장 요리 업체를 고용하다
cater a meal 행사 음식을 공급하다
see a price list 가격표를 보다
give a hand 도움을 주다
fit your schedule 일정에 맞추다
arrange for a delivery 배달을 하도록 조치하다
extend an invitation 초대장을 보내다

PRACTICE TEST

1. Who most likely is the woman?

   (A) A repairperson
   (B) A store customer
   (C) A newspaper reporter
   (D) A salesperson

2. What does the woman say about the phone?

   (A) It comes in a metal case.
   (B) It has a small memory.
   (C) It has a wide screen.
   (D) It comes in two colors.

3. What does the man decide to do?

   (A) Purchase a telephone
   (B) Apply for a credit card
   (C) Upgrade a computer system
   (D) Arrange a display case

4. Where does this conversation most likely take place?

   (A) In a stationery store
   (B) In a post office
   (C) In a hospital
   (D) In a factory

5. What does the woman inquire about?

   (A) Business postal rates
   (B) Delivery times
   (C) A payment method
   (D) A wrapping service

6. What does the woman say she will do later?

   (A) Talk with a delivery person
   (B) Collect a parcel for her company
   (C) Return to the post office
   (D) Bring back a borrowed pen

7. What type of business does the woman work for?

   (A) A moving company
   (B) A delivery service
   (C) A construction company
   (D) A welding firm

8. What does the man encourage the woman to do?

   (A) Buy another item at a discount
   (B) Compare products in a store
   (C) Get a cash refund
   (D) Read customer reviews

9. Why does the man recommend Rhino shoes?

   (A) They are popular.
   (B) They are on sale.
   (C) They are comfortable.
   (D) They are stylish.

10. What is the woman's job?

    (A) Construction manager
    (B) Scientist
    (C) Factory supervisor
    (D) Reporter

11. What has the company done during the past year?

    (A) Changed the types of products
    (B) Purchased new ships
    (C) Conducted a renewable energy project
    (D) Expanded its market

12. What does the man say about the area of shipping?

    (A) It can be expensive.
    (B) It is reliable.
    (C) It does not use green energy.
    (D) It includes international shipping.

13. What are the speakers talking about?

    (A) Distributing mobile devices
    (B) Attending a training program
    (C) Using a new advertising method
    (D) Designing a new Web site

14. What department do the speakers most likely work in?

    (A) Shipping
    (B) Marketing
    (C) Payroll
    (D) Maintenance

15. What will the man probably do next?

    (A) Buy an electronic device
    (B) Contact a company
    (C) Put an advertisement
    (D) Visit a supplier's office

16. Where do the speakers most likely work?

    (A) At a travel agency
    (B) At a pharmaceutical company
    (C) At a city council
    (D) At an architecture firm

17. What does the woman mean when she says, "I've been delaying speaking to her"?

    (A) She has to check some rules first.
    (B) She does not want the man to speak to someone.
    (C) She is worried about speaking to her client.
    (D) She is confused about the phone call.

18. What information will the man provide in his phone call?

    (A) An explanation of a late submission
    (B) When a design will be available
    (C) A list of possible design features
    (D) Where a building will be built

19. Where most likely do the speakers work?

    (A) At a delivery company
    (B) At a catering business
    (C) At a marketing agency
    (D) At a cooking school

20. What part of the dinner were the employees satisfied with?

    (A) The dining room's interior
    (B) The excellent service
    (C) The affordable prices
    (D) The selection of dishes

21. What will most likely happen during the next meeting?

    (A) New menu items will be introduced.
    (B) Business plans will be discussed.
    (C) Customer compliments will be shared.
    (D) Negative feedback will be addressed.

22. In what industry does the man most likely work?

    (A) Architecture
    (B) Construction
    (C) Advertising
    (D) Legal Consulting

23. Why does the man say, "We're always open to new opportunities"?

    (A) To express interest in working with other firms
    (B) To explain why his company has not been profitable
    (C) To show that he understands what the woman does
    (D) To ask the woman for her help with his new job

24. What does the man offer to do for the woman?

    (A) Talk to his manager
    (B) Write a report
    (C) Arrange a meeting
    (D) Provide a sample

Laboratory	Drug Samples Provided
State Labs Inc.	5
Expert Testing	10
Screening Corp.	15
Meditech Labs	20

25. Where most likely do the speakers work?

(A) At an automobile repair shop
(B) At a fitness center
(C) At a catering company
(D) At a pharmaceutical company

26. What does the man suggest the woman do?

(A) Give data to another division
(B) Call up a supplier
(C) Start preparing a report
(D) Upload data to a computer network

27. Look at the graphic. How many test results is the woman's team waiting for?

(A) 5
(B) 10
(C) 15
(D) 20

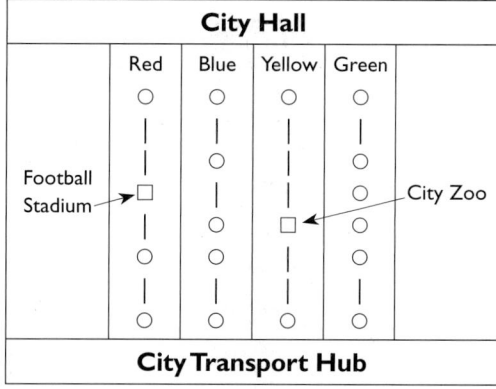

28. Where does the conversation take place?

(A) At a city hall
(B) At a bus terminal
(C) At a sports arena
(D) At a ferry wharf

29. Look at the graphic. Which line does the woman suggest the man take?

(A) Red
(B) Blue
(C) Yellow
(D) Green

30. Why is the man going to city hall?

(A) To make a complaint about parking
(B) To get information on bus services
(C) To renew his driver's license
(D) To acquire a construction permit

UNIT 03 문제점 / 걱정거리 / 이유

비즈니스 상의 여러 문제점·걱정거리를 화자 중 한 명이 제기하는 대화를 들려주고 문제점이 무엇인지를 묻거나, 특정 장소를 방문하거나 일정이 지연되는 등의 이유를 Why로 질문하는 유형이다.

🎧 P3_09 / 해설 p.80

 전략1 **부정적인 표현이나 반전을 나타내는 어휘 주변에서 문제점의 단서를 파악한다.**

not/never/unfortunately 등 부정적인 뉘앙스의 표현이나 but/however 같은 반전을 나타내는 어휘가 등장하는 곳에서 문제점이 언급되므로 이 부분에 집중해서 듣는다.

W Hello, *Chicago Times* subscription department. What can I do for you?
M I recently moved but my newspapers are still being delivered to my old house. I would like to change my delivery address.
W Sure, that will be fine. If you just give me your new address, I'll make sure your newspaper gets to the right address.

Q **What** is **the problem**?
(A) A customer wants to end his subscription.
(B) A delivery is going to the wrong address.

 만점특강
- 예제의 질문과는 다르게 질문에 남녀 혹은 사람 이름이 언급되면 해당 화자 부분을 주목해서 들어야 한다.
  Ex) What is the man concerned about? → 남자의 대사에서 부정적인 표현 등에 집중해서 정답을 찾는다.

 전략2 **Why 질문에서는 동사 이하의 내용에 초점을 맞춰서 문제를 풀어야 한다.**

이유를 묻는 Why 질문에는 대화에서 because (of)와 같은 직접적인 키워드로 답을 주는 경우가 거의 없다. 따라서 질문에서 최대한 키워드를 잡아서 대화에서 그에 해당하는 내용을 들으려 해야 한다.

W Is it true that David will be assigned to the company headquarters?
M That's right. He's going to be transferred next week to receive training with other area managers. I've heard that his market research skills are needed in the main office.
W He was a good leader. I'm sure everyone here will miss him.

Q **Why** is David **going to** the headquarters?
(A) To get training
(B) To apply for a higher position

 만점특강
- 방문 이유(Why, visit/go to/travel to)를 묻는 질문에는 물건 배달/일자리 지원/회의 참석/매장의 개장/거래처 확장 등 매우 다양한 정답이 출제된 바 있다.
- 사과(apologize)를 하는 이유를 묻는 질문에는 사과의 말(I'm sorry/Sorry about that/Unfortunately) 다음에 정답이 나오는 경우가 가장 많지만, 사과의 말 전후를 모두 들어야 정답을 알 수 있는 경우도 있다.

■ 빈출 질문 패턴

문제 / 걱정거리	What problem does the man mention? What is the woman concerned about? Why are the speakers concerned? What is the man worried about?	남자가 언급하는 문제점은 무엇인가? 여자는 무엇에 대해 걱정하는가? 화자들은 왜 걱정하는가? 남자의 걱정거리는 무엇인가?
이유	Why is the man visiting the office? Why does the woman apologize?	남자가 사무실을 방문하는 이유는? 여자가 사과하는 이유는?

■ 빈출 정답 단서 패턴

문제 걱정	but 그러나　However 그러나　Unfortunately 유감스럽게도 there's a/an problem[mistake/error/glitch/oversight] ~에 문제[실수/착오]가 있어요 not working 작동하지 않는　down 고장 난(broken, damaged) out of power 배터리가 없는　out of fuel 연료가 없는　out of focus 초점이 맞지 않는 I'm concerned[worried] ~이 걱정돼요.
이유	방문 이유: 회의 참석　I'm going to a sales conference. 사과 이유: 할인행사가 끝남　The sale ended last week. 시간이 안 되는 이유: 고객과의 회의　I'm meeting with some clients. 놀란 이유: 야근　I'm surprised to see you still at the office. 추천 이유: 다양한 물건 보유　It has a variety of items. 방 사용 이유: 발표　I want to run through my presentation in that room today.

MODEL TEST

P3_10 / 해설 p.81

1. What is the woman concerned about?
   (A) The deadline of a project
   (B) The cost of fixing equipment
   (C) A shortage of experienced workers
   (D) An increase in the price of fuel

2. Why does the man apologize?
   (A) The woman's appointment must be changed.
   (B) The woman has been overcharged for a service.
   (C) The woman does not have proper documentation.
   (D) The woman's medical test results are missing.

3. What is the problem?
   (A) A drink cannot be purchased.
   (B) A fridge is out of order.
   (C) A delivery has not arrived.
   (D) A menu needs to be changed.

4. Why is the man unable to talk to the woman that day?
   (A) He needs to go over reports.
   (B) He will have a client meeting.
   (C) He will be out of the office.
   (D) He has to prepare a presentation.

UNIT 03

대화문 토픽별 빈출 표현 🎧 P3_11

1. 구매/주문

order/place an order/make an order 주문하다	express[fast] delivery 빠른 배달
deliver/make a delivery 배달하다	get a price estimate 견적을 받다
flyer/pamphlet/brochure/leaflet 전단지	run a promotional sale 판촉 할인행사를 하다
unloading zone 하역 장소	change in quantity 수량을 바꾸다
as proof of purchase 구매 증거물로	confirm the delivery date 배달 날짜를 확인하다
invoice 송장, 거래 내역서	reschedule the delivery 배달 일정을 바꾸다
bulk order 대량 주문	keep track of ~에 대해 계속 파악하고 있다
supplier 공급업체	temporarily[currently] out of stock 일시적으로[현재] 품절인
vendor 거래처, 업체	
distribute 유통[배포]하다	load[unload] a vehicle 차에 짐을 싣다[내리다]
replacement part 대체 부품	pay the full amount 전액을 지불하다

2. 마케팅/영업/재무

marketing campaign 광고 캠페인	expand the market 시장을 확장하다
customer survey results 고객 설문조사 결과	exceed a budget 예산을 초과하다
focus group/test group 제품 테스트 그룹	collect the surveys 설문지를 모으다
reduce expenses 경비를 줄이다	review the comments 평가를 검토하다
sales target 매출 목표	receive good reviews 좋은 평가를 받다
launch/release/introduce on the market 출시하다	get some nice publicity 좋은 평판이 나다
	attract many customers 많은 고객들을 끌어들이다
expenditures list 경비 목록	meet customers' expectations 고객의 기대에 미치다
operating cost 운영비	
social media presence 소셜 미디어 영향력	rate experiences 경험을 평가하다

3. 고객 관리

customer service representative 고객 서비스 담당 직원	error message 오류 메시지
	transfer a call 전화를 연결시키다
renew 갱신하다	following up on ~에 후속 조치를 취하다
expire 만료되다	file a complaint 불만을 제기하다
account number 고객 번호	replace a membership card 회원 카드를 교체하다
loyal customer 단골 고객	update contact information 연락처를 업데이트하다
subscribe to ~을 구독하다, (인터넷·TV 등) 신청하다	be automatically charged 자동적으로 청구되다
instructions 설명서	erase the charge 요금을 없애다

PRACTICE TEST

1. What are the speakers preparing for?

   (A) A grand opening celebration
   (B) A business conference
   (C) A trade show
   (D) A shareholder's meeting

2. Why is the man concerned?

   (A) He needs to change the time of his flight.
   (B) A computer is not working properly.
   (C) He thinks a speech should be rewritten.
   (D) An event has been postponed.

3. What does the woman say she will do?

   (A) Let the man use her computer
   (B) Call the IT department
   (C) Download an application
   (D) Speak to her manager

4. What are the speakers planning to advertise?

   (A) A café
   (B) A bakery
   (C) A stationery store
   (D) An electronics store

5. According to the woman, what is the problem with the existing brochure?

   (A) It costs too much to make.
   (B) It looks outdated now.
   (C) It is easily ripped and torn.
   (D) It has incorrect information.

6. What does the woman say she will send the man?

   (A) A preliminary version of a document
   (B) A proposed schedule for an office event
   (C) A file containing updated information
   (D) A list of people she wants to work with

7. Why was the man at Lake Island Resort?

   (A) To attend a workshop
   (B) To try an upscale restaurant
   (C) To meet with clients
   (D) To stay for a holiday

8. What does the man need help with?

   (A) Sending a fax
   (B) Checking a travel itinerary
   (C) Finding an employee
   (D) Arranging a meeting room

9. What does the woman ask the man to do?

   (A) Come back at a later time
   (B) Wait at a lounge
   (C) Drive to another location
   (D) Show her his driver's license

10. What is the man trying to do?

    (A) Decline an invitation
    (B) Book a guest speaker
    (C) Arrange transportation
    (D) Reschedule an appointment

11. What has caused a problem?

    (A) A package has not arrived.
    (B) A company has a new customer.
    (C) A conference room is not big enough.
    (D) A reservation was not made properly.

12. What information does the woman ask the man for?

    (A) The names of staff members
    (B) The identification number
    (C) The contact details
    (D) The directions to a site

13. What problem does the man mention?

    (A) A regular inspection is planned.
    (B) A competing business has opened.
    (C) A rental agreement must be renegotiated.
    (D) A newspaper has published a negative review.

14. What does the woman suggest?

    (A) Providing cheaper menu options
    (B) Developing new meals
    (C) Advertising on the radio
    (D) Recruiting more servers

15. What does the man ask the woman to do?

    (A) Recommend other vendors
    (B) Find a place for a meeting
    (C) Make a sample list
    (D) Taste some samples

16. What are the speakers mainly discussing?

    (A) An annual vacation
    (B) A computer program
    (C) A job opening
    (D) An employee test

17. Why does the woman say, "I don't think it's a big deal"?

    (A) To show her displeasure
    (B) To provide reassurance
    (C) To express regret for a purchase
    (D) To suggest changing a supplier

18. Why is the manager unavailable?

    (A) He is attending a seminar.
    (B) He is visiting a new client.
    (C) He is leading a factory tour.
    (D) He is making a presentation.

19. What are the speakers discussing?

    (A) A doctor's appointment
    (B) A cost of a repair
    (C) A store location
    (D) A clothing alteration

20. Why is the woman running late?

    (A) A road is closed down.
    (B) A cash register is broken.
    (C) A staff member is ill.
    (D) A coffee machine is not working.

21. What does the man say he will do next?

    (A) Pay with a card
    (B) Get back to work
    (C) Buy a hot drink
    (D) Present a claim ticket

22. What is the problem?

    (A) A business is not making many sales.
    (B) Money for a project has been cut.
    (C) An old pipe has burst in a building.
    (D) A member of staff has left a company.

23. Which part of the remodeling will likely be changed?

    (A) Floor tiles
    (B) Display spaces
    (C) Lighting
    (D) Hallways

24. What does the woman mean when she says, "Yeah, that works for me"?

    (A) She wants to look for a new investor.
    (B) She is willing to accept a budget change.
    (C) She can hire another construction company.
    (D) She thinks the man's idea is good.

Package Deal	Cost
Mini Desk and Chair	$150.00
Small Desk and Chair	$250.00
Medium Desk and Chair	$350.00
Large Desk and Chair	$500.00

Telephone Directory Extension Number	
Customer service	512
Reservation	514
Security	516
Event support	518

25. What does the man ask the woman to do?

(A) Set up a job interview
(B) Visit an office supplies showroom
(C) Get new office furniture
(D) Speak to a company manager

26. What problem does the woman mention?

(A) A product lacks modern features.
(B) A product is too large to fit into a room.
(C) A product has the wrong color for a room's decor.
(D) A product is no longer being made.

27. Look at the graphic. What size desk will the woman order?

(A) Mini Desk and Chair
(B) Small Desk and Chair
(C) Medium Desk and Chair
(D) Large Desk and Chair

28. Who is the man?

(A) A security guard
(B) A factory manager
(C) An event coordinator
(D) An exhibition attendee

29. Look at the graphic. Which number will the woman have to dial?

(A) 512
(B) 514
(C) 516
(D) 518

30. Why does the man say some staff may be delayed?

(A) It is now a staff break period.
(B) A manager is away on a business trip.
(C) They are in a meeting.
(D) They are setting up equipment.

UNIT 04 제안/요청

제안·요청 문제 유형은 화자 중 한 명이 나머지 화자(들)에게 제안하거나 요청하는 것에 대해 묻는 질문 유형이다. 질문 형태와 대화 속 빈출 단서 패턴을 잘 익혀두면 보다 쉽게 정답을 찾을 수 있다.

 P3_13 / 해설 p.90

전략1 제안 주체를 빠르게 파악한 후, 그 사람의 대사에 집중한다.

남녀 중 제안의 주체가 누구인지 우선 질문을 정확하게 읽어야 한다. 만일 질문에서 여자의 제안사항을 물었다면 여자의 대사에서 정답 단서를 제공하는 경우가 많으므로 이를 더 중점적으로 듣고 답을 찾도록 한다.

M Marianne, have you finished the research report? I would like to use it in a meeting this afternoon.

W I am waiting on some numbers from the head office. **Why don't you use some summaries?** You can review those to show potential investors what they can expect.

M I could, but these are very important visitors and I want to impress them. Can you have the report ready before lunch, please?

Q What does **the woman suggest** the man do?
(A) Call the head office
(B) Use alternative data

 만점특강
- 질문에 제안의 suggest/recommend가 언급되면 거의 대부분 해당 제안자의 한 대사만 듣고 답을 고를 수 있지만, 그 제안자의 다음 대사까지 들어야 정답을 판단할 수 있는 경우도 있다.
- Why don't you…?와 같은 제안 시 사용되는 빈출 표현을 외워두면 대화를 듣고 정답을 바로 고르기 쉬워진다.

전략2 요청 주체가 누구인지 정확히 파악한 후, 그 사람의 대사에서 정답을 찾는다.

요청하는 주체의 대사를 집중해서 듣고 답을 찾는다. 하지만 가끔 나머지 화자의 대사 속에 정답 근거가 제시되고, 요청자가 그것을 대명사로만 지칭해서 혼동을 일으키는 경우도 있다.

M Julia, the manager from the Accounting Department called this morning. He wanted someone who could train their new employees on Saturday.

W Tina and I don't have anything scheduled for Saturday. I could handle the first part of the training. She could continue the rest.

M That's good. **Could you call the Accounting Department** about it so they could give us the details of the activity?

Q What does **the man ask** the woman **to do**?
(A) Schedule a meeting
(B) Contact another division

 만점특강
- 요청하는 사물이 무엇인지를 묻는 ask for 질문은 요청 주체자의 대사에서 반복되는 어휘로 정답을 가늠할 수 있다. 하지만 요청하는 행위를 묻는 ask the woman to do같은 질문은 위 예제처럼 패러프레이징하여 정답을 제시하기도 한다.
  Ex) call the Accounting Department → Contact another division
- Could you…? 같은 요청 시 사용되는 빈출 표현을 외워두면 정답 찾기가 더 수월해진다.

■ 빈출 질문 패턴

제안	What does the man suggest?	남자가 제안하는 것은?
	What does the woman suggest the man do?	여자가 남자에게 제안하는 것은?
	What does the man recommend doing?	남자가 추천하는 것은?
요청	What does the man ask the woman to do?	남자가 여자에게 부탁하는 것은?
	What does the woman request?	여자가 요청하는 것은?
	What information does the man ask for?	남자가 요청하는 정보는?

■ 빈출 정답 단서 패턴

제안	Why don't you…? ~하는 것이 어때요?
	I suggest[recommend]… ~을 추천드려요
	How[What] about…? ~하는 것이 어때요?
	What do you think about…? ~은 어때요?
	Let's… ~합시다.
	Perhaps, Maybe 아마도
	I[You / We] can[could]… ~할 수 있어요
요청	Could[Can / Would] you (please)…? ~해주시겠어요?
	Do you think you can…? ~하실 수 있겠어요?
	Would you be willing to…? ~해주시겠어요?
	Would you mind -ing…? ~해주시겠어요?
	I'd like[need] you to… ~해주세요
	I was wondering if… ~인지 궁금해요
	Can I…? 제가 ~해도 될까요?

MODEL TEST

P3_14 / 해설 p.91

1. What does the man suggest?
   (A) Handing over a project to another colleague
   (B) Reducing the number of cards required
   (C) Changing a due date
   (D) Receiving assistance

2. What does the woman ask about?
   (A) Business hours
   (B) Size options
   (C) Design choices
   (D) Sale items

3. What does the woman recommend doing?
   (A) Calling the office supervisor
   (B) Contacting another department
   (C) Checking a Web site
   (D) Submitting a résumé

4. What does the man ask the woman to do?
   (A) Sign a contract
   (B) Review a proposal
   (C) Go on a business trip
   (D) Deliver a speech

대화문 토픽별 빈출 표현 🎧 P3_15

1. 쇼핑

- retail store 소매점
- wholesale store 도매점
- electronics store / hardware store 전자제품 가게 / 철물점
- stationery / grocery store 문구점 / 식료품점
- outdoor market 노천 시장
- stop by / drop by / come by ~에 들르다
- reasonable / affordable (가격이) 합리적인
- energy-efficient 에너지 효율이 높은
- gift voucher / gift certificate 상품권
- hours of operation 운영 시간
- store manager 매장 관리자
- storewide sale 점포 전체 할인
- carry 취급하다
- return 반품하다
- a refund policy 환불 정책
- pre-payment 선불, 선납
- register / check-out counter / check-out station 계산대
- get / buy / purchase / make a purchase 구매하다
- have a 50 percent off sale on ~을 50퍼센트 할인하다
- The sale starts[ends] 할인이 시작되다[끝나다]
- merchandise left from last season 지난 시즌에서 남은 상품
- have some shopping to do 쇼핑할 게 있다
- come in (상품 등이) 들어오다
- come with ~이 딸려 있다
- have in stock 재고가 있다
- in high demand 수요가 많은
- activate a device 기기를 가동시키다
- explain a feature 기능을 설명하다
- give you a discount 할인을 해주다
- at half off the full price 정상가의 반액으로
- get a refund 환불받다
- give cash refunds 현금 환불을 해주다
- under warranty 보증기간 내의

2. 식당

- bistro / eatery 식당
- entrée 주요 요리
- soft drink 청량 음료
- menu item 메뉴 품목
- daily special 오늘의 특선 요리
- server / waiter / waitress 종업원
- recipe 조리법
- ingredient 재료
- selections 선별한 물건들
- nutritious substitute 영양가가 높은 대체품
- vegetarian dishes 채식주의자를 위한 요리
- flavorful 풍미가 있는
- check out (흥미로운 것을) 살펴보다
- multi-grain bread 잡곡빵
- whole wheat bread 통밀빵
- frequent user credits 단골 고객 포인트
- give it a try 시도해보다
- taste good 맛이 좋다
- bring you a check[bill] 청구서를 가져다 주다
- there's a mistake on my bill 청구서에 오류가 있다
- organize a dinner 저녁 만찬을 준비하다
- your order will be out shortly 주문하신 게 곧 나올 겁니다
- the kitchen is really backed up 주문이 많이 밀렸다

PRACTICE TEST

1. What does the woman agree to do?
   (A) Work at another office
   (B) Train a new employee
   (C) Take over a project
   (D) Prepare for a presentation

2. What does the woman need help with?
   (A) Figuring out who to report to
   (B) Changing her work station
   (C) Accessing a computer file
   (D) Contacting clients

3. What does the man suggest?
   (A) Looking at project progress reports
   (B) Setting up a meeting with supervisors
   (C) Gathering some colleagues to help
   (D) Focusing on her own projects

4. What does Mr. Allen ask for?
   (A) A sales document
   (B) A concert ticket
   (C) A ring binder
   (D) A copy of a book

5. What problem does the woman mention?
   (A) A package was lost.
   (B) A meeting was postponed.
   (C) A car broke down.
   (D) A document was left at home.

6. Why does Mr. Allen ask to speak to Jason in the afternoon?
   (A) To talk about sales figures
   (B) To find out about a client
   (C) To give a presentation
   (D) To finalize a contract

7. What does the woman say she recently did?
   (A) Purchased a new computer
   (B) Checked company equipment
   (C) Had lunch with coworkers
   (D) Ordered a new part for a machine

8. Where is the conversation taking place?
   (A) At a manufacturing plant
   (B) At a restaurant
   (C) At a software company
   (D) At a hardware store

9. What does the woman recommend doing today?
   (A) Providing an e-mail address
   (B) Calling up a parts supplier
   (C) Updating software
   (D) Changing a production schedule

10. What is the purpose of the conversation?
    (A) To plan for an upcoming project
    (B) To negotiate a pay raise
    (C) To discuss a job opening
    (D) To determine a monthly budget

11. What does the woman ask about?
    (A) The need to drive a vehicle
    (B) The working hours of the job
    (C) The dress code for an office
    (D) The number of coworkers at a job

12. What does the woman say she needs to do?
    (A) Contact a former employer
    (B) Update her résumé information
    (C) Get a copy of her certificate
    (D) Obtain a proper driver's license

13. What does the man mention about the OT6000 Copier?
    (A) It received recognition from consumer journals.
    (B) It is less expensive than competitors' products.
    (C) It has software that requires regular updates.
    (D) It has been discontinued by its maker.

14. What does the woman request?
    (A) A repair
    (B) A new product
    (C) A meeting
    (D) A product discount

15. What will the man most likely do next?
    (A) Find customer information on his system
    (B) Visit the woman's office
    (C) Explain how to use a machine
    (D) Order a new machine

16. What does the man imply when he says, "A group of people from the office will attend a game on Saturday"?
    (A) The woman is welcome to go to an event.
    (B) The office regularly throws a party for employees.
    (C) The woman should socialize with coworkers more.
    (D) The city will be sponsoring events on the weekend.

17. Why is the woman unavailable on Saturday?
    (A) She is attending a family function.
    (B) She has a doctor's appointment.
    (C) She is moving into a new apartment.
    (D) She will be playing on a sports team.

18. What does the man offer to do?
    (A) Buy the woman a ticket
    (B) Postpone a client meeting
    (C) Talk to colleagues
    (D) Attend a seminar

19. Why is the man at the bookstore?
    (A) To find a particular book
    (B) To exchange a book for another
    (C) To have an author sign a book
    (D) To pick up some study materials

20. What does the woman offer to do?
    (A) Give the man an alternative book
    (B) Order a book for store pick-up
    (C) Contact another branch of the store
    (D) Gift wrap a book for the man

21. What store policy does the woman mention?
    (A) New publications need to be preordered.
    (B) Deposits must be made on ordered books.
    (C) People must be quiet while looking at books.
    (D) No food is allowed indoors.

22. What does the woman ask about?
    (A) Distributing products
    (B) Making a donation
    (C) Taking cooking classes
    (D) Ordering food online

23. What does the man suggest the woman do?
    (A) Complete a form
    (B) Pay a tax
    (C) Visit a store nearby
    (D) Send a package

24. What does the woman imply when she says, "Oh, it's actually really easy"?
    (A) She knows where she should go.
    (B) She understands how to pay a bill online.
    (C) She is clear about a new project.
    (D) She thought a procedure would be hard.

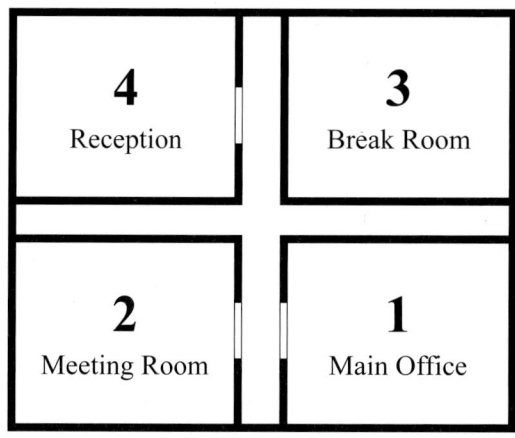

Nutrition Facts		
Calories		**380**
		% of Daily Value
Fat	19 Grams	29%
Sodium	266 Milligrams	11%
Carbohydrates	47.9 Grams	16%
Protein	4.6 Grams	–

25. What is the woman requesting?

(A) A parking permit
(B) A security registration
(C) Directions to a warehouse
(D) A new computer

26. What department does the man work in?

(A) Administration
(B) Maintenance
(C) Marketing
(D) Production

27. Look at the graphic. What location is the woman told to go to?

(A) Room 1
(B) Room 2
(C) Room 3
(D) Room 4

28. Why is the woman looking for a certain product?

(A) She plans to serve it for her friends.
(B) She wants to reward herself.
(C) She thinks it will help her lose weight.
(D) She wants to see if it is better than home cooking.

29. Look at the graphic. Which of the ingredients does the woman express concern about?

(A) Fat
(B) Sodium
(C) Carbohydrates
(D) Protein

30. What does the man recommend the woman do?

(A) Talk to the store manager
(B) Cook a dish from scratch
(C) Order seasonings directly from a manufacturer
(D) Get a new cook book

UNIT 05 미래의 행동 / 계획

미래의 특정 시점이나 불특정한 미래에 있을 행동, 행사 등을 묻거나 대화가 끝나고 난 뒤 일어날 일(do next)을 묻는 질문 유형이다.

🎧 P3_17 / 해설 p.101

미래의 행동이나 계획 등은 해당 화자의 대사에서 정답을 찾는다.

특정인의 미래 행위는 해당 화자의 대사에서 거의 답을 찾을 수 있다. 미래 표현 I'll... 등이 들리면 보다 적극적으로 정답 단서를 듣도록 하자.

M Veronica, is your car still parked on the street? You know the parking rules here are very strict, right? **W** I'll need to move my car to another place right away. It's already been there for over an hour. **M** You'd better hurry then.	**Q** What will the woman do? (A) Park a car in a different place (B) Leave the office an hour early

- What does the woman say she will do **tomorrow**?처럼 미래의 특정 시점에 있을 일을 묻는 질문은 시간 표현이 중요한 단서가 된다. 시간 표현이 들어간 문장이나 그 다음 문장에서 대부분의 정답이 거론된다.
- will / be going to / next / after 등의 미래 시제 관련 표현을 주의 깊게 듣고 정답 단서를 잡는다.
- What will **take place** + 시간?(미래의 예정된 행사 개최) → 빈출 정답 A meeting / A conference / A party
  What will **happen** + 시간?(미래에 있을 일) → 빈출 정답 A product will be released. / A business will open. / A sale will begin. → 새로운 일의 시작

다음 행동(do next)에 대한 질문은 대화 마지막 부분에서 정답을 알 수 있다.

대화가 끝난 다음 있을 일에 대해 묻는 질문이 나오면 마지막 화자나 바로 그 앞의 화자, 즉 마지막 두 사람의 대사에서 단서가 제시되는 경우가 많다.

W Mark, I need to fax these documents to our client, Mr. Davis. Do you have his number? **M** No, but I think Mary will have it. I'm going to ask her. **W** That's alright. I'll stop by her desk when I get back to my office. Thanks.	**Q** What will the woman probably do next? (A) Check with a colleague (B) Fax some documents

- 대화가 I'll call …로 마무리되면 정답에 Make a phone call … / Contact … / Speak with … 등이 자주 출제된다.
- 미래에 하기로 동의한 것을 묻는 질문(What does the man agree to do next?)은 상대 화자의 대사에서 무엇에 동의하는지 답을 알 수 있다. 이처럼 질문에 나오는 해당 화자뿐만 아니라 상대 화자의 대사를 통해 정답을 유추해야 하는 경우도 있다.

■ 빈출 질문 패턴

미래 행위 / 계획	What does the man say he will do? What does the woman say she will do on Monday? What is the man planning to do?	남자는 무엇을 할 거라고 말하는가? 여자는 월요일에 무엇을 할 거라고 말하는가? 남자는 무엇을 할 계획인가?
다음 행위	What will the woman do next? What will the men most likely do next?	여자는 다음에 무엇을 할 것인가? 남자들은 아마도 다음에 무엇을 할까?

■ 빈출 정답 단서 패턴

미래 행위 / 계획	I'd better… 저는 ~하는 게 낫겠어요 I'm going to… 제가 ~할게요. You're planning to… 당신은 ~할 계획이다 I'm getting ready to… 저는 ~할 준비를 하고 있어요 I plan to… 저는 ~할 계획이에요 Let's… ~합시다	I'll… 제가 ~할게요 Let me… 제가 ~할게요 I can… 제가 ~할 수 있어요 I (will) need to / have to 저는 ~해야 해요
다음 행위	Why don't we[you]…? ~하는 것이 어때요? We can… 우리는 ~할 수 있어요 We need to… 우리는 ~해야 해요 I have… 제가 ~을 가지고 있어요	

MODEL TEST

P3_18 / 해설 p.101

1. What does the man plan to do?
   (A) Ask for help with his work
   (B) Hold a staff meeting
   (C) Produce an instruction book
   (D) Give a presentation

2. What does the man say he will do on Saturday?
   (A) Visit the woman
   (B) Call the woman back
   (C) Attend a conference
   (D) Go on vacation

3. What will the woman probably do next?
   (A) Write a report
   (B) Send an e-mail
   (C) Discuss her travel expenses
   (D) Call a seminar organizer

4. What will happen next week?
   (A) A building will be under inspection.
   (B) A new product will be released.
   (C) A new facility will open.
   (D) A project will be approved.

대화문 토픽별 빈출 표현 🎧 P3_19

1. 여행

travel guide / tour guide 여행 가이드
travel agency[agent] 여행사[여행사 직원]
delay / postpone / put off 연기하다, 지연시키다
car rental agency 자동차 대여소
check-in[check-out] date 입실[퇴실] 날짜
complimentary breakfast 무료 아침 식사
lounge access 라운지 입장
for a short stay 짧은 체류 동안
travel overseas 해외 여행 가다

request a special meal 특별식을 요청하다
get my things together 내 물건들을 챙기다
reserve[book] a room 방을 예약하다
receive the booking confirmation
예약 확인증을 받다
take photos of the city skyline
도시 스카이라인을 사진 찍다
the view of the city is spectacular
도시 전망이 매우 멋지다

2. 문화 생활/여가

box office 매표소
music performance 음악 공연
musician 음악가
theater / playhouse 극장
art exhibit 미술 전시회
critic / reviewer 평론가
entertainment 오락(물)
sold out (표가) 매진된

book tickets online 온라인으로 표를 예약하다
join your fitness center 헬스클럽에 가입하다
be eligible for a discount 할인 대상이 되다
included with regular admission
정규 입장료에 포함되다
check out a book 책을 빌리다
cf) return a book 책을 반납하다
get seats for the play 연극 표를 구하다

3. 교통

schedule display board 일정 전광판
departure monitor 출발 모니터
one way / round trip 편도/왕복
seat assignment 좌석 배정
overhead rack 머리 위 선반
self-serve kiosk 자동 매표기
baggage claim area 수하물 찾는 곳
land 착륙하다 cf) take off 이륙하다
carpool 승용차 함께 타기를 하다
give a ride[lift] 차를 태워주다
share rides 차를 같이 타고 가다
get directions 길 안내를 받다

change planes 비행기를 환승하다
the ticket says 표에 나와 있다
print out paper tickets 종이 승차권을 출력하다
check in for the flight 비행기 탑승 수속을 하다
miss a flight 비행기를 놓치다
report a piece of lost luggage
분실된 수하물을 신고하다
avoid heavy traffic 교통 체증을 피하다
can't get my car started 차 시동을 걸 수가 없다
I'm low on fuel. 기름이 다 떨어지다
put gas in the car 차에 주유하다
charge us an extra fee for fuel
추가 주유비를 청구하다

PRACTICE TEST

1. According to the woman, what will happen in a week?

   (A) A business will move to another location.
   (B) A store will sell new items.
   (C) A new floor manager will arrive.
   (D) An owner will make an inspection.

2. What does the man recommend?

   (A) Handing out leaflets
   (B) Give away product samples
   (C) Creating a radio advertisement
   (D) Making a new sign

3. What does the woman want to know about?

   (A) Hiring process
   (B) Potential profits
   (C) Workers' wages
   (D) Printing costs

4. What are the speakers working on?

   (A) Updating a Web site
   (B) Designing products
   (C) Writing a quarterly report
   (D) Creating an advertisement

5. What are the men waiting for?

   (A) Customer feedback
   (B) Management approval
   (C) An information package
   (D) Product photographs

6. What does the woman say she will do?

   (A) Attend a conference
   (B) Lead a team
   (C) Conduct an interview
   (D) Visit another company

7. What industry do the speakers probably work in?

   (A) Food and Beverage
   (B) Health Services
   (C) Advertising and Marketing
   (D) Travel and Hospitality

8. Why are the speakers concerned?

   (A) A supplier will go out of business.
   (B) A supply shortage will occur.
   (C) Profits have been down recently.
   (D) A business is short-handed.

9. What will the man probably do next?

   (A) Take an inventory
   (B) Meet with an importer
   (C) Enter into a contract
   (D) Check an invoice

10. What is the conversation mainly about?

    (A) A method of payment
    (B) A delivery time
    (C) A pickup location
    (D) A package recipient

11. What does the man say about Orion Holdings?

    (A) It has a head office in a rural area.
    (B) It is open around the clock.
    (C) It has branches overseas.
    (D) It is a large company.

12. What does the man say he will do?

    (A) Talk to a colleague
    (B) Visit a company Web site
    (C) Revise a sales report
    (D) Change a delivery date

13. Where most likely do the speakers work?

(A) At a sporting goods shop
(B) At a hardware store
(C) At a Web design company
(D) At an electronics store

14. What part of the Web site was the company CEO satisfied with?

(A) The digital videos
(B) The e-mail system
(C) The payment feature
(D) The layout

15. What will most likely take place during the next weekly meeting?

(A) A policy review
(B) Birthday celebrations
(C) An award ceremony
(D) Presentations

16. Why is the woman in San Francisco?

(A) She is studying nearby.
(B) She is on a business trip.
(C) She is on summer vacation.
(D) She owns a house there.

17. What does the man mean when he says, "We can usually use one or two more servers"?

(A) The man does not know if he needs more staff.
(B) The woman will need to make extra food orders.
(C) The restaurant needs more customers.
(D) There might be a job available.

18. What will the man do next?

(A) Speak to his boss
(B) Check a time sheet
(C) Make a phone call
(D) Give a customer a meal

19. Where do the speakers most likely work?

(A) At a publishing company
(B) At a marketing firm
(C) At a scientific laboratory
(D) At a museum

20. What problem is being discussed?

(A) Some pages are missing.
(B) A writer has left a company.
(C) Some information is outdated.
(D) A book is being published late.

21. What will the man most likely do next?

(A) Send an e-mail
(B) Take some pictures
(C) Call an expert
(D) Review some comments

22. Where do the speakers most likely work?

(A) At a repair shop
(B) At a customer service center
(C) At a construction firm
(D) At a real estate agency

23. What does the woman mean when she says, "I was going to contact them"?

(A) She planned to do something.
(B) She hung up on a client unintentionally.
(C) She is unable to arrange a tour of the house.
(D) She already completed the repairs.

24. What will the man do?

(A) Send an estimate
(B) Contact the clients
(C) Schedule required maintenance
(D) Close the business for the day

| Internet Business Forum Timetable ||
Speaker	Time
Mr. Sedgewick	9:30
Ms. Akita	10:45
MEAL	12:00 – 13:30
Ms. Abernathy	13:45
Mr. Johnston	15:00

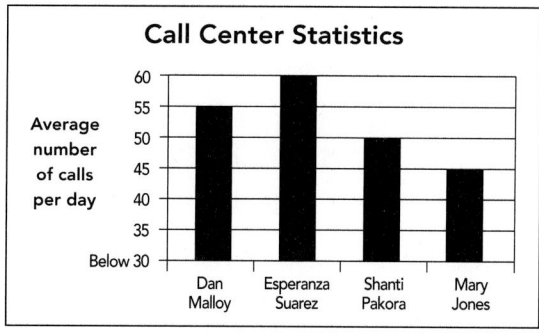

25. Where most likely is the conversation taking place?

    (A) In a café
    (B) In a meeting room
    (C) In an office
    (D) In a break room

26. What does the woman plan to do?

    (A) Organize a viewing event
    (B) Buy tickets for a lecture
    (C) Look for a meeting venue
    (D) Report directly to her manager

27. Look at the graphic. Who will be the final speaker of the day?

    (A) Mr. Sedgewick
    (B) Ms. Akita
    (C) Ms. Abernathy
    (D) Mr. Johnston

28. What most likely is the man's job?

    (A) Advertising head
    (B) Personnel director
    (C) Telemarketing manager
    (D) Chief of security

29. According to the conversation, what will happen next month?

    (A) A new product will be released.
    (B) A new task will be assigned.
    (C) A new office will be opened.
    (D) A new policy will be implemented.

30. Look at the graphic. Who will the man recommend for a promotion?

    (A) Dan Malloy
    (B) Esperanza Suarez
    (C) Shanti Pakora
    (D) Mary Jones

UNIT 06 기타 세부사항

질문에 say about/be mentioned 등이 나오는 문제는 화자가 특정한 대상에 대해 언급한 내용을 정확히 이해해야 풀 수 있다. 그 외에도 과거나 최근에 어떤 일을 했는지, 무엇에 기쁘고(pleased) 놀랐는지(surprised) 등을 묻는 다양한 유형에 대해 알아보자.

🎧 P3_21 / 해설 p.111

 전략1 say about 뒤의 키워드를 파악한 후 해당 화자의 말을 집중해서 듣는다.

질문에서 man이 말한 내용(the man say about)에 대해 물으면 남자의 대사에서, 반대로 질문에서 woman이 말한 내용에 대해 물으면 여자의 대사에서 정답 단서가 나온다.

W May I ask why you want this shirt refunded? Anything wrong with it?
M Yes, when I tried it on at home, I realized it has a hole at a lower part.
W Oh, I am really sorry. In that case, I can get you a new one if you'd like.

Q **What** does **the man say about the shirt**?
(A) It is a defective item.
(B) The size is too small.

 만점특강
- 보기가 문장으로 제시되며, 보기의 키워드에 미리 밑줄을 그어두면 대화를 들으면서 정답을 선택하기가 쉽다.
- 대화에 나오는 어휘를 그대로 정답에서 제시하기보다는 패러프레이징되는 경우가 많다.
  Ex) it has a hole ⋯ defective item

 전략2 의문사로 묻는 다양한 세부정보 질문 유형도 출제된다.

화자의 감정/과거의 행동/특정 일을 하게 되는 시점/이동하게 될 장소/인물 정보 등 무궁무진한 세부정보를 물을 수 있다.

M Hello, Janice. **Mr. Henderson** just called and said he is disappointed **because** he didn't get the building plans for his new office until now.
W Really? How strange! I sent them by a messenger last week. Let me call the messenger right away and check if he delivered the blueprints to the right person.
M Okay. Once you find out what happened to the delivery, I'll contact Mr. Henderson.

Q Why is **Mr. Henderson disappointed**?
(A) Wrong items were delivered.
(B) He did not receive some documents.

 만점특강
- 질문에 감정과 관련된 표현(disappointed/nervous/surprised/not convinced)이 있으면 상대방의 대사부터 들어야 그런 감정이 생긴 이유에 대한 답을 찾을 수 있다.
- 질문에 나오는 감정 표현을 대화에서 사용하기도 하지만 유사한 감정 표현이나 논리적으로 연결이 가능한 표현을 이용해 답을 주는 경우도 많다. 예를 들어, Really?를 통해 놀란(surprised) 이유의 단서를 찾을 수 있다.

■ 빈출 질문 패턴

말한 내용	What does the man say about his office? What is mentioned about the owner?	남자가 사무실에 대해서 말하는 것은? 소유주에 대해서 언급되는 것은?
과거 / 최근 행위	What did the man do in China? What did the woman recently do?	남자는 중국에서 무엇을 했는가? 여자는 최근에 무엇을 했는가?
감정	What does the man like about the product? What is the woman pleased about?	남자가 제품에 대해서 좋아하는 것은? 여자는 무엇에 기뻐하는가?
기타 질문	What type of event did the company sponsor? How does the man know Mr. Patterson?	회사는 어떤 행사에 협찬을 했는가? 남자는 패터슨 씨를 어떻게 아는가?

■ 빈출 정답 단서 패턴

말한 내용	사람 이름 / 회사 이름 / 제품명 / 장소 / the clients / an item
감정	like 좋아하다 — I like that. 그게 맘에 들어요. It's great. 아주 좋네요. pleased 기쁜 — I'm glad. 기뻐요. dislike 싫어하다 — except for ~을 제외하고 disappointed 실망한 — Oh, no. 아, 이런. nervous 불안해하는 — I'm nervous. 긴장이 되네요. surprised 놀란 — Really? Wow! 정말이요? 대단하네요! That's surprising. 놀랍네요. not convinced 확신이 없는 — I'm not sure. 잘 모르겠어요.

MODEL TEST

1. What does the woman say about La Spagetteria?

   (A) It has reasonably-priced food.
   (B) It has a delivery service.
   (C) It is a famous restaurant.
   (D) It has recently won an award.

2. What is the man scheduled to do that afternoon?

   (A) Meet with a client
   (B) Visit a doctor
   (C) Lead a staff workshop
   (D) Purchase some office furniture

3. What does the woman say she did this morning?

   (A) She tried to clean some equipment.
   (B) She talked to a lab manager.
   (C) She bought a new machine.
   (D) She conducted a research project.

4. What is the man nervous about?

   (A) Having a medical checkup
   (B) Going on a business trip
   (C) Making a presentation
   (D) Changing his workplace

UNIT 06

대화문 토픽별 빈출 표현 🎧 P3_23

1. 부동산

residential area 주택가
commercial area 상업 지구
rental property 임대 부동산
loan requirements 대출 자격 요건
loan officer 대출 담당 직원
furnished apartment 가구가 비치된 아파트
studio apartment 원룸 아파트
available apartment 비어 있는 아파트
shared office space 공용 사무실 공간
prospective tenant 미래 세입자
rent 임대하다; 임대료
lease 임대차 계약; 임대하다
real estate agent / realtor 부동산 중개인
potential home buyer 잠재적인 집 구매자
landlord / owner 주인, 임대주

renew the lease 임대 계약을 갱신하다
in the city center 도심부에
a commute to work 출퇴근
within short walking distance
걸어서 멀지 않은 곳 내에
be in good shape 상태가 좋다
move in[into] 이사 들어가다
move out[out of] 이사 나가다
hire a moving company 이삿짐 업체를 고용하다
make a deposit 계약금을 치르다
there's a nice view from the window
창문에서 보는 전망이 좋아요
it has a park view 공원 전망이다
require personal references and credit check
개인 추천서[신용 증명서]들과 신용등급을 요구하다

2. 병원/약국

medical clinic 진료소, 병원
dentist's office 치과
physician (내과) 의사
surgeon 외과 의사
eye doctor 안과의사
pill / tablet 알약
nursing staff 간호진
eye glass prescription 안경 처방전
pharmacist 약사
patient care 환자 치료
medical records[reports] 의료 기록
medical history 병력
patient account 환자 계정
regular[routine] checkup / dental checkup 정기 검진 / 치과 검진
treatment 치료
take allergy medicine 알레르기 약을 먹다

move an appointment 약속 시간을 옮기다
fit you in 당신을 ~일정에 넣어주다
have several openings
비어 있는 시간대가 몇 개 있다
several spots open 비어 있는 시간대가 몇 있는
have a medical checkup 건강 검진을 받다
get some vaccinations 예방 접종하다
get[have] headaches 두통이 있다
rest your eyes 눈을 쉬게 하다
transfer records 기록을 전송하다
migrate patient records 환자 기록을 이동시키다
fill a prescription 처방대로 조제하다
get a prescription filled 처방전을 조제해 받다
drop off prescriptions 처방전을 맡기다
pick up prescriptions 처방전을 가지러 가다
mark down the change in the calendar
달력에 변경을 표시하다

PRACTICE TEST

1. What are the speakers discussing?

   (A) A money saving plan
   (B) A sales boosting promotion
   (C) A reduction in staff numbers
   (D) A worker recruitment drive

2. What does the woman say about sales?

   (A) They have decreased.
   (B) They have diversified.
   (C) They need to be increased.
   (D) They are starting to pick up.

3. What does the man suggest doing?

   (A) Coming up with ideas to increase sales
   (B) Working longer hours
   (C) Closing unused facilities
   (D) Managing company assets more closely

4. What were the women doing last week?

   (A) Writing a report together
   (B) Holding a client meeting
   (C) Attending a conference
   (D) Organizing a company event

5. What type of work did the speakers do at an event?

   (A) They catered there.
   (B) They decorated a conference room.
   (C) They gave a joint speech.
   (D) They hosted a customer dinner.

6. What will happen to the man in January?

   (A) He will go on holiday.
   (B) He will be transferred.
   (C) He will be promoted.
   (D) He will move offices.

7. What are the speakers mainly discussing?

   (A) Arranging a venue for a seminar
   (B) Finding accommodations for a client
   (C) Booking space at a community center
   (D) Preparing for a business trip

8. What was the man satisfied with at a hotel?

   (A) The quality of the service
   (B) The facilities
   (C) The convenient location
   (D) The cost options

9. What does the man suggest the woman do?

   (A) Request a larger room
   (B) Visit a hotel in person
   (C) Speak to his friend
   (D) Reserve a room online

10. Who most likely is the man?

    (A) A graphic designer
    (B) A photojournalist
    (C) An owner of a travel agency
    (D) A company representative

11. What is the man pleased about?

    (A) A new company's logo design
    (B) A sudden growth in company profits
    (C) A new magazine article
    (D) A draft of a pamphlet

12. What does the woman offer to do?

    (A) Visit the man's office
    (B) Provide a discount
    (C) Enlarge some printed text
    (D) Change the color of words

13. How do the speakers know each other?

    (A) They went to the same high school.
    (B) They work in the same field.
    (C) They go to a gym together.
    (D) They are related to each other.

14. What does the man say he likes about his job?

    (A) Having less responsibility
    (B) Moving around for work
    (C) Getting great benefits
    (D) Locating near his house

15. What does the man agree to do?

    (A) Work on a presentation
    (B) Have lunch with the woman
    (C) Provide a reference
    (D) Pass along the woman's details

16. What was the man doing in Hawaii?

    (A) Having a holiday
    (B) Searching for a new house
    (C) Studying for a test
    (D) Meeting with a potential investor

17. What does the man imply when he says, "Huh! You said Ridgeline Equipment"?

    (A) He wanted to work for the company.
    (B) He is having trouble with the machine.
    (C) He was not expecting to hear the name.
    (D) He would like to find out about some equipment.

18. How does the man know Evan Winters?

    (A) They attended the same college.
    (B) They are members of a professional association.
    (C) They grew up together in the same town.
    (D) They used to work together.

19. What is mentioned about the Regal laptop?

    (A) It is a premium laptop model.
    (B) It has a broken hard drive.
    (C) It has a lifetime warranty.
    (D) It is difficult to fix.

20. What does the woman want?

    (A) A replacement computer
    (B) A new warranty
    (C) A free repair
    (D) A user guide

21. What does the man offer to do for the woman?

    (A) Give her stationery
    (B) Provide her a mailing address
    (C) Exchange her computer
    (D) Drive her to a store

22. What does the man imply when he says, "It's basically unmissable"?

    (A) The woman should go to a movie.
    (B) A film is difficult to understand.
    (C) There are not many tickets available.
    (D) The man wants the woman to delay a project.

23. What did the woman do last week?

    (A) Attended a meeting
    (B) Designed a product
    (C) Spoke to the sales team
    (D) Wrote a report

24. What does the man recommend the woman do?

    (A) Speak to another person
    (B) Buy a ticket in advance
    (C) Join a group activity
    (D) Call a cinema for show times

STORE LAYOUT

```
┌─────────────────────────────────────┐
│ Display  │  Deli/Bakery             │
│ Area 3   │ ┌─────────┐         │ M  │
│          │ │ Display │         │ e  │
│          │ │ Area 2  │         │ a  │
│──────────┘ └─────────┘         │ t  │
│ Display  ┌─────────┐ ┌────────┐│    │
│ Area 4   │Registers│ │Display ││ D  │
│          └─────────┘ │ Area 1 ││ e  │
│          /Exit /Entrance──────┘│ pt │
└─────────────────────────────────────┘
```

Whitehorse Station		
Destination	Departure Time	Status
Mitcham	13:45	Departed
Bunsbury	14:30	on time
Maccleston	18:00	on time

25. What did the woman recently do?

(A) She visited another store.
(B) She went on a business trip.
(C) She received additional training.
(D) She participated in a meeting.

26. What is the woman surprised by?

(A) The time needed for construction
(B) The number of customer
(C) The increase in drink sales
(D) The cost of building

27. Look at the graphic. Where does the woman suggest putting the café?

(A) In Area 1
(B) In Area 2
(C) In Area 3
(D) In Area 4

28. What was the woman unable to do?

(A) Change her seating place
(B) Pay for her ticket online
(C) Confirm her seat number
(D) Find a place to rest

29. Look at the graphic. What is the woman's destination?

(A) Whitehorse
(B) Mitcham
(C) Bunsbury
(D) Maccleston

30. According to the man, what is available free of charge?

(A) Beverages
(B) Snack food
(C) Movie screenings
(D) Upgraded seats

121

UNIT 07 화자의 의도 파악

대화 내용 중 짧은 한 문장을 질문에서 그대로 다시 들려주고 그 말을 한 화자의 숨은 의도를 묻는 유형이다. Part 3 문제 중 수험생들이 가장 어려워하는 유형이며, 고도의 청취력과 추론 능력이 동시에 요구된다.

🎧 P3_25 / 해설 p.122

전략 1
주어진 문장의 표면적 의미를 묻는 문제가 아니므로 대화의 흐름을 파악하여 정답을 고른다.

질문과 보기만으로 정답을 바로 고를 수 있는 관용표현의 의미 파악 문제는 거의 출제되지 않는다. 대화 맥락을 통해 특정 문장을 대화 속에서 언급한 이유를 이해하도록 하자.

W1 Looks like we're getting new office furniture. I'm so happy about that.
M Yeah, I'll be glad to see the old furniture go, my back will thank me.
W2 The old stuff was looking really worn.
M It's been with the company since it started.

Q Why does the man say, "I'll be glad to see the old furniture go"?
(A) He wants to move some furniture to the storeroom.
(B) He does not like the old items.

- 질문 속 인용 문장의 표면적 의미를 이용한 오답 함정에 유의한다.
  Q. Why does the woman say, "my favorite singer is performing next Friday"?
  - To decline an invitation (○)
  - To recommend an artist (×)
- 질문 속 인용 문장에 나온 단어를 반복한 선택지는 오히려 오답 가능성이 높다.

전략 2
의도 파악을 묻는 말의 주변 대사를 반드시 이해해야 한다.

의도 파악 문제는 세 문제 중 마지막 문제로 출제되더라도 대화의 앞부분부터 이해해야 답을 맞출 수 있는 경우가 많다. 대화 도입부터 내용을 파악하면서 듣자.

M Hello, I'm here to sign up for a guitar class.
W Sure. Now, we have a deal for business people. If you register for ten classes, you can have access to instructional digital books on our Web site.
M Okay, let's do it. When will I be able to see the books online?
W Right away. Classes start next month, every Wednesday at 7:00 P.M.

Q What does the man imply when he says, "Okay, let's do it"?
(A) He will buy a new guitar.
(B) He will register for ten classes.

- 질문 속 인용 문장이 들리면 다음 대사, 혹은 다음 화자의 대사까지 듣고 정답을 선택해야 정답 확률이 높다.

■ 빈출 질문 패턴

Why does the man say, "문장"?	남자는 왜 "~"라고 말하는가?
What does the woman imply when she says, "문장"?	여자가 "~"라고 말한 의도는 무엇인가?
What does the man mean when he says, "문장"?	남자가 "~"라고 말한 의도는 무엇인가?

■ 빈출 정답 단서 패턴

- (That's a) good question. 모르겠어요. → 질문을 받은 사람이 답을 모를 때 사용
- Look at all these cars. 이 차들 좀 보세요. → 차가 많아서 걱정이다
- I have a meeting soon. 곧 회의가 있어요. → 오랫동안 대화할 시간이 없거나 바쁘다
- Most business reports have an executive summary in the beginning.
  대부분의 업무 보고서에는 앞부분에 핵심 개요가 있어요. → 문서를 수정하거나 추가 사항을 제안할 때
- What if we are late? 늦으면 어쩌죠? → 근심하는 이유를 설명하기 위해
- It's easy to miss. 놓치기 쉽죠. → 상대의 실수에 대해 이해한다

MODEL TEST

P3_26/ 해설 p.122

1. Why does the woman say, "you're too late"?
   (A) To decline a sale
   (B) To offer another transportation
   (C) To show doubt
   (D) To notify about a labor strike

2. Why does the man say, "Right now my afternoons are free"?
   (A) To show he is very busy
   (B) To agree with the woman
   (C) To make a suggestion
   (D) To tell the woman his decision

3. What does the woman mean when she says, "It would be good for less experienced people"?
   (A) She thinks that some tickets will be sold out soon.
   (B) She thinks a training session is not right for her.
   (C) She wants to attend an event.
   (D) She thinks new staff members were properly trained.

4. What does the woman imply when she says, "he does check in with us once a day"?
   (A) Mr. Jameson has sent his baggage.
   (B) Mr. Jameson calls the office regularly.
   (C) Mr. Jameson uses a hotel frequently.
   (D) Mr. Jameson has already reserved his plane tickets.

대화문 토픽별 빈출 표현 🎧 P3_27

1. 세탁소

dry-cleaning service/dry cleaner/laundry facility 세탁소
claim ticket 보관증
expedited[express] service 빠른 서비스
usual charge 평소/일반 요금
bad[coffee] stain 심한/커피 얼룩
remove/get out 제거하다, 빼다

drop off a suit 정장을 가져다 주다
stop back for it later 나중에 그것을 찾으러 다시 오다
get it back 그것을 돌려받다, 찾아가다
will be ready by ~까지 준비가 될 것이다
be done sooner 더 일찍 끝날 것이다
the amount of laundry 세탁물 양
use a special treatment 특수 처리를 이용하다

2. 은행

account 계좌
banker 은행가
bank teller 은행 직원
transfer 이체; 송금하다
international transfer 해외 송금
certificate of business 사업 등록증

wire some money 돈을 송금하다
take up to 최대 ~까지 걸리다
process much quicker 훨씬 더 빨리 처리하다
open a checking[savings] account 당좌[보통] 예금 계좌를 열다
do transactions online 온라인으로 거래를 하다

3. 공장

production line 생산 라인
manufacturing plant/production facility 제조[생산] 공장
cost of production 생산비
production schedule 생산 일정
conveyor belt 컨베이어 벨트
packaging[cutting] machine 포장[절단] 기계

shut down the machine 기계를 멈추다
fill a large order 대량 주문을 납품하다
produce the order on time 주문품을 제시간에 생산하다
keep up with production 생산을 유지하다
conduct an inspection 점검하다
wear thin 얇아지다, 닳아지다

4. 공사

construction 공사, 건설
(job) site 현장
architect 건축가
blueprint/building plan 설계도
follow-up visit 후속 방문
redo the floor 바닥을 다시 하다

paint the final section 마지막 부분을 페인트칠하다
put us behind schedule 일정보다 늦어지게 하다
near the final stages 마무리 단계에 가까워지다
get this all done 이 모두를 끝내다
something well-made 잘 만들어진 것

PRACTICE TEST

1. What does the man congratulate the woman for?

    (A) Meeting a sales quota
    (B) Designing a new product
    (C) Getting an award
    (D) Finding a new job

2. What does the woman mean when she says, "I'm considering it at the moment"?

    (A) She has not finished a job yet.
    (B) She has not yet decided what to do.
    (C) She is finding it easy to do her job.
    (D) She is thinking of opening a new store.

3. What did the woman request from Mr. Gupta?

    (A) Flexible work hours
    (B) A larger private office
    (C) A specific staffing preference
    (D) A pay raise

4. What does the man imply when he says, "Most of the attendees were satisfied with it"?

    (A) Complimentary refreshments were included.
    (B) The classes were very easy.
    (C) A registration fee was inexpensive.
    (D) The woman should attend the training.

5. What did the woman do last week?

    (A) Trained a new member of staff
    (B) Met with company clients
    (C) Went to a conference
    (D) Completed a major project

6. What does the man suggest the woman do?

    (A) Talk to an associate
    (B) Search for an alternative
    (C) Have a meeting
    (D) Reduce a workload

7. Who most likely is the man?

    (A) A bank teller
    (B) An auto mechanic
    (C) Safety coordinator
    (D) A car salesperson

8. What does the man mean when he says, "Yes, that sounds quite serious"?

    (A) He cannot hear where a noise is coming from.
    (B) He feels that the problem must be solved quickly.
    (C) He thinks he has to get some help from somebody.
    (D) He will talk with his manager about the problem.

9. What does the woman say about the recent weather?

    (A) There has been some flooding.
    (B) It has been cold and snowy.
    (C) There has been a lot of rain.
    (D) It has been very warm.

10. What kind of business most likely is A1 Assistants?

    (A) A Web design company
    (B) An advertising agency
    (C) A landscaping firm
    (D) A cleaning company

11. Why does the woman say, "Alright, that's a relief"?

    (A) To show her agreement
    (B) To show her surprise
    (C) To show her appreciation
    (D) To show her happiness

12. What does the man say he will do this afternoon?

    (A) Visit an office supply store
    (B) Send out a company newsletter
    (C) Take part in a teleconference
    (D) Meet with a service provider

13. What are the speakers discussing?

    (A) The rent for office space
    (B) Office renovations
    (C) A cleaning service
    (D) A written contract

14. Why does the man say, "Commercial Interiors quoted me eight thousand for the same job"?

    (A) To double check a price quote
    (B) To ask for the woman's opinion
    (C) To show that he understands a process
    (D) To attempt to get a discount

15. Why are the man's concerns eased?

    (A) A service has a guarantee.
    (B) A task will be performed urgently.
    (C) A new employee will be hired.
    (D) A product will cost less than expected.

16. What department do the speakers most likely work in?

    (A) Accounting
    (B) Marketing
    (C) Technical Support
    (D) Sales

17. What does the woman mean when she says, "I think there are new people in the stores now"?

    (A) She does not feel comfortable speaking to new people.
    (B) She is worried that there will be a problem with staff.
    (C) She does not know the current store managers.
    (D) She is excited to work with new people in her store.

18. What will the man probably do next?

    (A) Consult with a coworker
    (B) Install a new system
    (C) Arrange a board meeting
    (D) Visit a company Web site

19. What does the woman say she did in middle school?

    (A) Joined a school orchestra
    (B) Took music lessons
    (C) Worked at a discount store
    (D) Took part in a performance

20. What does the man offer the woman?

    (A) A private lesson
    (B) A case for a musical instrument
    (C) A special class discount
    (D) An online instructional video

21. What does the woman imply when she says, "put me down for that"?

    (A) She will sign up for three months of classes.
    (B) Some music lessons are too expensive.
    (C) She wants to get private music lessons.
    (D) Her music classes have been too difficult so far.

22. What will the woman add to the order?

    (A) Display equipment
    (B) Extra seats
    (C) More computers
    (D) Laser pointers

23. Why does the woman say, "The manager is out of the office now"?

    (A) To say why the new order has not been made
    (B) To ask for an extension of time to finish a task
    (C) To show why it is difficult to contact A/V Rentals
    (D) To offer a new time to call an equipment supplier

24. What will the woman most likely do next?

    (A) Visit a supplier's office
    (B) Make some slides
    (C) Lead a seminar
    (D) Send an e-mail

25. Why does the man say there is a problem?

    (A) A space has not been cleaned.
    (B) They ordered too many materials.
    (C) The needed plants are unavailable.
    (D) They are waiting for the workers to leave.

26. What does the man suggest as a solution?

    (A) Using different decorations
    (B) Ordering new office equipment
    (C) Talking directly to a designer
    (D) Calling a different store

27. Why does the woman say, "Okay, that seems fair"?

    (A) To ask for advice
    (B) To accept a solution
    (C) To offer her services
    (D) To give a different idea

28. What is the conversation mainly about?

    (A) An enlargement of office space
    (B) A move into a new market
    (C) A new parking lot
    (D) A change in company leadership

29. Why does the man say, "It's unbelievable"?

    (A) He feels frustrated.
    (B) He is very enthusiastic.
    (C) He disagrees with what the woman said.
    (D) He is trying to get more information.

30. What do the women imply about the company?

    (A) It will hire new employees.
    (B) It is in a bad financial situation.
    (C) It will move to a new location.
    (D) It has grown large very fast.

UNIT 08 시각정보 연계

일상에서 쉽게 접할 수 있는 리스트/쿠폰/도표/지도 등의 시각정보와 대화 내용을 서로 연결하여 정답을 고르는 문제이다. Part 3 전체 질문 유형 중 화자의 의도 파악 문제 다음으로 수험생들이 어려워하는 유형이다.

 P3_29 / 해설 p.132

전략1 대화가 나오기 전에 질문/보기/시각정보를 읽고 서로 대조한다.

시각정보까지 추가로 신경을 써야 하므로 다른 문제 유형보다 리스닝 집중력이 떨어지기 쉽다. 따라서, 대화가 나오기 전에 질문 Look at the graphic 다음 문장이 무엇을 묻는지 파악한 후 보기가 시각정보의 어느 부분에 해당하는지 분석한다.

M I do have a coupon that I would like to use for my purchase.
W Let me see… Your total comes to $58 today. We can reduce the price by $20 only if your total is more than $60. Would you like to purchase anything else to bring up the price?
M I don't think I need anything else.

Friendly's Supermarket

$10 off	$20 off
purchases of $30 or more	purchases of $60 or more

Expires 3/20

Q Look at the graphic. **How much of a discount** should **the man get** with his purchase?
(A) $10   (B) $20

• 대화를 듣는 동안 시선은 시각정보 내에서 이동하면서 대화를 끝까지 다 듣고 정답을 선택한다.
• 시각정보에서 선택지 내용을 제외한 나머지 정보를 대화에서 주의 깊게 듣고 정답을 선택한다.

전략2 시각정보를 보고 무엇에 유의해서 들을지 유추한다.

보기가 직접 대화에 언급되기보다는 보기를 제외한 다른 주변 정보가 언급되는 경우가 많다. 따라서 시각정보에서 보기를 제외한 나머지 항목에 유의해서 대화를 듣는다.

M We're getting a lot of complaints lately. I'm working on one of these cases now.
W Wow, okay. What's going on with this one?
M This customer was very upset. She was wearing her brand new dress and got stains on it when she was in one of our taxies.

Customer	Complaint
1. Dave Gore	Bad service
2. Harvey Dean	Lateness
3. Jessica Lee	Dirty Seats
4. Josie Grab	Lost luggage

Q Look at the graphic. **Which customer** are **the speakers discussing**?
(A) Dave Gore   (B) Jessica Lee

• 위 예제에서 보기에 사람 이름이 보이므로 시각정보에서 사람 이름을 제외한 나머지 항목, 즉 고객 불만사항이 대화에서 언급될 것을 예상할 수 있다.

■ 빈출 질문 패턴

Look at the graphic. Where will the speakers sit?
시각정보를 참고해, 화자들은 어디에 앉을 것인가?

Look at the graphic. Which amount should be changed?
시각정보를 참고해, 얼마의 양이 수정되어야 하는가?

Look at the graphic. Who sent the e-mail the speakers are referring to?
시각정보를 참고해, 화자들이 언급하고 있는 이메일은 누가 보냈는가?

■ 빈출 정답 단서 패턴

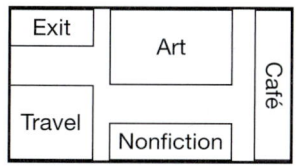

seating chart
right in front of the stage 무대 바로 앞에
closest to the exit 출입구에서 가장 가까운
My ticket says I'm supposed to be in A
내 표에는 내 자리가 A라고 나와 있어요
Our seats have been moved from A to B
우리 자리가 A에서 B로 바뀌었어요

floor plan
right next to ~의 바로 옆에
directly across from ~의 바로 맞은편에
on the back wall of the store 가게의 뒷벽에

price list
Let's go with... ~로 합시다
I'm just interested in... ~에 관심 있어요
I'd like to reserve... ~을 예약하고 싶어요

SPACE MUSEUM	
Extra Activities	Fee
Observe the Sun	$25
Film: *Wright Brothers*	$30

MODEL TEST
🎧 P3_30 / 해설 p.132

Building Directory	
Ground Level	Doctor Jon Li
Level Two	VACANT
Level Three	Hanimax Financial
Level Four	INC Insurance Ltd.
Level Five	Havac Construction

Mirror Finish Shoe Repair	
Material	Cost
Fabric	$9.00
Synthetics	$12.00
Leather	$15.00
Rubber	$16.00

1. Look at the graphic. Where most likely will some documents be taken to?

   (A) A clinic
   (B) A finance company
   (C) An insurance office
   (D) A construction firm

2. Look at the graphic. What are the boots made of?

   (A) Fabric
   (B) Synthetics
   (C) Leather
   (D) Rubber

UNIT 08

대화문 토픽별 빈출 표현 🎧 P3_31

1. 송장(invoice) / 주문서(order form)

the least expensive 가장 덜 비싼
be charged a late fee 연체료가 청구되다
be overcharged 과다 청구되다
see a receipt 영수증을 보다

print a new invoice 새로운 거래 내역서를 출력하다
be removed from the invoice 내역서에서 제하다
I'll subtract that from your bill.
귀하의 청구서에서 그것을 빼드리겠습니다.

2. 그래프(graph) / 도표(chart)

the industry market shares 업계 시장 점유율
our most successful month 가장 성공적인 달
would be the best ~가 가장 좋을 겁니다
the second highest increase in new customers 신규 고객의 두 번째로 높은 증가
the lowest number of 가장 적은 수의 ~

according to the chart 도표에 따르면
As you can see from this chart
이 차트로부터 보시다시피
The first page shows 첫 장이 ~을 보여줍니다
An explanation of A is on the chart.
A에 대한 설명이 차트에 있어요.

3. 쿠폰(coupon)

save 절약하다
have a sale 할인을 하다
check out 계산하다
enter the code 코드를 입력하다
valid in-store only 매장에서만 유효하다

for the online order discounts
온라인 주문 할인에 대해
settle for the 10% discount
10퍼센트 할인에 만족하다
The amount isn't reduced. 총액이 줄지 않는다.

4. 스케줄(schedule)

not arrive on time 정시에 도착하지 않는다
earlier than expected 예상보다 더 일찍
schedule it for the day after
~행사 다음날로 일정을 잡다
scheduled for first thing in the morning
오전 첫 일정으로 잡힌

number 2 on the list 목록에서 두 번째
have a meeting at the same time
같은 시간에 회의가 있다
The A session has been canceled.
A는 취소되었습니다.

5. 지도(map) / 평면도(floor plan)

rest area 휴게소
closed for repairs 수리로 문을 닫았다
get close to ~에 가까워지다
room assignments 방 배정
take this route 이 경로로 가세요

the stop right after 바로 다음 정류장
by the entrance 정문 옆에
next to the conference room 회의실 바로 옆에
on the other side of ~의 반대편에
in front of our research lab 연구실 앞에

PRACTICE TEST

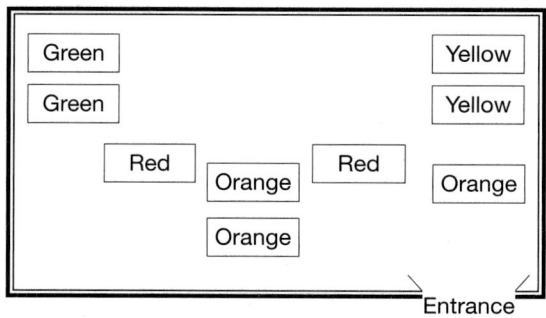

Seminar Timetable	
Name	Time
Hiroki Masushi	9:00–10:30
Jeffrey Blunt	10:35–12:00
Avi Mendel	1:30–3:00
Sven Hath	3:05–5:00

1. What most likely is the woman's job?

   (A) Sales clerk
   (B) Bank teller
   (C) Painter
   (D) Baker

2. Look at the graphic. What type of booth does the woman reserve?

   (A) Green
   (B) Yellow
   (C) Orange
   (D) Red

3. What requirement does the man mention?

   (A) A business number must be provided.
   (B) Safety standards must be met.
   (C) A permit needs to be obtained.
   (D) A menu needs to be submitted.

4. Look at the graphic. Who will present at 1:30?

   (A) Hiroki Masushi
   (B) Jeffrey Blunt
   (C) Avi Mendel
   (D) Sven Hath

5. What does the woman offer to do?

   (A) Find a convention venue
   (B) Revise a presentation
   (C) Send an invitation
   (D) E-mail a presenter

6. What will the man do with a revised schedule?

   (A) Show it to a manager for approval
   (B) Upload it to a Web site
   (C) Send it to all participants
   (D) Post it on a notice board

Exhibit #	Corporation
36	Hikers Inc.
37	Outdoor Tech.
38	Thermal Rest
39	Snowline

7. Why most likely are the speakers unable to visit all the exhibits?

   (A) They will meet clients.
   (B) They need to go back to work.
   (C) The exhibition will close soon.
   (D) They have to take a train.

8. Why do the speakers want to see the P-92 backpack?

   (A) To buy it as a gift
   (B) To sell it in a store
   (C) To take photographs
   (D) To check its design

9. Look at the graphic. Which exhibit will the speakers visit next?

   (A) 36
   (B) 37
   (C) 38
   (D) 39

10. What do the speakers have in common?

    (A) They live nearby.
    (B) They use a transfer station.
    (C) They drive to work.
    (D) They meet a lot of people at work.

11. Look at the graphic. What station does the woman pass on her way to work?

    (A) North Chesterfield
    (B) City Zoo
    (C) Western Beach
    (D) Parkfield

12. What does the woman offer to do for the man?

    (A) Go on a business trip
    (B) Give him a ride to work
    (C) Accompany him on his commute
    (D) Help him with his project

April	
Monday	25
Tuesday	26
Wednesday	27
Thursday	28
Friday	29

13. What does the woman say about the garage?

    (A) It is offering a discounted service.
    (B) It is looking for new mechanics.
    (C) It has a lot of cars that need work.
    (D) It commonly opens at 9:00 A.M.

14. Look at the graphic. On what day will the man visit the garage?

    (A) Tuesday
    (B) Wednesday
    (C) Thursday
    (D) Friday

15. Why does the woman ask the man to arrive early?

    (A) For a free consultation
    (B) For a car registration process
    (C) For a test drive
    (D) For a complimentary checkup

Name	Comment
1. James Bose	Flight delay and rude staff
2. Jason Raskin	Dirty facilities
3. Brian Yoler	Unable to check-in
4. Nabil Siddiqi	No wifi signal

16. Where do the speakers most likely work?

    (A) At an airline
    (B) At a production plant
    (C) At a research center
    (D) At a security office

17. Look at the graphic. Which customer are the speakers discussing?

    (A) James Bose
    (B) Jason Raskin
    (C) Brian Yoler
    (D) Nabil Siddiqi

18. What will the speakers do next?

    (A) Refund customers' tickets
    (B) Plan a site visit
    (C) Employ new employees
    (D) Organize training programs

PART 3 ACTUAL TEST

32. What does the man inquire about?

(A) The cost of a new TV
(B) The location of a customer service office
(C) The availability of a warranty
(D) The man's e-mail address

33. What does the woman mention about the standard warranty?

(A) It is still valid.
(B) It expired after 1 year.
(C) It is possible to renew it.
(D) It does not apply to a certain model.

34. What does the woman offer to do?

(A) Reset a password
(B) Explain a refund policy
(C) Contact a repairman
(D) Look up some information

35. What are the speakers discussing?

(A) Moving to the new premises
(B) Updating store products
(C) Renovating a warehouse
(D) Hiring temporary workers

36. What problem does the woman describe?

(A) An employee was late for work.
(B) A work schedule has been changed.
(C) Some products have not arrived.
(D) A contract will soon be renewed.

37. What does the man want to schedule for next week?

(A) A staff training session
(B) An opening ceremony
(C) A job interview
(D) A sales event

38. Where do the speakers most likely work?

(A) At a government office
(B) At a construction company
(C) At a television station
(D) At a newspaper

39. Why is the woman disappointed?

(A) An interview has been canceled.
(B) A printer is not working well.
(C) A report has wrong information.
(D) A worker will be transferred.

40. What does the man say he will do?

(A) Meet an event planner
(B) Find a replacement
(C) Reserve accommodations
(D) Print out an article

41. What type of business does the man work for?

(A) A cellphone manufacturer
(B) A government office
(C) An engineering firm
(D) A magazine company

42. What does the woman ask the man to do?

(A) Provide a short review
(B) Conduct a demonstration
(C) Promote a publication
(D) Take calls from audiences

43. Why does the man say, "don't make an expensive mistake"?

(A) To show people that he sometimes makes errors
(B) To dissuade people from buying a product
(C) To tell viewers where to buy a product cheap
(D) To make listeners buy his publication

44. What type of organization is the woman calling?

   (A) A consulting firm
   (B) A license bureau
   (C) A real estate agency
   (D) A printing shop

45. What problem does the man mention?

   (A) An address needs to be updated.
   (B) A document package is incomplete.
   (C) A photograph is missing from a form.
   (D) An identification number is not recorded.

46. What does the man say he will do?

   (A) Make a note on a computer file
   (B) Have a meeting with drivers
   (C) Make a call to his coworker
   (D) Visit one of his branch offices

47. What is the woman planning to do?

   (A) Buy a new sink
   (B) Change a light bulb
   (C) Select floor tiles
   (D) Pay for utilities

48. What does the woman like about a product?

   (A) Its durability
   (B) Its free installation
   (C) Its excellent brand name
   (D) Its environmental friendliness

49. What does the man offer the woman?

   (A) A catalog
   (B) An additional cable
   (C) A store credit
   (D) A discount coupon

50. What type of event is being held?

   (A) A recruitment seminar
   (B) A retirement party
   (C) A business meeting
   (D) A staff orientation

51. Why is Harold Murray concerned?

   (A) He misplaced his briefcase.
   (B) He did not sign up ahead of time.
   (C) He forgot to send a file.
   (D) He did not bring his employee ID.

52. What does the woman say is near the rear entrance?

   (A) A list of guest speakers
   (B) Some product information
   (C) Some different drinks
   (D) A registration sheet

53. What does the man say he would like to do?

   (A) Attend a finance class
   (B) Buy a new computer
   (C) Go abroad for study
   (D) Start a business

54. What does the woman recommend?

   (A) Doing research on the Internet
   (B) Taking a class at a bank
   (C) Depositing some money beforehand
   (D) Moving into a house downtown

55. What is the man concerned about?

   (A) An application for a loan
   (B) A class schedule
   (C) The cost of tuition fees
   (D) Difficult financial terms

56. What problem are the speakers discussing?

(A) An ordering system is too slow.
(B) A progress report is not ready.
(C) A homepage is outdated.
(D) A computer network is down.

57. What does the man mean when he says, "John, you're in charge of Web site maintenance"?

(A) He does not have time to assist John.
(B) He thinks John should negotiate a discount on a repair.
(C) He wants John to solve an ongoing problem.
(D) He believes John has performed his duties successfully.

58. What does the woman say she needs?

(A) Technical assistance
(B) A list of design requirements
(C) Some legal advice
(D) A new Web site plan

---

59. Where most likely does the man work?

(A) At a law firm
(B) At a shipping company
(C) At a bus company
(D) At an art museum

60. What does the woman say about the items?

(A) They are antique.
(B) They are very large.
(C) They are highly valuable.
(D) They are easily moved.

61. What information does the man request?

(A) The date of departure
(B) The details about some items
(C) The price of some goods
(D) A list of new books

Hotel Performance	
Rooms	☆☆☆☆☆
Restaurants	☆
Costs	☆☆☆
Customer Service	☆☆☆

62. Who most likely is the man?

(A) A receptionist
(B) A hotel manager
(C) A magazine journalist
(D) A restaurant server

63. Look at the graphic. What area does the man want the hotel to improve in?

(A) Rooms
(B) Restaurants
(C) Costs
(D) Customer Service

64. What does the woman recommend doing?

(A) Building a parking lot
(B) Changing room decor
(C) Cutting prices for rooms
(D) Hiring new employees

Thursday 20	Friday 21	Saturday 22	Sunday 23
Showers	Sunny with Wind	Showers	Cloudy

Account:	John Grimsby
Fee	
Monthly Internet Charge	$22.00
Line Rental	$7.00
Excess Data Use	$10.00

65. What is the woman responsible for?

(A) Hiring a catering company
(B) Arranging a sports contest
(C) Booking entertainment
(D) Planning a company dinner

66. Look at the graphic. When will the event most likely be held?

(A) On Thursday
(B) On Friday
(C) On Saturday
(D) On Sunday

67. What does the woman say she will do next?

(A) Make an announcement
(B) Enter a competition
(C) Make telephone calls
(D) Reserve a local venue

68. What kind of business does the woman work for?

(A) An Internet service provider
(B) A home appliance store
(C) A travel agency
(D) A car rental company

69. Look at the graphic. What amount will be taken off the man's bill?

(A) $22.00
(B) $7.00
(C) $10.00
(D) $39.00

70. Why does the woman ask the man to wait?

(A) To offer him discounted services
(B) To have him pay his bill with a credit card
(C) To ask him to complete a customer survey
(D) To transfer him to a manager

PROLOGUE
UNIT 01-07
ACTUAL TEST

PART 4

PART 4 키워드 청취

질문과 보기 미리 읽고 분석하기

1단계 질문을 읽고 중요 키워드에 밑줄을 긋는다.
질문 옆에 한글로 핵심을 적어도 좋다.
기본 키워드 - 의문사 / 주어 / 동사+목적어 / 시간 / 장소

2단계 보기를 읽고 키워드에 밑줄을 그은 후 대략의 정답을 예측해 본다.
주어가 같으면 동사 이하 키워드에 밑줄 긋는다.
시간과 장소 표현은 따로 표시한다.

3단계 질문과 보기의 키워드를 동시에 생각하며 대화를 듣는다.
대부분 문제 순서대로 대화에서 정답 단서가 주어지므로 순서대로 정답을 찾는다.

---

1. Who most likely are the listeners? 청자 정보
(A) Chefs
(B) Construction workers
(C) Tourists
(D) Photographers

2. What will the people do at the Lake Huron? 휴런 호수
(A) Take pictures
(B) Eat a meal
(C) Join another tour group
(D) Return to a campsite

3. What does the speaker encourage the listeners to do? 조언
(A) Wear hats and sunglasses
(B) Carry a backpack
(C) Take a raincoat
(D) Pick up a map

청취 포인트 정답 (C)
welcome to, we, our, us, you, your, here에 주목

청취 포인트 정답 (B)
휴런 호수에 주목

청취 포인트 정답 (C)
please, so, if, encourage 등에 주목

Good afternoon—welcome to the Washington Memorial Park. ¹I'll be **your guide** for the day. Groups usually depart the campsite and cut across the park via the Peak Trail, but due to ongoing construction in that area we won't be able to take that route. ²Most visitors enjoy the view at Lake Huron, so we'll head in that direction and **have lunch** there. After lunch we'll walk to the top of the Albert's peak which takes 2-3 hours depending on your pace. ³It's supposed to be cloudy this afternoon, **so I recommend bringing a raincoat**.

안녕하세요 - 워싱턴 기념 공원에 오신 것을 환영합니다. 저는 오늘 여러분의 가이드입니다. 단체는 보통 야영지에서 출발하여 피크 트레일을 거쳐 공원을 가로 지릅니다, 하지만 그 지역에 진행 중인 공사 때문에, 그 길로 갈 수가 없습니다. 대부분 방문객들이 휴런 호수의 전망을 좋아하셔서 그 방향으로 가서 거기서 점심을 먹을 겁니다. 점심 식사 후에 여러분의 걷는 속도에 따라 두세 시간 걸리는 알버츠 피크의 정상까지 걸어갈 겁니다. 오늘 오후에 날씨가 흐릴 예정이니 비옷을 챙겨 갈 것을 권합니다.

패러프레이징

담화 장소 / 화자의 직업 등을 묻는 질문에서는 담화문에 나온 표현이 그대로 정답에 제시되기도 하지만, 나머지 질문 유형들에서는 같은 의미의 다른 어휘나 표현으로 패러프레이징되어 제시된다.

① 동의어나 유사한 표현으로 정답을 제시한다. (대다수의 질문 유형들)

set up a photo shoot 사진 촬영 날짜를 정하다	→	schedule a photo session 사진 촬영 일정을 잡다
show us how to use 어떻게 사용할지 우리에게 보여주다	→	demonstrate 시연하다
shut down computers 컴퓨터를 끄다	→	turn off some equipment 기기를 끄다
ship it at no cost 무료로 보내다	→	free shipping 무료 배송
sign up early 일찍 등록하다	→	register in advance 사전에 등록하다
distribute a newsletter 소식지를 배포하다	→	deliver a publication 출판물을 배달하다
make product selections 제품 선택을 하다	→	choose items 물품을 선택하다
double market size 시장 규모를 두 배로 만들다	→	expand market share 시장 점유율을 높이다
stay open late every evening 매일 밤 늦게까지 문을 열다	→	extend its hours of operation 영업 시간을 늘리다
review the detailed sales figures 상세한 매출 수치를 검토하다	→	study some data 데이터를 검토하다

② 어휘들을 종합해 정답을 유추한다. (담화 장소 / 직업 / 근무 분야)

captain, passengers, flight, take off, board the airplane 기장, 승객들, 비행기, 이륙하다, 비행기에 탑승하다	→	On an airplane 비행기 안
radio station, news report, studio, commercial break, program 라디오 방송국, 뉴스, 스튜디오, 광고 시간, 프로그램	→	A radio show host 라디오 방송 진행자
shoppers, patrons, sample coffee, at a reduced price 쇼핑객들, 손님들, 커피를 시음하다, 할인가에	→	At a supermarket 슈퍼마켓

UNIT 01 전화 메시지

Part 4에 출제되는 전화 메시지는 크게 두 가지 유형이 있다. 첫째, 부재 중인 상대방에게 메시지를 남기는 형태가 거의 대부분을 차지한다. 둘째, 자동 응답 메시지(ARS)가 가끔 출제된다. 전화 용건/발신자의 근무처/요청사항/문제점 등 빈출 질문에 철저히 대비하도록 하자.

🎧 P4_01 / 해설 p.150

 전략 1 전화 건 용건이나 발신자 정보는 담화문의 초반부를 잘 듣고 파악한다.

전화 건 용건·목적은 대부분 지문의 초반에 거론되지만 요즘에는 점점 담화문의 중반까지 들어야 파악할 수 있는 경우도 늘어나고 있다. 용건·목적을 밝힐 때 사용하는 빈출 표현을 반드시 익혀두자.

Hi, this message is for Michael Chang. My name is Sylvia Vo and ^Q2^**I am** Dr. Truby's secretary at A1 Dental Clinic. ^Q1^**I'm calling to** remind you of your appointment for tomorrow at 6:30 P.M. ... If you need to ask us anything, we'll be available until 7:30 P.M. tonight and then after 10 A.M. tomorrow. Thank you, we'll see you at 6:30 P.M. tomorrow.

Q1 Why is the speaker **calling**?
 - To remind about an appointment

Q2 Who is the **speaker**?
 - A secretary

만점특강
- I'm calling to / I'm calling about 등의 표현이 들리면 다음에 전화 건 목적이 언급될 수 있으니 주의해서 듣는다.
- 전화 메시지는 수신자보다는 발신자에 집중해서 질문이 나오므로, 담화 초반에 발신자가 자신을 소개하는 내용(This is A from / I am A at)을 꼭 듣도록 한다. 발신자의 근무처/직업을 직접적으로 알려주기도 하지만 we, our, I, me, here 등을 이용해서 간접적으로 알려주는 경우도 많다.

 전략 2 자동 응답 메시지에서 시간 관련 정보가 나오면 문제화될 가능성이 높다.

자동 응답 메시지는 기업이나 공공 서비스 기관, 편의시설, 매장 등에서 고객이나 시설 이용자, 직원들을 대상으로 남기는 메시지가 주로 출제된다.

^Q1^**Thank you for calling** Brown Interior Design. You've reached us after hours. If you need to speak to an employee, please call back during our store hours of 10 A.M. to 9 P.M. Monday through Friday, and 10 A.M. to 11 P.M. on Saturdays. ^Q2^**We are closed** Sundays. We are located at 815 Pineapple Street, next to the grocery store. Please come in and take a look at our beautiful home decorations.

Q1 What type of **business** has **the caller reached**?
 - An interior design shop

Q2 On what day is the store **closed**?
 - Sunday

만점특강
- Thank you for calling / You have reached 다음에 나오는 업종 관련 어휘를 듣고 무슨 업종의 ARS인지 가늠해본다.
- ARS에서는 특정 시간 혹은 날에 일어나는 일이 무엇인지 묻는 질문이 가장 많이 출제되므로 질문 속 시간 표현이 나오면 바로 정답을 선택하도록 한다.
- 메시지가 녹음된 업종/메시지 대상자/목적/암시하는 것 등의 질문들이 자주 출제된다.

■ 빈출 담화 지문 패턴

업무상 논의 / 요청	직원 교육, 회의실 예약, 컴퓨터 프로그램 오류, 프로젝트 수정, 고객 방문 준비 요청, 예산 요구
문제 발생	배송 지연, 예약 시스템 오류, 수송편 놓침, 행사 참석 불가, 주문 오류
정보 제공	예약 도서 도착 알림, 이웃에게 소포 수령 요청, 기금 마련을 위한 걷기 대회
ARS	해외 배송 시작, 기상 악화로 인한 안내, 극장 공연 일정, 텔레콤 서비스

■ 빈출 질문 패턴

목적 / 이유	What is the purpose of the message?	메시지의 목적은 무엇인가?
요청사항	What does the speaker ask the listener to do?	화자가 청자에게 요청하는 것은?
화자 근무처	What type of business does the speaker work for?	화자는 어떤 업체에서 근무하나?
문제점	What problem does the speaker mention?	화자가 언급하는 문제점은 무엇인가?

■ 빈출 정답 단서 패턴

전화 용건 / 목적	I'm calling to… ~ 전화 드립니다 missing 사라진 / problem 문제 / not received 받지 못했다 [문제 발생 / 불평] I'm very sorry that… ~에 대해 매우 죄송합니다
발신자 수신자	This[It] is + 발신자 + from[with / in / at] + 근무처 저는 ~에서 근무하는 ~입니다 My name is + 발신자 + and I am + 신분 제 이름은 ~이며, ~입니다 This message is for + 수신자 이 메시지는 ~를 위한 것입니다
요청 사항	Could[Would / Can] you…? ~해 주시겠어요? Please… ~해주세요

MODEL TEST

P4_02 / 해설 p.150

1. What is the message about?
   (A) Children's books
   (B) Theater events
   (C) Museum exhibits
   (D) Street performances

2. What will take place at 2 o'clock?
   (A) A reception
   (B) A presentation
   (C) A community show
   (D) An autograph signing

Receipt

Sandwiches $200
Cookies $120
Cake $250
Snacks $400

3. Look at the graphic. How much money will the speaker be refunded?
   (A) $120   (B) $200
   (C) $250   (D) $400

UNIT 01

담화 지문 유형별 빈출 표현 🎧 P4_03

1. 문제점

regarding ~에 관하여
come up 생기다, 발생하다
interrupt 방해하다
miss 빠뜨리다, 빼먹다
unfortunately 유감스럽게도
negative reviews 부정적인 평가
encounter 맞닥뜨리다, 부딪히다
be torn 찢어지다
storm-related power failure 폭풍 관련 정전
train service is suspended 기차 운행이 중단되다

an error in the inventory system 재고 시스템 오류
affect business 사업에 영향을 미치다
forget to enclose 동봉하는 것을 잊어버리다
stop manufacturing 생산을 멈추다
have a software issue 소프트웨어에 문제가 생기다
pay an additional fee 추가 비용을 내다
miss a return flight 돌아오는 비행기를 놓치다
prevent any damage 손상을 막다
at no extra cost 추가 비용 없이

2. 요청

give permission 허가를 하다
follow the format 구성 방식을 따르다
in person 직접
call back / return a call 회신 전화를 하다
give a call back 회신 전화하다
reach me by email 나에게 이메일로 연락하다
make the arrangements 준비를 하다
update the client database
고객 데이터베이스를 업데이트하다

brainstorm some ideas
각자 자유롭게 아이디어를 내다
provide the necessary information
필수 정보를 제공하다
in the right places 적절한 곳에
set up a time for an interview 인터뷰 시간을 잡다
work a double shift 2교대로 일하다
shut down computers 컴퓨터를 끄다

3. 정보 제공

staffing transition plan 직원 교체 계획
ship out 발송하다, 보내다
generate interest 관심을 유발하다
in terms of ~면에서, ~에 관하여
work out 만들어내다, 이끌어내다
raise funds 기금을 모으다
turn out ~인 것으로 밝혀지다
practical approach 실질적인 접근법
proof 증명(서)
predict 예측하다
take over job responsibilities 직무를 인계받다

advertise the new release 신간을 광고하다
speak at a seminar 세미나에서 발표하다
waive one's speaking fee 연설료를 받지 않다
bring all materials 모든 자료를 가지고 가다
reach one's full potential 최대 잠재력에 이르다
meet a sales goal 판매 목표를 달성하다
offer shipping services to
~로의 배송 서비스를 제공하다
update the preliminary design
초기 디자인을 업데이트하다
reserve a booth 부스를 예약하다

PRACTICE TEST

1. Where does the speaker most likely work?

   (A) At a travel agency
   (B) At a pharmaceutical company
   (C) At a city council
   (D) At a construction company

2. What does the speaker say about the design?

   (A) It has been approved.
   (B) It should be revised.
   (C) It is scheduled to be discussed at a city council meeting.
   (D) It will be created by a famous architect.

3. What information will the speaker provide in his e-mail?

   (A) The cost of a new project
   (B) The name of a project manager
   (C) A list of required materials
   (D) New government rules

4. What type of business is the information about?

   (A) A delivery service
   (B) A software firm
   (C) A telecommunications company
   (D) A electricity company

5. Why would a listener press 2?

   (A) To hear the message again
   (B) To make an appointment for repairs
   (C) To leave a message
   (D) To talk to a staff member

6. When will some listeners experience loss of services?

   (A) Monday
   (B) Tuesday
   (C) Wednesday
   (D) Thursday

7. Where does the speaker work?

   (A) At a café
   (B) At a clothing shop
   (C) At a packing company
   (D) At a delivery firm

8. What problem does the speaker describe?

   (A) Unexpected packages were delivered.
   (B) A fee was not paid.
   (C) Some items are missing.
   (D) A sales event was delayed.

9. What is the listener asked to do?

   (A) Display some items
   (B) Sign an invoice
   (C) Check the inventory
   (D) Contact the caller quickly

10. Why is the man calling?

    (A) To ask for information
    (B) To issue an apology
    (C) To show his appreciation
    (D) To request assistance

11. What does the speaker mean when he says, "we have a lot going on right now"?

    (A) The speaker understands if there is a delay.
    (B) The speaker needs to leave the office soon.
    (C) The speaker would like help right away.
    (D) The speaker does not know what to do next.

12. What does the speaker suggest?

    (A) Sending another person
    (B) Pausing other work
    (C) Bringing a certain tool
    (D) Providing a new piece of equipment

13. Which department needs to order more supplies?

    (A) Sales
    (B) Personnel
    (C) Marketing
    (D) Accounting

14. What does the speaker anticipate may happen?

    (A) The order may need to be reduced.
    (B) Some items may be added to a list.
    (C) The costs of an order may exceed a budget.
    (D) The delivery may be late.

15. What is the listener asked to do after she checks the inventory?

    (A) Request more funding
    (B) Cancel an order
    (C) Get in touch with her manager
    (D) Confirm the shipping address

16. What problem with booking requests does the speaker mention?

    (A) There were too many.
    (B) They had a lot of errors.
    (C) There was no explanation.
    (D) They were sent to the wrong person.

17. Why does the speaker say, "Maybe you could reconsider that request a little"?

    (A) To persuade the listener to join a team
    (B) To advise the listener to use different equipment
    (C) To suggest making a revision
    (D) To propose changes to the meeting agenda

18. What does the speaker ask the listener to bring to her?

    (A) A sales report
    (B) A client's details
    (C) An email address
    (D) A meeting plan

19. What is the main purpose of the message?

    (A) To inform workers that a factory is closed
    (B) To tell clients when they can come to a facility
    (C) To advise employees to discuss their tasks with a manager
    (D) To encourage repair crews to work harder

20. What is expected to happen by midnight?

    (A) New equipment will be purchased.
    (B) Flooding will occur.
    (C) Traffic will be slow.
    (D) Power outages may occur.

21. What are listeners reminded to do?

    (A) Leave work early
    (B) Use public transportation
    (C) Bring umbrellas
    (D) Remain indoors

22. What most likely is the purpose of the call?

    (A) To get an email address
    (B) To arrange a meeting time
    (C) To talk about a joint project
    (D) To ask about test results

23. What does the speaker mention about an advertising company?

    (A) The business is very well known.
    (B) The business is unconventional.
    (C) The business offers good deals.
    (D) The business is very effective.

24. What does the speaker imply when he says, "I need to speak to them as soon as possible"?

    (A) He has products that need to be advertised.
    (B) He would like to expand his business overseas.
    (C) He is planning to launch a new marketing campaign.
    (D) He wants to change a contract.

A1 Computer Rental	
Desktop computer	$100 per month
Laptop computer	$150 per month
Projector	$200 per month
Printer / Copier	$250 per month

25. What problem does the speaker mention?

    (A) An item will be available next week.
    (B) A system has been upgraded.
    (C) A product is unavailable for rent.
    (D) An order form contains an error.

26. Look at the graphic. What item does the speaker recommend ordering?

    (A) The Desktop computer
    (B) The Laptop computer
    (C) The Projector
    (D) The Printer / Copier

27. What does the speaker ask the listener to do?

    (A) Return a call
    (B) Speak to a supervisor
    (C) Mail a package of documents
    (D) Stop by a store

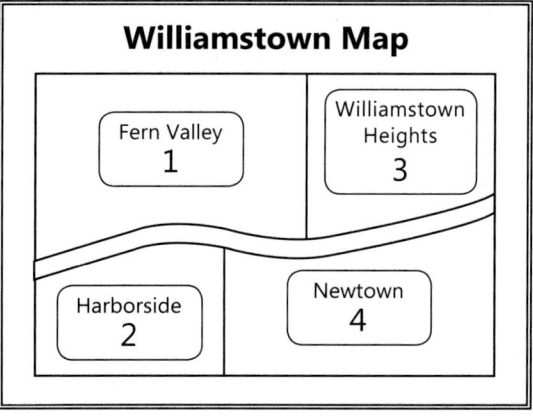

28. What type of business is the information about?

    (A) A gas company
    (B) A real estate agency
    (C) A power company
    (D) A phone repair shop

29. Look at the graphic. What number shows the area that has losses of services?

    (A) 1
    (B) 2
    (C) 3
    (D) 4

30. What are listeners asked to do?

    (A) Call back later
    (B) Remain in their homes
    (C) Avoid using stoves
    (D) Look at a company Web site

UNIT 02 회의 / 회사 내부 공지사항

직장 내 직원 회의나 사내의 업무 관련 변동사항, 전달사항, 요청사항 등을 공지하는 담화문에 해당한다. Part 4에서 가장 많이 출제되는 유형이다.

 P4_05 / 해설 p.159

전략 1 초반부에 주로 담화의 목적이나 화자·청자들의 근무처 정보가 언급된다

회의의 목적·주제, 화자·청자들의 근무처, 모임 장소 등을 묻는 질문은 출제 빈도가 매우 높다. 담화 초반에 특정 표현과 함께 정답 단서가 제시되면 비교적 쉽게 해결할 수 있지만, 담화 중반부에 나오기도 한다.

Welcome to our bi-weekly all-staff meeting. **Q1 I have some important news to tell you.** As you know I have been the human resource manager of Wall-E Incorporated for over 10 years. **I'd like to let you know that** I will be leaving the company in 2 weeks for a new career opportunity. Don't worry too much. **Q2 This is not the only news I have.** The company plans to promote one of you in this room as the new HR manager.

Q1 What is the **purpose** of the announcement?
  - To inform a personnel decision

Q2 What does the speaker mean when he says, **"This is not the only news I have"**?
  - He is highlighting something positive.

- 화자의 의도 파악 문제도 많이 출제된다. 담화의 초반부터 잘 이해해야 화자가 왜 이 말을 직원들에게 공지하는지 파악할 수 있다.

전략 2 후반부에 나오는 업무 전달사항이 문제화될 수 있으니 끝까지 잘 들어야 한다.

회의를 소집한 이유를 언급한 후 관련 세부사항들을 설명하고 이어서 제안사항, 요청사항으로 담화가 마무리되는 큰 흐름으로 담화가 전개된다.

Q1 Attention, employees. In order to meet the new guidelines for fire safety, our office's sprinkler system will need to be replaced. The scheduled time is Thursday morning. Because of the process, we will have to close the office until the work is complete. **Q2 Please be sure to** arrive at the office no earlier than 1 o'clock.

Q1 **Where** is this **announcement** being **made**?
  - In an office

Q2 What does the speaker **ask the listeners to do**?
  - Come in to work at a later time

- 청자인 직원들에게 요청/조언(ask / instruct / recommend / remind)하는 내용이 두 번째로 많이 묻는 질문이다. 담화 중 자주 언급되는 정답 단서 표현(Please be sure to / I'd like you to / You should)들을 주목했다가 정답을 선택한다.
- 화자나 청자의 근무처나 소속 부서에 대한 정답은 대명사 I, we, our, you, your나 장소 부사 here가 중요한 정답 단서가 된다.

■ 빈출 담화 지문 패턴

회의	시장 조사 결과, 계약 체결 안내, 안전 점검, 제품군 확장 계획, 퇴사 발표
매출 / 마케팅	신제품 판매 개시, TV 광고 효과, 택배 비용 절감, 가격 인하 결정, 신규 서비스 발표
신제품 / 행사	박람회·세미나 참가 준비, 회의 주최, 대체 연설자 찾기, 직원 교육
프로젝트 / 배송 / 인수	인수로 인해 시장 점유율 상승, 선적 번호 확인, 의류 회사 인수, 새 포장지 안내

■ 빈출 질문 패턴

회의 목적	What is the purpose of the meeting?	회의의 목적은 무엇인가?
근무 분야	What kind of business does the speaker work for?	화자가 근무하는 분야는?
의도 파악	Why does the speaker say, "문장"?	화자가 ~라고 말한 이유는 무엇인가?
요청사항	What are listeners asked to do?	청자들이 요청받는 것은?
다음 행동	What will the speaker do next?	화자는 다음에 무엇을 할 것인가?

■ 빈출 정답 단서 패턴

회의 목적	Let's begin by reviewing… ~을 검토하면서 시작합시다 We're here to… ~하기 위해서 우리는 이곳에 모였습니다 I called today's meeting to announce… ~을 발표하기 위해서 오늘 모임을 소집했습니다 Welcome to… / Attention,… ~회의에 오신 것을 환영합니다 / ~직원께 알려드립니다
근무 분야	**We**'ll be creating TV ads. 우리는 TV 광고를 만들 거예요. → An advertising agency 광고회사 **our** flight attendants 우리 승무원들 → An airline company 항공사 **Here** at… Constructions 이곳 ~건설 → A construction firm 건설회사

MODEL TEST

1. What is the purpose of the meeting?
   (A) To congratulate employees for their work
   (B) To introduce a new computer system
   (C) To review sales projections
   (D) To go over the details of a new contract

2. Who most likely are the listeners?
   (A) Product developers
   (B) Laboratory trainees
   (C) Computer technicians
   (D) New employees

3. What are listeners asked to do?
   (A) Vote in an election
   (B) Attend a training session
   (C) Work overtime for a week
   (D) Choose a day for a break

4. What special feature is mentioned about personal holidays?
   (A) They can be taken by a limited number of staff.
   (B) They will not be paid vacations.
   (C) They will be used by the hardest working employees.
   (D) They must be taken within one month.

UNIT 02

담화 지문 유형별 빈출 표현 🎧 P4_07

1. 회의

company all-staff meeting 전직원 회의
board of directors meeting 중역 회의
wrap up a meeting 회의를 마무리 짓다
such short notice 갑작스러운 공지
give a short overview 짧게 개요를 설명하다

make an (important) announcement
(중요한) 발표를 하다
next[last] item on the agenda 다음[마지막] 안건
embark on a new product
새 상품을 출시하다

2. 매출 / 마케팅

focus group feedback 테스트 그룹 피드백
manufacturing demonstration 제조 시연
sales figures 매출액, 매출수치
price cut 가격 인하
anticipated costs 예상 비용
profit estimates 수익 추정치
projected budget 예상 예산
production capabilities 생산 능력
market share 시장 점유율
launch of the commercial 광고 개시
declining numbers 하락하는 수치

a sharp rise in revenue 수익의 급격한 증가
pass the predicted number of sales
예상 판매 수량을 넘다
face intense competition 치열한 경쟁에 직면하다
establish a strong presence
확고한 입지를 확립하다
gain a competitive edge 경쟁 우위를 확보하다
get back on track 정상으로 돌아오다
go into effect immediately 즉각 실시되다

3. 신제품 / 행사

prototype 원형, 시제품
trade show 박람회
yearly retreat 연례 단합대회
preview event 시사회
preregistration 사전 등록
award-winning 상을 받은

branch out (새로운 분야로) 진출하다
present it to the public 그것을 대중에게 선보이다
get word from corporate headquarters
본사에서 통지를 받다
expand into a new line 새 제품으로 확대하다
arrange the seating 좌석을 배치하다

4. 프로젝트 / 배송 / 인수

specification 사양
locate 찾다
reship 다시 보내다
acquire/acquisition 인수하다/인수

special delivery container 특수 배달 용기
award a contract 계약해주다
win an account 거래처를 확보하다
narrow down 좁히다, 줄이다

PRACTICE TEST

1. What will happen this week?
   (A) A sales event will take place.
   (B) Some new equipment will be set up.
   (C) A workshop will be held.
   (D) A repairperson will visit the office.

2. What is mentioned about registered fingerprints?
   (A) They cannot be copied.
   (B) They can be used to access many locations.
   (C) They must be used with a code.
   (D) They must be changed every month.

3. What are listeners requested to do?
   (A) Read their contracts in detail
   (B) Have all of their work done fast
   (C) Attend a group discussion
   (D) Visit a Web site in the near future

4. According to the speaker, what will take place tomorrow?
   (A) Internet service repairs
   (B) Maintenance on facilities
   (C) A marketing conference
   (D) A meeting with potential clients

5. What does the speaker suggest listeners do?
   (A) Reschedule an appointment
   (B) Buy a parking pass
   (C) Work from home
   (D) Take public transportation

6. Why does the speaker apologize?
   (A) He cannot locate an important file.
   (B) He did not attend a meeting.
   (C) He did not notify a repair schedule earlier.
   (D) He cannot finish a project on time.

7. What is the purpose of the announcement?
   (A) To discuss a company bankruptcy
   (B) To go over new company policies
   (C) To explain a recent acquisition
   (D) To review a company's budget

8. What is expected to happen after the event?
   (A) The company will make a substantial profit.
   (B) The company can expand its market share.
   (C) The company will hire more people.
   (D) The company can build a new facility.

9. What does the speaker ask the listeners to do?
   (A) Join the new team
   (B) Conduct market research
   (C) Check a work schedule
   (D) Meet new coworkers

10. What does the speaker say about Quick City Couriers?
    (A) The business is expanding its services.
    (B) The company will purchase new delivery trucks.
    (C) They deliver a publication rapidly.
    (D) There are more fee options now.

11. What does the speaker mention about the magazine's subscribers?
    (A) They are using digital devices.
    (B) They want different articles.
    (C) They are cancelling subscriptions.
    (D) They live overseas.

12. Why does the speaker say, "so I started thinking"?
    (A) To suggest a marketing plan for distribution overseas
    (B) To provide a reason for cancelling a subscription
    (C) To show excitement about expanding business
    (D) To introduce a cost-cutting idea

13. Who most likely are the listeners?

(A) Make-up artists
(B) Computer technicians
(C) Store workers
(D) Construction workers

14. What did the speaker recently do?

(A) He hired new employees.
(B) He gathered some feedback from customers.
(C) He opened a new department.
(D) He cleaned a warehouse.

15. What task does the speaker assign to the listeners?

(A) Rearranging display areas
(B) Training new workers
(C) Changing a work schedule
(D) Making a cleaning plan

16. Where does the speaker most likely work?

(A) At an Internet company
(B) At a local restaurant
(C) At a hardware store
(D) At a supermarket

17. What does the speaker mean when she says, "that may have been an optimistic goal"?

(A) A new product line will not be available.
(B) A service will not be ready in time.
(C) A new manager will take over a project.
(D) A goal has been achieved.

18. What will the speaker do after the discussion?

(A) Deliver a package
(B) Review a report
(C) Update a Web site
(D) Unload a truck

19. What is the problem mentioned by the speaker?

(A) A technician is leaving the company.
(B) A company database has been hacked.
(C) An office computer is down.
(D) An e-mail system is malfunctioning.

20. What work will Mr. Taylor do for the company?

(A) Removing old office furniture
(B) Training staff on using a service
(C) Installing new software
(D) Distributing new manuals

21. Who is Leonard Taylor?

(A) A secretary
(B) A computer technician
(C) A maintenance worker
(D) A security guard

22. What is the purpose of the announcement?

(A) To discuss a new project
(B) To present sales projections
(C) To introduce new employees
(D) To announce pay raises

23. Why does the speaker say, "Company sales figures are up"?

(A) To ask for more hard effort
(B) To suggest revising a marketing plan
(C) To introduce a new summer sales event
(D) To show the need for new retail outlets

24. What does the speaker ask the listeners to do?

(A) Change their working hours
(B) Work together more closely
(C) Provide direct feedback
(D) Talk to their teams

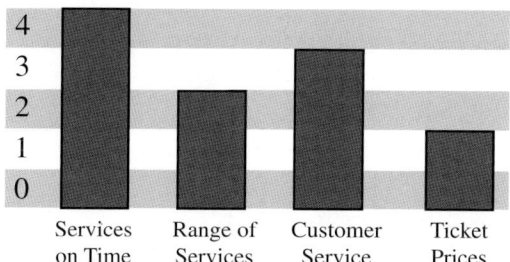

4 = Perfect
0 = Unsatisfactory

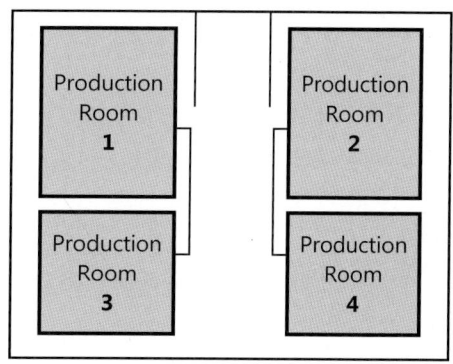

25. Where does the speaker most likely work?

(A) At a market research company
(B) At a government agency
(C) At a movie theater
(D) At a railway company

26. Look at the graphic. What does the speaker want the listeners to discuss?

(A) Services on Time
(B) Range of Services
(C) Customer Service
(D) Ticket Prices

27. What will the speaker do in next week's meeting?

(A) Make a list
(B) Invite a speaker
(C) Deliver a presentation
(D) Give out awards

28. What is the purpose of the announcement?

(A) To ask employees to gather in a certain room now
(B) To remind staff members to work safely
(C) To give employees notice of a presentation
(D) To warn employees of a new work policy

29. On what day will new products start to be made?

(A) Monday
(B) Thursday
(C) Friday
(D) Saturday

30. Look at the graphic. What number shows where workers will attend a training seminar?

(A) 1
(B) 2
(C) 3
(D) 4

UNIT 03 공공장소 안내방송

공항, 기내, 기차역 등 대중교통 기관에서 나오는 교통 상황 안내방송이나 쇼핑센터, 극장, 영화관, 박물관 등의 공공장소에서 들을 수 있는 안내방송 등이 출제된다.

🎧 P4_09 / 해설 p.168

전략1 안내방송이 나올 만한 장소는 담화의 초반에서 주로 언급된다.

안내방송 장소에 관한 질문이 가장 많이 출제되는 유형이다. 도입부에서 자주 나오는 airport / flight / train (station) / bus (terminal) / shopper / grocery / shopping mall 등 장소 관련 어휘가 정답 단서가 될 수 있다.

All passengers please be advised: **Q1**the XS high-speed train departing for Portland at 3:15 will be delayed due to some unexpected engine repairs. The XS should be ready to board at 4:00, and will depart 10 minutes later. **Q2**We are sorry for any trouble this may cause you.

Q1 Where is this **announcement** being **made**?
- In a train station

Q2 Why does the speaker **apologize**?
- Because of a time delay

- Why… / What (has) caused… / What is the cause of… / What is the reason for… 처럼 원인이나 이유를 묻거나, 혹은 What problem… 처럼 문제점을 묻는 질문에는 due to / because of / Unfortunately / not working 등의 표현을 정답 단서로 활용하도록 한다.
- 교통편의 지연 이유나 문제점에 대한 정답으로는 나쁜 날씨(bad weather: storm, snow, heavy rain) / 장비 고장(not working) / 승객의 미도착 등이 가장 많이 출제된다.

전략2 담화 중후반에 나오는 유의사항은 문제화될 가능성이 높다.

요청 / 조언(ask / advise / encourage)사항 질문에는 Please / so / remember / need to / ask 등이 정답 단서가 된다.

Good evening, Star One Supermarket shoppers. This week **Q1**we're celebrating our first anniversary and offering discounts on many items. … The store will soon be closed. Before you go, **remember** that we have a late night special happening right now. **Q2**All items on sale will be an additional 25% off, but only for the next thirty minutes.

Q1 What is the **store celebrating**?
- An anniversary

Q2 What does the speaker **encourage** the listeners **to do**?
- Buy discounted products

- What does the speaker offer customers? 질문에는 무료(free / complimentary)나 할인(discount / off)이 정답으로 자주 출제된다. 비슷해 보이는 질문이지만 What is the business now offering? 질문에는 새로 추가된 상품이 정답으로 종종 제시된다.

■ 빈출 담화 지문 패턴

대중교통 기관	항공기 · 여객선 결항, 기상 악화로 인한 열차 지연, 기내 안 서비스 설명
쇼핑센터	개장 · 10주년 · 봄 할인 행사 안내, 설문조사 참여 독려 안내
극장, 영화관 / 지역 행사	영화관 영사기 오작동, 영화 상영 시간 지연, 극장에서 의상 만들기 자원 봉사, 자전거의 날 안내

■ 빈출 질문 패턴

안내 장소	Where is the announcement being made?	안내문이 나오고 있는 곳은?
이유 / 원인	What caused the delay?	지연을 유발한 것은?
말하는 것	What does the speaker mention about the play?	연극에 대해서 화자가 말하는 것은?
제의 사항	What does the speaker offer the listeners?	화자가 청자들에게 제의하는 것은?
축하 내용	What is the store celebrating?	상점이 축하하고 있는 것은?

■ 빈출 정답 단서 패턴

안내 장소	Welcome to 이름 Theater. ~ 극장에 오신 것을 환영합니다. → 극장 The flight to 지명 has been canceled. ~행 비행기는 취소되었습니다. → 공항 Attention 이름 Grocery shoppers. ~ 식료품점 고객 여러분께 알려드립니다. → 식료품점
화자 / 청자	This is your captain speaking. 저는 기장입니다. → [화자] 기장 my film documentary 제 다큐 영화 → [화자] 영화 제작자 volunteer to help make costumes 의상 제작에 도움을 주고자 자원하다 → [청자] 의상 제작자
원인 / 이유	Due to a storm 폭풍 때문에 → 나쁜 날씨 The projector wasn't working properly. 영사기가 제대로 작동하지 않았어요. → 장비 문제

MODEL TEST

P4_10 / 해설 p.169

1. Where is this announcement being made?
   (A) At a public library
   (B) At an airport
   (C) At a bus terminal
   (D) At a train station

2. What is causing a delay?
   (A) Bad weather conditions
   (B) Mechanical problems
   (C) Lost luggage
   (D) Late passengers

3. What is the purpose of the announcement?
   (A) To announce a closing time
   (B) To ask shoppers for some feedback
   (C) To notify customers of upcoming events
   (D) To inform people of a new product

4. What are listeners asked to do?
   (A) Return shopping carts
   (B) Wait in a single line
   (C) Mind the wet floor
   (D) Choose items

담화 지문 유형별 빈출 표현 🎧 P4_11

1. 대중교통 기관

passenger 승객
captain 기장
flight attendant 승무원
connecting flight 연결편
take off 이륙하다
departure gate 출발 탑승구
overbook 초과 예약을 받다
baggage claim 수하물 찾는 곳
mechanical failure 기계적인 결함
faulty 결함이 있는

board the airplane 비행기를 타다
anticipate an on-time arrival 정시 도착을 예상하다
favorable weather conditions 순조로운 날씨 상태
due to heavy snowfall 폭설 때문에
make every effort 온갖 노력을 다하다
take a later fight 다음 비행기를 타다
take out boarding passes 탑승권을 꺼내다
unload your luggage 수하물을 내리다
retrieve bags 가방을 회수하다
swipe a credit card 신용카드를 긁다

2. 쇼핑 센터

grocery store 식료품 가게
patron/shopper/customer 고객
on sale 할인 중인
freezer section 냉동 식품 코너
bakery department 제빵 코너
prepared food 조리 식품
showcase 소개하다, 전시하다
sample 시식[시음]하다
flavorful 풍미 있는, 맛 좋은
customer comment card 고객 의견 카드

to the best of one's ability 힘 닿는 데까지
receive a voucher 쿠폰을 받다
have a huge sale 대대적인 할인을 하다
take advantage of the sale 할인 혜택을 누리다
recently renovated 최근 개조된
show appreciation 감사를 표하다
pick up a flyer 전단지를 가지고 가다
at a reduced price 할인된 가격으로
offer discounts 할인을 해주다
set up a new store 새로운 가게를 내다

3. 극장/영화관/지역 행사

playhouse 극장
volunteer 자원 봉사를 하다
production 연출, 제작, 상연
character 등장 인물
opening night 공연 개막일 밤
outfit 옷, 의상
screening 상영
theatergoer 극장[공연장]에 자주 가는 사람
talented actor 재능 있는 배우
flea market 벼룩 시장

present plays 연극을 상연하다
start on time 제시간에 시작하다
keep the ticket 티켓을 잘 보관하다
rely on donations 기부에 의존하다
show a film 영화를 상영하다
follow the directions of the officials
공무원의 지시를 따르다
station along the route 길 따라 배치하다
cycling routes of different lengths
다른 길이의 자전거 도로

PRACTICE TEST

1. Who most likely is the speaker?
   (A) An airplane pilot
   (B) A travel agent
   (C) A hotel receptionist
   (D) A restaurant chef

2. According to the speaker, what has changed?
   (A) A weather forecast
   (B) A baggage claim carousel
   (C) A connecting flight time
   (D) An arrival terminal

3. What are the listeners advised to do?
   (A) Use an executive lounge
   (B) Log onto a Web site
   (C) Have tickets reissued
   (D) Talk to airport staff

4. Where is the announcement most likely being made?
   (A) At a farm
   (B) At a post office
   (C) At a hardware store
   (D) At a supermarket

5. What is the business now offering?
   (A) Baked goods
   (B) Electronics
   (C) Fresh produce
   (D) Cleaning products

6. Why are customers asked to fill in a form?
   (A) To register for a card
   (B) To get a parking pass
   (C) To enter a competition
   (D) To order a birthday cake

7. Why will a bus service be cancelled this evening?
   (A) Some passengers changed their reservations.
   (B) A bus terminal is closing early for renovations.
   (C) A snowstorm is predicted for tonight.
   (D) A bus is broken down.

8. What will passengers receive for the inconvenience?
   (A) Free accommodation
   (B) Taxi vouchers
   (C) A full refund
   (D) A parking permit

9. According to the announcement, why should a listener go to the information booth?
   (A) To get news about a car
   (B) To collect reserved tickets
   (C) To pick up a lost item
   (D) To pay a parking fine

10. Who most likely is the speaker?
    (A) A train conductor (B) A journalist
    (C) A film director   (D) A traveler

11. What caused the delay?
    (A) A lack of parking spaces
    (B) Transportation problems
    (C) Scheduling conflicts
    (D) A special permit

12. Why does the speaker say, "And that was just the beginning"?
    (A) To emphasize how much work has been put into a film
    (B) To show that making a movie takes a lot of time to complete
    (C) To help the audience to understand a scene in the film
    (D) To tell the audience that the movie will begin soon

13. Where is the announcement being made?
    (A) In a music school
    (B) In a department store
    (C) In a stadium
    (D) In an art center

14. What is Ethan Wilde famous for?
    (A) His music writing
    (B) His novels
    (C) His sculptures
    (D) His production skills

15. What are the listeners asked to do?
    (A) Pick up pamphlets at the information desk
    (B) Retain their tickets for free parking
    (C) Avoid taking pictures during the performance
    (D) Check a theater program for future events

16. According to the speaker, why should listeners visit the information desk?
    (A) To wait for an alternate form of transportation
    (B) To receive updates on the status of their flight
    (C) To find out about a city tour
    (D) To reserve connecting flights

17. According to the speaker, what is the reason for the delay?
    (A) There is a lot of snow on a runway.
    (B) The flight is overbooked.
    (C) A device is not working properly.
    (D) Many people are waiting at security check points.

18. What does the speaker mean when she says, "we appreciate your patience in this matter"?
    (A) Passengers have arrived early.
    (B) Some repairs might not work.
    (C) There might be a long wait.
    (D) Compensation will not be offered.

19. What is the purpose of the announcement?
    (A) To notify visitors of a new library service
    (B) To advertise a new library service
    (C) To announce an upcoming event
    (D) To tell people about an author talk

20. What will happen on November 11?
    (A) A library will be cleaned.
    (B) A book sale will take place.
    (C) A children's book reading will be held.
    (D) A famous writer will give a speech.

21. What does the speaker say will be distributed?
    (A) Newsletters
    (B) Hot drinks
    (C) Bookmarks
    (D) Gift bags

22. Where most likely is the announcement being made?
    (A) At a car dealership
    (B) At a stationery store
    (C) At a camping store
    (D) At a furniture store

23. What does the speaker mean when she says, "don't delay if you can"?
    (A) Shoppers can receive a free gift with purchases.
    (B) Store delivery vehicles are waiting outside.
    (C) Customers should make purchases soon.
    (D) A customer wants to try some merchandise.

24. What does the speaker encourage the listeners to do?
    (A) Join a membership program
    (B) Sign up for classes
    (C) Visit a Web site
    (D) Provide suggestions

Western Rail Entertainment System

1 hour	$5.00
2 hours	$9.00
3 hours	$12.00
4 hours	$14.00

25. What does the speaker request that passengers do?

    (A) Not use the dining car
    (B) Move seats into an upright position
    (C) Remain seated
    (D) Raise all window blinds

26. Look at the graphic. How much does use of the Entertainment System cost for the duration of the journey?

    (A) $5.00
    (B) $9.00
    (C) $12.00
    (D) $14.00

27. What does the speaker say train attendants will do later?

    (A) Provide coffee
    (B) Clean seats
    (C) Check tickets
    (D) Take meal orders

Smithfield Community Fun Run

Kangaroo	5 kilometers
Koala	7 kilometers
Wombat	10 kilometers
Platypus	15 kilometers

28. What is Shane's Sportswear providing?

    (A) Information booklets
    (B) Cold drinks
    (C) Route maps
    (D) Clothing

29. Look at the graphic. Which route is closed?

    (A) The Kangaroo course
    (B) The Koala course
    (C) The Wombat course
    (D) The Platypus course

30. What are the participants reminded to do?

    (A) Look after their valuables
    (B) Drink water frequently
    (C) Wear protective gear
    (D) Volunteer for a future event

UNIT 04 발표 / 연설 / 인물 소개

컨퍼런스, 세미나, 워크숍, 시상식 등에서 중요 사안을 안내하거나 인물을 소개하는 내용이다. 매달 여러 담화문이 출제되며, 담화문의 종류를 알려주는 도입 지시문에서 talk/speech/announcement/introduction/instruction/excerpt from a workshop으로 제시된다.

♪ P4_13 / 해설 p.178

 발표문의 목적과 청자 정보는 담화의 초반부를 잘 듣는다.

이 유형의 담화에서는 목적을 묻는 질문이 많이 출제되는데, 담화의 도입부에서 정답 단서가 제시되어 쉽게 정답을 고를 수 있는 경우도 있지만 중반까지 내용을 이해해야 목적을 알 수 있는 난이도 높은 문제도 출제된다.

Q1,Q2 **Thank you all for coming to** this hiring team meeting. Q1 **I'd like to tell you about** the interview process for our summer internship tomorrow morning at 10:00. Each of you will interview candidates for approximately 30 minutes. We should be able to make our final decisions by next week.

Q1 What is the **purpose** of the talk?
- To explain the interview process

Q2 Who is this talk **intended for**?
- A hiring committee

- 발표문이나 연설문에서 목적/주제를 알려주는 단서 표현을 알아두면 정답을 찾는 데 유리하다.
  talk[speak] about / tell you about / discuss / announce / inform / notify / explain / introduce / present
- 청자가 누구인지 묻는 질문의 해결 방법은 도입부의 Welcome to / Thank you for attending[coming to]나, 대명사 we, our, you, your를 통해서이다.

 담화 이후 있을 일에 대한 언급은 주로 후반부에 언급된다.

연설문의 주제 → 세부정보 설명 → 이후 있을 일처럼 발표 담화문의 전형적인 흐름을 이해하자.

Project	Cost
Public Park	$5 Million
Water Treatment Plant	$7 Million
Q1 Recreation Center	$10 Million
New Town Hall	$12 Million

As your city mayor, I wanted to speak to you, the public and members of the press, about Q1 the Danville Recreation Center project. ... Q2 **Now**, I will provide an overview of the center's history, before I show you the first drawings of the proposed new facility.

Q1 Look at the graphic. **How much** will the selected project **cost**?
- $10 million

Q2 What will the speaker **do next**?
- Talk about facility's history

- 청자나 화자의 다음 행동(do next)에 관한 질문이 보이면 담화문의 후반부 마지막 두 문장에서 Now / Let's / begin / start 등의 정답 단서에 주목한다.
- 인물 소개 담화는 인물의 분야, 수상 부문을 언급한 후 세부 경력을 밝힌 후 무대로 모시겠다는 말로 마무리되는 흐름을 가지고 있다.

■ 빈출 담화 지문 패턴

연설	기자회견, 3D 프린터 설명, 창업 강좌, 발표 기술 관련 교육, 박람회 부스 준비
발표	공학 컨퍼런스, 의료 세미나, 제품 테스트 그룹 자원, 그래픽 디자인 개발 교육
인물 소개	회사 설립자 소개, 올해의 직원 수상자, 직원 모집 설명회, 신입 직원 오리엔테이션
워크숍	주제 전달, 인사부 교육, 지역 업체에 자금 제공, 특수 효과 세미나

■ 빈출 질문 패턴

목적	What is the purpose of the speech?	연설의 목적은 무엇인가?
청자 정보	Who most likely are the listeners?	청자들은 아마도 누구일 것 같은가?
근무 분야	What field do the listeners most likely work in?	청자들은 어느 분야에서 일할 것 같은가?
다음 행동	What will the listeners do next?	청자들은 다음에 무엇을 할 것인가?
미래 사건	What will happen in the afternoon?	오후에는 어떤 일이 발생할 것인가?

■ 빈출 정답 단서 패턴

주제 / 내용	I'd like to tell you about… ~에 대해 말씀드리겠습니다. First, we'll be focusing on… 먼저, 우리는 ~에 집중하겠습니다.
청자 정보	Thank you (all) for coming to… ~에 와주셔서 감사합니다. Today's seminar is aimed at A like you. 오늘 세미나는 여러분과 같은 A를 대상으로 합니다. I'm happy to be here at your A firm today. 오늘 귀하의 A 회사에 오게 되어 기쁩니다.
근무 분야	in the field of + 분야 ~ 분야에서 Welcome to + 부서명 ~ 부서에 오신 것을 환영합니다

MODEL TEST

1. What is the main purpose of the talk?
   (A) To describe a product
   (B) To introduce a speaker
   (C) To open a seminar
   (D) To explain new guidelines

2. What will the audience members probably do next?
   (A) See a presentation
   (B) Listen to a speaker
   (C) Watch a video
   (D) Show their merchandise

3. Where is the talk taking place?
   (A) At an awards ceremony
   (B) At a company anniversary
   (C) At a client presentation
   (D) At a department meeting

4. What is said about Mr. Tomlinson?
   (A) He has traveled extensively.
   (B) He has increased the company's reputation.
   (C) He works at the company headquarters.
   (D) He studied marketing in university.

담화 지문 유형별 빈출 표현 🎧 P4_15

1. 발표 / 워크숍

association 협회	substitute for ~을 대신하다
notable presenter 유명한 발표자	give a tutorial 개인 지도를 하다
business start-up 창업	enter in a contest 콘테스트에 참가하다
handout 유인물, 인쇄물	sign one's name on the attendance sheet 출석부에 서명을 하다
enroll in 등록하다	fill out the questionnaire 설문지를 작성하다
attendance sheet 출석부	use financial grants 재정 보조금을 이용하다
point out 언급하다	improve the effectiveness 효율성을 향상시키다
cubicle 칸막이 한 좁은 공간(사무실)	give a head start 남보다 유리한 출발을 하다
manuals 안내 책자	conduct the training on ~에 관한 교육을 하다
hands-on practice 실습	conduct business 사업을 하다
team building 팀워크 구축	

2. 연설

press conference 기자회견	improve the quality of service 서비스 품질을 개선하다
on behalf of ~을 대표[대신]하여	report to the investors 투자자들에게 보고를 하다
clientele 고객들	increased seating capacity 늘어난 좌석 수
three-dimensional 입체의, 삼차원의	substantial growth in sales 상당한 판매 증가
in action 작동하는	adopt technology 기술을 받아들이다
over budget 예산을 초과하여	

3. 인물 소개

recipient 수상자	introductory[intermediate] class 초급[중급] 강좌
licensed 자격증을 소지한	share strategies 전략을 공유하다
nominee 후보자	start a firm 회사를 시작하다
founder 창립자, 설립자	play a major role in ~에서 중요한 역할을 하다
farewell party 송별회	as a token of appreciation for ~에 대한 감사의 표시로
information session 설명회	take over the position 자리를 인계하다
outgoing president 퇴임하는 사장	officially assume a duty 공식적으로 임무를 맡다
dedication to ~에 헌신	invite[welcome] someone to the stage ~를 무대 위로 모시다
accomplishment 성취, 업적	turn the podium over to 연단을 ~에게 넘기다
awards ceremony 시상식	give a big hand 큰 박수를 보내다
The Person of the Year 올해의 인물	
be named by ~에 의해 명명되다	

PRACTICE TEST

1. Who most likely are the listeners?
   (A) Fashion designers
   (B) Language instructors
   (C) Advertising experts
   (D) Store managers

2. What is the speaker mainly discussing?
   (A) Methods of advertising
   (B) Identifying problems
   (C) Retaining employees
   (D) Boosting sales

3. According to the speaker, what should listeners do if they want more information?
   (A) Speak to an expert
   (B) Call a phone hotline
   (C) Take a booklet
   (D) Visit a homepage

4. What is the purpose of the speech?
   (A) To express appreciation
   (B) To introduce the showing of a film
   (C) To publicize a new movie
   (D) To introduce a speaker

5. What industry does James Newland work in?
   (A) Radio broadcasting
   (B) Special effects
   (C) Newspaper publishing
   (D) Event planning

6. What does the speaker say will happen next year?
   (A) A new movie will be released.
   (B) He will start a new project.
   (C) A renovated movie theater will open.
   (D) He will attend a conference.

7. Who most likely is the speaker?
   (A) A city official
   (B) A television journalist
   (C) A financial expert
   (D) A company president

8. What did the city decide to do?
   (A) Postpone a project
   (B) Build a swimming pool
   (C) Host a fundraising event
   (D) Open a new library

9. What will the speaker do next?
   (A) Go to a construction site
   (B) Discuss next year's budget
   (C) Meet with the mayor
   (D) Respond to some questions

10. What will Jenny Chen talk about?
    (A) A method of managing team members
    (B) Meeting the requirements for promotion
    (C) A way to cooperate with others
    (D) Improving networking skills

11. What will happen after the talk?
    (A) Audience questions will be answered.
    (B) A short film will be shown.
    (C) Refreshments will be available.
    (D) The president will make an announcement.

12. Why does the speaker say, "Over to you, Jenny"?
    (A) He plans to walk across the stage to a speaker.
    (B) He is encouraging the guest to speak.
    (C) He is unsure what the speaker will talk about.
    (D) He is uncertain whether the speaker has a microphone.

13. What is the talk mainly about?
    (A) A famous athlete
    (B) An exercise class
    (C) A healthy diet
    (D) A cellphone application

14. What does the speaker mention about First Steps?
    (A) It helps people to train for marathons.
    (B) It allows users to make a general fitness program.
    (C) It is intended for professional athletes.
    (D) It teaches people how to eat healthier meals.

15. What will the listeners do next?
    (A) Set up a goal
    (B) Buy computer software
    (C) Look at handouts
    (D) Run a race

16. What is the purpose of the speech?
    (A) To set a sales goal for next year
    (B) To show that he is thankful for a certificate
    (C) To encourage listeners to enter a contest
    (D) To introduce a new member of staff

17. What most likely is the speaker's job?
    (A) Researcher
    (B) Office Manager
    (C) Real Estate Agent
    (D) Architect

18. What does the speaker imply when he says, "Yes, we can do anything together"?
    (A) He wants to begin a project immediately.
    (B) He is acknowledging the hard work of others.
    (C) He likes to meet with his coworkers.
    (D) He thinks people could have contributed more.

19. What has Christian Revalto recently done?
    (A) Moved to a new city
    (B) Opened a sandwich shop
    (C) Travelled overseas
    (D) Hired a famous chef

20. What does the speaker say is opening this week?
    (A) A Chinese restaurant
    (B) A steakhouse restaurant
    (C) A sandwich shop
    (D) A vegetarian restaurant

21. What does the speaker say about Garden Palace?
    (A) They are conveniently located.
    (B) They provide delivery services.
    (C) They are very popular.
    (D) They grow vegetables.

22. What type of company is Delano Corporation?
    (A) Building construction
    (B) Online media
    (C) Urban planning
    (D) Transportation

23. What does the speaker imply when she says, "Today, there are more than two hundred people on my staff"?
    (A) A business has become larger in a short time.
    (B) A new department will be introduced.
    (C) Some employees will be laid off.
    (D) A new office space will soon be needed.

24. What is being announced?
    (A) An investment opportunity for staff
    (B) The introduction of a new product
    (C) A list of complaints from customers
    (D) An extra year-end payment for staff

Schedule	
Speaker	**Time**
Mr. Donaldson	9:00-10:30
Ms. Schmidt	10:35-12:00
Lunch	12:00-2:00
Ms. Hamada	2:00-3:30
Mr. Tallib	3:35-5:00

Director	Harold Landers
Producer	Ivan Decker
Writer	Rick Keller
Lead Actor	Gabby Newville

25. Where most likely is the speaker?
    (A) At a client meeting
    (B) At a lecture series
    (C) At an airport
    (D) At a television studio

26. What are listeners asked to do?
    (A) Complete some feedback
    (B) Think of questions to ask the speakers
    (C) Not record the speakers
    (D) Remain silent during speeches

27. Look at the graphic. Who will be the final presenter?
    (A) Mr. Donaldson
    (B) Ms. Schmidt
    (C) Ms. Hamada
    (D) Mr. Tallib

28. Where most likely is the speech taking place?
    (A) At a movie set
    (B) At an awards ceremony
    (C) At a lecture hall
    (D) At an amusement park

29. Look at the graphic. Which nominee does the speaker want to work with the most?
    (A) A director
    (B) A lead actor
    (C) A producer
    (D) A writer

30. What does the speaker encourage listeners to do?
    (A) Applaud some nominees
    (B) Receive a prize
    (C) Choose their favorite film
    (D) See a movie

UNIT 05 방송

담화 소개 지시문에 주로 news report/broadcast가 나오는 유형에 해당한다. TV나 라디오 뉴스, 일반 방송, 라디오 프로그램, 토크쇼, 팟캐스트, 교통 방송, 일기예보 등 다양한 내용이 출제된다.

🎧 P4_17 / 해설 p.187

전략1 뉴스 담화문은 주제 → 세부정보 → 추가정보(당부사항)의 흐름이다.

도입부에서 뉴스 주제를 언급한 후 세부정보들이 계속 나오므로 체감 난이도가 비교적 높다. 질문을 먼저 읽고 뉴스 담화문의 흐름을 가늠해 본다.

In local news today, **Q1**city transportation officials have announced their intention to add a new line to the current subway system. Even though there are already four subway lines, the new one will connect downtown with the suburbs outside the city. ... In the meantime, suburban **Q2**commuters are encouraged to car pool with people in their neighborhoods.

Q1 What is the **subject** of the report?
- A new subway line

Q2 What are **commuters encouraged to do**?
- Share rides

- 뉴스의 주제는 announced/revealed/reported 등을 이용해 초반에 바로 언급되는 경우가 많으므로, 뉴스의 주제를 묻는 질문이 보이면 도입부를 특히 집중해서 듣는다.
- 청취자들에 대한 요청·권장사항을 묻는 질문은 방송 담화문의 종류에 따라 다양한 정답으로 출제된다. call in(방송 프로그램에 전화하다)이 정답으로 여러 번 출제된 적 있고, 의견 남기기/설문조사 참여/웹사이트 방문/기부하기 등의 정답도 출제된다.

전략2 일반 방송 담화문에서 host 등의 정답 단서를 통해 화자의 신분을 알 수 있다.

일반 방송 담화문에서 진행자가 혼자 방송을 진행할 경우 관련 세부사항들을 언급한 후, 다음 프로그램에 대한 소개로 마무리하는 흐름이 많다.

Welcome to Monday's edition of City Life. **Q1**I am your host Peter Brown. **Today**, we will be discussing possible funding for people interested in starting a small business. ... **Q2**So tomorrow will be dedicated to talking about techniques for creating a solid business plan to ensure you get the necessary funding.

Q1 Who most likely is the speaker?
- A radio host

Q2 What will be discussed tomorrow?
- Creating a business plan

- 화자의 신분이나 근무 장소를 묻는 질문은 담화 도입부를 주목한다. Welcome to … Radio. (~ 라디오의 ~ 프로그램에 오신 것을 환영합니다)로 정답 단서를 주로 제공한다. 화자의 직업은 host(방송 프로그램 진행자), 근무 장소는 radio station(라디오 방송국)인 경우가 대부분이다.
- 초대 손님의 직업을 묻는 질문도 자주 출제된다. 초대 손님의 이름이 담화에서 흘러나올 때 잘 듣고 정답을 선택하도록 한다. 교수/기자/금융 전문가/사업가/영화 제작자 등 다양한 직업군이 등장한다.

■ 빈출 담화 지문 패턴

뉴스	철도 건설 시작, 폭풍 피해 보고, 해산물 축제, 야구 경기장 재개장, 터미널 공사 계획
일반 방송	스포츠(농구 결승전의 연기), 건강(건강 식습관), 연예(식당 정보), 음악 채널(여름 콘서트 시리즈), 소기업 리포트
토크쇼	경력 컨설턴트, 고객 확대 방안, 영양학 전문가 소개, 사진 토크쇼, 개인 금융 관리, 경제학자
기타 방송	팟캐스트(소기업 운영자들을 위한 회계프로그램 소개), 쇼핑(휴대전화), 기술(소프트웨어 소개), 교통 방송, 일기예보 등

■ 빈출 질문 패턴

주제 / 내용	What is the news report mainly about?	뉴스는 주로 무엇에 관한 것인가?
요청사항	What are listeners encouraged to do?	청자들이 하도록 독려받는 것은?
화자	Who most likely is the speaker?	화자는 아마도 누구인 것 같은가?
미래 행사	What will take place in August?	8월에는 무엇이 발생할 것인가?
특정인의 신분	Who is 이름?	~는 누구인가?

■ 빈출 정답 단서 패턴

주제 / 내용	I want to remind all our listeners that… ~에 대해서 청취자들에게 상기시켜 드립니다 City officials have announced that… 시 공무원들이 ~에 대해서 발표했습니다 기업 has revealed a plan to[for]… 기업이 ~ 계획을 발표했습니다
화자 / 청자 / 근무처	Welcome (back) to+방송명+(on A Radio) A 라디오의 ~ 방송에 다시 오신 것을 환영합니다 Today on+방송명+radio show,… 오늘 라디오 방송 프로그램에서, ~

MODEL TEST

P4_18 / 해설 p. 187

1. Where does the speaker most likely work?
   (A) At a telephone company
   (B) At a fitness center
   (C) At a television station
   (D) At a newspaper

2. What are listeners encouraged to do?
   (A) Read a magazine article
   (B) Make a donation
   (C) Send text messages
   (D) Stay for a book signing

3. What is the main topic of this report?
   (A) Worsening traffic conditions
   (B) Modern car design theory
   (C) An increase in automobile sales
   (D) The high price of gasoline

4. What most likely will happen for several months?
   (A) New designs will be released.
   (B) The auto industry will have low sales figures.
   (C) Consumers will drive more often.
   (D) Many new cars will be sold.

담화 지문 유형별 빈출 표현 🎧 P4_19

1. 뉴스

- fund-raising concert 기금 모금 콘서트
- press conference 기자회견
- city official 시 공무원
- road crew 도로 공사 인부들
- local manufacturer 지역 제조업체
- public opinion 여론
- customized 맞춤형의
- restorations 복원, 복구
- historic building 역사적인 건물
- massive construction project 대규모 건설 프로젝트
- reveal[announce] a plan 계획을 밝히다[발표하다]
- celebrate the reopening 재개장을 축하하다
- endorsed by a celebrity 유명인에 의해 홍보되다
- expand a customer base 고객층을 늘리다
- analyze market trends 시장 동향을 분석하다
- attract tourists 관광객을 끌다
- check out the Web site 웹사이트를 한번 보다
- voice strong support 강력한 지지를 표명하다
- post detour signs 우회 표지판을 세우다
- take an opinion poll 여론 조사를 하다

2. 토크쇼

- studio guest 스튜디오 초대 손님
- radio show host 라디오 진행자
- podcast 팟캐스트
- most anticipated event 가장 기대되는 행사
- giveaway 증정품[경품]
- call in (방송 프로그램에) 전화하다
- over the phone 전화로
- outline a strategy 전략을 (간단히) 밝히다
- join this studio 이 스튜디오에 함께 하다
- get on the air 방송에 나가다
- be out in print 인쇄되어[출판되어] 나오다
- share tips on ~에 관한 조언을 공유하다
- take questions 질문을 받다
- stay tuned 계속 청취하다

3. 기타 뉴스와 방송

- recent study 최근 연구
- upcoming summer concert series 다가오는 여름 콘서트 시리즈
- entertainment news 연예 뉴스
- weather update 최신 날씨 정보
- call for (날씨를) 예보하다
- heavy snowstorm 폭설
- rain shower 소나기
- clear (날씨가) 맑아지다
- the country's leading manufacturer 국내의 선두 제조업체
- present the latest products 최신 상품들을 알려주다
- keep you posted / keep you updated / keep you up to date 당신에게 (최신 정보 등을) 계속 알려주다
- keep track of ~을 추적하다
- buy tickets ahead of time 미리 표를 구매하다
- take public transportation 대중 교통을 이용하다
- backed up / tie-up / hold up 차가 정체되는
- take an alternate route 다른 길로 가다
- All motorists are advised to avoid 모든 자동차 운전자들은 ~을 이용하지 말 것을 권한다

PRACTICE TEST

1. What is the news report about?
   (A) Exercise research
   (B) Having a healthy diet
   (C) Methods of weight loss
   (D) A new type of medicine

2. What does Julius Stecher recommend that people do?
   (A) Take diet supplement pills
   (B) Work out every day
   (C) Record their calories
   (D) Eat less starchy foods

3. According to the speaker, what can listeners do on a Web site?
   (A) See a list of current shows
   (B) Apply for a position
   (C) Respond to a survey
   (D) Watch videos

4. What does the speaker say is opening today?
   (A) A council building
   (B) A shopping center
   (C) A city park
   (D) A new school gymnasium

5. What does the speaker suggest doing?
   (A) Avoiding a certain road
   (B) Using public transportation
   (C) Visiting a shopping mall
   (D) Leaving home early

6. What will listeners hear next?
   (A) Music
   (B) Weather updates
   (C) Local news
   (D) A talk show

7. According to the news report, what will happen early next year?
   (A) A bus terminal will be built.
   (B) Parking fees will be charged.
   (C) A city hall will be relocated.
   (D) An election will take place.

8. What benefit to city workers does the speaker mention?
   (A) More parking space
   (B) Increased bus services
   (C) Reduced waiting times
   (D) Low ticket prices

9. Who does the speaker say is pleased with the news?
   (A) Construction workers
   (B) Local commuters
   (C) City planners
   (D) Newspaper journalists

10. What does the speaker say is opening today?
    (A) A new road   (B) A soccer field
    (C) A city park   (D) A baseball stadium

11. What does the speaker recommend doing?
    (A) Using a freeway
    (B) Getting out of the city
    (C) Staying at home
    (D) Using public transportation

12. What does the speaker mean when she says, "we still haven't received any news of that"?
    (A) An event will take place as scheduled.
    (B) Listeners are waiting for sports results.
    (C) People in the city are worried about traffic jams.
    (D) Roadwork has lasted longer than expected.

13. Who is the intended audience of the podcast?
    (A) Dental care professionals
    (B) Company accountants
    (C) Business travelers
    (D) Web designers

14. What will the speaker discuss on today's show?
    (A) Using finance software
    (B) Money management plans
    (C) Customer data analysis
    (D) Giving effective presentations

15. What does the speaker ask the listeners to do?
    (A) Visit an online store
    (B) Leave comments on a Web page
    (C) Advertise their own products
    (D) Join an Internet discussion group

16. What type of business is being discussed?
    (A) A sandwich shop
    (B) A radio station
    (C) A toy store
    (D) An amusement park

17. What will some customers receive this morning?
    (A) A meal voucher
    (B) A beverage
    (C) A miniature
    (D) A baked good

18. Why does the speaker say, "you don't have much time left"?
    (A) To show everyone how much fun people are having
    (B) To express surprise at how fast the day has gone
    (C) To inform people that a store will soon be closed
    (D) To warn that free gifts will soon be gone

19. What is the main topic of the radio show?
    (A) Sports
    (B) Cars
    (C) Health
    (D) Finances

20. What can the listeners do on the Web site?
    (A) Purchase DVDs
    (B) Receive a voucher
    (C) Access the host's shows
    (D) Contact the radio station

21. What will the listeners hear first?
    (A) Exercise tips
    (B) An advertisement
    (C) A traffic report
    (D) Sports results

22. According to the speaker, what is happening today?
    (A) A new car service is starting.
    (B) A new item is available for sale.
    (C) The phone company is hiring new workers.
    (D) A special discount is being announced.

23. According to the speaker, what feature of the Uberlon is most attractive?
    (A) Its moving image capability
    (B) Its new speaker system
    (C) Its design and size
    (D) Its reasonable price

24. What does the speaker mean when he says, "demand seems to be sky-high"?
    (A) People are willing to pay for a certain product.
    (B) Some customers will be put on a waiting list.
    (C) A product's release was delayed.
    (D) Deliveries should be made more quickly.

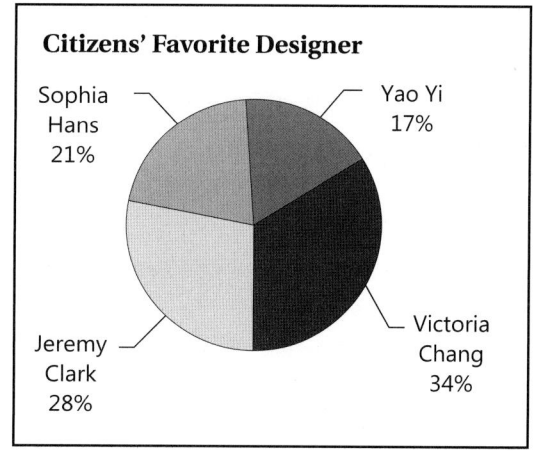

25. What does the speaker say about the recent weather?

    (A) It has closed down a local airport.
    (B) It has been cold.
    (C) It has been windy and rainy.
    (D) It has been good for sports.

26. Look at the graphic. What day will be the shortest day of the year?

    (A) Monday
    (B) Tuesday
    (C) Wednesday
    (D) Thursday

27. What will listeners hear about next?

    (A) A music show
    (B) Traffic information
    (C) A public service announcement
    (D) Headline news

28. What is most likely the speaker's job?

    (A) An architect
    (B) An opera singer
    (C) A radio host
    (D) A teacher

29. What does the speaker say happened yesterday?

    (A) A contest was concluded.
    (B) A budget was given.
    (C) A new building was opened.
    (D) A design was completed.

30. Look at the graphic. Who will create the Opera House design?

    (A) Sophia Hans
    (B) Yao Yi
    (C) Jeremy Clark
    (D) Victoria Chang

UNIT 06 광고

광고 담화문은 서비스/업체/제품/할인/구인 광고 등 다양한 내용이 출제된다. 출제빈도가 높은 편은 아니지만 광고 담화문의 특징을 미리 익혀두자.

🎧 P4_21 / 해설 p.196

전략 1   광고되는 제품이나 업체 정보는 담화 초반부에 언급된다.

광고 담화문은 Are you looking for…?와 같은 질문으로 시작해서 이어서 광고하는 대상이 언급되는 흐름이 보편적이다.

Are you looking forward to your next business trip? ^{Q1}Dante customers do because our hotels can be found everywhere they go abroad. ^{Q2}We are conveniently located in more than 75 countries. Dante hotels are well-known for their superior guest service. We provide everything you need during your stay.

Q1 What kind of **business** is being **advertised**?
- A hotel chain

Q2 What **advantage** does the business have?
- It has many branches overseas.

- 광고 담화문의 특성상 광고 대상의 특징, 장점(special, unique, advantage, feature, stress, famous for)이 무엇인지를 묻는 질문도 자주 나온다. 저렴하고(cheap, affordable, reasonably priced) 사용하기 편리한(easy to use) 특징이 단골 정답이다.
- 제품 구매나 서비스 신청 방법, 추가 정보 입수 방법, 할인 방법 등은 중반부터 등장한다. 전화하라, 웹사이트를 확인하라, 가까운 매장을 방문하라, 직원에게 문의하라, 기부하라 등 다양하게 제시된다.

전략 2   웹사이트에 관한 질문이 보이면 담화문의 마지막 두 문장에 집중하라.

광고문의 마지막 두 문장에는 주로 웹사이트에서 이용할 수 있는 정보가 나온다. 대부분 Web site로 직접 언급되지만 Internet site, online, log on[in], www.***.com으로 표현되기도 한다.

Hi, I'm Mark Daniels, director and writer of the award-winning performance, *The Reception*. This week is Brighton's 10th annual movie festival, so ^{Q1}we've decided to offer discounts on tickets to every show. … ^{Q2}Tickets for this special package can be purchased this week only from our Web site at www.brightontheater.com.

Q1 What **offer** does the speaker mention?
- Lower prices

Q2 What can listeners do on **a Web site**?
- Buying some tickets

- 웹사이트에서 이용 가능한 정보로는 매장 위치나 지도, 행사 안내, 제품에 대한 비디오 시연, 고객 평가, 할인 쿠폰 출력 등이 정답으로 출제된 적이 있다.
- 제의(offer)사항을 묻는 질문에는 무료(free, complimentary)로 제공되는 것이 최다 정답으로 출제되며, 할인(discount)하는 것에도 주목해야 한다. 관련 동사 키워드 provide, offer, give, get, receive, pick up도 기억하자.

■ 빈출 담화 지문 패턴

업체 광고	의료 센터, 가구점, 오디오북 출판사, 헬스클럽, 식료품점, 악기점, 식당
서비스 광고	중고 전자제품 재활용, 법률, 휴대폰, 냉난방기 유지관리, 가전제품 수리
제품 광고	건강 관리 용품, 전시용 선반, 스피커 폰, 화상회의 프로그램, 사무용품·전자제품 할인
구인 광고	종업원, 식당 매니저, 요리사, 웹 디자이너, 접수 직원, 판매사원, 엔지니어

■ 빈출 질문 패턴

광고하는 것	What is being advertised?	무엇이 광고되고 있는가?
특징 / 장점	What does the speaker emphasize about the products?	제품들에 대해서 화자가 강조하는 것은?
웹사이트	What is available on a Web site?	웹사이트에서 이용 가능한 것은?
제의사항	What offer does the speaker mention?	화자는 어떤 제의를 언급하는가?
요청 이유	Why are listeners encouraged to act soon?	청자들이 서두르도록 독려받는 이유는?

■ 빈출 정답 단서 패턴

광고 대상	Tired of having trouble -ing? ~에 어려움을 겪고 계신가요? Do you need reliable A service? 믿음직스러운 A 서비스가 필요하신가요? Our 업체 is having its annual sale. 저희 업체는 연례 할인 행사를 합니다.
특징 / 장점	Our new product is easy to use. 저희 신제품은 사용하기 쉽습니다. Our phone service's available overseas. 저희 전화 서비스는 해외에서 이용 가능합니다.
웹사이트	For a list of all our locations, visit our Web site. 전 지점 목록이 필요하면 웹사이트를 방문하세요.

MODEL TEST

P4_22 / 해설 p.196

1. What positions are being advertised?
   (A) Hotel staff
   (B) Waitstaff
   (C) Chefs
   (D) Cashiers

2. What is mentioned about the business?
   (A) It is endorsed by celebrities.
   (B) It serves many countries' food.
   (C) It has competitive prices.
   (D) It is conveniently located.

3. What is J's Warehouse offering now?
   (A) A special discount
   (B) Free installation
   (C) A two-year warranty
   (D) Free promotional items

4. What does the speaker say is available on a Web site?
   (A) A price list
   (B) A list of locations
   (C) Discount coupons
   (D) A schedule of events

담화 지문 유형별 빈출 표현 🎧 P4_23

1. 업체 광고

up-to-date 최신의
exercise class 운동 강좌
fitness instructor 체력 단련 강사
extensive collection 방대한 모음
small business owner 소규모 자영업자
income and expenditure 수입과 지출
customized report 맞춤형 보고서
keep fit 건강을 유지하다
skip your workout routine 운동을 빼먹다

book now and take advantage of
지금 예약하고 혜택을 누리다
use multiple locations 여러 장소를 이용하다
choose a title 서적을 선택하다
download an application 응용 프로그램을 다운받다
track your company's profit and loss
회사의 손익을 추적하다
watch a step-by-step video 단계별 비디오를 보다

2. 서비스 광고

legal service 법률 서비스
attorney 변호사
frequent traveler 여행을 자주 하는 여행객
reliable 믿을 수 있는
satisfied user 만족한 사용자
electronic device 전자기기
state-of-the-art 최첨단의
featured article 특집 기사
come out 나오다, 출간되다

guarantee the cheapest price
최저가를 보장합니다
practice environmental law
환경법 변호 사업을 하다
specialize in ~을 전문으로 하다
switch to ~로 바뀌다
receive a complimentary inspection
무료 점검을 받다
be in business 사업에 종사하다

3. 제품/구인 광고

talented people 재능이 있는 사람
candidate 지원자
feature 기능
wearable device 착용할 수 있는 기기
special offer 할인 특가
warranty 품질 보증서
durable 내구성이 있는
regular[cover] price 정가
bargain 싼 물건, 염가 행사
easy-to-use 사용하기 쉬운
free trial 무료 체험
in-store demonstration 매장 내 시연

fill out an application 지원서를 작성하다
be tired of ~에 싫증나다
have a solution 해결책이 있다
run a special promotion 특별 할인을 하다
be reduced by ~까지 할인되다
debut on the market 시장에 첫 공개
come with ~이 딸려 있다
don't miss out on this deal 이 할인을 놓치지 마라
positive customer reviews 긍정적인 고객 평가
be discounted by 25% 25%까지 할인되다
only available this weekend
이번 주말에만 이용 가능한

PRACTICE TEST

🎧 P4_24 / 해설 p.197

1. What is being advertised?
   (A) A dry cleaning service
   (B) A car rental agency
   (C) A computer program
   (D) A travel agency

2. What does the speaker emphasize about a business?
   (A) It has branch offices overseas.
   (B) It has airline partners.
   (C) It has low prices.
   (D) It only takes credit cards.

3. What does the speaker say can be found on the Web site?
   (A) Links to airline Web sites
   (B) Membership application forms
   (C) Travel packages
   (D) Terms and conditions

4. What products does the company sell?
   (A) Safety gear
   (B) Delivery trucks
   (C) Engine oil
   (D) Car tires

5. What does the speaker say about the products?
   (A) They are only for families.
   (B) They are affordable.
   (C) They last long.
   (D) They received good reviews.

6. What is being offered for free this month?
   (A) Car insurance
   (B) Free installation
   (C) An extended warranty
   (D) An extra product

7. What type of law service does Blue Chip Law Office provide?
   (A) Medical
   (B) Property
   (C) Corporate
   (D) Contract

8. What has the business recently done?
   (A) It has started a new branch.
   (B) It has redesigned a homepage.
   (C) It has hired a new lawyer.
   (D) It has gained a famous client.

9. Where can listeners find out more about the business?
   (A) In a booklet
   (B) At a seminar
   (C) In a magazine
   (D) On a Web site

10. What does the speaker imply when he says, "You could do that"?
    (A) He trusts the people around him.
    (B) A task is especially easy to do.
    (C) There is a better way.
    (D) He is worried about a solution.

11. According to the advertisement, what is the problem with store bought juice?
    (A) It is expensive.
    (B) It goes bad quickly.
    (C) It lacks nutrients.
    (D) It contains sugar.

12. Why does the speaker encourage listeners to visit a Web site?
    (A) To complete a questionnaire
    (B) To get a discount coupon
    (C) To find additional information
    (D) To see a list of retail outlets

13. What product is being advertised?

    (A) An external hard drive
    (B) A digital camera
    (C) A copy machine
    (D) A printer

14. What does the speaker say is unique to the product?

    (A) It does not make loud noises.
    (B) It uses new software.
    (C) It is multifunctional.
    (D) It is advertised on TV.

15. What does the speaker say interested listeners should do?

    (A) Extend a warranty
    (B) Call up for a free product catalog
    (C) Visit a Web site for details
    (D) Attend a shop presentation

16. What does the speaker indicate about the common cold?

    (A) It is easy to get rid of.
    (B) It is dangerous for some people.
    (C) It is familiar to everyone.
    (D) It is a very serious disease.

17. According to the advertisement, how can the common cold be harmful?

    (A) By causing other serious conditions
    (B) By remaining in the body for a long period
    (C) By permanently damaging the throat
    (D) By hiding other body diseases

18. What does the speaker imply when she says, "there are no guarantees"?

    (A) It is hard to know when a cold will strike.
    (B) Medical treatments can be expensive.
    (C) Home remedies are not always effective.
    (D) A cold may not go away easily.

19. What is being advertised?

    (A) A shopping mall
    (B) A holiday resort
    (C) An apartment complex
    (D) A fitness center

20. According to the speaker, what special option is available?

    (A) Private swimming pools
    (B) Discounted rooms
    (C) Rental car deals
    (D) No cancellation fees

21. What will happen tonight?

    (A) A swimming class will begin.
    (B) A dance performance will be held.
    (C) A new hotel will be opened.
    (D) A TV show will feature a resort.

22. What type of business is Apex Properties?

    (A) A real estate agency
    (B) An advertising firm
    (C) An agricultural supplies company
    (D) A moving company

23. What does the speaker mean when he says, "But that's not all?"

    (A) The agency has many other office locations.
    (B) The agency has a lot of staff members.
    (C) The agency has access to a large database.
    (D) The agency has a wide variety of offerings.

24. Why does the speaker encourage listeners to visit in person?

    (A) To put their name on a waiting list
    (B) To sign up for a competition
    (C) To view an updated list
    (D) To arrange for a house inspection

Bright Star Electronic Books	
Name	Storage
BS-100	16 GB
BS-200	32 GB
BS-300	64 GB
BS-400	128 GB

25. What is mentioned as a notable feature of Bright Star Electronic Books?

(A) The feel of their pages
(B) Their low price
(C) The lightweight covers
(D) Their large size

26. Look at the graphic. Which electronic book now has a color screen?

(A) BS-100
(B) BS-200
(C) BS-300
(D) BS-400

27. What can visitors to the Bright Star Web site do?

(A) Talk to customer representatives
(B) Get a free book as a gift
(C) Upgrade their software
(D) Enter a competition

The Anime Stop	
Film: *The Flying Princess*	$35.00
5% Savings	$1.75
TOTAL	$33.25

28. Look at the graphic. When was *The Flying Princess* released?

(A) One year ago
(B) Two years ago
(C) Three years ago
(D) Four years ago

29. What is suggested about *Dragon Flight*?

(A) It lowered its price.
(B) It is featured in a magazine.
(C) It is very popular.
(D) It will be available soon.

30. What can visitors to the help desk receive?

(A) A store magazine
(B) An author's autograph
(C) A promotional gift
(D) A discount voucher

UNIT 07 관광 / 견학

회사 시설이나 공장, 박물관, 지역 명소, 산행, 국립공원, 자연 보호구역 등의 현장에서 가이드가 관람객들에게 일정이나 방문 장소에 대해서 안내하는 내용이 나온다.

🎧 P4_25 / 해설 p.205

전략 1 관광문의 흐름인 장소 소개 / 일정 · 장소 특징 설명 / 당부사항을 이해하자.

담화 초반에 Let's stop the tour here / Welcome to the Denver Art Museum 등의 단서에서 얼른 장소 정보를 파악한 후 제시된 문제 순서에 따라 담화가 전개될 것을 가늠해보자.

Let's stop the tour here so everyone can catch up with us. **Q1 During our tour of the chocolate factory**, you've seen how the basic mixture is made into a liquid form of chocolate. **Q2 In this room you will see how we add special ingredients**. For example, how peanuts, candies, and other toppings are mixed in with the chocolate....

Q1 Where is the talk **taking place**?
- At a factory

Q2 What is being **demonstrated**?
- How to add ingredients

- 관광 담화문에서 tour / guide 등의 어휘가 들리면 화자가 tour guide(관광 가이드)임을 알 수 있다.
- 시각정보 연계 문제는 다음과 같이 출제된다.

관광 · 견학 장소	시각정보	질문
공장	생산 과정 흐름도	다음 방문 장소, 관람할 것
미술관 / 박물관	평면도(floor plan)	폐쇄된 곳, 특정 전시회가 열리는 곳
국립공원 / 자연 보호구역	코스 지도(trail map)	폐쇄된 곳, 이용 코스
버스 안 관광	여행 일정표	현재 시점

전략 2 가이드가 언급하는 주의 · 권장사항을 파악하고, 담화 후반부에서 다음에 하게 될 일을 잘 듣자.

관광 담화문의 특성상 요청사항에 대한 질문이 가장 많이 출제된다. 권장하는 표현 You're welcome to뿐만 아니라 be not allowed 같은 주의사항도 잘 파악하면서 청취한다.

We're happy to have all of you here at the Galaxy Space Museum. Our 7:00 tour, which lasts about an hour, will begin in just a few moments. **Q1 You're welcome to take photos** any time during the tour but drinking and eating is not allowed. **Q2 After the tour**, I will give you an hour to have a final **look around the museum** and the gift shop **on your own**.

Q1 What does the **speaker suggest doing**?
- Taking pictures

Q2 What will the **listeners do after the tour**?
- Explore the museum by themselves

- 특이사항에 대해 묻는 What does the speaker mention about the tour? 질문의 정답으로 이 지역 출신 인물, 전화 통화 금지, 관광 출발 장소 변경 등이 출제된 적이 있다.

178

■ 빈출 담화 지문 패턴

공장	섬유, 배터리, 캔디, 자동차, 생수, 아이스크림, 페인트, 초콜릿 공장
미술관 / 박물관	(수채화 · 유화 · 추상화 · 현대 미술) 미술관, 수족관, 해양 역사 박물관
지역 명소	항구도시, 예술가의 집, 카페, 시청, 도자기 상점, 조각 정원
버스 안 / 기타 장소	버스 안, 동물원, 산행, 동굴, 국립공원, 자연 보호구역

■ 빈출 질문 패턴

견학 장소	Where is the talk taking place?	담화가 이루어지고 있는 곳은?
말하는 것	What does the speaker mention about the tour?	화자가 견학에 대해서 말하는 것은?
권장사항	What does the speaker recommend doing after the tour?	화자가 견학 후 하라고 추천하는 것은?
미래 행위	What will the listeners do at 2 o'clock?	청자들은 2시에 무엇을 할 것인가?

■ 빈출 정답 단서 패턴

견학 장소	I'll be your guide on today's A tour. 제가 오늘 A 견학의 가이드입니다. I'd like to conclude the tour of… / Our tour ends here… 견학을 마무리하겠습니다
요청 사항	Please remember—don't make phone calls. 꼭 기억하세요. 전화통화는 하지 마세요. Why not stop by our gift shop? 선물 가게에 들르는 것이 어떠세요? Photography is not allowed. 사진 촬영은 허용되지 않습니다.
미래 행위	We will be attending a performance at…. 우리는 ~시 공연을 참가할 겁니다 We have a dinner reservation at… 우리는 ~시에 저녁식사 예약이 돼 있습니다

MODEL TEST

1. Where does the speaker most likely work?
   (A) At a book shop
   (B) At a sculpture gallery
   (C) At a research library
   (D) At a publishing company

2. What is contained in *Rodriguez's Passion*?
   (A) Postcards
   (B) Prints
   (C) Sketches
   (D) Photographs

3. According to the speaker, what is exciting about the national park?
   (A) It is famous throughout the world.
   (B) It has many types of wild animals.
   (C) It is located close to a city.
   (D) It is untouched wilderness.

4. What does the speaker recommend doing after the tour?
   (A) Taking a rest
   (B) Feeding some animals
   (C) Going swimming
   (D) Setting up camp

담화 지문 유형별 빈출 표현 🎧 P4_27

1. 공장 견학

manufacturing plant 제조 공장
the tour of the facility 시설 견학
leading company 선도 기업
cutting-edge 최첨단의
assembly process 조립 과정
entire making process 전체 제조 과정
packaging room 포장실
production area 생산 구역
protective gear 보호 장비

at the end of the tour 견학 끝에
conclude the tour 견학을 마치다
do the tour in reverse (순서를) 반대로 견학하다
move on to ~로 이동하다
not allowed / not permitted / prohibited
허용되지 않는다
see every step 모든 단계를 보다
walk around the factory 공장을 둘러보다
closed to the public 일반 대중에게 비공개의

2. 미술관/박물관 견학

exhibit 전시회
a large selection of 다양한
showing 상영
souvenir 기념품
explore 탐사하다
entertaining 재미있는
self-guided tour
(지도와 안내서로 하는) 셀프 가이드 관람
gather 모이다

highly recommend 적극 추천하다
narrate 이야기를 들려주다
recently acquired 최근 구입한
proceed to ~로 가다
encourage to ~할 것을 권장하다
on one's own 혼자, 단독으로
stop by a gift shop 선물 가게에 들르다
pick up a copy 한 부 사다

3. 관광 버스/기타 관광

arena 경기장
instrumental 중요한
trail 산길, 오솔길
viewing point 조망 지점
habitat 서식지
historic bookstore 역사적인 서점
watch your step 발 밑을 조심하다
spectacular view 멋진 전망
botanical garden 식물원

right on time 정시에
pass out booklets 소책자를 나눠주다
head up to ~로 향해 가다
reach the next stop 다음 장소에 도착하다
look out the window 창 밖을 내다보다
according to the schedule 일정에 따르면
a mix-up in the schedule 일정상의 혼동
in the preserve 보호 구역에
last about two hours 두 시간 가량 계속되다

PRACTICE TEST

1. What did the listeners see on the tour?
   (A) Musical instruments
   (B) Costumes
   (C) Homewares
   (D) Illustrations

2. What does the speaker recommend listeners do to learn more about the exhibit?
   (A) Listen to a radio show
   (B) Meet an artist
   (C) Download a video
   (D) Read a brochure

3. What will happen within a week?
   (A) A facility will reopen.
   (B) A new guide will begin work.
   (C) An art class will be offered.
   (D) Some artworks will leave a museum.

4. What is the speaker about to do?
   (A) Divide listeners into a few groups
   (B) Begin a tour of a property
   (C) Introduce safety guidelines
   (D) Distribute some souvenirs

5. Why is the building important?
   (A) It is the oldest in the area.
   (B) It was the home of a famous person.
   (C) It was used as a hospital.
   (D) It has state-of-the-art appliances.

6. What can be found on the first floor?
   (A) A public library
   (B) A furniture store
   (C) A waiting room
   (D) A gift shop

7. Who most likely is the speaker?
   (A) A photographer
   (B) A factory manager
   (C) A tour guide
   (D) A forest ranger

8. Where can you hear this announcement?
   (A) At a nature preserve
   (B) At a professional conference
   (C) At a photo shop
   (D) At a city zoo

9. What does the speaker say is prohibited?
   (A) Taking some plant samples
   (B) Eating food and beverages
   (C) Taking flash photography
   (D) Making a loud noise

10. What will the listeners do in the roasting room?
    (A) Watch coffee drinks being made
    (B) Look at coffee beans being prepared
    (C) See a film about coffee farming
    (D) Speak to an expert about types of coffee

11. What does the speaker imply when she says, "I am sure you will not want to leave"?
    (A) The listeners should stay in the room for a long time.
    (B) The listeners will enjoy the smell.
    (C) The listeners will meet several farmers.
    (D) The listeners will be very comfortable.

12. What has been provided to the listeners?
    (A) A complimentary barista apron
    (B) A bag of coffee beans
    (C) An instruction book
    (D) A free cup of coffee

13. Why has the tour bus stopped?
    (A) To show a tour group a monument
    (B) To shop for souvenirs at a store
    (C) To allow passengers to have a meal
    (D) To refill the vehicle with fuel

14. According to the speaker, why is Sharpton historically important?
    (A) It was home to many well-known people.
    (B) It produced a large amount of wool.
    (C) It used to be a famous tourist destination.
    (D) It has some ancient buildings.

15. What will the tour group do next?
    (A) Get on an airplane
    (B) Take a coffee break
    (C) Stop by a clothing shop
    (D) Visit a local museum

16. What will the listeners do at 1 o'clock?
    (A) Visit an art gallery
    (B) See a ballet recital
    (C) Take a boat ride
    (D) Have a meal

17. Why does the speaker say, "Danbury Gifts offers some great deals on souvenirs"?
    (A) To demonstrate that she knows the local area well
    (B) To show that the town is popular with shoppers
    (C) To give an example of a place listeners can go
    (D) To encourage the listeners to shop there

18. What does the speaker say she will do next?
    (A) Make a telephone call
    (B) Speak to a restaurant manager
    (C) Give away bottles of water
    (D) Hand out maps

19. What product will listeners learn about on the tour?
    (A) Semiconductors
    (B) Bicycles
    (C) Tents
    (D) Treadmills

20. Who is Stephen Chang?
    (A) A company publicist
    (B) A bicycle designer
    (C) A corporation owner
    (D) An architect

21. What does the speaker mention about the tour?
    (A) It will not last very long.
    (B) Safety gear must be worn.
    (C) It takes place once a day.
    (D) All visitors must have ID displayed.

22. Where does the speaker most likely work?
    (A) At a factory
    (B) At a design firm
    (C) At a port
    (D) At a technology museum

23. What does the speaker imply when she says, "It seems so unlikely to be true that you cannot believe it"?
    (A) She is eager to explain why she visited a facility.
    (B) She wants to show how complex a machine was.
    (C) She will say something that is very surprising.
    (D) She just found out about a historical fact.

24. What is described in *Smithwick and the Modern World*?
    (A) The personal life of a famous inventor
    (B) The reason for which a building was created
    (C) The history of a famous structure
    (D) The oldest building in the city

Hillsdale National Forest Map

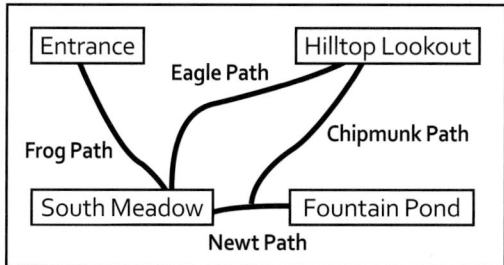

25. Who most likely are the listeners?
    (A) Campers
    (B) Horse riders
    (C) Hikers
    (D) Bike riders

26. Look at the graphic. Where will the listeners be unable to go today?
    (A) The Hilltop Lookout
    (B) The South Meadow
    (C) The Fountain Pond
    (D) The Park Entrance

27. What does the speaker encourage the listeners to do?
    (A) Bring bicycle tools with them
    (B) Prepare for wet weather
    (C) Meet at the park entrance
    (D) Take a camera with them

London City Tours	
Tour Name	Time
Full City Tour	8 hours
Royal Palace Tour	6 hours
City Parks Tour	4 hours
Museum Tour	2 hours

28. What does the speaker request that the listeners do?
    (A) Download an application
    (B) Leave their bags at the hotel
    (C) Return to their hotel rooms
    (D) Confirm their departure times

29. Look at the graphic. Which tour will the listeners take?
    (A) Full City Tour
    (B) Royal Palace Tour
    (C) City Parks Tour
    (D) Museum Tour

30. What does the speaker say he will do next?
    (A) Collect room keys
    (B) Explain a tour schedule
    (C) Provide flight information
    (D) Hand out tickets

PART 4 ACTUAL TEST

🎧 P4_29/ 해설 p.214

71. What is being advertised?
   (A) A car cleaning business
   (B) A plumbing company
   (C) A lawn care business
   (D) A travel agency

72. According to the advertisement, what is special about Johnson's?
   (A) It offers a lot of services.
   (B) It has moved into a new city.
   (C) It plans to hire new employees.
   (D) It provides rapid service.

73. What is offered to the first 25 callers?
   (A) A free trial period
   (B) A lawn mower
   (C) A free consultation
   (D) A discount voucher booklet

74. Where does the speaker work?
   (A) At a post office
   (B) At a city hall
   (C) At a medical clinic
   (D) At a pharmacy

75. Why is the speaker calling?
   (A) To tell the listener to come early
   (B) To check a patient's medical history
   (C) To change a schedule
   (D) To give directions

76. What does the speaker say has recently changed?
   (A) The size of a parking lot
   (B) A reservation system
   (C) An office's location
   (D) A doctor's consulting fees

77. What is the purpose of this news report?
   (A) To discuss the role of electronics in everyday life
   (B) To explain the difficulty of using new technology
   (C) To talk about a new device
   (D) To dissuade the audience from buying a product

78. What does the speaker imply when he says, "nobody can stop talking about it"?
   (A) A product is very popular.
   (B) People noticed some problems with a product.
   (C) Most consumers do not know much about a device.
   (D) A product drew people's attention mostly from radio ads.

79. According to the speaker, which feature of the Orion 6 is most attractive?
   (A) The fast processor
   (B) The slim design
   (C) The light weight
   (D) The operating system

80. What problem does the speaker mention?
   (A) The power is out.
   (B) A car is blocking an exit.
   (C) The cash register is broken.
   (D) Bad weather is expected.

81. What are listeners asked to do?
   (A) Stay seated
   (B) Pay with cash
   (C) Leave a diner
   (D) Move away from windows

82. What does the speaker offer the listeners?
   (A) A parking pass
   (B) A drink refill
   (C) A discount
   (D) A free dessert

83. What is the speaker mainly discussing?
 (A) A revised meeting schedule
 (B) A plan to install new company computers
 (C) A new inventory control system
 (D) A work management program

84. What does the speaker say will take place at the company next Tuesday?
 (A) A demonstration
 (B) A customer survey
 (C) A retirement party
 (D) Routine maintenance

85. Why will some staffs not be available next Tuesday?
 (A) They will be attending a seminar.
 (B) They will be going away on vacation.
 (C) They will be conducting a test.
 (D) They will be meeting with potential clients.

86. Where is the woman calling from?
 (A) A client meeting   (B) A conference
 (C) A head office   (D) A trade show

87. What does the speaker mean when she says, "She's had enough time to do it"?
 (A) A staff member has been absent.
 (B) A task should be finished.
 (C) A piece of work was very difficult.
 (D) A period of work was not specified.

88. What most likely will happen on Monday?
 (A) The speaker will make a marketing report.
 (B) The speaker will return to work.
 (C) The speaker will turn in vacation leave request.
 (D) The speaker will attend a board meeting.

89. What industry does Roger Harcourt work in?
 (A) The cosmetics industry
 (B) The outdoor equipment industry
 (C) The food industry
 (D) The automotive industry

90. What will Roger Harcourt discuss?
 (A) Methods of designing cars
 (B) Alternative fuel sources
 (C) Redesigning a city for new vehicles
 (D) Generating electricity from the wind

91. What does the speaker request that listeners do?
 (A) Keep questions until later
 (B) Remain seated after Roger has spoken
 (C) Turn off all mobile phones
 (D) Participate in a reception later in the evening

92. Who most likely are the listeners?
 (A) Hiring managers
 (B) Marketing directors
 (C) Computer programmers
 (D) Budget planners

93. What does the speaker mean when she says, "I know you were expecting more"?
 (A) She is aware of the listeners' worries.
 (B) She wants to apologize for a mistake.
 (C) She is recruiting more experienced programmer.
 (D) She thinks the listeners want to work on more projects.

94. What task does the speaker assign to the listeners?
 (A) Meeting with a client
 (B) Counseling new workers
 (C) Working extra hours
 (D) Developing a new program

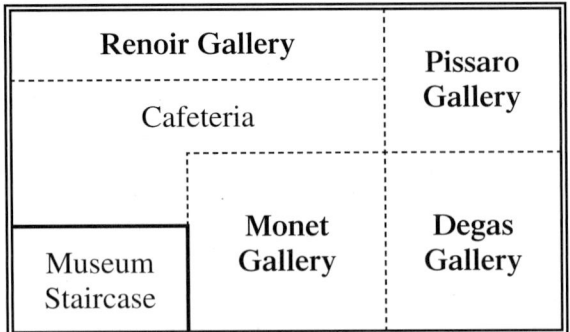

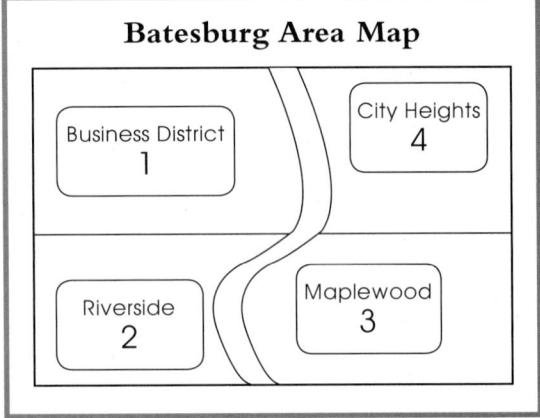

95. What did the listeners see on the tour?
    (A) Fabrics
    (B) Engravings
    (C) Sculptures
    (D) Drawings

96. What does the speaker recommend listeners do to learn more about the exhibit?
    (A) Read a pamphlet
    (B) View a video
    (C) Use an audio player
    (D) Visit an Internet site

97. Look at the graphic. In which room is the Modern Sculpture exhibit?
    (A) Renoir Gallery
    (B) Pissaro Gallery
    (C) Monet Gallery
    (D) Degas Gallery

98. Why should listeners visit a Web site?
    (A) To indicate a change in home address
    (B) To receive a discount on a monthly bill
    (C) To confirm a moving reservation
    (D) To make a complaint about water service

99. Look at the graphic. What number shows the area that will have water suspensions?
    (A) 1
    (B) 2
    (C) 3
    (D) 4

100. What is suggested about the repairs to the water pipes?
    (A) They do not affect water service.
    (B) They are done the same time each year.
    (C) They will improve the water pressure.
    (D) They will not take long to complete.

FINAL TEST

LISTENING TEST

In the Listening test, you will be asked to demonstrate how well you understand spoken English. The entire Listening test will last approximately 45 minutes. There are four parts, and directions are given for each part. You must mark your answers on the separate answer sheet. Do not write your answers in your test book.

PART 1

Directions: For each question in this part, you will hear four statements about a picture in your test book. When you hear the statements, you must select the one statement that best describes what you see in the picture. Then find the number of the question on your answer sheet and mark your answer. The statements will not be printed in your test book and will be spoken only one time.

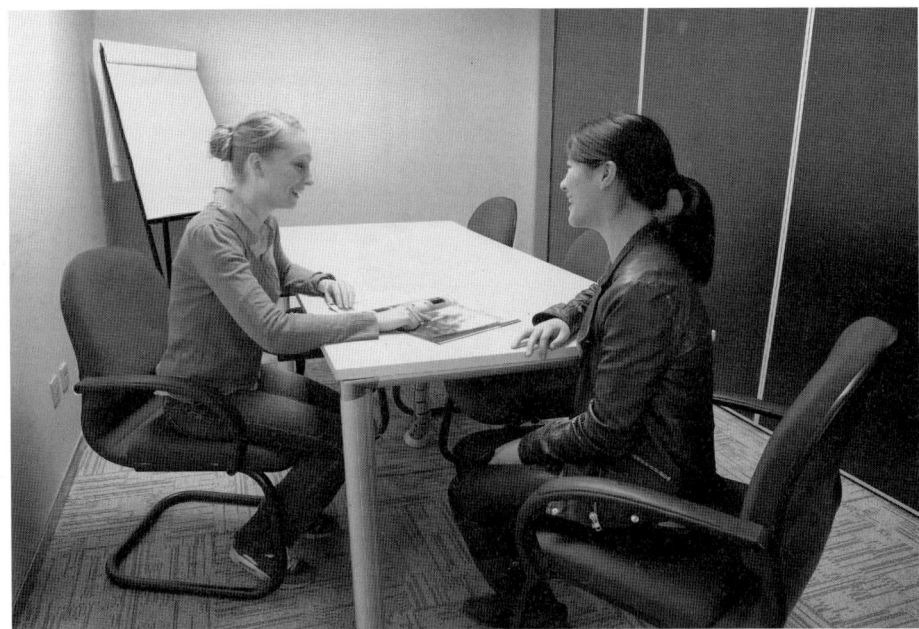

Statement (C), "They're sitting at a table," is the best description of the picture, so you should select answer (C) and mark it on your answer sheet.

1.

2.

3.

4.

5.

6.

PART 2

Directions: You will hear a question or statement and three responses spoken in English. They will not be printed in your test book and will be spoken only one time. Select the best response to the question or statement and mark the letter (A), (B), or (C) on your answer sheet.

7. Mark your answer on your answer sheet.
8. Mark your answer on your answer sheet.
9. Mark your answer on your answer sheet.
10. Mark your answer on your answer sheet.
11. Mark your answer on your answer sheet.
12. Mark your answer on your answer sheet.
13. Mark your answer on your answer sheet.
14. Mark your answer on your answer sheet.
15. Mark your answer on your answer sheet.
16. Mark your answer on your answer sheet.
17. Mark your answer on your answer sheet.
18. Mark your answer on your answer sheet.
19. Mark your answer on your answer sheet.
20. Mark your answer on your answer sheet.
21. Mark your answer on your answer sheet.
22. Mark your answer on your answer sheet.
23. Mark your answer on your answer sheet.
24. Mark your answer on your answer sheet.
25. Mark your answer on your answer sheet.
26. Mark your answer on your answer sheet.
27. Mark your answer on your answer sheet.
28. Mark your answer on your answer sheet.
29. Mark your answer on your answer sheet.
30. Mark your answer on your answer sheet.
31. Mark your answer on your answer sheet.

PART 3

Directions: You will hear some conversations between two or more people. You will be asked to answer three questions about what the speakers say in each conversation. Select the best response to each question and mark the letter (A), (B), (C), or (D) on your answer sheet. The conversations will not be printed in your test book and will be spoken only one time.

32. How did the woman hear about Penn Tennis Club?

    (A) From a magazine article
    (B) From an Internet advertisement
    (C) From a brochure
    (D) From a friend

33. According to the man, how is Penn Tennis Club different from others?

    (A) It has many tennis courts.
    (B) It stays open late.
    (C) It has experienced trainers.
    (D) It sells equipment at a discount.

34. What will the woman do in April?

    (A) Take part in a sports competition
    (B) Begin working in a new location
    (C) Meet a famous tennis player
    (D) Teach a fitness class

35. Why is the woman speaking to the man?

    (A) To invite him to a party
    (B) To get directions to a place
    (C) To purchase a map from the man
    (D) To show the man around the city

36. What event is the woman planning to attend?

    (A) A music performance
    (B) A charity event
    (C) An art exhibition
    (D) A book signing

37. What does the man advise the woman to do?

    (A) Reach her destination on foot
    (B) Use a mobile application
    (C) Wait for the next bus
    (D) Check ticket availability

38. What goal does the woman have?

    (A) To establish an art school
    (B) To have an art exhibition
    (C) To learn a musical instrument
    (D) To make a short film

39. What does the man offer to do for the woman?

    (A) Book an admission ticket
    (B) Create an advertisement
    (C) Buy her some stationery
    (D) Speak to a relative of his

40. What information does the woman ask for?

    (A) A work schedule
    (B) A cell phone number
    (C) A credit card number
    (D) A business address

41. What are the women trying to do?

    (A) Watch a documentary
    (B) Install a new phone system
    (C) Prepare for a client meeting
    (D) Make some presentation slides

42. Who is the man?

    (A) A marketing expert
    (B) A regional director
    (C) A repair technician
    (D) A plant supervisor

43. What does the man instruct the women to do?

    (A) Make use of another device
    (B) Have a machine repaired
    (C) Set up an appointment
    (D) Review a budget report

GO ON TO THE NEXT PAGE

44. What product are the speakers discussing?
    (A) Office furniture
    (B) Electronics
    (C) Women's clothing
    (D) Soft drinks

45. According to the man, what information was disappointing?
    (A) Some employees have resigned.
    (B) A product is unprofitable.
    (C) Some branch offices are closing down.
    (D) A sales report is delayed.

46. What does the man suggest doing?
    (A) Using new distributors
    (B) Revising a formula
    (C) Placing an online advertisement
    (D) Entering new markets

47. What type of business do the speakers work for?
    (A) An accounting firm
    (B) A hospital
    (C) A bookstore
    (D) A construction company

48. What did Bruce Johnston suggest?
    (A) Setting up video conferencing
    (B) Going abroad to see historic sites
    (C) Getting in touch with participants
    (D) Educating staff on new medical techniques

49. What does the man say he will do?
    (A) Find a place to stay
    (B) Look at staff work schedules
    (C) Speak to a coworker
    (D) Read training materials

50. What does a client like about his preferred lighting fixtures?
    (A) Their brightness
    (B) Their appearance
    (C) Their cost
    (D) Their energy efficiency

51. Why does the woman say, "Our agreement is very specific about the construction deadline"?
    (A) She is surprised that the job will finish soon.
    (B) She is concerned about breaking a contract.
    (C) She will read through a report.
    (D) She thinks technical terms are hard to understand.

52. What does the man say he will do?
    (A) Travel to a worksite
    (B) Set up a meeting with a client
    (C) Hire new suppliers
    (D) Make a new contract

53. Where are the speakers?
    (A) At a staff dinner
    (B) At an office complex
    (C) At a seminar
    (D) At a corporate retreat

54. What project are the women working on?
    (A) Renovating a convention center
    (B) Creating a new department
    (C) Designing new company uniforms
    (D) Getting ready to move to a new location

55. What does the man say he was in charge of?
    (A) Building a company Web site
    (B) Updating a staff training manual
    (C) Developing new company products
    (D) Hiring new staff members

56. What does the man ask the woman to do?

    (A) Write a report
    (B) Review a booklet
    (C) Help him book flights
    (D) Call a customer

57. What does the man plan to do today?

    (A) Book a meeting room
    (B) Sort out some documents
    (C) Make travel arrangements
    (D) Attend a conference

58. Why does the man say, "You know the clients better than me"?

    (A) To ask the woman for more information
    (B) To demonstrate that he is ready for an assignment
    (C) To express worries about working by himself
    (D) To show his appreciation for the woman's help

59. According to the woman, what caused some deliveries to be late?

    (A) Some invoices have incorrect addresses.
    (B) Navigation software is not working properly.
    (C) Recipients are away from their places.
    (D) A truck driver has been sick for a week.

60. What does the woman suggest to solve a problem?

    (A) Upgrading an ordering system
    (B) Contacting customers before deliveries
    (C) Expanding storage spaces
    (D) Purchasing new packing equipment

61. What do the speakers agree to do that afternoon?

    (A) Try a new restaurant
    (B) Meet with potential clients
    (C) Distribute pamphlets
    (D) Change company rules

Queenstown to Mainwarring		
Bus Number	Leaving	Arriving
117	6:30 A.M.	11:30 A.M.
137	9:00 A.M.	2:00 P.M.
157	11:30 A.M.	4:30 P.M.
177	3:00 P.M.	8:00 P.M.

62. Why does the woman apologize?

    (A) She cannot find the man's payment details.
    (B) A bus trip cannot be reserved on a Web site.
    (C) There are no tickets left on a performance.
    (D) All services have been cancelled due to bad weather.

63. Look at the graphic. What bus will the man most likely take?

    (A) 117
    (B) 137
    (C) 157
    (D) 177

64. What does the man say he will do on Friday morning?

    (A) Interview some candidates
    (B) Take part in a conference call
    (C) Lead a company seminar
    (D) Meet with his financial adviser

GO ON TO THE NEXT PAGE

Local Restaurant	
Restaurant	Seating Capability
Thai Garden	70
Seoul Nights	80
Japan Express	90
The Peking Duck	100

Invoice	
Product	Price
10 Coffee Mugs	$100
20 Diaries	$200
50 Key rings	$300
100 Calendars	$500
Overall Amount	$1,100

65. What information about the awards dinner did the man receive yesterday?

    (A) The dress code for attendees
    (B) The planned menu
    (C) The number of nominees
    (D) The date of an event

66. Look at the graphic. Which restaurant will the speakers choose?

    (A) Thai Garden
    (B) Seoul Nights
    (C) Japan Express
    (D) The Peking Duck

67. What does the woman say she will take care of?

    (A) Decorations
    (B) Invitations
    (C) A seating chart
    (D) Presents

68. What does the man say he will do with the personalized items?

    (A) Hand them out at a trade show
    (B) Provide them to workers
    (C) Make donations to charity
    (D) Put them in the supply cabinet

69. Look at the graphic. Which amount will be removed from the invoice?

    (A) $100
    (B) $200
    (C) $300
    (D) $500

70. What does the woman say her staff will do?

    (A) Put a label on some merchandise
    (B) Look up a product online
    (C) Prepare a store membership card
    (D) Package some items

PART 4

Directions: You will hear some talks given by a single speaker. You will be asked to answer three questions about what the speaker says in each talk. Select the best response to each question and mark the letter (A), (B), (C), or (D) on your answer sheet. The talks will not be printed in your test book and will be spoken only one time.

71. What happened yesterday?
    (A) An arena temporarily shut down.
    (B) A city festival started.
    (C) A baseball match was broadcast.
    (D) An old building was demolished.

72. Why does the speaker say Dynamic Construction was selected?
    (A) It has experience working with the city government.
    (B) It was the lowest bidder for the contract.
    (C) It is the biggest local construction company.
    (D) It has worked on many sporting facilities.

73. What is the city hoping to do?
    (A) Host a major event
    (B) Hire another construction firm
    (C) Open several new facilities
    (D) Rebuild a city hall

74. What kind of business does the speaker manage?
    (A) A stationery store
    (B) A dentist's office
    (C) A hardware store
    (D) A coffee shop

75. Why should the listener come to work early tomorrow?
    (A) To arrange tables for a party
    (B) To cover for a sick coworker
    (C) To meet a repairperson
    (D) To clean the store

76. What does the speaker offer the listener?
    (A) Overtime pay
    (B) A paid vacation
    (C) A free meal
    (D) A ride to work

77. What is the advertisement mainly about?
    (A) A finance course
    (B) A new store opening
    (C) A repair service
    (D) A product promotion

78. What type of business is being advertised?
    (A) A hotel chain
    (B) A real estate agency
    (C) A camping store
    (D) A car manufacturing factory

79. According to the speaker, what can listeners do on a Web site?
    (A) Download a list of events
    (B) Check directions to a store
    (C) Apply for a store card
    (D) Buy new merchandise

80. Why is the speaker qualified to host the show?
    (A) She has published several books.
    (B) She used to be a famous TV show host.
    (C) She teaches marketing at a university.
    (D) She started his own company.

81. Why does the speaker say, "coming up with a successful advertising campaign can be very difficult"?
    (A) To praise one of his mentors
    (B) To recommend the listeners to take marketing classes
    (C) To demonstrate his knowledge
    (D) To recognize a common point of view

82. What will the speaker most likely do next?
    (A) Provide specific information
    (B) Introduce his latest publication
    (C) Invite guest speakers
    (D) Distribute handouts

GO ON TO THE NEXT PAGE

83. What does the speaker remind the listeners to do by Friday?
   (A) Submit a travel request
   (B) Write a quarterly report
   (C) Complete a survey form
   (D) Install a computer program

84. What good news does the speaker mention?
   (A) Employees will get pay raises.
   (B) A product got a good review.
   (C) A new office will be ready soon.
   (D) A team achieved a sales goal.

85. Why does the speaker say, "there was a situation at our San Diego branch"?
   (A) To change a delivery time
   (B) To seek a coworker's assistance
   (C) To express concern about a tight deadline
   (D) To give an explanation for an absence

86. What is the message mainly about?
   (A) Arranging a business trip
   (B) Making baked goods
   (C) Looking for a job opening
   (D) Preparing a retirement party

87. What does the speaker imply when she says, "We don't want to forget what happened last time"?
   (A) She prefers not to have a party at work.
   (B) She would like to avoid making the same error.
   (C) She believes that a task is impossible.
   (D) She thinks not many people can come.

88. What is the speaker going to do today?
   (A) Go to a café
   (B) Buy some presents
   (C) Gathering with friends
   (D) Stop by a clothing store

89. What is the purpose of the talk?
   (A) To introduce company hires
   (B) To greet new trainees
   (C) To announce a business acquisition
   (D) To promote a new facility

90. What does the speaker recommend the listeners do?
   (A) Provide feedback on classes
   (B) Wear identification at all times
   (C) Bring their own laptop computers
   (D) Take some elective courses

91. What will the listeners do next?
   (A) Read through training materials
   (B) Look at employee manuals
   (C) Join a factory tour
   (D) Meet other trainers

92. What product is the speaker selling?
   (A) Packing machines
   (B) Company uniforms
   (C) Office chairs
   (D) Computer printers

93. What does the speaker say the product will help avoid?
   (A) Delaying production
   (B) Wasting time and money
   (C) Collecting data individually
   (D) Receiving customer complaints

94. What will the speaker do next?
   (A) Give out free samples
   (B) Present test results
   (C) Get contact information
   (D) Show a video

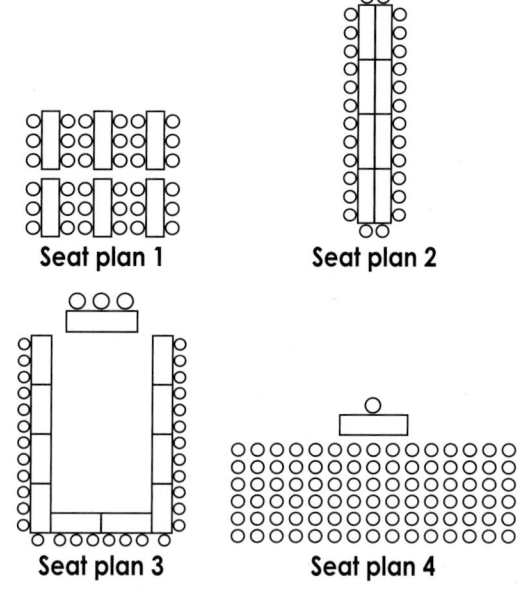

Seat plan 1
Seat plan 2
Seat plan 3
Seat plan 4

Employee: Shanika O'Neal
Company Number: 621

Building Number: 953
Office Number: 845
Extension: 679

95. What kind of event is being organized?

(A) A product demonstration
(B) A medical conference
(C) An awards ceremony
(D) A cooking workshop

96. Why is the speaker expecting attendance to be high?

(A) Free accommodation is provided.
(B) The latest medical equipment will be presented.
(C) The seminar location is central to many hospitals.
(D) Some famous people will be speaking.

97. Look at the graphic. Which seat plan will be used in room 205?

(A) Seat plan 1
(B) Seat plan 2
(C) Seat plan 3
(D) Seat plan 4

98. Which department is the speaker calling?

(A) Purchasing
(B) Sales
(C) Customer service
(D) Administration

99. Look at the graphic. What information does the speaker say needs to be changed?

(A) 621
(B) 953
(C) 845
(D) 679

100. What does the speaker ask the listener to do?

(A) Send an e-mail
(B) Make a phone call
(C) Visit her office
(D) Make an announcement

This is the end of the Listening test.

ETS® & YBM 토익교재 로드맵

레벨	점수대	ETS TOEIC 시리즈	YBM TOEIC 시리즈
왕초보	450점 ~ 550점	토익 단기공략 550+	YBM ENGLISH Basics / YBM ENGLISH Basics Plus
입문 (초급)	550점 ~ 650점	토익기출 공식입문서 LC / 토익기출 공식입문서 RC / 토익 단기공략 650+	YBM 스타트 토익 LC / YBM 스타트 토익 RC / Jump Up TOEIC Basic LC·RC / YBM 단기토익 700+
기본 (중급)	750점 ~ 850점	토익기출 공식종합서 / 토익기출 공식종합서 R / 토익 단기공략 750+	YBM 전략토익 LC / YBM 전략토익 RC / Jump Up TOEIC Intermediate LC·RC
실전 (중·고급)	실전 모의고사	TOEIC 공식문제집 LC / TOEIC Test 공식문제집 RC / 토익 정기시험 기출문제집 LC·RC / 토익 정기시험 기출문제집 1 1000 READING / 토익 정기시험 기출문제집 2 1000 READING / 토익 정기시험 예상문제집 / 토익 정기시험 예상문제집 RC	YBM 실전토익 LC1000 / YBM 실전토익 RC1000 1 / YBM 실전토익 LC1000 2 / YBM 실전토익 RC1000 2
어휘 및 파트별	파트별 어휘	토익기출 VOCA / PART 7 실전전략	
스피킹	말하기	토익 스피킹 기출 단기공략 / 토익 스피킹 기출문제집 Speaking / 토익 스피킹 기출문제집	Interview English for Flight Attendants

토익 주관사가
제시하는 토익비법

YBM 토익

전략
LC

정답 및 해설

YBM 전략 토익 LC

정답 및 해설

PART 1

UNIT 1

❶ 1인 등장 사진

전략 1	(A) 남자가 책상을 청소하고 있다.
본책 p. 20	(B) 남자가 의자를 조절하고 있다.
	(C) 남자가 전화로 대화하고 있다.
	(D) 남자가 사무실에서 걷고 있다.

전략 2	(A) 여자가 바닥을 쓸고 있다.
	(B) 여자가 의자에 앉아 있다.
	(C) 여자가 카펫을 청소하고 있다.
	(D) 여자가 짐들을 들어올리고 있다.

MODEL TEST   본책 p. 21

1. (B)   2. (A)   3. (D)

1.

(A) He's raking some soil.
(B) He's kneeling down.
(C) He's walking outdoors.
(D) He's shoveling some dirt.

(A) 남자가 흙을 갈퀴질하고 있다.
(B) 남자가 무릎을 꿇고 있다.
(C) 남자가 야외에서 걷고 있다.
(D) 남자가 삽으로 흙을 뜨고 있다.

해설 (A) 동사 오류: 갈퀴가 있어야 rake라고 표현할 수 있다.
    (B) 정답: 무릎을 꿇은 모습이 맞으며, kneel (down)이 출제된다.
    (C) 유사 발음: 발음이 유사한 walk / work를 이용한 함정이다.
    (D) 동사 오류: 삽(shovel)을 이용하지 않고 있다.

어휘 rake 갈퀴질 하다 soil 흙 kneel (down) 무릎을 꿇다 shovel 삽질하다 dirt 흙, 오물

2.

(A) The man is writing on a form.
(B) The man is drawing a picture.
(C) The man is taking a book out of a shelf.
(D) The man is sitting on a bench.

(A) 남자가 양식을 작성하고 있다.
(B) 남자가 그림을 그리고 있다.
(C) 남자가 선반에서 책 한 권을 꺼내고 있다.
(D) 남자가 벤치에 앉아 있다.

해설 (A) 정답: 뭔가를 쓰고(writing, taking notes, jotting down, taking sth down) 있는 모습을 잘 묘사하고 있다.
    (B) 동사 오류: 그림을 그리고 있는 모습이 아니다.
    (C) 없는 어휘: 사진에 없는 단어(book)를 언급해서 오답이다.
    (D) 없는 어휘: 사진에 없는 단어(bench)를 언급해서 오답이다.

어휘 form 양식 draw 선으로 그리다 take A out of B A를 B에서 꺼내다 shelf 선반

3.

(A) She's picking up a cushion.
(B) She's choosing a garment.
(C) She's replacing the tiles.
(D) She's trying on shoes.

(A) 여자가 쿠션을 들어올리고 있다.
(B) 여자가 옷을 선택하고 있다.
(C) 여자가 타일을 교체하고 있다.
(D) 여자가 신을 신어보고 있다.

해설 (A) 목적어 오류: 쿠션(cushion)을 들어올리는 모습이 아니다.
    (B) 동사 오류: 사진 속 어휘인 옷을 이용해서 오답을 제시했다.
    (C) 목적어 오류: 타일(tiles)을 교체하는 모습이 아니다.
    (D) 정답: 신을 신어보는 동작을 잘 묘사하고 있다.

어휘 pick up 들어올리다 garment 옷 replace 교체하다 tile 타일

❷ 2인 이상 등장 사진

전략 1	(A) 사람들이 공원에 들어가고 있다.
본책 p. 22	(B) 사람들이 물가에서 낚시하고 있다.
	(C) 사람들이 벤치에 앉아 있다.
	(D) 사람들이 소풍을 즐기고 있다.

전략 2	(A) 남자가 차트를 가리키고 있다.
	(B) 여자들 중 한 명이 유리잔으로 마시고 있다.
	(C) 사람들 중 한 명이 서류를 나눠주고 있다.
	(D) 발표자가 넥타이를 착용해 보고 있다.

MODEL TEST   본책 p. 23

1. (A)   2. (A)   3. (D)

1.

(A) They are holding oars.
(B) They are swimming in the water.
(C) They are putting on life vests.
(D) They are casting a fishing net.

(A) 사람들은 노를 잡고 있다.
(B) 사람들이 물속에서 수영하고 있다.
(C) 사람들이 구명조끼를 입는 중이다.
(D) 사람들이 그물을 던지고 있다.

해설 (A) 정답: 노를 젓기(rowing[paddling] a boat) 위해 노를 잡고 있는 모습을 잘 묘사하고 있다.
(B) 동사 오류: 물속에서 수영하는 모습이 아니다.
(C) 동사·상태 오류: 이미 입고 있는 상태이므로 wearing, have sth on을 사용해야 한다.
(D) 동사 오류·없는 어휘: 던지고 있는 동작이 아니고, 없는 단어(fishing net)를 언급해서 오답이다.

어휘 oar 노 life vest 구명조끼 cast a fishing net 그물을 던지다

2.

(A) The people are loading bags into a vehicle.
(B) The woman is backing a car.
(C) One of the men is pulling a shopping cart away.
(D) The people are standing beside a car.

(A) 사람들이 차에 봉지들을 싣고 있다.
(B) 여자가 차를 후진하고 있다.
(C) 남자들 중 한 명이 쇼핑 카트를 끌고 있다.
(D) 사람들이 차 옆에 서 있다.

해설 (A) 정답: bag(봉지, 봉투, 가방)을 싣고 있는 모습을 잘 묘사하고 있다. plastic bag(비닐봉지)와 paper bag(종이봉투)도 함께 알아두자.
(B) 동사 오류: 혼동을 일으키는 표현(at the back of a vehicle 차 뒤에/backing a car 후진하다)을 사용했다.
(C) 동사 오류: 카트를 끄는 동작은 없다.
(D) 위치 오류: 사람들은 차 옆(beside, by, alongside, next to)이 아닌 뒤에 서 있다.

어휘 load 싣다 bag 봉지 vehicle 차량 back 후진하다

3.

(A) The man is passing a folder to the woman.
(B) The woman is answering a phone.
(C) They are seated side by side.
(D) They are facing each other.

(A) 남자가 서류철을 여자에게 건네고 있다.
(B) 여자가 전화를 받고 있다.
(C) 사람들이 나란히 앉아 있다.
(D) 사람들이 서로 바라보고 있다.

해설 (A) 동사 오류: 서류철을 건네는 동작은 없다.
(B) 동사 오류: 전화를 받는 모습이 아니다.
(C) 동사 오류: 나란히 앉아 있는 모습이 아니다.
(D) 정답: 서로 상대방을 바라보는 모습을 잘 묘사하고 있다. 참고로 facing in the same direction은 같은 방향을 바라볼 때 사용한다.

어휘 pass 건네다 answer a phone 전화를 받다 side by side 나란히 face each other 서로 마주보다

PRACTICE TEST 1
본책 p. 24

1. (C) 2. (D) 3. (B) 4. (D) 5. (D) 6. (A)

1.

(A) A woman is paying for her purchases.
(B) A woman is loading a cart.
(C) A woman is reaching for an item.
(D) A woman is drinking a beverage.

(A) 여자가 구매품들의 비용을 지불하고 있다.
(B) 여자가 카트에 물건을 싣고 있다.
(C) 여자가 물건을 집으려고 손을 뻗고 있다.
(D) 여자가 음료를 마시고 있다.

해설 (A) 동사 오류: 물건값을 지불하는 모습이 아니다.
(B) 없는 어휘: 사진에 없는 단어(cart)를 언급해서 오답이다.
(C) 정답: 손·팔을 뻗고 있는 동작을 묘사할 때 reach (for)를 쓴다. 이미 팔을 뻗어서 물건을 잡고 있는 모습에도 같은 표현을 사용할 수 있다.
(D) 동사 오류: 마시는 동작이 아니다.

어휘 purchase 구매품 reach (for) (~을 집으려고) 손을 뻗다 beverage 음료

2.

(A) They are waving at each other.
(B) They are exchanging business cards.
(C) They are sharing a newspaper.
(D) They are shaking hands.

(A) 사람들이 서로에게 손을 흔들고 있다.
(B) 사람들이 명함을 교환하고 있다.
(C) 사람들이 신문을 함께 보고 있다.
(D) 사람들이 악수를 하고 있다.

해설 (A) 동사 오류: 손을 좌우로 흔들 때 wave를 사용한다.
(B) 없는 어휘: 사진에 없는 단어(business cards)를 언급해서 오답이다.
(C) 없는 어휘: 사진에 없는 단어(newspaper)를 언급해서 오답이다.
(D) 정답: 악수하는 모습을 잘 묘사하고 있다.

어휘 **wave at** ~에게 손을 흔들다 **exchange** 교환하다 **business card** 명함 **share** 공유하다 **shake hands** 악수하다

3.

(A) He's leading a meeting.
(B) He's leaning forward.
(C) He's leafing through a photo album.
(D) He's bending down to pick up a book.

(A) 남자가 회의를 이끌고 있다.
(B) 남자가 앞으로 몸을 숙이고 있다.
(C) 남자가 사진첩을 훑어보고 있다.
(D) 남자가 책을 집으려고 몸을 숙이고 있다.

해설 (A) 유사 발음: 발음이 비슷한 어휘(reading / leading)를 이용한 함정이다.
(B) 정답: leaning은 몸을 기울이거나 기대고 있는 모습을 나타낼 때 사용한다.
(C) 없는 어휘: 사진에 없는 단어(photo album)를 언급해서 오답이다.
(D) 사실 오류: 이미 책을 읽고 있으며 책을 집으려는 목적으로 볼 수 없다.

어휘 **lead** 이끌다 **lean** 몸을 기울이다, 숙이다 **leaf through** 훑어보다 **photo album** 앨범, 사진첩 **bend down** 몸을 숙이다 **pick up** 들어올리다, 집어들다

4.

(A) A worker is painting lines on the road.
(B) Some people are lined up at the side of a road.
(C) A pedestrian is checking a street map.
(D) Some people are crossing the street.

(A) 일꾼이 도로 위에 선을 그리고 있다.
(B) 몇몇 사람들이 도로의 한 쪽에 줄 서 있다.
(C) 보행자가 거리 지도를 확인하고 있다.
(D) 몇몇 사람들이 길을 건너고 있다.

해설 (A) 없는 어휘: 사진에 없는 단어(worker)를 언급해서 오답이다.
(B) 동사 오류: 사람들이 줄 서 있는 모습이 아니다.
(C) 없는 어휘: 사진에 없는 단어(street map)를 언급해서 오답이다.
(D) 정답: 길을 건너는 모습(crossing the road, walking across the street)을 잘 묘사하고 있다. crossing은 차가 다리를 건너는 모습을 묘사할 때도 자주 등장하는 어휘이다.

어휘 **be lined up** 줄 서 있다 **pedestrian** 보행자 **street map** 거리 지도

5.

(A) A man is adjusting his glasses.
(B) A man is organizing items on a table.
(C) A man has his arms folded.
(D) A man is reading an open book.

(A) 남자가 안경을 조절하고 있다.
(B) 남자가 테이블 위에 물건들을 정리하고 있다.
(C) 남자가 팔짱을 끼고 있다.
(D) 남자가 펼쳐진 책 한 권을 읽고 있다.

해설 (A) 동사 오류: 안경을 조절하고 있는 모습이 아니다.
(B) 동사 오류: 테이블을 정리하는 모습이 아니다.
(C) 동사 오류: 팔짱을 낀 모습이 아니다.
(D) 정답: 책을 보고 있는(reading a book) 모습을 잘 묘사하고 있다.

어휘 **adjust** 조절하다 **organize** 정리하다 **have one's arms folded** 팔짱을 끼다

6.

(A) One of the women is standing by the table.
(B) A panel of experts is sitting by a door.
(C) One of the women is setting up a white board.
(D) All of the participants have been given water bottles.

(A) 여자들 중 한 명이 탁자 옆에 서 있다.
(B) 전문가 집단이 문 옆에 앉아 있다.
(C) 여자들 중 한 명이 화이트 보드를 설치하고 있다.
(D) 모든 참가자들에게 물병이 주어졌다.

해설 (A) 정답: 여자 한 명이 탁자 옆에 서 있는 모습을 잘 묘사하고 있다.
(B) 없는 어휘: 사진에 없는 단어(door)를 언급해서 오답이다.
(C) 동사 오류: 화이트 보드를 설치하는 모습이 아니다.
(D) 사실 오류: 모든 사람 앞에 물병이 보이지는 않으므로 오답이다.

어휘 **set up** 설치하다 **participant** 참가자 **water bottle** 물병

PRACTICE TEST 2

본책 p. 25

1. (C) **2.** (C) **3.** (A) **4.** (B) **5.** (A) **6.** (C)

1.

(A) He is eating a meal in a restaurant.
(B) He is taking cookware down from a rack.
(C) He is cutting some food with a knife.
(D) He is washing some dishes.

(A) 남자가 식당에서 식사하고 있다.
(B) 남자가 선반에서 취사도구를 내리고 있다.
(C) 남자가 칼로 음식을 자르고 있다.
(D) 남자가 설거지를 하고 있다.

해설 (A) 동사 오류: 식사하는 중이 아니라, 음식을 만들고(preparing, fixing) 있는 중이다.
 (B) 동사 오류: 물건을 내리는 모습이 아니다.
 (C) 정답: 음식을 자르는 모습(cutting, chopping, slicing)을 잘 묘사하고 있다.
 (D) 동사 오류: 설거지하는 모습이 아니다.

어휘 **meal** 식사 **cookware** 취사도구 **wash the dishes** 설거지를 하다

2.

(A) The woman is putting on a necklace.
(B) The woman is rinsing the man's hair.
(C) The hairdresser is trimming a customer's hair.
(D) Some people are entering a hair salon.

(A) 여자가 목걸이를 착용하는 동작을 하고 있다.
(B) 여자가 남자의 머리를 헹구고 있다.
(C) 미용사가 손님의 머리를 다듬고 있다.
(D) 사람들이 미용실에 들어가고 있다.

해설 (A) 동사·상태 혼동: 이미 착용한 상태여서 wearing, have sth on을 사용해야 한다.
 (B) 동사 오류: 머리를 헹구는 동작이 아니다.
 (C) 정답: She's attending to a customer(여자가 손님을 돌보고 있다)도 기억해두자.
 (D) 동사 오류: 이미 미용실 안에 들어가 있는 상태이다.

어휘 **necklace** 목걸이 **rinse** 헹구다 **hairdresser** 미용사 **trim** 다듬다 **hair salon** 미용실

3.

(A) The woman is carrying a bag.
(B) The woman is mowing the lawn.
(C) The woman is jogging through a park.
(D) The woman is relaxing under a tree.

(A) 여자가 가방을 들고 있다.
(B) 여자가 잔디를 깎고 있다.
(C) 여자가 공원을 통과해서 조깅하고 있다.
(D) 여자가 나무 아래에서 휴식하고 있다.

해설 (A) 정답: carry는 몸을 이용해 물건을 옮기는 경우에 사용한다. move, transport는 몸이나 도구를 이용해서 옮기는 모든 경우에 사용한다.
 (B) 동사 오류: 잔디를 깎는(mowing, clipping, trimming, cutting) 모습이 아니다.
 (C) 동사 오류: 조깅하는 모습이 아니라 걷고(walking, strolling) 있는 모습이다.
 (D) 동사 오류: 나무 아래에서 휴식하는(resting, relaxing) 모습이 아니다.

어휘 **carry** 나르다, 휴대하다 **mow the lawn** 잔디를 깎다 **jog** 조깅하다 **relax** 휴식하다

4.

(A) Band members are putting away their musical instruments.
(B) Musicians are playing outdoors.
(C) A crowd is listening to music.
(D) Some people are performing on a platform.

(A) 밴드 단원들이 악기를 정리하고 있다.
(B) 음악가들이 야외에서 연주하고 있다.
(C) 군중이 음악을 듣고 있다.
(D) 몇몇 사람들이 무대에서 공연하고 있다.

해설 (A) 동사 오류: 악기를 정리하는(putting away, arranging, organizing) 모습이 아니라 들고 있는(holding) 모습이다.
 (B) 정답: 야외에서 연주하는 모습을 잘 묘사하고 있다.
 (C) 없는 어휘: 사진에 없는 단어(crowd)를 언급해서 오답이다.
 (D) 없는 어휘: 사진에 없는 단어(platform)를 언급해서 오답이다.

어휘 **put away** 정리하다 **musical instrument** 악기 **musician** 음악가 **crowd** 군중 **perform** 공연하다 **platform** 단, 무대

5.

(A) The man is wearing safety glasses.
(B) The man is gripping a hammer.
(C) The man is sawing a log in half.
(D) The man is putting down a tool.

(A) 남자가 보호 안경을 착용한 상태이다.
(B) 남자가 망치를 움켜잡고 있다.
(C) 남자가 톱으로 통나무를 반으로 자르고 있다.
(D) 남자가 도구를 내려놓고 있다.

해설 (A) 정답: 보호 안경을 착용한 상태를 wearing으로 잘 묘사하고 있다.
(B) 없는 어휘: 사진에 없는 단어(hammer)를 언급해서 오답이다.
(C) 동사 오류: 톱질하는 모습이 아니다.
(D) 동사 오류: 도구를 잡고(holding), 이용하고(using), 도구로 작업하고(working with) 있는 모습이다.

어휘 **safety glasses** 보호 안경 **grip** 움켜잡다 **saw** 톱질하다 **log** 통나무 **in half** 반으로 **put down** 내려놓다 **tool** 도구

6.

(A) Workers are digging holes with heavy equipment.
(B) They're cutting bushes in a garden.
(C) The man is shoveling the dirt.
(D) The woman is watering vegetables.

(A) 일꾼들이 중장비로 구덩이를 파고 있다.
(B) 사람들이 정원에서 덤불을 자르고 있다.
(C) 남자가 삽으로 흙을 뜨고 있다.
(D) 여자가 채소에 물을 주고 있다.

해설 (A) 숫자 오류·없는 어휘: 한 사람만이 삽으로 땅을 파고 있는 모습이며, 중장비는 보이지 않는다.
(B) 동사 오류: 덤불을 자르는 모습이 아니다.
(C) 정답: 삽으로 땅을 파는(digging the ground, digging a hole, using a shovel) 모습을 잘 묘사하고 있다.
(D) 동사 오류: 채소에 물을 주는 모습이 아니다.

어휘 **dig** 땅을 파다 **heavy equipment** 중장비 **bush** 덤불 **shovel** 삽으로 파다 **water** 물을 주다

UNIT 2

1 사물·풍경 사진

전략 1 본책 p. 26
(A) 꽃들이 정리되고 있는 중이다.
(B) 음식이 진열되어 있다.
(C) 싱크대 안에 접시들이 놓여 있다.
(D) 식탁보가 테이블 위에서 개어지고 있다.

전략 2
(A) 모든 창문들이 열려 있다.
(B) 덤불들이 길을 따라서 심어져 있다.
(C) 나뭇가지들이 지붕 위에 떨어져 있다.
(D) 배경에 키 큰 나무들이 있다.

MODEL TEST   본책 p. 27

1. (D)   **2.** (C)   **3.** (D)

1.

(A) Some shades are being installed.
(B) Some documents are being stacked on the desk.
(C) A window has been left open.
(D) An office is unoccupied.

(A) 블라인드들이 설치되고 있다.
(B) 책상 위에 서류들이 쌓여지고 있다.
(C) 창문이 열려 있다.
(D) 사무실은 비어 있다.

해설 (A) 동작과 상태 혼동: 설치된(be installed) 상태와 설치되는(be being installed) 동작을 혼동시키는 함정이다.
(B) 동작 오류: 책상 위에 서류들을 쌓는 동작을 하고 있지 않다.
(C) 상태 오류: 창문은 닫혀(closed, shut) 있다.
(D) 정답: 사람이 없는(remain empty, be not taken [occupied]) 상태를 잘 묘사하고 있다.

어휘 **shade** 블라인드 **stack** 쌓다, 포개다 **unoccupied** 비어 있는

2.

(A) There is a potted plant on a rack.
(B) Some bags have been stacked.
(C) Some merchandise is on display.
(D) Some luggage has been placed on the ground.

6

(A) 선반에 화분 하나가 있다.
(B) 가방들이 포개져서 쌓여 있다.
(C) 상품이 진열되어 있다.
(D) 여행용 가방들이 땅바닥에 놓여 있다.

해설 (A) 위치 오류: 화분은 바닥에(on the ground) 있다.
(B) 상태 오류: 포개져서 쌓여 있는(stacked) 상태가 아니다.
(C) 정답: 가방이 진열된(is on display) 상태를 잘 묘사하고 있다.
(D) 없는 어휘: 사진에 없는 단어(luggage)를 언급해서 오답이다.

어휘 **potted plant** 화분 **rack** 선반 **on display** 진열된 **luggage** 여행용 가방

3.

(A) The center of the room has been cleared for furniture.
(B) There is a screen in the corner of the room.
(C) The table is covered with cups.
(D) Some chairs have been pushed under the table.

(A) 방 가운데는 가구를 위해 치워져 있다.
(B) 방의 구석에 스크린이 있다.
(C) 테이블이 컵들로 덮여 있다.
(D) 의자들이 테이블 아래로 밀어 넣어져 있다.

해설 (A) 사실 오류: 가운데에는 큰 테이블이 있다.
(B) 위치 오류: 스크린은 방의 구석에 있지 않다.
(C) 없는 어휘: 사진에 없는 단어(cups)를 언급해서 오답이다.
(D) 정답: 의자들이 테이블 아래로 넣어져 있는 상태를 잘 묘사하고 있다. 의자들이 테이블 둘레에 있다(Chairs are placed around the table)라는 묘사도 가능하다.

어휘 **clear** 치우다 **be covered with** ~로 덮여 있다

❷ 인물·사물 혼합 사진

전략 1
본책 p. 28
(A) 차를 수리하고 있다.
(B) 차 문들 중 하나가 열려 있다.
(C) 남자가 공구함 안을 들여다보고 있다.
(D) 타이어 하나가 교체되고 있다.

전략 2
(A) 옷장이 설치되고 있다.
(B) 옷들이 진열대에 걸려 있다.
(C) 몇 개의 상품들이 봉지에 담겨 있다.
(D) 여자가 야외 시장에 있다.

MODEL TEST
본책 p. 29

1. (C)   2. (B)   3. (B)

1.

(A) A worker is pulling on a pair of gloves.
(B) Some papers are being thrown away.
(C) The woman is wiping a table.
(D) The floor is being cleaned.

(A) 일꾼이 장갑을 잡아당겨서 착용하고 있다.
(B) 서류들이 버려지고 있다.
(C) 여자가 테이블을 닦고 있다.
(D) 바닥이 청소되고 있다.

해설 (A) 동작·상태 혼동: 장갑을 이미 착용한 상태(wearing, have sth on)이다.
(B) 동사 오류: 서류를 버리는 동작은 없다.
(C) 정답: 테이블을 닦는 모습을 잘 묘사하고 있다.
(D) 주어 오류: 바닥이 아닌 테이블을 청소하고 있다.

어휘 **pull on** 잡아당겨 착용하다 **a pair of** 한 켤레의 **glove** 장갑 **throw away** 버리다 **wipe** 닦다 **floor** 바닥

2.

(A) The woman is leaning against a wall.
(B) Water is being sprayed from a hose.
(C) The woman is coiling a hose.
(D) A car is being washed with a piece of cloth.

(A) 여자가 벽에 기대어 있다.
(B) 물이 호스로부터 뿜어져 나오고 있다.
(C) 여자가 호스를 돌돌 감고 있다.
(D) 차를 천 조각으로 닦고 있다.

해설 (A) 동사 오류: 여자는 벽에 기대지 않고 서 있다.
(B) 정답: 물이 호스에서 뿜어져 나오는 모습을 잘 묘사했다.
(C) 동사 오류: 감는 동작은 없다.
(D) 없는 어휘: 사진에 없는 단어(cloth)를 언급해서 오답이다.

어휘 **lean against** ~에 기대다 **spray** 뿌리다 **hose** 호스 **coil** 고리 모양으로 감다 **cloth** 천; 걸레

3.

(A) A cooking pot has been set on a burner.
(B) The chefs are preparing some food.
(C) Some food is being served at a party.
(D) Some kitchen appliances are being used.

(A) 냄비가 버너 위에 놓여 있다.
(B) 요리사들이 음식을 준비하고 있다.
(C) 파티에서 음식이 제공되고 있다.
(D) 주방용 전기제품들이 사용되고 있다.

해설 (A) 없는 어휘: 사진에 없는 단어(burner)를 언급해서 오답이다.
(B) 정답: 음식을 준비하는(preparing[fixing] food) 모습을 잘 묘사하고 있다.
(C) 동사·장소 오류: 서빙하는 모습도 아니고, 파티도 아니다.
(D) 없는 어휘: 사진에 없는 단어(appliances)를 언급해서 오답이다.

어휘 **cooking pot** 냄비 **chef** 요리사 **kitchen appliance** 주방용 전기제품

PRACTICE TEST 1

본책 p. 30

1. (C) **2.** (B) **3.** (C) **4.** (D) **5.** (B) **6.** (D)

1.

(A) One of the women is making a purchase.
(B) Some plants are being sold in an indoor market.
(C) Vendors are selling produce.
(D) Leaves are piled up next to stalls.

(A) 여자들 중 한 명이 구매를 하고 있다.
(B) 식물들이 실내 시장에서 판매되고 있다.
(C) 상인들이 농산물을 팔고 있다.
(D) 잎사귀들이 가판대들 옆에 쌓여 있다.

해설 (A) 동사 오류: 구매하고 있는 여자는 없다.
(B) 장소 오류: 실외 시장(outdoor market, open-air market)이며, 채소(vegetable)를 팔고 있다.
(C) 정답: 상인들(vendors, merchants)이 농산물을 팔고 있는 모습을 잘 묘사하고 있다.
(D) 없는 어휘: 사진에 없는 단어(stalls)를 언급해서 오답이다.

어휘 **make a purchase** 구매하다 **vendor** 상인 **produce** 농산물 **leaf** 잎사귀 **pile up** 쌓다 **stall** 가판대

2.

(A) The woman is having her picture taken.
(B) The woman is drawing on some paper.
(C) A document is being removed from a drawer.
(D) A notice is being hung on a wall.

(A) 여자가 자신의 사진을 찍게 하고 있다.
(B) 여자가 종이에 그리고 있다.
(C) 서류가 서랍에서 꺼내어지고 있다.
(D) 공고문이 벽에 걸리고 있다.

해설 (A) 동사 오류: have A p.p.(A가 ~되도록 시키다)를 이용해서 혼동시키고 있다.
(B) 정답: 선으로 그림을 그리는(drawing, sketching) 모습을 잘 묘사하고 있다. 물감을 사용하면 painting이라고 한다.
(C) 동사 오류·없는 어휘: 서랍에서 물건을 꺼내는 모습이 아니고, 사진에 없는 단어(drawer)를 언급해서 오답이다.
(D) 동사 오류: 공지를 붙이는 모습이 아니다.

어휘 **draw** (색칠 없이 연필 등으로) 그리다 **remove** 꺼내다 **drawer** 서랍 **notice** 공고문

3.

(A) Big speakers are mounted on the wall.
(B) A music stand is being set up on the platform.
(C) A performance is being held on a stage.
(D) One of the singers is adjusting a microphone.

(A) 큰 스피커들이 벽에 설치돼 있다.
(B) 악보대가 단 위에 설치되고 있다.
(C) 공연이 무대에서 이루어지고 있다.
(D) 가수들 중 한 명이 마이크를 조절하고 있다.

해설 (A) 위치 오류: 스피커들은 벽(on the wall)이 아니라 무대에(on the stage) 있다.
(B) 동작·상태 혼동: 설치된(be set up) 상태와 설치되는(be being set up) 동작을 혼동시키는 함정이다.
(C) 정답: 공연이 진행되는 모습을 잘 묘사하고 있다.
(D) 동사 오류: 마이크를 조절하는(adjusting) 동작은 보이지 않는다.

어휘 **mount** 설치하다 **music stand** 악보대 **platform** 단, 무대 **performance** 공연 **adjust** 조절하다 **microphone** 마이크

4.

(A) A blender is being placed on the kitchen counter.
(B) A fruit stand is about to open for business.
(C) An orange is being sliced in half.
(D) Some equipment is laid out on a work surface.

(A) 믹서기가 주방 조리대 위에 놓여지고 있다.
(B) 과일 가판대가 영업을 위해 막 문을 열려고 한다.
(C) 오렌지가 반으로 잘려지고 있다.
(D) 장비가 조리대 위에 놓여 있다.

해설 (A) 동작과 상태 혼동: 놓여진(be placed) 상태와 놓여지는(be being placed) 동작을 혼동시키는 함정이다.
(B) 없는 어휘: 사진에 없는 단어(stand)를 언급해서 오답이다.
(C) 동작과 상태 혼동: 잘린(be sliced) 상태와 잘려지는(be being sliced) 동작을 혼동시키는 함정이다.
(D) 정답: 조리대(work surface, kitchen counter, countertop, counter) 위에 놓인 믹서기를 equipment로 잘 묘사하고 있다.

어휘 **blender** 믹서기 **counter** 조리대(work surface) **stand** 가판대 **be about to**+동사원형 막 ~하려 하다 **be open for business** 영업을 하고 있다 **slice** 얇게 썰다 **lay** 놓다

5.

(A) A volume is being removed from a shelf.
(B) Publications have been arranged on shelves.
(C) The library bookcases are being fixed.
(D) A cart has been filled with reading materials.

(A) 책 한 권이 책장에서 꺼내어지고 있다.
(B) 출판물들이 선반에 정리되어 있다.
(C) 도서관 책장들이 수리되고 있다.
(D) 카트 하나가 읽을거리들로 채워져 있다.

해설 (A) 사실 오류: 책(volume, book, title, publication, reading material)을 책장에서 꺼내는 모습이 아니다.
(B) 정답: 책이 선반에 정리된(arranged, organized, put away) 모습을 잘 묘사하고 있다.
(C) 사실 오류: 책장을 수리하는 동작은 보이지 않는다.
(D) 없는 어휘: 사진에 없는 단어(cart)를 언급해서 오답이다.

어휘 **volume** 책 **publication** 출판물 **be filled with** ~로 채워져 있다 **reading material** 읽을거리

6.

(A) A worker is checking the engine of a car.
(B) A driver is entering a gas station.
(C) A vehicle is being repaired in a shop.
(D) A car is being filled up with fuel.

(A) 일꾼이 차의 엔진을 점검하고 있다.
(B) 운전자가 주유소에 들어가고 있다.
(C) 차량이 정비소에서 수리되고 있다.
(D) 차에 연료가 채워지고 있다.

해설 (A) 동사 오류: 엔진을 점검하는 모습이 아니다.
(B) 동사 오류: 주유소에 들어가고 있는 중이 아니라 이미 주유소에 들어와 있다.
(C) 동사 오류: 차를 수리하는 모습이 아니다.
(D) 정답: 주유하는 모습(refueling a car, putting gas in a car, filling a car with fuel, Gas is being pumped into a vehicle)을 잘 묘사하고 있다.

어휘 **gas station** 주유소 **shop** 정비소(car[auto] repair shop, repair shop) **fill up** 가득 채우다 **fuel** 연료

PRACTICE TEST 2   본책 p. 31

| 1. (A) | 2. (C) | 3. (D) | 4. (B) | 5. (B) | 6. (B) |

1.

(A) The man is holding onto a railing.
(B) Staircase railings are being replaced.
(C) The man is descending some stairs.
(D) The floor is being polished.

(A) 남자가 난간을 붙잡고 있다.
(B) 계단 난간들이 교체되고 있다.
(C) 남자가 계단을 내려가고 있다.
(D) 바닥에 광을 내고 있다.

해설 (A) 정답: 난간을 잡고 있는 모습을 잘 묘사하고 있다.
(B) 동사 오류: 난간을 교체하는 동작은 없다.
(C) 동사 오류: 계단을 올라가고(ascending, walking up) 있는 모습이다.
(D) 동사 오류: 바닥에 광을 내는 동작은 없다.

어휘 **hold onto** ~을 꽉 붙잡다 **railing** 난간 **staircase** 계단 **descend** 내려가다 **polish** 광을 내다

2.

(A) The microscope is under the counter.
(B) A machine is being examined.
(C) The man is using some laboratory equipment.
(D) A technician is removing his lab coat.

(A) 현미경이 작업대 아래에 있다.
(B) 기계가 검사되고 있다.
(C) 남자가 실험장비를 사용하고 있다.
(D) 기술자가 실험복을 벗고 있다.

해설 (A) 위치 오류: 현미경은 작업대(counter, table) 아래(under)가 아닌 위(on)에 있다.
(B) 주어 오류: 검사되는 대상은 기계가 아니다.
(C) 정답: 실험 장비인 현미경을 사용하는 모습을 잘 묘사하고 있다.
(D) 동사 오류: 실험복을 입고 있는 상태이며, 실험복을 벗는 동작은 없다.

어휘 **microscope** 현미경 **counter** 작업대 **examine** 검사하다 **technician** 기술자 **remove** 옷 등을 벗다 **lab coat** 실험복

3.

(A) A cabin overlooks the water.
(B) A man is sipping some water.
(C) A boat is reflected on the surface of the water.
(D) A man is fishing with a pole.

(A) 오두막이 물을 바라보고 있다.
(B) 남자가 물을 마시고 있다.
(C) 배 한 척이 수면에 비춰지고 있다.
(D) 남자가 낚싯대로 낚시하고 있다.

해설 (A) 없는 어휘: 사진에 없는 사물 cabin을 언급했다.
(B) 동사 오류: 물을 마시는 동작은 보이지 않는다.
(C) 없는 어휘: 사진에 없는 사물 boat를 언급했다.
(D) 정답: 낚싯대로(fishing with a pole, using a fishing rod[pole]) 낚시하는 모습을 잘 묘사하고 있다.

어휘 **cabin** 오두막 **overlook** 바라보다, 내려다보다 **sip** 조금씩 마시다 **reflect** 비추다, 반사하다 **fish** 낚시하다 **pole** 막대기

4.

(A) One of the women is painting a picture.
(B) Some people are posing for a picture.
(C) Branches are being cleared from a pathway.
(D) Trees have fallen on the side of a hill.

(A) 여자들 중 한 명이 그림을 그리고 있다.
(B) 몇몇 사람들이 사진을 찍으려고 자세를 취하고 있다.
(C) 나뭇가지들이 길에서 치워지고 있다.
(D) 나무들이 산비탈에 쓰러졌다.

해설 (A) 동사 오류: 사진을 찍는(taking a picture) 모습이 나오는 경우 대개 그림을 그린다(painting a picture)로 혼동시킨다.
(B) 정답: 사진 촬영 포즈를 취하는 모습을 잘 묘사하고 있다.
(C) 동사 오류: 나뭇가지를 치우는 동작은 보이지 않는다.
(D) 사실 오류: 쓰러진 나무들은 없다.

어휘 **paint** 물감으로 그리다 **pose for a picture** 사진을 찍으려고 자세를 취하다 **branch** 나뭇가지 **clear** 치우다 **fall** 쓰러지다

5.

(A) Boxes are resting on the lawn.
(B) The van is full of cartons.
(C) A few packages are being loaded onto a cart.
(D) Several crates are stacked by a vehicle.

(A) 상자들이 잔디 위에 놓여 있다.
(B) 승합차가 판지 상자들로 가득 차 있다.
(C) 상자 몇 개가 카트에 실려지고 있다.
(D) 상자 몇 개가 차량 옆에 쌓여 있다.

해설 (A) 위치 오류: 상자들은 차량 안에 있다.
(B) 정답: 차가 판지 상자(cartons, cardboard boxes)로 가득 차 있는 모습을 잘 묘사하고 있다.
(C) 동작·상태 혼동/없는 어휘: 실려 있는(be loaded) 상태와 실리고 있는(be being loaded) 동작을 혼동시키는 함정이며, 카트도 보이지 않는다.
(D) 없는 어휘/위치 오류: crate는 판지 상자가 아닌 나무[금속/플라스틱] 상자를 지칭하며, 상자들이 차량 옆에 쌓여 있는 상태도 아니다.

어휘 **rest** 놓여 있다 **van** 승합차 **be full of** ~로 가득 차 있다 **carton** 종이[판지] 상자 **package** 소포, 포장용 상자 **crate** 나무 상자 **stack** 포개다, 쌓다

6.

(A) Several cars are waiting at an intersection.
(B) Bicycles are parked near a curb.
(C) There's a lamppost next to the bicycle rack.
(D) A walkway is being repaired.

(A) 몇 대의 차들이 교차로에서 기다리고 있다.
(B) 자전거들이 경계석 근처에 세워져 있다.
(C) 자전거 보관대 옆에 가로등 기둥이 하나 있다.
(D) 보행자 통로가 수리되고 있다.

해설 (A) 장소 오류: 사진은 교차로가 아니다.
(B) 정답: 경계석 근처에 세워져 있는 자전거를 잘 묘사했다. 참고로 curb는 차도와 인도의 경계석을 의미한다.
(C) 없는 어휘: 사진에 없는 단어(lamppost)를 언급해서 오답이다.
(D) 동사 오류: 통로를 수리하는 모습은 없다.

어휘 **intersection** 교차로 **curb** 도로 경계석 **lamppost** 가로등 기둥 **bicycle rack** 자전거 보관대 **walkway** (보행자) 통로

UNIT 3

① 실내 사진

전략 1
본책 p. 32
(A) 기계가 옮겨지고 있다.
(B) 서랍이 열려 있다.
(C) 남자가 복사기를 사용하고 있다.
(D) 남자가 넥타이를 고쳐 매고 있다.

전략 2
(A) 남자가 도구를 잡고 있다.
(B) 청구서가 남자에게 건네지고 있다.
(C) 여자들 중 한 명이 음료를 따르고 있다.
(D) 메뉴판이 손님들에게 제공되었다.

MODEL TEST
본책 p. 33

1. (C) 2. (D) 3. (D)

1.

(A) A server is pouring a beverage.
(B) All the tables in the restaurant are occupied.
(C) A worker is holding a serving tray.
(D) A customer is handing back a menu.

(A) 식당 종업원이 음료를 따르고 있다.
(B) 식당 안의 테이블들이 모두 차 있다.
(C) 직원이 서빙 쟁반을 들고 있다.
(D) 손님이 메뉴판을 돌려주고 있다.

해설 (A) 동사 오류: 음료를 따르고 있는 모습이 아니라 음료를 제공하고 있는(serving a customer a beverage [drink]) 모습이다.
(B) 상태 오류: 남자 우측의 테이블이 비어(unoccupied, empty, available, not taken) 있다.
(C) 정답: 직원으로 보이는 남자가 쟁반을 들고 있는 모습을 잘 묘사하고 있다.
(D) 동사 오류·없는 어휘: 손님으로 보이는 여자가 뭔가를 건네는 모습이 아니며, 사진에 없는 단어(menu)를 언급해서 오답이다.

어휘 server 식당 종업원 pour 음료를 따르다 beverage 음료 occupied 점유된 serving tray 서빙 쟁반 hand back 돌려주다

2.

(A) The man is taking a pen down from a clipboard.
(B) The man is checking his mobile phone.
(C) The man is turning on the computer.
(D) The man is standing in front of a workstation.

(A) 남자가 클립보드에서 펜을 내려놓고 있다.
(B) 남자가 휴대폰을 확인하고 있다.
(C) 남자가 컴퓨터를 켜고 있다.
(D) 남자가 작업대 앞에 서 있다.

해설 (A) 동사 오류: 펜을 내려놓는 모습이 아니라 쥐고 있는(holding a pen) 모습이다.
(B) 목적어 오류: 휴대폰이 아닌 모니터를 보고 있는 모습이다.
(C) 동사 오류: 컴퓨터를 켜는 동작이 아니다.
(D) 정답: 책상이 등장하는 경우 desk, counter, workstation으로 지칭할 수 있다.

어휘 take sth down 물건을 내려놓다 clipboard 클립보드, 회람판 mobile phone 휴대폰 turn on 켜다 workstation 작업대, 할당된 작업 공간

3.

(A) A shopping basket has been left adjacent to a shelf.
(B) A store clerk is putting items on the shelving units.
(C) Some merchandise is being packed into crates.
(D) The woman is pushing a cart filled with items.

(A) 쇼핑 바구니 하나가 선반 가까이에 놓여 있다.
(B) 점원이 선반에 물건을 놓고 있다.
(C) 상품이 상자에 포장되고 있다.
(D) 여자가 물건으로 가득 찬 카트를 밀고 있다.

해설 (A) 없는 어휘: 사진에 없는 단어(basket)를 언급한 오답이다.
(B) 없는 어휘: 사진에 없는 단어(clerk)를 언급한 오답이다. 사진 속 남자는 customer이다.
(C) 동사 오류: 상품을 포장하는 동작을 취하는 사람은 없다.
(D) 정답: 카트를 미는 동작(pushing[guiding] a cart)과 물건이 가득 찬 카트의 상태를 잘 묘사하고 있다.

어휘 adjacent to ~가까이 store clerk 점원 shelving unit 선반 pack 포장하다 crate 나무[금속/플라스틱] 상자

② 실외 사진

전략 1
본책 p. 34
(A) 건물이 공사 중이다.
(B) 일꾼 두 명이 지붕 위로 올라가고 있다.
(C) 사다리가 분해되고 있다.
(D) 몇몇 남자들이 통나무를 옮기고 있다.

전략 2
(A) 몇몇 일꾼들이 나무를 자르고 있다.
(B) 숲을 통과해서 강이 흐르고 있다.
(C) 몇몇 사람들이 바위 지역을 도보여행하고 있다.
(D) 멀리 산들이 보인다.

11

MODEL TEST

본책 p. 35

1. (A)   2. (C)   3. (C)

1.

(A) Boats are docked in a harbor.
(B) There are boats approaching the shore.
(C) All of the boats are rocking on the waves.
(D) A fisherman is securing a boat to a pier.

(A) 배들이 항구에 정박되어 있다.
(B) 물가에 접근하고 있는 배들이 있다.
(C) 모든 배들이 물결에 흔들리고 있다.
(D) 어부가 배를 부두에 고정시키고 있다.

해설 (A) 정답: 배들이 정박해 있는 모습을 잘 묘사하고 있다.
(B) 동사 오류: 접근 또는 이동 중인 배가 없어서 오답이다.
(C) 동사 오류: 배들은 흔들리고(rocking) 있지 않다.
(D) 없는 어휘: 사진에 없는 단어(fisherman)를 언급해서 오답이다.

어휘 **dock** 배를 정박시키다 **shore** 물가 **rock** 흔들리다 **wave** 물결, 파도 **fisherman** 어부, 낚시꾼 **secure** 고정시키다 **pier** 부두

2.

(A) A garden of flowers is in front of each building.
(B) Park maintenance work is being carried out.
(C) Some people are sitting on chairs in a park.
(D) Some park benches remain empty.

(A) 각 건물 앞에 꽃밭이 있다.
(B) 공원 관리 작업을 하고 있다.
(C) 몇몇 사람들이 공원에서 의자에 앉아 있다.
(D) 몇몇 공원 벤치들이 비어 있다.

해설 (A) 없는 어휘: 사진에 없는 단어(A garden of flowers)를 언급해서 오답이다.
(B) 사실 오류: 관리 작업을 하고 있는 사람의 모습은 보이지 않는다.
(C) 정답: 사람들이 의자에 앉아 있는 모습을 잘 묘사하고 있다.
(D) 없는 어휘: 사진에 없는 단어(benches)를 언급해서 오답이다. 사진에 보이는 것은 chairs이다.

어휘 **maintenance work** 관리 작업 **carry out** 일을 수행하다

3.

(A) Construction workers are paving a road.
(B) Heavy machinery has been left unattended at a construction site.
(C) Some digging work is being done.
(D) A worker is digging a ditch.

(A) 건설 근로자들이 도로를 포장하고 있다.
(B) 중장비들이 건설 현장에 방치돼 있다.
(C) 굴착 작업이 행해지고 있다.
(D) 일꾼 한 명이 배수로를 파고 있다.

해설 (A) 사실 오류: 도로를 포장하는 모습이 아니다.
(B) 사실 오류: 중장비는 현재 사용 중이므로 방치돼 있다고 할 수 없다.
(C) 정답: 작업이 진행되는 상황을 잘 묘사하고 있다. is done은 끝난 상태이고 is being done은 진행되고 있는 상태이므로 잘 구별해야 한다.
(D) 사실 오류: 배수로를 파는 모습이 아니다. 땅을 파다(digging the ground[earth]), 구멍을 파다(digging a hole), 배수로를 파다(digging a ditch[trench]) 등의 표현도 알아두자.

어휘 **pave** 포장하다 **heavy machinery** 중장비 **unattended** 주인[지켜보는 사람]이 옆에 없는 **construction site** 건설 현장 **dig** 땅을 파다 **ditch** 배수로

PRACTICE TEST 1

본책 p. 36

1. (B)   2. (B)   3. (B)   4. (B)   5. (C)   6. (A)

1.

(A) She's drinking from a cup.
(B) She's typing on a keyboard.
(C) She's moving a potted plant.
(D) She's removing her eyeglasses.

(A) 여자가 컵으로 마시고 있다.
(B) 여자가 자판을 치고 있다.
(C) 여자가 화분을 옮기고 있다.
(D) 여자가 안경을 벗고 있다.

해설 (A) 동사 오류: 사진 속 단어(cup)를 이용한 함정으로, 여자가 컵으로 마시고(drinking) 있지 않다.
(B) 정답: 컴퓨터 자판을 치는 사진에 정답으로 자주 등장하는 표현이다.
(C) 동사 오류: 사진 속 단어(potted plant)를 이용한 함정으로, 화분을 옮기고(moving) 있지 않다.

(D) 동작·상태 혼동: removing이나 taking off는 벗는 동작을 나타내는 표현으로 오답에 자주 등장한다. 안경은 이미 벗은 상태이다.

어휘 **type on a keyboard** 자판을 치다 **potted plant** 화분 **remove** (옷·안경 등을) 벗다

2.

(A) Some benches have been lined up on the pathway.
(B) A couple is strolling along the water.
(C) Some signs have been posted along a walkway.
(D) A high wall is being put up.

(A) 벤치들이 길에 죽 늘어서 있다.
(B) 한 커플이 강을 따라서 걷고 있다.
(C) 표지판들이 길을 따라서 게시되어 있다.
(D) 높은 담이 세워지고 있다.

해설 (A) 없는 어휘: 사진에 없는 단어(benches)를 언급해서 오답이다.
(B) 정답: 두 명이 걷고 있는(strolling, walking, taking a walk[stroll]) 모습을 잘 묘사하고 있다.
(C) 없는 어휘: 사진에 없는 단어(signs)를 언급해서 오답이다.
(D) 동작·상태 혼동: 사진 우측에 보이는 담은 이미 세워져 있는 상태이다.

어휘 **be lined up** 줄 서 있다 **stroll** 거닐다 **sign** 표지판 **post** 게시하다 **put up** 세우다, 짓다

3.

(A) Some travelers are taking a boat trip.
(B) A bridge spans over the water.
(C) Pieces of wood are being stacked in a pile.
(D) Waves are crashing against the shore.

(A) 여행객들이 선박 여행을 하고 있다.
(B) 다리 하나가 물 위에 걸쳐 있다.
(C) 나무 토막들이 한 무더기로 쌓여지고 있다.
(D) 파도가 물가에 부딪히고 있다.

해설 (A) 없는 어휘: 사진에 없는 단어(travelers, boat)를 언급해서 오답이다.
(B) 정답: 다리가 물 위에 있는 걸쳐 있는 모습(A bridge crosses over the water/A bridge extends across the water/There is a bridge across[over] the water/A bridge is suspended over the water)을 잘 묘사하고 있다.
(C) 없는 어휘: 사진에 없는 단어(Pieces of wood)를 언급해서 오답이다.
(D) 사실 오류: 파도가 물가에 부딪히는 모습이 아니다.

어휘 **span** (강·계곡 따위에) 걸치다 **wave** 파도 **crash against** ~에 부딪히다 **shore** 물가

4.

(A) Some loaves of bread are being cut into slices.
(B) Shelves have been stocked with baked goods.
(C) Refreshments are displayed outside.
(D) Price tags are being put on food items.

(A) 빵 덩어리들이 얇게 잘라지고 있다.
(B) 선반이 제과로 채워져 있다.
(C) 다과들이 야외에 전시되어 있다.
(D) 가격표들이 식품에 붙여지고 있다.

해설 (A) 사실 오류: 빵을 자르는 동작을 하는 사람이 보이지 않는다.
(B) 정답: be stocked with는 몇 개라도 구비된 모습을, be full of, be filled with, be packed with는 가득 채워진 모습을 나타낸다.
(C) 장소 오류: 사진은 실내(indoors, inside a store) 모습이다.
(D) 동작·상태 혼동: 붙여진(be put) 상태와 붙이고 있는(be being put) 동작을 혼동시키는 함정이다.

어휘 **loaf** 빵 한 덩이 **be stocked with** ~로 채워져 있다 **baked goods** 제과 **refreshments** 가벼운 음식물, 다과 **price tag** 가격표

5.

(A) Buffet tables are being prepared for a meal.
(B) The patio is crowded with customers.
(C) A seating area is set up outside.
(D) A couple of chairs are upside down.

(A) 뷔페 테이블들이 식사를 위해서 준비되고 있다.
(B) 테라스는 손님들로 붐빈다.
(C) 좌석 공간이 야외에 설치되어 있다.
(D) 몇몇 의자들이 거꾸로 뒤집혀 있다.

해설 (A) 없는 어휘: 사진에 없는 단어(Buffet tables)를 언급해서 오답이다.
(B) 없는 어휘: 사진에 없는 단어(customers)를 언급해서 오답이다.
(C) 정답: 야외에 테이블과 의자가 설치되어 있는 모습을 잘 묘사하고 있다.
(D) 상태 오류: 의자들은 뒤집혀 있지 않고 바로 세워져(stand) 있다.

어휘 patio 파티오, 테라스 be crowded with ~로 붐비다 seating area 좌석 공간 a couple of 둘의, 두서너 개의 upside down (아래위가) 거꾸로[뒤집혀]

6.

(A) Flowers have been put in a vase.
(B) The cupboard has been left open.
(C) A flowerpot has been placed under the counter.
(D) There is a bowl in the sink.

(A) 꽃들이 꽃병 안에 놓여 있다.
(B) 찬장이 열려 있다.
(C) 화분 하나가 조리대 아래에 놓여 있다.
(D) 싱크대 안에 그릇 하나가 있다.

해설 (A) 정답: 꽃병 속에 꽃이 있는 상태(Vases hold flowers)를 잘 묘사하고 있다.
(B) 사실 오류: 찬장(cupboard, cabinet)은 닫혀(closed, shut) 있다.
(C) 없는 어휘: 사진에 없는 단어(flowerpot)를 언급해서 오답이다. 사진에는 꽃병(vase)이 있다.
(D) 위치 오류: 그릇은 접시(plate, dish) 위에 있다.

어휘 vase 꽃병 cupboard 찬장 flowerpot 화분 bowl 그릇 sink 싱크대

PRACTICE TEST 2

본책 p. 37

| 1. (A) | 2. (B) | 3. (D) | 4. (C) | 5. (A) | 6. (A) |

1.

(A) Some jewelry is on display.
(B) A salesperson is polishing some products.
(C) Some goods are being purchased.
(D) A customer is trying on a bracelet.

(A) 장신구들이 전시되어 있다.
(B) 판매원이 상품들의 광을 내고 있다.
(C) 상품 몇 개가 구매되고 있다.
(D) 손님이 팔찌를 착용해보고 있다.

해설 (A) 정답: 물건이 전시된(be on display, be displayed, be being displayed) 모습을 잘 묘사하고 있다.
(B) 동사 오류: 광을 내는 모습이 아니다.
(C) 동사 오류: 구매하다(buying, purchasing)는 점원과 손님 간에 돈·신용카드·물건이 오가는 장면에서만 정답으로 제시된다.
(D) 동작·상태 혼동: 팔찌를 이미 착용한 상태(wearing bracelets)이지 착용하는 동작을 하고 있지 않다.

어휘 jewelry 보석류, 장신구 on display 전시된 polish 광을 내다 goods 제품(item, product) bracelet 팔찌

2.

(A) A telephone has been mounted on a wall.
(B) The counter has been cleared of objects.
(C) One of the women is looking at a clock.
(D) A receptionist is assisting a customer.

(A) 전화기가 벽에 설치되어 있다.
(B) 카운터에서 물건들이 치워져 있다.
(C) 여자들 중 한 명이 시계를 보고 있다.
(D) 접수 직원이 손님에게 응대하고 있다.

해설 (A) 위치 오류: 전화기가 설치된 곳은 카운터이다.
(B) 정답: 카운터 위에 물건이 없는 모습을 잘 묘사했다.
(C) 목적어 오류: 시계를 보는 사람은 없다.
(D) 없는 어휘: 사진에 없는 단어(customer)를 언급해서 오답이다.

어휘 mount 설치하다 A be cleared of B A에서 B가 치워지다 object 물체 assist 돕다

3.

(A) He's climbing onto a roof.
(B) He's fixing a ceiling.
(C) He's painting a window frame.
(D) He's standing on a ladder.

(A) 남자가 지붕 위로 올라가고 있다.
(B) 남자가 천장을 수리하고 있다.
(C) 남자가 창틀을 페인트칠하고 있다.
(D) 남자가 사다리에 서 있다.

해설 (A) 동사 오류: 올라가고 있는 모습이 아니라 서 있는 모습이다.
(B) 목적어 오류: 천장(ceiling)이 아니라 지붕(roof)을 수리하고 있다.
(C) 동사 오류: 페인트칠하는 모습이 아니다.
(D) 정답: 사다리에 서 있는(standing on a ladder) 모습을 잘 묘사하고 있다.

어휘 climb 올라가다 ceiling 천장 paint 페인트칠하다 window frame 창틀 ladder 사다리

4.

(A) Some potted plants have been placed outdoors.
(B) Flowers are being planted in the garden.
(C) A wall borders one side of a patio.
(D) There's a pile of wood under the canopy.

(A) 몇몇 화분들이 야외에 놓여 있다.
(B) 꽃들이 정원에 심어지고 있다.
(C) 파티오의 한쪽에 담이 있다.
(D) 덮개 아래에 한 더미의 목재가 있다.

해설 (A) 없는 어휘: 사진에 없는 단어(potted plants)를 언급해서 오답이다.
(B) 동작과 상태 혼동: 심어진(be planted) 상태와 심고 있는(be being planted) 동작을 혼동시키는 함정이다.
(C) 정답: border는 담[울타리/난간]이 어떤 것과 경계를 이루는 모습을 나타낸다.
(D) 없는 어휘: 사진에 없는 단어(a pile of wood)를 언급해서 오답이다.

어휘 **wall** 담 **border** 경계를 이루다 **patio** 파티오 **pile** 더미 **canopy** 덮개

5.

(A) Shadows are being cast across a path.
(B) Brick columns are being renovated.
(C) A natural tunnel extends into a cave.
(D) Stones are blocking an entrance.

(A) 그림자들이 통로를 가로질러 드리워지고 있다.
(B) 벽돌 기둥 보수 공사를 하고 있다.
(C) 천연 터널이 동굴 속으로 뻗어 있다.
(D) 돌들이 입구를 막고 있다.

해설 (A) 정답: 그림자가 드리워져 있는 모습도 진행형 동사로 표현한다.
(B) 사실 오류: 기둥에는 어떠한 작업도 이루어지고 있지 않다.
(C) 없는 어휘: 사진에 없는 단어(natural tunnel, cave)를 언급해서 오답이다.
(D) 사실 오류: 입구를 막고 있는 돌은 보이지 않는다.

어휘 **cast a shadow** 그림자를 드리우다 **column** 기둥 **renovate** 보수 공사를 하다 **extend** 뻗어 있다 **cave** 동굴 **block** 막다

6.

(A) Some trolley tracks run alongside a road.
(B) There are travelers boarding a tram.
(C) Vehicles are stopped at the traffic signal.
(D) Some people are crossing the street.

(A) 전차 선로들이 도로와 나란히 뻗어 있다.
(B) 전차에 탑승하고 있는 여행객들이 있다.
(C) 차들이 교통 신호에 멈춰 있다.
(D) 사람들이 길을 건너고 있다.

해설 (A) 정답: 길 등이 뻗어 있는(run, extend) 모습을 잘 묘사하고 있다.
(B) 없는 어휘: 사진에 없는 단어(travelers)를 언급해서 오답이다.
(C) 사실 오류: 교통 신호에 멈춘 차들은 보이지 않는다.
(D) 없는 어휘: 길을 건너고 있는 사람들(people)은 보이지 않는다.

어휘 **trolley** 전차(tram, streetcar) **track** 기차의 선로 **run** (길 등이) 뻗어 있다 **alongside** ~와 나란히 **traffic signal** 교통 신호

PART 1 ACTUAL TEST

본책 p. 38

1. (A) 2. (D) 3. (D) 4. (C) 5. (D) 6. (B)

1.

(A) She is selecting some vegetables.
(B) She is harvesting a crop.
(C) She is working in a garden.
(D) She is picking fruit on a farm.

(A) 여자가 채소를 고르고 있다.
(B) 여자는 작물을 수확하고 있다.
(C) 여자는 정원에서 일하고 있다.
(D) 여자는 농장에서 과일을 따고 있다.

해설 (A) 정답: 채소를 고르고(selecting, choosing) 있는 모습을 잘 묘사하고 있다.
(B) 동사 오류: 작물을 수확하는 모습이 아니다.
(C) 장소 오류: 사진의 배경은 정원이 아닌 슈퍼마켓이다.
(D) 없는 어휘: 사진에 없는 단어(fruit, farm)를 언급해서 오답이다.

어휘 **select** 선택하다 **harvest** 수확하다 **crop** 작물 **pick** 따다, 꺾다 **farm** 농장

2.

(A) A man is gathering leaves.
(B) A man is cutting branches.
(C) A man is laying bricks.
(D) A man is pushing a wheelbarrow.

(A) 한 남자가 나뭇잎을 모으고 있다.
(B) 한 남자가 나뭇가지들을 자르고 있다.
(C) 한 남자가 벽돌들을 놓고 있다.
(D) 한 남자가 외바퀴 수레를 밀고 있다.

해설 (A) 동사 오류: 나뭇잎을 모으는 모습이 아니다.
(B) 동사 오류: 뭔가를 자르는(cutting, trimming) 모습이 아니다.
(C) 동사 오류: 벽돌을 놓는 모습이 아니다.
(D) 정답: 수레를 미는(pushing, guiding) 동작을 잘 묘사하고 있다.

어휘 **gather** 모으다 **lay** 두다, 놓다 **brick** 벽돌 **wheelbarrow** 외바퀴 수레

3.

(A) The men are looking out the window.
(B) The men are seated next to each other.
(C) One of the men is operating a computer.
(D) One of the men is pointing at a paper.

(A) 남자들이 창 밖을 보고 있다.
(B) 남자들이 나란히 앉아 있다.
(C) 남자들 중 한 명이 컴퓨터를 조작하고 있다.
(D) 남자들 중 한 명이 서류를 가리키고 있다.

해설 (A) 목적어 오류: 창 밖이 아닌 서류를 보고 있는(looking at [reading/reviewing/sharing] a document) 모습이다.
(B) 위치 오류: 두 사람이 서로 맞은편에 앉아 있는(sitting opposite each other, sitting across from each other) 모습이다.
(C) 동사 오류: 사진 속 단어(computer)를 이용한 함정으로, 컴퓨터를 조작하고 있는 동작은 하고 있지 않다.
(D) 정답: 뭔가를 손으로 가리키고 있으면 pointing at[to], 먼 곳을 손으로 가리키면 pointing into a distance로 표현한다.

어휘 **next to each other** 나란히 **operate** 기계를 작동하다 **point at** ~을 가리키다

4.

(A) Flower beds are being placed at the bottom of the steps.
(B) One of the railings is being set up.
(C) Some stairs lead up to an entrance.
(D) There is a lamp on the windowsill.

(A) 계단 아래쪽에 화단이 놓여지고 있다.
(B) 난간들 중 하나가 설치되고 있다.
(C) 계단이 위로 출입구까지 이어지고 있다.
(D) 창턱에 램프가 하나 있다.

해설 (A) 사실 오류: 계단 아래쪽에는 아무 것도 없다.
(B) 동작과 상태 혼동: 설치된(be set up) 상태와 설치되고 있는(be being set up) 동작을 혼동시키는 함정이다.
(C) 정답: 계단이 입구까지 이어진(lead[extend/ run] to) 모습을 잘 묘사하고 있다.
(D) 위치 오류: 램프는 문 옆 벽에 붙어(attached) 있다.

어휘 **flower bed** 화단 **railing** 난간 **lead up to** ~로 이어지다 **windowsill** 창턱

5.

(A) Documents are scattered on the floor.
(B) Some pens have been put in a mug.
(C) The desk is covered with newspapers.
(D) There are piles of papers on the table.

(A) 서류들이 바닥에 흩어져 있다.
(B) 펜들이 머그잔 안에 놓여 있다.
(C) 책상이 신문들로 덮여 있다.
(D) 테이블 위에 서류 더미들이 있다.

해설 (A) 위치 오류: 서류들이 바닥(floor)이 아니라 책상 위에 있다.
(B) 위치 오류: 펜들은 머그잔 근처에(near, close to, adjacent to) 있다.
(C) 발음 혼동: 유사 발음(papers/newspapers)을 이용한 함정이다.
(D) 정답: 서류가 쌓여 있는 모습을 잘 묘사하고 있다.

어휘 **scatter** 흩뿌리다 **floor** 바닥 **mug** 머그잔 **be covered with** ~로 덮여 있다 **pile** 더미

6.

(A) The men are walking side by side.
(B) Some people are waiting in line.
(C) A clerk is sorting out some papers.
(D) One of the women is paging through a book.

(A) 남자들이 나란히 걷고 있다.
(B) 몇몇 사람들이 줄 서서 기다리고 있다.
(C) 직원이 서류를 분류하고 있다.
(D) 여자들 중 한 명이 책을 훑어보고 있다.

해설 (A) 동사 오류: 나란히 걷고 있는 모습이 아니다.
(B) 정답: 사람들이 줄 서 있는 모습을 잘 묘사하고 있다.
(C) 동사 오류: 분류하는 동작은 없다.
(D) 동사 오류: 책을 훑어보는(looking[leafing/flipping] through) 동작은 없다.

어휘 **side by side** 나란히(next to each other) **clerk** 직원, 점원 **sort out** 분류하다 **page through** ~을 훑어보다

PART 2

UNIT 1

❶ Who 의문문

MODEL TEST 본책 p. 47

| 1. (B) | 2. (C) | 3. (B) | 4. (A) | 5. (C) |

1.
Who do I need to contact at the warehouse for the shipment of chairs?
(A) Unfortunately, we can't ship it today.
(B) His name is Jacob.
(C) Yes, I can get the contract to you.

의자 배송에 대해서 창고의 누구에게 연락해야 하나요?
(A) 유감스럽게도, 우리는 그것을 오늘 배송할 수 없어요.
(B) 그의 이름은 제이콥이에요.
(C) 네, 제가 계약서를 가져다 드릴 수 있어요.

해설 (A) 유사 발음: 부분적으로 발음이 같은 단어(shipment / ship)를 사용한 오답이다.
(B) 정답: Who 질문에 이름(Jacob)으로 적절하게 답변했다.
(C) Yes / No 불가, 유사 발음: 의문사 질문에는 Yes / No 대답이 불가하고, 발음이 유사한 contact / contract를 이용한 오답이다.

어휘 **contact** 연락하다 **warehouse** 창고 **shipment** 배송, 선적물 **contract** 계약서

2.
Who should I ask about fixing the damaged air-conditioner?
(A) Please open the car's back windows.
(B) Usually in the afternoon.
(C) The Maintenance Department.

파손된 에어컨 수리에 관해 누구에게 요청해야 하나요?
(A) 자동차 뒤 유리창을 여세요.
(B) 보통 오후에요.
(C) 관리부요.

해설 (A) 연상 어휘: 의미상 연결이 가능한 단어(air-conditioner / windows)로 혼동시키는 오답이다.
(B) 의문사 오류: 때를 묻는 When 질문에 어울리는 대답이다.
(C) 정답: Who 질문에 부서명(Maintenance Department)으로 적절하게 답변했다.

어휘 **fix** 수리하다 **damaged** 파손된 **air-conditioner** 에어컨 **maintenance department** 관리부

17

3.

Who can help me to find a proper bag for my trip?
(A) Because they are out for lunch.
(B) Someone will be with you shortly.
(C) My business trip to London.

적당한 여행 가방을 찾는 데 누가 좀 도와줄 수 있나요?
(A) 그들이 점심을 먹기 위해 외출했기 때문이에요.
(B) 곧 누군가가 응대해 드릴 거예요.
(C) 런던 출장이요.

해설 (A) 의문사 오류: Because는 이유를 묻는 Why 질문에 어울리는 대답이다.
(B) 정답: Who 질문에 대명사(Someone)로 적절하게 답변했다.
(C) 어휘 반복: 질문에 나온 단어(trip)를 반복 사용한 오답이다.

어휘 proper 적절한 shortly 곧, 금세 business trip 출장

4.

Who's in charge of distributing the workload in the store?
(A) The floor manager.
(B) On weekdays.
(C) Please charge it to my account.

누가 매장 내 업무 분배를 책임지고 있나요?
(A) 매장 관리자요.
(B) 주중에요.
(C) 제 계정으로 그것을 청구해주세요.

해설 (A) 정답: Who 질문에 직책(manager)으로 적절하게 답변했다.
(B) 의문사 오류: 때를 묻는 When 질문에 어울리는 대답이다.
(C) 어휘 반복: 질문에 나온 charge를 반복 사용한 오답이다. charge는 질문에서는 '책임'이라는 뜻으로, 보기에서는 '청구하다'라는 뜻으로 쓰이고 있다.

어휘 be in charge of ~을 담당하다, 책임지고 있다 distribute 분배하다 workload 업무 floor 작업장, 매장 charge 청구하다 account 계정

5.

Who are you going to meet next about the new office designs?
(A) When did you install them in the conference room?
(B) To the board of directors.
(C) We already made a final choice of architecture firm.

새 사무실 디자인에 관해서 다음에 누구를 만날 예정인가요?
(A) 언제 그것들을 회의실에 설치했어요?
(B) 이사회로요.
(C) 우리는 이미 건축 회사를 최종적으로 선택했어요.

해설 (A) 연상 어휘: 의미상 연결이 가능한 단어(office/conference room)로 혼동시키는 오답이다.
(B) 연상 어휘: meet에서 연결이 가능한 단어(the board of directors)로 혼동시키는 오답이다.

(C) 정답: Who 질문에 직접적으로 대답하는 대신 이미 최종 선택을 했으므로 더 이상 아무도 만날 예정이 없다고 간접적으로 답했으므로 적절하다.

어휘 conference room 회의실 the board of directors 이사회 make a choice 선택하다 architecture 건축 firm 회사

❷ What / Which 의문문

MODEL TEST 본책 p. 49

| 1. (B) | 2. (C) | 3. (B) | 4. (C) | 5. (A) |

1.

What items does your factory manufacture?
(A) Sure, you can try our sample.
(B) Toys for children.
(C) On the assembly line.

당신 공장은 어떤 물건을 제조하나요?
(A) 물론이죠, 저희 샘플을 이용해보실 수 있어요.
(B) 어린이용 장난감이요.
(C) 조립라인에서요.

해설 (A) Yes/No 불가: 의문사 질문에는 Yes/No/Sure/Okay로 대답할 수 없다.
(B) 정답: 어떤 물건(What items)인지 묻는 질문에 제품 종류(Toys)로 답했으므로 적절하다.
(C) 의문사 오류: 'on+장소'는 Where 질문에 어울리는 대답이다.

어휘 item 물품, 항목 manufacture 제조하다 assembly line 조립라인

2.

What did you think of the play you saw yesterday?
(A) Yes, on top of that display case.
(B) At four o'clock in the afternoon.
(C) The performance was great.

어제 본 연극 어땠어요?
(A) 네, 저 진열장 맨 위에요.
(B) 오후 4시에요.
(C) 공연은 좋았어요.

해설 (A) Yes/No 불가: 의문사 질문에는 Yes/No 대답이 불가하다.
(B) 의문사 오류: 때를 묻는 When 질문에 어울리는 대답이다.
(C) 정답: 어떻게 생각하는지(What, think) 묻는 질문에 긍정적인 평가(great)로 답했으므로 적절하다.

어휘 play 연극 display case 진열장 performance 공연

3.

What sort of photocopier does your department have?
(A) At a nearby copy shop.
(B) Oh, is there something wrong with your machine?
(C) We have only two more weeks.

당신 부서에 있는 복사기는 어떤 종류예요?
(A) 근처 복사 가게에서요.
(B) 아, 당신네 기기에 무슨 문제 있어요?
(C) 우리에게는 겨우 2주 더 있을 뿐이에요.

해설 (A) 유사 발음: 부분적으로 발음이 같은 단어(photocopier/copy)를 사용한 오답이다.
(B) 정답: 복사기 종류를 묻는 질문에서 새로 복사기를 구매하려는 의도를 알아채고 현재 기기에 문제가 있는지 되묻고 있으므로 적절하다.
(C) 관련없는 대답: 질문과 상관없는 대답이다.

어휘 sort 종류 photocopier 복사기 department 부서 copy shop 복사 가게

4.

What was your team requested to attend to this week?
(A) At the conference.
(B) Sure, I'll be there in time.
(C) The report on market shares.

이번 주에 당신 팀은 무슨 일을 처리하라고 요청받았어요?
(A) 회의에서요.
(B) 물론이죠, 제시간에 그곳에 갈게요.
(C) 시장 점유율에 대한 보고서요.

해설 (A) 의문사 오류: Where 질문에 가능한 대답이다.
(B) Yes/No 불가: 의문사 질문에는 Yes/No/Sure/Okay로 대답할 수 없다.
(C) 정답: 처리 대상(What, attend to)을 묻는 질문에 보고서(report)라고 적절하게 답변했다.

어휘 attend to 처리하다(work on) in time 제시간에 market share 시장 점유율

5.

Which scanner did the company purchase?
(A) We ordered the latest one.
(B) The appliance store on Fifth Street.
(C) Unless there's something urgent.

회사에서 어떤 스캐너를 구매했어요?
(A) 최신 것을 주문했어요.
(B) 5번가에 있는 가전제품 매장이요.
(C) 뭔가 급한 일이 없는 한에서요.

해설 (A) 정답: 어떤 스캐너(Which scanner)인지 묻는 질문에 최신 것(the latest one)이라고 적절하게 답변했다. the one은 Which 질문에 대해 최다 빈출 답변이다.
(B) 의문사 오류: Where 질문에 어울리는 대답이다.
(C) 관련없는 대답: 질문과 상관없는 대답이다.

어휘 latest 최신의 appliance 가전제품 unless ~하지 않는 한 urgent 시급한

PRACTICE TEST
본책 p. 50

1. (C)	2. (A)	3. (C)	4. (C)	5. (A)
6. (B)	7. (B)	8. (A)	9. (B)	10. (B)
11. (B)	12. (A)	13. (C)	14. (B)	15. (B)
16. (C)	17. (A)	18. (B)	19. (A)	20. (A)
21. (A)	22. (B)	23. (A)	24. (B)	25. (B)

1.

Who's overseeing the construction work?
(A) At the building site.
(B) I'll go see him at the lab.
(C) I'm sure Tim's in charge.

누가 건설 작업을 감독하고 있어요?
(A) 건축 현장에서요.
(B) 저는 내일 실험실로 그를 보러 갈 거예요.
(C) 팀이 책임자인 게 확실해요.

해설 (A) 의문사 오류: 'at+장소'는 Where 질문에 어울리는 대답이다.
(B) 유사 발음: 부분적으로 발음이 같은 단어(overseeing/see)를 사용한 오답이다.
(C) 정답: Who 질문에 이름(Tim)으로 적절하게 답변했다.

어휘 oversee 감독하다 building site 건축 현장 lab 실험실(laboratory)

2.

What floor is the library located on?
(A) Let me check the building directory for you.
(B) No, it's been moved to the basement.
(C) There is a wide selection of books.

도서관은 몇 층에 있어요?
(A) 건물 안내도를 확인해드릴게요.
(B) 아뇨, 그것은 지하층으로 이전했어요.
(C) 매우 다양한 책들이 있어요.

해설 (A) 정답: 몇 층(What floor)인지 묻는 질문에 확인해보겠다(Let me check)는 말로 자신도 모른다는 뜻을 우회적으로 전하는 답변이다.
(B) Yes/No 불가: 의문사 질문에는 Yes/No로 대답이 불가하다.
(C) 연상 어휘: 의미상 연결이 가능한 단어(library/books)로 혼동시키는 오답이다.

어휘 floor 층 building directory 건물 안내도 basement 지하층 a wide selection of 다양한

3.

Who can teach me how to fill out these invoice forms?
(A) I don't think we can afford it.
(B) He spoke in a soft voice.
(C) If you can wait a few minutes, I can.

누가 이 거래 내역서들을 작성하는 방법을 가르쳐줄 수 있나요?
(A) 우리는 그것을 살 여유가 없는 것 같아요.
(B) 그는 부드러운 음성으로 말했어요.
(C) 잠시 기다리실 수 있으시면, 제가 할 수 있어요.

해설 (A) 연상 어휘: invoice에서 무언가를 구매한다는 뜻으로 afford를 연상하게 한 오답이다.
(B) 유사 발음: 부분적으로 발음이 같은 단어(invoice/voice)를 사용한 오답이다.
(C) 정답: Who 질문에 대명사(I)로 적절하게 답변했다.

어휘 **fill out** 작성하다 **invoice** 거래 내역서 **form** 양식 **afford** ~할[살] 여유가 되다 **voice** 목소리

4.
Which vendor is providing office supplies?
(A) You can borrow mine.
(B) Discounts for bulk orders.
(C) The biggest one in the industry.

어느 업체가 사무 용품들을 제공하고 있나요?
(A) 제 것을 빌려드릴 수 있어요.
(B) 대량 주문에 대한 할인이요.
(C) 업계에서 가장 큰 곳이요.

해설 (A) 관련없는 대답: 질문과 상관없는 대답이다.
(B) 의문사 오류: 무엇을 제공하는지를 묻는 What 질문에 어울리는 대답이다.
(C) 정답: 어느 업체(Which vendor)인지 묻는 질문에 대명사(one)를 사용하여 적절하게 답변했다.

어휘 **vendor** 업체 **office supply** 사무 용품 **bulk order** 대량 주문 **industry** 업계

5.
Who's the new hire in the Personnel Department?
(A) Someone who just graduated from university.
(B) Over twenty applicants for the position.
(C) For the four o'clock training session.

인사과의 신입사원은 누구예요?
(A) 대학을 막 졸업한 사람이에요.
(B) 그 자리에 대해서 20명 이상의 지원자들이요.
(C) 4시 교육을 위해서요.

해설 (A) 정답: Who 질문에 대명사(Someone)를 사용하여 적절하게 답변했다.
(B) 의문사 오류: 숫자를 묻는 How many 질문에 어울리는 대답이다.
(C) 의문사 오류: 'for+명사[모임/목적]'은 Why 질문에 대한 빈출 답변이다.

어휘 **(new) hire** 신입사원 **Personnel Department** 인사과 **graduate** 졸업하다

6.
What's the airfare from Paris to Sydney?
(A) From the international airport.
(B) Approximately 1,200 euros per person.
(C) You should get there two hours in advance.

파리에서 시드니까지의 항공 요금은 얼마예요?
(A) 국제 공항으로부터요.
(B) 1인당 대략 1,200유로요.
(C) 두 시간 전에 미리 그곳에 도착해야 해요.

해설 (A) 의문사 오류: 'from+장소'는 Where 질문에 어울리는 대답이다.
(B) 정답: 항공 요금(What, airfare)이 얼마인지 묻는 질문에 금액(1,200 euros)으로 적절하게 답변했다.
(C) 의문사 오류: 때를 묻는 When 질문에 어울리는 대답이다.

어휘 **airfare** 항공 요금 **approximately** 대략 **per person** 1인당 **in advance** 미리

7.
Who's handling the article for the newsletter on new products?
(A) At a news stand.
(B) That task hasn't been assigned yet.
(C) I read about it too.

신제품들에 관해 사보에 들어갈 기사는 누가 다루나요?
(A) 신문 가판대에서요.
(B) 그 업무는 아직 배정되지 않았어요.
(C) 저도 그것에 관해서 읽었어요.

해설 (A) 의문사 오류: 'at+장소'는 Where 질문에 어울리는 대답이다.
(B) 정답: 담당자를 묻는 Who 질문에 '모른다'는 뜻의 우회 답변으로 업무가 아직 배정되지 않았다고 적절하게 답변했다.
(C) 연상 어휘: 의미상 연결이 가능한 단어(article, newsletter/read)로 혼동시키는 오답이다.

어휘 **handle** 처리하다 **newsletter** 사보 **news stand** 신문 가판대 **task** 업무, 과제 **assign** 맡기다, 배정하다

8.
Which firm should I contact for getting a quote on gardening?
(A) John's more familiar with that area than me.
(B) How much did it cost?
(C) The shop has a great location.

정원 손질에 대한 견적을 받기 위해서 어느 회사에 연락해야 하나요?
(A) 존이 저보다 그 분야를 더 잘 알아요.
(B) 얼마가 들었어요?
(C) 그 매장은 위치가 아주 좋아요.

해설 (A) 정답: 어느 회사(Which firm)인지 묻는 질문에 알 만한 다른 사람(John)을 언급하여 우회적으로 모른다는 뜻을 전하는 답변이다.
(B) 연상 어휘: 의미상 연결이 가능한 단어(quote/How much)로 혼동시키는 오답이다.
(C) 관련없는 대답: 질문과 상관없는 대답이다.

어휘 **firm** 회사 **quote** 견적 **gardening** 정원 가꾸기 **be familiar with** ~을 잘 알다

9.
Who will be promoted to vice-president of public relations?
(A) Congratulations.
(B) I hear it is Joan Park.
(C) It's open to the public.

누가 홍보 부사장으로 승진되나요?
(A) 축하해요.
(B) 조앤 박이라는 소리가 들려요.
(C) 일반인이 이용할 수 있어요.

해설 (A) 연상 어휘: 의미상 연결이 가능한 단어(promoted/Congratulations)로 혼동시키는 오답이다.
(B) 정답: Who 질문에 이름(Joan Park)으로 적절하게 답변했다.
(C) 어휘 반복: 질문에 나온 단어(public)를 반복 사용한 오답이다.

어휘 promote 승진시키다 public relations 홍보부 the public 일반 대중

10.
What businesses will attend the trade fair in Toronto?
(A) I'll be away on business for a week.
(B) I have a full list of participating companies.
(C) She wants to trade shifts with me this week.

토론토의 무역 박람회에 어떤 업체들이 참가할 건가요?
(A) 저는 1주일간 출장가요.
(B) 제가 참가 업체 전체 목록을 가지고 있어요.
(C) 그녀는 이번 주에 저와 근무를 바꾸고 싶어 해요.

해설 (A) 어휘 반복: 질문에 나온 단어(business)를 반복 사용한 오답이다.
(B) 정답: 어떤 업체들(What businesses)이 참가할지를 묻는 질문에 구체적인 대상을 언급하는 대신 참가 업체 목록을 주겠다는 말로 적절하게 답변했다.
(C) 어휘 반복: 질문에 나온 단어(trade)를 반복 사용한 오답이다. trade는 질문에서는 '무역'이라는 뜻으로, 보기에서는 '교환하다, 맞바꾸다'라는 뜻으로 쓰인 다의어이다.

어휘 trade fair 무역 박람회 be away on business 출장가다 participate 참가하다 trade 교환하다 shift 근무조, 근무 시간

11.
Who can you recommend for repairing our parking garage?
(A) You can't park there.
(B) Why don't you call ACE Construction for an estimate?
(C) For two hours.

주차장 수리에 대해서 누구를 추천할 수 있겠어요?
(A) 그곳에 주차하시면 안 돼요.
(B) 에이스 건설에 전화해서 견적을 받아보지 그래요?
(C) 2시간 동안이요.

해설 (A) 유사 발음: 부분적으로 발음이 같은 단어(parking/park)를 사용한 오답이다.
(B) 정답: Who 질문에 업체 이름(ACE Construction)으로 적절하게 답변했다.
(C) 의문사 오류: 'for+기간'은 기간을 묻는 How long에 어울리는 대답이다.

어휘 parking garage 주차장, 차고 estimate 견적

12.
Which part of the manufacturing facility will I be assigned to this morning?
(A) You can ask your supervisor.
(B) We are thinking about constructing our new plant in the same place.
(C) I wish it wasn't so expensive.

저는 오늘 오전에 제조 시설의 어느 부분에 배정될까요?
(A) 관리자에게 물어보세요.
(B) 우리는 같은 장소에 새 공장을 건설하는 것에 관해서 생각하고 있어요.
(C) 그렇게 비용이 많이 들지 않기를 바라요.

해설 (A) 정답: 어느 부분(Which part)인지 묻는 질문에 관리자에게 물어보라는 말로 자신은 모른다는 뜻을 전하는 우회적인 답변이다.
(B) 연상 어휘: 의미상 연결이 가능한 단어(manufacturing facility/plant)로 혼동시키는 오답이다.
(C) 관련없는 대답: 질문과 상관없는 대답이다.

어휘 manufacturing facility 제조 시설 assign 배정하다 supervisor 관리자 plant 공장

13.
Who should we notify about messengers coming in with packages?
(A) Yes, the bus will arrive soon.
(B) It's from our subsidiary in Chicago.
(C) Ms. Peters at the security office.

택배를 가지고 오는 배달원에 대해서 누구에게 알려야 하나요?
(A) 네, 버스가 곧 도착할 거예요.
(B) 그것은 시카고의 우리 자회사로부터 오는 거예요.
(C) 경비실의 피터스 씨요.

해설 (A) Yes/No 불가: 의문사 질문에는 Yes/No로 대답이 불가하다.
(B) 의문사 오류: 'from+장소'는 출처를 묻는 Where 질문에 어울리는 대답이다.
(C) 정답: Who 질문에 이름(Ms. Peters)으로 적절하게 답변했다.

어휘 notify 알리다 messenger 배달원 subsidiary 자회사

14.
What restaurant did you select to hold a party?
(A) I'll hold the item for you.
(B) We're still comparing prices.
(C) Their food is excellent.

파티를 열기 위해서 어느 식당을 선택했어요?
(A) 고객님을 위해 그 물건을 빼놓을게요.
(B) 아직 가격을 비교하는 중이에요.
(C) 그들 음식은 아주 훌륭해요.

해설 (A) 어휘 반복: 다의어(hold: 행사를 열다/보유하다)를 반복 사용한 오답이다.
(B) 정답: 어떤 식당(What restaurant)인지 묻는 질문에 '모른다'의 우회 답변으로 아직 가격 비교 중(comparing)이라고 답했으므로 적절하다.
(C) 연상 어휘: 의미상 연결이 가능한 단어(restaurant/food)로 혼동시키는 오답이다.

어휘 **hold a party** 파티를 열다 **compare** 비교하다

15.

Who's coming along to the convention this year?
(A) I think it's moving along.
(B) They have only budgeted for one staff attendee.
(C) Probably next year will be better.

올해 총회에 누가 함께 가나요?
(A) 그것이 잘되고 있다고 생각해요.
(B) 겨우 직원 한 명 참석자에 대해서만 예산이 책정됐어요.
(C) 아마도 내년이 더 좋겠어요.

해설 (A) 어휘 반복: 질문에 나온 단어(along)를 반복 사용한 오답이다.
(B) 정답: 동행하는 사람을 묻는 Who 질문에 총회 참가자가 한 명뿐(one staff attendee)이라는 말로 동행자가 없다(no one)는 대답을 대신하고 있으므로 적절하다.
(C) 어휘 반복: 질문에 나온 단어(year)를 반복 사용한 오답이다.

어휘 **come along** 함께 가다 **move along** 잘되다 **budget** 예산을 세우다 **staff** 직원 **attendee** 참석자

16.

Which of the movies did you like the best?
(A) I wasn't impressed with that film.
(B) A movie theater near the company.
(C) Both were great.

어느 영화가 가장 좋았어요?
(A) 저는 그 영화가 감동적이지 않았어요.
(B) 회사 근처 영화관이요.
(C) 둘 다 좋았어요.

해설 (A) 연상 어휘: 의미상 연상 가능한 단어(movie/film)로 혼동시키는 오답이다.
(B) 어휘 반복·의문사 오류: 질문에 나온 단어(movie)를 반복 사용한 오답으로, 장소·위치를 묻는 Where 질문에 어울리는 대답이다.
(C) 정답: 어느 영화(Which movie)가 좋았는지 묻는 질문에 '둘 다'라는 의미의 대명사(Both)로 적절하게 답변했다.

어휘 **be impressed with** ~에 감동받다 **movie theater** 극장

17.

Who's the new accounting clerk?
(A) A woman transferred from Purchasing.
(B) I saw Sam counting the empty chairs.
(C) For this month's payment.

새로 온 경리 직원은 누구예요?
(A) 구매과로부터 전근 온 여자요.
(B) 샘이 빈 의자들을 세는 것을 봤어요.
(C) 이번 달 지불금 때문에요.

해설 (A) 정답: 새로 온 직원에 대해 묻는 Who 질문에 그 사람의 이전 소속(Purchasing)을 알려주는 적절한 대답이다.
(B) 유사 발음: 부분적으로 발음이 같은 단어(accounting/counting)를 사용한 오답이다.
(C) 의문사 오류: 'for+명사[모임/목적]'은 Why 질문에 어울리는 대답이다.

어휘 **accounting** 회계, 경리 **clerk** 직원 **transfer** 전근시키다 **count** 세다 **payment** 지불(금)

18.

What time do you have to be at the bus terminal?
(A) The guides are running late.
(B) I'm actually taking the train.
(C) It departs from track five.

버스 터미널에 몇 시에 가야 해요?
(A) 가이드들이 늦고 있어요.
(B) 실은 저는 열차를 탈 거예요.
(C) 그것은 5번 트랙에서 출발해요.

해설 (A) 연상 어휘: 버스(bus)가 늦어진다(running late)는 의미상 연결을 이용한 오답이다.
(B) 정답: 질문자가 잘못 알고 있는 정보(bus)를 바로잡아(train) 적절하게 대답했다.
(C) 의문사 오류: 'from+장소'는 Where 질문에 어울리는 대답이다.

어휘 **run late** 늦어지다 **depart** 출발하다

19.

Which photo can we use for the company Web site?
(A) Any one you like.
(B) Please log onto it.
(C) Yes, I visited the site.

회사 웹사이트에 어떤 사진을 사용할 수 있어요?
(A) 맘에 드는 것 아무 거나요.
(B) 로그인 하세요.
(C) 네, 저는 그 장소에 갔어요.

해설 (A) 정답: 어떤 사진(Which photo)을 쓸 수 있는지 묻는 질문에 대명사(Any one)를 사용하여 뭐든 쓸 수 있다고 적절하게 답변했다.
(B) 연상 어휘: 의미상 연결이 가능한 단어(Web site/log onto)로 혼동시키는 오답이다.
(C) Yes/No 불가: 의문사 질문에는 Yes/No로 대답이 불가하다.

어휘 **log onto** 로그인하다 **site** 현장, 장소

20.

Who's drawing up the itinerary for the overseas client?
(A) It's detailed in the report.
(B) From the airport, I think.
(C) A visit to an art gallery.

누가 해외 고객을 위한 여행일정표를 작성할 거예요?
(A) 그것은 보고서에 자세히 나와 있어요.
(B) 공항에서부터인 것 같아요.
(C) 미술관 방문이요.

해설 (A) 정답: 일정표 작성자를 묻는 Who 질문에 직접 대상을 언급하는 대신 보고서에 나와 있다고 우회적으로 답변했으므로 적절하다.
(B) 의문사 오류: 'from+장소'는 Where 질문에 어울리는 대답이다.
(C) 연상 어휘: 의미상 여행 일정표(itinerary)에서 미술관 방문(visit to an art gallery)을 연상하게 한 오답이다.

어휘 draw up 작성하다 itinerary 여행 일정표 overseas 해외의 detail 상세히 열거하다

21.
What happened to the training seminar last week?
(A) I couldn't make it.
(B) I hope I can still catch my train.
(C) It's happening again.

지난주 교육 세미나에 무슨 일이 있었어요?
(A) 저는 참석하지 못했어요.
(B) 제가 여전히 기차를 탈 수 있기를 바라요.
(C) 그것이 다시 발생하고 있어요.

해설 (A) 정답: 발생한 일(What happened)을 묻는 질문에 참석하지 못했다(not make it)는 말로 '모른다'는 뜻을 우회적으로 전하는 적절한 답변이다.
(B) 유사 발음: 부분적으로 발음이 같은 단어(training/train)를 사용한 오답이다.
(C) 어휘 반복: 질문에 나온 동사(happened)를 시제를 달리 하여 반복 사용한(happening) 오답이다.

어휘 happen 발생하다 make it 참석하다, 제시간에 도착하다

22.
Which candidate for the job did the firm hire?
(A) A much higher salary.
(B) There are still interviews to conduct.
(C) I have to print several long reports.

회사에서 그 일자리에 어느 지원자를 채용했나요?
(A) 훨씬 더 높은 급여요.
(B) 아직 해야 할 면접들이 있어요.
(C) 저는 몇 개의 긴 보고서들을 출력해야 해요.

해설 (A) 유사 발음: 동음이의어(hire 채용하다/higher 더 높은)를 이용한 오답이다.
(B) 정답: 어느 지원자(Which candidate)인지 묻는 질문에 아직 면접이 더 남았다(still interviews to conduct)는 말로 지원자가 결정되지 않았음을 알리는 우회적인 답변이다.
(C) 관련없는 대답: 질문과 상관없는 대답이다.

어휘 candidate 지원자 conduct 수행하다

23.
What did the director say about the market research project?
(A) We're meeting her this afternoon.
(B) I've searched for it everywhere.
(C) Not that I'm aware of.

시장 조사 프로젝트에 관해서 부장님이 뭐라고 하셨어요?
(A) 오늘 오후에 부장님을 만날 거예요.
(B) 모든 곳을 다 찾아봤어요.
(C) 제가 아는 바로는 아니에요.

해설 (A) 정답: 부장님이 뭐라고(What) 했는지 묻는 질문에 오늘 오후에 부장님을 만날 예정이라는 말로 아직 모른다는 대답을 대신하는 적절한 답변이다.
(B) 유사 발음: 부분적으로 발음이 같은 단어(research/searched)를 사용한 오답이다.
(C) 관련없는 대답: 질문과 상관없는 대답이다.

어휘 search for ~를 찾다 Not that I'm aware of. 내가 아는 바로는 아니다.

24.
Which construction company was hired to add the new wing to the museum?
(A) A special sculpture exhibit.
(B) That project is still under discussion.
(C) The construction of a new art gallery.

박물관에 새 별관을 증축하기 위해서 어느 건설사가 선정되었어요?
(A) 특별 조각 전시회요.
(B) 그 프로젝트는 아직 논의 중이에요.
(C) 새 미술관 건설이요.

해설 (A) 연상 어휘: 의미상 연결이 가능한 단어(museum/exhibit)로 혼동시키는 오답이다.
(B) 정답: 어느 건설사(Which construction company)인지 묻는 질문에 '모른다'는 뜻의 우회적인 답변으로 논의 중(under discussion)이라고 답했으므로 적절하다.
(C) 어휘 반복/연상 어휘: 질문에 나온 단어(construction)를 반복 사용하고, 의미상 연결이 가능한 단어(museum/art gallery)를 이용한 오답이다.

어휘 wing 별관, 부속건물 sculpture 조각 under discussion 논의 중인

25.
What should we include in the survey about our new beverage?
(A) Yes, we're very curious about it.
(B) Adam's handled that before.
(C) Because I'm very thirsty.

우리 회사의 새로 나온 음료수에 대한 조사에 무엇을 포함시켜야 하나요?
(A) 네, 우리는 그것에 대해서 매우 궁금해요.
(B) 아담이 전에 그 일을 처리한 적 있어요.
(C) 제가 매우 목이 마르기 때문이에요.

해설 (A) Yes/No 불가: 의문사 질문에는 Yes/No로 대답이
　　　　　불가하다.
　　　(B) 정답: 무엇을 포함시키는지(What ~ include) 묻는 질문에
　　　　　'모른다'는 뜻의 우회 답변으로 아담이 처리한 적이 있다고
　　　　　답했으므로 적절하다.
　　　(C) 의문사 오류: Because는 이유를 묻는 Why 질문에
　　　　　어울리는 대답이다.

어휘　survey 조사　beverage 음료수　curious 궁금한　handle
　　　처리하다　thirsty 목이 마른

UNIT 2

① When 의문문

MODEL TEST　　　　　　　　　　　본책 p. 53

| 1. (B) | 2. (C) | 3. (A) | 4. (A) | 5. (B) |

1.
When is the budget plan for next quarter due?
(A) At the Accounting Department.
(B) It should be submitted by Thursday.
(C) I can do that.

다음 분기 예산 계획서 마감이 언제예요?
(A) 경리과에서요.
(B) 목요일까지 제출되어야 해요.
(C) 제가 그렇게 할 수 있어요.

해설 (A) 의문사 오류: 'at+장소'는 Where 질문에 어울리는 대답이다.
　　　(B) 정답: When 질문에 'by+때(~까지)'로 적절하게 답변했다.
　　　(C) 의문사 오류: 사람을 묻는 Who에 어울리는 대답이다.

어휘　budget plan 예산 계획(서)　quarter 분기　due 만기의,
　　　마감일의　submit 제출하다

2.
When will the data entry be done?
(A) No, I've searched online for it.
(B) I'm using the projector right now.
(C) Not until the beginning of June.

데이터 입력은 언제 끝날 예정이에요?
(A) 아뇨, 제가 온라인에서 그것을 찾아봤어요.
(B) 제가 지금 영사기를 사용하고 있어요.
(C) 6월초나 되어서요.

해설 (A) Yes/No 불가: 의문사 질문에는 Yes/No로 대답이
　　　　　불가하다.
　　　(B) 연상 어휘: 연상 가능한 어휘(data/projector)를 이용한
　　　　　오답이다.
　　　(C) 정답: When 질문에 Not until로 적절하게 답변했다.

어휘　be done 끝나다　not until ~되어야 비로소

3.
When will you come back to the office?
(A) As soon as the meeting is over.
(B) They worked very hard.
(C) The client is coming later today.

언제 사무실로 돌아올 거예요?
(A) 회의가 끝나자마자요.
(B) 그들은 매우 열심히 일했어요.
(C) 고객은 오늘 이따가 와요.

해설 (A) 정답: When 질문에 As soon as로 적절하게 답변했다.
　　　(B) 연상 어휘: 의미상 연결이 가능한 단어(office/worked)로
　　　　　혼동시키는 오답이다.
　　　(C) 유사 발음: 부분적으로 발음이 같은 단어(come/
　　　　　coming)를 이용한 오답이다.

어휘　as soon as ~하자마자　be over 끝나다

4.
When did Jeremy decide to expand his clothing store?
(A) After his profits went up.
(B) Yes, I'm considering it.
(C) At the corner of Main Street and Sahara Avenue.

제레미는 언제 자신의 옷 가게를 확장하기로 결정했나요?
(A) 이윤이 증가한 이후에요.
(B) 네, 저는 그것을 고려하고 있어요.
(C) 메인 가와 사하라 대로의 모퉁이에요.

해설 (A) 정답: When 질문에 'after+문장(~후에)'으로 답변했다.
　　　(B) Yes/No 불가: 의문사 질문에는 Yes/No 대답이 불가하다.
　　　(C) 의문사 오류: 'at+장소'는 Where 질문에 대한 대답이다.

어휘　expand 확장하다　clothing store 옷 가게　profit 이윤

5.
When will the swimming pool in the community center be renovated?
(A) No, I brought my swimsuit.
(B) The project has been delayed.
(C) Fifty meters in length.

주민센터 안의 수영장은 언제 수리되나요?
(A) 아뇨, 저는 수영복을 가져왔어요.
(B) 그 공사는 연기되었어요.
(C) 길이 50미터요.

해설 (A) Yes/No 불가: 의문사 질문에는 Yes/No로 대답이
　　　　　불가하다.
　　　(B) 정답: 수리 완료 시점을 묻는 When 질문에 공사가
　　　　　연기되어서 '모른다'는 우회적인 답변이므로 적절하다.
　　　(C) 의문사 오류: 길이를 묻는 How long 질문에 어울리는
　　　　　대답이다.

어휘　community center 주민센터　swimsuit 수영복　in length
　　　길이는, 길이에 있어서

❷ Where 의문문

MODEL TEST
본책 p. 55

| 1. (C) | 2. (A) | 3. (C) | 4. (B) | 5. (C) |

1.
Where did Mark leave the printer paper?
(A) He left for San Diego this morning.
(B) By overnight express mail.
(C) Check the supply cabinet by the door.

마크가 인쇄 용지를 어디에 두었어요?
(A) 그는 오늘 오전에 샌디에이고로 떠났어요.
(B) 익일 빠른 우편으로요.
(C) 문 옆의 비품함을 확인해보세요.

해설 (A) 어휘 반복: 질문에 나온 단어(leave)의 과거형(left)을 반복 사용한 오답이다. leave는 질문에서는 '두다'라는 뜻으로, 보기에서는 '떠나다'라는 뜻으로 쓰였다.
(B) 의문사 오류: by mail[ship/car/train/air]는 '전송·배달 수단'을 묻는 How ~ send 질문에 어울리는 대답이다.
(C) 정답: Where 질문에 'check+위치/장소(~를 확인해보세요)'로 적절하게 답변했다.

어휘 **overnight express mail** 다음 날 아침에 배달되는 빠른 우편 **supply** 비품, 용품

2.
Where did you have the computer programs installed?
(A) At an electronics store in the shopping mall.
(B) Oh, it's much easier to use.
(C) Around two hours.

어디에서 컴퓨터 프로그램을 깔았어요?
(A) 쇼핑몰 내 전자제품 매장에서요.
(B) 아, 그것은 사용하기가 훨씬 더 쉬워요.
(C) 약 두 시간이요.

해설 (A) 정답: Where 질문에 'at+장소'로 적절하게 답변했다.
(B) 연상 어휘: 의미상 연결이 가능한 단어(computer programs/easier to use)로 혼동시키는 오답이다.
(C) 의문사 오류: 기간을 묻는 How long에 어울리는 대답이다.

어휘 **install** 설치하다 **electronics** 전자제품

3.
Where can I store my materials for the shareholder's meeting?
(A) You need a receipt to get a refund.
(B) Yes, I believe so.
(C) There's a good place inside the conference room.

주주총회를 위한 자료들을 어디에 보관할 수 있나요?
(A) 환불을 받기 위해서는 영수증이 필요해요.
(B) 네, 저는 그렇게 생각해요.
(C) 회의실 안에 좋은 곳이 있어요.

해설 (A) 연상 어휘: 질문의 store를 '가게'라는 뜻으로 잘못 이해했을 때 receipt, get a refund를 연상하게 한 오답이다.
(B) Yes/No 불가: 의문사 질문에는 Yes/No로 대답이 불가하다.
(C) 정답: Where 질문에 장소(inside the conference room)를 언급하여 적절하게 답변했다.

어휘 **store** 보관하다, 저장하다 **material** 자료 **shareholder's meeting** 주주총회 **receipt** 영수증 **refund** 환불

4.
Where are the questionnaires on customers' preference?
(A) At ten o'clock on Monday.
(B) You can ask Jason.
(C) Almost sixty copies.

고객 선호도에 관한 설문지들은 어디에 있어요?
(A) 월요일 10시예요.
(B) 제이슨에게 달라고 하세요.
(C) 거의 60부요.

해설 (A) 의문사 오류: 'at+시간'은 때를 묻는 When에 어울리는 대답이다.
(B) 정답: 물건의 위치를 묻는 Where 질문에 동료(Jason)가 가지고 있다고 적절하게 답변했다.
(C) 의문사 오류: 수량을 묻는 How many 질문에 어울리는 대답이다.

어휘 **questionnaire** 설문지 **preference** 선호

5.
Where should I go to get a temporary ID badge to enter the lab?
(A) From 10 to noon.
(B) After filling out a form.
(C) I'm not sure.

실험실에 들어가기 위한 임시 신분증을 받으려면 어디로 가야 하나요?
(A) 10시부터 정오까지요.
(B) 양식을 작성한 후에요.
(C) 잘 모르겠어요.

해설 (A) 의문사 오류: 'from A시점 to B시점'은 When 질문에 어울리는 대답이다.
(B) 의문사 오류: after(~ 후에)는 When 질문에 어울리는 대답이다.
(C) 정답: 장소를 묻는 Where 질문에 모른다(not sure)로 적절하게 답변했다.

어휘 **temporary** 임시의 **lab** 실험실(laboratory) **fill out** 작성하다

PRACTICE TEST

본책 p. 56

1. (C)	2. (B)	3. (A)	4. (B)	5. (A)
6. (C)	7. (B)	8. (C)	9. (B)	10. (A)
11. (A)	12. (C)	13. (B)	14. (A)	15. (B)
16. (B)	17. (C)	18. (A)	19. (A)	20. (B)
21. (C)	22. (B)	23. (B)	24. (C)	25. (A)

1.
Where is the main entrance of this building?
(A) No, it's more than enough.
(B) Admission is twenty dollars for adults.
(C) To the left of the information booth.

이 건물의 정문은 어디에 있어요?
(A) 아뇨, 그것은 너무 많아요.
(B) 입장료는 성인이 20달러예요.
(C) 안내 부스의 왼쪽예요.

해설 (A) Yes/No 불가: 의문사 질문에는 Yes/No로 대답이 불가하다.
(B) 의문사 오류: 가격을 묻는 How much에 어울리는 대답이다.
(C) 정답: Where 질문에 'to+장소(~쪽으로)'로 적절하게 답변했다.

어휘 main entrance 정문, 중앙 출입구 more than enough 너무 많은 admission 입장료

2.
When will the company move out of this office?
(A) It's very spacious.
(B) By the middle of next month.
(C) The rent includes utilities.

회사는 언제 이 사무실에서 이사 나가나요?
(A) 공간이 매우 넓어요.
(B) 다음 달 중순까지는 갈 거예요.
(C) 임대료에는 공공요금이 포함되어 있어요.

해설 (A) 의문사 오류: 의견을 묻는 What 질문에 어울리는 대답이다.
(B) 정답: When 질문에 'by+때(~까지)'로 적절하게 답변했다.
(C) 연상 어휘: 의미상 연결이 가능한 단어(move/rent)로 혼동시키는 오답이다.

어휘 spacious 공간이 넓은 rent 임대료 utility (전기·가스·수도 등의) 공공요금

3.
When can I expect to get a new version of this application?
(A) Not until next Friday.
(B) For a mobile phone.
(C) From our company Web site.

이 응용 프로그램의 새 버전을 언제 받을 수 있나요?
(A) 다음 주 금요일이나 되서요.
(B) 휴대폰용으로요.
(C) 회사 웹사이트에서요.

해설 (A) 정답: 때를 묻는 When 질문에 Not until로 적절하게 답변했다.
(B) 의문사 오류: 'for+명사[모임/목적]'은 Why 질문에 어울리는 대답이다.
(C) 의문사 오류: 'from+장소'는 Where 질문에 어울리는 대답이다.

어휘 application 응용 프로그램 not until ~되어야 비로소

4.
Where should I put these information packets for the workshop?
(A) Most of those people attended.
(B) On the registration desk.
(C) We served refreshments.

워크숍에 쓸 이 자료집을 어디에 둘까요?
(A) 대부분의 사람들이 참석했어요.
(B) 등록 데스크 위예요.
(C) 우리가 다과를 제공했어요.

해설 (A) 의문사 오류: 수를 묻는 How many에 어울리는 대답이다.
(B) 정답: Where 질문에 'on+장소(~에/위에)'로 적절하게 답변했다.
(C) 연상 어휘: 의미상 연결이 가능한 단어(workshop/refreshments)로 혼동시키는 오답이다.

어휘 information packet 자료집 refreshments 다과

5.
When will your new line of glassware be on the market?
(A) Sometime in July.
(B) You should wear a jacket.
(C) It needs to be handled carefully.

새로운 유리 제품은 언제 출시되나요?
(A) 7월 중에요.
(B) 재킷을 입는 게 좋을 거예요.
(C) 그건 조심스럽게 다루어야 해요.

해설 (A) 정답: When 질문에 때(Sometime in July)로 적절하게 답변했다.
(B) 유사 발음: 부분적으로 발음이 같은 단어(glassware/wear)를 사용한 오답이다.
(C) 연상 어휘: 의미상 연결이 가능한 단어(glassware/handled carefully)로 혼동시키는 오답이다.

어휘 line 제품류 glassware 유리 제품[그릇] be on the market 출시되다 sometime 언젠가 handle 다루다

6.
Where is the fashion show going to be held next year?
(A) Probably at the end of January.
(B) A lot of designers will be there.
(C) In New York, as always.

내년에 패션쇼는 어디에서 열리나요?
(A) 아마도 1월 말에요.
(B) 많은 디자이너들이 그곳에 올 거예요.
(C) 늘 그렇듯이 뉴욕에서요.

해설 (A) 의문사 오류: 'at+시간'은 때를 묻는 When 질문에 어울리는 대답이다.
(B) 연상 어휘: 의미상 연결이 가능한 단어(fashion show/designers)로 혼동시키는 오답이다.
(C) 정답: Where 질문에 'in+장소'로 적절하게 답변했다.

어휘 be held (행사가) 열리다

7.
Where is this week's work schedule?
(A) I want to change vendors.
(B) It's on the notice board.
(C) By tomorrow at the latest.

이번 주 근무 일정표는 어디에 있어요?
(A) 저는 업체를 바꾸고 싶어요.
(B) 게시판에 있어요.
(C) 늦어도 내일까지요.

해설 (A) 연상 어휘: schedule(일정표)에서 일정 변경(change)을 연상하게 한 오답이다.
(B) 정답: Where 질문에 'on+장소(~에/위에)'로 적절하게 답변했다.
(C) 의문사 오류: 'by+시점'은 When 질문에 어울리는 대답이다.

어휘 work schedule 근무 일정표 vendor 업체 notice board 게시판 at the latest 늦어도

8.
When is our training session supposed to begin?
(A) It's about time management.
(B) The train leaves at 9:30.
(C) The lecturer will soon be here.

교육은 언제 시작할 예정인가요?
(A) 그것은 시간 관리에 대한 것이에요.
(B) 열차는 9시 30분에 출발해요.
(C) 강연자가 곧 올 거예요.

해설 (A) 의문사 오류: 주제를 묻는 What topic이나 What ... about 질문에 어울리는 대답이다.
(B) 유사 발음: 부분적으로 발음이 같은 단어(training/train)를 사용한 오답이다.
(C) 정답: When 질문에 'soon(곧)'으로 적절하게 답변했다.

어휘 training session 교육, 연수 be supposed to ~할 예정이다 lecturer 강연자

9.
When do you think I can get my computer repaired?
(A) Seventy euros each.
(B) Did you turn in the request form?
(C) The technical support team.

언제 제 컴퓨터 수리를 받을 수 있을까요?
(A) 개당 70유로요.
(B) 요청서를 제출했나요?
(C) 기술 지원팀이요.

해설 (A) 의문사 오류: 가격을 묻는 How much 질문에 어울리는 대답이다.
(B) 정답: 수리받을 수 있는 때를 묻는 When 질문에 수리 요청서를 작성했냐고 되묻고 있으므로 적절한 답변이다.
(C) 의문사 오류: Who 질문에 어울리는 대답이다.

어휘 turn in 제출하다(send in/hand in/submit) technical support 기술 지원

10.
Where should we hang a photo from the company dinner?
(A) How about right next to the poster?
(B) For a personnel department manager.
(C) At seven in the evening.

회사 만찬 사진을 어디에 걸까요?
(A) 포스터 바로 옆이 어때요?
(B) 인사 부장을 위해서요.
(C) 저녁 7시에요.

해설 (A) 정답: Where 질문에 'right next to+사물(~바로 옆에)'로 적절하게 답변했다.
(B) 의문사 오류: 'for+사람'은 사람을 묻는 Who 질문에 어울리는 대답이다.
(C) 의문사 오류: 'at+시간'은 때를 묻는 When 질문에 어울리는 대답이다.

어휘 hang 걸다 personnel department 인사부

11.
Where's the shipment of fabrics we ordered a week ago?
(A) Didn't you already receive it?
(B) In alphabetical order.
(C) Mainly cotton and silk.

우리가 일주일 전에 주문한 직물 배송품은 어디에 있어요?
(A) 이미 받지 않으셨나요?
(B) 알파벳 순서로요.
(C) 주로 면과 실크요.

해설 (A) 정답: 배송품을 둔 장소를 묻는 Where 질문에 이미 받지 않았냐(you already receive it)고 반문하는 적절한 답변이다.
(B) 어휘 반복: 질문에 나온 단어(order)를 반복 사용한 오답이다. 다의어인 order는 질문에서는 '주문하다'라는 뜻으로, 선택지에서는 '순서'라는 뜻으로 쓰인 것이다.
(C) 연상 어휘: 의미상 연결 가능한 단어(fabrics/cotton and silk)로 혼동시키는 오답이다.

어휘 fabric 직물 in alphabetical order 알파벳 순서로 mainly 주로 cotton 면직물

12.
When did you last talk to Ms. Han about the presentation?
(A) Yes, she came first.
(B) Another meeting room.
(C) Earlier this morning.

발표에 관해 한 씨와 마지막으로 얘기한 게 언제예요?
(A) 네, 그녀는 제일 먼저 왔어요.
(B) 다른 회의실이요.
(C) 오늘 오전 일찍이요.

해설 (A) Yes/No 불가: 의문사 질문에는 Yes/No로 대답이 불가하다.
(B) 연상 어휘: 의미상 연결이 가능한 단어(presentation/meeting room)로 혼동시키는 오답이다.
(C) 정답: When 질문에 'this morning(오늘 아침)'으로 적절하게 답했다. this morning은 과거와 미래 시제 둘 다에 대한 답이 될 수 있다.

13.
Where can we hold the weekly staff meeting next week?
(A) At a staff luncheon.
(B) The same place we did last week.
(C) It's a four-hour long gathering.

다음 주에는 주간 직원 회의를 어디에서 열 수 있어요?
(A) 직원 오찬 때요.
(B) 지난주와 같은 장소요.
(C) 그것은 4시간이 걸리는 모임이에요.

해설 (A) 의문사 오류: 'at+모임'은 때를 묻는 When에 어울리는 대답이다.
(B) 정답: 다음 주 회의 장소를 묻는 Where 질문에 '지난주와 같은 장소'라고 적절하게 답했다.
(C) 의문사 오류: 소요 시간을 묻는 How long에 어울리는 대답이다.

어휘 luncheon 오찬 gathering 모임

14.
When are we scheduled to return from the trade show in Hong Kong?
(A) Keith has our travel itinerary.
(B) At the company booth.
(C) On the way to the airport.

우리는 홍콩의 무역 박람회에서 언제 돌아올 예정이에요?
(A) 키스가 우리 여행 일정표를 가지고 있어요.
(B) 회사 부스에서요.
(C) 공항으로 가는 도중에요.

해설 (A) 정답: 귀국 시점을 묻는 When 질문에 여행 일정표를 가진 사람(Keith has our travel itinerary)을 언급하며 자신은 '모른다'는 뜻을 우회적으로 전하고 있으므로 적절한 답변이다.
(B) 의문사 오류: 'at+장소'는 Where 질문에 어울리는 대답이다.
(C) 연상 어휘: return from … Hong Kong에서 비행기 탑승과 관련된 airport(공항)를 연상하게 한 오답이다.

어휘 trade show 무역 박람회(trade fair) on the way to ~로 가는 중에

15.
Where will the musical performance be taking place?
(A) Approximately two and a half hours.
(B) At the theater on Hampton Boulevard.
(C) A ballet dancer from Germany.

뮤지컬 공연은 어디에서 열리나요?
(A) 대략 두 시간 반이요.
(B) 햄프턴 가에 있는 극장에서요.
(C) 독일 출신 발레 댄서요.

해설 (A) 의문사 오류: 소요 시간을 묻는 How long 질문에 어울리는 대답이다.
(B) 정답: Where 질문에 'at+장소(~에/에서)'로 적절하게 답변했다.
(C) 연상 어휘: 의미상 연결이 가능한 단어(performance/ballet dancer)로 혼동시키는 오답이다.

어휘 musical performance 뮤지컬 공연 approximately 대략 boulevard 거리

16.
When are you planning to place an order for supplies?
(A) Why don't you buy some stationery?
(B) After I finish taking inventory.
(C) Because I know a better place.

비품을 언제 주문할 계획이에요?
(A) 문구류를 좀 사는 것이 어때요?
(B) 재고 정리를 끝낸 후에요.
(C) 제가 더 나은 장소를 알기 때문이에요.

해설 (A) 연상 어휘: 의미상 연결이 가능한 단어(supplies/stationery)로 혼동시키는 오답이다.
(B) 정답: When 질문에 'after(~ 후에)'로 적절하게 답변했다.
(C) 의문사 오류: Because는 이유를 묻는 Why 질문에 어울리는 대답이다.

어휘 place an order 주문하다 stationery 문구류 take inventory 재고 정리하다

17.
Where should the list of new publications be put?
(A) They were released a while ago.
(B) Names of cities are on the list.
(C) Mr. Rodriguez probably has a binder.

새로운 출판물 목록을 어디에 둘까요?
(A) 그것들은 한참 전에 출시되었어요.
(B) 도시 이름들이 목록에 있어요.
(C) 로드리게즈 씨가 바인더를 가지고 있을 거예요.

해설 (A) 의문사 오류: ago는 과거 시제의 When 질문에 어울리는 대답이다.
(B) 어휘 반복: 질문에 나온 단어(list)를 반복 사용한 오답이다.
(C) 정답: Where 질문에 장소로 답하는 대신 특정 동료(Mr. Rodriguez)를 언급하여 특정인에게 갖다 주라는 뜻을 우회적으로 전하는 적절한 답변이다.

어휘 publication 출판물, 서적 release 출시하다

18.
Where can I find Ms. DeWayne's office?
(A) She's in a meeting at the moment.
(B) I found it very interesting.
(C) Anytime between one and three will be fine.

드웨인 씨의 사무실이 어디인가요?
(A) 그녀는 현재 회의 중이에요.
(B) 그것은 매우 재미있었어요.
(C) 1시에서 3시 사이는 언제라도 좋을 거예요.

해설 (A) 정답: 특정인의 사무실 위치를 묻는 질문을 듣고 방문이 목적임을 파악하여 그를 만날 수 없는 상황임(in a meeting)을 말해주는 적절한 답변이다.
(B) 어휘 반복: 질문에 쓰인 동사를 시제를 바꾸어 반복 사용한 (find/found) 오답이다.
(C) 의문사 오류: 'between A시점 and B시점'은 When 질문에 어울리는 대답이다.

어휘 **at the moment** 현재

19.
When was the south wing added to the public library?
(A) Almost three years ago.
(B) Several librarians.
(C) A tight budget.

언제 공공 도서관에 남쪽 별관이 추가되었어요?
(A) 거의 3년 전에요.
(B) 몇몇 사서들이요.
(C) 빠듯한 예산이요.

해설 (A) 정답: 과거 시제의 When 질문에 'ago(~ 전에)'로 적절하게 답변했다.
(B) 유사 발음: 부분적으로 발음이 같은 단어(library/librarians)를 사용한 오답이다.
(C) 연상 어휘: 의미상 wing added(별관 증축)에서 tight budget(빠듯한 예산)을 연상하게 한 오답이다.

어휘 **wing** 별관, 부속건물 **librarian** 도서관 사서 **tight** 빠듯한

20.
Where's the company shuttle bus?
(A) It's fuel efficient.
(B) It broke down on the way to work.
(C) He never knew anything was wrong.

회사 셔틀 버스는 어디에 있어요?
(A) 그건 연비가 높아요.
(B) 회사로 오는 도중에 고장이 났어요.
(C) 그는 뭔가 잘못되었다는 것을 전혀 몰랐어요.

해설 (A) 연상 어휘: 의미상 연결이 가능한 단어(shuttle bus/fuel efficient)로 혼동시키는 오답이다.
(B) 정답: 버스의 위치를 묻는 질문은 탑승이 목적이라고 보아 버스가 없는 이유(broke down 고장 났다)를 알려주고 있으므로 적절한 답변이다.
(C) 관련없는 대답: 질문과 상관없는 대답이다.

어휘 **fuel efficient** 연료 효율이 좋은 **break down** 고장 나다

21.
When is the last day of the local film festival?
(A) It lasted for more than a week.
(B) Ten o'clock every morning.
(C) It finishes at the end of the week.

지역 영화제의 마지막 날이 언제인가요?
(A) 그것은 일주일 이상 계속되었어요.
(B) 매일 오전 10시요.
(C) 이번 주 금요일에 끝나요.

해설 (A) 의문사 오류: 기간을 묻는 How long 질문에 어울리는 대답이다.
(B) 의문사 오류: 얼핏 When 질문에 어울리는 답변처럼 보이지만, 내용상 시간이 아닌 날짜로 답해야 하므로 적절하지 못하다.
(C) 정답: When 질문에 특정일(the end of the week = Friday)로 적절하게 답변했다.

어휘 **film festival** 영화제 **last** 지속되다 **the end of the week** 주중[평일]의 끝, 금요일

22.
Where are the detailed specifications of our new products?
(A) No, we need to talk more about details.
(B) There's a blue folder in the closet.
(C) Once or twice a month.

우리 신제품들의 세부 설명서는 어디에 있나요?
(A) 아뇨, 우리는 세부 사항들에 대해서 더 이야기해야 해요.
(B) 벽장 안에 파란 폴더가 있어요.
(C) 한 달에 한두 번이요.

해설 (A) Yes/No 불가: 의문사 질문에는 Yes/No로 대답이 불가하다.
(B) 정답: Where 질문에 'in + 장소/사물(~ 안에)'로 적절하게 답변했다.
(C) 의문사 오류: 빈도를 묻는 How often 질문에 어울리는 대답이다.

어휘 **detailed specification** 세부 설명서

23.
When do you expect to complete this year's earnings report?
(A) They exceeded our expectations.
(B) I'm still waiting for some data from Dianne.
(C) You should make more copies.

올해 수익 보고서를 언제 끝낼 것으로 예상하세요?
(A) 그것들은 우리 예상치를 초과했어요.
(B) 다이앤으로부터 아직 자료를 기다리고 있어요.
(C) 복사를 더 하셔야 해요.

해설 (A) 유사 발음: 부분적으로 발음이 같은 단어(expect/expectation)를 사용한 오답이다.
(B) 정답: When 질문에 아직 자료를 받지 못해서(waiting for some data) 언제 끝낼지 모른다는 우회 답변이다.
(C) 연상 어휘: 의미상 연결이 가능한 단어(report/make more copies)로 혼동시키는 오답이다.

어휘 earnings report 수익 보고서 exceed 초과하다
expectation 예상

24.
Where will you and all the other sales representatives be meeting?
(A) As long as the company offers a space.
(B) Customer satisfaction is the main agenda.
(C) We haven't been notified yet.

당신과 나머지 모든 판매원들은 어디에서 모일 건가요?
(A) 회사가 공간을 제공하는 한이요.
(B) 고객 만족이 주요 안건이에요.
(C) 아직 통지받지 못했어요.

해설 (A) 연상 어휘: 의미상 연결이 가능한 단어(meeting/space)로 혼동시키는 오답이다.
(B) 의문사 오류: 회의의 주제를 묻는 What 질문에 어울리는 대답이다.
(C) 정답: Where 질문에 아직 통지받지 못해서(haven't been notified) 모른다는 우회적인 답변이다.

어휘 as long as ~하는 한 satisfaction 만족 agenda 회의 안건
notify 통지하다

25.
When is the regular safety inspection of our plant scheduled for?
(A) It'll be carried out without notice this time.
(B) How did the inspection go?
(C) One hundred fifty factory workers.

우리 공장의 정기 안전 검사는 언제로 예정되어 있나요?
(A) 이번에는 통지 없이 시행될 거예요.
(B) 검사는 어떻게 되었어요?
(C) 150명의 공장 직원들이요.

해설 (A) 정답: When 질문에 통지 없이 시행되므로(carried out without notice) 모른다는 우회 답변이다.
(B) 어휘 반복: 질문에 사용된 단어(inspection)를 반복 사용한 오답이다.
(C) 의문사 오류: 수를 묻는 How many 질문에 어울리는 대답이다.

어휘 regular 정기적인 safety inspection 안전 검사 carry out 수행하다

UNIT 3

❶ Why 의문문

MODEL TEST 본책 p. 59

1. (B) 2. (C) 3. (B) 4. (A) 5. (A)

1.
Why is the banquet hall booked?
(A) If you have that book.
(B) It's reserved for a private function tonight.
(C) On the second floor.

연회장을 예약한 이유가 뭐예요?
(A) 당신이 그 책을 가지고 있다면요.
(B) 오늘 밤 사적인 행사로 예약되었어요.
(C) 2층이에요.

해설 (A) 유사 발음: 부분적으로 발음이 같은 단어(booked/book)를 사용한 오답이다. book은 질문에서는 '예약하다'는 뜻의 동사로, 선택지에서는 '책'이라는 뜻의 명사로 쓰였다.
(B) 정답: Why 질문에 'for+모임/목적'으로 적절하게 답변했다.
(C) 의문사 오류: 장소/위치를 묻는 Where 질문에 어울리는 대답이다.

어휘 banquet hall 연회장 book 예약하다(reserve) private 사적인 function 행사

2.
Why are the application procedures so difficult to understand?
(A) It is easy to find in our computer system.
(B) There are so many applicants.
(C) Richard is trying to simplify them.

지원 절차는 왜 그렇게 이해하기가 어렵죠?
(A) 우리 컴퓨터 시스템에서 찾는 것은 쉬워요.
(B) 매우 많은 지원자들이 있어요.
(C) 리처드가 그것을 단순화하려고 노력 중이에요.

해설 (A) 관련없는 대답: 질문과 상관없는 대답으로, 반의어(difficult/easy)가 사용된 선택지는 대개 오답이다.
(B) 유사 발음: 부분적으로 발음이 같은 단어(application/applicants)를 사용한 오답이다.
(C) 정답: Why 질문 속 문제점에 대한 해결 방법(simplify)을 제시하고 있으므로 적절한 답변이다.

어휘 application 지원 simplify 단순화하다

3.
Why didn't the coordinator reschedule the event?
(A) It's scheduled for a monthly update.
(B) Because a lot of people have registered.
(C) Thank you for your cooperation.

행사 진행자가 행사 일정을 재조정하지 않은 이유가 뭐예요?
(A) 그것은 매월 업데이트될 예정이에요.
(B) 많은 사람들이 등록했기 때문이에요.
(C) 협조해 주셔서 감사해요.

해설 (A) 유사 발음: 부분적으로 발음이 같은 단어(rescheduled/scheduled)를 사용한 오답이다.
(B) 정답: Why 질문에 Because로 적절하게 답변했다.
(C) 유사 발음: 부분적으로 발음이 같은 단어(coordinator/cooperation)를 사용한 오답이다.

어휘 coordinator 진행자 register 등록하다 cooperation 협조

4.

Why is this elevator not working?
(A) It's under routine maintenance.
(B) Oh, that's true.
(C) Only two working days.

이 엘리베이터는 왜 작동하지 않나요?
(A) 정기 점검 중이에요.
(B) 아, 그것은 사실이에요.
(C) 겨우 근무일 이틀이요.

해설 (A) 정답: Why 질문에 평서문으로 적절하게 답변했다.
(B) 관련없는 대답: 질문과 상관없는 대답이다.
(C) 의문사 오류: 기간을 묻는 How long 질문에 어울리는 대답이다.

어휘 **routine** 통상적인 **maintenance** 유지 관리

5.

Why do you want to leave the office at four?
(A) To pick clients up from the train station.
(B) Just for two hours.
(C) Yes, he's leaving early today.

4시에 사무실을 나가려는 이유가 뭐예요?
(A) 기차역에서 고객들을 모셔오기 위해서요.
(B) 겨우 두 시간 동안이요.
(C) 네, 그는 오늘 일찍 퇴근할 거예요.

해설 (A) 정답: Why 질문에 목적을 나타내는 'to + 동사원형(~하기 위해서)'으로 적절하게 답변했다.
(B) 의문사 오류: 'for + 시간'은 기간을 묻는 How long 질문에 어울리는 대답이다.
(C) Yes / No 불가: 의문사 질문에는 Yes / No로 대답이 불가하다.

어휘 **pick somebody up** 사람을 차로 데려오[가]다

❷ How 의문문

MODEL TEST
본책 p. 61

| 1. (B) | 2. (C) | 3. (A) | 4. (A) | 5. (B) |

1.

How can we get everything ready for the board meeting?
(A) Let's share a taxi there.
(B) We'll need to work overtime until then.
(C) The directors were happy about it.

어떻게 해야 이사회를 위한 모든 준비를 할 수 있을까요?
(A) 그곳에 택시를 타고 갑시다.
(B) 우리는 그때까지 초과근무를 해야 할 거예요.
(C) 이사님들이 그것에 관해서 기뻐하셨어요.

해설 (A) 의문사 오류: 교통 수단 / 방법을 묻는 How 질문에 어울리는 대답이다.
(B) 정답: How 질문에 초과근무(work overtime)라는 수단, 방법으로 적절하게 답변했다.
(C) 연상 어휘: 의미상 연결이 가능한 단어(board meeting / directors)로 혼동시키는 오답이다.

어휘 **board meeting** 이사회 **share** 공유하다 **work overtime** 초과 근무하다 **until then** 그때까지

2.

How far is the airport from the factory?
(A) To discuss current problems.
(B) She flew there yesterday.
(C) Approximately one hour by car.

공항은 공장에서 얼마나 멀리 있어요?
(A) 현재의 문제들을 논의하기 위해서요.
(B) 그녀는 어제 그곳에 비행기로 갔어요.
(C) 차로 약 한 시간 거리에요.

해설 (A) 의문사 오류: 'to + 동사원형(~하기 위해서)'은 원인, 이유를 묻는 Why 질문에 어울리는 대답이다.
(B) 연상 어휘: 의미상 연결이 가능한 단어(airport / flew)로 혼동시키는 오답이다.
(C) 정답: How far 질문에 가는 데 걸리는 시간(one hour by car)을 통해 거리를 알려주고 있으므로 적절한 답변이다.

어휘 **current** 현재의 **fly** 비행기로 이동하다 **approximately** 대략

3.

How was your trip to Australia?
(A) It was wonderful.
(B) During the holiday season.
(C) Sure, I'd like it very much.

호주 여행은 어땠어요?
(A) 아주 좋았어요.
(B) 휴가 시즌 동안이요.
(C) 물론, 그거라면 정말 좋겠네요.

해설 (A) 정답: 의견을 묻는 How 질문에 대상에 대한 평가(wonderful)로 적절하게 답변했다.
(B) 의문사 오류: 'during + 기간'은 때를 묻는 When 질문에 어울리는 대답이다.
(C) Yes / No 불가: 의문사 질문에는 Yes / No / Sure / Okay로 대답이 불가하다.

어휘 **holiday season** 휴가 시즌

4.

How much will it cost to have this oven repaired?
(A) Hasn't the warranty expired?
(B) To service the appliance.
(C) It will take at least an hour.

이 오븐을 수리하는 데 얼마의 비용이 들까요?
(A) 보증기간이 끝나지 않았나요?
(B) 전기제품을 수리하기 위해서요.
(C) 적어도 한 시간은 걸릴 거예요.

해설 (A) 정답: How much 질문에 수리 비용을 정하기 위해서 우선 warranty의 만료 여부를 반문하고 있으므로 적절한 답변이다.
(B) 연상 어휘: 의미상 연결이 가능한 단어(repaired / service)로 혼동시키는 오답이다.
(C) 의문사 오류: 소요 시간을 묻는 How long 질문에 어울리는 대답이다.

어휘 warranty 품질 보증 expire 만료되다 service 수리하다 at least 적어도

5.

How often do the conference calls take place?
(A) It takes place at the local convention center.
(B) Generally, two times a year.
(C) By calling the headquarters.

전화 회의는 얼마나 자주 열리죠?
(A) 그것은 지역 컨벤션 센터에서 열려요.
(B) 일반적으로, 1년에 두 번이요.
(C) 본사에 전화해서요.

해설 (A) 의문사 오류: 'at+장소'는 Where 질문에 어울리는 대답이다.
(B) 정답: How often 질문에 빈도를 나타내는 '숫자+time(s)+기간(~ 기간 동안 ~ 번)'로 적절하게 답변했다.
(C) 관련없는 대답: 'by+-ing'는 수단/방법을 묻는 How 질문에 어울리는 대답이다.

어휘 conference call 전화 회의 cf. video conference 화상 회의(teleconference) headquarters 본사

PRACTICE TEST

본책 p. 62

1. (B)	2. (C)	3. (A)	4. (A)	5. (B)
6. (C)	7. (B)	8. (C)	9. (B)	10. (A)
11. (B)	12. (C)	13. (A)	14. (B)	15. (C)
16. (B)	17. (B)	18. (C)	19. (A)	20. (B)
21. (A)	22. (C)	23. (A)	24. (B)	25. (B)

1.

Why are you asking for a signed photocopy of the contract?
(A) In my briefcase by the desk.
(B) I meant the original document.
(C) My assistant made copies of it this morning.

서명된 계약서 사본을 요청하시는 이유가 뭐죠?
(A) 책상 옆 제 서류가방 안에요.
(B) 저는 원본 서류를 말했어요.
(C) 제 비서가 오늘 오전에 그것을 복사했어요.

해설 (A) 의문사 오류: 'in+장소/사물'은 Where 질문에 어울리는 대답이다.
(B) 정답: 질문자가 잘못 알고 있는 정보(photocopy)를 수정(original)해 주는 적절한 답변이다.
(C) 어휘 반복: 질문에 나온 단어(copy)를 복수형(copies)으로 반복 사용한 오답이다.

어휘 photocopy 복사본 briefcase 서류 가방 original 원본의 assistant 조수, 보조원

2.

How often do you pay visits to Seattle?
(A) I'll pay cash.
(B) Yes, several years.
(C) My parents don't live there anymore.

얼마나 자주 시애틀을 방문하시죠?
(A) 현금으로 지불할게요.
(B) 네, 여러 해요.
(C) 부모님은 더 이상 그곳에 살지 않으세요.

해설 (A) 어휘 반복: 질문에 나온 단어(pay)를 반복 사용한 오답으로, pay가 질문에서는 '~을 하다'라는 뜻으로, 선택지에서는 '지불하다'라는 뜻으로 쓰였다.
(B) Yes / No 불가: 의문사 질문에는 Yes / No로 대답이 불가하다.
(C) 정답: How often 질문에 부모님이 그곳에 살지 않는다는 이유를 들어 전혀 방문하지 않는다는 답변을 대신하고 있으므로 적절하다.

어휘 pay a visit 방문하다

3.

Why did you end up selecting this hotel?
(A) Because it's very close to the airport.
(B) From a travel magazine.
(C) Before I make reservations.

이 호텔을 선택한 이유가 뭐예요?
(A) 공항에서 매우 가깝기 때문이에요.
(B) 여행 잡지에서요.
(C) 예약하기 전에요.

해설 (A) 정답: Why 질문에 'because+이유(close to the airport)'로 적절하게 답변했다.
(B) 의문사 오류: 'from+장소/사물'은 출처를 묻는 Where 질문에 어울리는 대답이다.
(C) 의문사 오류: 'before+문장/구'는 When 질문에 어울리는 대답이다.

어휘 end up -ing 결국 ~하다

4.

How many staff members can fit into the conference room?
(A) Claire is organizing the gathering.
(B) Between two and four o'clock.
(C) But the meeting was postponed once already.

회의실에 몇 명의 직원이 들어갈 수 있어요?
(A) 클레어가 모임을 준비하고 있어요.
(B) 2시부터 4시 사이에요.
(C) 하지만 회의는 이미 한 번 연기되었어요.

해설 (A) 정답: How many 질문에 다른 직원이 준비하고 있어서(Claire is organizing) 자신은 모른다는 우회 답변이다.
(B) 의문사 오류: When 질문에 어울리는 대답이다.
(C) 연상 어휘: 의미상 연결이 가능한 단어(conference room/meeting)로 혼동시키는 오답이다.

어휘 **fit** (어느 장소에 들어가기에) 맞다 **organize** 준비하다 **gathering** 모임 **postpone** 연기하다

5.

How can I get to the department store from here?
(A) The elevator is out of order.
(B) Turn left at the intersection.
(C) Let's keep them in the bottom drawer.

여기서 백화점에 어떻게 갈 수 있어요?
(A) 엘리베이터는 고장이에요.
(B) 교차로에서 좌회전하세요.
(C) 맨 아래 서랍에 그것들을 보관합시다.

해설 (A) 연상 어휘: 의미상 연결이 가능한 단어(department store/elevator)로 혼동시키는 오답이다. 왜 작동하지 않는지를 묻는 Why 질문에 어울리는 대답이다.
(B) 정답: How 질문에 이동 수단/방법(Turn left)으로 적절하게 답변했다.
(C) 의문사 오류: 'in+장소/사물'은 Where 질문에 어울리는 대답이다.

어휘 **department store** 백화점 **out of order** 고장 난 **intersection** 교차로 **bottom** 맨 아래

6.

Why were you late for your job interview?
(A) Yes, I'm late for an appointment.
(B) That was the manager's job.
(C) It was because of my broken car.

면접에 늦은 이유가 뭐죠?
(A) 네, 저는 약속에 늦었어요.
(B) 그것은 관리자의 일이었어요.
(C) 제 고장 난 차 때문이에요.

해설 (A) Yes/No 불가: 의문사 질문에는 Yes/No로 대답이 불가하다.
(B) 어휘 반복: 질문에 나온 단어(job)를 반복 사용한 오답이다.
(C) 정답: Why 질문에 'Because of+원인/이유(broken car)'로 적절하게 답변했다.

어휘 **broken** 고장 난

7.

Why can't I fax this document?
(A) As soon as possible.
(B) You can e-mail it.
(C) In the cabinet.

이 서류를 팩스로 보낼 수 없는 이유가 뭐죠?
(A) 가급적 빨리요.
(B) 이메일로 보낼 수 있어요.
(C) 보관함 안에요.

해설 (A) 의문사 오류: 'As soon as'는 When 질문에 어울리는 대답이다.
(B) 정답: Why 질문 속 문제점에 해결 방법(e-mail)을 제시하고 있으므로 적절한 답변이다.
(C) 의문사 오류: 'in+장소/사물'은 Where 질문에 어울리는 대답이다.

8.

How could you possibly make such a delicious dish?
(A) For a picnic.
(B) There are plates in the cupboard.
(C) I tried a new recipe.

어떻게 이렇게 맛있는 요리를 만들 수 있었어요?
(A) 피크닉을 위해서요.
(B) 찬장 안에 접시들이 있어요.
(C) 새로운 요리법을 시도해봤어요.

해설 (A) 의문사 오류: 'for+모임/목적'은 Why 질문에 어울리는 대답이다.
(B) 연상 어휘: 의미상 연결이 가능한 단어(dish/plates)로 혼동시키는 오답이다.
(C) 정답: How 질문에 수단/방법(new recipe)으로 적절하게 답변했다.

어휘 **dish** 요리 **plate** 접시 **recipe** 요리법

9.

Why hasn't the client gotten the blueprints?
(A) The shipping kiosk.
(B) Actually, James forgot to send them.
(C) Before the end of May.

고객이 설계도를 받지 못한 이유가 뭐죠?
(A) 배송 처리 간이 데스크요.
(B) 실은, 제임스가 그것들을 보내는 것을 깜박했어요.
(C) 5월 말 전에요.

해설 (A) 연상 어휘: '고객이 설계도를 받는다'는 것에서 shipping(배송)을 연상하게 한 오답이다.
(B) 정답: Why 질문에 보내는 것을 깜박했다(forgot to send)는 원인, 이유를 적절하게 답변했다.
(C) 의문사 오류: 'before+시점'은 '때'를 묻는 When 질문에 어울리는 대답이다.

어휘 **blueprint** 설계도 **shipping kiosk** 배송 처리 간이 데스크

10.

How quickly can the report be revised?
(A) In an hour or so, I think.
(B) With a whole team.
(C) It's from the headquarters in New York.

보고서는 얼마나 빨리 수정될 수 있어요?
(A) 대략 한 시간 정도 후일 것 같아요.
(B) 전체 팀과 함께요.
(C) 그것은 뉴욕 본사에서 왔어요.

해설 (A) 정답: How quickly 질문에 'in + 기간(~ 후에)'으로 적절하게 답변했다.
(B) 의문사 오류: team / department 등은 Who 질문에 어울리는 대답이다.
(C) 의문사 오류: 'from + 장소'는 출처를 묻는 Where 질문에 어울리는 대답이다.

어휘 **or so** 대략 **whole** 전체의 **headquarters** 본사

11.

Why haven't the new safety regulations been posted yet?
(A) I'll stop by the post office this afternoon.
(B) They are under review.
(C) I think it's quite safe.

왜 새 안전 규정들이 아직 게시되지 않았어요?
(A) 오늘 오후에 저는 우체국을 들를 거예요.
(B) 그것들은 검토 중이에요.
(C) 저는 그것이 상당히 안전하다고 생각해요.

해설 (A) 유사 발음: 부분적으로 발음이 같은 단어(posted / post)를 사용한 오답이다.
(B) 정답: Why 질문에 검토 중(under review)이라는 원인 / 이유로 적절하게 답변했다.
(C) 유사 발음: 부분적으로 발음이 같은 단어(safety / safe)를 사용한 오답이다.

어휘 **safety regulations** 안전 규정 **post** 게시하다 **stop by** 들르다 **under review** 검토 중인

12.

How does the chef like the new blender?
(A) By mixing new paint.
(B) I like the green one.
(C) She said it's good.

주방장은 새 믹서기를 어떻게 생각한대요?
(A) 새 페인트를 섞어서요.
(B) 저는 초록색 것이 맘에 들어요.
(C) 좋다고 하던데요.

해설 (A) 관련없는 대답: 'by + -ing(~해서 / 함으로써)'는 수단 / 방법을 묻는 How 질문에 어울리는 대답이다.
(B) 어휘 반복: 질문에 나온 단어(like)를 반복 사용한 오답이다.
(C) 정답: 의견(How ... like + 명사)을 묻는 질문에 대상에 대한 평가(good)로 적절하게 답변했다.

어휘 **blender** 믹서기 **mix** 섞다

13.

Why was Olivia unable to attend this lecture?
(A) She's away on business.
(B) I think it's about budgeting.
(C) On the first day of the convention.

올리비아는 왜 이 강의에 참석하지 못했어요?
(A) 그녀는 출장 갔어요.
(B) 그것은 예산 책정에 관한 것 같아요.
(C) 총회 첫날에요.

해설 (A) 정답: 참석하지 못한 이유를 묻는 Why 질문에 출장 갔다(on business)는 원인, 이유로 적절하게 답변했다.
(B) 의문사 오류: 주제를 묻는 What topic이나 What ... about 질문에 어울리는 대답이다.
(C) 의문사 오류: 'on + 시점'은 When 질문에 어울리는 대답이다.

어휘 **be away on business** 출장 가다 **budget** 예산을 세우다

14.

How much has the rent increased this year?
(A) At our new apartment.
(B) By five percent, I believe.
(C) Yes, I met the sales quota.

올해 임대료가 얼마나 올랐나요?
(A) 새 아파트에서요.
(B) 5퍼센트인 것 같아요.
(C) 네, 판매 할당량을 충족시켰어요.

해설 (A) 의문사 오류: 'at + 장소'는 Where 질문에 어울리는 대답이다.
(B) 정답: How much 질문에 양 / 정도(five percent)로 적절하게 답변했다.
(C) Yes / No 불가: 의문사 질문에는 Yes / No로 대답이 불가하다.

어휘 **rent** 임대료 **meet** 충족시키다 **sales quota** 판매 할당량

15.

Why did you bring a camcorder to the performance?
(A) At the first row of the seating area.
(B) With a bunch of dancers.
(C) So I can record the show.

공연에 왜 캠코더를 가져왔죠?
(A) 좌석 구역의 첫 줄에요.
(B) 한 무리의 댄서들과 함께요.
(C) 공연을 녹화할 수 있도록요.

해설 (A) 의문사 오류: 'at + 장소'는 Where 질문에 어울리는 대답이다.
(B) 의문사 오류: 'with + 사람'은 Who 질문에 어울리는 대답이다.
(C) 정답: Why 질문에 'So + 절(~하도록)'로 적절하게 답변했다.

어휘 **performance** 공연 **row** 줄 **seating area** 좌석 구역 **a bunch of** 한 무리의

16.

How will you accommodate all the workshop participants?
(A) A list of workshops on the back page.
(B) By putting more chairs in the room.
(C) The location is posted on the bulletin board.

어떻게 워크숍 참가자 전부를 수용할 거예요?
(A) 뒤 페이지에 있는 교육생 목록이요.
(B) 방에 의자를 더 넣어서요.
(C) 위치는 게시판에 붙어 있어요.

해설 (A) 어휘 반복: 질문에 나온 단어(workshop)를 반복 사용한 오답이다.
(B) 정답: 수단/방법을 묻는 How 질문에 'by+-ing(~해서)'로 적절하게 답변했다.
(C) 의문사 오류: Where 질문에 어울리는 대답이다.

어휘 accommodate 수용하다 participant 참가자

17.
Why will Connor quit as the team's manager?
(A) A director in Marketing.
(B) He'll be transferred to the Miami branch.
(C) I asked the leader to provide it.

코너가 팀 관리자를 그만두는 이유가 뭐예요?
(A) 마케팅 부서의 관리자요.
(B) 그는 마이애미 지사로 전근갈 거예요.
(C) 관리자에게 그것을 제공하라고 요청했어요.

해설 (A) 의문사 오류: 사람을 묻는 Who 질문에 어울리는 대답이다.
(B) 정답: 그만두는 이유를 묻는 Why 질문에 원인/이유(transferred to)로 적절하게 답변했다.
(C) 연상 어휘: 의미상 연결이 가능한 단어(team's manager/leader)로 혼동시키는 오답이다.

어휘 quit 그만두다 transfer 옮기다

18.
Why did you have to cancel your appointment with Mr. Miller?
(A) At a café downtown.
(B) That'll be fine, thank you.
(C) It was rescheduled for 10:30 tomorrow.

밀러 씨와의 약속을 취소해야 했던 이유가 뭔가요?
(A) 시내 카페에서요.
(B) 괜찮을 거예요, 고마워요.
(C) 내일 10시 30분으로 일정이 변경되었어요.

해설 (A) 의문사 오류: 'at+장소'는 Where 질문에 어울리는 대답이다.
(B) 관련없는 대답: 질문과 상관없는 대답이다.
(C) 정답: 약속이 취소된(cancel) 게 아니라 날짜가 변경되었다(rescheduled)고 Why 질문 속 잘못된 정보를 바로잡는 적절한 답변이다.

19.
How did the workshop on quality control go?
(A) Michael attended it.
(B) By bus, I guess.
(C) The workers aren't sure how to use it.

품질 관리에 대한 워크숍은 어땠어요?
(A) 마이클이 참석했어요.
(B) 버스로 간 것 같아요.
(C) 직원들은 그것의 사용법을 몰라요.

해설 (A) 정답: 워크숍이 어땠냐고 의견을 묻는 질문(How … go?)에 다른 직원이 참석했다, 즉 자신은 참석하지 않아서 모른다는 우회 답변이다.
(B) 관련없는 대답: 'by+이동수단'은 'How … get[go/travel] to+장소' 질문에 어울리는 대답이다.
(C) 어휘 반복: 질문에 나온 단어(how)를 반복 사용한 오답이다.

어휘 quality control 품질 관리 go (잘)되다, 되어지다

20.
How long is the computer covered by a warranty?
(A) To cover its cost.
(B) Just one year on all parts.
(C) A technician will come soon.

컴퓨터 품질보증 기간이 얼마나 되나요?
(A) 그것의 비용을 대기 위해서요.
(B) 모든 부품에 대해서 단지 1년간이요.
(C) 기술자 한 명이 곧 올 거예요.

해설 (A) 의문사 오류: 'to+동사원형(~하기 위해서)'은 원인, 이유를 묻는 Why 질문에 어울리는 대답이다.
(B) 정답: How long 질문에 기간(one year)으로 적절하게 답변했다.
(C) 의문사 오류: soon은 When 질문에 어울리는 대답이다.

어휘 cover 보장하다 warranty 품질 보증 part 부품

21.
Why was I charged twice for my purchase?
(A) Let me check our records.
(B) That item is out of stock.
(C) It's rechargeable.

제가 구매한 물품에 대해서 두 번 청구가 된 이유가 뭐죠?
(A) 저희 기록을 살펴보겠습니다.
(B) 그 물건은 재고가 없어요.
(C) 그것은 재충전 가능해요.

해설 (A) 정답: Why 질문에 확인해보겠다(Let me check)는 말은 모른다는 뜻의 우회 답변이다.
(B) 연상 어휘: 의미상 연결이 가능한 단어(purchase/item, out of stock)로 혼동시키는 오답이다.
(C) 유사 발음: 부분적으로 발음이 같은 단어(charged/rechargeable)를 사용한 오답이다.

어휘 charge 청구하다 purchase 구매품 out of stock 재고가 없는 rechargeable 재충전할 수 있는

22.
How can I order more flyers?
(A) There are flights available.
(B) Can I print it?
(C) Mr. Martin handles that.

어떻게 해야 홍보용 전단지를 더 주문할 수 있나요?
(A) 이용 가능한 비행편이 있어요.
(B) 그것을 출력해도 되나요?
(C) 마틴 씨가 그 일을 맡고 있어요.

해설 (A) 유사 발음: 부분적으로 발음이 같은 단어(flyers/flights)를 사용한 오답이다.
(B) 연상 어휘: 의미상 연결이 가능한 단어(flyers/print)로 혼동시키는 오답이다.
(C) 정답: 방법을 묻는 How 질문에 담당자를 말해줌으로써(Mr. Martin handles that) 자신은 모른다는 뜻의 우회 답변이다.

어휘 **flyer** 홍보용 전단지 **handle** 처리하다

23.
How soon will you be done with the summary?
(A) In about half an hour.
(B) Your total comes to forty dollars.
(C) The manager should keep them at his desk.

요약본을 얼마나 빨리 끝낼 수 있나요?
(A) 약 30분쯤 후에요.
(B) 총액은 40달러입니다.
(C) 관리자가 그것들을 자신의 책상에 보관하고 있을 거예요.

해설 (A) 정답: How soon 질문에 'in + 기간(~ 후에)'으로 적절하게 답변했다.
(B) 의문사 오류: 가격을 묻는 How much 질문에 어울리는 대답이다.
(C) 의문사 오류: 'at + 장소'는 Where 질문에 어울리는 대답이다.

어휘 **be done with** ~을 끝내다 **summary** 요약본 **come to** 금액이 ~이 되다

24.
Why is this room decorated with balloons?
(A) This apartment has just been renovated.
(B) Because Emily's birthday is today.
(C) I'll go to the stationery store.

이 방은 왜 풍선들로 장식되어 있나요?
(A) 이 아파트는 막 수리되었어요.
(B) 에밀리의 생일이 오늘이기 때문이에요.
(C) 저는 문구점에 갈 거예요.

해설 (A) 연상 어휘: 의미상 연결이 가능한 단어(room / apartment)로 혼동시키는 오답이다.
(B) 정답: Why 질문에 'Because + 원인 / 이유(birthday)'로 적절하게 답변했다.
(C) 의문사 오류: 'to + 장소'는 Where 질문에 어울리는 대답이다.

어휘 **decorate** 장식하다 **balloon** 풍선 **stationery** 문구(류)

25.
How can we get into the laboratory?
(A) The tests take one week to complete.
(B) You need ID badges.
(C) The workers will fix that for you.

어떻게 실험실 안으로 들어갈 수 있나요?
(A) 테스트가 완료되는 데는 일주일이 걸려요.
(B) 신분증이 필요해요.
(C) 직원들이 그걸 수리해드릴 거예요.

해설 (A) 연상 어휘: 의미상 연결이 가능한 단어(laboratory / tests)로 혼동시키는 오답이다.
(B) 정답: How 질문에 수단 / 방법(need ID badges)로 적절하게 답변했다.
(C) 관련없는 대답: 질문과 상관없는 대답이다.

어휘 **laboratory** 실험실 **complete** 완료하다 **fix** 고치다

UNIT 4

❶ 일반 의문문

MODEL TEST 본책 p. 65

| 1. (C) | 2. (B) | 3. (C) | 4. (A) | 5. (B) |

1.
Do you think you'll ask for a transfer to the London office?
(A) To a managerial position.
(B) You should arrange a moving company.
(C) No, I like working here.

런던 지사로의 전근을 요청할 건가요?
(A) 관리직으로요.
(B) 이사 업체를 정하는 게 좋을 거예요.
(C) 아뇨, 저는 이곳에서 일하는 것이 좋아요.

해설 (A) 연상 어휘: 의미상 연결이 가능한 단어(transfer / managerial position)로 혼동시키는 오답이다.
(B) 연상 어휘: 의미상 연결이 가능한 단어(transfer / moving company)로 혼동시키는 오답이다.
(C) 정답: 전근 요청을 하지 않을 거라고 No로 답하고 나서 그 이유를 밝히고 있으므로 적절한 답변이다.

어휘 **transfer** 전근 **managerial** 관리의, 관리직의 **arrange** 마련하다

2.
Have you participated in the customer service seminar?
(A) Of course, you can attend it.
(B) I wasn't sure if it would be useful.
(C) A lot of customer complaints.

고객 서비스 세미나에 참석하셨나요?
(A) 물론이죠, 당신은 참석할 수 있어요.
(B) 도움이 될 거라고 생각하지 않았어요.
(C) 많은 고객 불만사항들이요.

해설 (A) 연상 어휘: 의미상 연결이 가능한 단어(participated / attend)로 혼동시키는 오답이다.
(B) 정답: 문장 앞에 No가 생략된 것으로, 참가하지 않은 이유를 밝히고 있으므로 적절한 답변이다.
(C) 어휘 반복: 질문에 나온 단어(customer)를 반복 사용한 오답이다.

어휘 **participate in** ~에 참가하다 **complaint** 불만

3.
Are you going to lead the new employee orientation next week?
(A) Yes, I'm going to join you after work.
(B) Twenty people registered so far.
(C) I thought Tom was supposed to do that.

다음 주에 신입사원 오리엔테이션을 당신이 진행할 건가요?
(A) 네, 퇴근 후에 당신과 합류할게요.
(B) 현재까지 20명이 등록했어요.
(C) 톰이 그 일을 하기로 되어 있는 것 같은데요.

해설 (A) 관련없는 대답: Yes 뒤의 내용이 질문과 전혀 상관없다.
(B) 관련없는 대답: 수를 묻는 How many 질문에 어울리는 대답이다.
(C) 정답: 문장 앞에 No가 생략된 것으로, 그 일은 다른 사람이 할 예정임을 밝히고 있으므로 적절한 답변이다.

어휘 **lead** 이끌다, 지휘하다 **register** 등록하다 **be supposed to** ~하기로 되어 있다

4.

Could we go over last month's sales figures this afternoon?
(A) Sorry, I'll be going across town to visit a client.
(B) You can ask questions after the speech.
(C) No, not very often.

우리가 오늘 오후에 지난달 매출을 검토할 수 있을까요?
(A) 미안해요, 저는 고객을 만나러 시내 반대편으로 나갈 거예요.
(B) 연설 후에 질문하실 수 있어요.
(C) 아뇨, 그다지 자주 아니에요.

해설 (A) 정답: Sorry라는 말로 할 수 없다고 거절하고, 이어서 그 이유를 밝히고 있으므로 적절한 답변이다.
(B) 관련없는 대답: 질문과 상관없는 대답이다.
(C) 관련없는 대답: No 뒤의 내용이 질문과 전혀 상관없다.

어휘 **go over** 검토하다 **sales figures** 매출액

5.

Should I reserve a table for dinner at Green Grills downtown?
(A) She's a very good cook.
(B) It depends on what day you're going.
(C) I reserved one movie ticket, not two.

시내에 있는 그린 그릴스에 저녁 식사를 위해 예약해야 할까요?
(A) 그녀는 매우 뛰어난 요리사예요.
(B) 그건 당신이 무슨 요일에 갈지에 달려 있어요.
(C) 영화표를 두 장이 아니라 한 장 예매했어요.

해설 (A) 연상 어휘: 의미상 연결이 가능한 단어(dinner, Green Grills/cook)로 혼동시키는 오답으로, 질문과 상관없이 제3자(he, his, him, she, her)로 답변이 불가하다.
(B) 정답: 특정 식당에 예약할지 여부를 묻는 질문에 무슨 요일에 가느냐에 달려 있다고 했으므로 적절한 답변이다.
(C) 어휘 반복: 질문에 나온 단어(reserve)를 시제를 달리하여 반복 사용한(reserved) 오답이다.

어휘 **cook** 요리사 **depend on** ~에 달려 있다 **day** 요일 *cf.* **date** 날짜

❷ 간접 의문문

MODEL TEST
본책 p. 67

| 1. (B) | 2. (A) | 3. (C) | 4. (A) | 5. (B) |

1.

Did Rita have a chance to meet the new hires yet?
(A) Three employees.
(B) Yes, at the orientation.
(C) Here's your change.

리타가 신입 사원들을 만날 기회가 있었나요?
(A) 직원 세 명이요.
(B) 네, 오리엔테이션에서요.
(C) 여기 잔돈 있습니다.

해설 (A) 관련없는 대답: How many 질문에 어울리는 대답이다.
(B) 정답: 만날 기회가 있었다고 수긍(Yes) 한 뒤, 그것이 언제였는지를 덧붙여 말하고 있으므로 적절한 답변이다.
(C) 유사 발음: 부분적으로 발음이 같은 단어(chance/change)를 사용한 오답이다.

어휘 **hire** 신입사원 **change** 잔돈

2.

Is the fax machine working properly again?
(A) Not quite, but soon.
(B) No, I don't.
(C) It's just a ten-minute walk.

팩스가 다시 제대로 작동하고 있나요?
(A) 완전히는 아니지만, 곧 그럴 거예요.
(B) 아뇨, 저는 아니에요.
(C) 걸어서 겨우 10분 거리예요.

해설 (A) 정답: 완전히 제대로 작동하고 있지는 않다(Not quite)고 답한 뒤, 하지만 곧 그렇게 될 것이라고 덧붙이고 있으므로 적절한 답변이다.
(B) 주어/조동사 오류: No, it isn't라고 해야 맞다.
(C) 유사 발음: 부분적으로 발음이 같은 단어(walk/working)를 사용한 오답이다.

어휘 **properly** 제대로 **not quite** 완전히 ~하지는 않은

3.

Do you know where the factory tour group is heading?
(A) Yes, I understand what you mean.
(B) Doesn't it open at ten?
(C) To the production lines.

공장 견학 단체가 어디로 가고 있는지 아세요?
(A) 네, 무슨 말인지 이해해요.
(B) 그것은 10시에 문을 열지 않나요?
(C) 생산라인으로요.

해설 (A) 관련없는 대답: Yes 뒤의 내용이 질문과 전혀 상관없다.
(B) 관련없는 대답: 질문과 상관없는 대답이다.
(C) 정답: 가다(go/come/get/head/report/proceed) 동사가 쓰인 Where 간접 의문문에 방향을 나타내는 전치사 to로 적절하게 답변했다.

어휘 head 가다, 향하다 production line 생산라인

4.
Do you remember how to get to the new Italian restaurant?
(A) Ms. Chen probably knows.
(B) The food there is always delicious.
(C) It opened two years ago.

새로 생긴 이태리 식당에 가는 방법을 기억하세요?
(A) 아마 첸 씨가 알 거예요.
(B) 그곳 음식은 항상 맛있어요.
(C) 그곳은 2년 전에 문을 열었어요.

해설 (A) 정답: 이동 수단을 묻는 How 간접 의문문(how to get to+장소)에 알 만한 사람을 언급하는 것은 자신은 모른다는 뜻의 우회 답변이다.
(B) 연상 어휘: 의미상 연결이 가능한 단어(restaurant / food)로 혼동시키는 오답이다.
(C) 의문사 오류: 때를 묻는 When 질문에 어울리는 대답이다.

어휘 get to ~에 가다

5.
Did customers ask why that model is no longer in production?
(A) To keep up with demand.
(B) Yes, and we explained why.
(C) It won't be long.

왜 그 모델이 더 이상 생산되지 않는지 손님들이 물어봤어요?
(A) 수요를 따라가기 위해서요.
(B) 네, 그래서 우리는 이유를 설명했어요.
(C) 그건 오래 걸리지 않을 거예요.

해설 (A) 관련없는 대답: 'to+동사원형(~하기 위해서)'은 Why 질문에 어울리는 대답이다.
(B) 정답: Why 간접 의문문에 Yes로 대답한 뒤, 생산 중단 이유에 대해서 설명을 해주었다고 덧붙이고 있으므로 적절한 답변이다.
(C) 유사 발음: 부분적으로 발음이 같은 단어(longer/long)를 사용한 오답이다.

어휘 no longer 더 이상 ~아닌 keep up with ~에 뒤처지지 않다 demand 수요

PRACTICE TEST
본책 p. 68

1. (A)	2. (C)	3. (C)	4. (B)	5. (A)
6. (C)	7. (A)	8. (A)	9. (B)	10. (B)
11. (C)	12. (A)	13. (A)	14. (B)	15. (C)
16. (C)	17. (B)	18. (B)	19. (C)	20. (C)
21. (B)	22. (B)	23. (A)	24. (B)	25. (C)

1.
Did you hear about the new reimbursement process?
(A) Not yet. What's up with it?
(B) She'll be here tomorrow.
(C) It has already expired.

새로운 환급 절차에 대해서 들었어요?
(A) 아직이요. 문제가 뭔데요?
(B) 그녀는 내일 이곳에 올 거예요.
(C) 그것은 이미 기한이 지났어요.

해설 (A) 정답: Not yet은 No의 대체 표현으로, 과거나 현재완료 시제 질문에 정답으로 주로 사용된다.
(B) 불일치: 질문과 상관없이 제3자(he, his, him, she, her)로 답변은 불가하다
(C) 관련없는 대답: 질문과 상관없는 대답이다.

어휘 reimbursement 환급 be up with ~이 문제다 expire 기한이 지나다

2.
Can we hire another outside contractor to help with the project?
(A) Please put them on the lower shelves.
(B) A list of new accounts.
(C) No, we don't have enough money in our budget.

프로젝트를 돕기 위해서 다른 외부 도급업자를 쓸 수 있나요?
(A) 아래 선반에 그것들을 놓아 주세요.
(B) 새 거래처들 목록이요.
(C) 아뇨, 예산이 충분하지 않아요.

해설 (A) 관련없는 대답: 질문과 상관없는 대답으로, 질문에 나온 hire와 발음이 같은 higher의 반의어인 lower를 사용한 오답이다.
(B) 연상 어휘: 의미상 연결이 가능한 단어(contractor/ accounts)로 혼동시키는 오답이다.
(C) 정답: No로 도급업자를 쓸 수 없다고 답한 뒤, 그 이유로 예산 부족을 밝히고 있으므로 적절한 답변이다.

어휘 contractor 도급업자 lower 아래쪽의 account 거래처

3.
Will someone get the client a glass of water?
(A) We signed the contract two days ago.
(B) It's very fragile.
(C) She wants coffee instead.

고객에게 누가 물 한잔 가져다 드릴래요?
(A) 저희는 이틀 전에 계약서에 서명했어요.
(B) 그것은 매우 깨지기 쉬워요.
(C) 그녀는 대신 커피를 원해요.

해설 (A) 연상 어휘: 의미상 연결이 가능한 단어(client / contract)로 혼동시키는 오답이다.
(B) 연상 어휘: 의미상 연결이 가능한 단어(glass / fragile)로 혼동시키는 오답이다.
(C) 정답: 고객에게 물을 가져다 달라는 부탁에 대해, 대신 커피를 가져다 달라고 정정하고 있으므로 적절한 답변이다.

어휘 **get+사람+사물** 누구에게 ~을 가져다 주다 **fragile** 부서지기 쉬운

4.

Were the exhibition halls of this museum remodeled recently?
(A) Okay, I'll phone you later.
(B) Not that I know of.
(C) Upcoming events.

이 박물관의 전시장들이 최근에 개조되었나요?
(A) 좋아요, 나중에 전화드릴게요.
(B) 제가 아는 바로는 아니에요.
(C) 다가오는 행사들이요.

해설 (A) 관련없는 대답: Okay는 제안/요청을 수락하거나, 정보나 지침 전달에 승낙/찬성하는 표현이다.
(B) 정답: 수리 여부를 묻는 질문에 자신이 아는 바로는 아니라고 적절하게 답변했다.
(C) 관련없는 대답: What 질문에 어울리는 대답이다.

어휘 **exhibition hall** 전시회장 **Not that I know of.** 내가 아는 바로는 아니다. **upcoming** 다가오는

5.

Did you look through the catalog you received from John's Furniture?
(A) Yes, and I'll stop by there today.
(B) A comfortable chair.
(C) My company created a new logo.

존스 가구로부터 받은 카탈로그를 훑어보셨나요?
(A) 네, 그리고 오늘 그곳에 들를 거예요.
(B) 편안한 의자요.
(C) 회사에서 새 로고를 만들었어요.

해설 (A) 정답: 가구 매장에서 온 카탈로그를 봤냐는 질문에, Yes로 대답하고 오늘 간다고 덧붙이고 있으므로 적절한 답변이다.
(B) 연상 어휘: 의미상 연결이 가능한 단어(furniture / chair)로 혼동시키는 오답이다.
(C) 관련없는 대답: 질문과 상관없는 대답이다.

어휘 **look through** 훑어보다 **stop by** 들르다 **comfortable** 편안한

6.

Do you know where I can find a flower shop near here?
(A) Yes, I have only a few.
(B) That's fine with me.
(C) Sure, there's one at the corner of Seventh Street.

이 근처 어디에서 꽃가게를 찾을 수 있는지 아세요?
(A) 네, 저는 몇 개밖에 가지고 있지 않아요.
(B) 저는 괜찮아요.
(C) 네, 7번가 모퉁이에 하나 있어요.

해설 (A) 관련없는 대답: Yes 뒤의 내용이 질문과 전혀 상관없다.
(B) 유사 발음: 부분적으로 발음이 같은 단어(find / fine)를 사용한 오답이다.
(C) 정답: Where 간접 의문문에 위치(at the corner of 7th Street)로 적절하게 답변했다.

7.

Do you see where Dr. West's office is on this building directory?
(A) It's on the fourth floor.
(B) I made an appointment for a routine checkup.
(C) It has a great view of the city.

이 건물 안내도에 닥터 웨스트의 사무실이 어디에 있는지 보이세요?
(A) 4층에 있어요.
(B) 정기 검진을 위해서 예약했어요.
(C) 시의 경치가 아주 좋아요.

해설 (A) 정답: Where 간접 의문문에 위치(on the fourth floor)로 적절하게 답변했다.
(B) 연상 어휘: 의미상 연결이 가능한 단어(Dr. / checkup)로 혼동시키는 오답이다.
(C) 관련없는 대답: 질문과 상관없는 대답이다.

어휘 **building directory** 건물 안내도 **routine** 통상적인, 정기적인 **checkup** 검진

8.

Will my package arrive in Austin in time for my friend's birthday?
(A) It should only take two business days.
(B) At the post office nearby.
(C) No extra charge for delivery.

제 소포가 친구 생일에 맞춰 오스틴에 도착할까요?
(A) 영업일 기준 이틀밖에 걸리지 않을 거예요.
(B) 근처 우체국에서요.
(C) 무료 배송이에요.

해설 (A) 정답: 배달에 이틀밖에 걸리지 않는다는 말은 소포가 친구 생일에 맞춰 도착할 거라는 긍정의 대답이다.
(B) 관련없는 대답: Where 질문에 어울리는 대답이다.
(C) 관련없는 대답: How much에 어울리는 대답이다.

어휘 **in time for** ~ 시간에 맞게 **business day** 영업일, 평일

9.

Is it going to take much longer to check in?
(A) Roughly ten meters.
(B) I'm afraid our computer system is slow.
(C) I will try to make a reservation there too.

체크인하는 데 훨씬 더 오래 걸릴까요?
(A) 대략 10미터요.
(B) 죄송하지만 저희 컴퓨터 시스템이 느려요.
(C) 저도 그곳에 예약해볼게요.

해설 (A) 관련없는 대답: 크기나 거리를 묻는 How big[far] 질문에 어울리는 대답이다.
(B) 정답: 앞에 Yes가 생략된 것으로 볼 수 있으며, 시간이 오래 걸리는 이유를 덧붙이고 있으므로 적절한 답변이다.
(C) 연상 어휘: 질문의 check in에서 떠올릴 수 있는 hotel과 관련된 예약(make a reservation)을 연상하게 한 오답이다.

어휘 check in 체크인하다 roughly 대략 make a reservation 예약하다

10.
Was this vending machine repaired recently?
(A) Good, I'll drink a soda.
(B) I don't think so.
(C) In the hallway.

이 자판기는 최근에 수리되었나요?
(A) 좋아요, 저는 탄산음료를 마실게요.
(B) 아닌 것 같은데요.
(C) 복도에요.

해설 (A) 연상 어휘: 의미상 연결이 가능한 단어(vending machine/soda)로 혼동시키는 오답이다.
(B) 정답: 앞에 No가 생략된 것으로, 수리된 것 같지 않다고 했으므로 적절한 답변이다.
(C) 관련없는 대답: 자판기가 있는 장소를 묻는 Where 질문에 어울리는 대답이다.

어휘 vending machine 자판기

11.
Has Andrew finished analyzing the results of the survey?
(A) The main goal is customer satisfaction.
(B) In the marketing department.
(C) He's been busy with other projects.

앤드류가 설문 결과 분석을 끝냈나요?
(A) 주된 목표는 고객 만족이에요.
(B) 마케팅 부서에서요.
(C) 그는 다른 프로젝트들로 바빴어요.

해설 (A) 연상 어휘: 의미상 연결이 가능한 단어(survey/customer satisfaction)로 혼동시키는 오답이다.
(B) 관련없는 대답: 장소를 묻는 Where 질문에 어울리는 대답이다.
(C) 정답: 앞에 No가 생략된 것으로, 분석을 끝내지 못한 이유를 덧붙이고 있으므로 적절한 답변이다.

어휘 analyze 분석하다 satisfaction 만족

12.
Do you have audio equipment I can borrow?
(A) What do you need it for?
(B) It's usually sold with a microphone.
(C) They're planning to lower the price.

제가 빌릴 수 있는 오디오 장비를 가지고 있으세요?
(A) 무엇에 필요하신 건대요?
(B) 그것은 대개 마이크가 함께 판매돼요.
(C) 그들은 가격을 낮출 계획이에요.

해설 (A) 정답: 앞에 Yes가 생략된 것으로 볼 수 있으며, 사용처를 반문하는 답변이므로 적절하다.
(B) 연상 어휘: 의미상 연결이 가능한 단어(audio equipment/microphone)로 혼동시키는 오답이다.
(C) 관련없는 대답: 질문과 상관없는 대답이다.

어휘 equipment 장비 microphone 마이크

13.
Is there a business center where I can send a fax?
(A) They're open from seven to ten.
(B) It's five pages long.
(C) How much will that cost?

팩스를 보낼 수 있는 비즈니스 센터가 있나요?
(A) 7시에서 10시까지 문 열어요.
(B) 그것은 다섯 페이지 길이에요.
(C) 그것에 비용이 얼마나 들까요?

해설 (A) 정답: 앞에 Yes가 생략된 것으로, 비즈니스 센터의 운영 시간까지 덧붙여 알려주고 있으므로 적절한 답변이다.
(B) 관련없는 대답: 문서의 길이를 묻는 How long 질문에 어울리는 대답이다.
(C) 관련없는 대답: 질문과 상관없는 대답이다.

14.
Have you learned how to transfer all our patients' data to a new program?
(A) Be sure to complete it by the end of the day.
(B) Yes, at the workshop last Friday.
(C) Your appointment with Dr. Yang is at two.

모든 환자 자료를 새 프로그램으로 옮기는 방법을 배우셨나요?
(A) 오늘 퇴근 때까지 반드시 그것을 끝내 주세요.
(B) 네, 지난주 금요일 워크숍에서요.
(C) 닥터 양과의 예약은 2시에 있어요.

해설 (A) 관련없는 대답: 질문과 상관없는 대답이다.
(B) 정답: 방법을 배웠다고 Yes로 답한 뒤, 언제 배웠는지 덧붙이고 있으므로 적절한 답변이다.
(C) 연상 어휘: 의미상 연결이 가능한 단어(patients/Dr.)로 혼동시키는 오답이다.

어휘 transfer 옮기다 the end of the day 하루의 끝

15.
Do you know if the company is expanding their business next year?
(A) So you can reach a wider customer base.
(B) The extension number is 5321.
(C) I have the impression they are looking into it.

내년에 회사가 사업을 확장할 여부를 아세요?
(A) 그래서 고객층을 더 넓힐 수 있어요.
(B) 내선 번호는 5321이에요.
(C) 회사가 그것을 모색하고 있는 것 같아요.

해설 (A) 연상 어휘: 회사 확장(expanding their business)에서 고객층 확대(a wider customer base)를 연상하게 한 오답으로, 회사 확장 여부를 묻는 질문에는 적절하지 않다.
(B) 유사 발음: 부분적으로 발음이 같은 단어(expanding/extension)를 사용한 오답이다.
(C) 정답: 확장 여부를 정확히 알지는 못하지만 그런 인상을 받았다고 했으므로 적절한 답변이다.

어휘 expand 확장시키다 customer base 고객층 extension number 내선 번호 look into 조사하다

16.

Have you thought about advertising your store in the newspaper?
(A) They thought it was interesting.
(B) He is editing articles.
(C) Yes, but I can't afford it.

신문에 귀하의 매장을 광고하는 것에 대해서 생각해보셨나요?
(A) 그들은 그것이 재미있다고 생각했어요.
(B) 그는 기사들을 편집하고 있어요.
(C) 네, 하지만 저는 그럴 여유가 없어요.

해설 (A) 불일치: 질문의 you를 받을 수 있게 주어가 I/We가 되어야 한다.
(B) 불일치: 질문과 상관없이 제3자(he, his, him, she, her)로 답변은 불가하다.
(C) 정답: 광고하는 것을 생각해봤다고 Yes로 답하고 나서, 하지만 그럴 여유가 없다고 덧붙이고 있으므로 적절한 답변이다.

어휘 edit 편집하다 afford ~할[살] 여유가 되다

17.

Should I send our new brochure to the printer?
(A) Two different kinds of cartridges.
(B) There are spelling errors in the back, remember?
(C) No, we're running out of paper.

인쇄소에 새 안내책자를 보낼까요?
(A) 두 개의 다른 종류의 카트리지들이요.
(B) 뒷부분에 철자 오류들이 있어요, 기억나요?
(C) 아뇨, 용지가 떨어져 가고 있어요.

해설 (A) 연상 어휘: 의미상 연결이 가능한 단어(printer/cartridges)로 혼동시키는 오답이다.
(B) 정답: 앞에 No가 생략된 것으로, 철자 오류가 있으니 안내책자를 보내지 말라는 말이므로 적절한 답변이다.
(C) 관련없는 대답: No 뒤의 내용이 질문과 전혀 상관없다.

어휘 brochure 안내책자 printer 인쇄소(printing shop) spelling 철자 error 오류 run out of ~이 부족해지다

18.

Can I tell the president who is calling?
(A) He's expecting you now.
(B) I'm Allen Cho from Trans International.
(C) Yes, you can call me anytime.

사장님께 전화하신 분이 누구시라고 말씀드릴까요?
(A) 그는 지금 당신을 기다리고 있어요.
(B) 저는 트랜스 인터내셔널의 앨런 조예요.
(C) 네, 언제든 전화주세요.

해설 (A) 관련없는 대답: 질문과 상관없는 대답이다.
(B) 정답: Who 간접 의문에 이름(Allen Cho)으로 적절하게 답변했다.
(C) 어휘 반복: 질문에 나온 단어(call)를 반복 사용한 오답이다.

19.

Should our plant upgrade to new machines from the old ones?
(A) A shipment of replacement parts.
(B) They were temporarily closed for renovations.
(C) Well, they're working just fine.

우리 공장은 낡은 기계들을 새것들로 업그레이드 해야 할까요?
(A) 교체 부품 선적물이요.
(B) 그들은 수리를 위해서 임시로 문을 닫았어요.
(C) 그것들은 그냥 잘 작동하고 있어요.

해설 (A) 연상 어휘: 새 기계로 업그레이드한다(upgrade to new machines)는 것에서 교체(replacement)를 연상하게 한 오답이다.
(B) 관련없는 대답: 질문과 상관없는 대답이다.
(C) 정답: 앞에 No가 생략된 것으로, 기계들이 잘 작동하니 교체하지 않아도 된다는 말이므로 적절한 답변이다.

어휘 replacement 교체, 대체 part 부품 temporarily 임시로

20.

Has the new vice-president been appointed yet?
(A) It is available for sale.
(B) I'll buy a present for Ms. Mendez.
(C) The finance department head got promoted.

새 부사장님이 벌써 임명되었나요?
(A) 그것은 매물로 나와 있어요.
(B) 제가 멘데즈 씨를 위해서 선물을 살게요.
(C) 경리부 부서장이 승진했어요.

해설 (A) 관련없는 대답: 질문과 상관없는 대답이다.
(B) 유사 발음: 부분적으로 발음이 같은 단어(president/present)를 사용한 오답이다.
(C) 정답: 앞에 Yes가 생략된 것으로, 경리부 부서장이 승진해서 부사장이 되었다는 말이므로 적절한 답변이다.

어휘 appoint 임명하다 be available for sale 매물로 나와 있다 department head 부서장 promote 승진시키다

21.

Have the product samples been shipped to the vendors?
(A) It will be sent out, too.
(B) I haven't gotten their mailing addresses yet.
(C) In the storage area.

제품 표본들이 업체들로 배송됐나요?
(A) 그것 또한 보내질 거예요.
(B) 그들의 우편 주소들을 아직 받지 못했어요.
(C) 창고예요.

해설 (A) 대명사 오류: 질문에 나오는 복수 명사(product samples)를 단수 대명사 It으로 지칭하는 것은 어색하다.
(B) 정답: 앞에 No가 생략된 것으로, 주소가 없어서 아직 보내지 못했다는 말이므로 적절한 답변이다.
(C) 관련없는 대답: 장소를 묻는 Where 질문에 어울리는 대답이다.

어휘 ship 보내다 vendor 업체, 거래처 storage 저장, 보관

22.

Mr. Gonzales, could you tell us how you'd attract more customers?
(A) He visited tourist attractions in the city.
(B) Yes, let me show you some slides.
(C) It's across from the art gallery.

곤잘레스 씨, 고객을 더 많이 유치하는 방법을 말씀해주시겠어요?
(A) 그는 시 관광 명소를 방문했어요.
(B) 네, 슬라이드를 좀 보여드릴게요.
(C) 그것은 미술관 맞은 편에 있어요.

해설 (A) 유사 발음: 부분적으로 발음이 같은 단어(attract / attractions)를 사용한 오답이다.
(B) 정답: 방법을 묻는 How 간접 의문문에 Yes로 답한 뒤, 슬라이드를 통해서 알려주겠다고 덧붙이고 있으므로 적절한 답변이다.
(C) 관련없는 대답: 장소를 묻는 Where 질문에 어울리는 대답이다.

어휘 attract 유치하다, 끌어당기다 tourist attraction 관광 명소

23.

Are you planning to go to the trade fair next month?
(A) Yes—I wonder which companies are participating.
(B) Please join the street fair.
(C) A lot of students from universities.

다음 달에 있을 무역 박람회에 갈 계획인가요?
(A) 네, 어떤 회사들이 참가하는지 알고 싶어요.
(B) 길거리 축제에 함께해요.
(C) 여러 대학의 많은 학생들이요.

해설 (A) 정답: Yes로 답한 후에, 어떤 업체들이 참가하는지 알고 싶어서 갈 계획이라는 말이므로 적절한 답변이다.
(B) 어휘 반복: 질문에 나온 단어(fair)를 반복 사용한 오답이다.
(C) 관련없는 대답: 사람을 묻는 Who 질문에 어울리는 대답이다.

어휘 trade fair 무역 박람회(trade show) street fair 길거리 축제

24.

Can you tell me where to find the new book by Sam Haruki?
(A) Only Wednesday through Friday at nine.
(B) The shipment will arrive tomorrow morning.
(C) You can check the lost and found.

샘 하루키의 신작을 어디에서 찾을 수 있나요?
(A) 수요일부터 금요일 9시에만요.
(B) 배송품은 내일 오전에 도착할 거예요.
(C) 분실물 보관소를 확인해보세요.

해설 (A) 의문사 오류: 때를 묻는 When 질문에 어울리는 대답이다.
(B) 정답: 책의 위치를 묻는 Where 간접 의문문에, 내일 도착할 거라는 말로 지금은 재고가 없다는 말을 대신하는 답변이다.
(C) 연상 어휘: 질문의 find에서 the lost and found를 연상하게 한 오답이다.

어휘 shipment 배송품 the lost and found 분실물 보관소

25.

Do you think our handouts for the interns contain sufficient information?
(A) Here are some containers you can use.
(B) In the employee manuals.
(C) I would've liked more duty descriptions.

인턴들을 위한 우리 인쇄물에 충분한 정보가 담겨 있다고 생각하시나요?
(A) 여기 당신이 사용할 수 있는 용기들이 있어요.
(B) 직원 지침서 안에요.
(C) 직무 설명이 더 있다면 좋겠어요.

해설 (A) 유사 발음: 부분적으로 발음이 같은 단어(contain / containers)를 사용한 오답이다.
(B) 관련없는 대답: 장소나 출처를 묻는 Where 질문에 어울리는 대답이다.
(C) 정답: 앞에 No가 생략된 것으로, 설명이 더 있으면 좋겠다는 말로 현재로서는 충분하지 않다는 말을 대신하고 있으므로 적절한 답변이다.

어휘 handout 인쇄물 sufficient 충분한 container 용기 description 묘사

UNIT 5

❶ 부정 / 부가 의문문

MODEL TEST
본책 p. 71

| 1. (A) | 2. (C) | 3. (C) | 4. (B) | 5. (A) |

1.

Weren't you supposed to take some time off in July?
(A) No, I reserved my vacation for August.
(B) Hawaii is a popular place.
(C) To a travel agency.

7월에 좀 쉬기로 하지 않았나요?
(A) 아뇨, 8월로 휴가를 잡았어요.
(B) 하와이는 인기 있는 장소예요.
(C) 여행사로요.

해설 (A) 정답: 7월에 쉴 예정이 아니었다고 No로 답한 뒤, 8월이라고 정정해 주고 있으므로 적절한 답변이다.
(B) 연상 어휘: 휴가(take some time off)에서 휴양지로 유명한 Hawaii를 연상하게 한 오답이다.
(C) 관련없는 대답: 'to+장소(~로)'는 Where 질문에 어울리는 대답이다.

어휘 be supposed to ~할 예정이다 take+시간+off ~ 시간을 쉬다

2.
My photos will be ready by this afternoon, right?
(A) Yes, I can photograph it for you.
(B) I read about it in the local paper.
(C) You can pick them up any time after lunch.

오늘 오후까지는 제 사진들이 준비가 되겠죠?
(A) 네, 제가 그 사진을 찍어 드릴게요.
(B) 지역 신문에서 그것에 대해서 읽었어요.
(C) 점심 후에 언제라도 찾아가실 수 있어요.

해설 (A) 유사 발음: 부분적으로 발음이 같은 단어(photos/photograph)를 사용한 오답이다.
(B) 유사 발음: 부분적으로 발음이 같은 단어(ready/read)를 사용한 오답이다.
(C) 정답: 앞에 Yes가 생략된 것으로, 준비가 되니 오후에 언제든 찾아가라는 말이므로 적절한 답변이다.

어휘 photograph 사진을 찍다 pick up 찾아가[오]다

3.
Didn't you think Noah Jones is the strongest applicant?
(A) A training course for interns.
(B) A job in the main office.
(C) Yes, he is the most qualified of them.

노아 존슨이 가장 강력한 지원자라고 생각하지 않으셨나요?
(A) 인턴들을 위한 교육과정이요.
(B) 본사에서의 일자리요.
(C) 네, 그가 그들 중 가장 자격을 갖춘 사람이에요.

해설 (A) 연상 어휘: 의미상 연결이 가능한 단어(applicant/training, interns)로 혼동시키는 오답이다.
(B) 연상 어휘: 의미상 연결이 가능한 단어(applicant/job)로 혼동시키는 오답이다.
(C) 정답: 가장 강력한 지원자가 맞다고 Yes로 답한 뒤, 가장 자격을 갖춘 사람이기 때문이라고 덧붙이고 있으므로 적절한 답변이다.

어휘 applicant 지원자 main office 본사 qualified 자격이 되는

4.
There was extra charge for getting upgraded from economy to business class, wasn't there?
(A) Actually, I prefer an aisle seat.
(B) I got it at no extra cost.
(C) Yes, it was updated recently.

이코노미석에서 비즈니스석으로 업그레이드 받는 것에 추가 요금이 있었죠?
(A) 실은, 저는 통로 쪽 좌석을 선호해요.
(B) 추가 비용 없이 받았어요.
(C) 네, 그것은 최근에 업데이트되었어요.

해설 (A) 연상 어휘: 의미상 연결이 가능한 단어(economy, business class/aisle seat)로 혼동시키는 오답이다.
(B) 정답: 앞에 No가 생략된 것으로, 추가 요금이 없었다고 답하고 있으므로 적절한 답변이다.
(C) 유사 발음: 부분적으로 발음이 같은 단어(upgraded/updated)를 사용한 오답이다.

어휘 charge 요금 aisle 통로 at no extra cost 추가 비용 없이

5.
Can't the filing cabinet be cleaned up by noon?
(A) I have an urgent job to do.
(B) Just use the stapler.
(C) The table in the corner.

파일 보관함을 정오까지 치울 수 없을까요?
(A) 저는 급하게 해야 할 일이 있어요.
(B) 스테이플러를 사용하세요.
(C) 구석에 있는 테이블이요.

해설 (A) 정답: 앞에 No가 생략된 것으로, 청소할 수 없는 이유로 급한 일이 있다고 밝히고 있으므로 적절한 답변이다.
(B) 연상 어휘: 의미상 연결이 가능한 단어(filing/stapler)로 혼동시키는 오답이다.
(C) 관련없는 대답: 질문과 상관없는 대답이다.

어휘 filing cabinet 파일 보관함 urgent 시급한

❷ 선택 의문문

MODEL TEST
본책 p. 73

| 1. (C) | 2. (B) | 3. (B) | 4. (A) | 5. (B) |

1.
Would you prefer to work individually, or are you interested in working as part of a team?
(A) They should be boxed individually.
(B) I'll have to drive to work tomorrow.
(C) I'd like to work alone.

개별적으로 일하고 싶으세요, 아니면 팀으로 일하는 데 관심 있으세요?
(A) 그것들은 개별적으로 상자에 넣어져야 해요.
(B) 저는 내일 차를 가지고 출근해야 할 거예요.
(C) 혼자 일하고 싶어요.

해설 (A) 어휘 반복: 질문에 나온 단어(individually)를 반복 사용한 오답이다.
(B) 어휘 반복: 질문에 나온 단어(work)를 반복 사용한 오답이다. work는 질문에서는 '일하다'라는 동사로, 선택지에서는 '직장'이라는 명사로 쓰였다.
(C) 정답: 문장 선택 유형. 두 선택지 중 앞의 것을 선택하여 달리 표현했으므로 적절한 답변이다.

어휘 individually 개별적으로 box 상자에 넣다

2.

Should I call a meeting with all the team members or just the new employees?
(A) The revised work schedule.
(B) The conference room is big enough for everyone.
(C) Not for another week.

팀 전체 회의를 소집할까요, 아니면 신입사원들만 소집할까요?
(A) 수정된 근무 일정이요.
(B) 회의실은 모두 수용할 만큼 충분히 커요.
(C) 앞으로 일주일 후예요.

해설 (A) 연상 어휘: 의미상 연결이 가능한 단어(employees/work schedule)로 혼동시키는 오답이다.
(B) 정답: 명사 선택 유형. A or B에서 A를 선택하여 달리 표현했다. 팀원 모두를 수용할 만큼 충분히 크니 팀 전체 회의를 하자는 뜻이다.
(C) 관련없는 대답: 'not for+기간(~ 후에)'는 When 질문에 어울리는 대답이다.

어휘 call a meeting 회의를 소집하다 revise 수정하다

3.

Will we walk to the supermarket or drive there?
(A) A wide range of products.
(B) Either would be fine.
(C) Three blocks from my house.

슈퍼마켓에 걸어 갈까요, 아니면 차를 운전해서 갈까요?
(A) 다양한 상품들이요.
(B) 둘 다 좋아요.
(C) 제 집에서 세 블록이요.

해설 (A) 연상 어휘: 의미상 연결이 가능한 단어(supermarket/products)로 혼동시키는 오답이다.
(B) 정답: 동사 선택 유형. both, either, each, all, whichever, whatever는 둘 다 선택한다는 뜻의 빈출 답변이다.
(C) 관련없는 대답: How far 질문에 어울리는 대답이다.

어휘 a range of 다양한

4.

Is the break time just 10 minutes or half an hour?
(A) According to the schedule it's 15 minutes.
(B) Sorry, I broke it by mistake.
(C) Every hour on the hour.

휴식 시간이 단 10분인가요, 아니면 30분인가요?
(A) 일정에 따르면 15분이에요.
(B) 미안해요, 실수로 그것을 고장 냈어요.
(C) 매시 정각이에요.

해설 (A) 정답: 시간 선택 유형. 두 선택지 이외의 제3의 것을 선택하여, 10분도 30분도 아닌, 15분이라고 알려주고 있다.
(B) 유사 발음: 부분적으로 발음이 같은 단어(break/broke)를 사용한 오답이다.
(C) 관련없는 대답: 빈도를 묻는 How often 질문에 어울리는 대답이다.

어휘 break time 휴식 시간 break 부수다, 고장 내다 every hour on the hour 매시 정각

5.

Would you like to discuss our business trip here or in the cafeteria?
(A) He told me about it yesterday.
(B) Let's go to the cafeteria.
(C) It was well attended.

여기서 우리의 출장에 대해서 논의하는 게 좋으세요, 아니면 구내식당에서 하는 게 좋으세요?
(A) 그가 어제 그것에 대해서 나에게 말했어요.
(B) 구내식당으로 갑시다.
(C) 그것에 많은 사람들이 참석했어요.

해설 (A) 불일치: 질문과 상관없이 he, his, him, she, her로 대답은 불가하다.
(B) 정답: 장소 선택 유형. 두 선택지 중 구내식당을 선택하고 있다.
(C) 연상 어휘: 의미상 연결이 가능한 단어(business trip/well attended)로 혼동시키는 오답이다.

어휘 well attended 많은 사람들이 참석한

PRACTICE TEST 본책 p. 74

1. (A)	2. (C)	3. (B)	4. (C)	5. (A)
6. (B)	7. (C)	8. (B)	9. (C)	10. (B)
11. (B)	12. (B)	13. (B)	14. (C)	15. (B)
16. (A)	17. (A)	18. (B)	19. (A)	20. (A)
21. (C)	22. (B)	23. (A)	24. (B)	25. (A)

1.

Didn't you start as a sales associate many years ago?
(A) Yes, I've been in sales for ten years.
(B) It went down so much.
(C) Buy one for your coworker.

수년 전에 판매원으로서 일을 시작하셨죠?
(A) 네, 저는 판매부에 10년 있었어요.
(B) 그것은 상당히 내려갔어요.
(C) 동료를 위해 하나 구매하세요.

해설 (A) 정답: 판매원으로 시작했다고 수긍(Yes)한 뒤, 근무 기간까지 덧붙여 말하고 있으므로 적절한 답변이다.
(B) 연상 어휘: 의미상 연결이 가능한 단어(sales/down)로 혼동시키는 오답이다.
(C) 연상 어휘: 의미상 연결이 가능한 단어(sales/Buy)로 혼동시키는 오답이다.

어휘 sales associate 판매사원 coworker 동료

2.

Would you like me to call Maintenance about the equipment failure, or will you?
(A) Okay, I'll tell everyone.
(B) It's no longer in production.
(C) Whichever is fine with me.

관리과에 장비 고장에 대해서 제가 전화할까요, 아니면 당신이 할 건가요?
(A) 좋아요, 제가 모두에게 말할게요.
(B) 그것은 더 이상 생산되지 않아요.
(C) 저는 어느 쪽이든 좋아요.

해설 (A) 목적어 오류: 관리과는 everyone이 아닌 대명사 it나 them으로 받아야 한다.
(B) 연상 어휘: 의미상 연결이 가능한 단어(equipment/production)로 혼동시키는 오답이다.
(C) 정답: 문장 선택 유형. Whichever는 둘 다 선택하는 답변이다.

어휘 failure 고장 no longer 더 이상 ~아닌 whichever 어느 쪽이든

3.
The clothing shop is located on Fifth Avenue, isn't it?
(A) It's hanging in the closet.
(B) Yes, there's one downtown too.
(C) Over the weekend.

그 옷 가게는 5번가에 위치하고 있죠?
(A) 그것은 벽장 안에 걸려 있어요.
(B) 네, 시내에도 하나 있어요.
(C) 주말 동안에요.

해설 (A) 연상 어휘: 의미상 연결이 가능한 단어(clothing/hanging, closet)로 혼동시키는 오답이다.
(B) 정답: 5번가에 있다고 수긍(Yes)한 뒤, 시내에도 지점이 있다는 정보를 덧붙이고 있으므로 적절한 답변이다.
(C) 관련없는 대답: 때를 묻는 When 질문에 어울리는 대답이다.

어휘 clothing shop 옷 가게 hang 걸다 over the weekend 주말 동안

4.
Aren't you supposed to call the home office?
(A) I suppose it should.
(B) It's not that cold outside.
(C) Oh, thanks for reminding me.

본사에 전화하기로 하지 않았나요?
(A) 그럴 것 같아요.
(B) 밖은 그렇게 춥지 않아요.
(C) 아, 상기시켜 줘서 고마워요.

해설 (A) 유사 발음: 부분적으로 발음이 같은 단어(supposed/suppose)로 혼동시키는 오답이다.
(B) 유사 발음: 부분적으로 발음이 같은 단어(call the/cold)로 혼동시키는 오답이다.
(C) 정답: 전화해야 하는 것을 깜박했는데, 상기시켜 줘서 고맙다고 하는 적절한 답변이다.

어휘 home office 본사 remind 상기시키다

5.
Do you have time to talk with me or are you leaving?
(A) My train isn't until nine.
(B) Mr. Moore has an opening at that time.
(C) I've lived here for years.

저랑 대화할 시간 있으세요, 아니면 가실 건가요?
(A) 제 기차는 9시나 되어야 있어요.
(B) 무어 씨는 그 시간이 비어 있어요.
(C) 저는 이곳에서 수년간 살았어요.

해설 (A) 정답: 문장 선택 유형. 9시가 되어야 기차가 있으니 대화할 시간이 있다는 뜻이다. not until(~되어야 비로소)는 그때까지 여유가 있음을 알려주는 단서이다.
(B) 어휘 반복: 질문에 나온 단어(time)를 반복 사용한 오답이다.
(C) 유사 발음: 부분적으로 발음이 같은 단어(leaving/lived)로 혼동시키는 오답이다.

어휘 opening 빈 시간 at that time 그 시간에

6.
The bike messenger delivered the package I gave you, didn't he?
(A) A small charge for shipping.
(B) Not at this time.
(C) There are two messages for you.

제가 당신에게 준 소포를 자전거 배달원이 배달하지 않았나요?
(A) 적은 배송료요.
(B) 현재까지는 아니에요.
(C) 당신에게 두 개의 메시지가 왔어요.

해설 (A) 연상 어휘: 의미상 연결이 가능한 단어(delivered/shipping)로 혼동시키는 오답이다.
(B) 정답: 앞에 No가 생략된 것으로, 현재까지는 아직 배달되지 않았다는 말이므로 적절한 답변이다.
(C) 유사 발음: 부분적으로 발음이 같은 단어(messenger/messages)로 혼동시키는 오답이다.

어휘 bike messenger 자전거 배달원 package 소포 shipping 배송

7.
Do we have to hire a caterer, or will everyone bring their own food to the party?
(A) By the end of the week.
(B) We need to share the recipe.
(C) Natalie called a catering company.

우리가 출장 요리 업체를 이용해야 하나요, 아니면 모두가 파티에 각자 음식을 가져올 건가요?
(A) 금요일까지요.
(B) 우리는 요리법을 공유해야 해요.
(C) 나탈리가 출장 요리 업체에 전화했어요.

해설 (A) 관련없는 대답: 'by+시점(~까지)'는 When 질문에 어울리는 대답이다.
(B) 연상 어휘: 의미상 연결이 가능한 단어(food/recipe)로 혼동시키는 오답이다.
(C) 정답: 문장 선택 유형. A or B에서 A를 선택하고 있다.

어휘 caterer 출장 요리 업체 the end of the week 주중의 끝, 금요일(Friday)

8.

Shouldn't I bring another chair from the room next door?
(A) No, use a different entrance.
(B) Mason won't turn up.
(C) We can't afford new furniture right now.

옆 방에서 다른 의자 하나를 가져와야 하지 않을까요?
(A) 아뇨, 다른 출입구를 사용하세요.
(B) 메이슨은 오지 않을 거예요.
(C) 우리는 현재 새 가구를 살 여유가 없어요.

해설 (A) 관련없는 대답: No 뒤의 내용이 질문과 전혀 상관없다.
(B) 정답: 앞에 No가 생략된 것으로, 특정 동료(Mason)가 참석하지 않을 것이므로 의자가 필요 없다는 뜻이다.
(C) 연상 어휘: 의미상 연결이 가능한 단어(chair/furniture)로 혼동시키는 오답이다.

어휘 turn up 나타나다 afford ~살[할] 여유가 되다

9.

Ms. Harris hasn't arranged the new books yet, has she?
(A) No, I didn't have a chance to read it.
(B) She has already eaten.
(C) Was she supposed to?

해리스 씨가 새로운 책들을 아직 정리하지 않았죠?
(A) 아뇨, 저는 그것을 읽을 기회가 없었어요.
(B) 그녀는 이미 식사했어요.
(C) 그녀가 하기로 되어 있었나요?

해설 (A) 연상 어휘: 의미상 연결이 가능한 단어(books/read)로 혼동시키는 오답이다.
(B) 연상 어휘: 의미상 연결이 가능한 단어(yet/already)로 혼동시키는 오답이다.
(C) 정답: 질문에 대한 대답 대신 질문 내용을 다시 반문하는 적절한 답변이다.

어휘 arrange 정리하다 be supposed to ~하기로 되어 있다, ~할 예정이다

10.

Which is better to purchase—a color copier, or a black and white one?
(A) Leave it off when not in use.
(B) What option do you need more?
(C) The white one looks good.

컬러 복사기와 흑백 복사기 중에서 어느 것을 구매하는 것이 더 나을까요?
(A) 사용 중이 아니면 전원을 꺼 두세요.
(B) 어떤 옵션이 더 필요하세요?
(C) 흰색 것이 좋아 보여요.

해설 (A) 관련없는 대답: 질문과 상관없는 대답이다.
(B) 정답: 질문을 통해서 선택에 도움을 주려는 의도이므로 적절한 답변이다.
(C) 어휘 반복: 질문에 나온 단어(white one)를 반복 사용한 오답이다.

어휘 black and white 흑백(의) leave+사물+off 꺼두다 in use 사용 중인

11.

Wasn't the proposal supposed to be submitted by yesterday?
(A) I suppose they will.
(B) Yes, but there were some errors in it.
(C) On the manager's desk.

제안서는 어제까지 제출하기로 하지 않았나요?
(A) 그들이 그럴 거라고 생각해요.
(B) 네, 하지만 오류가 좀 있었어요.
(C) 부장님 책상 위에요.

해설 (A) 유사 발음: 부분적으로 발음이 같은 단어(supposed/suppose)를 사용한 오답이다.
(B) 정답: 어제까지 제출할 예정이었지만 오류가 있어서 제출을 못 했다는 답변이므로 적절하다.
(C) 관련없는 대답: 물건의 위치를 묻는 Where 질문에 어울리는 답변이다.

어휘 submit 제출하다 suppose 생각하다

12.

You brought the copies of the résumés, didn't you?
(A) He printed some.
(B) Didn't you receive my e-mail about them?
(C) About my work experience.

이력서 사본 가져오셨죠?
(A) 그가 몇 부 출력했어요.
(B) 그것들에 대한 제 이메일을 받지 않으셨나요?
(C) 제 경력에 대해서요.

해설 (A) 불일치: 질문과 상관없이 he, his, him, she, her로 대답은 불가하다.
(B) 정답: 앞에 No가 생략된 것으로, 이메일로 이력서를 보냈는데 따로 출력해서 가져와야 하는지 반문하는 답변이다.
(C) 관련없는 대답: 'about+(동)명사'는 What 질문에 어울리는 답변이다.

어휘 résumé 이력서 work experience (근무) 경력

13.

Do you want to have a meal out here on the patio or go inside?
(A) Thank you, that was a wonderful meal.
(B) Isn't it too cold to be outside?
(C) Just a cup of tea, please.

여기 테라스에서 식사하시겠어요, 아니면 안으로 들어가시겠어요?
(A) 고마워요, 아주 훌륭한 식사였어요.
(B) 밖에 있기에는 너무 춥지 않나요?
(C) 그냥 차 한 잔 주세요.

해설 (A) 어휘 반복: 질문에 나온 단어(meal)를 반복 사용한 오답으로, Thank you는 도움을 주겠다는 제의(offer)에 어울리는 대답이다.
(B) 정답: 밖이 추울 것이니 안으로 들어가자는 뜻으로 질문을 통해서 선택을 유도하고 있다.
(C) 연상 어휘: 의미상 연결이 가능한 단어(meal/tea)로 혼동시키는 오답이다.

어휘 **patio** 파티오, 테라스

14.
Weren't Carter and Ellie going to join us for dinner?
(A) To enjoy a game of golf.
(B) Between five and six would be okay.
(C) I'll find out if they're ready.

카터와 엘리가 우리와 함께 저녁 식사를 하기로 하지 않았나요?
(A) 골프 한 게임을 즐기기 위해서요.
(B) 5시에서 6시 사이가 좋겠어요.
(C) 그들이 준비되었는지 알아볼게요.

해설 (A) 관련없는 대답: 'to+동사원형(~하기 위해서)'은 Why 질문에 어울리는 대답이다.
(B) 관련없는 대답: 시간 선택을 묻는 질문에 어울리는 답변이다.
(C) 정답: 앞에 Yes가 생략된 것으로, 그들이 함께 식사를 할 것이니, 그들이 준비가 되었는지 알아보겠다는 적절한 답변이다.

15.
You called the travel agency, right?
(A) I'll give you a ride there.
(B) I'm not sure I can go on a trip.
(C) In Asia this summer.

여행사에 전화하셨죠?
(A) 제가 그곳까지 차를 태워드릴게요.
(B) 제가 여행을 갈 수 있을지 모르겠어요.
(C) 이번 여름에 아시아에서요.

해설 (A) 관련없는 대답: 질문과 상관없는 대답이다.
(B) 정답: 앞에 No가 생략된 것으로, 여행을 갈 수 있을지 몰라서 여행사에 전화를 하지 않았다는 답변이다.
(C) 연상 어휘: 의미상 연결이 가능한 단어(travel/Asia)로 혼동시키는 오답이다.

어휘 **travel agency** 여행사 **give A a ride** A를 태워주다 **go on a trip** 여행 가다

16.
Should we talk about the project now or later?
(A) I have a conference call soon.
(B) On the table near the door is better.
(C) We went to Mexico on the last assignment.

프로젝트에 대해서 지금 얘기할까요, 아니면 나중에 할까요?
(A) 저는 곧 전화 회의가 있어요.
(B) 문 옆의 테이블 위가 더 나아요.
(C) 마지막 업무로 우리는 멕시코에 갔어요.

해설 (A) 정답: A(now) or B(later)에서 B를 선택해서 우회적으로 표현한 것으로 곧 전화 회의가 있으니 나중에 대화하자는 뜻이다.
(B) 관련없는 대답: 장소 선택 질문에 어울리는 대답이다.
(C) 연상 어휘: 의미상 연결이 가능한 단어(project/assignment)로 혼동시키는 오답이다.

어휘 **conference call** 전화 회의 **assignment** 업무

17.
Won't you attend the information seminar this afternoon?
(A) Yes, I'm looking forward to it.
(B) The revised agenda for the conference.
(C) The attendance is very low.

오늘 오후에 설명회에 참가할 거죠?
(A) 네, 기대가 돼요.
(B) 회의를 위한 수정된 안건이요.
(C) 참석률이 매우 저조해요.

해설 (A) 정답: 설명회에 참가할 거라고 수긍(Yes)한 뒤, 그것이 기대가 된다고 덧붙이고 있으므로 적절한 답변이다.
(B) 연상 어휘: 의미상 연결이 가능한 단어(seminar/agenda, conference)로 혼동시키는 오답이다.
(C) 유사 발음: 부분적으로 발음이 같은 단어(attend/attendance)를 사용한 오답이다.

어휘 **information seminar** 설명회 **look forward to** 고대하다 **revised** 수정된 **agenda** 안건 **attendance** 참석률

18.
Sarah will prepare the press release, won't she?
(A) I was relieved.
(B) No, but she will help with it.
(C) In the next month's issue.

사라가 언론 보도자료를 준비할 거죠?
(A) 안심했어요.
(B) 아뇨, 하지만 그녀가 그것을 도울 거예요.
(C) 다음 달 호에요.

해설 (A) 유사 발음: 부분적으로 발음이 같은 단어(release/relieved)를 사용한 오답이다.
(B) 정답: 사라가 준비하지 않는다고 No라고 답한 뒤, 도와는 줄 거라고 덧붙이고 있으므로 적절한 답변이다.
(C) 관련없는 대답: Where 질문에 어울리는 대답이다.

어휘 **press release** 언론 보도(자료) **relieved** 안도하는 **issue** (잡지·신문의) 호, 간행물

19.
Will we need just one part-time helper or two?
(A) We have to hire more than two.
(B) I'm sure a sales clerk can help him out.
(C) Where's the personnel department?

우리에게 시간제 보조원이 한 명만 필요할까요, 아니면 두 명이 필요할까요?
(A) 우리는 두 명 이상을 채용해야 해요.
(B) 확실히 판매원이 그를 도와줄 수 있을 거예요.
(C) 인사과는 어디에 있나요?

해설 (A) 정답: 두 선택지 이외의 제3의 것을 선택하고 있다.
(B) 불일치: 질문과 상관없이 he, his, him, she, her로 대답은 불가하다.
(C) 연상 어휘: 의미상 연결이 가능한 단어(part-time helper/ personnel)로 혼동시키는 오답이다.

어휘 **part-time helper** 시간제 보조원[조수] **sales clerk** 판매원

20.

Hasn't the list of our job vacancies been uploaded yet?
(A) I completed that work this morning.
(B) They have been loaded onto the truck.
(C) I'll apply right away, thanks.

우리 회사 공석 목록이 아직 업로드되지 않았나요?
(A) 오늘 오전에 그 일을 끝냈어요.
(B) 그것들은 트럭에 실렸어요.
(C) 제가 즉시 지원할게요, 고마워요.

해설 (A) 정답: 앞에 Yes가 생략된 것으로, 오전에 일을 끝냈으므로 목록은 이미 업로드되었다는 답변이다.
(B) 유사 발음: 부분적으로 발음이 같은 단어(uploaded / loaded)를 사용한 오답이다.
(C) 연상 어휘: 의미상 연결이 가능한 단어(job vacancies / apply)로 혼동시키는 오답이다.

어휘 **job vacancy** 일자리 공석 **load** 싣다 **apply** 지원하다

21.

We can look at the apartment by the park, can't we?
(A) There are a few commercial properties.
(B) You can leave it on the street.
(C) Not until Thursday, I'm afraid.

우리가 공원 옆에 있는 아파트를 둘러볼 수 있죠?
(A) 몇 개의 상업 부지가 있어요.
(B) 도로에 두시면 돼요.
(C) 죄송하지만, 목요일 이후에나 가능해요.

해설 (A) 연상 어휘: 의미상 연결이 가능한 단어(apartment / properties)로 혼동시키는 오답이다.
(B) 연상 어휘: 의미상 연결이 가능한 단어(park / street)로 혼동시키는 오답이다.
(C) 정답: 앞에 Yes, but이 생략된 것으로 볼 수 있으며, 아파트를 볼 수 있지만 목요일이나 되어야 가능하다는 답변이다.

어휘 **commercial** 상업적인 **property** 부동산, 재산 **not until** ~되어야 비로소

22.

Are book reservation requests made over the phone or online?
(A) Thanks, I've already tried them.
(B) You can access the services online.
(C) Various orders.

도서 예약 요청은 전화로 하는 건가요, 아니면 인터넷으로 하는 건가요?
(A) 고마워요, 이미 그것들을 시도해봤어요.
(B) 인터넷으로 서비스를 이용하실 수 있어요.
(C) 다양한 주문들이요.

해설 (A) 관련없는 대답: Thanks는 도움을 주겠다는 제의(offer)에 어울리는 대답이다.
(B) 정답: A(over the phone) or B(online)에서 B를 선택하여 답변했다.
(C) 관련없는 대답: 질문과 상관없는 대답이다.

어휘 **access** 이용하다, 접근하다

23.

Wouldn't you rather go somewhere nice for your vacation?
(A) I'll spend my time working on the roof of my house.
(B) A plane ticket to Canada.
(C) I think it's vacant now.

당신은 휴가로 어디 좋은 곳으로 가는 게 낫지 않겠어요?
(A) 집 지붕 작업을 하면서 시간을 보낼 거예요.
(B) 캐나다 행 비행기표요.
(C) 지금 그것이 비어 있는 것 같아요.

해설 (A) 정답: 좋은 곳으로 가는 대신 지붕 수리 작업을 하면서 휴가를 보낼 거라는 말이므로 적절한 답변이다.
(B) 연상 어휘: 의미상 연결이 가능한 단어(vacation / Canada)로 혼동시키는 오답이다.
(C) 유사 발음: 부분적으로 발음이 같은 단어(vacation / vacant)를 사용한 오답이다.

어휘 **would rather** ~하는 게 낫다 **work on** 작업하다 **vacant** 비어 있는

24.

The gas rates in our area went up, didn't they?
(A) The residential area near the park.
(B) I'll call the utility company.
(C) Try the gas station around the corner.

우리 지역의 가스 요금이 올랐죠?
(A) 공원 근처의 주거 지역이요.
(B) 제가 가스 회사에 전화할게요.
(C) 모퉁이에 있는 주유소에 가보세요.

해설 (A) 어휘 반복: 질문에 나온 단어(area)를 반복 사용한 오답이다.
(B) 정답: 요금이 올랐는지 잘 모르겠으니 가스 회사에 전화해서 알아보겠다는 우회적 답변이다.
(C) 어휘 반복: 질문에 나온 단어(gas)를 반복 사용한 오답이다.

어휘 **gas rate** 가스 요금 **residential area** 주거 지역 **utility company** (가스·전기 등을 공급하는) 공익 회사 **gas station** 주유소

25.

Phone services have been cut off, haven't they?
(A) No, they're now fully restored.
(B) John e-mailed me yesterday.
(C) I'll take a message if they call.

전화 서비스가 끊겼죠?
(A) 아뇨, 이제 완전히 복구되었어요.
(B) 존이 어제 저에게 이메일을 보냈어요.
(C) 만약 그들이 전화하면 제가 메시지를 받아 놓을게요.

해설 (A) 정답: 서비스가 끊기지 않았다(No)고 답한 뒤, 현재는 서비스가 복구된 상태라고 덧붙이고 있으므로 적절한 답변이다.
(B) 관련없는 대답: 질문과 상관없는 대답이다.
(C) 연상 어휘: 의미상 연결이 가능한 단어(phone/call)로 혼동시키는 오답이다.

어휘 cut off 차단하다, 자르다 restore 복구하다

UNIT 6

1 제안·요청 의문문

MODEL TEST 본책 p. 77

1. (B)   2. (C)   3. (C)   4. (A)   5. (C)

1.
Excuse me, may I see your photo identification?
(A) He was making an excuse.
(B) Sure, here it is.
(C) It'll take place in May.

실례지만, 사진이 있는 신분증 좀 봐도 될까요?
(A) 그는 변명을 하고 있었어요.
(B) 물론이죠, 여기 있습니다.
(C) 그것은 5월에 열릴 거예요.

해설 (A) 불일치: 질문과 상관없이 he, his, him, she, her로 대답은 불가하다.
(B) 정답: 봐도 되는지 허락을 구하는 말(may I ...?)에 수락(Sure)한 후, 물건을 건네는 표현(here it is)으로 적절하게 답했다.
(C) 관련없는 대답: 질문과 상관없는 대답이다.

어휘 make an excuse 변명하다 Here it is. (물건을 건네주며) 여기 있어요. (Here you are.) take place 개최되다, 일어나다

2.
Do you want me to help you enter information into our system?
(A) The stain will come out easily.
(B) Are you willing to help him?
(C) No thanks, I can manage.

시스템에 정보를 입력하는 것을 도와드릴까요?
(A) 얼룩은 쉽게 빠질 거예요.
(B) 그를 도와주실 의향이 있으세요?
(C) 고맙지만, 제가 처리할 수 있어요.

해설 (A) 관련없는 대답: 질문과 상관없는 대답이다.
(B) 불일치: 질문과 상관없이 he, his, him, she, her로 대답은 불가하다.
(C) 정답: 도와주겠다는 제의(Do you want me to help you...?)를 거절하는 답변(No thanks)이다.

어휘 stain 얼룩 come out 빠지다 be willing to 기꺼이 ~하다

3.
Could you fill in for me next Saturday night?
(A) You have to fill in the application form first.
(B) Two weeks ago, as far as I remember.
(C) Did you get the supervisor's approval?

다음 토요일 저녁에 제 일을 좀 대신해주시겠어요?
(A) 먼저 지원서를 작성하셔야 해요.
(B) 제가 기억하는 한 2주 전에요.
(C) 상사의 승인을 받았나요?

해설 (A) 어휘 반복: 질문에 나온 단어(fill in)를 반복 사용한 오답이다.
(B) 관련없는 대답: 때를 묻는 When 질문에 어울리는 대답이다.
(C) 정답: 근무를 대신해 달라는 요청(Could you…?)에, 상사의 허락을 받았는지 반문하는 적절한 답변이다.

어휘 fill in for ~를 대신하다(cover one's shift) fill in 작성하다 as far as ~하는 한 supervisor 상사 approval 승인

4.
Let's set up the information booth by the front door.
(A) I'll ask the event coordinator about that.
(B) I was setting up some equipment.
(C) The flight information is on the screen.

정문 옆에 안내 부스를 설치합시다.
(A) 그것에 관해서 행사 책임자에게 문의할게요.
(B) 저는 장비를 설치하고 있었어요.
(C) 비행 정보는 스크린에 나와 있어요.

해설 (A) 정답: 부스를 설치하자는 제안(Let's)에 수락(Yes/Sure/Okay/Good idea) 표현을 생략하고, 바로 행사 책임자에게 문의하겠다는 적절한 답변이다.
(B) 어휘 반복: 질문에 나온 단어(set up)를 반복 사용한 오답이다.
(C) 어휘 반복: 질문에 나온 단어(information)를 반복 사용한 오답이다.

어휘 set up 설치하다 event coordinator 행사 책임자[진행자]

5.
Would you like to go shopping with me?
(A) Usually for clearance, but there's a spring sale too.
(B) At the food court.
(C) Yes, I've wanted to buy some shoes for a while.

함께 쇼핑 가시겠어요?
(A) 대개 재고 정리를 위해서지만, 봄 할인 행사도 있어요.
(B) 푸드 코트에서요.
(C) 네, 한동안 신발을 사고 싶었어요.

해설 (A) 연상 어휘: 의미상 연결이 가능한 단어(shopping/sale)로 혼동시키는 오답이다.
(B) 연상 어휘: 의미상 연결이 가능한 단어(shopping/food court)로 혼동시키는 오답이다.
(C) 정답: 쇼핑 가자는 제안(Would you like to go...?)을 수락(Yes)한 후, 쇼핑 가고자 하는 이유를 덧붙이는 적절한 답변이다.

어휘 **go shopping** 쇼핑 가다 **clearance** 재고 정리(clearance sale) **for a while** 한동안

② 평서문

MODEL TEST   본책 p. 79

| 1. (A) | 2. (A) | 3. (B) | 4. (A) | 5. (C) |

1.
I really need the final figures for the sales report.
(A) They should be ready soon.
(B) I tried to figure out the shortest driving route.
(C) A coupon for an additional discount.

판매 보고서를 위한 최종 수치가 정말 필요해요.
(A) 곧 준비가 될 거예요.
(B) 제가 최단 운전 경로를 알아봤어요.
(C) 추가 할인 쿠폰이요.

해설 (A) 정답: 수치를 요청(I need...)하는 말에, 곧 준비된다는 수락 의미의 적절한 답변이다.
(B) 어휘 반복: 질문에 나온 단어(figure)를 반복 사용한 오답이다. figure는 질문에서는 '수치'라는 명사로, 보기에서는 '알아내다(figure out)'라는 동사로 쓰였다.
(C) 연상 어휘: 의미상 연결이 가능한 단어(sales/coupon, discount)로 혼동시키는 오답이다.

어휘 **figure** 수치 **figure out** 알아내다 **driving route** 운전 경로 **additional** 추가의

2.
There has to be a quicker way to get to the convention center.
(A) I'd take a cab.
(B) It'll last for a few more weeks.
(C) To the city center.

컨벤션 센터로 가는 더 빠른 방법이 있을 거예요.
(A) 저라면 택시를 타겠어요.
(B) 그것은 몇 주 더 계속될 거예요.
(C) 도심으로요.

해설 (A) 정답: 특정 장소에 가는 더 빠른 방법이 있을 거라는 의견에 택시를 타는 것이 나을 거라고 조언하는 적절한 답변이다.
(B) 관련없는 대답: 기간을 묻는 How long 질문에 어울리는 대답이다.
(C) 어휘 반복: 질문에 나온 단어(center)를 반복 사용한 오답이다.

어휘 **cab** 택시(taxi, taxicab)

3.
Keith hung the poster above the water cooler.
(A) My favorite color.
(B) I'll go look at it.
(C) This year's painting workshop.

키스가 정수기 위에 포스터를 걸었어요.
(A) 제가 좋아하는 색이요.
(B) 가서 볼게요.
(C) 올해의 회화 워크숍이요.

해설 (A) 유사 발음: 발음이 유사한 단어(cooler/color)를 사용한 오답이다.
(B) 정답: 포스터를 걸었다는 말에 그것을 보러 가겠다는 적절한 답변이다.
(C) 연상 어휘: 의미상 연결이 가능한 단어(poster/painting)로 혼동시키는 오답이다.

어휘 **hang** 걸다 **water cooler** 정수기

4.
There are no small-sized T-shirts left on the rack.
(A) I'll have one of the store clerks get them.
(B) There's a fitting room over there.
(C) It has been postponed for an hour.

선반에 작은 사이즈의 티셔츠가 남아 있지 않아요.
(A) 점원에게 가져오라고 할게요.
(B) 저쪽에 탈의실이 있어요.
(C) 그것은 한 시간 연기되었어요.

해설 (A) 정답: 특정 물건이 없다는 문제 제기에 그것을 가져오도록 시키겠다는 해결책을 제시하는 적절한 답변이다.
(B) 연상 어휘: 의미상 연결이 가능한 단어(T-shirts/fitting room)로 혼동시키는 오답이다.
(C) 관련없는 대답: 질문과 상관없는 대답이다.

어휘 **store clerk** 점원 **fitting room** 탈의실

5.
Please let me know when you want to review the proposal.
(A) For the building project.
(B) No, but the software corrects common mistakes.
(C) Sure, it will be needed soon.

제안서를 언제 검토하길 원하시는지 알려주세요.
(A) 건설 프로젝트를 위해서요.
(B) 아뇨, 하지만 그 프로그램은 일반적인 오류를 바로잡아 줘요.
(C) 물론이죠, 곧 필요할 거예요.

해설 (A) 관련없는 대답: 'for+명사[모임/목적/이유 등]'은 Why 질문에 대한 빈출 답변이다.
(B) 관련없는 대답: 질문과 상관없는 대답이다.
(C) 정답: 제안서가 필요한 시기를 알려달라는 요청(Please let me know...)을 수락(Sure)한 후, 곧 필요할 거라고 덧붙이는 적절한 답변이다.

어휘 **review** 검토하다 **proposal** 제안서 **correct** 바로잡다

PRACTICE TEST

본책 p. 80

1. (B)	2. (A)	3. (A)	4. (C)	5. (C)
6. (B)	7. (C)	8. (C)	9. (B)	10. (A)
11. (B)	12. (C)	13. (C)	14. (A)	15. (B)
16. (B)	17. (B)	18. (C)	19. (A)	20. (C)
21. (A)	22. (B)	23. (C)	24. (B)	25. (A)

1.

Mr. Chen won't be able to return from Paris today.
(A) You'd better turn left here.
(B) I hope I can delay the presentation for our clients.
(C) By bus or train.

첸 씨는 오늘 파리에서 돌아오지 못할 거예요.
(A) 여기서 좌회전하는 것이 나아요.
(B) 고객들을 위한 프리젠테이션을 연기할 수 있기를 바라요.
(C) 버스나 기차요.

해설 (A) 유사 발음: 부분적으로 발음이 같은 단어(return / turn)를 사용한 오답이다.
(B) 정답: 동료가 오늘 돌아오지 못할 문제에 대해 프리젠테이션을 연기할 수 있으면 좋겠다는 바람으로 적절하게 답변했다.
(C) 관련없는 대답: 이동 수단을 묻는 'How ... get[go, travel] to + 장소?' 질문에 어울리는 대답이다.

어휘 **had better** ~하는 게 낫다 **turn left** 좌회전하다(go left, make a left)

2.

I don't see your travel receipts in the expense report.
(A) I must have dropped them somewhere.
(B) Five hundred sixty dollars in total.
(C) I got them, too.

비용 보고서 안에 출장 영수증들이 안 보이네요.
(A) 어딘가에 떨어뜨렸나 봐요.
(B) 총 560달러요.
(C) 저도 그것들을 받았어요.

해설 (A) 정답: 영수증이 빠져 있다는 문제 제기에, 그것을 어딘가에 떨어뜨려서 없는 것 같다는 적절한 답변이다.
(B) 관련없는 대답: 값을 묻는 How much 질문에 어울리는 대답이다.
(C) 관련없는 대답: 질문과 상관없는 대답이다.

어휘 **receipt** 영수증 **drop** 떨어뜨리다 **in total** 총 ~

3.

Could you give me an update on our new lines of merchandise?
(A) Certainly, but can we do it later?
(B) It's on June 15th, not the 10th.
(C) I'm afraid we don't carry them.

우리 회사 신제품들에 대해서 최신 소식 좀 알려주시겠어요?
(A) 물론이죠, 그런데 나중에 해도 될까요?
(B) 그것은 6월 15일에 있어요, 10일이 아니에요.
(C) 죄송하지만 저희는 그것들을 취급하지 않아요.

해설 (A) 정답: 최신 소식을 알려달라는 요청(Could you...?)에 대해 이를 수락(Certainly)한 후, 나중에 해도 되는지 반문하는 적절한 답변이다.
(B) 관련없는 대답: 때를 묻는 When 질문에 어울리는 대답이다.
(C) 연상 어휘: 의미상 연결이 가능한 단어(merchandise / carry)로 혼동시키는 오답이다.

어휘 **merchandise** 상품, 물품 **carry** 물건을 취급하다

4.

Let's have a party in the lobby rather than in a banquet hall.
(A) A big conference table in the board room.
(B) A company celebration.
(C) But we're expecting more than 100 people.

연회장 대신 로비에서 파티를 합시다.
(A) 회의실 안에 있는 큰 컨퍼런스 테이블이요.
(B) 회사 기념 행사요.
(C) 하지만 100명 이상이 올 것으로 예상되는데요.

해설 (A) 연상 어휘: 의미상 연결이 가능한 단어(banquet hall / conference table)로 혼동시키는 오답이다.
(B) 연상 어휘: 의미상 연결이 가능한 단어(party / celebration)로 혼동시키는 오답이다.
(C) 정답: 파티를 로비에서 하자는 제안(Let's)에, 많은 사람들이 올 예정이니 다른 곳인 연회장으로 하자는 적절한 답변이다.

어휘 **rather than** ~보다는, ~대신에 **banquet hall** 연회장 **board room** (중역) 회의실 **celebration** 기념 행사

5.

The shopping mall should provide customers with more activities for their children.
(A) The older one is still under the age of twelve.
(B) Thanks, that's very nice of you.
(C) There is an indoor playground on the second floor.

쇼핑몰은 고객들에게 아이들을 위한 활동을 더 많이 제공해야 해요.
(A) 큰 아이도 아직 12세가 안 됐어요.
(B) 고마워요, 매우 친절하시네요.
(C) 2층에 실내 놀이터가 있어요.

해설 (A) 연상 어휘: 의미상 연결이 가능한 단어(children / under the age of twelve)로 혼동시키는 오답이다.
(B) 관련없는 대답: 질문과 상관없는 대답이다.
(C) 정답: 아이들을 위한 활동을 더 많이 제공해야 한다는 제안 / 의견 제시에, 이미 그런 시설이 있다는 정보를 전달하는 적절한 답변이다.

어휘 **indoor** 실내의 **playground** 놀이터

6.

Do you mind checking the invoice I just e-mailed you?
(A) Sorry, I'll turn the volume down.
(B) Oh, I've got to leave now.
(C) You can check out a book here.

방금 이메일로 보내드린 거래내역서를 확인해주시겠어요?
(A) 죄송해요, 소리를 줄일게요.
(B) 아, 제가 지금 나가야 해서요.
(C) 이곳에서 책을 대출할 수 있으세요.

해설 (A) 연상 어휘: 질문의 invoice(거래내역서)에서 주문량(volume of orders)을 연상하게 한 오답이다. 선택지에서 volume은 '음량'이란 뜻으로 쓰였다.
(B) 정답: 이메일을 확인해달라는 요청(Do you mind -ing...?)에 대해 지금 퇴근해야 한다는 이유를 들어 거절하고 있으므로 적절한 답변이다.
(C) 유사 발음: 부분적으로 발음이 같은 단어(checking / check out)를 사용한 오답이다.

어휘 invoice 거래내역서, 송장 turn the volume down 볼륨을 줄이다 have got to ~해야 한다(= have to) check out a book 책을 대출하다

7.

We need to hire experienced engineers to make up for the delay.
(A) No, it didn't arrive on schedule.
(B) An entry card allowing access to the laboratory.
(C) Let's post job openings right away.

지연된 것을 만회하기 위해서 우리는 숙련된 엔지니어들을 채용해야 해요.
(A) 아뇨, 그것은 일정대로 도착하지 않았어요.
(B) 실험실 출입을 허용하는 출입 카드요.
(C) 즉시 일자리 공석을 게시합시다.

해설 (A) 연상 어휘: 의미상 연결이 가능한 단어(delay / on schedule)로 혼동시키는 오답이다.
(B) 연상 어휘: 의미상 연결이 가능한 단어(engineers / laboratory)로 혼동시키는 오답이다.
(C) 정답: 사람을 채용해야 한다는 제안 / 요청에 대해 즉시 구인 광고를 내자고 수락하는 적절한 답변이다.

어휘 experienced 숙련된 make up for ~을 만회하다 entry card 출입증 access to ~로의 출입 job opening 일자리 공석

8.

Why don't I show you a draft of the new design?
(A) I usually use several colors.
(B) There's a timetable in the flyer.
(C) That would be nice.

새로운 디자인 초안을 보여드릴까요?
(A) 저는 보통 여러 색상을 사용해요.
(B) 광고 전단지 안에 시간표가 있어요.
(C) 좋지요.

해설 (A) 연상 어휘: 의미상 연결이 가능한 단어(design / colors)로 혼동시키는 오답이다.
(B) 관련없는 대답: 질문과 상관없는 대답이다.
(C) 정답: 초안을 보여주겠다는 제안 / 제의(Why don't I...?)를 수락하는 적절한 답변이다. 제안을 수락하는 표현으로 nice, great 등을 쓴다.

어휘 draft 초안 flyer 광고 전단지

9.

So many people have applied for the administrative position.
(A) A résumé with a cover letter.
(B) I know. It'll be really hard to decide.
(C) He took the job offer.

매우 많은 사람들이 행정직에 지원했어요.
(A) 자기 소개서가 딸린 이력서 한 통이요.
(B) 맞아요. 결정하기 매우 힘들 거예요.
(C) 그가 일자리 제안을 받아들였어요.

해설 (A) 연상 어휘: 의미상 연결이 가능한 단어(applied position / résumé, cover letter)로 혼동시키는 오답이다.
(B) 정답: 매우 많은 사람들이 일자리에 지원했다는 말을 듣고 누구를 채용할지 결정하기 힘들겠다는 적절한 답변이다.
(C) 불일치: 질문과 상관없이 he, his, him, she, her로 대답은 불가하다.

어휘 apply for ~에 지원하다 administrative position 행정직 résumé 이력서 cover letter 자기 소개서

10.

Would you like one more slice of cake?
(A) I've had plenty, thank you.
(B) No, I didn't.
(C) In the refrigerator.

케이크 한 조각 더 드릴까요?
(A) 충분히 먹었어요, 고맙습니다.
(B) 아뇨, 저는 하지 않았어요.
(C) 냉장고 안에요.

해설 (A) 정답: 케이크를 더 주겠다는 제의(Would you like...?)를 거절하는 적절한 답변이다.
(B) 조동사 오류: Would you...? 질문에는 Yes, I would / No, I wouldn't로 답한다.
(C) 관련없는 대답: 장소 / 위치를 묻는 Where 질문에 어울리는 대답이다.

어휘 plenty 많음, 다량; 충분히 refrigerator 냉장고

11.

I thought that we were installing the new accounting software this Friday.
(A) To improve work efficiency.
(B) The tech team sent us a memo about that.
(C) Right next to the file cabinet.

이번 금요일에 새로운 회계 프로그램을 설치하려는 줄 알았어요.
(A) 업무 효율을 높이기 위해서요.
(B) 기술 지원팀이 우리에게 그와 관련된 회람을 보냈어요.
(C) 파일 보관함 바로 옆에요.

해설 (A) 관련없는 대답: 'to + 동사원형(~하기 위해서)'은 Why 질문에 어울리는 대답이다.
(B) 정답: 프로그램을 설치할 예정인 걸로 알고 있다는 말에 대해 그에 관한 회람을 받았다는 적절한 답변이다.
(C) 관련없는 대답: 장소/위치를 묻는 Where 질문에 어울리는 대답이다.

어휘 efficiency 효율 memo 회람(memorandum)

12.
Should we take our suppliers to the Jade Bistro on the ground floor?
(A) A contract renewal process.
(B) Let me have that, too.
(C) It's perfect for doing business.

1층에 있는 제이드 비스트로로 공급업자들을 모시고 갈까요?
(A) 계약서 갱신 절차요.
(B) 저도 그것을 먹을게요.
(C) 그곳이 비즈니스 하기에는 딱이죠.

해설 (A) 연상 어휘: 의미상 연결이 가능한 단어(suppliers/contract)로 혼동시키는 오답이다.
(B) 연상 어휘: 의미상 연결이 가능한 단어(Bistro 식당/have 먹다)로 혼동시키는 오답이다.
(C) 정답: 거래업체를 특정 식당에 데려가자는 제안(Should we …?)에 그곳이 비즈니스 하기에 최적이라는 적절한 답변이다. 앞에 Yes, Sure, Okay, Good idea 등의 수락 표현이 생략되었다.

어휘 supplier 공급업자[체] bistro 식당(= restaurant, diner)

13.
Why don't you register for the writing seminar?
(A) The conference room.
(B) You can ride with me.
(C) I attended last year.

글쓰기 세미나에 등록하는 것이 어때요?
(A) 회의실이요.
(B) 저와 같이 차를 타시면 돼요.
(C) 저는 작년에 참가했어요.

해설 (A) 관련없는 대답: 장소/위치를 묻는 Where 질문에 어울리는 대답이다.
(B) 유사 발음: 부분적으로 발음이 같은 단어(writing/ride)를 사용한 오답이다.
(C) 정답: 세미나 등록을 제안(Why don't you…?)하는 말에 작년에 참가했다는 이유를 들어 거절하는 적절한 답변이다.

14.
Paul wants us to come up with ideas for our new marketing campaign.
(A) Absolutely, we can talk over lunch.
(B) I created the previous print ad.
(C) No, it won't work.

폴은 우리가 새로운 광고 활동에 대해 아이디어를 내주기를 원해요.
(A) 그럼요, 점심 먹으며 얘기하죠.
(B) 제가 이전 인쇄 광고를 만들었어요.
(C) 아뇨, 그건 잘 안 될 거예요.

해설 (A) 정답: 광고 아이디어를 내달라는 요청에 대해 이를 수락(Absolutely)한 후, 점심 먹으며 얘기하자고 덧붙이는 적절한 답변이다.
(B) 연상 어휘: 의미상 연결이 가능한 단어(marketing campaign/ad)로 혼동시키는 오답이다.
(C) 관련없는 대답: No 뒤에 이어지는 내용이 질문과 상관없다.

어휘 come up with ~을 생각해내다 over lunch 점심 먹으며 previous 이전의 print ad 인쇄 광고

15.
Would you care to join me for the concert on Sunday?
(A) I'll take care of that.
(B) I'm afraid I have other plans.
(C) He wasn't in the office.

일요일에 콘서트에 같이 가시겠어요?
(A) 제가 그것을 처리할게요.
(B) 미안하지만 약속이 있어요.
(C) 그는 사무실에 없었어요.

해설 (A) 어휘 반복: 질문에 나온 단어(care)를 반복 사용한 오답이다.
(B) 정답: 콘서트에 같이 가자는 초대(Would you care to join me…?)에 대해 다른 약속 때문에 안 된다고 거절하는 적절한 답변이다.
(C) 불일치: 질문과 상관없이 he, his, him, she, her로 대답은 불가하다.

어휘 care to ~하고 싶다(like to) take care of ~을 처리하다

16.
I'm choosing new sofas for the employee lounge.
(A) A new employee was recruited.
(B) I recommend Thomson's Furniture.
(C) He's waiting in the lounge.

직원 휴게실을 위한 새 소파들을 고르고 있어요.
(A) 신입 사원 한 명이 채용되었어요.
(B) 톰슨즈 가구를 추천해요.
(C) 그는 라운지에서 기다리고 있어요.

해설 (A) 어휘 반복: 질문에 나온 단어(employee)를 반복 사용한 오답이다.
(B) 정답: 소파를 고르고 있다는 말에 특정 가구점을 추천해주는 적절한 답변이다.
(C) 불일치: 질문과 상관없이 he, his, him, she, her로 대답은 불가하다.

어휘 **employee lounge** 직원 휴게실 **recruit** 채용하다

17.
How about calling catering services for our company retreat?
(A) I like having company.
(B) I have a list of them.
(C) That's right. It went very well.

회사 단합회를 위해 출장 요리업체에 전화하는 것이 어때요?
(A) 저는 동행이 있는 것을 좋아해요.
(B) 저에게 그들 목록이 있어요.
(C) 맞아요. 그건 매우 잘됐어요.

해설 (A) 어휘 반복: 질문에 나온 단어(company)를 반복 사용한 오답이다. company가 선택지에서는 '동행'이라는 뜻으로 쓰였다.
(B) 정답: 출장 요리업체에 전화하자는 제안(How about -ing?)에 대해 전화할 업체 목록을 가지고 있다는 말로 상대의 제안을 수락하는 적절한 답변이다. Yes, Sure, Okay, Good idea 등의 수락 표현이 생략되었다.
(C) 관련없는 대답: 질문과 상관없는 대답이다.

어휘 **catering service** 출장 요리 서비스 **retreat** 수련회, 단합회 **go well** 잘되다

18.
We've decided to give our workers more vacation time.
(A) It's a bit less expensive.
(B) He was late for a train.
(C) I'm glad to hear that.

직원들에게 더 많은 휴가를 주기로 결정했어요.
(A) 그것이 약간 더 저렴해요.
(B) 그는 열차 시간에 늦었어요.
(C) 잘됐네요.

해설 (A) 관련없는 대답: 질문과 상관없는 대답이다.
(B) 불일치: 질문과 상관없이 he, his, him, she, her로 대답은 불가하다.
(C) 정답: 휴가 기간을 늘리겠다는 말에 잘됐다고 하는 적절한 답변이다.

19.
I really hope a Mexican restaurant opens near my office.
(A) There is one under construction on Main Street.
(B) My favorite activity.
(C) In the office building.

사무실 근처에 멕시코 식당이 생기면 정말 좋겠어요.
(A) 메인 스트리트에 한 곳이 공사 중이에요.
(B) 제가 좋아하는 행동이요.
(C) 사무실 건물 안에요.

해설 (A) 정답: 특정 식당이 생겼으면 좋겠다는 바람(I hope)을 나타내는 말에 그 식당이 들어설 예정이라는 정보를 전해주는 적절한 답변이다.
(B) 관련없는 대답: 질문과 상관없는 대답이다.
(C) 관련없는 대답: 장소/위치를 묻는 Where 질문에 어울리는 대답이다.

어휘 **under construction** 공사 중인

20.
May I make a brief announcement after this meeting ends?
(A) It ended at 10 P.M.
(B) I took the minutes.
(C) Okay, but you will only have 5 minutes.

이 회의가 끝난 후 짧게 안내 발표를 해도 될까요?
(A) 그것은 밤 10시에 끝났어요.
(B) 제가 회의록을 작성했어요.
(C) 좋아요, 하지만 시간이 5분밖에 없을 거예요.

해설 (A) 어휘 반복: 질문에 나온 단어(end)를 반복 사용한 오답이다.
(B) 연상 어휘: 의미상 연결이 가능한 단어(meeting / minutes 회의록)로 혼동시키는 오답이다.
(C) 정답: 발표 허락을 구하는 요청(May I…?)에 대해 이를 수락(Okay)한 후, 허용되는 시간을 알려주는 적절한 답변이다.

어휘 **brief** 짧은 **take the minutes** 회의록을 작성하다

21.
I no longer want to subscribe to your fashion magazine.
(A) I'll remove you from our customer database.
(B) Probably in your mailbox.
(C) Thirty days in advance.

더 이상 귀사의 패션 잡지를 구독하고 싶지 않아요.
(A) 저희 고객 데이터베이스에서 빼드릴게요.
(B) 아마도 우편함 안에요.
(C) 30일 전에 미리요.

해설 (A) 정답: 잡지 구독 취소 요청에 대해 이를 처리해주겠다는 적절한 답변이다.
(B) 관련없는 대답: 장소/위치를 묻는 Where 질문에 어울리는 대답이다.
(C) 관련없는 대답: 때를 묻는 When 질문에 어울리는 대답이다.

어휘 **no longer** 더 이상 ~아닌 **subscribe to** ~을 구독하다 **in advance** 미리

22.
Would you like me to put the dirty plates into the dishwasher?
(A) I bought new kitchen appliances.
(B) Sure, it's empty.
(C) I was satisfied with their cleaning service.

더러운 접시들을 식기 세척기 안에 넣을까요?
(A) 저는 새 주방용 전기제품들을 구매했어요.
(B) 네, 식기 세척기는 비어 있어요.
(C) 그들의 청소 서비스는 만족스러웠어요.

해설 (A) 연상 어휘: 의미상 연결이 가능한 단어(dishwasher/kitchen appliances)로 혼동시키는 오답이다.
(B) 정답: 식기 세척기에 접시를 넣어주겠다는 제의(Would you like me to...?)를 수락(Sure)하는 적절한 답변이다.
(C) 연상 어휘: 의미상 연결이 가능한 단어(dirty/cleaning)로 혼동시키는 오답이다.

어휘 **dirty** 더러운 **plate** 접시 **dishwasher** 식기 세척기 **be satisfied with** ~에 만족하다

23.
Please read through the materials we distributed early this morning.
(A) We received contributions from local sponsors.
(B) It's made of wood.
(C) I'll review them during my lunch break.

오늘 오전 일찍이 나눠드린 자료를 꼼꼼히 읽어보세요.
(A) 저희는 지역 후원자들로부터 기부금을 받았어요.
(B) 그것은 나무로 만들어졌어요.
(C) 점심 시간 동안에 그것을 검토할게요.

해설 (A) 유사 발음: 부분적으로 발음이 같은 단어(distributed/contributions)를 사용한 오답이다.
(B) 연상 어휘: 의미상 연결이 가능한 단어(materials/wood)로 혼동시키는 오답이다.
(C) 정답: 자료를 읽어보라는 요청(Please)에 대해 검토하겠다고 수락하는 적절한 답변이다.

어휘 **read through** 꼼꼼히 읽다 **contribution** 기부금 **sponsor** 후원자 **be made of** ~로 구성되다

24.
Can I forward the maintenance request form to the manager directly?
(A) I don't want to miss the deadline.
(B) Jonathan's in charge of it.
(C) The ventilation system is not working properly.

관리자에게 바로 유지 보수 요청서를 보내도 되나요?
(A) 저는 마감일을 어기고 싶지 않아요.
(B) 조나단이 그 일을 맡고 있어요.
(C) 환기 시스템이 제대로 작동하고 있지 않아요.

해설 (A) 관련없는 대답: 질문과 상관없는 대답이다.
(B) 정답: 발송 허락(Can I...?)을 구하는 말에 대해 특정 동료(Jonathan)가 그것을 담당하니 그에게 문의하라는 적절한 답변이다.
(C) 연상 어휘: 의미상 연결이 가능한 단어(maintenance/ventilation system)로 혼동시키는 오답이다.

어휘 **forward** 보내다 **miss** 놓치다 **ventilation** 환기, 통풍

25.
There are no hotel rooms available on April 24th.
(A) I thought I asked for one on the 18th.
(B) It's only 10 minutes away from the airport.
(C) Yes, your credit card number please.

4월 24일에는 이용 가능한 호텔 객실이 없어요.
(A) 저는 18일 것을 요청했다고 생각했는데요.
(B) 그것은 공항에서 불과 10분 거리에 있어요.
(C) 네, 신용카드 번호를 알려주세요.

해설 (A) 정답: 특정일에 호텔 객실이 없다는 문제점 고지에 대해 다른 날짜의 객실을 요청했다고 정정해주는 적절한 답변이다.
(B) 관련없는 대답: How far 질문에 어울리는 대답이다.
(C) 관련없는 대답: 객실 예약이 이루어진 후 결제 상황에서 직원이 할 수 있는 말이다.

PART 2 ACTUAL TEST
본책 p. 81

7. (A)	8. (B)	9. (C)	10. (C)	11. (C)
12. (A)	13. (A)	14. (B)	15. (C)	16. (B)
17. (C)	18. (C)	19. (A)	20. (B)	21. (B)
22. (A)	23. (A)	24. (A)	25. (C)	26. (B)
27. (B)	28. (A)	29. (B)	30. (C)	31. (C)

7.
Would you like to order baked potatoes as a side dish?
(A) I was thinking of steamed vegetables.
(B) Please place an order in advance.
(C) From the local farm.

사이드 디시로 구운 감자를 주문하시겠어요?
(A) 저는 데친 채소를 생각하고 있었어요.
(B) 미리 주문해주세요.
(C) 지역 농장으로부터요.

해설 (A) 정답: 구운 감자를 제안하는 말에 대해 대신 데친 채소를 원한다는 의사를 간접적으로 나타내는 적절한 답변이다.
(B) 어휘 반복: 질문에 나온 단어(order)를 반복 사용한 오답이다. order가 질문에서는 동사로, 선택지에서는 명사로 쓰였다.
(C) 관련없는 대답: 'from+장소'는 Where 질문에 어울리는 대답이다.

어휘 **steamed vegetable** 데친 채소 **place an order** 주문하다(order) **local** 지역의

8.
When are you leaving the company?
(A) Because I got a pay raise.
(B) In fact, next week.
(C) For a new career.

언제 회사를 그만두시나요?
(A) 임금 인상을 받았기 때문이에요.
(B) 실은 다음 주요.
(C) 새로운 경력을 위해서요.

해설 (A) 의문사 오류: Because는 이유를 묻는 Why 질문에 어울리는 대답이다.
(B) 정답: When 질문에 'next+시점(다음 ~)'으로 적절하게 답변했다.
(C) 의문사 오류: 'for+명사[모임/목적 등]'은 Why 질문에 어울리는 대답이다.

어휘 **pay raise** 임금 인상 **career** 경력

9.

Which exhibit booth has been assigned to our company?
(A) The last week of March.
(B) The previous work assignment.
(C) The one right next to the door.

우리 회사에 어느 전시 부스가 배정되었나요?
(A) 3월의 마지막 주요.
(B) 이전 업무 배정이요.
(C) 문 바로 옆의 것이요.

해설 (A) 의문사 오류: 때를 묻는 When 질문에 어울리는 대답이다.
(B) 유사 발음: 부분적으로 발음이 같은 단어(assigned/assignment)로 혼동시키는 오답이다.
(C) 정답: 어느 전시 부스(Which exhibit booth)인지 묻는 질문에 'right next to+장소(~ 바로 옆에)'로 적절하게 답변했다.

어휘 **exhibit booth** 전시 부스 **assign** 배정하다 **previous** 이전의 **assignment** 업무

10.

I don't know whether I should attend the workshop on leadership.
(A) The registration form on the Web site.
(B) Between January 6th and 10th.
(C) It would be very helpful.

리더십 관련 워크숍에 참석해야 할지 모르겠어요.
(A) 웹사이트에 있는 신청서요.
(B) 1월 6일과 10일 사이요.
(C) 매우 도움이 될 거예요.

해설 (A) 연상 어휘: 의미상 연결이 가능한 단어(workshop/registration form)로 혼동시키는 오답이다.
(B) 관련없는 대답: 때를 묻는 When 질문에 어울리는 대답이다.
(C) 정답: 워크숍에 가야 할지 망설이는 상대에게 워크숍이 도움이 될 거라는 말로 갈 것을 권유하는 적절한 답변이다.

어휘 **whether** ~인지 아닌지 **registration** 등록, 신청

11.

There's a package from RTN Engineering at the information desk.
(A) Do you want to choose by regular mail or express mail?
(B) Thursday at three sharp.
(C) Thanks, I'll pick it up on the way out.

안내 데스크에 RTN 엔지니어링으로부터 온 소포가 하나 있어요.
(A) 보통 우편으로 할 건가요, 아니면 빠른 우편으로 할 건가요?
(B) 목요일 3시 정각이요.
(C) 고마워요. 나갈 때 찾아갈게요.

해설 (A) 연상 어휘: 의미상 연결이 가능한 단어(package/mail)로 혼동시키는 오답이다.
(B) 관련없는 대답: 때를 묻는 When 질문에 어울리는 대답이다.
(C) 정답: 소포가 왔다는 정보 전달에 대해 고맙다고 한 후, 소포의 수령 시기를 덧붙이는 적절한 답변이다.

어휘 **regular mail** 보통 우편 **express mail** 빠른 우편 **sharp** 정각 **on the way out** 나가는 길에

12.

Who portrayed the main character in the play you recently saw?
(A) A new actor, Julia Swanson.
(B) Purchase a ticket at the box office.
(C) The storyline was very interesting.

당신이 최근에 본 연극에서 누가 주인공을 연기했어요?
(A) 신인 배우인 줄리아 스완슨이요.
(B) 매표소에서 표를 구입하세요.
(C) 스토리가 매우 재미있었어요.

해설 (A) 정답: Who 질문에 직업(actor)과 이름(Julia Swanson)으로 적절하게 답변했다.
(B) 의문사 오류: 표 구입 장소를 묻는 Where 질문에 어울리는 대답이다.
(C) 연상 어휘: 의미상 연결이 가능한 단어(play/storyline)로 혼동시키는 오답이다.

어휘 **portray** (영화·연극에서) 연기하다 **main character** 주인공 **play** 연극 **storyline** 줄거리

13.

The monthly rent includes free maintenance services, right?
(A) Did you check the brochure we gave you?
(B) The broken windows should be taken care of.
(C) They're not refundable.

월세에 무료 관리 서비스가 포함되는 거죠?
(A) 저희가 드린 안내책자를 확인해 보셨나요?
(B) 깨진 창문들을 처리해야 해요.
(C) 그것들은 환불되지 않아요.

해설 (A) 정답: 월세에 관리비가 포함된 것인지 묻는 질문에, 안내책자에 그 내용이 나와 있으니 확인해 보라는 적절한 답변이다.
(B) 연상 어휘: 의미상 연결이 가능한 단어(maintenance/broken windows)로 혼동시키는 오답이다.
(C) 연상 어휘: 의미상 연결이 가능한 단어(rent/refundable)로 혼동시키는 오답이다.

어휘 **rent** 임대료 **maintenance** 유지 관리 **broken** 깨진 **refundable** 환불 가능한

14.

Do you need 100 or 150 booklets for the symposium?
(A) A sign-up sheet.
(B) I think 100 booklets will be plenty.
(C) It was the day before yesterday.

심포지움을 위해서 필요한 소책자가 100부인가요, 아니면 150부인가요?
(A) 참가 신청서요.
(B) 100부의 소책자면 충분할 것 같아요.
(C) 그것은 그저께였어요.

해설 (A) 연상 어휘: 의미상 연결이 가능한 단어(symposium/sign-up sheet)로 혼동시키는 오답이다.
(B) 정답: 숫자 선택 유형. A or B 선택에서 A를 선택하여 답변했다.
(C) 관련없는 대답: 때를 묻는 When 질문에 어울리는 대답이다.

어휘 booklet 소책자 sign-up sheet 참가 신청서 the day before yesterday 그저께

15.
Do you know how to use this coffee machine?
(A) With cream and sugar.
(B) I repaired the machinery last week.
(C) Of course, let me show you.

이 커피 머신의 사용법을 아시나요?
(A) 크림과 설탕을 넣어 주세요.
(B) 기계를 지난주에 수리했어요.
(C) 물론이죠, 제가 알려드릴게요.

해설 (A) 연상 어휘: 의미상 연결이 가능한 단어(coffee/cream, sugar)로 혼동시키는 오답이다.
(B) 유사 발음: 부분적으로 발음이 같은 단어(machine/machinery)를 사용한 오답이다.
(C) 정답: 커피 머신의 사용법을 묻는 질문에 대해 사용법을 알고 있다고 응답(Of course)한 후 사용법을 알려주겠다고 하는 적절한 답변이다.

어휘 machinery 기계류

16.
Where is the Publishing Association Convention being held next month?
(A) At the end of September.
(B) I believe it's in Hong Kong.
(C) Yes, I write novels.

출판 협회 총회는 다음 달에 어디에서 있나요?
(A) 9월말예요.
(B) 홍콩일 거예요.
(C) 네, 저는 소설을 써요.

해설 (A) 의문사 오류: 때를 묻는 When 질문에 어울리는 대답이다.
(B) 정답: Where 질문에 'in+나라/도시(~에서)'로 적절하게 답변했다.
(C) Yes/No 불가: 의문사 질문에는 Yes/No로 대답이 불가하다.

어휘 publishing 출판 association 협회 novel 소설

17.
How much will it cost to repair my vacuum cleaner?
(A) That goes over there to the corner.
(B) It takes an hour to clean.
(C) Around forty dollars.

진공 청소기를 수리하는 데 비용이 얼마나 들까요?
(A) 그것은 저쪽 구석에 놓아주세요.
(B) 청소하는 데 한 시간 걸려요.
(C) 약 40달러요.

해설 (A) 의문사 오류: Where 질문에 어울리는 대답이다.
(B) 관련없는 대답: 소요 시간을 묻는 How long 질문에 어울리는 대답이다.
(C) 정답: How much 질문에 가격으로 적절하게 답변했다.

어휘 vacuum cleaner 진공 청소기

18.
Make sure you back up all the files to your laptop computer each day.
(A) It has a long battery life.
(B) No, not all the time.
(C) Sure. I won't forget.

매일 노트북 컴퓨터에 모든 파일을 꼭 백업하세요.
(A) 배터리 수명이 길어요.
(B) 아뇨, 항상 그런 것은 아니에요.
(C) 네. 까먹지 않을게요.

해설 (A) 연상 어휘: 의미상 연결이 가능한 단어(laptop computer/battery life)로 혼동시키는 오답이다.
(B) 관련없는 대답: 질문과 상관없는 대답이다.
(C) 정답: 반드시 파일 백업을 하라는 조언에 대해 Sure라고 이를 받아들이는 적절한 답변이다.

어휘 battery life 배터리 수명 all the time 항상

19.
Why is the Northwest Home hardware store closed so early?
(A) They take inventory every 10th of the month.
(B) He moved to the south of the city.
(C) Until late at night.

노스웨스트 홈 철물점이 그렇게 일찍 문을 닫은 이유가 뭐예요?
(A) 그들은 매달 10일에 재고 정리를 하거든요.
(B) 그는 도시의 남쪽으로 이사했어요.
(C) 밤 늦게까지요.

해설 (A) 정답: Why 질문에 Because를 생략하고 재고 정리(take inventory)라는 이유로 적절하게 답변했다.
(B) 불일치: 질문과 상관없이 he, his, him, she, her로 대답은 불가하다.
(C) 의문사 오류: 'until+때'는 기간을 묻는 How long 질문에 어울리는 대답이다.

어휘 hardware store 철물점 take inventory 재고 정리를 하다

20.
This computer comes with several accessories, doesn't it?
(A) Please come along with me.
(B) Yes, they are packed in the same box.
(C) It's a good place to buy appliances.

이 컴퓨터에는 몇몇 부속품들이 딸려 나오죠?
(A) 저와 함께 가요.
(B) 네, 그것들은 같은 상자에 포장되어 있어요.
(C) 그곳은 가전제품을 구입하기에 좋은 장소예요.

해설 (A) 어휘 반복: 질문에 나온 단어(come with)를 반복 사용한 오답이다.
(B) 정답: 부속품들이 딸려 나오는지 묻는 질문에 그렇다(Yes)고 답한 뒤, 그것들이 컴퓨터와 같은 상자에 들어 있다고 덧붙이는 적절한 답변이다.
(C) 연상 어휘: 의미상 연결이 가능한 단어(computer/appliances)로 혼동시키는 오답이다.

어휘 come with ~이 딸려 나오다 come along 함께 가다 appliance 가전제품

21.
Haven't you already signed up for the pottery class?
(A) Twice a week at most.
(B) Not yet, I'll register after work.
(C) Janet signed the lease yesterday.

도자기 강좌에 이미 등록하지 않으셨나요?
(A) 많아 봐야 1주일에 두 번이요.
(B) 아직이요. 퇴근 후에 등록할 거예요.
(C) 자넷이 어제 임대 계약서에 서명했어요.

해설 (A) 관련없는 대답: 빈도를 묻는 How often 질문에 어울리는 대답이다.
(B) 정답: Not yet은 질문의 Haven't ... already라는 시제를 부정하는 답변으로, 과거나 현재완료 시제 질문에 대해 정답으로 주로 등장한다.
(C) 어휘 반복: 질문에 나온 단어(signed)를 반복 사용한 오답이다.

어휘 sign up for ~에 등록하다(register for) pottery 도자기 at most 많아 봐야, 기껏해야

22.
Hasn't the warranty period been extended yet?
(A) I paid extra for that.
(B) A visa extension.
(C) I haven't eaten yet.

품질 보증 기간이 연장되지 않았나요?
(A) 그것에 대해 추가 비용을 냈어요.
(B) 비자 연장이요.
(C) 저는 아직 식사하지 않았어요.

해설 (A) 정답: 보증 기간 연장 여부를 묻는 질문에 대해 추가 비용을 지불해서 보증 기간이 연장되었다는 적절한 답변이다.
(B) 유사 발음: 부분적으로 발음이 같은 단어(extended/extension)로 혼동시키는 오답이다.
(C) 어휘 반복: 질문에 나온 단어(yet)를 반복 사용한 오답이다.

어휘 warranty 품질 보증 extend 연장하다 extension 연장

23.
I want to buy some shelves to arrange these binders.
(A) It's much cheaper online.
(B) We can deliver the flower arrangements.
(C) Yes, I sorted out all of those files.

이 바인더들을 정리하기 위해서 선반을 좀 사고 싶어요.
(A) 인터넷에서는 훨씬 저렴해요.
(B) 우리가 꽃꽂이를 배달할 수 있어요.
(C) 네, 제가 그 파일들을 모두 분류했어요.

해설 (A) 정답: 바인더를 사고 싶다는 말에 인터넷에서는 더 저렴하다는 정보를 알려주는 적절한 답변이다.
(B) 유사 발음: 부분적으로 발음이 같은 단어(arrange/arrangements)를 사용한 오답이다.
(C) 연상 어휘: 의미상 연결이 가능한 단어(arrange/sorted out)로 혼동시키는 오답이다.

어휘 flower arrangement 꽃꽂이 sort out 분류하다

24.
Are the regional directors planning to gather in Chicago?
(A) A few of them can't come.
(B) I'm gathering some information.
(C) A different direction.

지역 관리자들이 시카고에서 모일 계획인가요?
(A) 그들 중 몇 명은 올 수 없어요.
(B) 저는 정보를 모으고 있어요.
(C) 다른 방향이요.

해설 (A) 정답: 앞에 Yes, but이 생략된 것으로, 관리자들이 시카고에서 모이는 것은 맞지만 몇 명은 참가하지 못한다는 것을 알려주는 적절한 답변이다.
(B) 어휘 반복: 질문에 나온 단어(gather)를 반복 사용한 오답이다. gather는 '모이다'라는 자동사와 '모으다'라는 타동사 둘 다로 쓰인다.
(C) 유사 발음: 부분적으로 발음이 같은 단어(directors/direction)로 혼동시키는 오답이다.

어휘 regional 지역의 gather 모이다, 모으다 direction 방향, 안내

25.
Are you leaving for the train station at two o'clock or three o'clock?
(A) Go right to Rose Avenue.
(B) Yes, to meet with an important client.
(C) My train takes off at seven.

2시에 기차역으로 출발할 건가요, 아니면 3시에 출발할 건가요?
(A) 로즈가로 우회전하세요.
(B) 네, 중요한 고객을 만나기 위해서요.
(C) 제 기차는 7시에 출발해요.

해설 (A) 관련없는 대답: 가는 방법을 묻는 'How ... get[go, travel] to+장소?'에 어울리는 대답이다.
(B) Yes/No 불가: 둘 중 하나를 선택하거나 제 3의 것을 선택하는 대답이 필요한 질문이므로 Yes/No 응답은 불가하다.
(C) 정답: 시간 선택 유형. 두 선택지 이외의 제 3의 것을 선택하는 답변으로, 기차가 7시에나 있으므로 제시한 시간들보다 더 늦게 출발할 것이라는 의미로 받아들일 수 있다.

어휘 take off 출발하다(leave, depart)

26.

Can you send our research results to the marketing department?
(A) The successful campaign.
(B) Certainly. They'll have them soon.
(C) The laboratory is upstairs.

마케팅 부서로 조사 결과들을 보내주시겠어요?
(A) 성공적인 행사요.
(B) 물론이죠. 곧 받아보실 거예요.
(C) 실험실은 위층에 있어요.

해설 (A) 연상 어휘: 의미상 연결이 가능한 단어(marketing/campaign)로 혼동시키는 오답이다.
(B) 정답: 조사 결과를 보내 달라는 요청(Can you...?)에 대해 이를 수락(Certainly)한 후, 곧 받아보게 될 거라고 덧붙이는 적절한 답변이다.
(C) 연상 어휘: 의미상 연결이 가능한 단어(research/laboratory)로 혼동시키는 오답이다.

27.

Who should I talk to about getting this printer fixed?
(A) Yes, she should.
(B) There's contact information here.
(C) He printed them out before the meeting.

이 프린터를 수리 맡기는 것에 관해서 누구에게 말해야 하나요?
(A) 네, 그녀는 해야 해요.
(B) 여기 연락처가 있어요.
(C) 그는 회의 전에 그것들을 출력했어요.

해설 (A) Yes/No 불가: 의문사 질문에는 Yes/No로 대답이 불가하다.
(B) 정답: Who 질문에 관련 대상의 연락처(contact information)를 알려주는 적절한 답변이다.
(C) 불일치: Who 의문문에 he/she로 대답한 후, 그에 해당하는 사람을 뒤에서 밝히면 답이 될 수 있다. 여기서는 He에 해당하는 사람이 뒤에 없으므로 답이 될 수 없다.

28.

Where is the wireless microphone?
(A) Didn't Peter take it to the workshop?
(B) This isn't what I'm looking for.
(C) There is a music stand in the storage room.

무선 마이크는 어디에 있어요?
(A) 피터가 워크숍에 가져가지 않았나요?
(B) 이것은 제가 찾는 것이 아니에요.
(C) 창고에 악보대 하나가 있어요.

해설 (A) 정답: Where 질문에 특정 장소(to the workshop)를 언급한 적절한 답변이다.
(B) 관련없는 대답: 질문과 상관없는 대답이다.
(C) 연상 어휘: 의미상 연결이 가능한 단어(microphone/music)로 혼동시키는 오답이다.

어휘 **wireless** 무선의 **microphone** 마이크 **music stand** 악보대

29.

Are you having a hard time finding hotels near the airport, too?
(A) At the front desk.
(B) I know a reliable Web site.
(C) It serves complimentary breakfast.

당신도 공항 근처 호텔을 찾는 데 어려움을 겪고 있나요?
(A) 프런트 데스크에서요.
(B) 믿을 만한 웹사이트를 알고 있어요.
(C) 그곳은 무료 조식을 제공해요.

해설 (A) 관련없는 대답: 장소/위치를 묻는 Where 질문에 어울리는 대답이다.
(B) 정답: 호텔을 찾는 데 어려움을 토로하는 말에, 특정 웹사이트로 호텔을 찾을 수 있다고 해결책을 제시하는 적절한 답변이다.
(C) 연상 어휘: 의미상 연결이 가능한 단어(hotels/complimentary breakfast)로 혼동시키는 오답이다.

어휘 **have a hard time -ing** ~하는 데 어려움을 겪다 **reliable** 믿을 만한 **complimentary** 무료의

30.

How do you plan to promote your restaurant?
(A) Yes, only for vegetarians.
(B) Their restaurant only opens for dinner.
(C) Mainly through the Internet.

우리 식당을 어떻게 홍보할 계획이에요?
(A) 네, 단지 채식주의자들을 위해서요.
(B) 식당은 저녁 식사 때만 문을 열어요.
(C) 주로 인터넷을 통해서요.

해설 (A) Yes/No 불가: 의문사 질문에는 Yes/No로 대답이 불가하다.
(B) 어휘 반복: 질문에 나온 단어(restaurant)를 반복 사용한 오답이다.
(C) 정답: 수단/방법을 묻는 How 질문에 through the Internet이라는 방법을 제시하는 적절한 답변이다.

어휘 **promote** 홍보하다 **vegetarian** 채식주의자 **mainly** 주로

31.

Do you want to interview the candidates with me?
(A) A box of candies.
(B) We've recruited a new supplier.
(C) I don't have time for that.

저와 함께 지원자들을 면접하시겠어요?
(A) 사탕 한 상자요.
(B) 새 납품업체를 모집했어요.
(C) 저는 그럴 시간이 없어요.

해설 (A) 유사 발음: 부분적으로 발음이 같은 단어(candidates/candies)를 사용한 오답이다.
(B) 연상 어휘: 의미상 연결이 가능한 단어(candidates/recruited)로 혼동시키는 오답이다.
(C) 정답: 지원자 면접을 함께 하자는 제안에 대해 시간이 없다며 거절하는 적절한 답변이다.

어휘 **candidate** 지원자 **recruit** 채용하다 **supplier** 납품업체

PART 3

UNIT 1

전략 1   본책 p. 86

여: 안녕하세요, 제임스. 세일즈 컨벤션 준비가 조만간 다 될 것 같으세요? 위에서 우리에게 출장을 좀 일찍 가라고 하셔서요.
남: 저는 괜찮아요. 사실, 빨리 출발하게 돼서 신나요. 어쨌든 아직 준비할 시간이 2주나 있잖아요. 당신은요?
여: 저도 그 편이 좋아요. 다른 동료들에게도 각자 일정을 조정할 수 있도록 알려줘야겠어요.

Q 무엇에 관한 대화인가?
(A) 배달 일정
(B) 회의

전략 2

남: 안녕하세요, '온라인 쇼핑 솔루션즈'입니다. 뭘 도와드릴까요?
여: 귀사 웹사이트의 대금 지불 방법에 관련해 전화 드렸어요. 저는 인터넷 뱅킹은 사용하지 않고, 다른 온라인 지불 방법들은 믿을 수가 없지만, 귀사에서 몇 가지 물건을 구매하고 싶어서요.
남: 저희는 신용카드를 받습니다. 또한 ATM에서 고객님의 계좌에서 저희 계좌로 계좌 이체를 하실 수도 있습니다.

Q 여자는 왜 전화를 하고 있는가?
(A) 결제 방법에 대해 물어보기 위해
(B) 온라인으로 제품을 주문하기 위해

MODEL TEST   본책 p. 87

1. (B)   **2.** (A)   **3.** (B)   **4.** (D)

1.

W-Am Hans, **1what did you think about the memo about upgrading our lines of merchandise?** I hope to see a boost in sales figures.
M-Cn Yes, I think it's a good move. I was actually speaking to some people from the marketing team yesterday; they said that a lot of people are interested in becoming new dealers of our merchandise. I think we will see many stores starting to sell our products.
W-Am There'll be an employee group discussion this Friday. We are going to be able to contribute to the redesign process.

여: 한스, 우리 제품 라인을 업그레이드하는 것에 관한 회람이 어떤 것 같아요? 매출액 증가를 볼 수 있었으면 해서요.
남: 네, 좋은 조치인 것 같아요. 실은 어제 마케팅팀 사람 몇 명과 이야기를 했는데, 많은 사람들이 우리 제품의 새로운 판매인이 되는 것에 관심이 있다고 했어요. 우리 제품을 팔기 시작하는 가게들이 많아질 것 같아요.
여: 이번 주 금요일에 직원 그룹 토론이 있을 거예요. 우리가 디자인 개선 과정에 도움을 줄 수 있을 거예요.

어휘 memo 회보, 회람, 업무협조전(memorandum) line (상품의) 종류 boost 증가 sales figures 매출액 move 조치 dealer 중개인, 판매인 contribute to ~에 기여하다

What is the conversation mainly about?
(A) An advertising campaign
(B) Product upgrades
(C) A design proposal
(D) Production costs

대화는 주로 무엇에 관한 것인가?
(A) 광고 캠페인
(B) 제품 업그레이드
(C) 디자인 제안서
(D) 생산비

해설 대화의 주제 언급 시 사용되는 표현인 What did you think about 뒤에 구체적인 주제 upgrading our lines of merchandise(제품 업그레이드)를 언급하고 있다.

Paraphrasing

merchandise → Product

2.

W-Am Hi, this is Lina Shields from A1 Automotive. **2I'd like to let you know that we are offering a huge deal—50% off on all cars.** You have bought more than two cars from our store and you're a loyal customer.
M-Au Wow, that's an amazing deal, but I'm afraid I don't need a new car right now.
W-Am That's okay! As you have been a good customer in the past, I can put your name in a contest if you agree. You can win seat covers and a sun shade for your car.

여: 안녕하세요, 저는 A1 오토모티브 사의 리나 쉴즈입니다. 저희 회사에서 엄청난 할인을 제공하고 있다는 것을 알려드리고자 합니다. 모든 차를 50퍼센트 할인해 드립니다. 고객님께서는 저희 매장에서 차를 두 대 이상 구매하신 단골 고객이세요.
남: 와우. 놀라운 할인이네요. 하지만 지금은 새 차가 필요하지 않습니다.
여: 괜찮습니다! 지금까지 우수 고객이시기 때문에, 동의하신다면 콘테스트에 성함을 올려드릴 수 있습니다. 좌석 커버와 차양을 탈 수 있습니다.

어휘 a huge deal 엄청난 할인 loyal customer 단골 고객 amazing 놀라운 in the past (완료형과 함께) 지금까지 win 우승하다, 따다

60

Why is the woman calling?
(A) To promote a sale event
(B) To get consumer feedback
(C) To check the man's order details
(D) To purchase a new car

여자가 전화를 하는 이유는?
(A) 할인 행사를 홍보하기 위해
(B) 고객 의견을 받기 위해
(C) 남자의 주문 정보를 확인하기 위해
(D) 새 차를 구매하기 위해

해설 전화 용건 언급 시 사용되는 표현인 I'd like to let you know that을 사용하여 엄청난 할인을 제공한다(offering a huge deal)고 했으므로 할인 행사(sale event)가 있다는 정보를 주는 것이 용건임을 알 수 있다.

Paraphrasing
deal, 50% off → sale

3.

M-Cn	Svetlana, ³I have to hire a caterer. Do you still have your company events catered by Star Foods? I remember you said good things about them.
W-Br	Sure, I have never used anyone else.
M-Cn	I see. Well, right now my agency is planning several large events. I need someone to supply cakes for our events.
W-Br	I wouldn't ask Star Foods, as they focus on finger foods and snacks, rather than baked goods. Why don't you look for a company that specializes in cakes? I know there are some available in the area.

남: 스베틀라나, 제가 행사 음식 공급업체를 써야 하는데, 당신 회사 행사들에 아직도 스타 푸즈에서 음식을 공급받나요? 그들에 대해 좋게 말한 게 기억나서요.
여: 물론이죠, 다른 회사를 이용해본 적이 없어요.
남: 그렇군요. 음, 지금 우리 대리점에서 여러 개의 큰 행사를 계획 중이에요. 우리 행사에 케이크를 공급해줄 사람이 필요해요.
여: 저라면 스타 푸즈에 요청하지 않겠어요, 그들은 제과보다는 핑거 푸드나 스낵에 초점을 맞추기 때문이에요. 케이크를 전문으로 하는 회사를 찾는 게 어때요? 이 지역에 몇 개가 있는 걸로 알고 있어요.

어휘 **caterer** 행사 음식 공급자 **cater** 행사에 음식을 공급하다 **agency** 대리점 **rather than** ~보다는 **specialize in** ~을 전문으로 하다

What are the speakers discussing?
(A) Giving a cooking demonstration
(B) Using a catering service
(C) Holding a company picnic
(D) Changing an event venue

화자들은 무엇에 대해 논의하고 있는가?
(A) 요리 시연을 하는 것
(B) 출장 연회 업체를 이용하는 것
(C) 회사 야유회를 개최하는 것
(D) 행사 장소를 바꾸는 것

해설 대화의 주제 언급 시 사용되는 표현인 I have to 뒤에 hire a caterer(행사 음식 제공업체 이용하기)라고 용건을 밝히고 있다. 이 문장 뒤에 이어지는 문장에서도 용건을 파악할 수 있다.

어휘 **cooking demonstration** 요리 시연 **event venue** 행사 장소

4.

W-Br	⁴Did you know that we're paying too much for vegetables? Look at this invoice we just received from Calvino Green Grocers. It's outrageous.
M-Au	I was surprised when I saw that as well. I think we can probably get a better price on produce elsewhere; that's why I am meeting Roger's Restaurant Supplies tomorrow. You should join me. Hopefully, we can make our large purchases from them.
W-Br	Okay. But before that, I'd better check what other restaurant suppliers are charging.

여: 우리가 채소 값으로 너무 많은 비용을 지불하고 있다는 것을 알고 있었어요? 칼비노 그린 그로서즈에서 방금 받은 이 거래내역서를 보세요. 엄청나요.
남: 저도 그것을 봤을 때 놀랐어요. 다른 곳에서 농산물을 더 저렴하게 구할 수 있을 것 같아요; 그래서 내일 로저스 레스토랑 서플라이즈를 만날 거예요. 당신도 같이 가요. 그들에게서 물건을 대량 구매할 수 있었으면 좋겠어요.
여: 알겠어요. 그런데 그 전에, 다른 식당 공급업체들이 얼마를 청구하는지 확인해보는 게 좋겠어요.

어휘 **invoice** 거래내역서, 송장 **outrageous** 엄청난, 터무니 없는 **as well** ~도 **produce** 농산물 **elsewhere** 다른 곳에서 **hopefully** 바라건대

What's the purpose of the conversation?
(A) To make a shopping list
(B) To discuss a reduction in sales
(C) To determine new menu items
(D) To talk about a supplier's prices

대화의 목적은 무엇인가?
(A) 구입 품목 목록을 만들기 위해
(B) 판매 감소에 대해 논의하기 위해
(C) 새로운 메뉴 품목을 결정하기 위해
(D) 공급업체의 가격에 대해 이야기하기 위해

해설 대화의 주제 언급 시 사용되는 표현인 Did you know 뒤에 구체적인 주제 invoice(거래내역서)를 거론하고 있다. 가격을 언급한 (D)가 정답이다.

어휘 **reduction** 감소 **determine** 결정하다

PRACTICE TEST

본책 p. 89

1. (D)	2. (C)	3. (C)	4. (D)	5. (B)
6. (D)	7. (B)	8. (D)	9. (B)	10. (B)
11. (B)	12. (A)	13. (C)	14. (D)	15. (B)
16. (D)	17. (D)	18. (B)	19. (B)	20. (B)
21. (A)	22. (D)	23. (A)	24. (B)	25. (A)
26. (B)	27. (D)	28. (C)	29. (D)	30. (A)

[1-3]

M-Cn Hi Sally. Thanks for meeting with me. ¹Let's talk about the workshop we will be holding. ²With more employees this year, we can't use the same conference room because it doesn't have enough seats. Maybe we will need to rent a bigger room for the workshop.

W-Am Even better, we could ask the shipping department to lend us some chairs. That could help temporarily.

M-Cn Good point. ³We could borrow the chairs for the day and not lose time trying to find a bigger conference room.

남: 안녕하세요, 샐리. 만나 주셔서 감사해요. 우리가 열 워크숍에 대해서 얘기 좀 해요. 올해 더 많은 직원들이 참가해서, 자리가 충분하지 않기 때문에 예전과 같은 회의실을 사용할 수 없어요. 워크숍을 위해 더 큰 방을 빌려야 할 것 같아요.

여: 더 좋은 방법으로 배송 부서에 의자를 빌려달라고 요청할 수 있어요. 임시로 도움이 될 거예요.

남: 좋은 생각이네요. 그날 의자를 빌리면 더 큰 회의실을 찾느라 시간을 낭비하지 않아도 되니까요.

어휘 conference room 회의실 temporarily 임시로, 일시적으로

1.

What are the speakers talking about?
(A) New employee orientation
(B) A delivery date
(C) A storage facility
(D) A training seminar

화자들은 무엇을 논의하는가?
(A) 신입 직원 오리엔테이션
(B) 배달 날짜
(C) 창고 시설
(D) 교육 세미나

해설 대화의 주제 언급 시 사용되는 표현인 Let's talk about 뒤에 구체적인 주제 workshop이 나온다. workshop의 동의어 training (session/class/course/seminar/program)을 꼭 알아두자.

2.

What does the man say about the conference room?
(A) It has been rented.
(B) The location is ideal.
(C) It is too small now.
(D) The rent is too expensive.

남자는 회의실에 대해 무엇이라 말하는가?
(A) 임대되었다.
(B) 장소가 적합하다.
(C) 지금으로서는 너무 작다.
(D) 임대료가 너무 비싸다.

해설 conference room에 대해 doesn't have enough seats(충분한 좌석이 없다)는 말에서 크기가 작다(small)는 것을 알 수 있다.

3.

What would the speakers like to do?
(A) Rent some equipment
(B) Look for a convention center
(C) Add more seating
(D) Reserve a room in advance

화자들은 무엇을 하고자 하는가?
(A) 장비 임차하기
(B) 컨벤션 센터 찾기
(C) 좌석 더 추가하기
(D) 사전에 방 예약하기

해설 배송 부서에서 의자를 빌려오자(borrow the chairs)는 것에 합의하고 있으므로 정답은 (C)이다.

Paraphrasing
borrow the chairs → Add more seating

[4-6] three speakers

W-Am Universal Telecommunications, ⁵Wendy speaking.

M-Cn Hello. ⁴I have a mobile phone contract with your company and I want to add another phone to my current plan.

W-Am Oh, ⁵you've reached Sales. I think you need to speak to someone in Customer Service. Just hold on for a minute and I'll transfer your call to someone who can actually help you today.

M-Cn Great, thank you.

W-Br Universal Telecommunications, ⁶Anne speaking. What can I do for you?

M-Cn Hello. My daughter needs a phone and I would like to add her to my mobile phone plan.

W-Br Certainly, that will be fine. ⁶Can I have your social security number, please?

M-Cn Okay, just a moment, please.

여1: 유니버셜 텔레커뮤니케이션즈의 웬디입니다.
남: 안녕하세요. 귀사의 휴대전화 서비스에 가입되어 있는데 현재 제 요금제에 다른 전화를 추가하고 싶어서요.
여1: 아, 영업부에 연결이 되었네요. 고객서비스부 직원과 이야기를 하셔야 할 것 같습니다. 잠시만 끊지 말고 기다려주세요, 오늘 고객님을 실제로 도와드릴 수 있는 직원에게 전화를 돌려 드리겠습니다.
남: 알겠어요, 감사합니다.
여2: 유니버셜 텔레커뮤니케이션즈의 앤입니다. 무엇을 도와드릴까요?
남: 안녕하세요. 제 딸이 전화기가 필요한데 제 휴대전화 요금제에 추가하고 싶어서요.
여2: 알겠습니다, 그렇게 해드릴게요. 주민등록 번호를 알려주시겠어요?
남: 알겠어요, 잠시만요.

어휘 contract 계약(서) reach 연락하다 hold on (전화를 끊지 않고) 기다리다 social security number 주민등록번호

4.
Why is the man calling?
(A) To ask for a phone number search
(B) To report damage to a telephone network
(C) To give the company new bank details
(D) To put another person on his account

남자는 왜 전화하는가?
(A) 전화번호 검색을 요청하기 위해
(B) 전화통신망의 손상을 알리기 위해
(C) 회사에 새로운 은행 세부사항을 알려주기 위해
(D) 다른 사람을 자신의 계정에 추가하기 위해

해설 전화 용건 언급 시 사용되는 표현인 I want to 뒤에 전화 서비스 계약 추가(add another phone)를 요청하고 있다. 개인이나 업체가 고객이 되거나 계약을 맺으면 account(계정, 업체, 거래처, 고객)으로 표현된다는 것을 알아두자.

5.
Why does Wendy transfer a call?
(A) She has another call coming in.
(B) She cannot help the customer.
(C) She does not understand the customer.
(D) She wants to help her colleague.

웬디는 왜 전화를 돌리는가?
(A) 다른 전화가 걸려왔다.
(B) 고객을 도울 수가 없다.
(C) 고객을 이해하지 못한다.
(D) 동료를 돕기를 원한다.

해설 3인 대화 형식으로, 첫 대사에서 자신을 Wendy라고 밝힌 첫 번째 여자의 두 번째 대사에 주목한다. 원인/이유 언급 시 사용되는 표현인 need to 뒤에 타 부서와 대화를 해야 한다고 알려주고 있다. 즉, 자신이 도와줄 수 없으니 다른 부서로 전화를 돌린다는 뜻이다.

6.
What information does Anne need?
(A) A phone number
(B) A company's address
(C) An e-mail address
(D) An ID number

앤은 어떤 정보가 필요한가?
(A) 전화번호
(B) 회사 주소
(C) 이메일 주소
(D) 신분증 번호

해설 두 번째 여자가 자신을 Anne이라고 밝혔고, 마지막에 주민등록번호(social security number)를 요구했으므로 정답은 (D)이다.

[7-9]

W-Br I appreciate you agreeing to meet with me on such short notice. ⁷Have you had a chance to go over my proposal for an employee ride sharing program?

M-Au It's a great initiative and ⁸it'll definitely help employees cut down on their monthly parking expenses in private lots.

W-Br Would it be possible to have the neighborhood ride-share map posted in the employee lounge by next week?

M-Au Yes, ⁹we'll announce the new plan in our staff meeting. I'm sure everyone will be delighted to hear the good news.

여: 갑작스러운 요청에도 만나 주신 것에 감사 드립니다. 직원 차 함께 타기 프로그램에 대한 저의 제안서를 검토할 기회가 있었나요?
남: 아주 좋은 계획이고, 직원들이 사설 주차장에 쓰는 월 주차 경비를 줄이는 데 분명히 도움이 될 거예요.
여: 다음 주까지 직원 휴게실에 이웃 통근차 함께 타기 지도를 붙여도 될까요?
남: 네, 직원회의에서 새로운 계획을 발표할 거예요. 좋은 소식을 듣게 되어 분명히 모두가 기뻐할 거예요.

어휘 on short notice 갑자기 initiative 계획 definitely 분명히 cut down on ~을 줄이다 employee lounge 직원 휴게실

7.
What are the speakers discussing?
(A) Increasing monthly parking costs
(B) A car-sharing plan
(C) Public transportation fees
(D) A new employee

화자들은 무엇에 대해 논의하는가?
(A) 월 주차비 인상
(B) 차 함께 타기 계획
(C) 대중 교통비
(D) 신입 직원

해설 주제가 가장 많이 언급되는 첫 대사에서 ride sharing program(차 함께 타기 프로그램)으로 대화를 시작했다. 같은 의미를 가진 표현인 (B)가 정답이다.

Paraphrasing
ride sharing program → car-sharing plan

8.
What does the man think of the woman's proposal?
(A) It is unnecessary.
(B) It is unlikely to be successful.
(C) It should be postponed indefinitely.
(D) It is cost-effective.

남자는 여자의 제안에 대해 어떻게 생각하는가?
(A) 불필요하다.
(B) 성공할 것 같지 않다.
(C) 무기한으로 연기되어야 한다.
(D) 비용 효율적이다.

해설 남자가 help employees cut down on their monthly parking expenses(월 주차비 절감에 도움이 된다)라고 했으므로 비용 효율적이라는 (D)가 정답이다.

9.
What would the speakers like to do at a meeting?
(A) Remodel the employee lounge
(B) Introduce a new program
(C) Obtain parking permits
(D) Discuss expansion plans for a business

화자들은 회의에서 무엇을 하기를 원하는가?
(A) 직원 휴게실 개조하기
(B) 새 프로그램 소개하기
(C) 주차증 받기
(D) 사업 확장 계획 의논하기

해설 시간 표현 at a meeting이 키워드이다. in our staff meeting이 언급된 문장에서 announce the new plan(새 계획을 발표하다)라고 했으므로 (B)가 답인 것을 알 수 있다.

Paraphrasing
announce the new plan → Introduce a new program

[10-12]

M-Au Do you have anything going on this weekend? ¹⁰You may have heard about the international film festival that begins this weekend. I go every year. Do you want to join me?
W-Am Yeah, I've been wanting to go, ¹¹but I heard it sold out weeks ago so I thought no tickets were available.
M-Au Well, I have a friend who works at the ticket box office downtown and as an employee he is able to purchase special tickets to each movie to share with his friends and family.
W-Am Wow, that's awesome! ¹²Count me in!

남: 이번 주말에 할 일이 있나요? 이번 주말에 시작하는 국제 영화제에 대해 들어봤을지도 모르겠네요. 저는 매년 가요. 같이 갈래요?
여: 네, 저도 가고 싶었지만, 몇 주 전에 이미 매진되었다고 들어서 표가 없을 거라고 생각했어요.
남: 음, 시내 매표소에서 일하는 친구가 있는데 직원으로서 친구나 가족과 나눌 각 영화의 특별 표를 구매할 수 있어요.
여: 와, 정말 좋네요! 저도 끼워주세요!

어휘 sold out 매진된 share with ~와 나누어 갖다 awesome 기막히게 좋은 count somebody in ~를 포함시키다[끼우다]

10.
Why does the man talk to the woman?
(A) To take her to a new restaurant
(B) To invite her to an event
(C) To interview her for a job
(D) To ask a favor

남자는 왜 여자에게 말을 거는가?
(A) 새로운 식당에 그녀를 데려가기 위해
(B) 행사에 그녀를 초대하기 위해
(C) 그녀를 취업 면접하기 위해
(D) 부탁을 하기 위해

해설 첫 대사에서 주말 계획으로 대화를 시작했고, 구체적으로 film festival(영화제)에 같이 가자고 초대하는 말에서 행사 초대인 (B)가 정답인 것을 알 수 있다.

11.
What is the woman concerned about?
(A) Being late for a movie
(B) Finding tickets
(C) Meeting the man's family
(D) Waiting in a long line

여자는 무엇에 대해 걱정하는가?
(A) 영화에 늦는 것
(B) 표를 구하는 것
(C) 남자의 가족을 만나는 것
(D) 길게 줄 서서 기다리는 것

해설 문제점/걱정거리 언급 시 사용되는 표현인 but, sold out, no와 함께 표에 대해서 걱정하고 있음(no tickets)을 밝히고 있으므로 (B)가 정답이다.

12.
What does the woman agree to do?
(A) Accompany the man
(B) Have dinner at a festival
(C) Book a reservation
(D) Return to the office

여자는 무엇을 할 것에 동의하는가?
(A) 남자와 동행하기
(B) 축제에서 저녁 먹기
(C) 예약하기
(D) 사무실로 돌아가기

해설 영화제를 같이 가자는 남자의 초대에 여자가 자신도 끼워 달라고(Count me in) 했으므로 남자와 동행한다는 (A)가 여자가 동의하는 것이 된다.

[13-15]

M-Cn Maggie, ¹³could I have a few minutes of your time to review this presentation?
W-Am Sure, let's take a look.
M-Cn Thank you. Here is the main page with business plan. It has all the details for investors.
W-Am The layout is very nice. It looks great. However, where is the timeline for the next five years?
M-Cn What do you mean?
W-Am ¹⁴,¹⁵You should include a chart that shows how the business will grow over time.
M-Cn That is a good idea, but I don't have those figures.
W-Am ¹⁵Let's schedule some time and I'll explain it. Without those details, I'm afraid the investors will back out.

남: 매기, 이번 발표를 검토하기 위해 잠시 시간을 내 주시겠어요?
여: 물론이죠, 한번 봅시다.
남: 감사해요. 이게 사업 계획이 있는 메인 페이지예요. 투자자들을 위한 모든 정보들이 나와 있어요.
여: 배치는 아주 좋아요. 좋아 보이네요. 그런데, 다음 5년간의 연대표는 어디에 있나요?
남: 무슨 말씀이세요?
여: 시간이 지나면서 사업이 어떻게 성장할지를 보여주는 도표를 포함시켜야 해요.
남: 좋은 생각인데, 그 수치들은 없어요.
여: 시간을 잡아서 제가 설명해 드릴게요. 그 정보들이 없으면 투자자들이 빠질 거예요.

어휘 **timeline** 연대표 **over time** 시간이 지나서 **back out** (하기로 했던 일에서) 빠지다

13.

What is the topic of the conversation?
(A) An investment strategy
(B) A work schedule
(C) A business presentation
(D) An office layout

대화의 주제는 무엇인가?
(A) 투자 전략
(B) 작업 일정
(C) 사업 발표
(D) 사무실 배치

해설 남자의 첫 대사에서 발표에 대해서 검토하자(to review this presentation)고 했으므로 대화 주제는 presentation임을 알 수 있다.

14.

What does the woman recommend?
(A) Checking the schedule
(B) Starting a new project
(C) Meeting with clients
(D) Showing a business's future growth

여자는 무엇을 추천하는가?
(A) 일정 확인하기
(B) 새로운 프로젝트 시작하기
(C) 고객들과 만나기
(D) 사업의 향후 성장 추이 보여주기

해설 제안 / 추천 시 사용되는 표현인 You should 뒤에 앞으로 사업이 어떻게 성장할지(how the business will grow over time) 보여줘야 한다고 했으므로 사업의 향후 성장 추이를 보여준다는 (D)가 답이다.

Paraphrasing

how the business will grow over time
→ a business's future growth

15.

What does the woman offer to do?
(A) Give a presentation
(B) Help make a chart
(C) Attract more customers
(D) Invest in the business

여자는 무엇을 할 것을 제의하는가?
(A) 발표하기
(B) 도표 만드는 것 돕기
(C) 손님들을 더 유치하기
(D) 사업에 투자하기

해설 도표를 포함시켜야 한다면서 그것의 기초가 되는 수치에 대해 설명해 주겠다(explain it)는 말에서 도표 만드는 것을 도와주겠다는 말임을 알 수 있다.

[16-18]

W-Br Hello, Mr. Hernandez. ¹⁶Are you free to discuss the total amount of product we sold last week?
M-Cn ¹⁷I have other matters to attend to this morning, so make it quick.

W-Br	I'm concerned about our European locations; we have seen a sudden decline in demand for several of our products.
M-Cn	Oh? **18Does it look like monthly sales targets will not be achieved?**
W-Br	I don't think so, but if we have another week like the last one, we won't be looking good.
M-Cn	Alright, let's talk after lunch. I have some calls to make now.

여: 안녕하세요, 헤르난데즈 씨. 지난주 우리 제품 판매량에 대해 논의할 시간이 있나요?
남: 오늘 아침에 처리해야 할 다른 문제들이 있으니 빨리 합시다.
여: 유럽 지점에 대해 걱정이 되어서요, 몇몇 우리 제품에 대해 갑작스러운 수요 감소가 있었어요.
남: 네? 월 매출 목표를 달성하지 못할 것 같나요?
여: 그럴 것 같지는 않지만, 지난주와 같은 주가 한 번 더 있다면, 좋을 것 같진 않아요.
남: 알겠어요, 점심식사 후에 이야기합시다. 지금은 전화를 걸 곳이 있어요.

어휘 matter 문제, 일 attend to ~을 처리하다 decline 감소 demand 수요 sales target 판매[매출] 목표 achieve 달성하다(meet)

16.

What are the speakers mainly discussing?
(A) Product branding
(B) Staff recruitment
(C) Quarterly earnings
(D) Sales figures

화자들은 주로 무엇을 논의하는가?
(A) 제품 이미지 부여 작업
(B) 직원 고용
(C) 분기별 수익
(D) 매출액

해설 대화의 주제 언급 시 사용되는 표현인 discuss 뒤에 구체적인 주제 the total amount of product we sold(판매한 제품의 양)가 나오므로 이를 달리 표현한 (D)가 정답이다.

어휘 quarterly 분기의

Paraphrasing
the total amount of product we sold → Sales figures

17.

What does the man mean when he says, "I have other matters to attend to this morning"?
(A) He wants some help with a task.
(B) He will go to lunch with the woman.
(C) He needs to clarify a point the woman has made.
(D) He has got a lot of work to do.

남자가 "오늘 아침에 처리해야 할 다른 문제들이 있어요"라고 말한 의도는 무엇인가?
(A) 그는 업무에 도움을 원한다.
(B) 그는 여자와 점심식사를 하러 갈 것이다.
(C) 그는 여자가 한 주장을 명백히 해야 한다.
(D) 그는 할 일이 많다.

해설 뭔가를 논의하자는 여자의 말에 남자가 다른 할 일(other matters to attend to)이 있으니 빨리 (대화)하자(make it quick)고 했으므로 정답은 (D)가 된다.

18.

What does the man want to know?
(A) If stores will need to be closed temporarily
(B) If projected numbers will not be met
(C) If he needs to contact store managers personally
(D) If a sales forecast is too positive

남자가 알고 싶어 하는 것은?
(A) 매장들이 임시로 문을 닫아야 할지
(B) 예상 수치가 달성되지 않을지
(C) 매장 관리자들에게 직접 연락해야 하는지
(D) 판매 예측이 지나치게 긍정적인지

해설 월 매출 목표를 달성하게 될지(monthly sales targets will not be achieved) 여부를 묻는 대사에서 남자가 알고자 하는 바가 드러나 있다. 매출 목표는 매출액, 판매 수치를 뜻하므로 정답은 (B)가 된다.

Paraphrasing
sales targets → projected numbers

[19-21]

M-Au	Ms. Park, it's Ronald from reception speaking. **19I am calling because I forgot to tell you that a laundry service is available.** You can use the laundry bag in your room and drop your laundry here at reception before 7:00 P.M. It will be washed by morning.
W-Br	Oh, before I forget, **20I need to send some papers in the morning. Is there a post office near the hotel that I can go to?**
M-Au	Oh, we have a post office branch right here in the basement mall. **21You can also go to the stationery store on the third floor to get any packing materials you need.**
W-Br	Excellent, when will they be open in the morning?
M-Au	Both will open at 8:30 A.M.
W-Br	Wonderful, you've been a great help.

> 남: 미즈 박, 안내 데스크의 로널드입니다. 세탁 서비스가 이용 가능하다는 것을 깜박하고 말씀 드리지 않아서 전화 드립니다. 방에 있는 세탁바구니를 사용하실 수 있고 저녁 7시 전에 여기 안내 데스크에 가져다 주시면 됩니다. 아침까지 세탁이 되어 있을 겁니다.
> 여: 아, 제가 잊어버리기 전에, 아침에 서류를 보내야 합니다. 호텔 근처에 제가 갈 수 있는 우체국이 있나요?
> 남: 아, 바로 여기 지하 쇼핑센터에 우체국 지점이 있습니다. 필요하시다면 3층에 있는 문구점에 가서 포장재를 사실 수도 있습니다.
> 여: 잘됐네요, 아침에 몇 시에 문을 여나요?
> 남: 둘 다 오전 8시 30분에 엽니다.
> 여: 아주 잘됐군요, 큰 도움이 되었어요.

어휘 drop 갖다 주다 stationery store 문구점 packing material 포장재

19.
Why most likely is the man calling the woman?
(A) To remind her of check out times
(B) To inform her of a cleaning service
(C) To provide her a wake-up call
(D) To tell her how to get to a post office

남자는 왜 여자에게 전화하는 것 같은가?
(A) 체크아웃 시간을 상기시키기 위해
(B) 세탁 서비스에 대해 알리기 위해
(C) 모닝 콜을 제공하기 위해
(D) 우체국에 어떻게 가는지 말해주기 위해

해설 전화 용건 언급 시 사용되는 표현인 I am calling because 뒤에 a laundry service(세탁 서비스)가 나오고 있으므로 정답은 (B)이다.

어휘 wake-up call 모닝콜

20.
What will the woman most likely do tomorrow morning?
(A) Write e-mails
(B) Mail documents
(C) Reserve a room
(D) Take a train

여자는 내일 아침에 무엇을 할 것 같은가?
(A) 이메일 쓰기
(B) 서류 우편으로 보내기
(C) 방 예약하기
(D) 기차 타기

해설 시간 표현 tomorrow morning이 키워드이다. 서류를 보내야 한다(send some papers)면서 우체국(a post office)이 있는지 묻고 있으므로 정답은 (B)이다.

Paraphrasing
send some papers → Mail documents

21.
What does the man say the woman can do on the third floor?
(A) Purchase needed supplies
(B) Have a meal
(C) Use a sauna
(D) Visit a business center

남자는 여자가 3층에서 무엇을 할 수 있다고 말하는가?
(A) 필요한 비품 사기
(B) 식사하기
(C) 사우나 이용하기
(D) 비즈니스 센터 방문하기

해설 위치 표현 on the third floor가 키워드이다. 문구점에서 포장재를 살 수 있다(get any packing materials)고 했으므로 정답은 (A)이다.

Paraphrasing
get any packing materials
→ Purchase needed supplies

[22-24]

> W-Am Hello, Jason, this is Jessie Claire. Last year you gave me a really good deal on an SUV. I was hoping you could help me out again. 23Any favors you could offer would be appreciated.
> M-Au Of course, Ms. Claire. We will always give our best service to you; I assure you that.
> W-Am Wonderful. Well, actually 22we really need a pick-up truck. We are building a new camping lodge, and we need a vehicle appropriate to carry materials out to the lake.
> M-Au I see. Well, you've got the right place. 24We have several excellent pick-ups that are sure to be a bargain for you.

> 여: 안녕하세요, 제이슨, 저는 제시 클레어입니다. 작년에 SUV를 정말 좋은 가격에 주셨어요. 한번 더 저를 도와주셨으면 해서요. 좋은 조건을 제공해 주신다면 감사하겠습니다.
> 남: 물론입니다, 클레어 씨. 저희는 항상 최고의 서비스를 제공해드리겠다는 것을 분명히 말씀드립니다.
> 여: 좋습니다. 음, 실은 저희가 픽업 트럭이 정말 필요해요. 새로운 캠핑 산장을 짓는데, 호수까지 자재를 나르기에 적합한 차가 필요합니다.
> 남: 알겠습니다. 음, 제대로 선택하셨습니다. 우수한 픽업 트럭을 몇 대 보유하고 있는데 분명히 저렴한 가격에 좋은 제품을 구매하시는 겁니다.

어휘 good deal 좋은 가격 help out 도와주다 favor 호의, 친절한 행위 appreciate 고마워하다, 환영하다 assure 장담하다 lodge 산장 appropriate 적절한 bargain 싸게 사는 물건

22.

Why is the woman calling the man?
(A) To get some information
(B) To locate another store
(C) To look for a car dealer
(D) To buy a truck

여자가 남자에게 전화하고 있는 이유는?
(A) 정보를 얻기 위해
(B) 다른 가게의 위치를 찾기 위해
(C) 자동차 판매업자를 찾기 위해
(D) 트럭을 사기 위해

해설 전화 용건 언급 시 사용되는 표현인 we (really) need 뒤에 트럭이 필요하다고 했으므로 정답은 (D)이다.

23.

What does the woman expect to receive?
(A) A discounted price
(B) A list of products
(C) A rental car
(D) Pick-up service

여자는 무엇을 받길 기대하는가?
(A) 가격 할인
(B) 제품 목록
(C) 렌터카
(D) 픽업 서비스

해설 작년에 good deal(좋은 가격)에 SUV를 구매했고, 이번에도 favors(호의)를 베풀어 달라는 여자의 요청을 남자가 좋다고(Of course) 받아들였으므로 여자는 할인을 기대할 수 있다.

Paraphrasing
good deal → discounted price

24.

Why does the man say, "you've got the right place"?
(A) To tell the woman her building plans are accurate
(B) To reassure her about choosing his business
(C) To explain a location is on the right
(D) To compliment her on her sense of direction

남자가 "제대로 선택하셨습니다"라고 말한 의도는 무엇인가?
(A) 여자에게 그녀의 건축 설계도가 맞다고 말하기 위해
(B) 자신의 업체를 선택한 것에 대해 그녀를 안심시키기 위해
(C) 장소가 오른쪽에 있다는 것을 설명하기 위해
(D) 그녀의 방향 감각을 칭찬하기 위해

해설 의도를 묻는 말 뒤에 여자가 원하는 트럭들이 싸고 좋은 것들이 있다는 정보를 덧붙였다. 결국, 여자가 찾는 상품이 잘 구비된 자신의 업체를 마침 잘 선택했다는 뜻으로 여자를 안심시키는 의도라는 것을 알 수 있다.

어휘 compliment 칭찬하다

[25-27] conversation+list

M-Au Hi. **25, 27**I am calling about the Gourmet Food Basket reward. **25**I think we have enough frequent user credits on our company account to claim that reward.
W-Br Sure, what is your company code?
M-Au UT568; Universal Trading Company.
W-Br Okay, just looking now. Ah, I see. I'm sorry, but you don't actually have enough credits for that reward yet. You're close, though.
M-Au Too bad. I was looking forward to getting it.
W-Br Don't worry. If you make your regular monthly order this month, you will have enough points. **26**Why don't you get in touch with me next month? **27**As long as you make your normal order this month, I am sure I will be able to help you then.
M-Au Wonderful news, thanks a lot.

남: 안녕하세요. 미식가 음식 바구니 보상과 관련해 전화 드립니다. 그 보상을 받을 만큼 우리 회사 계정에 단골고객 포인트가 충분한 것 같아서요.
여: 네, 회사 코드가 어떻게 되나요?
남: UT568이요, 유니버셜 트레이딩 컴퍼니입니다.
여: 네, 지금 찾고 있습니다. 아, 여기 있네요. 죄송하지만 아직 그 보상을 받을 만큼 포인트가 충분하지 않네요. 하지만 거의 되어가요.
남: 유감이네요. 그것을 받을 거라고 기대했는데요.
여: 걱정 마세요. 이번 달에 정기 월 주문을 하시면, 포인트가 충분해질 겁니다. 다음 달에 저에게 연락하시겠어요? 이번 달에 정상 주문을 하시기만 하면, 그때 도와드릴 수 있을 겁니다.
남: 좋은 소식이네요, 감사해요.

어휘 reward 보상, 상 claim 청구[신청]하다 get in touch with ~와 연락하다 as long as ~하기만 하면, ~하는 한

Garland's Office Catering Credits Rewards	
Fresh Juice Box	1,000
Cookie Gift Set	2,000
Organic Coffee Set	5,000
27Gourmet Food Basket	7,000

갈랜드 오피스 케이터링 포인트 보상	
신선 주스 박스	1,000
쿠키 선물 세트	2,000
유기농 커피 세트	5,000
미식가 음식 바구니	7,000

25.

Why does the man call the woman?

(A) To trade loyalty points for a reward
(B) To arrange for an event to be catered
(C) To make a reservation at a restaurant
(D) To schedule a meeting with the woman

남자는 왜 여자에게 전화하는가?
(A) 단골고객 포인트를 보상으로 맞바꾸기 위해
(B) 행사를 위해 음식을 공급받는 것을 준비하기 위해
(C) 식당 예약을 하기 위해
(D) 여자와 회의 일정을 잡기 위해

해설 전화 용건 언급 시 사용되는 표현인 I am calling about 뒤에 credits(포인트) 사용 요청이 나오고 있으므로 정답은 (A)이다.

어휘 trade 교환하다   cater (요리) 출장 서비스하다

26.

What does the woman suggest the man do?

(A) Use his points for a cheaper reward
(B) Call her back at a later date
(C) Change an order to include more items
(D) Speak to her immediate supervisor

여자가 남자에게 제안하는 것은?
(A) 더 저렴한 보상에 포인트 사용하기
(B) 차후에 다시 전화하기
(C) 주문을 변경해 더 많은 품목을 포함시키기
(D) 직속 상관과 이야기하기

해설 제안/추천 시 사용되는 표현인 Why don't you 뒤에 get in touch with me next month(다음 달에 연락하라)고 했으므로 나중에 다시 전화하라는 (B)가 정답이다.

어휘 immediate supervisor 직속 상사

27.

Look at the graphic. How many Garland's Office Catering credits will the man use?

(A) 1,000
(B) 2,000
(C) 5,000
(D) 7,000

시각정보에 의하면, 남자는 얼마나 많은 갈랜드 오피스 케이터링 포인트를 사용할 것인가?
(A) 1,000
(B) 2,000
(C) 5,000
(D) 7,000

해설 남자가 첫 대사에서 미식가 음식 바구니 보상을 요청했고, 이번 달 거래 후 미식가 음식 바구니 보상에 대한 충분한 포인트가 된다는 여자의 말에 남자가 좋은 소식(Wonderful news)이라고 답변했으므로 결국, 남자는 나중에 미식가 음식 바구니 포인트를 사용하게 될 것이므로 정답은 (D)이다.

[28-30]   conversation + information

M-Cn	Hello! Welcome to Beachcomber's. Can I help you?
W-Am	Hi, **28**I'm looking for a surfboard to rent, just for a couple of hours. I am on holiday and this will be my first time surfing. Do you know a good beach around here?
M-Cn	Sure. **29**Fletcher's Bay would be good for you. It has gentle waves; it's a good place for beginners. It's just down the road from here. Go straight on the road out the front and you will see the parking lot on your left.
W-Am	Great. Oh, I also have this coupon from my resort.
M-Cn	Ah, okay. With the coupon, **30**I can give you four hours of surfboard rental time for the price of two hours. Let me get you a board.

남: 안녕하세요! 비치코머즈에 오신 것을 환영합니다. 도와드릴까요?
여: 안녕하세요, 서핑보드를 빌리고 싶은데요, 두 시간 정도만요. 휴가 중인데 처음 서핑을 해보는 거예요. 여기 근처에 좋은 해변을 아세요?
남: 물론이죠. 플레처스 베이가 좋을 겁니다. 파도가 잔잔해서, 초보자들에게 좋은 장소예요. 여기서 바로 길 아래로 내려가면 있어요. 앞 도로에서 직진하시면 왼쪽에 주차장이 보일 겁니다.
여: 잘됐네요. 아, 제 리조트에서 이 쿠폰을 가져왔어요.
남: 아, 알겠어요. 그 쿠폰으로 서핑보드를 두 시간 가격으로 네 시간 임대해 드릴 수 있어요. 보드를 가져다 드릴게요.

어휘 surfboard 서핑보드   rent 빌리다   on holiday 휴가 중인
gentle wave 파도가 잔잔한

Beachcomber's Surfboard Rental	
302 Hours	$25.00
4 Hours	$35.00
6 Hours	$45.00
All Day	$55.00

비치코머즈 서핑보드 임대	
2시간	25달러
4시간	35달러
6시간	45달러
하루	55달러

28.

What is the purpose of the conversation?
(A) She needs to ask directions.
(B) She needs to check in to a resort.
(C) She wants to rent an item.
(D) She wants to get lessons.

대화의 목적은 무엇인가?
(A) 여자는 길을 물어봐야 한다.
(B) 여자는 리조트에 체크인해야 한다.
(C) 여자는 물품을 렌트하고 싶어 한다.
(D) 여자는 레슨을 받고 싶어 한다.

해설 looking for a surfboard to rent(렌트할 서핑보드를 찾고 있다)는 여자의 말에서 대화하는 목적이 (C)인 것을 알 수 있다.

29.
What does the man mention about Fletcher's Bay?
(A) It is the most popular place.
(B) It will take a long time to drive there.
(C) It has many good restaurants nearby.
(D) It is good for inexperienced surfers.

남자가 플레쳐즈 베이에 대해 언급하는 것은?
(A) 가장 인기있는 장소이다.
(B) 거기까지 운전해 가는 데 오래 걸릴 것이다.
(C) 근처에 좋은 식당들이 많다.
(D) 경험이 적은 서퍼들에게 좋다.

해설 고유명사 Fletcher's Bay가 키워드이다. beginners(초보자들)에게 좋다는 말은 inexperienced(경험이 없는) 사람들을 위한 곳이라는 뜻이므로 정답은 (D)이다.

30.
Look at the graphic. How much will the man probably charge the woman?
(A) $25.00
(B) $35.00
(C) $45.00
(D) $55.00

시각정보에 의하면, 남자는 여자에게 아마도 얼마를 청구할 것 같은가?
(A) 25달러
(B) 35달러
(C) 45달러
(D) 55달러

해설 마지막 대사에서 남자가 for the price of two hours(두 시간 가격으로) 해준다고 했으므로 정답은 (A)이다.

UNIT 2

전략 1 본책 p. 92

남: 안녕하세요. 이 튤립 여섯 송이를 사고 싶어요. 리본과 함께 고급 포장지에 싸주세요.
여: 물론이죠. 꽃다발에 다른 것도 넣고 싶으세요?
남: 이 카드도 넣어주세요. 이 꽃은 제 아내를 위한 겁니다. 이 주소로 배달해줄 수 있나요?

Q 여자가 일하는 곳은 어디이겠는가?
(A) 우체국
(B) 꽃가게

전략 2

남: 안녕하세요, 저는 프리미어 부동산의 롭입니다. 아파트 단지 건설이 어떻게 되고 있는지 알아보려고 전화 드렸습니다.
여: 전혀 문제가 없습니다. 장마철 내내 일을 해서 약속드린 대로 10월에 프로젝트를 끝내도록 잘 진행하고 있습니다.
남: 잘됐네요. 많은 관심 있는 구매자들이 기다리고 있습니다. 언제부터 그들에게 구경시켜 줄 수 있는지 아세요?

Q 여자의 직업은?
(A) 건축가
(B) 부동산 중개업자

MODEL TEST 본책 p. 93

1. (B) 2. (D) 3. (B) 4. (D)

1.

W-Am **¹You have reached the City General Hospital.** What can we do for you today?
M-Cn Oh, um, I'm Sam Williams. I am going to see my relatives who live in Indonesia in 2 weeks and I want to get some vaccinations.
W-Am Okay, Mr. Williams. Let me have a look at the bookings we have for this week. Okay, there are several spots open on Thursday this week. Are you available?
M-Cn I have a half day off this Thursday. I'll come then.

여: 시립 종합병원에 연락하셨습니다. 오늘 무엇을 도와드릴까요?
남: 아, 음, 저는 샘 윌리엄즈입니다. 2주 후에 인도네시아에 살고 있는 친척을 보러 갈 예정인데 예방 접종을 받고 싶어요.
여: 알겠습니다, 윌리엄즈 씨. 이번 주 예약을 한번 볼게요. 네, 이번 주 목요일에 빈 자리가 몇 개 있습니다. 시간이 되십니까?
남: 이번 주 목요일에 반나절을 쉽니다. 그때 갈게요.

어휘 **relative** 친척 **vaccination** 백신[예방] 접종 **booking** 예약 **spot** 자리 **off** (일을) 쉬는

Where does the woman work?
(A) At a real estate agency
(B) At a medical center
(C) At an airline
(D) At a hotel

여자는 어디에서 근무하는가?
(A) 부동산
(B) 병원
(C) 항공사
(D) 호텔

해설 전화를 받는 쪽이 이름/신분/장소를 밝힐 때 사용되는 표현인 You have reached 뒤에 Hospital(병원)이 나오고 있다. 병원은 주로 hospital, medical clinic, medical center, doctor's office로 출제된다.

2.

W-Am Hi, Mr. Watson. This is Genevieve Downes. I wanted to let you know that I am renovating my home and would like to order a statue for my living room. ²I do love the statue of yours I already own!

M-Au Hello Ms. Downes, it's wonderful to hear from you. I am afraid to say that at the moment I am very busy; I have several commissions to complete during the rest of this year. I will be free early next year in January.

W-Am No problem. I can certainly wait until then.

여: 안녕하세요, 왓슨 씨. 저는 제너비브 다운즈입니다. 제 집을 수리하고 있는데 거실에 놓을 조각상을 의뢰하고 싶다는 것을 알려 드리고 싶어서요. 귀하의 조각상을 이미 가지고 있는데 정말 마음에 들어서요!
남: 안녕하세요, 다운즈 씨, 연락을 받게 되어 매우 기쁩니다. 유감스럽게도 지금은 제가 매우 바쁩니다, 올해 완성해야 할 주문이 몇 개 있어서요. 내년 1월 초에 시간이 됩니다.
여: 괜찮아요. 물론 그때까지 기다릴 수 있습니다.

어휘 **renovate** 개조하다 **statue** 조각상 **own** 소유하다 **at the moment** 지금(으로서는) **commission** (미술·음악 작품 등의) 의뢰, 주문

Who most likely is the man?
(A) A writer
(B) A dancer
(C) A musician
(D) A sculptor

남자는 누구일 것 같은가?
(A) 작가
(B) 댄서
(C) 음악가
(D) 조각가

해설 직업 / 신분을 밝힐 때는 대명사(yours)가 자주 사용된다. the statue of yours(당신의 조각상)이라는 여자의 말에서 남자가 조각가인 것을 유추할 수 있다.

3.

M-Au Hello. ³I bought a washing machine from your store last week. Uh, it is making really loud noises when I use it. I'm sure it should not sound like that.

W-Br Ah. Can I get you to check the product code on that machine, please? It should be on the side.

M-Au Sure. Uh, it's SP16-098-45.

W-Br Okay, I thought so. All washing machines with "SP16" have that problem and are scheduled for recall. If you give me your details, I can have your washing machine picked up from your house and fixed.

남: 안녕하세요. 지난주에 귀하의 매장에서 세탁기를 샀어요. 어, 사용할 때 매우 큰 소음이 납니다. 분명히 그런 소리가 나면 안 될 것 같은데요.
여: 아, 그 기계에 있는 제품 코드를 확인해 주실 수 있나요? 옆면에 있을 겁니다.
남: 네, 어, SP16-098-45입니다.
여: 네, 그럴 거라고 생각했습니다. "SP16"이 붙은 모든 세탁기에 그런 문제가 있어서 리콜할 예정입니다. 고객님의 정보를 알려주시면, 고객님 댁에서 세탁기를 가지고 와서 수리하도록 해드릴 수 있습니다.

어휘 **sound** (소리가) 나다, 내다 **should** ~일 것이다 **on the side** 옆면에 **details** 정보, 사항 **pick up** ~을 찾아오다

What department does the woman probably work in?
(A) In Maintenance
(B) In Customer Service
(C) In Personnel
(D) In Marketing

여자는 어떤 부서에서 일하겠는가?
(A) 유지보수부
(B) 고객서비스부
(C) 인사부
(D) 마케팅부

해설 제품을 구매한(bought a washing machine) 손님인 남자가 제품의 문제점(making really loud noises)을 제기하고 있으므로, 상대인 여자는 점원 / 고객서비스 직원 / 콜센터 직원임을 짐작할 수 있다.

4.

W-Br Hello, this is Jane Meyers. ⁴You booked me a flight for this Wednesday, but something has come up and I would like to leave on Friday. Is it possible for you to change that flight for me?

M-Cn That's no problem at all. How about the city where you change planes? Do you want to keep that same?

W-Br Oh, that's fine. Originally I was going to change in Dubai, but about a week ago I decided to stop in Hong Kong. I called your agency then and made the change.

여: 안녕하세요, 저는 제인 메이어스입니다. 이번 주 수요일로 항공편 예약을 해주셨는데, 일이 생겨서 금요일에 출발하고 싶어요. 그 항공편을 바꿔줄 수 있을까요?
남: 알겠습니다. 비행기를 환승하는 도시는 어떠세요? 그것은 동일하게 유지하시겠어요?
여: 아, 그건 괜찮습니다. 원래 두바이에서 환승할 예정이었지만 일주일 전쯤에 홍콩에 잠시 들르기로 결정했어요. 그때 여행사에 전화해서 변경을 했어요.

71

어휘 **book** 예약하다 **come up** 생기다, 발생하다 **originally** 원래

What most likely is the man's job?
(A) A store clerk
(B) A hotel employee
(C) A librarian
(D) A travel agent

남자의 직업은 무엇이겠는가?
(A) 가게 점원
(B) 호텔 직원
(C) 사서
(D) 여행사 직원

해설 여자가 남자에게 You booked me a flight(당신이 나에게 항공편을 예약해 주었다)는 말에서 남자가 여행사 직원인 것을 유추할 수 있다.

PRACTICE TEST
본책 p. 95

1. (D)	2. (B)	3. (A)	4. (B)	5. (A)
6. (C)	7. (D)	8. (B)	9. (C)	10. (D)
11. (C)	12. (C)	13. (C)	14. (B)	15. (B)
16. (D)	17. (A)	18. (B)	19. (B)	20. (D)
21. (C)	22. (C)	23. (A)	24. (C)	25. (B)
26. (A)	27. (D)	28. (B)	29. (A)	30. (C)

[1-3]

M-Cn Excuse me, can you help me? Um, **¹I would like to see one of the phones in the display case here, uh, the one to your left.**

W-Am Ah, this one? The Universe 6? I sell these a lot these days, they're great phones. **²The only problem with them is their limited storage space.** You can get a small micro SD card, though. It fits in the back of the phone and increases storage space.

M-Cn I see. I have one of those cards already, so I can just use that. Okay, **³I'll take that phone, please.**

남: 실례합니다, 저 좀 도와주시겠어요? 음, 여기 진열장에 있는 전화기 중 한 대를 보고 싶어요, 어, 당신 왼쪽에 있는 거요.
여: 아, 이거 말씀하세요? 유니버스 6요? 요즘 이것이 많이 팔려요, 아주 좋은 전화기예요. 유일한 문제는 저장 공간이 제한적이라는 거예요. 하지만 작은 마이크로 SD카드를 사시면 돼요. 전화기 뒤에 끼우면 저장 공간이 늘어나요.
남: 그렇군요. 이미 그런 카드가 하나 있어서 그냥 그걸 사용하면 돼요. 좋아요, 그 전화기를 살게요.

어휘 **display case** 진열장 **limited** 제한된 **storage space** 저장 공간

1.
Who most likely is the woman?
(A) A repairperson
(B) A store customer
(C) A newspaper reporter
(D) A salesperson

여자는 누구이겠는가?
(A) 수리공
(B) 매장 고객
(C) 신문 기자
(D) 판매 사원

해설 첫 대사에서 남자가 I would like to see one of the phones in the display case(진열장 속 전화기를 보고 싶다)고 요청하는 말에서 남자는 물건을 사러 온 손님이고, 상대방인 여자는 점원인 것을 알 수 있다.

2.
What does the woman say about the phone?
(A) It comes in a metal case.
(B) It has a small memory.
(C) It has a wide screen.
(D) It comes in two colors.

여자는 전화기에 대해 무엇이라 말하는가?
(A) 메탈 케이스가 딸려 나온다.
(B) 메모리 용량이 작다.
(C) 와이드 스크린을 가지고 있다.
(D) 두 가지 색상으로 나온다.

해설 여자가 전화기에 대한 문제점으로 their limited storage space(제한된 저장 공간)이라고 했으므로 정답은 (B)가 된다.

어휘 **come in** (제품) ~이 딸려 나오다

Paraphrasing
limited storage space ➔ small memory

3.
What does the man decide to do?
(A) Purchase a telephone
(B) Apply for a credit card
(C) Upgrade a computer system
(D) Arrange a display case

남자는 무엇을 하기로 결정하는가?
(A) 전화기 구매하기
(B) 신용카드 신청하기
(C) 컴퓨터 시스템 업그레이드하기
(D) 진열장 정리하기

해설 맨 마지막 대사에서 남자가 I'll take that phone(그 전화기를 살게요)라고 했으므로 정답은 (A)이다.

Paraphrasing
take that phone ➔ Purchase a telephone

[4-6] three speakers

M-Cn Now, Ms. Yoshimura. ⁴Your parcel has been sent. It should be in Japan in a week or so. Was that all for today or can I help you with something more?

W-Am ⁵I see you have a sign advertising business rates for package postage. What can you tell me about that?

M-Cn I will let my team manager explain.

M-Au Hi, I'm Tom Roberts. The business rates for posting packages give you a 20% discount on all package postal rates. You just need to show us a certificate of business and we can sign you up.

W-Am Oh, that's great, but I don't have those documents.

M-Au It's no problem. Why don't you collect them and come back? We can do it at any time.

W-Am Wonderful, ⁶I will come back later in the week.

남1: 자, 요시무라 씨. 귀하의 소포는 발송되었고 일본에 일주일 정도 후에 도착할 겁니다. 오늘 이게 다인가요 아니면 더 도와드릴 게 있습니까?
여: 소포 우송료의 사업자 요금을 광고하는 표지판을 봤어요. 그것에 대해 뭐 말해주실 만한 게 있을까요?
남1: 팀장이 설명하도록 해드릴게요.
남2: 안녕하세요, 저는 톰 로버츠입니다. 소포 발송에 대한 사업자 요금은 모든 소포 우송료에서 20퍼센트 할인을 해드려요. 사업자 등록증을 보여주시면 등록을 해드릴 수 있어요.
여: 아, 잘됐군요, 그런데 그 서류들을 가지고 있지 않아요.
남2: 괜찮아요. 그것들을 모아서 다시 오시겠어요? 언제라도 해드릴 수 있습니다.
여: 좋아요, 이번 주에 다시 올게요.

어휘 **parcel** 소포 **rate** 요금 **package postage** 소포 우송료 **post** 발송[우송]하다 **certificate of business** 사업자 등록증 **collect** 모으다 **at any time** 언제라도

4.
Where does this conversation most likely take place?
(A) In a stationery store
(B) In a post office
(C) In a hospital
(D) In a factory

이 대화는 어디에서 일어나겠는가?
(A) 문구점
(B) 우체국
(C) 병원
(D) 공장

해설 첫 번째 남자의 첫 대사에서 Your parcel has been sent(귀하의 소포가 발송되었다)라는 말에서 우체국이 대화 장소인 것을 유추할 수 있다.

5.
What does the woman inquire about?
(A) Business postal rates
(B) Delivery times
(C) A payment method
(D) A wrapping service

여자는 무엇에 대해 문의하는가?
(A) 사업자 우송료
(B) 배달 시간
(C) 지불 방법
(D) 포장 서비스

해설 여자의 첫 번째 대사에서 여자는 a sign advertising business rates for package postage(소포 우송료의 사업자 요금을 광고하는 표지판)을 보고 그것에 대해서 추가 질문을 하고 있으므로 정답은 (A)가 된다.

Paraphrasing
business rates for package postage
→ Business postal rates

6.
What does the woman say she will do later?
(A) Talk with a delivery person
(B) Collect a parcel for her company
(C) Return to the post office
(D) Bring back a borrowed pen

여자는 나중에 무엇을 하겠다고 말하는가?
(A) 배달원과 이야기하기
(B) 회사 소포 가지러 가기
(C) 우체국에 다시 돌아오기
(D) 빌린 연필 되돌려 주기

해설 시간 표현 later가 키워드이다. 나중에 come back(돌아오다)라고 했으므로 답은 Return이 들어간 (C)이다.

Paraphrasing
come back → Return

[7-9]

W-Br Hello. ⁷I work for a welding company. I have to go to building sites a lot, so I need some strong shoes.

M-Cn Sure, we have a few shoes that fit your needs. I have some great shoes that have steel caps to protect the toes and that protect feet from chemicals.

W-Br They sound good, but the pair of shoes I buy has to fit me properly. The pair of protective shoes I wear at the moment hurts my toes.

M-Cn	Ah, I see. I think a pair of Rhino shoes would suit you. They offer full protection to the feet in places like construction sites, as well as fitting well. **8Why don't you look at our other shoes? 9You will see that Rhino shoes are very comfortable in comparison.**
여:	안녕하세요. 저는 용접 회사에서 일하는데, 건설 현장에 많이 가야 해서 튼튼한 신발이 필요합니다.
남:	네, 고객님의 필요에 맞는 신발이 몇 개 있습니다. 발가락을 보호하기 위해 강철 캡이 있고, 화학 물질로부터 발을 보호하는 매우 좋은 신발들이 있습니다.
여:	좋은 것 같네요. 그런데 제가 구입하는 신발은 제게 잘 맞아야 합니다. 지금 제가 신고 있는 보호 신발은 발가락이 아프거든요.
남:	아, 그렇군요. 리노 신발이 고객님께 맞을 것 같습니다. 공사 현장과 같은 장소에서 발을 완전히 보호할 뿐만 아니라 잘 맞습니다. 저희 매장의 다른 신발들을 보시는 게 어떨까요? 비교해보면 리노 신발이 매우 편하다는 것을 알게 되실 겁니다.

어휘 welding 용접 building site 건설 현장 steel 강철 cap 캡, 덮개 toe 발가락 chemical 화학약품 suit 맞다 in comparison 비교하면

7.
What type of business does the woman work for?
(A) A moving company
(B) A delivery service
(C) A construction company
(D) A welding firm

여자는 어떤 종류의 업체에서 일하는가?
(A) 이사업체
(B) 배달업체
(C) 건설 회사
(D) 용접 회사

해설 근무처에 관한 표현인 I work for 뒤에 welding company(용접 회사)라고 일하는 곳을 밝히고 있다.

8.
What does the man encourage the woman to do?
(A) Buy another item at a discount
(B) Compare products in a store
(C) Get a cash refund
(D) Read customer reviews

남자는 여자에게 무엇을 할 것을 권고하는가?
(A) 할인하는 다른 물품 사기
(B) 매장 내 제품들 비교하기
(C) 현금으로 환불받기
(D) 고객 후기 읽기

해설 조언/충고 시 사용되는 표현인 Why don't you 뒤에 look at our other shoes(다른 신발들을 보세요)라고 다른 제품들과 비교하라고 했으므로 정답은 (B)이다.

9.
Why does the man recommend Rhino shoes?
(A) They are popular.
(B) They are on sale.
(C) They are comfortable.
(D) They are stylish.

남자는 왜 리노 신발을 추천하는가?
(A) 인기가 있다.
(B) 할인 중이다.
(C) 편안하다.
(D) 멋지다.

해설 Rhino shoes가 키워드이다. 남자의 마지막 대사에서 남자가 그 신발들이 comfortable(편한)하다고 말하고 있다.

[10-12]

W-Am	Hello Mr. Amery. **10This is Wendy Tran from Business Matters Radio. I am writing a report** on firms using green energy and I hear your company leads the world in that area. Can you fill me in on what your company has done recently in that regard?
M-Au	Sure. **11Over the past twelve months, we have almost entirely used green power in our factories.** For example, we are using energy from the sun. The roofs of all our factories now produce the power used in manufacturing.
W-Am	Wow, that's amazing. Do you think you will be able to use green energy in your shipping as well?
M-Au	It bothers me, actually. I can use renewable energy on my factories, but **12I have to use ships that do not utilize green energy to move my goods.**
여:	안녕하세요, 애머리 씨. 비즈니스 매터즈 라디오의 웬디 트랜입니다. 친환경 에너지를 사용하는 회사들에 대한 기사를 쓰고 있는데 귀사가 그 분야에서 세계적으로 선두라고 들었어요. 그것과 관련하여 귀사가 최근에 무엇을 했는지 말씀해주시겠어요?
남:	물론이죠. 지난 12개월간, 저희 공장들에서는 거의 전적으로 친환경 에너지를 사용했습니다. 예를 들어, 태양에서 온 에너지를 사용하고 있어요. 현재 모든 공장의 지붕에서 제조에 사용되는 전기를 생산하고 있어요.
여:	와, 놀랍네요. 배송에도 친환경 에너지를 사용할 수 있을 거라고 생각하세요?
남:	실은, 그 점이 신경 쓰여요. 제 공장들에서는 재생 가능 에너지를 사용할 수 있지만 제품을 옮기기 위해 그린 에너지를 사용하지 않는 배들을 이용해야 하거든요.

어휘 green energy 친환경 에너지 fill A in on B A에게 B에 대한 정보를 주다 in that regard 그것과 관련하여 renewable 재생 가능한 utilize 이용[활용]하다

10.

What is the woman's job?
(A) Construction manager
(B) Scientist
(C) Factory supervisor
(D) Reporter

여자의 직업은 무엇인가?
(A) 건설 관리자
(B) 과학자
(C) 공장 관리자
(D) 보도 기자

해설 여자가 I am writing a report(저는 기사를 쓰고 있어요)라고 했으므로 여자는 기자(reporter, journalist)이다.

11.

What has the company done during the past year?
(A) Changed the types of products
(B) Purchased new ships
(C) Conducted a renewable energy project
(D) Expanded its market

회사는 작년에 무엇을 했는가?
(A) 제품 종류를 바꾸었다
(B) 새 배들을 구매했다
(C) 재생 가능한 에너지 프로젝트를 시행했다
(D) 시장을 확대했다

해설 past year가 키워드이다. 대화의 Over the past twelve months를 질문에서는 during the past year로 바꿔 표현했다. we have almost entirely used green power(거의 전적으로 친환경 에너지를 사용했다)는 말에서 재생 가능한 에너지 정책을 시행했다는 것을 알 수 있다.

12.

What does the man say about the area of shipping?
(A) It can be expensive.
(B) It is reliable.
(C) It does not use green energy.
(D) It includes international shipping.

남자가 배송 부문에 대해서 말하는 것은?
(A) 비용이 많이 들 수 있다.
(B) 신뢰할 수 있다.
(C) 친환경 에너지를 사용하지 않는다.
(D) 해외 배송을 포함한다.

해설 남자의 마지막 대사 move my goods가 질문의 the area of shipping에 해당하는 표현이다. do not utilize green energy(친환경 에너지를 사용하지 않는다)라고 밝히고 있다.

Paraphrasing
utilize green energy → use green energy

[13-15]

M-Cn Erica, check this out! **13**It looks like we're going to start using a new advertising application to do all of our advertisements on the Internet. It's called Easyad.

W-Am That's great news! **14**We have needed a new application here in the Marketing Division. We can focus our efforts on Internet advertising for mobile devices.

M-Cn That's right. And you're familiar with the app, too. You used it in your last job, right?

W-Am That was a while ago. I'm not sure if I still can use it.

M-Cn Well, **15**I'll call the vendor to see if they can send out a representative to teach us the program.

W-Am That sounds good.

남: 에리카, 이거 보세요! 인터넷에 우리의 모든 광고를 하기 위해서 새로운 광고 앱을 사용하기 시작할 것 같아요. '이지에드'라고 하는 거예요.
여: 좋은 소식이네요! 여기 마케팅 부서에 새로운 앱이 필요했어요. 모바일 기기를 위한 인터넷 광고에 우리의 노력을 집중할 수 있겠어요.
남: 맞아요. 게다가 당신은 그 앱을 잘 알고 있잖아요. 저번 직장에서 사용했었죠?
여: 그건 한참 전이에요. 아직 그것을 사용할 수 있을지 모르겠어요.
남: 그럼, 납품업체에 전화해서 프로그램을 가르쳐 줄 수 있는 직원을 보내줄 수 있는지 알아 볼게요.
여: 그거 좋네요.

어휘 application 응용 프로그램, 애플리케이션 check out 살펴보다 focus 집중하다 effort 노력 vendor 납품업체, 업체 representative 판매 대리인, 직원

13.

What are the speakers talking about?
(A) Distributing mobile devices
(B) Attending a training program
(C) Using a new advertising method
(D) Designing a new Web site

화자들은 무엇에 대해 이야기하는가?
(A) 모바일 기기 유통하기
(B) 교육 프로그램 참석하기
(C) 새로운 마케팅 방법 이용하기
(D) 새로운 웹사이트 디자인하기

해설 남자의 첫 대사에서 start using a new advertising application(새로운 광고 앱을 사용하기 시작하다)로 대화를 시작했으므로 정답은 (C)이다.

어휘 distribute 유통시키다

14.

What department do the speakers most likely work in?
(A) Shipping
(B) Marketing
(C) Payroll
(D) Maintenance

화자들은 어떤 부서에서 일하겠는가?
(A) 배송
(B) 마케팅
(C) 급여
(D) 유지보수

해설 대화/근무 장소를 알려줄 때 사용되는 표현인 here 뒤에 Marketing Division(마케팅 부서)라고 밝히고 있다.

15.

What will the man probably do next?
(A) Buy an electronic device
(B) Contact a company
(C) Put an advertisement
(D) Visit a supplier's office

남자는 다음에 무엇을 할 것인가?
(A) 전자 기기 구입하기
(B) 업체에 연락하기
(C) 광고 내기
(D) 공급업체 사무실 방문하기

해설 do next 질문에 대한 정답 단서가 되는 표현 I'll 뒤에 call the vendor(납품업체에 전화하다)라고 했으므로 정답은 (B)이다.

Paraphrasing

call the vendor → Contact a company

[16-18]

> M-Au Ah, Fatima, Hannah from Johnson BioTech called earlier. ¹⁶She wanted to know when the plans for their new headquarters building will be finished.
>
> W-Am Yes, I've been delaying speaking to her. ¹⁷Before I finish designing the building, I need some input from the city council on environmental regulations. Tell her I will speak to the council today and should have the design to her by the end of the week.
>
> M-Au Okay, I'm sure she will understand. ¹⁸I'll call her later today and let her know when she can expect to have the plans for the new building.
>
> W-Am That's good. If you wouldn't mind, could you ask Rick to send the final version of the file that he revised this morning? He knows what it is.
>
> M-Au Sure. I'll stop by his desk and tell him about it.

남: 아, 파티마, 존슨 바이오테크의 한나가 아까 전화를 했어요. 자신들의 새 본사 건물 설계도가 언제 끝나는지 알고 싶어 했어요.
여: 네, 그녀와 이야기하는 것을 미루고 있었어요. 건물 디자인을 끝내기 전에, 환경규제에 대해 시의회로부터 조언이 필요해요. 오늘 의회와 이야기를 하고 이번 주 말까지 그녀에게 디자인을 줄 수 있을 거라고 말해주세요.
남: 알겠습니다. 분명히 그녀가 이해해줄 거예요. 이따가 그녀에게 전화해서 새 건물 설계도를 언제 받을 수 있을지 알려줄게요.
여: 좋아요. 괜찮다면, 릭에게 오늘 오전에 수정한 파일의 최종 버전을 달라고 해주시겠어요? 무엇인지 그가 알아요.
남: 물론이죠. 그의 자리에 들러서 그것에 대해 말할게요.

어휘 headquarters 본사 input 조언 environmental regulation 환경 규제

16.

Where do the speakers most likely work?
(A) At a travel agency
(B) At a pharmaceutical company
(C) At a city council
(D) At an architecture firm

화자들은 어디에서 일하겠는가?
(A) 여행사
(B) 제약회사
(C) 시의회
(D) 건축회사

해설 남자의 첫 대사에서 the plans for their new headquarters building will be finished(새 본사 건물의 설계도가 끝날 것이다)라는 말에서 건축회사에서 근무하는 사람들의 대화라는 것을 알 수 있다. 설계도(building plan, blueprint)와 평면도(floor plan)를 구분하자.

17.

What does the woman mean when she says, "I've been delaying speaking to her"?
(A) She has to check some rules first.
(B) She does not want the man to speak to someone.
(C) She is worried about speaking to her client.
(D) She is confused about the phone call.

여자가 "그녀와 이야기하는 것을 미루고 있었어요"라고 말한 의도는 무엇인가?
(A) 그녀는 먼저 규정을 확인해야 한다.
(B) 그녀는 남자가 누군가와 이야기하는 것을 원하지 않는다.
(C) 그녀는 고객과 이야기하는 것에 대해 걱정한다.
(D) 그녀는 전화에 대해 혼란스러워 한다.

해설 의도를 묻는 말 뒤에 환경규제에 대해 언급하고 있다. 즉, 규정이 맞는지 확인한 후에 건물 디자인을 마무리해서 고객에게 연락할 수 있다는 뜻이므로 정답은 (A)이다.

Paraphrasing
regulations ➜ rules

18.
What information will the man provide in his phone call?
(A) An explanation of a late submission
(B) When a design will be available
(C) A list of possible design features
(D) Where a building will be built

남자는 그의 전화에서 어떤 정보를 제공할 것인가?
(A) 늦은 제출에 대한 해명
(B) 디자인을 받을 수 있는 때
(C) 가능한 디자인 특징 목록
(D) 건물이 지어질 장소

해설 남자가 call her(그녀에게 전화하다)해서 let her know when she can expect to have the plans for the new building(새 건물 설계도를 언제 받을 수 있을지 알려준다)고 했으므로 정답은 (B)이다.

[19-21]

W-Br Hi, Julian. **19**I was told the dinner event for the marketing company was a great success. You did a great job coordinating it.

M-Au Thanks. **20**After the meal, I talked to some of the staff there, and they really complimented the great variety of foods we had to choose.

W-Br I'm glad to hear that. Did you let Stacy know?

M-Au Yes, and she appreciated the praise since it was her idea to offer so many kinds of dishes.

W-Br **21**I think you should let everyone know about the positive feedback at the next employee meeting. It really helps to boost morale.

M-Au Great idea!

여: 안녕하세요, 줄리안. 마케팅 회사를 위한 만찬 행사가 아주 성공적이라고 들었어요. 그것을 아주 잘 준비했어요.
남: 감사해요. 식사 후에, 거기 직원 몇 명과 이야기를 했는데, 선택할 수 있는 매우 다양한 음식을 준비한 것에 대해 아주 칭찬해 주었어요.
여: 그 말을 들으니 기쁘네요. 스테이시에게 알려주었어요?
남: 네, 그렇게 많은 종류의 요리를 제공하자는 게 그녀의 아이디어였기 때문에 그 칭찬에 대해 감사해 했어요.
여: 다음 직원 회의에서 긍정적인 피드백에 대해 모두에게 알려야 할 것 같아요. 사기를 높이는 데 정말 도움이 되니까요.
남: 좋은 생각이에요!

어휘 coordinate 준비하다 compliment 칭찬하다 praise 칭찬 dish 요리 positive 긍정적인 boost 높이다 morale 사기

19.
Where most likely do the speakers work?
(A) At a delivery company
(B) At a catering business
(C) At a marketing agency
(D) At a cooking school

화자들은 어디에서 일하겠는가?
(A) 배달 회사
(B) 행사 음식 공급업체
(C) 마케팅 회사
(D) 요리 학교

해설 여자의 첫 대사에서 the dinner event for ... company was a great success(~ 회사를 위한 만찬 행사가 매우 성공적이었다)는 말에서 음식을 제공하는 업체에 근무하는 사람들인 것을 알 수 있다.

20.
What part of the dinner were the employees satisfied with?
(A) The dining room's interior
(B) The excellent service
(C) The affordable prices
(D) The selection of dishes

직원들은 만찬의 어떤 점에 만족했는가?
(A) 식당의 인테리어
(B) 훌륭한 서비스
(C) 합리적인 가격
(D) 요리 선정

해설 대화의 staff를 질문에서는 employees로 표현하고 있다. complimented the great variety of foods(매우 다양한 음식을 칭찬했다)에서 요리 선정에 대해 만족했음을 알 수 있다. 따라서 정답은 (D)이다.

어휘 dish 요리

21.
What will most likely happen during the next meeting?
(A) New menu items will be introduced.
(B) Business plans will be discussed.
(C) Customer compliments will be shared.
(D) Negative feedback will be addressed.

다음 회의에서 어떤 일이 일어나겠는가?
(A) 새로운 메뉴 항목들이 소개될 것이다.
(B) 사업 계획들이 논의될 것이다.
(C) 고객 칭찬을 공유할 것이다.
(D) 부정적인 피드백에 대해 다룰 것이다.

해설 next meeting이 키워드이다. 다음 회의 때 positive feedback(긍정적인 피드백)에 대해 직원들에게 알려야 할 것 같다고 했으므로 정답은 (C)가 된다.

Paraphrasing
positive feedback ➜ Customer compliments

[22-24]

> W-Am Michael, how's the new job? **22You're at a product promotion company, right? Making TV ads?**
>
> M-Cn **22That's right.** We're named Advanced Marketing Solutions. It's a great job; I'm enjoying it.
>
> W-Am Nice! **23My firm's looking for a marketing company.**
>
> M-Cn **23Really? We're always open to new opportunities.**
>
> W-Am Well, **23maybe our companies can work together.**
>
> M-Cn Just let me know what I can do.
>
> W-Am I'll speak to my manager and see what he says.
>
> M-Cn If he is interested in my company, **24I can book a time for our companies to sit down together for discussions.**

여: 마이클, 새 일은 어때요? 제품 홍보 회사에서 일하죠? TV 광고를 만드는?
남: 맞아요. 어드밴스드 마케팅 솔루션즈라는 회사예요. 아주 멋진 일이라서, 즐겁게 일하고 있어요.
여: 잘됐네요! 우리 회사에서 마케팅 회사를 찾고 있거든요.
남: 정말이요? 우리는 새로운 기회에 항상 열려 있어요.
여: 그럼, 어쩌면 우리 회사들이 함께 일할 수도 있겠네요.
남: 제가 어떻게 하면 되는지 알려주세요.
여: 부장님께 이야기해서 뭐라고 하시는지 알아볼게요.
남: 부장님이 우리 회사에 관심이 있다면, 두 회사가 논의를 하기 위해 함께 만날 수 있도록 시간을 잡을 수 있어요.

어휘 promotion 홍보 be named ~로 명명되다

22.

In what industry does the man most likely work?
(A) Architecture
(B) Construction
(C) Advertising
(D) Legal Consulting

남자는 어떤 업계에서 일하겠는가?
(A) 건축
(B) 건설
(C) 광고
(D) 법률 상담

해설 여자가 남자에게 a product promotion company(제품 홍보 회사)에서 근무하는지 묻는 말에 남자가 That's right(맞아요)라고 수긍했으므로 남자의 근무 분야는 광고/홍보 분야임을 알 수 있다.

어휘 legal 법률의

23.

Why does the man say, "We're always open to new opportunities"?
(A) To express interest in working with other firms
(B) To explain why his company has not been profitable
(C) To show that he understands what the woman does
(D) To ask the woman for her help with his new job

남자가 "우리는 새로운 기회에 항상 열려 있어요"라고 말한 의도는 무엇인가?
(A) 다른 회사들과 일하는 것에 관심을 나타내기 위해
(B) 자신의 회사가 왜 수익이 나지 않았는지 설명하기 위해
(C) 그녀가 무슨 일을 하는지 알고 있다는 것을 보여주기 위해
(D) 자신의 새로운 일에 그녀의 도움을 요청하기 위해

해설 의도를 묻는 말 앞뒤에서 여자가 자신의 회사에서 마케팅 회사를 찾고 있는데(My firm's looking for a marketing company) 함께 일할 수 있을 것 같다(maybe our companies can work together)고 했으므로 남자가 말한 기회는 다른 회사와 함께 일하는 기회를 의미한다고 할 수 있다.

24.

What does the man offer to do for the woman?
(A) Talk to his manager
(B) Write a report
(C) Arrange a meeting
(D) Provide a sample

남자가 여자에게 제의하는 것은?
(A) 자신의 관리자와 이야기하기
(B) 보고서 쓰기
(C) 회의 잡기
(D) 견본 제공하기

해설 제의 시 사용되는 표현인 I can 뒤에 book a time for our companies to sit down together for discussions(두 회사가 논의를 하기 위해 함께 만나도록 시간을 잡다)에서 회의 일정을 잡는 것을 제의하고 있다는 것을 알 수 있다.

Paraphrasing

book a time for our companies to sit down together for discussions → Arrange a meeting

[25-27] conversation+list

> M-Au Hello Amanda, I just spoke to Mr. Chen, the head of product development, and **25he's wondering about the status of the laboratory tests of our new drugs.** He wants to know how many results we have back.
>
> W-Br Okay, I got fifteen results from one of the laboratories yesterday afternoon. That is on top of results from two other testers.

M-Au	Good news. **26Why don't you get those over to product development now?** They can start analyzing them right away.
W-Br	Yes, I can do that. By the way, the test results look good. The latest results from Screening Corp. are especially promising.
M-Au	Fantastic. Now, who are we waiting for, for the final results?
W-Br	**27Meditech Labs had the most samples, so they are still working on them.** They will be done tomorrow.

남: 안녕하세요 아만다, 제가 막 제품 개발 부장인 첸 씨와 이야기했는데, 우리 신약들에 대한 실험실 테스트 상황에 대해 궁금해 하십니다. 얼마나 많은 결과를 회수했는지 알고 싶어 하세요.
여: 알겠어요, 어제 오후에 실험 중 한 곳에서 15개의 결과를 받았어요. 그건 다른 두 검사자들의 결과 외의 것이에요.
남: 좋은 소식이군요. 그것들을 지금 제품개발 부서로 가져다 주시겠어요? 지금 바로 분석을 시작할 수 있으니까요.
여: 네, 그렇게 할게요. 그런데, 테스트 결과가 좋아 보여요. 스크리닝 사에서 온 최신 결과들이 특히 조짐이 좋아요.
남: 아주 잘됐군요. 이제, 마지막 결과로 누구를 기다리고 있나요?
여: 메디테크 랩스가 가장 많은 샘플을 가졌기 때문에, 아직 작업을 하고 있어요. 내일 끝날 거에요.

어휘 status 상황 on top of ~뿐 아니라, ~외에 analyze 분석하다 promising 조짐이 좋은, 유망한

Laboratory	Drug Samples Provided
State Labs Inc.	5
Expert Testing	10
Screening Corp.	15
27Meditech Labs	**20**

실험실	제공받은 약 샘플
스테이트 랩스 사	5
엑스퍼트 테스팅	10
스크리닝 사	15
메디테크 랩스	20

25.
Where most likely do the speakers work?
(A) At an automobile repair shop
(B) At a fitness center
(C) At a catering company
(D) **At a pharmaceutical company**

화자들은 어디에서 일하겠는가?
(A) 자동차 정비소
(B) 헬스클럽
(C) 행사 음식 공급업체
(D) 제약회사

해설 남자의 첫 대사에서 our new drugs(우리 신약들)이라고 했으니 약을 만드는 제약 회사가 화자들의 근무 장소인 것을 알 수 있다.

26.
What does the man suggest the woman do?
(A) **Give data to another division**
(B) Call up a supplier
(C) Start preparing a report
(D) Upload data to a computer network

남자가 여자에게 제안하는 것은?
(A) 다른 부서에 자료 주기
(B) 공급업체에 전화하기
(C) 보고서 준비 시작하기
(D) 컴퓨터 네트워크에 자료 업로드하기

해설 제안/추천 시 사용되는 표현인 Why don't you 뒤에 그것들을 제품 개발 부서로 가져다 주라(get those over to product development)고 했으므로 다른 부서에 자료를 준다는 (A)가 답이 된다.

Paraphrasing
get those over to product development
→ Give data to another division

27.
Look at the graphic. How many test results is the woman's team waiting for?
(A) 5
(B) 10
(C) 15
(D) **20**

시각정보에 의하면, 여자의 팀은 얼마나 많은 실험 결과를 기다리고 있는가?
(A) 5
(B) 10
(C) 15
(D) 20

해설 Laboratory(실험실)과 Samples(샘플)에 대한 정보를 보고 실험 결과의 숫자를 고르는 문제이다. 선택지 구성이 시각정보의 우측 칸과 동일하므로, 나머지 정보인 Laboratory(실험실)에 주목한다. 여자가 Meditech Labs라는 핵심 정보를 거론했고, 시각정보에서 Meditech Labs에 해당하는 샘플 수량은 20으로 나와 있으므로 정답은 (D)이다.

[28-30] conversation + map

M-Cn	Hello, I'm very glad to see a bus company employee here. Um, **28I am going to City Hall and I was planning to take the yellow bus line, but this message says that yellow bus services are not running right now.**
W-Am	That's right; there's been an accident on that bus route. Why don't you use another bus? **29It takes a bit longer and stops at the Football Stadium, but it goes to City Hall.**
M-Cn	Oh great, I think it closes at five; I don't want to be late.

79

W-Am What do you need? Some offices close before others there.
M-Cn Uh, ³⁰I need to renew my driving permit; it will expire in a couple of months.
W-Am You'll be fine. The road safety office is open until six tonight.

남: 안녕하세요, 버스 회사 직원을 여기서 보게 되어 매우 기뻐요. 음, 시청으로 갈 예정이라 노란색 버스 노선을 탈 계획이었어요. 그런데 노란색 버스가 현재 운행이 되지 않는다고 이 메시지에 나와 있어요.
여: 맞아요, 그 버스 노선에 사고가 있었어요. 다른 버스를 이용하는 게 어떠세요? 조금 더 오래 걸리고 축구 경기장에 정차를 하지만, 시청으로 가거든요.
남: 아, 잘됐군요. 거기가 5시에 문을 닫는 것 같은데, 늦고 싶지 않아요.
여: 무엇이 필요하세요? 몇몇 사무소는 거기 다른 사무소보다 일찍 닫아요.
남: 아, 운전 면허증을 갱신해야 해요. 두 달 후에 만료가 돼요.
여: 괜찮을 거예요. 도로 안전 사무소는 오늘 저녁 6시까지 문을 열어요.

어휘 **run** 운행하다 **route** 길, 경로 **a bit** 다소, 조금 **driving permit** 운전 면허증 **expire** 만료되다

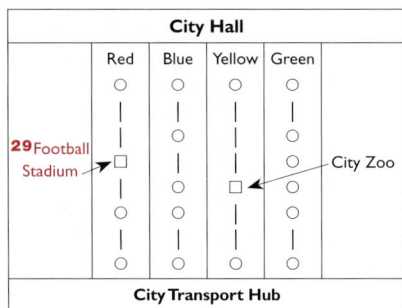

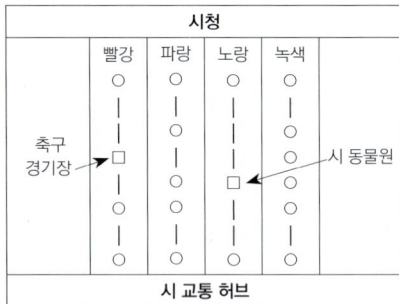

28.
Where does the conversation take place?
(A) At a city hall
(B) At a bus terminal
(C) At a sports arena
(D) At a ferry wharf

대화는 어디에서 일어나는가?
(A) 시청
(B) 버스 터미널
(C) 스포츠 경기장
(D) 여객선 부두

해설 첫 대사에서 남자가 I was planning to take the yellow bus line(노란색 버스 노선을 탈 계획이었다)라고 했으므로 대화 장소는 버스 승강장임을 알 수 있다. 남자가 I am going to City Hall(시청에 간다)고 했으므로 시청은 화자들이 현재 있는 장소가 아니다.

어휘 **wharf** 부두

29.
Look at the graphic. Which line does the woman suggest the man take?
(A) Red
(B) Blue
(C) Yellow
(D) Green

시각정보에 의하면, 여자는 남자에게 어떤 노선을 탈 것을 제안하는가?
(A) 빨강   (B) 파랑
(C) 노랑   (D) 녹색

해설 여자가 stops at the Football Stadium(축구장에서 정차)하는 노선을 이용하라고 했고, 그래픽에서 축구장이 있는 노선은 Red이므로 정답은 (A)이다.

30.
Why is the man going to city hall?
(A) To make a complaint about parking
(B) To get information on bus services
(C) To renew his driver's license
(D) To acquire a construction permit

남자는 왜 시청에 가는가?
(A) 주차에 대해 불만을 제기하기 위해
(B) 버스 운행에 관한 정보를 얻기 위해
(C) 운전 면허증을 갱신하기 위해
(D) 공사 허가증을 받기 위해

해설 남자가 renew my driving permit(운전 면허증 갱신)을 위해 시청에 간다고 이유를 밝히고 있다.

Paraphrasing
driving permit ➔ driver's license

UNIT 3

전략 1   본책 p. 98

여: 안녕하세요, 〈시카고 타임즈〉 구독 부서입니다. 무엇을 도와드릴까요?
남: 제가 최근에 이사를 했는데요, 신문이 아직도 옛날 집으로 배달되고 있어요. 배달 주소를 바꾸고 싶어요.
여: 물론이죠, 괜찮습니다. 새 주소를 알려주시면, 확실하게 신문이 맞는 주소로 가도록 하겠습니다.

Q 문제가 무엇인가?
(A) 고객이 구독을 해지하기를 원한다.
(B) 배달이 잘못된 주소로 가고 있다.

전략 2

여: 데이비드가 회사 본사로 배정된다는 것이 사실인가요?
남: 맞아요. 다른 지역 매니저들과 함께 교육을 받기 위해 다음 주에 전근 갈 겁니다. 그의 시장 조사 기술이 본사에서 필요하다고 들었어요.
여: 그는 좋은 리더였는데. 여기 있는 모든 사람들이 그를 그리워할 거예요.

Q 데이비드가 본사로 가는 이유는?
(A) 교육을 받기 위해
(B) 높은 직책에 지원하기 위해

MODEL TEST

본책 p. 99

1. (B)   2. (A)   3. (A)   4. (B)

1.

W-Am Henry, I have been looking at these maintenance reports. **1Our bulldozers working on the highway construction project need a lot of new parts. I don't think we have enough room in our budget.**
M-Cn It'll probably be expensive to replace parts in those large vehicles. Hmm … Why don't I call HM Repair Services and ask them if they are willing to drop their price a little? We have sent a lot of work to them this year.
W-Am That'll be great! Please let me know what they say.

여: 헨리, 제가 이 유지 보수 보고서들을 봤어요. 고속도로 건설 프로젝트에 사용 중인 불도저들에 새 부품이 많이 필요해요. 예산이 충분치 않을 텐데요.
남: 그런 큰 차량의 부품을 교체하는 것은 비용이 많이 들 거예요. 흠…제가 HM 수리 서비스에 전화해서 가격을 좀 낮춰줄 수 있는지 물어보면 어떨까요? 올해 그들에게 일을 많이 맡겼잖아요.
여: 그러면 좋죠! 그들이 뭐라고 하는지 알려주세요.

어휘 **part** 부품 **room** 여지, 공간 **replace** 교체하다 **be willing to** 기꺼이 ~하다

What is the woman concerned about?
(A) The deadline of a project
(B) The cost of fixing equipment
(C) A shortage of experienced workers
(D) An increase in the price of fuel

여자는 무엇에 대해 우려하는가?
(A) 프로젝트 마감일
(B) 장비 수리비
(C) 경력자 부족
(D) 연료비 증가

해설 문제점/걱정거리 언급 시 사용되는 표현인 need를 사용하여, 공사 장비 부품에 대한 예산이 부족하다는 말에서 장비 수리비에 대해서 걱정하고 있는 것을 알 수 있다.

2.

M-Au Welcome to Bright Smile Dentist Office, Ms. Jones. **2I know you were supposed to see Dr. Leung at 5:30 P.M. I'm sorry, but he's tied up with an emergency patient. He won't be able to see you until 6 o'clock.**
W-Br Really? I have to return to the office by then. How about tomorrow?
M-Au The only opening we have for tomorrow is at 2:00 P.M. Is it possible for you to come back to see him then?
W-Br I need to check my schedule first.

남: 밝은 미소 치과에 오신 것을 환영합니다. 존스 씨. 오후 5시 30분에 렁 박사님을 만나기로 되어 있으시다고 알고 있습니다. 죄송하지만, 박사님이 응급 환자 때문에 바쁘십니다. 6시나 돼야 존스 씨를 진료하실 수 있습니다.
여: 정말이요? 그때까지는 사무실로 돌아가야 하는데요. 내일은 어때요?
남: 내일 유일하게 비어 있는 시간은 오후 2시입니다. 박사님 진료를 받으러 그때 다시 오실 수 있으십니까?
여: 제 일정을 먼저 확인해야 해요.

어휘 **tied up with** ~로 바쁜 **emergency patient** 응급 환자

Why does the man apologize?
(A) The woman's appointment must be changed.
(B) The woman has been overcharged for a service.
(C) The woman does not have proper documentation.
(D) The woman's medical test results are missing.

남자는 왜 사과하는가?
(A) 여자의 진료 예약을 변경해야 해서
(B) 여자에게 서비스 비용이 과다 청구되어서
(C) 여자가 적절한 서류를 가지고 있지 않아서
(D) 여자의 건강 검사 결과가 없어져서

해설 사과의 말(I'm sorry) 앞뒤를 주목한다. 정해진 진료 시간에 환자를 진료할 수 없다고 했으므로 진료가 늦어지거나(delayed) 변경되는(changed/rescheduled) 것에 대해 사과하는 것임을 알 수 있다.

3.

M-Cn Hi. **3I see that your strawberry smoothie is not available today. I came here last week as well and it wasn't available then either.** Will it be returning to your menu anytime soon?
W-Am We're having a bit of a problem. Our supplier is asking us to pay double the old price for their berries.
M-Cn Huh, that's not good.
W-Am We are trying to find other suppliers. Hopefully, we can offer you the strawberry smoothie again soon.

남: 안녕하세요. 오늘 딸기 스무디가 없네요. 지난주에도 왔는데 그때도 없었거든요. 곧 다시 메뉴에 들어가나요?
여: 문제가 좀 있어요. 저희 공급업체가 베리를 이전 가격의 두 배를 달라고 하고 있거든요.
남: 아, 그러면 안 되는데요.
여: 다른 공급업체들을 찾으려고 하고 있어요. 조만간 다시 딸기 스무디를 제공할 수 있었으면 해요.

어휘 either (부정문에서) ~도 역시 anytime soon 곧 supplier 공급업체 double 두 배로

What is the problem?
(A) A drink cannot be purchased.
(B) A fridge is out of order.
(C) A delivery has not arrived.
(D) A menu needs to be changed.

무엇이 문제인가?
(A) 음료를 구매할 수 없다.
(B) 냉장고가 고장이다.
(C) 배달품이 도착하지 않았다.
(D) 메뉴를 변경해야 한다.

해설 문제점/걱정거리 언급 시 사용되는 표현인 not available과 함께 음료인 strawberry smoothie(딸기 스무디)가 이용 불가하다고 하고 있으므로 정답은 (A)이다.

Paraphrasing
smoothie → drink

4.

W-Am Mikhail, can we meet later today? I need your help to allocate our department's funding for this month. We need to make several large purchases.
M-Cn Yes, we do need to discuss our monthly funds, but I am busy this afternoon. ⁴I have to speak with an important new client for our company. But I have nothing planned for Thursday yet.
W-Am I'm free on Thursday as well. Let's talk then.

여: 미카일, 오늘 늦게 만날 수 있나요? 이번 달 부서 자금을 할당하는 데 당신의 도움이 필요해요. 몇 가지 대량 매입을 해야 하거든요.
남: 네, 정말 월 자금에 대한 논의를 해야 해요. 그런데 제가 오늘 오후는 바빠요. 우리 회사의 중요한 고객과 이야기를 해야 해서요. 하지만 목요일에는 아직 아무 계획이 없어요.
여: 저도 목요일에 시간이 돼요. 그때 얘기해요.

어휘 allocate 할당하다 funding 자금(fund)

Why is the man unable to talk to the woman that day?
(A) He needs to go over reports.
(B) He will have a client meeting.
(C) He will be out of the office.
(D) He has to prepare a presentation.

남자는 왜 그날 여자와 이야기할 수 없는가?
(A) 남자는 보고서들을 검토해야 한다.
(B) 남자는 고객과의 회의가 있을 것이다.
(C) 남자는 사무실에 없을 것이다.
(D) 남자는 발표를 준비해야 한다.

해설 남자가 중요한 고객을 만나야 해서 얘기를 할 수 없다고 했으므로 정답은 (B)이다.

PRACTICE TEST
본책 p. 101

1. (B)	2. (B)	3. (C)	4. (D)	5. (B)
6. (A)	7. (C)	8. (C)	9. (B)	10. (B)
11. (B)	12. (C)	13. (B)	14. (B)	15. (C)
16. (D)	17. (B)	18. (A)	19. (D)	20. (C)
21. (C)	22. (B)	23. (B)	24. (D)	25. (C)
26. (D)	27. (D)	28. (D)	29. (D)	30. (C)

[1-3]

M-Au Mariel, ¹I'm finalizing our presentation for the industry seminar next week in Bali, ²but I'm having trouble with my laptop. It keeps turning on and off automatically.
W-Br That doesn't sound good at all. When did it start doing that?
M-Au Just this morning, after I visited a company Web site. I don't know what to do. I have to use that computer at the seminar.
W-Br Let me try something. ³I'll get a virus cleaning program from the Internet to fix it.

남: 마리엘, 다음 주 발리에서 있을 산업 세미나를 위한 발표를 마무리 짓고 있는데, 제 노트북 컴퓨터에 문제가 있어요. 자동으로 켜졌다 꺼졌다를 반복해요.
여: 그건 정말 좋지 않은 건데요. 언제부터 그러기 시작했나요?
남: 바로 오늘 아침에, 제가 회사 웹사이트를 방문한 후에요. 어떻게 해야 할지 모르겠어요. 세미나에서 저 컴퓨터를 사용해야 하는데요.
여: 제가 어떻게 좀 해볼게요. 인터넷에서 바이러스 제거 프로그램을 받아서 고쳐볼게요.

어휘 finalize 마무리짓다 turn on[off] 켜다[끄다] automatically 자동적으로

1.
What are the speakers preparing for?
(A) A grand opening celebration
(B) A business conference
(C) A trade show
(D) A shareholder's meeting

화자들은 무엇을 준비하고 있는가?
(A) 대규모 개장 행사
(B) 비즈니스 컨퍼런스
(C) 무역 박람회
(D) 주주총회

82

해설 남자의 첫 대사에서 presentation for the industry seminar(산업 세미나 준비)를 하고 있다는 말에서 (B)가 정답인 것을 알 수 있다.

Paraphrasing
industry seminar → business conference

2.
Why is the man concerned?
(A) He needs to change the time of his flight.
(B) A computer is not working properly.
(C) He thinks a speech should be rewritten.
(D) An event has been postponed.

남자는 왜 걱정하는가?
(A) 비행기 시간을 바꿔야 한다.
(B) 컴퓨터가 제대로 작동하지 않는다.
(C) 연설을 다시 써야 한다.
(D) 행사가 지연되었다.

해설 문제점/걱정거리 언급 시 사용되는 표현인 but, having trouble을 써서 컴퓨터의 오작동을 말하고 있으므로 정답은 (B)이다.

Paraphrasing
I'm having trouble with my laptop.
→ A computer is not working properly.

3.
What does the woman say she will do?
(A) Let the man use her computer
(B) Call the IT department
(C) Download an application
(D) Speak to her manager

여자는 무엇을 할 거라고 말하는가?
(A) 남자에게 자신의 컴퓨터를 사용하게 하기
(B) IT 부서에 전화하기
(C) 응용 프로그램 다운받기
(D) 관리자와 이야기하기

해설 미래 행위를 나타내는 표현 I'll 뒤에 get a virus cleaning program from the Internet(인터넷에서 바이러스 제거 프로그램을 받다)라고 했으므로 정답은 (C)이다.

Paraphrasing
get a virus cleaning program
→ Download an application

[4-6] three speakers

M-Cn Asel, can I get you and Horst to do something for me, please? ⁴We need to make changes to the brochure for our electronics store and I would like to see the new one in a few weeks.

M-Au No problem, we can do that. Should it be like the existing one or can we make something totally new?

W-Br ⁵The existing one looks a bit too old-fashioned. I think we need something nice and modern to replace it.

M-Cn I think she's got a good point, Horst. Let's make it look very modern.

W-Br ⁶I'll make an outline of the new brochure and transfer it to you on the office network, so you can see its colors and letters before we make a final version.

남1: 아셀, 당신과 호스트에게 부탁을 해도 될까요? 우리 전자제품 매장의 안내책자를 바꿔야 하는데 몇 주 안에 새 것을 보고 싶어요.
남2: 알겠어요, 우리가 할 수 있어요. 기존의 것과 비슷해야 하나요 아니면 완전히 새로운 것을 만들 수 있나요?
여: 기존의 것은 좀 많이 구식처럼 보여요. 그것을 대신할 뭔가 멋지고 현대적인 것이 필요할 것 같아요.
남1: 호스트가 좋은 지적을 한 것 같아요. 아주 현대적으로 보이게 만듭시다.
여: 우리가 최종 버전을 만들기 전에 당신이 색과 글자를 볼 수 있도록 새 안내책자의 윤곽을 만들어서 사무실 네트워크로 당신에게 보낼게요.

어휘 existing 기존의 old-fashioned 구식의(outdated) outline 개요, 윤곽

4.
What are the speakers planning to advertise?
(A) A café
(B) A bakery
(C) A stationery store
(D) An electronics store

화자들은 무엇을 광고할 계획인가?
(A) 카페
(B) 제과점
(C) 문구점
(D) 전자제품 매장

해설 첫 번째 남자의 첫 대사에서 make changes to the brochure for our electronics store(우리 전자제품 매장의 안내책자를 바꾸다)라는 말에서 전자제품 매장 광고를 계획하고 있다는 것을 알 수 있다.

5.
According to the woman, what is the problem with the existing brochure?
(A) It costs too much to make.
(B) It looks outdated now.
(C) It is easily ripped and torn.
(D) It has incorrect information.

여자에 의하면, 기존 안내책자의 문제는 무엇인가?
(A) 만드는 데 비용이 너무 많이 든다.
(B) 이제 구식처럼 보인다.
(C) 쉽게 찢어진다.
(D) 잘못된 정보가 들어 있다.

해설 여자가 기존의 것(existing one)이 old-fashioned(구식인)라고 했으므로 정답은 동의어 outdated가 들어간 (B)가 된다.

어휘 outdated 구식의 rip 찢다

Paraphrasing
old-fashioned → outdated

6.
What does the woman say she will send the man?
(A) A preliminary version of a document
(B) A proposed schedule for an office event
(C) A file containing updated information
(D) A list of people she wants to work with

여자는 남자에게 무엇을 보낼 거라고 말하는가?
(A) 문서의 예비 버전
(B) 사무실 행사 일정 제안서
(C) 업데이트된 정보가 포함된 파일
(D) 자신이 같이 일하고 싶어하는 사람들 목록

해설 마지막 대사에서 여자가 안내책자의 최종본을 만들기 전에 outline(개요)를 만들어서 보내겠다(transfer)고 했으므로 예비본(preliminary version)을 보낸다는 의미의 (A)가 답이다.

Paraphrasing
an outline of the new brochure
→ A preliminary version of a document

[7-9]

W-Am Hi. Welcome to Lake Island Resort. What can I do for you?

M-Au I'm not a guest here, but ⁷I was at the Business Center earlier, speaking to some representatives from a firm that my company is doing business with. I think I left my jacket at the Business Center, but I can't get back in there. Uh, it's a gray sport coat with two pockets. ⁸The security guard said I should come here to reception and ask for Mr. Jones.

W-Am I see. Mr. Jones handles all lost and found items. ⁹If you wouldn't mind waiting at the lounge, I'll give him a call to find out if he has your jacket.

여: 안녕하세요. 레이크 아일랜드 리조트에 오신 것을 환영합니다. 무엇을 도와드릴까요?
남: 여기 손님은 아니지만, 저희 회사가 거래를 하고 있는 회사 대표들과 이야기를 하느라 아침에 비즈니스 센터에 있었어요. 비즈니스 센터에 재킷을 두고 온 것 같은데 거기로 다시 들어갈 수가 없어서요. 어, 주머니가 두 개 달린 회색 스포츠 재킷이에요. 보안 요원이 여기 프런트로 가서 존스 씨를 찾아야 한다고 하더군요.
여: 그렇군요. 존스 씨가 모든 분실물을 처리하거든요. 라운지에서 기다리시는 것이 괜찮다면, 그에게 전화해서 귀하의 재킷을 가지고 있는지 알아보겠습니다.

어휘 representative 직원, 대표 do business with ~와 거래를 하다 reception (호텔 등의) 접수처, 프런트 find out ~을 알아내다

7.
Why was the man at Lake Island Resort?
(A) To attend a workshop
(B) To try an upscale restaurant
(C) To meet with clients
(D) To stay for a holiday

남자는 왜 레이크 아일랜드 리조트에 있는가?
(A) 워크숍에 참석하기 위해
(B) 고급 식당에 한번 가보기 위해
(C) 고객을 만나기 위해
(D) 휴가 차 머물기 위해

해설 Lake Island Resort가 키워드이다. speaking to some representatives from a firm that my company is doing business with(거래를 하고 있는 회사 대표들과 이야기를 하느라)는 말에서 고객을 만나기 위해 리조트에 온 것을 알 수 있다.

Paraphrasing
representatives from a firm that my company is doing business with → clients

8.
What does the man need help with?
(A) Sending a fax
(B) Checking a travel itinerary
(C) Finding an employee
(D) Arranging a meeting room

남자는 무엇에 도움이 필요한가?
(A) 팩스를 보내는 것
(B) 여행 일정을 확인하는 것
(C) 직원을 찾는 것
(D) 회의실을 잡는 것

해설 남자의 I should ... ask for Mr. Jones(존스 씨를 찾아야 한다)라는 말에서 특정 직원을 찾는 데 도움이 필요하다는 것을 알 수 있다.

9.
What does the woman ask the man to do?
(A) Come back at a later time
(B) Wait at a lounge
(C) Drive to another location
(D) Show her his driver's license

여자가 남자에게 요청하는 것은?
(A) 나중에 다시 오기
(B) 라운지에서 기다리기
(C) 다른 곳으로 운전해서 가기
(D) 운전 면허증 보여주기

해설 요청 시 사용되는 표현인 If you wouldn't mind 뒤에, 라운지에서 기다리라(waiting at the lounge)고 요청하고 있다.

[10-12]

M-Cn Good morning, my name is Brendon Shelby. **10**I'm putting together an event for local law firms here in Maryville and I am looking for speakers. Is Toni Li available to speak to me?

W-Br **11**I'm afraid not. We've just started work with a company we haven't worked with before. They are planning a large new project that requires a lot of attention, so Ms. Li is not taking calls right now.

M-Cn Oh, I see. I actually wanted to ask her to be the main presenter at the event I am planning.

W-Br Well, let me speak to her. If she's able to attend, she can message you. **12**Please leave me your phone number and e-mail address.

남: 안녕하세요, 제 이름은 브렌던 쉘비입니다. 여기 메리빌에서 지역 법률 회사들을 위한 행사를 준비하고 있는데, 연설자를 찾고 있습니다. 토니 리가 저와 이야기할 시간이 되시나요?

여: 유감스럽게도 안 되십니다. 우리가 전에 일한 적이 없는 회사와 일을 막 시작했거든요. 신경을 많이 써야 하는 새로운 대형 프로젝트를 계획하고 있어서, 리 씨는 현재 전화를 받고 있지 않습니다.

남: 그렇군요. 실은 제가 계획하고 있는 행사에 주요 발표자가 되어 달라고 그녀에게 요청하고 싶었습니다.

여: 음, 그녀와 얘기해보겠습니다. 참석할 수 있다면, 메시지를 보내드릴 겁니다. 전화 번호와 이메일 주소를 남겨주십시오.

어휘 put together 준비하다, 만들다 require 필요로 하다 attention 관심, 주의, 집중

10.

What is the man trying to do?
(A) Decline an invitation
(B) Book a guest speaker
(C) Arrange transportation
(D) Reschedule an appointment

남자는 무엇을 하려고 하는가?
(A) 초대 거절하기
(B) 초대 연사 예약하기
(C) 교통편 마련하기
(D) 약속 다시 잡기

해설 남자의 행사(an event)를 위한 연설자들을 찾고 있다(I am looking for speakers)는 말에서 연설자를 구하려는 것을 알 수 있으므로 정답은 (B)이다.

11.

What has caused a problem?
(A) A package has not arrived.
(B) A company has a new customer.
(C) A conference room is not big enough.
(D) A reservation was not made properly.

문제가 생긴 이유는?
(A) 소포가 도착하지 않았다.
(B) 회사에 새로운 고객이 생겼다.
(C) 회의실이 충분히 크지 않다.
(D) 예약이 제대로 되지 않았다.

해설 문제점/걱정거리 언급 시 사용되는 표현인 I'm afraid, not을 사용하여, 새 회사와 일을 막 시작했다(We've just started work with a company we haven't worked with before)는 말에서 신규 고객 때문에 바빠서 시간을 낼 수 없다는 것을 알 수 있다.

Paraphrasing
a company we haven't worked with before
→ a new customer

12.

What information does the woman ask the man for?
(A) The names of staff members
(B) The identification number
(C) The contact details
(D) The directions to a site

여자는 남자에게 어떤 정보를 요청하는가?
(A) 직원들 이름
(B) 신분증 번호
(C) 연락 정보
(D) 현장으로 가는 길

해설 요청 시 사용되는 표현인 Please 뒤에, 전화번호와 이메일을 남기라(leave me your phone number and e-mail address)고 요청하고 있으므로 연락 정보에 해당하는 (C)가 답이다.

Paraphrasing
phone number and e-mail address
→ The contact details

[13-15]

M-Au Miriam. Have you got a minute?

W-Br Yes, what is it?

M-Au As head chef, I am sure you know our restaurant is in trouble. **13**A new restaurant has opened just down the road and it's drawing our customers away. We need to think of ways that we can get people back to our restaurant.

W-Br I think that our menu items have become a little boring to people. **14**How about I work with other kitchen staff to come up with some new items that we can offer to our customers?

M-Au That would be great. **15**Could you make a sample list of new offerings so we can discuss it first?

남: 미리암. 시간 있어요?
여: 네, 왜요?
남: 주방장으로서, 우리 식당이 어려움에 처해 있다는 것을 알고 있을 겁니다. 새로운 식당이 길 아래쪽에 문을 열었는데 우리 고객들을 빼내가고 있어요. 우리 식당으로 사람들을 돌아오게 하는 방법을 생각해내야 해요.
여: 우리 메뉴가 사람들에게 좀 식상해진 것 같아요. 제가 다른 주방 직원들과 함께 작업해서 고객들에게 제공할 수 있는 새로운 메뉴를 생각해내는 건 어떨까요?
남: 그러면 정말 좋죠. 우리가 먼저 의논을 할 수 있도록 새로 제공하는 것의 견본 목록을 만들어 줄 수 있나요?

어휘 **be in trouble** 어려움에 처하다 **draw away** 빼내다 **boring** 지루한; 식상한 **come up with** ~을 생각해내다 **offering** 제공된 것

13.

What problem does the man mention?
(A) A regular inspection is planned.
(B) A competing business has opened.
(C) A rental agreement must be renegotiated.
(D) A newspaper has published a negative review.

남자는 어떤 문제를 언급하는가?
(A) 정기 점검이 계획되어 있다.
(B) 경쟁 업체가 문을 열었다.
(C) 임대 계약을 다시 협상해야 한다.
(D) 신문이 나쁜 평가를 게재했다.

해설 남자가 A new restaurant has opened(새 식당이 문을 열었다)라고 했으므로 경쟁 업체(competing business)가 생긴 것이 문제점인 것을 알 수 있다.

14.

What does the woman suggest?
(A) Providing cheaper menu options
(B) Developing new meals
(C) Advertising on the radio
(D) Recruiting more servers

여자는 무엇을 제안하는가?
(A) 더 저렴한 메뉴 옵션 제공하기
(B) 새로운 음식 개발하기
(C) 라디오에 광고하기
(D) 더 많은 종업원 고용하기

해설 제안/추천 시 사용되는 표현인 How about을 사용하여 새로운 것들을 생각해낸다(come up with some new items)고 했으므로 새로운 음식을 개발한다는 (B)가 답이다.

Paraphrasing

come up with some new items
→ Developing new meals

15.

What does the man ask the woman to do?
(A) Recommend other vendors
(B) Find a place for a meeting
(C) Make a sample list
(D) Taste some samples

남자가 여자에게 요청하는 것은?
(A) 다른 업체들 추천하기
(B) 회의 장소 찾기
(C) 견본 목록 만들기
(D) 시식하기

해설 요청 시 사용되는 표현인 Could you를 사용하여 견본 목록을 만들어 달라(make a sample list)고 요청하고 있다.

[16-18] three speakers

M-Cn Hey, Trent and Marjorie. **16 I just heard that I need to take an exam next month.** Do you have to take it as well?
W-Am Sure, we all do.
M-Au I think I had one in the first year of my work. Is there a problem?
M-Cn I mean, I was never told about any exam when I started work here. What's going to happen if we fail? **17 I'm concerned about this.**
M-Au **17 I wouldn't be too worried if I were you.**
W-Am That's right. I don't think it's a big deal. I think we can take the exam again if we don't pass. Why don't you talk to your team leader next week?
M-Cn I guess I will, **18 when he gets back from the conference.**

남1: 저기, 트렌트, 마조리. 제가 다음 달에 시험을 봐야 한다고 들었어요. 당신들도 봐야 하나요?
여: 물론이죠, 우리 모두 봐야 해요.
남2: 저는 일 시작한 첫 해에 한 번 본 것 같아요. 문제가 있나요?
남1: 내 말은, 여기서 일을 시작할 때 시험에 대해 들은 적이 없어서요. 시험에 떨어지면 어떻게 되죠? 그게 걱정이 돼요.
남2: 제가 당신이라면 너무 걱정하지 않겠어요.
여: 맞아요. 별 거 아닐 거예요. 통과를 못하면 다시 시험을 볼 수 있을 거예요. 다음 주에 팀장님과 얘기해보는 게 어때요?
남1: 그래야겠어요, 팀장님이 컨퍼런스에서 돌아오면요.

어휘 **fail** (시험에) 떨어지다 **big deal** 대단한 것, 중대 사건

16.

What are the speakers mainly discussing?
(A) An annual vacation
(B) A computer program
(C) A job opening
(D) An employee test

화자들은 주로 무엇에 대해 논의하는가?
(A) 연차 휴가
(B) 컴퓨터 프로그램
(C) 일자리
(D) 직원 시험

해설 대화의 주제 언급 시 사용되는 표현인 I (just) heard로 대화를 시작하여, 시험(exam)에 대해서 말하고 있으므로 test가 들어간 (D)가 정답이다.

Paraphrasing
exam ➔ test

17.
Why does the woman say, "I don't think it's a big deal"?
(A) To show her displeasure
(B) To provide reassurance
(C) To express regret for a purchase
(D) To suggest changing a supplier

여자는 왜 "별 거 아닐 거예요"라고 말하는가?
(A) 불쾌감을 나타내기 위해
(B) 안심시키기 위해
(C) 구매품에 대한 후회를 표현하기 위해
(D) 공급업체를 바꾸자고 제안하기 위해

해설 첫 번째 남자가 시험에 대해서 걱정한다(concerned)는 말에 두 번째 남자가 너무 걱정하지 말라(I wouldn't be too worried if I were you)고 조언했고, 여자도 별 거 아닐 거라는 말로 첫 번째 남자를 안심(reassurance)시키고 있음을 알 수 있다.

18.
Why is the manager unavailable?
(A) He is attending a seminar.
(B) He is visiting a new client.
(C) He is leading a factory tour.
(D) He is making a presentation.

팀장을 만날 수 없는 이유는?
(A) 세미나에 참석하고 있어서
(B) 새로운 고객을 방문하고 있어서
(C) 공장 견학을 이끌고 있어서
(D) 발표를 하고 있어서

해설 첫 번째 남자의 마지막 대사에서 when he gets back from the conference(그가 컨퍼런스에서 돌아오면)라는 말에서 팀장이 컨퍼런스 참가 중이어서 만날 수 없는 것을 알 수 있다.

Paraphrasing
conference ➔ seminar

[19-21]

M-Au Hi, I'm Matt Phelan. **19**I dropped a pair of pants off here this morning to have the legs shortened.

W-Br Oh, hi, Mr. Phelan. Uh, I'm really sorry, but your trousers are not ready yet.

M-Au Well, the other worker who was here this morning said they would be done by now.

W-Br It usually doesn't take that long, but **20**one of our employees is very sick, so she had to leave early. I can do your pants now if you like. Please give me 20 minutes or so.

M-Au That's no problem. **21**I'll go to a café across the road and get a coffee to drink while I wait. It's such a cold day that I need something warm.

남: 안녕하세요, 저는 맷 펠란입니다. 오늘 아침에 기장을 줄이기 위해 바지를 맡겼어요.
여: 아, 안녕하세요, 펠란 씨. 아, 정말 죄송하지만, 바지가 아직 준비되지 않았어요.
남: 음, 오늘 아침에 여기 있던 다른 직원이 지금쯤 다 되어 있을 거라고 말했는데요.
여: 보통은 그리 오래 걸리지 않지만 직원 한 명이 너무 아파서 조퇴를 해야 했어요. 원하신다면 바지를 지금 해드릴 수 있어요. 20분 정도만 주세요.
남: 그건 괜찮아요. 길 건너 카페에 가서 기다리는 동안 마실 커피를 사올게요. 너무 추워서 따뜻한 게 필요하네요.

어휘 drop off 갖다 주다 shorten 줄이다 be done 끝나다 by now 지금쯤은, 이제 or so ~정도

19.
What are the speakers discussing?
(A) A doctor's appointment
(B) A cost of a repair
(C) A store location
(D) A clothing alteration

화자들이 논의하고 있는 것은?
(A) 의사와의 진료 예약
(B) 수리 비용
(C) 가게 위치
(D) 옷 수선

해설 첫 대사에서 남자가 바지(pants)를 줄이기(have the legs shortened) 위해서 맡겼다라는 말에서 옷 수선(alteration)이 대화 주제인 것을 알 수 있다.

Paraphrasing
have the legs shortened ➔ clothing alteration

20.
Why is the woman running late?
(A) A road is closed down.
(B) A cash register is broken.
(C) A staff member is ill.
(D) A coffee machine is not working.

여자는 왜 늦어지고 있는가?
(A) 도로가 폐쇄되었다.
(B) 계산기가 고장이다.
(C) 직원이 아프다.
(D) 커피 머신이 작동을 하지 않는다.

해설 직원이 아파서(sick) 작업이 오래 걸리게 되었다고 여자가 늦은 이유를 말하고 있다.

21.
What does the man say he will do next?
(A) Pay with a card
(B) Get back to work
(C) Buy a hot drink
(D) Present a claim ticket

남자는 다음에 무엇을 할 거라고 말하는가?
(A) 신용 카드로 지불하기
(B) 다시 일하기
(C) 뜨거운 음료 사기
(D) 보관증 보여주기

해설 미래 행위를 나타내는 표현 I'll을 사용하여 get a coffee(커피를 사다)와 need something warm(따뜻한 것이 필요하다)라고 했으므로 뜨거운 음료를 산다는 (C)가 남자가 할 다음 행위이다.

Paraphrasing
coffee, warm → drink, hot

[22-24]

M-Cn Hi Jennifer, this is David Shore calling from Hartwell Gallery. Uh, we had some investors lined up to help us out on the remodeling project, but ²²one of them decided not to invest on it. We need to reduce the scale of the project.

W-Am That's no good. What has been cut from the project?

M-Cn If you remember, ²³, ²⁴we were planning to build an entirely new showroom. Now, I think we could just enlarge the existing space, instead of making a whole new one.

W-Am Yeah, that works for me. ²⁴Okay, I can have new plans for enlarging the existing space drawn up by next week and I will send them to you then. Please keep me updated on the situation.

남: 안녕하세요 제니퍼, 저는 하트웰 갤러리의 데이비드 쇼어입니다. 어, 개조 프로젝트를 도와주기 위해 투자자들이 줄을 섰었는데, 그 중 한 분이 투자를 하지 않기로 결정을 하셨어요. 프로젝트의 규모를 줄여야겠어요.
여: 그거 유감이네요. 프로젝트에서 무엇이 줄었나요?
남: 기억하신다면, 우리는 완전히 새로운 전시장을 만들 계획이었어요. 이제, 완전히 새로운 것을 만드는 대신, 그냥 기존의 공간을 확장하는 정도만 할 수 있을 것 같아요.
여: 네, 저는 괜찮아요. 알겠습니다, 다음 주까지 기존 공간을 확장하기 위한 새 설계도를 그려서 보내드릴게요. 상황을 계속 알려주세요.

어휘 investor 투자자 line up 줄을 서다 reduce 줄이다, 축소하다 scale 규모 entirely 완전히 enlarge 확장[확대]하다 draw up 작성하다, 만들다

22.
What is the problem?
(A) A business is not making many sales.
(B) Money for a project has been cut.
(C) An old pipe has burst in a building.
(D) A member of staff has left a company.

무엇이 문제인가?
(A) 사업체가 많은 판매실적을 내지 못하고 있다.
(B) 프로젝트 자금이 삭감되었다.
(C) 건물에 오래된 파이프가 파열되었다.
(D) 한 직원이 회사를 그만뒀다.

해설 문제점/걱정거리 언급 시 사용되는 표현인 not을 사용하여 투자자 한 명이 투자하지 않기로(not to invest) 했다는 말에서 자금이 줄었다는 것을 알 수 있으므로 (B)가 정답이다.

어휘 burst 파열하다

23.
Which part of the remodeling will likely be changed?
(A) Floor tiles
(B) Display spaces
(C) Lighting
(D) Hallways

개조의 어떤 부분이 바뀔 것 같은가?
(A) 바닥 타일
(B) 전시장
(C) 조명
(D) 복도

해설 새 전시장(new showroom)을 만들지 않고, 기존의 시설을 확장한다(enlarge the existing space)고 했으므로 전시장을 수정할 것임을 알 수 있다.

24.
What does the woman mean when she says, "Yeah, that works for me"?
(A) She wants to look for a new investor.
(B) She is willing to accept a budget change.
(C) She can hire another construction company.
(D) She thinks the man's idea is good.

여자가 "네, 저는 괜찮아요"라고 말한 의도는 무엇인가?
(A) 그녀는 새 투자자를 찾기를 원한다.
(B) 그녀는 예산 변경을 기꺼이 받아들일 것이다.
(C) 그녀는 다른 건설사를 이용할 수 있다.
(D) 그녀는 남자의 아이디어가 좋다고 생각한다.

해설 기존 공간을 확장하자는 남자의 말에, 여자가 괜찮다고 말한 뒤, 구체적으로 확장을 위한 새 설계도를 보내겠다는 말에서 여자가 남자의 제안/생각을 받아들이고 있는 것이므로 정답은 (D)이다.

[25-27] conversation + list

M-Au Anita, can you help me out, please? We have to sort out the vacant office for Mr. Francisco, the incoming head of operations. **25**He will need the same desk as the other company executives.

W-Br **26**I don't think those desks are in production any more.

M-Au Oh, that's a pity. They were bought several years ago though.

W-Br Right, I was looking for a desk on our supplier's Web site just before and I could not see those desks anywhere.

M-Au I see. **27**We can spend up to six hundred dollars on the new desk, so please ask our supplier for the biggest desk below that amount.

W-Br No problem, I will look at the Web site right away and get one.

남: 아니타, 저를 도와줄 수 있어요? 새로 오는 사업 본부장인 프란시스코 씨를 위해 빈 사무실을 정리해야 해서요. 회사의 다른 중역들과 같은 책상이 그에게 필요할 거예요.
여: 그 책상들은 더 이상 생산되지 않는 것 같은데요.
남: 아, 유감이네요. 하지만 몇 년 전에 그것들을 구매했어요.
여: 맞아요, 제가 바로 얼마 전에 공급업체의 웹사이트에서 책상을 찾고 있었는데 어디에서도 그 책상들을 찾을 수가 없었어요.
남: 그렇군요. 새 책상에 600달러까지 쓸 수 있으니, 공급업체에 그 금액 이하로 가장 큰 책상을 달라고 요청해주세요.
여: 알겠습니다, 지금 바로 웹사이트를 보고 하나 살게요.

어휘 **sort out** 정리하다, 분류하다 **incoming** 새로 선출된 **head of operations** 사업 본부장 **pity** 유감스러운 일 **package deal** 일괄거래 상품, 패키지 상품

Package Deal	Cost
Mini Desk and Chair	$150.00
Small Desk and Chair	$250.00
Medium Desk and Chair	$350.00
27Large Desk and Chair	$500.00

일괄 거래 상품	가격
미니 책상과 의자	150달러
소형 책상과 의자	250달러
중형 책상과 의자	350달러
대형 책상과 의자	500달러

25.
What does the man ask the woman to do?
(A) Set up a job interview
(B) Visit an office supplies showroom
(C) Get new office furniture
(D) Speak to a company manager

남자가 여자에게 요청하는 것은?
(A) 일자리 면접 잡기
(B) 사무용품 전시장 방문하기
(C) 새 사무용 가구 구매하기
(D) 회사 관리자와 이야기하기

해설 남자가 첫 대사에서, 새로 사업 본부장이 오니 책상(desk)이 필요하다고 했으므로 새 가구를 사라는 (C)가 답이다.

어휘 **showroom** 전시장

26.
What problem does the woman mention?
(A) A product lacks modern features.
(B) A product is too large to fit into a room.
(C) A product has the wrong color for a room's decor.
(D) A product is no longer being made.

여자는 어떤 문제를 언급하는가?
(A) 제품이 현대적인 기능이 부족하다.
(B) 제품이 방에 넣기엔 너무 크다.
(C) 제품이 방의 장식에 맞지 않는 색이다.
(D) 제품이 더 이상 만들어지지 않는다.

해설 문제점/걱정거리 언급 시 사용되는 표현인 not을 사용하여 책상이 더 이상 생산되는 것 같지 않다(I don't think those desks are in production any more)고 했으므로 (D)가 답이다.

Paraphrasing
not ~ in production any more → no longer ~ made

27.
Look at the graphic. What size desk will the woman order?
(A) Mini Desk and Chair
(B) Small Desk and Chair
(C) Medium Desk and Chair
(D) Large Desk and Chair

시각정보에 의하면, 여자는 어떤 크기의 책상을 주문하겠는가?
(A) 미니 책상과 의자
(B) 소형 책상과 의자
(C) 중형 책상과 의자
(D) 대형 책상과 의자

해설 남자가 600달러 이하(up to six hundred dollars, below that amount)로 가장 큰 책상(the biggest desk)을 주문하라고 했는데, 시각정보에서 이에 해당하는 것은 500달러짜리의 Large Desk and Chair에 해당한다.

[28-30] conversation + phone directory

M-Cn Hi, **28**I'm from Mitchell Motorsports and I'm going to display our outdoor wear at this trade fair.

W-Am Hi, it's good to see you here at the help desk. How can I be of service to you today?

89

M-Cn Uh, when I signed up for the show, I requested several clothes display racks, but I cannot find them in my booth. Do you know who I can contact to get some?

W-Am Oh, no problem. ²⁹I'll call our event support team to see when they can take care of that. ³⁰I think there's a staff meeting going on right now, so they should be over in one hour. Is that okay?

M-Cn Sure, that would be very helpful.

남: 안녕하세요, 저는 미첼 모터스포츠에서 왔고 이 무역 박람회에 우리 아웃도어 의류를 전시할 예정입니다.
여: 안녕하세요, 여기 업무 지원 센터에서 뵙게 되어 반갑습니다. 오늘 어떻게 도와드릴까요?
남: 아, 박람회 신청을 할 때, 의류 진열대를 몇 개 요청했는데, 제 부스에는 보이지 않네요. 그것들을 받기 위해 누구에게 연락할 수 있는지 아세요?
여: 아, 물론이에요. 제가 행사 지원팀에 전화해서 언제 처리해줄 수 있는지 알아볼게요. 지금은 직원 회의를 하고 있을 거라서, 한 시간 후에 끝날 거예요. 그래도 괜찮으시겠어요?
남: 물론입니다, 그래 주시면 정말 감사하겠습니다.

어휘 trade fair 무역 박람회 be of service to ~에게 도움이 되다 display rack 진열용 선반 staff meeting 직원 회의 extension 내선번호

Telephone Directory Extension Number	
Customer service	512
Reservation	514
Security	516
²⁹Event support	518

전화 안내 내선번호	
고객 서비스	512
예약	514
보안	516
행사 지원	518

28.
Who is the man?
(A) A security guard
(B) A factory manager
(C) An event coordinator
(D) An exhibition attendee

남자는 누구인가?
(A) 보안 요원
(B) 공장장
(C) 행사 진행 책임자
(D) 전시회 참가자

해설 남자의 첫 대사인 display our outdoor wear at this trade fair(이 무역 박람회에 우리 아웃도어 의류를 전시한다)라는 말에서 행사 참가자인 것을 알 수 있다. exhibition, fair, expo, exposition(박람회/전시회)와 trade fair[show](무역 박람회) 표현을 외워두자.

어휘 attendee 참가자

29.
Look at the graphic. Which number will the woman have to dial?
(A) 512
(B) 514
(C) 516
(D) 518

시각정보에 의하면, 여자는 어떤 번호로 전화를 걸어야 하는가?
(A) 512   (B) 514
(C) 516   (D) 518

해설 I'll call our event support team(제가 행사 지원팀에 전화할게요)라는 말에서 여자가 행사 지원팀에 전화할 것임을 알 수 있는데, 시각정보에서 이에 해당하는 내선번호는 518이므로 정답은 (D)이다.

30.
Why does the woman say some staff may be delayed?
(A) It is now a staff break period.
(B) A manager is away on a business trip.
(C) They are in a meeting.
(D) They are setting up equipment.

여자는 직원들이 왜 늦어질지도 모른다고 말하는가?
(A) 지금은 직원 휴식 시간이다.
(B) 매니저가 출장 중이라 없다.
(C) 회의 중이다.
(D) 장비를 설치하고 있다.

해설 there's a staff meeting(직원 회의가 있어요)라는 여자의 말에서 회의 때문에 행사 지원팀이 바로 도와줄 수 없고 지연될 수 있다는 것을 알 수 있다.

UNIT 4

전략 1 본책 p. 104

남: 마리안, 연구 보고서 끝냈나요? 오늘 오후 회의에서 그것을 사용하고 싶어요.
여: 본사에서 올 몇 가지 수치를 기다리고 있어요. 요약본을 사용하는 게 어때요? 그것을 참고해서 잠재 투자자들에게 예상 가능한 것이 무엇인지 보여줄 수 있어요.
남: 그래도 되겠네요, 그런데 이 분들은 아주 중요한 방문객들이고 그들에게 깊은 인상을 주고 싶어요. 점심 전에 준비해줄 수 있겠어요?

Q 여자는 남자에게 무엇을 할 것을 제안하는가?
(A) 본사에 전화하기
(B) 대체 자료 사용하기

전략 2

남: 줄리아, 회계부장이 오늘 아침에 전화했어요. 토요일에 신입직원을 교육시킬 사람이 필요하시답니다.
여: 티나와 저는 토요일에 일정이 없는데요. 제가 교육의 첫 부분을 맡을 수 있을 것 같아요. 그녀가 나머지를 계속 할 수 있을 것 같고요.
남: 잘됐네요. 그 활동의 세부사항을 우리에게 줄 수 있도록 회계부서에 그것에 대해 전화해주겠어요?

Q 남자는 여자에게 무엇을 할 것을 요청하는가?
(A) 회의 일정 잡기
(B) 다른 부서에 연락하기

MODEL TEST
본책 p. 105

1. (D) 2. (B) 3. (C) 4. (C)

1.

M-Cn I wanted to see how the new customer loyalty cards are coming along.
W-Am Oh, that's going well. Most of the cards have been made. I've been transferring existing customer records to the cards as well.
M-Cn Wonderful. The project is falling behind though. I want the cards ready this month. ¹How about getting some help from Susan?
W-Am Good idea. I think it will be done within this month.

남: 새로운 고객 카드가 어떻게 되어 가는지 알고 싶어요.
여: 아, 잘돼 가고 있어요. 대부분의 카드가 만들어졌어요. 기존의 고객 기록도 카드로 옮기고 있어요.
남: 잘됐네요. 하지만 프로젝트가 좀 늦어지고 있어요. 이번 달에 카드가 준비되었으면 하는데요. 수잔에게 도움을 받는 것이 어때요?
여: 좋은 생각이에요. 이번 달 내로 끝날 것 같아요.

어휘 loyalty card 고객[포인트 적립] 카드 come along 되어가다 transfer 옮기다 existing 기존의 fall behind 늦어지다

What does the man suggest?
(A) Handing over a project to another colleague
(B) Reducing the number of cards required
(C) Changing a due date
(D) Receiving assistance

남자는 무엇을 제안하는가?
(A) 다른 동료에게 프로젝트 넘기기
(B) 필요한 카드 수 줄이기
(C) 마감일 바꾸기
(D) 도움 받기

해설 제안/추천 시 사용되는 표현인 How about 뒤에 도움을 받으라고(getting some help) 했으므로 (D)가 답이다.

어휘 due date 마감일

Paraphrasing
getting some help → Receiving assistance

2.

W-Br Oh, I like that blouse on display. It's a lovely shade of blue. It would actually go well with my suit. But it wouldn't fit me. ²Would you please give me a smaller one?
M-Au Certainly. They are over here on the rack. We have large, medium, and small. Are you interested in one of these?
W-Br Yes, I'd like to try a medium size.
M-Au Sure, here you are. The fitting room is over there.

여: 아, 진열된 저 블라우스가 맘에 들어요. 예쁜 파란색이네요. 제 정장이랑 잘 어울릴 것 같아요. 근데 저한테 맞지 않을 것 같아요. 더 작은 것을 주시겠어요?
남: 네. 그것들은 여기 선반에 있어요. 큰 사이즈, 중간 사이즈, 작은 사이즈가 있어요. 이 중 하나를 보시겠어요?
여: 네, 중간 사이즈를 입어보고 싶어요.
남: 좋습니다, 여기 있습니다. 탈의실은 저쪽에 있습니다.

어휘 on display 진열된 shade 색조 go well with ~와 잘 어울리다 fit (크기, 모양이) 꼭 맞다 rack 걸이, 선반 fitting room 탈의실

What does the woman ask about?
(A) Business hours
(B) Size options
(C) Design choices
(D) Sale items

여자는 무엇에 대해 물어보는가?
(A) 영업 시간
(B) 사이즈 옵션
(C) 디자인 선택
(D) 할인 품목

해설 요청 시 사용되는 표현인 Would you please 뒤에 작은 것을 달라고(give me a smaller one) 했으므로 사이즈(Size)에 대해서 물어보는 것이다.

3.

M-Cn Hello, do you know which department provides information about marketing internships? Could you put me through to the correct department?
W-Am You would need to contact the human resources office. But, ³you can find all about it on our Web site. All our job openings and internships are listed there. And you can also find a description of each position and its required qualifications.
M-Cn I see. Do you happen to know if there are any openings for this fall?
W-Am I believe so, but you'll still need to check the updated listings.

남: 안녕하세요, 어느 부서에서 홍보 인턴직에 대한 정보를 제공하는지 아세요? 담당 부서로 연결해주시겠어요?

여: 인사부에 연락하셔야 할 것 같군요. 하지만 저희 웹사이트에서 그것에 대한 모든 것을 찾으실 수 있습니다. 모든 공석과 인턴직이 거기에 나와 있습니다. 그리고 각 자리의 직무 내용 설명서와 자격 요건 또한 찾으실 수 있습니다.

남: 그렇군요. 이번 가을에 자리가 있는지 혹시 아세요?

여: 그런 것 같아요, 하지만 그래도 최신 목록을 확인해보셔야 할 거예요.

어휘 **internship** 인턴 지위[신분, 기간] **put through** (전화를) 연결하다 **human resources** 인사부 **(job) description** 직무 내용 설명서 **required** 필수의 **qualification** 자격 **happen to** 우연히 ~하다

What does the woman recommend doing?
(A) Calling the office supervisor
(B) Contacting another department
(C) Checking a Web site
(D) Submitting a résumé

여자가 추천하는 것은?
(A) 관리자에게 전화하기
(B) 다른 부서에 연락하기
(C) 웹사이트 확인하기
(D) 이력서 제출하기

해설 제안/추천 시 사용되는 표현인 you can 뒤에 모든 정보를 웹사이트에서 찾으라고(find all about it on our Web site) 했으므로 (C)가 정답이다.

4.

M-Au Trisha, **4some of us will go to meet our new clients in Russia in two weeks. I think you should accompany us as you will be working closely with them.**

W-Am That sounds great. Ah, there may be a problem though. My passport is set to expire very soon.

M-Au We still have enough time to extend your passport. Go to the government Web site and download an application. You can fill in the form today and send it off tomorrow.

남: 트리샤, 우리 중 몇 명이 2주 후에 러시아의 새로운 고객들을 만나러 갈 거예요. 당신이 그들과 긴밀하게 일할 것이기 때문에 우리와 함께 가는 게 좋을 것 같아요.

여: 그거 정말 좋네요. 아, 그런데 문제가 있을지도 몰라요. 제 여권이 곧 만료될 거라서요.

남: 아직 여권을 연장할 시간이 충분히 있어요. 정부 웹사이트로 가서 신청서를 다운 받으세요. 오늘 양식을 작성해서 내일 보내면 돼요.

어휘 **accompany** 동반[동행]하다 **be set to** ~하도록 예정되어 있다 **expire** 만료되다 **extend** 연장하다 **fill in** 작성하다 **send off** 발송하다

What does the man ask the woman to do?
(A) Sign a contract
(B) Review a proposal
(C) Go on a business trip
(D) Deliver a speech

남자는 여자에게 무엇을 할 것을 요청하는가?
(A) 계약서에 서명하기
(B) 제안서 검토하기
(C) 출장 가기
(D) 연설하기

해설 요청 시 사용되는 표현인 you should를 사용하여 러시아로 고객을 만나러(meet our new clients in Russia) 함께 가자(accompany us)고 요청하고 있으므로 출장 가자는 (C)가 정답이다.

Paraphrasing

meet our new clients in Russia
➜ Go on a business trip

PRACTICE TEST

본책 p. 107

1. (C)	2. (D)	3. (A)	4. (A)	5. (D)
6. (A)	7. (B)	8. (A)	9. (C)	10. (C)
11. (A)	12. (D)	13. (D)	14. (A)	15. (A)
16. (A)	17. (A)	18. (C)	19. (A)	20. (B)
21. (B)	22. (B)	23. (A)	24. (D)	25. (B)
26. (A)	27. (A)	28. (B)	29. (A)	30. (B)

[1-3]

M-Cn Jacqueline, I just wanted to speak to you about Mary. As you know, she will be taking a long vacation and **1I would like you to take over her main assignment**, the joint marketing campaign for Fresh'n'Tasty Foods and Burger Boss Restaurants.

W-Br **1Sure, I have just finished a major project of my own, so I can get right on that. But, 2I'll need to know who to speak to at those companies. Can she get me some contact information?**

M-Cn Of course! **3What do you think about reading through her assignment updates first?** I have all of them here. Maybe they will help.

남: 재클린, 메리와 관련해 말할 것이 있어요. 아시다시피, 그녀가 긴 휴가를 갈 거라서 그녀의 주요 업무를 당신이 인계받아 줬으면 해요. 후레쉬 앤 테이스티 푸드와 버거 보스 식당을 위한 공동 마케팅 캠페인이요.

여: 물론이죠, 제가 맡은 중요한 프로젝트를 막 끝냈으니, 바로 시작할 수 있어요. 그런데 그 회사들의 누구와 이야기해야 할지 알아야 할 것 같아요. 그녀가 저에게 연락처를 줄 수 있을까요?

남: 물론이죠! 그녀의 업무 업데이트 내용을 먼저 읽어보는 게 어때요? 여기에 다 가지고 있어요, 아마 도움이 될 거예요.

어휘 **take over** 인계받다 **assignment** 과제, 임무 **joint marketing** 공동 마케팅 **get right on** ~을 바로 시작하다

1.
What does the woman agree to do?
(A) Work at another office
(B) Train a new employee
(C) Take over a project
(D) Prepare for a presentation

여자는 무엇을 하는 것에 동의하는가?
(A) 다른 사무실에서 일하기
(B) 신입 직원 교육하기
(C) 프로젝트 인계 받기
(D) 발표 준비하기

해설 첫 대사에서 남자가 휴가를 가는 동료의 업무 인계(take over her main assignment)를 여자에게 요청했고, 여자가 수락(Sure)하고 있으므로 정답은 (C)이다.

2.
What does the woman need help with?
(A) Figuring out who to report to
(B) Changing her work station
(C) Accessing a computer file
(D) Contacting clients

여자는 무엇에 도움이 필요한가?
(A) 누구에게 보고할지 알아내는 것
(B) 작업장 바꾸는 것
(C) 컴퓨터 파일에 접속하는 것
(D) 고객들에게 연락하는 것

해설 여자가 contact information(연락 정보)를 요청하고 있으므로 정답은 (D)가 된다.

3.
What does the man suggest?
(A) Looking at project progress reports
(B) Setting up a meeting with supervisors
(C) Gathering some colleagues to help
(D) Focusing on her own projects

남자는 무엇을 제안하는가?
(A) 프로젝트 진행 보고서 보기
(B) 관리자들과의 회의 잡기
(C) 도와줄 동료 모으기
(D) 여자 자신의 프로젝트들에 집중하기

해설 제안/추천 시 사용되는 표현인 What do you think about 뒤에 업무 업데이트 내용을 읽어라(reading through her assignment updates)고 했고, 그것은 업무 진행 보고서에 해당하므로 정답은 (A)가 된다.

Paraphrasing
reading through her assignment updates
→ Looking at project progress reports

[4-6] three speakers

M-Cn Jason, I am preparing a presentation for our clients about our company's recent performance.
M-Au ⁴Do you need our report on sales in the last quarter?
M-Cn Yes. You have it, right?
M-Au Uh, Wendy, help me out here, please?
W-Am I'm sorry, ⁴Mr. Allen. ⁵I took the report home to read last night and I forgot it. I am printing it out again and I will have to bind the new copy as well.
M-Cn Okay, but when will I have it?
W-Am The printing should be done by now, so I can give it to you later this morning.
M-Cn That will be fine. Jason, ⁶I need to ask you about some figures in the report, too. Let's get together after lunch.

남1: 제이슨, 제가 우리 회사의 최근 실적에 대해 고객들에게 발표할 준비를 하고 있는데요.
남2: 지난 분기 매출 보고서가 필요하세요?
남1: 네. 당신이 가지고 있죠?
남2: 웬디, 여기 저 좀 도와주세요.
여: 죄송해요, 앨런 씨. 어젯밤에 읽으려고 보고서를 집에 가지고 갔다가 잊어버리고 가지고 오지 않았어요. 지금 다시 출력을 하고 있는데 새 복사본을 합본해야 해요.
남1: 알겠어요, 그러면 언제 받을 수 있죠?
여: 지금쯤은 출력이 다 됐을 거라서 좀 이따 오전 중에 드릴 수 있어요.
남1: 좋아요. 제이슨, 보고서에 있는 수치에 대해서 물어보기도 해야 해요. 점심 후에 만납시다.

어휘 **bind** (책·서류 등을) 합본하다 **by now** 지금쯤은, 이제 **figure** 수치 **get together** 모이다, 만나다

4.
What does Mr. Allen ask for?
(A) A sales document
(B) A concert ticket
(C) A ring binder
(D) A copy of a book

앨런 씨가 요청하는 것은?
(A) 매출 자료
(B) 콘서트 표
(C) 고리 바인더
(D) 책 한 권

해설 첫 번째 남자가 두 번째 남자를 제이슨이라고 했으므로, 첫 번째 남자가 앨런 씨임을 알 수 있다. 제이슨이 앨런 씨에게 report on sales(매출 보고서)가 필요한지 묻는 말에, 그렇다고 했으므로 앨런 씨가 요청하는 것은 매출 보고서가 된다. 따라서 정답은 (A)이다.

Paraphrasing
report on sales → sales document

93

5.

What problem does the woman mention?
(A) A package was lost.
(B) A meeting was postponed.
(C) A car broke down.
(D) A document was left at home.

여자는 어떤 문제를 언급하는가?
(A) 소포가 분실되었다.
(B) 회의가 연기되었다.
(C) 차가 고장 났다.
(D) 문서를 집에 두고 왔다.

해설 문제점 / 걱정거리 언급 시 사용되는 표현인 forgot과 함께 보고서를 집에 두고 왔다(I took the report home to read last night and I forgot it)고 했으므로 정답은 (D)이다.

6.

Why does Mr. Allen ask to speak to Jason in the afternoon?
(A) To talk about sales figures
(B) To find out about a client
(C) To give a presentation
(D) To finalize a contract

앨런 씨가 제이슨에게 오후에 이야기하자고 요청하는 이유는?
(A) 매출액에 대해 이야기하기 위해
(B) 고객에 대해 알아보기 위해
(C) 발표를 하기 위해
(D) 계약서를 마무리짓기 위해

해설 대화의 after lunch가 질문에서는 in the afternoon으로 표현되었다. 맨 마지막 대사에서 앨런 씨가 제이슨에게 보고서에 있는 수치에 대해 물어봐야 한다(ask you about some figures)고 했으므로 정답은 (A)이다.

[7-9]

W-Am Mr. Guo, **7my review of your company's machinery is now complete.** Everything looks pretty good, but there is a problem with the cutting machine that I think should be addressed.

M-Au Oh, really? That's not good. We're very busy right now. **8We have to make a very large order of metal parts** for one of our largest clients, Bremley Motors—you know, the famous car company.

W-Am **9You have to upgrade the computer program.** It will only take half an hour or so. I can do it during the workers' lunch break, so your production is not affected and it does need to be done immediately for safety reasons.

여: 구오 씨, 귀사의 기계 검사가 방금 완료되었습니다. 모든 것이 매우 좋아 보입니다만, 절단기에 처리해야 할 문제가 있는 것 같습니다.
남: 아, 정말이요? 그러면 안 되는데요. 저희가 지금 매우 바쁘거든요. 가장 큰 고객들 중 한 곳인 브렘리 모터즈 사를 위해 대량의 금속 부품을 만들어야 해서요. 있잖아요, 유명한 자동차 회사 말이에요.
여: 컴퓨터 프로그램을 업그레이드 하셔야 해요. 30분 정도밖에 걸리지 않을 겁니다. 직원들 점심 시간에 할 수 있어서, 생산에 지장을 주지 않을 테고 안전상의 이유로 즉시 해야 합니다.

어휘 **address** 다루다, 처리하다 **or so** ~ 정도 **production** 생산 **affect** 영향을 미치다 **immediately** 즉시

7.

What does the woman say she recently did?
(A) Purchased a new computer
(B) Checked company equipment
(C) Had lunch with coworkers
(D) Ordered a new part for a machine

여자는 최근에 무엇을 했다고 말하는가?
(A) 새 컴퓨터를 구매했다
(B) 회사 장비를 점검했다
(C) 동료들과 점심을 먹었다
(D) 기계를 위한 새 부품 하나를 주문했다

해설 now는 최근 행적에 사용하는 표현으로, 기계 검사가 완료되었다(my review of your company's machinery is now complete)는 표현에서 (B)가 정답인 것을 알 수 있다.

Paraphrasing

my review of your company's machinery
→ Checked company equipment

8.

Where is the conversation taking place?
(A) At a manufacturing plant
(B) At a restaurant
(C) At a software company
(D) At a hardware store

대화는 어디에서 일어나는가?
(A) 제조 공장
(B) 식당
(C) 소프트웨어 회사
(D) 철물점

해설 남자가 make a very large order of metal parts(대량의 금속 부품을 만들다)라고 했으므로 공장이 대화 장소인 것을 유추할 수 있다.

9.

What does the woman recommend doing today?
(A) Providing an e-mail address
(B) Calling up a parts supplier
(C) Updating software
(D) Changing a production schedule

94

여자는 오늘 무엇을 할 것을 추천하는가?
(A) 이메일 주소 제공하기
(B) 부품 공급업체에 전화하기
(C) 소프트웨어 업데이트하기
(D) 생산 일정 바꾸기

해설 제안/추천 시 사용되는 표현인 You have to 뒤에 upgrade the computer program(컴퓨터 프로그램 업그레이드)를 해야 한다고 했으므로 (C)가 정답이다.

Paraphrasing
upgrade the computer program
→ Updating software

[10-12]

M-Cn Natasha, **10you seem to be suited to the position we are offering in our distribution division.** Did you have anything you would like to ask me about the position?

W-Br Yes, I do. I see that the company has several trucks for making deliveries. **11I was wondering if I would have to drive a truck.**

M-Cn It's doubtful you would, but it could happen. While you would be working in the dispatch center, you might have to drive a truck in an emergency. Is there anything wrong with that?

W-Br Oh no, I know the basics of driving a truck. **12I would just have to get the special driver's license that is required for operators of heavy vehicles.**

남: 나타샤, 당신은 우리 회사에서 제안하는 유통 부서 자리에 적합한 것 같아요. 그 직책에 관해 물어보고 싶은 것이 있나요?
여: 네, 있습니다. 회사가 배송을 하기 위해 여러 대의 트럭을 가지고 있다는 것을 압니다. 제가 트럭을 운전해야 하는지 궁금해요.
남: 확실치는 않지만, 그럴 가능성도 있어요. 발송 센터에서 일을 하는 동안에, 비상시에 트럭을 운전해야 할지도 몰라요. 그것과 관련해 문제가 있나요?
여: 아, 아니요, 트럭 운전의 기본은 알고 있습니다. 중장비 차량 기사에게 필수적인 특별 운전 면허증을 발급받아야 할 것 같아서요.

어휘 **be suited to** ~에 적합하다, 맞다 **distribution** 유통 **division** 부서; 국 **doubtful** 불확실한 **dispatch** 발송 **in an emergency** 비상시에 **operator** 조작자, 기사 **heavy vehicle** 중장비

10.
What is the purpose of the conversation?
(A) To plan for an upcoming project
(B) To negotiate a pay raise
(C) To discuss a job opening
(D) To determine a monthly budget

대화의 목적은 무엇인가?
(A) 다가오는 프로젝트를 위한 계획 세우기
(B) 임금 인상 협상하기
(C) 일자리 공석에 대해 의논하기
(D) 월간 예산 결정하기

해설 상대가 특정 부서의 일자리에 적합한 듯하다(you seem to be suited to the position we are offering in our distribution division)는 말에서 일자리에 대해 대화하고 있음을 알 수 있다.

11.
What does the woman ask about?
(A) The need to drive a vehicle
(B) The working hours of the job
(C) The dress code for an office
(D) The number of coworkers at a job

여자는 무엇에 대해 물어보는가?
(A) 차를 운전할 필요성
(B) 업무 시간
(C) 사무실 복장 규정
(D) 직장 동료 수

해설 질문 시 사용되는 표현인 I was wondering if 뒤에 트럭 운전(I would have to drive a truck) 여부에 대해 묻고 있으므로 (A)가 정답이다.

12.
What does the woman say she needs to do?
(A) Contact a former employer
(B) Update her résumé information
(C) Get a copy of her certificate
(D) Obtain a proper driver's license

여자는 무엇을 해야 한다고 말하는가?
(A) 이전 고용주에게 연락하기
(B) 이력서 정보 업데이트하기
(C) 증명서 한 부 받기
(D) 적합한 운전 면허증 발급받기

해설 마지막 대사에서 여자가 have to get the special driver's license(특별 운전 면허증을 발급받아야 한다)고 했으므로 정답은 (D)가 된다.

Paraphrasing
get the special driver's license
→ Obtain a proper driver's license

[13-15]

M-Au Office Tech Equipment Customer service, John speaking. Do you have a problem with an Office Tech product?

W-Br Hi. We have one of your machines, the OT6000 Copier, in our office. It is showing an error message that says "Error 505: Call Consumer Help Line."

M-Au	**13**Oh, the OT6000 Copier. Sorry, but our company is not producing it anymore.
W-Br	Really? That's not good. **14**Do you think you can send someone to our office and fix it?
M-Au	Yes, of course. Our technicians can fix that model.
W-Br	Fantastic! I will give you our address.
M-Au	You can just tell me the name of your company and **15**I'll look up your address on my computer.

남: 오피스 테크 장비 고객서비스 센터의 존입니다. 오피스 테크 제품에 문제가 있으신가요?
여: 안녕하세요. 우리 사무실에 귀사 기기들 중 하나인 OT6000 복사기가 있는데요. "오류 505: 고객 지원센터 직통으로 전화하세요"라는 오류 메시지가 나와서요.
남: 아, OT6000 복사기요. 죄송하지만 저희 회사는 그것을 더 이상 생산하지 않습니다.
여: 정말이요? 곤란한데요. 우리 사무실로 사람을 보내서 수리해 주실 수 있으세요?
남: 네, 물론이죠. 저희 기술자가 그 모델을 고칠 수 있습니다.
여: 잘됐네요! 우리 주소를 알려드릴게요.
남: 회사 이름만 말해주시면 컴퓨터에서 귀사의 주소를 찾겠습니다.

어휘 **copier** 복사기 **error message** 오류 메시지 **produce** 생산하다 **technician** 기술자 **look up** 찾아보다

13.

What does the man mention about the OT6000 Copier?
(A) It received recognition from consumer journals.
(B) It is less expensive than competitors' products.
(C) It has software that requires regular updates.
(D) It has been discontinued by its maker.

남자가 OT6000 복사기에 대해 언급하는 것은?
(A) 소비자 잡지에서 인정받았다.
(B) 경쟁사 제품보다 저렴하다.
(C) 소프트웨어에 정기적인 업데이트가 필요하다.
(D) 제조사가 생산을 중단했다.

해설 남자가 OT6000 복사기에 대해서 말하는 부분에 주목한다. 더 이상 생산하지 않는다(not producing it anymore)는 말에서 생산 중단된(discontinued) 것을 알 수 있다.

어휘 **competitor** 경쟁업체 **discontinue** (생산을) 중단하다

Paraphrasing
not producing it anymore → discontinued

14.

What does the woman request?
(A) A repair
(B) A new product
(C) A meeting
(D) A product discount

여자는 무엇을 요청하는가?
(A) 수리
(B) 새 제품
(C) 회의
(D) 제품 할인

해설 요청 시 사용되는 표현인 Do you think you can 뒤에 수리(fix it)를 요청하고 있으므로 정답은 (A)이다.

Paraphrasing
fix it → A repair

15.

What will the man most likely do next?
(A) Find customer information on his system
(B) Visit the woman's office
(C) Explain how to use a machine
(D) Order a new machine

남자는 다음에 무엇을 하겠는가?
(A) 시스템에서 고객 정보 찾기
(B) 여자의 사무실 방문하기
(C) 기계 사용법 설명하기
(D) 새 기계 주문하기

해설 do next 질문에 대한 정답의 힌트로 사용되는 표현 I'll 뒤에 look up your address on my computer(컴퓨터에서 귀하의 주소를 찾겠다)라고 했으므로 고객 정보를 찾는다는 (A)가 답이다.

Paraphrasing
look up your address on my computer
→ Find customer information on his system

[16-18]

M-Cn	Narika, **16**you were saying that you would like to see a soccer game the other day.
W-Am	Yes, that's right.
M-Cn	A group of people from the office will attend a game on Saturday.
W-Am	Oh no, **17**I have a family birthday party to go to on Saturday. I'm afraid I can't go with you.
M-Cn	Well, the plan wasn't finalized. What are you doing the following weekend? Are you free then?
W-Am	I think I will be, yes. I have nothing planned yet and I would really like to see a soccer match.
M-Cn	Okay, well, **18**I'll check with the others and see if they want to see a game next weekend.

> 남: 나리카, 당신이 일전에 축구 경기를 보고 싶다고 말했잖아요.
> 여: 네, 맞아요.
> 남: **사무실 사람들 몇 명이 토요일 경기에 갈 거라서요.**
> 여: 아, 저런, 토요일에 가족 생일 파티에 가야 해요. 유감이지만 함께 갈 수가 없네요.
> 남: 음, 계획이 확정된 건 아니에요. 그 다음 주말에는 무엇을 할 거예요? 그때는 시간이 되나요?
> 여: 시간이 될 것 같아요, 네. 아직 아무 계획도 없고 축구 경기를 정말 보고 싶어요.
> 남: 알겠어요, 음, 다른 사람들에게 물어봐서 다음 주말에 경기를 보고 싶은지 알아볼게요.

어휘 finalize 확정짓다 check with 문의[조회]하다

16.

What does the man imply when he says, "A group of people from the office will attend a game on Saturday"?

(A) The woman is welcome to go to an event.
(B) The office regularly throws a party for employees.
(C) The woman should socialize with coworkers more.
(D) The city will be sponsoring events on the weekend.

남자가 "사무실 사람들 몇 명이 토요일 경기에 갈 거예요"라고 말한 의도는 무엇인가?
(A) 여자가 행사에 가도 된다.
(B) 사무실에서 정기적으로 직원들을 위해 파티를 연다.
(C) 여자는 동료들과 더 많이 어울려야 한다.
(D) 시에서 주말 행사에 후원을 할 것이다.

해설 첫 대화에서 과거에 여자가 남자에게 축구 경기 관람을 하고 싶다고 말했다는 것을 알 수 있다. 남자가 이를 확인하는 말과 함께 동료들이 토요일 경기에 간다는 정보를 제공했으므로, 여자를 스포츠 행사에 초대하고 있다는 것을 알 수 있다.

어휘 be welcome to ~해도 좋다 throw a party 파티를 열다

17.

Why is the woman unavailable on Saturday?

(A) She is attending a family function.
(B) She has a doctor's appointment.
(C) She is moving into a new apartment.
(D) She will be playing on a sports team.

여자는 왜 토요일에 시간이 안 되는가?
(A) 가족 행사에 참석할 것이다.
(B) 병원 예약이 있다.
(C) 새 아파트로 이사 갈 것이다.
(D) 스포츠팀에서 경기를 할 것이다.

해설 시간 표현 Saturday에 주목한다. 여자가 a family birthday party(가족 생일 파티)가 있다고 했으니 가족 행사(a family function)에 참가해야 해서 시간이 없다는 것을 알 수 있다.

어휘 function 모임, 행사

Paraphrasing

a family birthday party → a family function

18.

What does the man offer to do?

(A) Buy the woman a ticket
(B) Postpone a client meeting
(C) Talk to colleagues
(D) Attend a seminar

남자가 제의하는 것은?
(A) 여자에게 표 사주기
(B) 고객 회의 연기하기
(C) 동료들과 얘기하기
(D) 세미나 참석하기

해설 제의 시 사용되는 표현인 I'll 뒤에 check with the others(다른 사람들에게 물어본다)는 말에서 동료들과 얘기할 것이라는 것을 알 수 있다.

Paraphrasing

check with the others → Talk to colleagues

[19-21]

> M-Au Uh, hi. **19I am looking for a new book called *Mystery of Insects* by Marijke Janssen.** Do you have it in store? Also, I want to know how much it is?
> W-Br Let me see… Ah, we do not have it in right now, but **20I can have the publisher send a copy of it here to the store.** It'll probably take about a week.
> M-Au That's no problem. Please go ahead and order that book for me. I will give you my name and number so you can call me when it gets here.
> W-Br Sure. I'll do that now. However, **21it's store policy that people ordering books need to make a small pre-payment on the book.**

> 남: 아, 안녕하세요. 마리케 얀센이 쓴 〈곤충의 신비〉라는 신간을 찾고 있어요. 그것이 가게에 있나요? 또 얼마인지도 알고 싶어요.
> 여: 어디 봅시다… 아, 지금은 없지만, 출판사에 여기 가게로 한 부 보내달라고 할 수 있어요. 아마 일주일 정도 걸릴 겁니다.
> 남: 그건 괜찮아요. 책을 주문해주세요. 책이 도착하면 저에게 전화주실 수 있도록 제 이름과 전화번호를 드릴게요.
> 여: 네. 지금 할게요. 그런데 책을 주문하는 사람들은 책에 대해 약간의 선금을 내야 하는 것이 가게 방침입니다.

어휘 publisher 출판사 a copy of ~한 부 store policy 가게 방침 pre-payment 선불, 선납

19.

Why is the man at the bookstore?

(A) To find a particular book
(B) To exchange a book for another
(C) To have an author sign a book
(D) To pick up some study materials

97

남자는 왜 서점에 있는가?
(A) 특정 책을 찾기 위해
(B) 다른 책으로 교환하기 위해
(C) 책에 저자 사인을 받기 위해
(D) 연구 자료를 사기 위해

해설 남자의 첫 대사인 I am looking for a new book called (~라는 신간을 찾고 있어요)라는 말에서 남자가 특정 책을 찾고 있다는 것을 알 수 있다.

어휘 author 저자

Paraphrasing
looking for → find

20.
What does the woman offer to do?
(A) Give the man an alternative book
(B) Order a book for store pick-up
(C) Contact another branch of the store
(D) Gift wrap a book for the man

여자가 제의하는 것은?
(A) 남자에게 다른 책 주기
(B) 가게로 책 주문하기
(C) 다른 매장에 연락하기
(D) 남자를 위해 책을 선물 포장하기

해설 제의 시 사용되는 표현인 I can 뒤에 have the publisher send a copy(출판사가 한 부를 보내도록 하다)라는 말에서 남자에게 책을 주문할 것을 제안하고 있음을 알 수 있다.

어휘 alternative 대안의 gift wrap 선물 포장

21.
What store policy does the woman mention?
(A) New publications need to be preordered.
(B) Deposits must be made on ordered books.
(C) People must be quiet while looking at books.
(D) No food is allowed indoors.

여자는 가게의 어떤 정책을 언급하는가?
(A) 신간은 선주문해야 한다.
(B) 주문된 책에는 보증금을 내야 한다.
(C) 사람들은 책을 보는 동안 조용히 해야 한다.
(D) 실내에서는 음식이 허용되지 않는다.

해설 store policy가 키워드이다. pre-payment(선금)를 내야 한다고 했으므로 보증금을 내야 한다는 (B)가 정답이다.

Paraphrasing
pre-payment → Deposits

[22-24]

W-Am **22**Hello, I just wanted to call you to ask about your food project. I have a lot of food that will soon be out of date and I would like to give it away instead of wasting it.

M-Cn Our project is perfect for you. See, people give us their food and we distribute it to the poor. **23, 24**You need to fill in the form on our Web site. **24**Once we have your details, you just leave a message. We will come to your location and pick up your food.

W-Am Oh, it's actually really easy!

M-Cn Yes, we make it as convenient as possible for you. Once we take your food, we send you a detailed record of how we use it. Also, you can get a tax deduction for any food you give to us.

여: 안녕하세요, 식품 프로젝트에 대해 문의하기 위해 전화 드립니다. 곧 유효 기간이 지나게 될 식품이 많은데 낭비하는 대신에 기부하고 싶어서요.
남: 저희 프로젝트가 귀하에게 꼭 맞는 거네요. 식품을 주시면 저희가 어려운 분들에게 나누어줍니다. 저희 웹사이트에서 양식을 작성하셔야 합니다. 일단 저희가 귀하의 정보를 받으면, 메시지만 남기시면 됩니다. 저희가 귀하가 있는 곳에 가서 식품을 가지고 올 겁니다.
여: 아, 정말 간단하네요!
남: 네, 가능한 편리하게 만들었습니다. 식품을 받으면, 저희가 어떻게 사용했는지 세부 기록을 보내드립니다. 또한 저희에게 주신 식품에 대해 세금 공제를 받으실 수 있습니다.

어휘 out of date 유효 기간이 지난 give away 기부하다, ~을 선물로 주다 waste 낭비하다 distribute 나누어 주다 fill in 작성하다 tax deduction 세금 공제

22.
What does the woman ask about?
(A) Distributing products
(B) Making a donation
(C) Taking cooking classes
(D) Ordering food online

여자는 무엇에 대해 물어보는가?
(A) 제품 유통하기
(B) 기부하기
(C) 요리 강습 듣기
(D) 온라인으로 음식 주문하기

해설 여자가 첫 대사에서 식품이 많은데(I have a lot of food) 기부하고 싶다(I would like to give it away)고 했으므로 식품 기부(donation)에 대해서 물어보고 있는 것을 알 수 있다.

Paraphrasing
to give ~ away → Making a donation

23.
What does the man suggest the woman do?
(A) Complete a form
(B) Pay a tax
(C) Visit a store nearby
(D) Send a package

남자가 여자에게 제안하는 것은?
(A) 양식 작성하기
(B) 세금 내기
(C) 근처 가게 방문하기
(D) 소포 보내기

해설 제안/추천 시 사용되는 표현인 You need to 뒤에 양식을 작성해야 한다(fill in the form)고 했으므로 (A)가 정답이다.

Paraphrasing
fill in the form → Complete a form

24.
What does the woman imply when she says, "Oh, it's actually really easy"?
(A) She knows where she should go.
(B) She understands how to pay a bill online.
(C) She is clear about a new project.
(D) She thought a procedure would be hard.

여자가 "아, 정말 간단하네요!"라고 말한 의도는 무엇인가?
(A) 어디로 가야 하는지 안다.
(B) 온라인으로 청구서를 지불하는 방법을 이해한다.
(C) 새 프로젝트에 대해 확실히 알고 있다.
(D) 절차가 어려울 거라고 생각했다.

해설 식품을 기부하는 과정에 대해서 남자가 설명한 것에 대해 여자가 정말 간단하네요(it's actually really easy!)라고 응대했으므로, 설명을 듣기 전에는 어렵고 복잡할 것으로 생각했었다는 것을 짐작할 수 있다.

[25-27] conversation+guide map

W-Br Hello Matthis, I wanted to ask about something. I am travelling to our inventory management building quite frequently right now. I have to call for security to let me in, though. **25**Is there some way I can register my fingerprint so I can enter the building with the finger scanners there?

M-Au You've come to the right person. **26**My department, Administration, is now overseeing security, so I can help. I will add you to the list of approved people for that location. What is your access code for the computer?

W-Br Um, "IM6792," Marta Schmidt.

M-Au Okay. I have put you into the system, but **27**you will need to go to the main office to have your fingerprint scanned there. Once you're done, you will be able to use it for building entry.

여: 안녕하세요 마티스, 물어보고 싶은 것이 있어요. 지금 제가 재고 관리 건물로 꽤 자주 다니고 있어요. 그런데 들여보내 달라고 경비에게 전화를 해야 해요. 거기 지문 스캐너가 있는 건물에 들어갈 수 있도록 제 지문을 등록할 방법이 있나요?

남: 적임자를 찾아오셨군요. 우리 관리부가 이제 보안을 감독하고 있어서 제가 도와드릴 수 있어요. 그 장소에 승인된 사람들 목록에 당신을 추가할게요. 컴퓨터 접속 코드가 뭐죠?

여: 음, "IM6792," 마타 슈미츠예요.

남: 알겠어요. 시스템에 넣었어요, 하지만 주 사무실에 가서 거기에서 지문을 스캔해야 해요. 그렇게 하면, 건물 출입에 사용할 수 있을 거예요.

어휘 travel to ~로 이동하다 inventory 재고 quite 꽤, 상당히 frequently 자주 let in ~을 안으로 들이다 register 등록하다 fingerprint 지문 oversee 감독하다 approved 승인된, 허가된

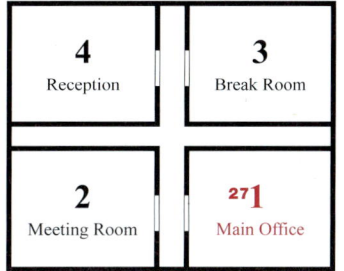

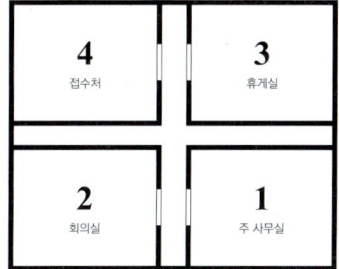

25.
What is the woman requesting?
(A) A parking permit
(B) A security registration
(C) Directions to a warehouse
(D) A new computer

여자는 무엇을 요청하는가?
(A) 주차권
(B) 보안 등록
(C) 창고 가는 길 안내
(D) 새 컴퓨터

해설 첫 대사에서 여자가 지문 등록(register my fingerprint)으로 특정 건물에 들어갈(enter the building) 수 있는지 묻는 말에서 (B) 보안 등록을 요청하고 있음을 알 수 있다.

26.
What department does the man work in?
(A) Administration
(B) Maintenance
(C) Marketing
(D) Production

남자는 어떤 부서에서 일하는가?
(A) 관리
(B) 유지보수
(C) 마케팅
(D) 생산

해설 남자가 My department, Administration(제 부서, 관리부)라고 밝히고 있으므로 (A)가 정답이다.

27.

Look at the graphic. What location is the woman told to go to?
(A) Room 1
(B) Room 2
(C) Room 3
(D) Room 4

시각정보에 의하면, 여자는 어떤 장소로 가라고 당부받는가?
(A) 1번 방
(B) 2번 방
(C) 3번 방
(D) 4번 방

해설 마지막 대사에서 남자가 main office(주 사무실)로 가라고 했으므로 여자가 갈 곳은 Room 1이다.

[28-30] conversation+label

W-Am Hello. I am trying to watch my diet, but I really love French fries. Now I'm looking for some fries to eat with a chicken dinner. 28I have just worked terribly hard, so I deserve a little treat.

M-Cn These French fries are popular. They are a new product. See? They're cooked Cajun style with pepper; lots of people like to eat them with chicken.

W-Am Oh, they look wonderful, 29but my personal trainer told me to stay away from greasy foods, and these are close to thirty percent of what I can eat in one day.

M-Cn Well, in that case, 30I'd suggest you buy some of our fresh potatoes and make your own fries in a healthier way.

여: 안녕하세요. 제가 먹는 것을 조심하려고 하는데, 감자튀김을 너무 좋아해요. 지금 저녁 식사인 치킨과 같이 먹을 감자튀김을 찾고 있어요. 일을 정말 열심히 해서 약간의 보상을 받을 만하니까요.

남: 이 감자튀김이 인기가 있습니다. 신제품이에요. 보이시죠? 고춧가루가 들어간 케이준 스타일로 요리한 거예요. 많은 사람들이 치킨과 함께 그것을 먹는 걸 좋아해요.

여: 아, 맛있어 보이네요, 하지만 제 개인 트레이너가 기름진 음식을 멀리하라고 했는데, 이것들은 제가 하루에 먹을 수 있는 양의 30퍼센트에 가까워요.

남: 음, 그렇다면, 저희 신선한 감자를 사서 건강한 방법으로 당신만의 감자튀김을 만들 것을 제안 드립니다.

어휘 **terribly** 매우, 정말 **deserve** ~을 받을 만하다 **treat** 선물, 대접 **greasy** 기름진 **in that case** 그렇다면

Nutrition Facts		
Calories	380	
		% of Daily Value
29Fat	19 Grams	29%
Sodium	266 Milligrams	11%
Carbohydrates	47.9 Grams	16%
Protein	4.6 Grams	–

영양 정보		
칼로리	380	
		하루 당 %
지방	19그램	29%
나트륨	266밀리그램	11%
탄수화물	47.9그램	16%
단백질	4.6그램	–

28.

Why is the woman looking for a certain product?
(A) She plans to serve it for her friends.
(B) She wants to reward herself.
(C) She thinks it will help her lose weight.
(D) She wants to see if it is better than home cooking.

여자는 왜 특정 제품을 찾고 있는가?
(A) 그녀는 친구들에게 그것을 대접할 계획이다.
(B) 그녀 자신에게 보상하고 싶어 한다.
(C) 체중을 줄이는 데 도움이 될 거라고 생각한다.
(D) 집에서 만든 요리보다 더 나은지 알고 싶어 한다.

해설 일을 열심히 해서 자신은 약간의 선물/대접을 받을 만하다(I deserve a little treat)는 여자의 말에서 자신에게 보상해 주려고 감자튀김을 찾고 있다는 것을 알 수 있다.

Paraphrasing
I deserve a little treat.
→ She wants to reward herself.

29.

Look at the graphic. Which of the ingredients does the woman express concern about?
(A) Fat
(B) Sodium
(C) Carbohydrates
(D) Protein

시각정보에 의하면, 여자는 어떤 재료에 우려를 나타내는가?
(A) 지방
(B) 나트륨
(C) 탄수화물
(D) 단백질

해설 문제점/걱정거리 언급 시 사용되는 표현인 but과 함께 greasy foods(기름진 음식)을 멀리해야 한다면서 하루 섭취 가능량의 30%에 가깝다고 했는데, 시각정보를 보면 30%에 가장 가까운 것은 29%인 지방(fat)이므로 (A)가 정답이다.

30.

What does the man recommend the woman do?
(A) Talk to the store manager
(B) Cook a dish from scratch
(C) Order seasonings directly from a manufacturer
(D) Get a new cook book

남자가 여자에게 제안하는 것은?
(A) 가게 매니저와 이야기하기
(B) 재료를 사서 직접 요리하기
(C) 제조업체에 직접 양념 주문하기
(D) 새 요리책 사기

해설 제안/추천 시 사용되는 표현인 I'd suggest 뒤에 건강한 방법으로 자신만의 감자튀김을 만들라(make your own fries in a healthier way)고 했는데, 이는 재료를 사서 직접 요리하라는 말이므로 (B)가 정답이다.

어휘 **from scratch** 처음부터, 무에서부터 **seasoning** 양념

UNIT 5

[전략 1]   본책 p. 110

남: 베로니카, 당신 차가 아직 도로에 주차되어 있나요? 이곳 주차 규정이 아주 엄격한 것 알죠?
여: 지금 당장 다른 곳으로 차를 옮겨야겠네요. 이미 한 시간 넘게 그곳에 있었어요.
남: 그렇다면 서두르는 게 좋겠네요.

Q 여자는 무엇을 할 것인가?
(A) 차를 다른 곳에 주차하기
(B) 한 시간 일찍 퇴근하기

[전략 2]

여: 마크. 우리 고객인 데이비스 씨에게 이 서류들을 팩스로 보내야 해요. 그의 번호를 가지고 있나요?
남: 아뇨, 하지만 메리가 가지고 있을 거예요. 제가 그녀에게 물어볼게요.
여: 괜찮아요. 제 사무실로 돌아가는 길에 그녀의 책상에 들를게요. 고마워요.

Q 여자는 다음에 무엇을 하겠는가?
(A) 동료에게 물어보기
(B) 서류를 팩스로 보내기

MODEL TEST   본책 p. 111

1. (C)   **2.** (D)   **3.** (C)   **4.** (A)

1.

W-Br Yanni. Quite a few members of my team keep asking me about the new billing software on our workstation computers.
M-Cn Really? I thought it was fairly easy to use. Um, I don't have time to focus on that computer application now.
W-Br I understand, but surely there's something we can do to help my staff use it properly.
M-Cn Okay. Once I finish my current project, **1**I'll make a manual for your staff members to use.

여: 야니. 제 팀에 많은 사람들이 우리 작업장 컴퓨터에 있는 새로운 청구 소프트웨어에 대해 계속 물어봐요.
남: 정말이요? 사용하기에 꽤 쉽다고 생각했어요. 음, 지금은 그 컴퓨터 응용 프로그램에 집중을 할 시간이 없어요.
여: 이해해요, 하지만 제 직원들이 그것을 제대로 사용하도록 돕기 위해 우리가 할 수 있는 게 분명히 있을 거예요.
남: 알겠어요. 현재 프로젝트를 끝내자마자, 직원들이 사용할 설명서를 만들게요.

어휘 **workstation** 작업장 **fairly** 상당히, 꽤 **surely** 분명히, 확실히 **properly** 제대로 **manual** 설명서

What does the man plan to do?
(A) Ask for help with his work
(B) Hold a staff meeting
(C) Produce an instruction book
(D) Give a presentation

남자는 무엇을 할 계획인가?
(A) 자신의 일에 도움 요청하기
(B) 직원 회의 열기
(C) 설명서 만들기
(D) 발표하기

해설 미래 행위를 나타내는 표현인 I'll 뒤에 make a manual (설명서를 만들다)라고 했으므로 정답은 (C)이다.

Paraphrasing
make a manual → Produce an instruction book

2.

W-Am Hello Mr. Blatz, it's Amy from Klein's Clean Cars. You called about having your cars checked. We're booked up for the rest of this week, but it looks like we can fit you in next Wednesday.

101

M-Cn Oh, ²I'll go on holiday for two weeks this Saturday. I want to get that done before the trip. Is there any way you can do it this week?

W-Am I'm sorry, but all of us are fully booked this week. How about trying other garages in town? I can give you their phone numbers.

M-Cn Okay. Thanks.

여: 안녕하세요 블라츠 씨, 저는 클라인즈 클린 카즈의 에이미입니다. 차를 점검받는 것에 대해 전화 주셨죠. 이번 주는 예약이 모두 찼지만, 다음 주 수요일에 넣어드릴 수 있을 것 같습니다.

남: 아, 이번 주 토요일에 2주간 휴가를 갑니다. 여행 전에 점검을 받고 싶어요. 이번 주에 해줄 수 있는 방법은 없나요?

여: 죄송하지만, 저희 모두가 이번 주에 완전히 예약이 꽉 차 있습니다. 시내에 있는 다른 정비소에 연락해보시는 건 어떨까요? 그들의 전화번호를 드릴 수 있어요.

남: 알겠어요. 감사해요.

어휘 check 점검하다 be booked up 예약이 다 차다 fit in 시간을 내어 ~을 하다 garage 정비소

What does the man say he will do on Saturday?
(A) Visit the woman
(B) Call the woman back
(C) Attend a conference
(D) Go on vacation

남자는 토요일에 무엇을 할 거라고 말하는가?
(A) 여자 방문하기
(B) 여자에게 회신전화하기
(C) 회의에 참석하기
(D) 휴가 가기

해설 Saturday가 키워드이다. 미래 행위를 나타내는 표현 I'll 뒤에 go on holiday(휴가 가다)라고 했으므로 정답은 (D)이다.

Paraphrasing
go on holiday → Go on vacation

3.

M-Au Hi, Marnie. How was the seminar in Sydney?

W-Am It was very good. A lot of people from our industry were there. The highlight of the trip was seeing the city, though.

M-Au Nice. I am going to take my children to Sydney this winter. I wonder, how did you go sightseeing?

W-Am Oh, we went on a guided tour offered by the seminar organizers. Actually, ³I have to speak to Jan in Accounting about my expenses now. I will tell you more about the tour over coffee later.

남: 안녕하세요, 마니. 시드니에서의 세미나는 어땠어요?

여: 아주 좋았어요. 업계에서 많은 사람들이 왔었어요. 하지만 여행에서 가장 좋았던 것은 도시를 구경하는 것이었어요.

남: 좋았겠군요. 이번 겨울에 아이들을 시드니에 데려갈 예정이에요. 어떻게 관광을 했나요?

여: 아, 세미나 주최자가 제공한 가이드가 딸린 관광을 했어요. 실은, 제 경비에 대해 회계부서의 잰과 지금 이야기를 해야 해요. 나중에 커피 마시면서 관광에 대해 더 이야기해 줄게요.

어휘 industry 산업 highlight 가장 좋은 부분 sightseeing 관광 go on a guided tour 가이드가 딸린 관광을 하다 accounting 회계부

What will the woman probably do next?
(A) Write a report
(B) Send an e-mail
(C) Discuss her travel expenses
(D) Call a seminar organizer

여자는 다음에 무엇을 할 것인가?
(A) 보고서 작성하기
(B) 이메일 보내기
(C) 여행 경비에 대해 얘기하기
(D) 세미나 주최자에게 전화하기

해설 다음 행위(do next)를 나타내는 표현 I have to 뒤에 경비(expenses)에 대해서 회계부서의 동료와 대화를 해야 한다고 했으므로 정답은 (C)이다.

4.

W-Br Hi. I am calling from Star Industries, and we are currently getting consultation services from Jung-Rok Shin. Is he available?

M-Cn I'm afraid he's in the meeting right now. Can I take a message?

W-Br Oh yes. This is Janet Morgan, and we are hoping to get the details of his review of our building today. ⁴The city building inspector will be stopping by next week to see if we are meeting all the new building requirements.

M-Cn I'll make sure he gets this message.

여: 안녕하세요. 스타 인더스트리즈에서 전화드립니다, 우리 회사가 최근 신정록 씨에게 컨설팅을 받고 있어요. 계시나요?

남: 죄송하지만 그는 현재 회의 중입니다. 메모를 남겨드릴까요?

여: 아 네, 저는 자넷 모건이고 오늘 우리 건물에 대한 그의 평가의 세부사항을 받기를 바랍니다. 우리가 새로운 건축 요건을 다 충족하고 있는지 알아보기 위해 시 건축물 검사원이 다음 주에 들를 예정이라서요.

남: 그에게 이 메시지를 꼭 전달해 드릴게요.

어휘 currently 현재, 지금 consultation 컨설팅, 상담 inspector 검사원 requirement 요건, 필요 조건

What will happen next week?
(A) A building will be under inspection.
(B) A new product will be released.
(C) A new facility will open.
(D) A project will be approved.

다음 주에 어떤 일이 일어나는가?
(A) 건물이 점검을 받을 것이다.
(B) 신제품이 출시될 것이다.
(C) 새 시설이 문을 열 것이다.
(D) 프로젝트 승인이 날 것이다.

해설 next week가 키워드이다. building inspector(건축물 검사원)이 온다고 했으므로 건물 점검이 있다는 (A)가 정답이다.

어휘 release 출시하다 approve 승인하다

Paraphrasing

The city building inspector will be stopping by
→ A building will be under inspection.

PRACTICE TEST

본책 p. 113

1. (B)	2. (A)	3. (C)	4. (A)	5. (D)
6. (D)	7. (A)	8. (B)	9. (B)	10. (B)
11. (D)	12. (A)	13. (C)	14. (C)	15. (D)
16. (C)	17. (D)	18. (B)	19. (A)	20. (C)
21. (C)	22. (D)	23. (A)	24. (B)	25. (A)
26. (A)	27. (A)	28. (C)	29. (C)	30. (B)

[1-3]

W-Am Ron, **¹I am sure you already know that we're going to get new merchandise in the store in a week.** Do you have any ideas on how we could advertise this to attract more shoppers?

M-Au **²We could hire extra workers to distribute advertising flyers to people on the street outside.** That might be helpful to receive immediate attention from people walking near our store.

W-Am I like that idea. Um, could you contact a staffing agency for me? **³Ask them how much we'll need to pay them to distribute flyers per week** and that way we can budget for part-time workers.

여: 론, 일주일 후에 가게에 새 제품이 들어올 예정이라는 것을 이미 알고 있을 거예요. 더 많은 쇼핑객들을 끌어들이기 위해 어떻게 광고할 수 있을지에 대한 아이디어가 있나요?

남: 추가로 일하는 사람을 고용해서 거리에서 사람들에게 광고 전단지를 나눠줄 수 있을 것 같아요. 우리 가게 근처에 다니는 사람들의 즉각적인 관심을 받는 데 도움이 될지도 모르니까요.

여: 좋은 생각이에요. 음, 직업소개소에 연락해줄 수 있나요? 전단지를 나눠주는 사람들에게 일주일에 얼마를 줘야 하는지 물어봐 주세요. 그래야 시간제 근로자들을 위한 예산을 세울 수가 있어요.

어휘 attract 끌어들이다 distribute 나누어 주다(hand out)
flyer 전단지(leaflet) immediate 즉각적인 attention 관심
staffing agency 직업소개소 budget 예산을 세우다

1.
According to the woman, what will happen in a week?
(A) A business will move to another location.
(B) A store will sell new items.
(C) A new floor manager will arrive.
(D) An owner will make an inspection.

여자에 의하면, 일주일 후에 어떤 일이 일어나는가?
(A) 업체가 다른 곳으로 이전할 것이다.
(B) 가게가 새로운 품목을 팔 것이다.
(C) 새로운 매장 관리자가 도착할 것이다.
(D) 주인이 점검을 할 것이다.

해설 in a week가 키워드이다. get new merchandise in the store(가게에 새 제품이 들어온다)고 했으므로 새 품목을 판다는 (B)가 정답이다.

Paraphrasing

new merchandise → new items

2.
What does the man recommend?
(A) Handing out leaflets
(B) Give away product samples
(C) Creating a radio advertisement
(D) Making a new sign

남자는 무엇을 추천하는가?
(A) 전단지 나눠주기
(B) 제품 견본 나눠주기
(C) 라디오 광고 만들기
(D) 새 간판 만들기

해설 제안/추천 시 사용되는 표현인 We could 뒤에 distribute advertising flyers(광고 전단지를 나누어주자)라고 했으므로 정답은 (A)이다.

어휘 leaflet 전단지

Paraphrasing

distribute advertising flyers → hand out leaflets

3.
What does the woman want to know about?
(A) Hiring process
(B) Potential profits
(C) Workers' wages
(D) Printing costs

여자는 무엇에 관해 알고 싶어 하는가?
(A) 고용 절차
(B) 잠재 수익
(C) 근로자 임금
(D) 인쇄 비용

해설 마지막 대사에서 여자가 전단 배포에 얼마를 지불해야 하는지(how much we'll need to pay) 물어보라는 말에서 임시직 근로자의 임금을 알고 싶어 한다는 것을 알 수 있다.

Paraphrasing
how much ... pay → wages

[4-6] three speakers

W-Am Jose, ⁴have you finalized the new content for our online site yet? I have been looking at our competitor's Web sites and they have next year's product lines up already. Can you be finished by tomorrow? I want to see it on the site as soon as possible.

M-Cn Well, basically, I am ready to go. ⁵All I need now is the official images of our new products. Henri, has City Graffix sent you any of the new images yet?

M-Au ⁵I'm still waiting for the images. I thought I would have them yesterday, but I haven't heard anything.

W-Am City Graffix is supposed to be done by now. ⁶I'll stop by their office this afternoon and see what the delay is; I'm heading over to that side of town anyway.

여: 호세, 온라인 사이트를 위한 새로운 콘텐츠를 마무리지었나요? 경쟁업체의 웹사이트들을 보고 있었는데 내년 제품을 이미 올렸어요. 내일까지 끝낼 수 있나요? 가능한 빨리 사이트에서 보고 싶어요.

남1: 음, 기본적으로, 준비는 됐어요. 지금 필요한 것은 새 제품의 공식 사진이에요. 헨리, 시티 그래픽스가 새로운 사진을 보냈나요?

남2: 아직 기다리고 있는 중이에요. 어제 받을 거라고 생각했는데, 소식이 없었어요.

여: 시티 그래픽스가 지금쯤에는 끝냈어야 하는데요. 오늘 오후에 그들의 사무실에 들러 왜 지연이 되는지 알아볼게요, 어쨌든 그쪽으로 갈 예정이니까요.

어휘 competitor 경쟁업체 basically 기본적으로 head 가다, 향하다

4.
What are the speakers working on?
(A) Updating a Web site
(B) Designing products
(C) Writing a quarterly report
(D) Creating an advertisement

화자들은 어떤 작업을 하고 있는가?
(A) 웹사이트 업데이트하기
(B) 제품 디자인하기
(C) 분기 보고서 작성하기
(D) 광고 만들기

해설 첫 대사에서 여자가 온라인 사이트를 위한 새로운 콘텐츠를 완성했는지 묻는 말(finalized the new content for our online site)에서 웹사이트 업데이트 작업을 하고 있다는 것을 알 수 있다.

5.
What are the men waiting for?
(A) Customer feedback
(B) Management approval
(C) An information package
(D) Product photographs

남자들은 무엇을 기다리고 있는가?
(A) 고객 피드백
(B) 경영진 승인
(C) 자료집
(D) 제품 사진

해설 첫 번째 남자가 필요한 것이 images of our new products(새 제품의 사진들)이라 했고, 두 번째 남자가 그 이미지들을 기다리고 있다고 했으므로 남자들이 기다리는 것은 제품 사진인 것을 알 수 있다.

Paraphrasing
images → photographs

6.
What does the woman say she will do?
(A) Attend a conference
(B) Lead a team
(C) Conduct an interview
(D) Visit another company

여자는 무엇을 할 거라고 말하는가?
(A) 회의 참석하기
(B) 팀 이끌기
(C) 면접하기
(D) 다른 회사 방문하기

해설 미래 행위를 나타내는 표현 I'll을 사용하여 stop by their office(그들의 사무실에 들른다)라는 말에서 다른 업체를 방문하는 (D)가 다음 행위인 것을 알 수 있다.

Paraphrasing
stop by their office → Visit another company

[7-9]

M-Au ⁷I was told that the wholesaler who provides coffee beans for our coffee shop can now only give us a quarter of the beans we usually order.

W-Am ⁸We can't operate with so few coffee beans. We'd run out within weeks. We should consider changing to another supplier.

M-Au　Actually, I have made a few calls since I heard that news. **9There is a company that imports products from South America. They may be able to help us to get the amount of coffee beans we need. Their representatives will be here soon to explain to us what they can offer.**

W-Am　Oh, that's good. Let me know what you decide.

남: 우리 커피숍에 커피 원두를 제공하는 도매업자가 평소 주문하는 원두의 1/4만 줄 수 있다고 들었어요.
여: 그 정도의 커피 원두로는 운영을 할 수가 없어요. 몇 주 안에 다 떨어질 거예요. 다른 공급업체로 바꾸는 것을 고려해야 할 것 같아요.
남: 실은, 그 소식을 들은 후에 몇 군데 전화를 했어요. 남미에서 제품을 수입하는 회사가 있어요. 우리가 필요한 양의 커피 원두를 살 수 있게 도와줄 수 있을지도 몰라요. 그 직원들이 무엇을 제공할 수 있는지 우리에게 설명하기 위해 곧 여기 올 거예요.
여: 아, 잘됐어요. 결정 사항 좀 알려주세요.

어휘　**wholesaler** 도매업자　**run out** (공급품이) 다 떨어지다[되다]　**supplier** 공급업체　**representative** 담당 직원

7.

What industry do the speakers probably work in?
(A) Food and Beverage
(B) Health Services
(C) Advertising and Marketing
(D) Travel and Hospitality

화자들은 어느 분야에서 근무하겠는가?
(A) 식음료
(B) 건강 서비스
(C) 광고와 마케팅
(D) 여행과 호텔

해설　첫 대사에서 남자가 our coffee shop(우리 커피숍)이라고 한 말에서 화자들이 식음료(Food and Beverage) 분야에서 근무하는 것을 알 수 있다.

Paraphrasing
　coffee → Beverage

8.

Why are the speakers concerned?
(A) A supplier will go out of business.
(B) A supply shortage will occur.
(C) Profits have been down recently.
(D) A business is short-handed.

화자들은 왜 걱정하는가?
(A) 공급업체가 폐업할 것이다.
(B) 공급품 부족이 발생할 것이다.
(C) 최근 수익이 줄어들었다.
(D) 업체에 일손이 부족하다.

해설　문제점/걱정거리 언급 시 사용되는 표현인 can't를 사용하여, 그 정도의 커피 양으로는 카페를 운영할 수 없다는 말에서 제품 부족을 걱정한다는 것을 알 수 있다.

어휘　**short-handed** 일손이 부족한

Paraphrasing
　run out → supply shortage

9.

What will the man probably do next?
(A) Take an inventory
(B) Meet with an importer
(C) Enter into a contract
(D) Check an invoice

남자는 다음에 무엇을 할 것인가?
(A) 재고 정리하기
(B) 수입업자 만나기
(C) 계약 체결하기
(D) 송장 확인하기

해설　남자의 마지막 대사에서, (수입업체) 직원들이 곧 이곳에 온다(Their representatives will be here soon)고 했으므로 그들을 만날 것임을 알 수 있다. 따라서 정답은 (B)이다.

Paraphrasing
　a company that imports products → an importer

[10-12]

W-Br　Sean, it's Martha speaking from the Delivery Division. Uh, **10I have a delivery order here for Orion Holdings, saying I need to drop off a package after 11:00 P.M. Is that correct? I think their office closes at 7:00 P.M.**

M-Cn　Oh, really? **11They're a huge corporation**, but I think they keep normal business hours.

W-Br　I would say someone specified "P.M." rather than "A.M." when they made the order. Can you take care of that for me before I leave?

M-Cn　Sure. **12I'll speak to the person who took that order.** I'll call you back in a few minutes.

여: 션, 배송부서의 마타입니다. 아, 제가 여기 오리온 홀딩스의 배달 주문을 가지고 있는데, 밤 11시 이후에 소포를 가져다 줘야 한다고 나와 있어요. 맞나요? 사무실은 저녁 7시에 문을 닫는 것 같은데요.
남: 아, 정말이요? 그들은 대기업이지만, 일반적인 업무시간을 지킬 거예요.
여: 그들이 주문을 할 때 누군가가 "오전" 대신에 "오후"라고 명시한 것 같아요. 제가 출발하기 전에 처리해줄 수 있나요?
남: 물론이죠. 그 주문을 받은 사람과 이야기를 해볼게요. 몇 분 후에 다시 전화 드릴게요.

어휘　**delivery** 배송　**drop off** (짐을) 도중에 내려놓다　**huge** 큰, 거대한　**specify** 명시하다　**rather than** ~대신에　**take care of** ~을 처리하다

105

10.

What is the conversation mainly about?
(A) A method of payment
(B) A delivery time
(C) A pickup location
(D) A package recipient

대화는 주로 무엇에 관한 것인가?
(A) 지불 방법
(B) 배달 시간
(C) 수령 장소
(D) 소포 수령인

해설 첫 대사에서 여자가 delivery order(배달 주문)에 대해서 얘기를 꺼내면서 시간에 대해서 언급하고 있으므로 대화의 주제는 배달 시간인 것을 알 수 있다.

어휘 recipient 수령인

11.

What does the man say about Orion Holdings?
(A) It has a head office in a rural area.
(B) It is open around the clock.
(C) It has branches overseas.
(D) It is a large company.

남자가 오리온 홀딩스에 대해 하는 말은?
(A) 시골 지역에 본사가 있다.
(B) 24시간 내내 문을 연다.
(C) 해외에 지사들이 있다.
(D) 큰 회사이다.

해설 고유명사 Orion Holdings가 키워드이다. 남자가 이 업체를 대기업(a huge corporation)이라고 말하고 있으므로 (D)가 정답이다.

Paraphrasing

a huge corporation → a large company

12.

What does the man say he will do?
(A) Talk to a colleague
(B) Visit a company Web site
(C) Revise a sales report
(D) Change a delivery date

남자는 무엇을 할 거라고 말하는가?
(A) 동료와 이야기하기
(B) 회사 웹사이트 방문하기
(C) 매출 보고서 수정하기
(D) 배달 날짜 바꾸기

해설 다음 행위(do next)를 나타내는 표현 I'll 뒤에 speak to the person who took that order(그 주문을 받은 사람과 이야기를 하다)라고 했으므로 정답은 동료와 이야기한다는 (A)이다.

Paraphrasing

speak to the person → Talk to a colleague

[13-15]

M-Cn Carol, **13**I just wanted to congratulate you on finishing the Web site for the sports store. I have seen the new site, and it's excellent.

W-Am Thank you very much. It was a lot to take on, but the final product is worth it. **14**The CEO himself was thankful for the new payment system I designed.

M-Cn That's great, did you tell John?

W-Am Yes, I did. His suggestions for the new system helped me a lot.

M-Cn **15**How about making a speech during the weekly meeting on Thursday? A few people will be presenting current company projects.

W-Am Sure, sounds great.

남: 캐롤, 스포츠 매장의 웹사이트를 끝낸 거 축하 드리고 싶어요. 새 사이트를 봤는데, 훌륭했어요.
여: 정말 감사해요. 일은 많았지만 최종 결과물은 그만한 가치가 있어요. 제가 디자인한 새로운 지불 시스템에 최고 경영자도 감사해 했어요.
남: 잘됐어요, 존에게 얘기했어요?
여: 네, 했어요. 새 시스템에 대한 그의 제안이 많은 도움이 됐어요.
남: 목요일 주간 회의에서 연설을 하는 게 어때요? 몇몇 사람들이 현재 회사 프로젝트들에 대해 발표할 거예요.
여: 물론이죠, 좋아요.

어휘 take on (일 등을) 맡다, (책임을) 지다 present 발표하다

13.

Where most likely do the speakers work?
(A) At a sporting goods shop
(B) At a hardware store
(C) At a Web design company
(D) At an electronics store

화자들은 어디에서 일할 것 같은가?
(A) 스포츠용품 매장
(B) 철물점
(C) 웹 디자인 회사
(D) 전자제품 매장

해설 첫 대사에서 남자가 여자에게 congratulate you on finishing the Web site for the sports store(스포츠 매장의 웹사이트를 끝낸 거 축하한다)라는 말에서 웹사이트 제작 업체가 화자들의 근무장소인 것을 알 수 있다.

14.

What part of the Web site was the company CEO satisfied with?
(A) The digital videos
(B) The e-mail system
(C) The payment feature
(D) The layout

회사 최고 경영자는 웹사이트의 어떤 부분에 만족해 했는가?
(A) 디지털 영상
(B) 이메일 시스템
(C) 지불 기능
(D) 배치

해설 CEO가 키워드이다. the new payment system(새로운 지불 시스템)에 감사해(thankful)한다고 했으므로 지불 기능에 만족한다는 (C)가 답이다.

Paraphrasing

thankful → satisfied

15.

What will most likely take place during the next weekly meeting?
(A) A policy review
(B) Birthday celebrations
(C) An award ceremony
(D) Presentations

다음 주간 회의에서 어떤 일이 일어날 것 같은가?
(A) 규정 검토
(B) 생일 축하행사
(C) 시상식
(D) 발표

해설 시간 표현 weekly meeting이 키워드이다. 몇몇 사람들이 발표한다(presenting)고 했으므로 (D)가 정답이다.

Paraphrasing

making a speech, presenting → Presentations

[16-18]

W-Am Hello, I'm Jenny Li. **16**I am back here in San Francisco during summer break at my college and I am looking for part time work. **17**Do you know if your diner has any openings for waitresses?

M-Cn **17**We can usually use one or two more servers, especially in the summer months. Tell me Jenny, have you ever worked as a waitress before?

W-Am Yes, I have. I work in a diner near my university in Boston while school is in session. I can give you my manger's number there if you want to call her.

M-Cn Yeah, you can do that in a moment. **18**Let me just have a look at the employee work schedule to see how many people we have right now and what our needs are.

여: 안녕하세요, 저는 제니 리입니다. 저는 대학 여름 방학 동안 여기 샌프란시스코로 돌아왔는데 시간제 일을 구하고 있습니다. 당신의 식당에 여자 종업원 자리가 있는지 아세요?

남: 보통 한 명이나 두 명 더 종업원을 쓸 수 있습니다, 특히 여름에는요. 있잖아요 제니, 전에 종업원으로 일해본 적 있으세요?

여: 네, 있어요. 학교 다니는 동안 보스턴에 있는 대학 근처 식당에서 일해요. 전화를 해보고 싶으시다면 거기 매니저의 전화 번호를 드릴 수 있어요.

남: 네, 그건 잠시 후에 하면 돼요. 잠깐 직원 근무 일정표를 보고 지금 우리 직원이 얼마나 되는지 그리고 얼마나 필요한지 알아볼게요.

어휘 part time work 시간제 일 diner 식당 server 종업원 in session 개최 중인, 학기 중인

16.

Why is the woman in San Francisco?
(A) She is studying nearby.
(B) She is on a business trip.
(C) She is on summer vacation.
(D) She owns a house there.

여자는 왜 샌프란시스코에 있는가?
(A) 근처에서 공부하고 있다.
(B) 출장 중이다.
(C) 여름 방학 중이다.
(D) 그곳에 집을 가지고 있다.

해설 San Francisco가 키워드이다. 여자가 여름방학(summer break) 중에 왔다고 했으므로 정답은 (C)이다.

Paraphrasing

summer break → summer vacation

17.

What does the man mean when he says, "We can usually use one or two more servers"?
(A) The man does not know if he needs more staff.
(B) The woman will need to make extra food orders.
(C) The restaurant needs more customers.
(D) There might be a job available.

남자가 "보통 한 명이나 두 명 더 종업원을 쓸 수 있습니다"라고 말한 의미는 무엇인가?
(A) 남자는 더 많은 직원이 필요한지 여부를 알지 못한다.
(B) 여자는 음식을 추가 주문해야 할 것이다.
(C) 식당에 더 많은 손님들이 필요하다.
(D) 일자리가 있을지도 모른다.

해설 종업원 자리가 있는지 묻는 여자의 말에 남자가 한두 명 더 쓸 수 있다고 하고 있으므로, 일자리가 있을 가능성이 있다는 말임을 알 수 있다.

18.

What will the man do next?
(A) Speak to his boss
(B) Check a time sheet
(C) Make a phone call
(D) Give a customer a meal

남자는 다음에 무엇을 할 것인가?
(A) 상사와 이야기하기
(B) 근무 시간표 확인하기
(C) 전화하기
(D) 고객에게 식사 제공하기

해설 do next 질문에 대한 정답의 힌트가 되는 표현 Let me 뒤에 have a look at the employee work schedule(직원 근무 일정표를 보다)라고 했으므로 정답은 (B)이다.

Paraphrasing
have a look at the employee work schedule
→ Check a time sheet

[19-21]

W-Br Hassan, **19**I wanted to talk to you about the latest edition of our astronomy book that we plan to publish for use in universities. I think there is a problem.
M-Au Oh? What's wrong?
W-Br **20**The book was written over 10 years ago, so some of the facts in the book are now wrong.
M-Au Ah, you mean the data in chapter 9? I was actually going to speak to you about that later this week. That chapter may need to be rewritten.
W-Br Well, **21**we will probably need to talk to someone knowledgeable in this field to get some advice.
M-Au I think Dr. John Ramos at the National Observatory can help us with this. **21**I'll phone him up now.

여: 하산, 대학 교재로 출판할 계획인 천문학 책의 최신판에 대해 당신과 이야기할 게 있어요. 문제가 있는 것 같아요.
남: 아? 뭐가 문제인가요?
여: 책이 10년 전에 쓰여졌던 거라, 책에 있는 몇 가지 사실들이 지금은 틀린 거예요.
남: 아, 9장에 있는 데이터 말씀하시는 건가요? 실은 이번 주 후반에 이야기를 하려고 했었어요. 그 장은 다시 쓰도록 해야 할 것 같아요.
여: 음, 조언을 얻기 위해 이 분야에 정통한 분과 이야기를 해야 할 것 같아요.
남: 국립 천문대에 계신 존 라모스 박사가 이것을 도와줄 수 있을 것 같아요. 지금 그에게 전화를 해볼게요.

어휘 edition (출판물의) 판 astronomy 천문학 knowledgeable 아는 것이 많은, 정통한 field 분야 observatory 천문대, 관측소

19.
Where do the speakers most likely work?
(A) At a publishing company
(B) At a marketing firm
(C) At a scientific laboratory
(D) At a museum

화자들은 어디에서 일할 것 같은가?
(A) 출판사
(B) 마케팅 회사
(C) 과학 연구소
(D) 박물관

해설 여자의 첫 대사 중 we plan to publish(우리는 출판할 계획이다)라는 표현에서 화자들이 출판사에서 근무한다는 것을 알 수 있다.

20.
What problem is being discussed?
(A) Some pages are missing.
(B) A writer has left a company.
(C) Some information is outdated.
(D) A book is being published late.

어떤 문제가 논의되고 있는가?
(A) 페이지 몇 장이 빠져 있다.
(B) 작가가 회사를 그만뒀다.
(C) 몇몇 정보가 오래되어 쓸모없게 되었다.
(D) 책이 늦게 출판될 것이다.

해설 문제점/걱정거리 언급 시 사용되는 표현인 wrong을 사용하여, 10년 전에 쓰여진 책이라 몇 가지 사실이 잘못되었다는 말에서 정보가 오래되어 맞지 않는다는 것을 알 수 있다.

Paraphrasing
written over 10 years ago → outdated
some of the facts → Some information

21.
What will the man most likely do next?
(A) Send an e-mail
(B) Take some pictures
(C) Call an expert
(D) Review some comments

남자는 다음에 무엇을 할 것 같은가?
(A) 이메일 보내기
(B) 사진 찍기
(C) 전문가에게 전화하기
(D) 논평 검토하기

해설 미래 행위를 나타내는 표현 I'll 뒤에 phone(전화하다)라고 했으므로 정답은 (C)이다.

Paraphrasing
someone knowledgeable in this field → an expert
phone ~ up → Call

[22-24]

M-Au Hi, Lily. I just got off the phone with the Kalt Family. **22,23**They're wondering how soon we can finalize the contract and let them move into their new place.

W-Am **23**I was going to contact them, but **22**the current owner of the property hasn't told me when he plans to have all the necessary repairs completed.

M-Au That makes sense, we can't get ahead of ourselves by promising a move in date that we can't guarantee. In the meantime, **24**I'll need to give them a call back for the latest update.

W-Am Wait. Let me give the owner a call to find out when the repair work will be done. After that, you can contact the Kalt Family.

M-Au Okay. I'll wait for a moment.

남: 안녕하세요, 릴리. 칼트 가족분들과 통화를 막 끝냈어요. 얼마나 빨리 계약을 마무리짓고 새 장소로 이사 들어갈 수 있는지 궁금해하셨어요.
여: 그들에게 연락하려고 했었는데요, 현재 부동산 소유주가 필요한 모든 수리를 언제 할 계획인지를 말해주지 않았어요.
남: 맞는 말이네요, 우리가 보장할 수 없는 이사 날짜를 약속하는 것으로 너무 앞서가서는 안 되죠. 그동안에, 새로운 소식을 전하기 위해 그들에게 다시 전화해야겠어요.
여: 잠시만요. 제가 집주인에게 지금 전화해서 언제 수리가 끝나는지 물어볼게요. 그런 다음에 칼트 가족에게 전화하세요.
남: 알겠어요. 잠시 기다릴게요.

어휘 **get off the phone** 전화를 끊다 **finalize** 마무리짓다 **property** 부동산, 건물 **make sense** 타당하다, 말이 되다 **in the meantime** 그동안에

22.

Where do the speakers most likely work?
(A) At a repair shop
(B) At a customer service center
(C) At a construction firm
(D) At a real estate agency

화자들은 어디에서 일하겠는가?
(A) 수리점
(B) 고객서비스 센터
(C) 건축회사
(D) 부동산 중개소

해설 move into their new place(새 장소로 이사하다), the current owner of the property(현재 부동산 소유주)라는 말에서 부동산 중개업자들의 대화인 것을 알 수 있으므로 정답은 (D)이다.

Paraphrasing
property → real estate

23.

What does the woman mean when she says, "I was going to contact them"?
(A) She planned to do something.
(B) She hung up on a client unintentionally.
(C) She is unable to arrange a tour of the house.
(D) She already completed the repairs.

여자가 "그들에게 연락하려고 했었는데요"라고 말한 의도는 무엇인가?
(A) 무엇인가를 할 계획이었다.
(B) 본의 아니게 고객의 전화를 끊었다.
(C) 집 구경을 주선할 수가 없다.
(D) 수리를 이미 끝냈다.

해설 고객이 이사 날짜를 알고 싶어 한다는 남자의 요청에 여자가 그들에게 연락하려고 했다고 했으므로 이미 전화 통화를 할 계획이었다는 말이다. 따라서 정답은 (A)이다.

24.

What will the man do?
(A) Send an estimate
(B) Contact the clients
(C) Schedule required maintenance
(D) Close the business for the day

남자는 무엇을 할 것인가?
(A) 견적서 보내기
(B) 고객들에게 연락하기
(C) 필요한 유지보수 일정 잡기
(D) 하루 일과 끝내기

해설 미래 행위를 나타내는 표현 I'll need to 뒤에 give them a call back(그들에게 회신 전화하다)라고 했으므로 (B)가 정답이다.

Paraphrasing
give them a call back → Contact the clients

[25-27] conversation+schedule

M-Au Hi. Narelle, can I buy you a coffee? **25**I love the selections here at this coffee shop. Oh, and I just ate lunch with Shane. We ran into Mr. Johnston.

W-Br Our CEO? What did he have to say?

M-Au He will give a speech at the Internet Business Forum in Europe later this month. Will we be able to see it here? It is quite important for our company…

W-Br Yes. **26**We can see his speech live after work. I am going to buy a pizza and drinks and we can all watch it together.

M-Au Fantastic, everyone will enjoy that.

W-Br It is good that the old schedule was changed. Mr. Johnston was going to be the final speaker, but now he is number one, so it is easier for us to see his talk. **27**The speaker who was to start is now going to close.

남: 안녕하세요, 나렐, 제가 커피 한잔 살까요? 저는 여기 이 커피숍에서 엄선한 커피들을 아주 좋아해요. 아, 그리고 쉐인과 막 점심을 먹었는데 존스톤 씨와 우연히 마주쳤어요.
여: 우리 회사 최고 경영자요? 그가 뭐라고 하던가요?

남: 이번 달 말에 유럽에서 있을 인터넷 사업 포럼에서 연설을 할 겁니다. 여기서 그것을 볼 수 있을까요? 우리 회사에겐 아주 중요한 건데요.
여: 네, 퇴근 후에 생방송으로 그의 연설을 볼 수가 있어요. 제가 피자와 음료를 살 테니 우리 모두 함께 그것을 보면 될 것 같아요.
남: 잘됐네요, 모두가 좋아할 거에요.
여: 이전 일정표가 변경된 게 좋은 것 같아요. 존스톤 씨가 마지막 연설자가 될 예정이었는데 이제 그가 첫 번째예요, 그래서 우리가 그의 연설을 보기 더 쉬워졌어요. 처음 시작하기로 했던 연설자가 이제 마무리를 하게 되었어요.

어휘 **selection** 선정[선택]된 것들 **run into** ~와 우연히 만나다[마주치다]

Internet Business Forum Timetable	
Speaker	Time
27 Mr. Sedgewick	9:30
Ms. Akita	10:45
MEAL	12:00 – 13:30
Ms. Abernathy	13:45
Mr. Johnston	15:00

인터넷 사업 포럼 일정표	
연사	시간
세지윅 씨	9:30
아키타 씨	10:45
식사	12:00–13:30
애버내시 씨	13:45
존스톤 씨	15:00

25.

Where most likely is the conversation taking place?
(A) In a café
(B) In a meeting room
(C) In an office
(D) In a break room

대화는 어디서 행해지고 있겠는가?
(A) 카페
(B) 회의실
(C) 사무실
(D) 휴게실

해설 장소를 알려주는 키워드 here를 사용하여, at this coffee shop(이 커피숍)이라는 말에서 카페에서 대화하고 있음을 알 수 있다.

26.

What does the woman plan to do?
(A) Organize a viewing event
(B) Buy tickets for a lecture
(C) Look for a meeting venue
(D) Report directly to her manager

여자는 무엇을 할 계획인가?
(A) 시청 행사 준비하기
(B) 강연 표 사기
(C) 회의 장소 찾기
(D) 관리자에게 직접 보고하기

해설 미래 행위를 나타내는 표현 I am going to를 사용하여, 자신이 피자와 음료를 살 테니 최고 경영자의 연설을 퇴근 후에 함께 보자는 말에서 (강연을) 시청하는 일을 준비할 계획임을 알 수 있다.

27.

Look at the graphic. Who will be the final speaker of the day?
(A) Mr. Sedgewick
(B) Ms. Akita
(C) Ms. Abernathy
(D) Mr. Johnston

시각정보에 의하면, 누가 당일의 마지막 연설자가 될 것인가?
(A) 세지윅 씨
(B) 아키타 씨
(C) 애버내시 씨
(D) 존스톤 씨

해설 마지막 대사인 The speaker who was to start is now going to close(처음 시작하기로 했던 연설자가 이제 마무리를 하게 되었어요)라는 말에서 원래 첫 연사가 마지막 연사가 되었음을 알 수 있다. 일정표에 나와 있는 첫 연사가 세지윅 씨이므로 (A)가 정답이다.

[28-30] conversation+chart

W-Am Hello Peter, please have a seat. **28**The telemarketers from your department are working very well at the moment and I wanted to speak to you about them. I need your help with something.
M-Cn Sure, Ms. Kim. What did you want to know about my department members?
W-Am **29**Our office will open a branch in a new location next month and I will need a new telemarketing department manager for the office. Which of your department members is up for the task, do you think?
M-Cn If you look here, you can see average number of calls per day. **30**I think that the woman with the highest number is the right person to head the new department.

여: 안녕하세요 피터, 앉으세요. 당신 부서의 텔레마케터들이 지금 일을 아주 잘하고 있어서 그들에 대해 당신과 이야기하고 싶습니다. 당신이 도와줬으면 하는 일이 있어요.
남: 물론이죠, 미즈 김. 제 부서 직원들에 대해 무엇이 알고 싶으신가요?
여: 사무실이 다음 달에 새 장소에 지사를 열 건데 그 사무실에 새로운 텔레마케팅 부서 관리자가 필요해요. 그 업무를 위해 부서 직원 중 누구를 고려할 만한가요?
남: 여기 보시면, 하루 평균 통화량을 보실 수 있습니다. 숫자가 가장 높은 여직원이 새 부서를 이끌 적임자라고 생각합니다.

어휘 **up for** ~을 위해 (특히 후보로) 고려되고 있는 **head** ~을 이끌다[책임지다]

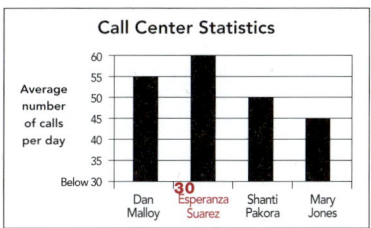

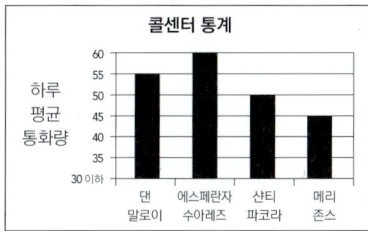

28.

What most likely is the man's job?
(A) Advertising head
(B) Personnel director
(C) Telemarketing manager
(D) Chief of security

남자의 직업은 무엇이겠는가?
(A) 광고 부서장
(B) 인사 부서장
(C) 텔레마케팅 관리자
(D) 보안 과장

해설 직업을 유추할 수 있는 키워드 your를 사용하여, The telemarketers from your department(당신 부서의 텔레마케터들)이라는 여자의 말에서 남자가 그 부서의 관리자인 것을 알 수 있다.

29.

According to the conversation, what will happen next month?
(A) A new product will be released.
(B) A new task will be assigned.
(C) A new office will be opened.
(D) A new policy will be implemented.

대화에 의하면, 다음 달에 어떤 일이 일어날 것인가?
(A) 새 제품이 출시될 것이다.
(B) 새 임무가 배정될 것이다.
(C) 새 사무실이 문을 열 것이다.
(D) 새 정책이 시행될 것이다.

해설 next month가 키워드이다. open a branch(지사를 연다)는 말에서 (C)가 정답인 것을 알 수 있다.

어휘 **implement** 시행하다

30.

Look at the graphic. Who will the man recommend for a promotion?
(A) Dan Malloy
(B) Esperanza Suarez
(C) Shanti Pakora
(D) Mary Jones

시각정보에 의하면, 남자는 승진을 위해 누구를 추천하겠는가?
(A) 댄 말로이
(B) 에스페란자 수아레즈
(C) 샨티 파코라
(D) 메리 존스

해설 남자는 the woman with the highest number is the right person to head the new department(숫자가 가장 높은 여직원이 새 부서를 이끌 적임자다)라고 했는데, 시각정보에서 이에 해당하는 사람은 (B)이다.

UNIT 6

전략 1 본책 p. 116

여: 이 셔츠를 환불받고자 하시는 이유를 물어봐도 될까요? 뭐가 잘못됐나요?
남: 네, 집에서 입어봤을 때, 아래 쪽에 구멍이 났다는 것을 알게 되었어요.
여: 아, 정말 죄송합니다. 그런 경우라면, 원하신다면 새 것을 드릴 수 있습니다.

Q 남자가 셔츠에 대해서 하는 말은?
(A) 하자가 있는 물건이다. (B) 사이즈가 너무 작다.

전략 2

남: 안녕하세요, 재니스. 핸더슨 씨가 막 전화하셨는데, 아직 자신의 새 사무실에 대한 설계도를 받지 못해서 실망했다고 하네요.
여: 정말이요? 이상하네요! 지난주에 배달원을 통해서 보냈는데요. 즉시 그 배달원에게 전화해서 바로 그 설계도를 전달했는지 확인할게요.
남: 알겠어요. 배달에 무슨 일이 있었는지 알아보고 나면, 제가 핸더슨 씨에게 연락할게요.

Q 핸더슨 씨가 실망한 이유는?
(A) 잘못된 물건이 배달되었다. (B) 서류를 받지 못했다.

MODEL TEST 본책 p. 117

| 1. (B) | 2. (B) | 3. (A) | 4. (C) |

1.

W-Am This report has taken forever. Hopefully, we could be done this evening and hand it in tomorrow, right on the due date.

M-Cn Yeah, it's a relief to finally have it almost done. Uh, it's getting late. Why don't we go to a restaurant nearby for dinner?

W-Am Let's order in. **1La Spagetteria down the road will bring food to us here at the office.** I have a pamphlet of theirs in my desk.

M-Cn Okay, let's do that. We can discuss the final things we need to do while we eat.

여: 이 보고서가 매우 오래 걸리네요. 오늘 저녁에 끝내서 마감일에 딱 맞춰 내일 제출할 수 있었으면 좋겠어요.

남: 네, 마침내 거의 끝나가니 안심이 돼요. 아, 시간이 늦었어요. 근처 식당에 저녁 먹으러 갈까요?

여: 배달시켜서 먹어요. 길 아래에 있는 라 스파게테리아가 여기 사무실로 음식을 가져다 줄 거예요. 제 책상에 그곳 팸플릿이 있어요.

남: 네, 그렇게 합시다. 식사하는 동안 최종적으로 해야 할 것들에 대해 의논할 수 있겠네요.

어휘 hand in 제출하다 due date 마감일 relief 안도, 안심 order in 배달시키다

What does the woman say about La Spagetteria?
(A) It has reasonably-priced food.
(B) It has a delivery service.
(C) It is a famous restaurant.
(D) It has recently won an award.

여자는 라 스파게테리아에 대해 무엇이라고 말하는가?
(A) 음식 가격이 저렴하다.
(B) 배달 서비스를 한다.
(C) 유명한 식당이다.
(D) 최근에 상을 받았다.

해설 여자의 대사 속 La Spagetteria에 주목한다. bring food to us here(이곳에 음식을 가져다 준다)라고 했으므로 배달 서비스가 있다는 말임을 알 수 있다.

Paraphrasing
bring food to us here → has a delivery service

2.

W-Br Brad, weren't you going to leave early today for a meeting with a client? You're going to be late. It's already 2:10 in the afternoon.

M-Cn Oh, it's not a client meeting. **2I have a doctor's appointment at 2:30 and I'm running a bit late.** Do you mind if I ask you to file these documents for me? These are for the tomorrow morning's workshop.

W-Br Not at all. Let me file and place them on your desk.

M-Cn I'd really appreciate your help. I really have to go now.

여: 브래드, 고객과의 회의 때문에 오늘 일찍 퇴근하려고 하지 않았나요? 늦겠어요, 벌써 오후 2시 10분이에요.

남: 아, 그것은 고객과의 회의가 아니에요. 2시 30분에 진료 예약이 있는데 좀 늦었어요. 이 서류들을 철하는 것 좀 부탁드려도 될까요? 이것들은 내일 오전 워크숍에서 쓸 거예요.

여: 물론이죠. 제가 철해서 당신 책상 위에 둘게요.

남: 도와주셔서 정말 고마워요. 이제 정말 가야겠어요.

어휘 run late 늦어지다 file 철하다

What is the man scheduled to do that afternoon?
(A) Meet with a client
(B) Visit a doctor
(C) Lead a staff workshop
(D) Purchase some office furniture

남자가 오후에 할 예정인 것은?
(A) 고객 만나기
(B) 병원 가기
(C) 직원 워크숍 진행하기
(D) 사무용 가구 구입하기

해설 남자는 오후에 진료 예약이 있다(I have a doctor's appointment)고 했으므로 (B)가 정답이다. 여자의 첫 번째 대사(a meeting with a client)만 듣고 (A)를 고르지 않도록 주의한다.

Paraphrasing
have a doctor's appointment → Visit a doctor

3.

M-Au Sarah, have you finished with the microscope? I want to remove all the dust from inside of it.

W-Am You know, I think the microscope is broken. **3I tried to open it this morning to take the dust out myself**, but it's stuck and it cannot be unscrewed. We need a technician to look at it.

M-Au This isn't the first time. We should get a new microscope that works properly.

W-Am You're right. Let's bring it up in the next staff meeting.

남: 사라, 현미경 다 사용했어요? 안에 있는 먼지를 모두 제거하고 싶어요.

여: 있잖아요, 현미경이 고장 난 것 같아요. 제가 직접 먼지를 제거하기 위해 오늘 아침에 그것을 열려고 했는데, 꽉 끼어서 나사를 풀 수가 없어요. 그것을 봐줄 기술자가 필요해요.

남: 그게 이번이 처음이 아니에요. 제대로 작동하는 새 현미경을 사야 해요.

여: 맞아요. 다음 직원 회의에서 이야기를 꺼내봐요.

어휘 microscope 현미경 remove 제거하다(take out) dust 먼지 stuck 끼인, 막힌 unscrew 나사를 풀다 bring up (화제를) 꺼내다

What does the woman say she did this morning?
(A) She tried to clean some equipment.
(B) She talked to a lab manager.
(C) She bought a new machine.
(D) She conducted a research project.

여자는 오늘 아침에 무엇을 했다고 말하는가?
(A) 장비를 청소하려고 했다.
(B) 연구실 관리자와 이야기했다.
(C) 새 기계 하나를 구매했다.
(D) 연구 프로젝트를 수행했다.

해설 this morning이 키워드이므로 여자의 대사에서 이것이 언급된 부분에 주목한다. take the dust out(먼지를 빼내다)을 하려고 했다는 말에서 청소하려고 한 것을 알 수 있다.

Paraphrasing
microscope → equipment
take the dust out → clean

4.

W-Br Oliver, are you still working? I thought the company dinner was being held tonight.
M-Au I have a big day tomorrow, so I want to prepare thoroughly for it.
W-Br What are you doing tomorrow?
M-Au **4I have to give a presentation. I'm a bit nervous**, because it's for company representatives from a large chemical company that we want as a client.
W-Br Oh! Don't worry too much. I know you'll do fine.

여: 올리버, 아직도 일하고 있나요? 회사 회식이 오늘 밤에 열리는 줄 알았는데요.
남: 내일 중요한 날이라, 철저히 준비를 하고 싶어요.
여: 내일 무엇을 하는데요?
남: 발표를 해야 해요. 좀 긴장이 되네요, 우리가 고객으로 만들기를 원하는 대형 화학 회사의 회사 대표들을 대상으로 하는 것이라서요.
여: 아! 너무 걱정하지 마세요. 당신은 분명히 잘할 거예요.

어휘 thoroughly 철저히 a bit 조금, 다소

What is the man nervous about?
(A) Having a medical checkup
(B) Going on a business trip
(C) Making a presentation
(D) Changing his workplace

남자는 무엇에 대해 긴장하고 있는가?
(A) 건강 검진 받기
(B) 출장 가기
(C) 발표하기
(D) 직장 바꾸기

해설 키워드가 되는 nervous 앞뒤의 대사에 주목한다. I have to give a presentation(발표를 해야 해요)라고 긴장한 이유를 밝히고 있다.

어휘 medical checkup 건강 검진 business trip 출장

Paraphrasing
give a presentation → Making a presentation

PRACTICE TEST   본책 p. 119

1. (A)	2. (A)	3. (C)	4. (C)	5. (C)
6. (C)	7. (B)	8. (B)	9. (D)	10. (D)
11. (D)	12. (C)	13. (B)	14. (B)	15. (D)
16. (A)	17. (C)	18. (B)	19. (B)	20. (C)
21. (B)	22. (A)	23. (D)	24. (C)	25. (D)
26. (B)	27. (B)	28. (C)	29. (C)	30. (A)

[1-3]

W-Am **1I appreciate you helping me to map out a way to cut operating costs**, James. **2After the decline in sales last year**, our company is really struggling to make a profit.
M-Cn Well, we need to cut our expenses. **3Why don't we close down some of our vacant warehouses?** By doing that, we can save money by not paying rent and maintenance costs.
W-Am That's quite a good idea. I'll bring it up at the meeting with the president this afternoon. I am sure he will give a positive response about that issue.

여: 운영비를 절감하는 방법을 마련하도록 도와주셔서 감사 드려요, 제임스. 작년에 매출이 감소한 이후에, 회사가 수익을 내는 데 어려움을 겪고 있거든요.
남: 음, 경비 절감이 필요해요. 비어 있는 창고 몇 곳을 폐쇄하는 게 어떨까요? 그렇게 하면, 임차료와 유지비를 내지 않는 것으로 돈을 절약할 수 있어요.
여: 꽤 좋은 생각이에요. 오늘 오후 사장님과의 회의 때 그 얘기를 꺼내볼게요. 그 문제에 대해서 긍정적인 반응을 주실 거라고 확신해요.

어휘 map out 계획[마련]하다 operating cost 운영비 decline 감소, 하락 struggle to ~하는 데 어려움을 겪다 close down 폐쇄하다 maintenance cost 유지비

1.

What are the speakers discussing?
(A) A money saving plan
(B) A sales boosting promotion
(C) A reduction in staff numbers
(D) A worker recruitment drive

화자들은 무엇을 논의하고 있는가?
(A) 비용 절감 계획
(B) 판매 신장을 위한 홍보 활동
(C) 직원 수 감축
(D) 직원 모집 운동

해설 여자가 첫 대사에서 a way to cut operating costs(운영비를 절감하는 방법)에 대해서 얘기를 꺼내고 있으므로 대화 주제는 절감에 관한 것임을 알 수 있다.

어휘 boost 신장시키다, 늘리다 reduction 감소, 삭감 drive (목적 달성을 위한) 운동

113

Paraphrasing
a way to cut operating costs → A money saving plan

2.
What does the woman say about sales?
(A) They have decreased.
(B) They have diversified.
(C) They need to be increased.
(D) They are starting to pick up.

여자는 매출에 대해 무엇이라고 말하는가?
(A) 감소했다.
(B) 다양화되었다.
(C) 증가되어야 한다.
(D) 오르기 시작하고 있다.

해설 여자의 대사에서 sales에 주목한다. After the decline in sales last year(작년에 매출이 감소한 이후로)라는 말에서 매출이 감소했음을 알 수 있다.

어휘 diversify 다양화하다, 다각화하다

Paraphrasing
the decline → decreased

3.
What does the man suggest doing?
(A) Coming up with ideas to increase sales
(B) Working longer hours
(C) Closing unused facilities
(D) Managing company assets more closely

남자가 제안하는 것은 무엇인가?
(A) 매출 증가를 위한 아이디어 생각해내기
(B) 근무시간 늘리기
(C) 사용하지 않는 시설 폐쇄하기
(D) 회사 자산을 더 엄중하게 관리하기

해설 제안/추천 시 사용되는 표현인 Why don't we 뒤에 close down some of our vacant warehouses(비어 있는 창고 몇 곳을 폐쇄하자)라고 했으므로 (C)가 정답이다.

어휘 asset 재산, 자산

Paraphrasing
vacant warehouses → unused facilities

[4-6] three speakers

> M-Cn Hello Marika, hello Anita. **4Did you have a good time at the seminar in San Francisco last week?** It must have been fun, travelling to such an interesting city.
>
> W-Br Well, it was also a lot of hard work. **5You know we gave a speech together, right?** We really didn't have time for sightseeing, we were too busy rehearsing.
>
> W-Am And I lost our speech notes. Thankfully Marika had the speech on her laptop, so we could make notes again.
>
> W-Br Anyway, we gave a successful speech in the end. Maybe you could deliver a speech in the future, John?
>
> M-Cn Yes, I may. **6You know I will move up in the company in January**, so I might have to do it next time.

남: 안녕하세요 마리카, 안녕하세요 아니타. 지난주 샌프란시스코에서 있었던 세미나에서 좋은 시간을 보냈나요? 그렇게 흥미로운 도시로 여행을 갔으니 분명 재미있었을 것 같아요.
여1: 음, 힘든 일도 많았어요. 우리가 함께 연설을 한 거 알죠? 리허설을 하느라 너무 바빠서, 관광을 할 시간이 없었어요.
여2: 게다가 제 연설 원고를 잃어버렸어요. 다행히 마리카가 노트북 컴퓨터에 연설할 것을 가지고 있어서, 다시 원고를 만들 수 있었어요.
여1: 어쨌든, 결국 성공적인 연설을 했어요. 당신도 머지않아 연설을 할 수 있을지도 몰라요, 존?
남: 네, 그럴지도 몰라요. 제가 1월에 승진한다는 거 알고 계시죠, 그러니 다음에 해야 할지도 몰라요.

어휘 give[deliver] a speech 연설하다 in the end 결국, 마지막에는 move up in the company 승진하다(promote)

4.
What were the women doing last week?
(A) Writing a report together
(B) Holding a client meeting
(C) Attending a conference
(D) Organizing a company event

여자들은 지난주에 무엇을 하고 있었는가?
(A) 보고서 함께 작성하기
(B) 고객 회의 열기
(C) 컨퍼런스 참가하기
(D) 회사 행사 준비하기

해설 대화에서 시간 표현 last week가 언급된 부분에 주목한다. 특정 도시에서의 세미나(the seminar in San Francisco)에 참석했음을 알 수 있다.

Paraphrasing
seminar → conference

5.
What type of work did the speakers do at an event?
(A) They catered there.
(B) They decorated a conference room.
(C) They gave a joint speech.
(D) They hosted a customer dinner.

화자들은 행사 때 어떤 일을 했는가?
(A) 그곳에 행사 음식을 제공했다.
(B) 회의실을 장식했다.
(C) 합동 연설을 했다.
(D) 고객과의 저녁식사를 주최했다.

해설 첫 번째 여자의 we gave a speech together(우리가 함께 연설을 했다)는 말에서 여자들이 공동 연설을 했음을 알 수 있다.

어휘 cater 음식을 제공하다

Paraphrasing
gave a speech together → gave a joint speech

6.

What will happen to the man in January?
(A) He will go on holiday.
(B) He will be transferred.
(C) He will be promoted.
(D) He will move offices.

1월에 남자에게 무슨 일이 생길 것인가?
(A) 휴가를 갈 것이다.
(B) 전근갈 것이다.
(C) 승진할 것이다.
(D) 사무실을 옮길 것이다.

해설 대화에서 시간 표현 January가 언급된 부분에 주목한다. 남자가 마지막 대사에서 move up in the company(승진한다)라고 했으므로 정답은 (C)이다.

Paraphrasing
move up in the company → be promoted

[7-9]

W-Am Mikhail, do you have a moment? **7Our client, Gerry Fleischman, is flying in from New York next week. Do you know of a decent hotel for him?**

M-Cn How about the Maple Tree Hotel? A friend of mine stayed there a few months ago, and I visited him. **8There were some great amenities available there, including a gym and a swimming pool.**

W-Am Sounds like a perfect place. Do I need to book in advance?

M-Cn Oh yes, it's very popular. But instead of calling them, **9maybe you should use their Web site to book a room.** It's faster and much more convenient than calling.

W-Am Excellent, thanks a lot.

여: 미카일, 시간 있으세요? 고객인 게리 플라이슈만이 다음 주에 비행기로 뉴욕에서 올 거예요. 그가 묵을 좋은 호텔을 알고 있나요?
남: 메이플 트리 호텔 어떤가요? 제 친구가 몇 달 전에 거기에 머물렀을 때 가봤어요. 헬스클럽과 수영장을 비롯하여 이용 가능한 매우 좋은 편의시설이 있었어요.
여: 딱 좋은 장소인 것 같군요. 미리 예약을 해야 하나요?
남: 아 네, 아주 인기가 있거든요. 하지만 전화하는 대신 웹사이트를 이용해서 객실을 예약하는 게 좋을 거예요. 전화하는 것보다 더 빠르고 훨씬 더 편리해요.
여: 알겠어요, 감사해요.

어휘 decent 제대로 된, 좋은 amenity 편의 시설 available 이용 가능한

7.

What are the speakers mainly discussing?
(A) Arranging a venue for a seminar
(B) Finding accommodations for a client
(C) Booking space at a community center
(D) Preparing for a business trip

화자들은 주로 무엇을 논의하고 있는가?
(A) 세미나 장소 잡기
(B) 고객을 위한 숙박시설 찾기
(C) 주민 센터에 자리 예약하기
(D) 출장 준비하기

해설 첫 대사에서 여자가 고객이 방문할 것이라면서 고객이 묵을 호텔을 아는지(Do you know of a decent hotel) 묻는 말에서 숙박시설(accommodations)에 대한 것이 주제임을 알 수 있다.

Paraphrasing
hotel → accommodations

8.

What was the man satisfied with at a hotel?
(A) The quality of the service
(B) The facilities
(C) The convenient location
(D) The cost options

남자는 호텔의 무엇에 만족했는가?
(A) 서비스의 질
(B) 시설
(C) 편리한 위치
(D) 가격 옵션

해설 great amenities(좋은 편의시설들)이라고 남자가 시설을 칭찬했으므로 시설(facilities)인 (B)가 정답이다.

9.

What does the man suggest the woman do?
(A) Request a larger room
(B) Visit a hotel in person
(C) Speak to his friend
(D) Reserve a room online

남자는 여자에게 무엇을 할 것을 제안하는가?
(A) 더 큰 객실 요청하기
(B) 호텔에 직접 방문하기
(C) 자신의 친구와 이야기하기
(D) 온라인으로 객실 예약하기

해설 제안/추천 시 사용되는 표현인 maybe you should 뒤에 객실 예약을 위해 웹사이트를 이용하라(use their Web site to book a room)고 했으므로 정답은 (D)이다. Web site는 online/Internet site/homepage로 패러프레이징된다.

Paraphrasing

book a room ➡ Reserve a room
Web site ➡ online

[10-12]

W-Am Hi Mr. Jimenez, this is Yuki Anderson. **10Did you have time to see the draft of your company's brochure I sent over?** I wondered what you thought of it.

M-Au Ah, Yuki, I have been meaning to call you. **11The brochure is perfect, especially with its bold graphics. And I like the way you included the photographs of our main products.**

W-Am I'm happy that you like it. **12Do you want me to make your company Web site address larger,** so people can easily notice where to buy products?

M-Au Yes, that's a very good idea. The reason why we make this brochure is to advertise our products after all.

여: 안녕하세요 히메네스 씨, 저는 유키 앤더슨입니다. 제가 보내 드린 회사 안내책자의 초안을 볼 시간이 있으셨나요? 어떻게 생각하시는지 궁금합니다.
남: 아, 유키, 전화드리려고 했어요. 안내책자는 완벽해요, 특히 선명한 삽화를 넣은 점이요. 그리고 우리 주요 상품들의 사진을 포함시킨 방법도 맘에 들어요.
여: 좋아하시니 기쁩니다. 회사 웹사이트 주소를 더 크게 만들까요, 사람들이 어디에서 제품을 사는지 쉽게 알 수 있도록요?
남: 네, 매우 좋은 생각이에요. 어쨌든 이 안내책자를 만드는 이유가 제품을 광고하기 위한 것이니깐요.

어휘 **draft** 초안 **bold** 선명한, 굵은 **after all** 어쨌든, 결국에는

10.
Who most likely is the man?
(A) A graphic designer
(B) A photojournalist
(C) An owner of a travel agency
(D) **A company representative**

남자는 누구이겠는가?
(A) 그래픽 디자이너
(B) 보도 사진가
(C) 여행사 사장
(D) 회사 직원

해설 제가 보내 드린 회사 안내책자의 초안(the draft of your company's brochure I sent over)을 봤는지 여자가 남자에게 묻는 말에서 여자는 광고지 제작업체 직원이고, 남자는 그것을 주문한 고객 회사의 직원임을 알 수 있다. 따라서 정답은 (D)이다.

11.
What is the man pleased about?
(A) A new company's logo design
(B) A sudden growth in company profits
(C) A new magazine article
(D) **A draft of a pamphlet**

남자는 무엇에 대해 만족하고 있는가?
(A) 새로운 회사 로고 디자인
(B) 갑작스런 회사 수익 증가
(C) 새로운 잡지 기사
(D) 안내책자 초안

해설 남자의 첫 번째 대사 The brochure is perfect라는 말에서 남자가 안내책자에 만족했음(pleased)을 알 수 있다.

Paraphrasing

brochure ➡ pamphlet

12.
What does the woman offer to do?
(A) Visit the man's office
(B) Provide a discount
(C) **Enlarge some printed text**
(D) Change the color of words

여자가 제의하는 것은?
(A) 남자의 사무실 방문하기
(B) 할인 제공하기
(C) 활자 확대하기
(D) 단어 색상 바꾸기

해설 제의 시 사용되는 표현인 Do you want me to를 사용하여, make your company Web site address larger(회사 웹사이트 주소를 더 크게 만들다)라는 말에서 글자 크기를 키우겠다는 것을 알 수 있다.

Paraphrasing

make … larger ➡ Enlarge

[13-15]

W-Br Ravi? Long time no see. **13I think the last time I saw you was at the engineers' workshop in Los Angeles.**

M-Au Martina, great to see you. That meeting was a great chance for us to network. So what are you doing these days?

W-Br Oh, nothing unusual. I'm still with my old firm and have the same position. How about you?

M-Au I moved to a new company just last year. **14It's great; I have worked in three different countries so far. I go all over the place.**

W-Br	That sounds fantastic! Uh, I'm looking for a new position right now. ¹⁵Do you think you could give my résumé to your Human Resources department?
M-Au	Yeah, I can do that. You have my e-mail address, so send it to me as an attachment and I'll get it to them.

여: 라비? 오랜만이에요. 마지막으로 본 게 로스앤젤레스에서 있었던 엔지니어 워크숍에서인 것 같아요.
남: 마티나, 만나서 반가워요. 그 회의는 우리가 인맥을 쌓기에 아주 좋은 기회였어요. 요즘 뭐하세요?
여: 특별한 게 없어요. 오래 다니는 회사에 여전히 다니고 있고 직책도 변함 없어요. 당신은 어때요?
남: 저는 작년에 새 회사로 옮겼어요. 아주 좋아요; 지금까지 다른 3개국에서 일했어요. 도처를 돌아다니고 있어요.
여: 너무 좋을 것 같아요! 아, 제가 지금 새 일자리를 찾고 있어요. 당신네 인사부에 제 이력서를 줄 수 있을까요?
남: 네, 그럼요. 제 이메일 주소를 가지고 계시니, 첨부파일로 보내주시면 전달할게요.

어휘 unusual 특이한, 특별한 so far 지금까지 attachment 첨부파일

13.

How do the speakers know each other?
(A) They went to the same high school.
(B) They work in the same field.
(C) They go to a gym together.
(D) They are related to each other.

화자는 서로 어떻게 아는 사이인가?
(A) 같은 고등학교에 다녔다.
(B) 같은 분야에서 일한다.
(C) 함께 헬스클럽을 다닌다.
(D) 서로 친척이다.

해설 여자가 첫 대사에서 엔지니어 워크숍(the engineers' workshop)에서 남자를 봤다고 했으므로 두 사람은 같은 분야에 종사한다는 것을 알 수 있다. 따라서 정답은 (B)이다.

14.

What does the man say he likes about his job?
(A) Having less responsibility
(B) Moving around for work
(C) Getting great benefits
(D) Locating near his house

남자는 자신의 직장에 대해 어떤 점이 좋다고 말하는가?
(A) 맡은 업무가 적은 것
(B) 일하기 위해 옮겨 다니는 것
(C) 복지제도가 아주 좋은 것
(D) 집 근처에 위치해 있는 것

해설 남자가 It's great라고 좋다(likes)는 감정을 표현했고, 그 이유로 도처를 돌아다닌다(I go all over the place)고 했으므로, 일 때문에 옮겨 다니는 것을 좋아한다는 것을 알 수 있다. 따라서 정답은 (B)이다.

15.

What does the man agree to do?
(A) Work on a presentation
(B) Have lunch with the woman
(C) Provide a reference
(D) Pass along the woman's details

남자는 무엇을 할 것에 동의하는가?
(A) 프레젠테이션 작업하기
(B) 여자와 점심 식사 같이 하기
(C) 추천서 제공하기
(D) 여자의 세부사항을 건네주기

해설 여자가 남자에게 자신의 이력서를 남자 회사의 인사과에 내달라고 요청하는 말에 남자가 Yeah, I can do that(네, 그럼요)로 동의했다. 그것은 여자의 이력에 대한 정보를 회사에 건네는 것이므로 정답은 (D)가 된다.

어휘 reference 추천서

Paraphrasing

give my résumé → Pass along the woman's details

[16-18]

W-Am	¹⁶Hi Leo. Back from Hawaii? How was it?
M-Au	Oh, it was great to be able to spend time with my family away from the demands of the job. Now, how did everything go here during my vacation?
W-Am	¹⁷We looked for a new partner for our outdoor equipment line and we found one, Ridgeline Equipment.
M-Au	Huh! You said Ridgeline Equipment? ¹⁷I actually know Evan Winters, the owner of the company.
W-Am	Oh really? I met with Evan yesterday. I have to say, he has a very good company.
M-Au	That's wonderful news. I look forward to working with Evan again. ¹⁸I met him at the first company I worked for after university. We started work at around the same time.

여: 안녕하세요 레오. 하와이에서 돌아온 건가요? 어땠어요?
남: 아, 일의 부담에서 떠나 가족들과 시간을 보낼 수 있어서 아주 좋았어요. 제 휴가 동안, 여기 일은 어떻게 됐나요?
여: 야외 장비 제품을 위한 새로운 동업자를 물색했는데 한 곳을 찾았어요, 리지라인 장비예요.
남: 뭐요! 리지라인 장비라구요? 실은 제가 그 회사 사장인 에반 윈터스를 알아요.
여: 아 정말이요? 어제 에반을 만났어요. 정말이지, 아주 훌륭한 회사인 것 같은데요.
남: 좋은 소식이네요, 에반과 다시 일하는 게 기대돼요. 대학 졸업 후 일한 첫 회사에서 그를 만났어요. 우리는 같은 시기에 일을 시작했거든요.

어휘 away from ~에서 떠나서 demand 일, 부담, 요구(되는 일)
equipment 장비, 기기

16.

What was the man doing in Hawaii?
(A) Having a holiday
(B) Searching for a new house
(C) Studying for a test
(D) Meeting with a potential investor

남자는 하와이에서 무엇을 했는가?
(A) 휴가 보내기
(B) 새집 찾기
(C) 시험 공부하기
(D) 잠재 투자자 만나기

해설 장소 Hawaii(하와이)가 키워드이다. 여자가 먼저 Hawaii를 언급했고, 남자가 일에서 벗어나 그곳에서 가족과 함께했다는 말에서 휴가를 갔음을 알 수 있다.

17.

What does the man imply when he says, "Huh! You said Ridgeline Equipment"?
(A) He wanted to work for the company.
(B) He is having trouble with the machine.
(C) He was not expecting to hear the name.
(D) He would like to find out about some equipment.

남자가 "뭐요! 리지라인 장비라구요?"라고 말한 의도는 무엇인가?
(A) 그 회사에서 일하고 싶어 했다.
(B) 기계 때문에 고생하고 있다.
(C) 그 이름을 듣게 될 거라고 예상하지 못했다.
(D) 장비에 대해 알아보고 싶어 한다.

해설 여자가 새로운 장비 업체를 찾았다는 말에 남자가 놀라면서(Huh!) 그 업체 사장을 안다는 정보를 덧붙인 것으로 봐서, 여자가 그 회사를 언급할 것을 예상하지 못했다는 것을 알 수 있다.

18.

How does the man know Evan Winters?
(A) They attended the same college.
(B) They are members of a professional association.
(C) They grew up together in the same town.
(D) They used to work together.

남자는 에반 윈터스를 어떻게 아는가?
(A) 같은 대학을 다녔다.
(B) 전문직 협회의 회원이다.
(C) 같은 도시에서 함께 자랐다.
(D) 함께 일을 했다.

해설 고유명사 Evan Winters가 키워드이다. I met him at the first company(첫 회사에서 그를 만났어요)라는 말에서 같이 근무했었다는 것을 알 수 있다.

[19-21]

M-Au Thank you for calling Harold Technologies. How can I help you today?

W-Br Good morning. I'm calling to inquire about a warranty for your Regal model laptop. **19**The hard drive has stopped working, so **20**I would like to have it repaired at no cost.

M-Au I'm sorry to hear that. When did you purchase your laptop?

W-Br I can't remember exactly, but it has been a few years.

M-Au In that case, I'm afraid that we may not be able to repair your laptop at no charge. The Regal model is covered by a two-year warranty, so we will have to charge our standard service fee.

W-Br That is disappointing. Well, I need this laptop for work, so I will pay for the repair.

M-Au Great. If you have a pen and paper, **21**I'll give you the details for sending your laptop to our service center.

남: 해롤드 테크놀로지에 전화 주셔서 감사합니다. 오늘 어떻게 도와드릴까요?
여: 안녕하세요. 리걸 모델 노트북 컴퓨터의 보증기간에 대해 물어보려고 전화 드려요. 하드 드라이브가 작동을 하지 않는데, 무료로 수리를 받고 싶어요.
남: 그러시다니 죄송합니다. 노트북 컴퓨터를 언제 구매하셨나요?
여: 정확히 기억이 나지는 않지만 몇 년 됐어요.
남: 그렇다면, 유감스럽게도 무료로 노트북 컴퓨터를 수리해드릴 수 없을지도 모릅니다. 리걸 모델은 보증 기간이 2년이라, 일반 서비스 요금을 청구해야 될 겁니다.
여: 실망스럽네요. 음, 일 때문에 노트북 컴퓨터가 필요하니 수리비를 지불할게요.
남: 좋습니다. 연필과 종이를 가지고 계신다면, 저희 서비스 센터로 노트북 컴퓨터를 보낼 연락처를 드리겠습니다.

어휘 inquire 문의하다 warranty 품질보증 laptop 노트북 컴퓨터 at no cost[charge] 무료로 in that case 그렇다면 cover 보장하다 detail 세부사항

19.

What is mentioned about the Regal laptop?
(A) It is a premium laptop model.
(B) It has a broken hard drive.
(C) It has a lifetime warranty.
(D) It is difficult to fix.

리걸 노트북 컴퓨터에 대해 언급된 것은?
(A) 프리미엄 노트북 컴퓨터 모델이다.
(B) 하드 드라이브가 고장이다.
(C) 평생 품질 보증서를 가지고 있다.
(D) 수리하기 어렵다.

해설 여자의 대사 속 Regal 노트북 컴퓨터에 주목한다. 하드 드라이브가 작동을 멈췄다(stopped working)는 말에서 고장이라는 것을 알 수 있다.

Paraphrasing

has stopped working ➡ broken

20.

What does the woman want?
(A) A replacement computer
(B) A new warranty
(C) A free repair
(D) A user guide

여자는 무엇을 원하는가?
(A) 노트북 컴퓨터 교환
(B) 새 품질 보증서
(C) 무상 수리
(D) 사용 설명서

해설 무료로 수리받고 싶다(have it repaired at no cost)는 여자의 말에서 정답이 (C)인 것을 알 수 있다.

Paraphrasing

have it repaired at no cost ➡ A free repair

21.

What does the man offer to do for the woman?
(A) Give her stationery
(B) Provide her a mailing address
(C) Exchange her computer
(D) Drive her to a store

남자가 여자를 위해 제의하는 것은?
(A) 여자에게 문구류 주기
(B) 여자에게 우편 주소 제공하기
(C) 여자의 컴퓨터 교환해 주기
(D) 여자를 매장까지 차로 데려다 주기

해설 제의 시 사용되는 표현인 I'll 뒤에 서비스 센터 연락처를 주겠다고 했으므로 정답은 (B)이다.

Paraphrasing

give you the details for sending your laptop to our service center ➡ Provide her a mailing address

[22-24]

W-Am Jose! Matthias said you saw *Darkness Arising* last week. What was it like?

M-Au **22**It's such a good film. It's basically unmissable! I enjoyed it so much that I'm going to see it again.

W-Am It sounds so good! **23**I am so disappointed that I missed it last week. I had to finish writing my report for the sales team, so I couldn't come with you. Maybe I will see it this weekend.

M-Au Well, like I said, I am going to see it again this Wednesday night with Amira, Zoe, and Klaus. **24**Why don't you come with us? I know that the others will not mind and we have not bought tickets yet.

여: 호제! 매티어스가 당신이 지난주에 〈다크니스 어라이징〉을 봤다고 하던데요. 어땠어요?
남: 정말 좋은 영화예요. 무엇보다도 놓쳐서는 안 돼요! 너무 좋아서 다시 볼 예정이에요.
여: 정말 재미있을 것 같네요! 지난주에 놓쳐서 너무 안타까워요. 영업팀을 위해 보고서 작성을 마쳐야 해서 같이 갈 수가 없었어요. 이번 주말에 봐야 할 것 같아요.
남: 내가 말했듯이, 이번 주 수요일 밤에 아미라, 조 그리고 클라우스와 함께 다시 볼 거예요. 우리와 함께 가는 게 어때요? 다른 사람들도 개의치 않을 거고 아직 표도 사지 않았어요.

어휘 basically 기본적으로, 무엇보다도 unmissable 놓쳐서는 안 될

22.

What does the man imply when he says, "It's basically unmissable"?
(A) The woman should go to a movie.
(B) A film is difficult to understand.
(C) There are not many tickets available.
(D) The man wants the woman to delay a project.

남자가 "무엇보다도 놓쳐서는 안 돼요"라고 말한 의미는 무엇인가?
(A) 여자는 영화를 보러 가야 한다.
(B) 영화가 이해하기 어렵다.
(C) 표가 많이 남아 있지 않다.
(D) 남자는 여자가 프로젝트를 연기하기를 원한다.

해설 정말 좋은 영화(such a good film)여서 자신은 다시 볼 거라고(see it again) 했으므로 놓쳐서는 안 된다는 표현은 상대방도 영화를 봐야 한다는 의미임을 알 수 있다.

23.

What did the woman do last week?
(A) Attended a meeting
(B) Designed a product
(C) Spoke to the sales team
(D) Wrote a report

여자는 지난주에 무엇을 했는가?
(A) 회의에 참석했다
(B) 제품을 디자인했다
(C) 영업팀과 이야기했다
(D) 보고서를 썼다

해설 시간 표현 last week에 주목한다. I had to finish writing my report(보고서 작성을 끝내야 했다)는 말에서 (D)가 답인 것을 알 수 있다.

24.

What does the man recommend the woman do?
(A) Speak to another person
(B) Buy a ticket in advance
(C) Join a group activity
(D) Call a cinema for show times

남자가 여자에게 제안하는 것은?
(A) 다른 사람과 이야기하기
(B) 미리 표 사기
(C) 단체 활동 같이 하기
(D) 영화 시간을 알아보기 위해 극장에 전화하기

해설 제안 / 추천 시 사용되는 표현인 Why don't you 뒤에 함께 가자(come with us)고 했으므로 단체로 하는 활동에 참가하라는 (C)가 답이 된다.

[25-27] conversation+map

M-Cn	²⁵How did the meeting go?
W-Br	Fine. We discussed strategies to increase profits.
M-Cn	OK. So what did you come up with?
W-Br	We decided to add a café in the store. We could make a good profit from coffee and drink sales. ²⁶The only issue is it would take about 2 weeks to build. I can't believe it would take so long.
M-Cn	That's not a problem in the long run. We just have to think of where to put it. Maybe next to the exit near the registers?
W-Br	²⁷It might be better to build it near the deli. If customers stop to eat some baked goods, they'll probably want some coffee to go with it!

남: 회의가 어떻게 됐나요?
여: 잘됐어요. 수익을 높이는 전략들에 대해 이야기했어요.
남: 그렇군요. 그래서 어떤 아이디어가 나왔나요?
여: 매장 내에 카페를 추가하기로 결정했어요. 커피와 음료 판매로 상당한 수익을 올릴 수 있을 거예요. 유일한 문제는 만드는 데 2주 정도 걸린다는 거예요. 그렇게 오래 걸린다니 믿을 수가 없어요.
남: 긴 안목으로 보면 문제가 되지 않아요. 어디에 넣을지를 생각하기만 하면 돼요. 계산대 근처 출구 옆 정도요?
여: 조제식품 코너 근처에 만드는 게 더 나을지도 몰라요. 고객들이 빵을 먹으러 온다면, 아마 함께 마실 커피를 원할 거예요.

어휘 strategy 전략, 계획 come up with 찾아내다, 내놓다 in the long run 결국에는, 긴 안목으로 보면

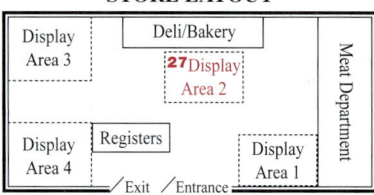

25.

What did the woman recently do?
(A) She visited another store.
(B) She went on a business trip.
(C) She received additional training.
(D) She participated in a meeting.

여자는 최근 무엇을 했는가?
(A) 다른 가게를 방문했다.
(B) 출장을 갔다.
(C) 추가 교육을 받았다.
(D) 회의에 참석했다.

해설 남자가 여자에게 회의가 어떻게 되었는지 묻는 말에서 여자가 회의에 참석했다는 것을 알 수 있다. 따라서 정답은 (D)이다.

26.

What is the woman surprised by?
(A) The time needed for construction
(B) The number of customer
(C) The increase in drink sales
(D) The cost of building

여자는 무엇에 놀라고 있는가?
(A) 공사에 필요한 기간
(B) 고객 수
(C) 음료 판매 증가
(D) 건축비

해설 여자가 I can't believe it would take so long(그렇게 오래 걸린다니 믿을 수가 없어요)라는 말에서 공사에 걸리는 기간에 대해서 놀라고 있음을 알 수 있다.

27.

Look at the graphic. Where does the woman suggest putting the café?
(A) In Area 1
(B) In Area 2
(C) In Area 3
(D) In Area 4

시각정보에 의하면, 여자는 카페를 어디에 넣기를 제안하는가?
(A) 구역 1
(B) 구역 2
(C) 구역 3
(D) 구역 4

해설 제안 / 추천 시 사용되는 표현인 It might be better를 사용하여, build it near the deli(조제식품 코너 근처에 만들자)라는 말에서 진열 구역 2를 제안하고 있음을 알 수 있다.

[28-30] conversation + train schedule

W-Am Hello. Um, I got my ticket on the Internet yesterday, but **28**it does not say where I should sit. Can you help me?

M-Cn Of course. I can assign you a place to sit on the train if you just give me your ID, please.

W-Am Here you are.

M-Cn Thank you… Okay, **29**car 5, seat 14A, departing at two thirty this afternoon.

W-Am Wonderful. Is there somewhere I can wait?

M-Cn Sure, you can use our passenger lounge on the second floor of the station. Use the elevator and you will see the signs. Show your ticket and you will have lounge access. **30**You can have complimentary tea or coffee up there.

여: 안녕하세요. 음, 어제 인터넷에서 표를 샀는데, 어디에 앉아야 하는지 나와 있지 않아서요. 도와주실 수 있나요?

남: 물론입니다. 신분증을 주시면 기차에 앉을 자리를 배정해드릴 수 있습니다.

여: 여기 있습니다.

남: 감사합니다… 네, 5번칸, 좌석 14A이고, 오늘 오후 2시 30분에 출발합니다.

여: 감사합니다. 제가 기다릴 수 있는 곳이 있나요?

남: 네, 역의 2층에 있는 승객 휴게실을 이용하실 수 있습니다. 엘리베이터를 타고 가시면 표지판이 보일 겁니다. 표를 보여주시면 라운지에 입장하실 수 있습니다. 거기에서 무료 차나 커피를 드실 수 있습니다.

어휘 say ~라고 쓰여 있다 assign 배정하다 car 열차 칸 access 입장, 접근 complimentary 무료의

Whitehorse Station		
Destination	Departure Time	Status
Mitcham	13:45	Departed
29Bunsbury	14:30	on time
Maccleston	18:00	on time

화이트호스 역		
목적지	출발 시간	상태
밋참	13:45	출발
번스버리	14:30	정시
맥클레스톤	18:00	정시

28.
What was the woman unable to do?
(A) Change her seating place
(B) Pay for her ticket online
(C) Confirm her seat number
(D) Find a place to rest

여자는 무엇을 할 수 없는가?
(A) 좌석을 교환하는 것
(B) 온라인으로 표 값 지불하는 것
(C) 좌석 번호 확인하는 것
(D) 쉴 장소를 찾는 것

해설 여자의 첫 번째 대사에서 it does not say where I should sit(어디에 앉아야 하는지 나와 있지 않다)라고 했으므로 좌석 번호를 확인한다는 (C)가 정답이다.

29.
Look at the graphic. What is the woman's destination?
(A) Whitehorse
(B) Mitcham
(C) Bunsbury
(D) Maccleston

시각정보에 의하면, 여자의 목적지는 어디인가?
(A) 화이트호스
(B) 밋참
(C) 번스버리
(D) 맥클레스톤

해설 남자가 여자의 열차가 departing at two thirty(2시 30분에 출발한다)라고 했는데, 열차 시간표에서 14:30분에 해당하는 목적지는 Bunsbury로 나와 있으므로 (C)가 정답이다.

30.
According to the man, what is available free of charge?
(A) Beverages
(B) Snack food
(C) Movie screenings
(D) Upgraded seats

남자에 의하면, 무엇이 무료로 이용 가능한가?
(A) 음료
(B) 간식
(C) 영화 상영
(D) 좌석 승급

해설 마지막 대사에서 남자가 You can have complimentary tea or coffee up there(거기에서 무료 차나 커피를 마실 수 있습니다)라고 했으므로 음료가 무료인 것을 알 수 있다. 대화에 나온 complimentary를 질문에서는 free of charge로 표현했다.

UNIT 7

전략 1
본책 p. 122

여1: 새로운 사무실 가구를 산 것 같네요. 아주 기뻐요.
남: 네, 오래된 가구들이 치워지는 것을 보니 기뻐요, 제 등이 좋아지겠네요.
여2: 이전 것들은 정말 낡아 보였어요.
남: 회사가 설립됐을 때부터 있었던 거예요.

Q 남자가 "오래된 가구들이 치워지는 것을 보니 기뻐요"라고 말한 의도는 무엇인가?
(A) 그는 일부 가구를 창고로 옮기기를 원한다.
(B) 오래된 가구가 마음에 들지 않는다.

전략 2

남: 안녕하세요, 기타 강습을 등록하러 왔습니다.
여: 좋습니다. 현재, 회원들을 위한 특별 행사가 있어요. 10회 강습을 신청하시면, 저희 웹사이트의 디지털 교재에 접속하실 수 있어요.
남: 좋아요, 그렇게 하죠. 언제 온라인에서 그 교재를 볼 수 있나요?
여: 즉시요. 수업은 다음 달에 시작하고, 매주 수요일 저녁 7시예요.

Q 남자가 "좋아요, 그렇게 하죠"라고 말한 의도는 무엇인가?
(A) 새 기타를 살 것이다.
(B) 10회 강습에 등록할 것이다.

MODEL TEST
본책 p. 123

1. (A) **2.** (C) **3.** (B) **4.** (B)

1.

M-Cn Hi. **1Do you have any seats left for the 7:30 bus to Spokane?**
W-Br No, you're too late. I'm afraid that bus is leaving as we speak. The driver called for last passengers five minutes ago. But it's okay. There is plenty of room on the 8:30 and 9:30 bus services. Do you want a ticket for one of those?
M-Cn Sure, let me have a ticket for the earlier one; I'll have dinner while I wait.
W-Br That will be fine. The ticket's sixty-three dollars, please.

남: 안녕하세요. 스포캔으로 가는 7시 30분 버스에 남는 자리가 있나요?
여: 아뇨, 너무 늦으셨어요. 유감스럽게도 버스는 바로 지금 떠나고 있어요. 운전기사가 5분 전에 마지막 승객을 불렀어요. 하지만 괜찮아요. 8시 30분과 9시 30분 버스에 자리가 많습니다. 그 중 한 버스의 표를 원하시나요?
남: 네, 더 빠른 버스 표를 살게요. 기다리는 동안 저녁을 먹을 거예요.
여: 좋습니다. 표는 63달러입니다.

어휘 **as** ~하는 동안에 **call for** ~을 큰소리로 부르다 **room** 자리, 공간

Why does the woman say, "you're too late"?
(A) To decline a sale
(B) To offer another transportation
(C) To show doubt
(D) To notify about a labor strike

여자가 "너무 늦으셨어요"라고 말한 의도는 무엇인가?
(A) 판매를 거절하기 위해
(B) 다른 운송수단을 제안하기 위해
(C) 의구심을 보이기 위해
(D) 파업을 알리기 위해

해설 특정 시각 버스표가 있는지 묻는 남자의 말에 유감스럽게도 그 버스가 지금 출발하고 있다고 했으므로 '너무 늦으셨어요'라는 표현은 지금 떠나는 버스에 대한 표를 판매할 수 없다는 뜻이다. 즉, 판매를 거절하는 표현이다.

2.

W-Am **2Jim, are you free to talk sometime before lunch today?** We have a lot of résumés for the job opening and we need to discuss who we want to interview.
M-Cn Ah right, I have looked over those résumés and I have a few ideas. I have to conduct a training session this morning, however. I actually have training sessions every morning for the next 10 days or so. Right now my afternoons are free, though.
W-Am Good. Why don't we meet the day after tomorrow just after lunch?
M-Cn Are you busy tomorrow?
W-Am I've already planned to visit our warehouse tomorrow.
M-Cn All right. Let's meet then.

여: 짐, 오늘 점심시간 전에 이야기할 시간이 있나요? 일자리를 위한 이력서가 많은데 누구를 면접하고 싶은지 의논해야 해요.
남: 아, 맞아요, 그 이력서들을 훑어봤는데 아이디어가 몇 가지 있어요. 그런데, 제가 오늘 오전에 교육을 해야 해요. 실은 앞으로 10일 정도 매일 오전 교육이 있어요. 그래도 지금은 오후에 시간이 돼요.
여: 잘됐어요. 모레 점심 직후에 만나는 것이 어때요?
남: 내일은 바빠요?
여: 내일은 제가 창고를 방문하기로 이미 계획이 잡혀 있어요.
남: 좋아요. 그럼 그때 봅시다.

어휘 **job opening** 일자리 **look over** 대충 훑어보다[살펴보다] **conduct** 실시하다 **though** 그러나, 그렇지만 **warehouse** 창고

Why does the man say, "Right now my afternoons are free"?
(A) To show he is very busy
(B) To agree with the woman
(C) To make a suggestion
(D) To tell the woman his decision

남자가 "지금은 오후에 시간이 돼요"라고 말한 의도는 무엇인가?
(A) 자신이 아주 바쁘다는 것을 알려주기 위해
(B) 여자에게 동의하기 위해
(C) 제안을 하기 위해
(D) 자신의 결정을 여자에게 말하기 위해

해설 오늘 점심 전에 회의할 시간이 되는지 묻는 여자의 질문에 오후에 시간이 된다는 것은 오후에 만나자고 제안하는 것이다. 마치 바쁘다는 말을 하는 걸로 착각할 수도 있으나, 오전에 교육으로 바쁘고 오후는 괜찮다고 했으니 오후에 만나자는 제안이라고 보는 것이 맞다.

3.

M-Au Amira, there's an ad in this newsletter. It says that the Regional Bookseller's Association is hosting a computer database search training event for sales staff. I think it might be good for you.
W-Br I saw that, but ³I have already been trained. It would be good for less experienced people.
M-Au I see. In that case, I will just send out the two newest members of our staff.
W-Br That will be a good opportunity for them.

남: 아미라, 이 회보에 광고가 있어요. 지역 서적상 협회가 영업직원들을 위한 컴퓨터 데이터베이스 검색 교육 행사를 개최한다고 나와 있어요. 당신에게 좋을 것 같아요.
여: 저도 봤는데, 저는 이미 교육을 받았어요. 경력이 짧은 사람들에게 좋을 거예요.
남: 그렇군요. 그렇다면, 신입 직원 두 명을 보내야겠어요.
여: 그들에게 좋은 기회가 될 거예요.

어휘 association 협회 host 주최하다

What does the woman mean when she says, "It would be good for less experienced people"?
(A) She thinks that some tickets will be sold out soon.
(B) She thinks a training session is not right for her.
(C) She wants to attend an event.
(D) She thinks new staff members were properly trained.

여자가 "경력이 짧은 사람들에게 좋을 거예요"라고 말한 의도는 무엇인가?
(A) 곧 표들이 매진될 것이라고 생각한다.
(B) 교육이 자신에게는 맞지 않는다고 생각한다.
(C) 행사에 참가하기를 원한다.
(D) 신입사원들이 적절한 교육을 받았다고 생각한다.

해설 영업직원들을 위한 교육 광고를 봤다는 남자의 질문에, 여자가 자신은 이미 교육을 받았고 경력이 짧은 사람들에게 좋을 거라고 했다. 즉 여자 자신은 그만큼의 경력이 있어서 자신에게는 그 교육이 필요 없다는 뜻이므로 (B)가 정답이다.

4.

M-Au Good afternoon. I am here on behalf of Jameson Flooring to express our gratitude for your good work in advertising our company.
W-Br Oh, so you have seen an improvement in your business?
M-Au Yes, and I would like to thank your director, Mr. Jameson, personally. We have had a 28 percent increase in our revenue the last quarter.
W-Br I see. ⁴Unfortunately, he is on a business trip. However, he does check in with us once a day, so you are welcome to leave a message for him.

남: 안녕하세요. 저희 회사 광고 작업을 잘해 주신 것에 대한 감사를 드리고 싶어 제임슨 바닥재를 대표하여 여기에 왔습니다.
여: 아, 사업 실적에 개선이 있었습니까?
남: 네, 그리고 책임자인 제임슨 씨께 직접 감사를 전하고 싶습니다. 지난 분기 수익이 28퍼센트 증가했습니다.
여: 그렇군요. 유감스럽게도, 그는 출장 중입니다. 하지만, 그가 하루에 한 번씩 연락을 주시니 그에게 메시지를 남기셔도 됩니다.

어휘 on behalf of ~을 대표하여 express one's gratitude 감사의 뜻을 표하다 personally 직접, 개인적으로 revenue 수익 check in with 자신의 상황을 알리다

What does the woman imply when she says, "he does check in with us once a day"?
(A) Mr. Jameson has sent his baggage.
(B) Mr. Jameson calls the office regularly.
(C) Mr. Jameson uses a hotel frequently.
(D) Mr. Jameson has already reserved his plane tickets.

여자가 "그가 하루에 한 번씩 연락을 주십니다"라고 말한 의도는 무엇인가?
(A) 제임슨 씨가 그의 가방을 보냈다.
(B) 제임슨 씨가 정기적으로 사무실에 전화한다.
(C) 제임슨 씨가 호텔을 자주 이용한다.
(D) 제임슨 씨가 이미 그의 비행기 표를 예약했다.

해설 A check in with B는 'A가 B에게 자신이 괜찮거나 어디에서 무엇을 하고 있는지 상황을 알리다'는 뜻으로 즉, '연락을 한다'는 뜻이다. 찾는 사람이 출장 중이지만 그에게 메시지를 남겨도 된다는 말에서 그 메시지를 그에게 전할 수 있다는 의미임을 알 수 있다. 보기 중 그에게 메시지를 전하는 방법은 그에게서 전화가 오는 경우이므로 이 표현을 몰랐다고 해도 문맥상 정답이 (B)인 것을 알 수 있다.

PRACTICE TEST

본책 p. 125

1. (C)	2. (B)	3. (C)	4. (D)	5. (B)
6. (A)	7. (B)	8. (B)	9. (D)	10. (D)
11. (D)	12. (D)	13. (B)	14. (D)	15. (A)
16. (D)	17. (C)	18. (A)	19. (B)	20. (C)
21. (A)	22. (A)	23. (A)	24. (D)	25. (C)
26. (A)	27. (B)	28. (C)	29. (B)	30. (A)

[1-3]

M-Cn Elsie, **¹I see you've won employee of the month. Good for you!** I think you deserve it. You've been working really hard lately.

W-Br It's nice of you to say. I have finished the project now and I am very satisfied that my hard work has paid off. **²Mr. Gupta has offered to make me a manager at our branch office in Riverside.**

M-Cn That's wonderful. **²Did you accept?**

W-Br Well, I'm considering it at the moment. **³I have asked to take some staff members with me from this office.** If Mr. Gupta says yes, I think I will go.

남: 엘시, 이달의 직원 상을 받으셨다고요. 축하해요! 당신은 받을 자격이 있어요. 최근에 일을 정말 열심히 했잖아요.
여: 그렇게 말해줘서 감사해요. 이제 프로젝트를 끝냈고 제 노력이 결실을 맺게 되어 아주 만족해요. 굽타 씨가 저를 리버사이드에 있는 지사에 관리자로 만들어주겠다고 했어요.
남: 아주 잘됐네요. 수락했나요?
여: 음, 지금 고려 중이에요. 이 사무실에서 제가 몇몇 직원들을 데리고 가게 해달라고 요청했어요. 만약 굽타 씨가 승낙한다면, 갈 것 같아요.

어휘 **deserve** ~을 받을 만하다 **pay off** 성공하다 **at the moment** 지금

1.
What does the man congratulate the woman for?
(A) Meeting a sales quota
(B) Designing a new product
(C) Getting an award
(D) Finding a new job

남자는 무엇에 대해 여자를 축하하는가?
(A) 판매 할당을 채운 것
(B) 신제품을 디자인한 것
(C) 상을 받은 것
(D) 새 일자리를 찾은 것

해설 남자가 첫 대사에서 you've won employee of the month(이달의 직원 상을 받으셨군요)라는 말로 칭찬하는 말에서 답이 (C)인 것을 알 수 있다.

Paraphrasing
won employee of the month → Getting an award

2.
What does the woman mean when she says, "I'm considering it at the moment"?
(A) She has not finished a job yet.
(B) She has not yet decided what to do.
(C) She is finding it easy to do her job.
(D) She is thinking of opening a new store.

여자가 "지금 고려 중이에요"라고 말한 의도는 무엇인가?
(A) 일을 아직 끝내지 못했다.
(B) 어떻게 할지 아직 결정하지 못했다.
(C) 일을 하는 것이 쉽다는 것을 알아가고 있다.
(D) 새로운 매장을 열 생각이다.

해설 굽타 씨가 여자를 다른 지사의 관리자로 만들어주겠다는 제의를 여자가 고려 중이라고 했으니, '고려 중이에요'라는 여자의 말은 아직 결정을 못 내렸다는 뜻이 된다. 따라서 정답은 (B)이다.

3.
What did the woman request from Mr. Gupta?
(A) Flexible work hours
(B) A larger private office
(C) A specific staffing preference
(D) A pay raise

여자는 굽타 씨에게 무엇을 요청했는가?
(A) 탄력 근무제
(B) 더 큰 개인 사무실
(C) 원하는 특정 직원
(D) 임금 인상

해설 여자가 직원들을 데려가도록 요청했다(have asked to take some staff members with me)는 말에서 (C)가 정답임을 알 수 있다.

어휘 **flexible** 유연한, 탄력적인 **work hours** 근무 시간

[4-6]

W-Am Hello, Kris. **⁴Mary told me you went to the voluntary training session last week. What was it like?**

M-Cn **⁴It was really helpful.** Most of the attendees were satisfied with it.

W-Am Oh, really? I hear a lot of people have taken the training as well. Oh, **⁵I was too caught up with speaking to the clients from General Financial last week to take the course.** I hope there's another session.

M-Am Ah, well, Jonas was going to come along with us, but he had too much work to finish as well. **⁶Why don't you speak to him?** Both of you could arrange to attend the training session together.

124

여: 안녕하세요, 크리스. 당신이 지난주에 자진해서 교육에 갔다고 메리가 말해줬어요. 어땠어요?

남: 아주 도움이 됐어요. 대부분의 참가자들이 만족을 했어요.

여: 아, 정말이요? 많은 사람들이 또한 그 교육을 들었다고 들었어요. 아, 저는 지난주에 제너럴 파이낸셜 사에서 온 고객들과 이야기하느라 수업을 들을 수가 없었어요. 교육이 또 있기를 바라요.

남: 아, 음, 조나스가 우리와 함께 가기로 했었는데, 그도 끝내야 할 일이 너무 많았어요. 그와 이야기를 해보는 게 어때요? 두 분이 함께 교육에 참석하도록 할 수 있을 거예요.

어휘 voluntary 자발적인 attendee 참석자 satisfied with ~에 만족한 catch up with ~의 발목을 잡다 come along with ~와 함께 가다[오다] arrange 준비하다

4.

What does the man imply when he says, "Most of the attendees were satisfied with it"?
(A) Complimentary refreshments were included.
(B) The classes were very easy.
(C) A registration fee was inexpensive.
(D) The woman should attend the training.

남자가 "대부분의 참가자들이 만족을 했어요"라고 말한 의도는 무엇인가?
(A) 무료 다과가 포함되었다.
(B) 수업들이 매우 쉬웠다.
(C) 등록비가 비싸지 않았다.
(D) 여자가 교육에 참석해야 한다.

해설 교육이 매우 도움이 되었고 대부분의 참가자들이 만족했다는 말은 그만큼 신뢰가 가니 상대도 참석하는 게 좋겠다고 권유하는 것이다. 따라서 정답은 (D)이다.

어휘 complimentary 무료의 refreshments 다과, 간식 registration fee 등록비

5.

What did the woman do last week?
(A) Trained a new member of staff
(B) Met with company clients
(C) Went to a conference
(D) Completed a major project

여자는 지난주에 무엇을 했는가?
(A) 신입 직원을 교육했다
(B) 회사 고객과 만났다
(C) 회의에 갔다
(D) 중요한 프로젝트를 끝냈다

해설 시간 표현 last week가 키워드이다. 여자가 지난주에 speaking to the clients(고객과 대화하느라) 수업을 들을 수 없었다고 했으므로 고객을 만났다는 (B)가 정답이다.

Paraphrasing
speaking to the clients ➔ Meet with company clients

6.

What does the man suggest the woman do?
(A) Talk to an associate
(B) Search for an alternative
(C) Have a meeting
(D) Reduce a workload

남자가 여자에게 제안하는 것은?
(A) 동료와 이야기하기
(B) 대안 찾아보기
(C) 회의하기
(D) 업무량 줄이기

해설 제안/추천 시 사용되는 표현인 Why don't you 뒤에 그와 대화를 하라(speak to him)는 말은 동료와 대화를 하라는 말이므로 정답은 (A)이다.

어휘 associate 동료 alternative 대안 workload 업무량

Paraphrasing
speak to him ➔ Talk to an associate

[7-9]

W-Am Thank you for taking the time to see me during your lunch break, Dennis. Here, **7,8**let me start the motor—do you hear that clanking noise? It doesn't sound good.

M-Au **8**Yes, that sounds quite serious. Do you know when this noise began?

W-Am I noticed it yesterday while I was driving home from work. There was a loss of power, and then the noise began. **9**It might have to do with the hot weather this past week or maybe a part has just worn out.

M-Au Right now, I can't say for sure. **7**I'm going to have to remove the engine and inspect the parts more carefully to figure out the cause of noise.

여: 점심 시간에 시간을 내서 만나주셔서 감사합니다, 데니스. 자, 모터에 시동을 걸어 볼게요. 철커덕하는 소리 들리세요? 문제가 있는 것 같아요.

남: 네, 아주 심각한 것 같아요. 이 소리가 언제 시작됐는지 아세요?

여: 어제 회사에서 집으로 운전해서 가면서 알았어요. 동력이 손실된 후 소리가 시작됐어요. 지난주 더운 날씨와 관련이 있을지도 모르고 아니면 그냥 부품이 닳았을지도 몰라요.

남: 지금은, 확실히 말씀드릴 수가 없어요. 소리의 원인을 알아내기 위해 엔진을 들어내고 부품을 더 주의 깊게 점검해야 합니다.

어휘 start 시동을 걸다 clank 철커덕하는 소리가 나다 have to do with ~와 관계가 있다 worn out 닳아서 못쓰게 된 for sure 확실히 carefully 주의 깊게 figure out 알아내다

7.

Who most likely is the man?
(A) A bank teller
(B) An auto mechanic
(C) Safety coordinator
(D) A car salesperson

남자는 누구이겠는가?
(A) 은행 창구 직원
(B) 자동차 정비공
(C) 안전 관리자
(D) 자동차 영업직원

해설 마지막 대사에서 남자가 엔진을 제거하고 부품들을 점검해야 할 것이라는 말에서 남자가 자동차 정비공인 것을 알 수 있다.

8.

What does the man mean when he says, "Yes, that sounds quite serious"?
(A) He cannot hear where a noise is coming from.
(B) He feels that the problem must be solved quickly.
(C) He thinks he has to get some help from somebody.
(D) He will talk with his manager about the problem.

남자가 "네, 아주 심각한 것 같아요"라고 말한 의도는 무엇인가?
(A) 소리가 어디에서 오는지 들을 수가 없다.
(B) 문제를 빨리 해결해야 한다고 생각한다.
(C) 누군가로부터 도움을 받아야 한다고 생각한다.
(D) 문제에 대해 관리자와 이야기할 것이다.

해설 자동차 모터 소리가 안 좋다는 여자의 말에 남자가 심각하다고 했으므로 그 문제를 빨리 해결해야 한다는 뜻임을 유추할 수 있다. 심각하다는 것은 매우 큰 문제를 유발할 수 있다는 것을 의미하므로 정답이 (B)이다. 또한, 뒤의 대사 어디에도 도움을 받거나 관리자와 대화를 해야 한다는 말이 없으므로 (C), (D)는 답이 될 수 없다.

9.

What does the woman say about the recent weather?
(A) There has been some flooding.
(B) It has been cold and snowy.
(C) There has been a lot of rain.
(D) It has been very warm.

여자는 최근 날씨에 대해 무엇이라 말하는가?
(A) 홍수가 있었다.
(B) 춥고 눈이 내렸다.
(C) 많은 비가 내렸다.
(D) 아주 따뜻했다.

해설 hot weather this past week(지난주 더운 날씨)라는 말에서 매우 따뜻했음을 알 수 있다. 대화의 this past week를 질문에서는 recent로 표현했다.

[10-12]

W-Br	I heard about A1 Assistants moving to a new location. **10,11**If they cannot clean our offices anymore, we're going to need another company as soon as possible.
M-Cn	**11**They have moved, but it's okay. I was talking to their supervisor, Jose, last night and he told me that nothing will change.
W-Br	**11**Alright, that's a relief.
M-Cn	Yes, it's really not a problem. **12**Jose actually invited me to come to the A1 Assistants offices this afternoon to sit down and have some discussions with him. He has some ideas for cleaning our offices more efficiently with a new product.
W-Br	Oh, that's good.
M-Cn	He said he has a new steam cleaning machine that can kill bacteria as well as clean carpets very fast, and I will be able to see it later today.

여: A1 어시스턴츠가 새로운 곳으로 이전한다고 들었어요. 그들이 더 이상 우리 사무실을 청소하지 못한다면, 가능한 빨리 다른 회사가 필요할 거예요.
남: 이전은 했지만 괜찮아요. 감독관 호제와 어젯밤 이야기를 했는데 아무것도 바뀌는 것이 없다고 했어요.
여: 그렇군요, 다행이에요.
남: 네, 정말 문제가 되지 않아요. 실은 호제가 앉아서 논의를 하자고 오늘 오후에 A1 어시스턴츠 사무실로 오라고 했어요. 새 제품으로 우리 사무실을 더 효율적으로 청소할 아이디어가 있대요.
여: 아, 잘됐군요.
남: 카펫을 아주 빨리 청소할 뿐 아니라 박테리아도 죽일 수 있는 새 스팀 청소기가 있다고 말했는데 제가 이따 그것을 볼 수 있을 거예요.

어휘 relief 안도, 안심 efficiently 효율적으로

10.

What kind of business most likely is A1 Assistants?
(A) A Web design company
(B) An advertising agency
(C) A landscaping firm
(D) A cleaning company

A1 어시스턴츠는 어떤 종류의 업체이겠는가?
(A) 웹 디자인 회사
(B) 광고 대행사
(C) 조경 회사
(D) 청소 회사

어휘 landscaping firm 조경 회사

해설 고유명사 A1 Assistants에 주목한다. clean our offices(우리 사무실을 청소한다)는 말에서 청소업체인 것을 알 수 있다.

11.

Why does the woman say, "Alright, that's a relief"?
(A) To show her agreement
(B) To show her surprise
(C) To show her appreciation
(D) To show her happiness

여자가 "그렇군요, 다행이에요"라고 말한 의도는 무엇인가?
(A) 동의를 표하기 위해
(B) 놀람을 표하기 위해
(C) 감사를 표하기 위해
(D) 만족감을 표하기 위해

해설 기존 청소업체의 이전으로 다른 업체를 찾아야 할 것이라는 여자의 말에, 남자가 it's okay(괜찮아요)라고 안심시켰다. 그 말에 '다행이네요'라고 반응했으므로 여자는 안도 내지 만족감을 표현한 것이다.

12.

What does the man say he will do this afternoon?
(A) Visit an office supply store
(B) Send out a company newsletter
(C) Take part in a teleconference
(D) Meet with a service provider

남자는 오늘 오후에 무엇을 할 거라고 말하는가?
(A) 사무 용품점 방문하기
(B) 회사 사보 발송하기
(C) 전화 회의 참석하기
(D) 서비스 제공업체 만나기

해설 시간 표현 this afternoon이 정답의 키워드이다. 오후에 A1 Assistants에 간다고 했으므로 청소 서비스 공급업체를 만나는 것이다.

어휘 **take part in** ~에 참여하다, 참가하다 **teleconference** 전화[화상] 회의

[13-15]

W-Br	We have a quote ready for you, Mr. Lopez. ¹³To remove the west wall of your office, make new floor space, and install new office furniture will cost you ten thousand Euros.
M-Au	Well, I have to say, ¹⁴that seems a bit steep. Commercial Interiors quoted me eight thousand for the same job. ¹⁴I'm not sure if we can meet your price.
W-Br	I understand your position, Mr. Lopez, but ¹⁵please understand that we offer a three year guarantee on our work.
M-Au	Well, that eases my concerns a little. The other company did not offer that. Okay, let's do it.

여: 견적이 준비되었어요, 로페즈 씨. 사무실 서쪽 벽을 없애고, 새로운 바닥을 깔고, 그리고 새 사무실 가구를 설치하는 데 1만 유로가 들 겁니다.
남: 음, 가격이 좀 많이 비싼 것 같아요. 커머셜 인테리어즈는 같은 일을 하는 데 견적이 8천 유로라고 했어요. 가격을 맞춰드릴 수 있을지 모르겠어요.
여: 당신의 입장도 이해합니다, 로페즈 씨, 하지만 저희는 저희 공사에 대해 3년 품질 보증을 제공한다는 점을 알아주세요.
남: 음, 그렇다니 걱정이 좀 덜어지네요. 저쪽 회사는 그것을 제공하지 않았거든요. 알겠어요, 합시다.

어휘 **quote** 견적; 견적을 내다 **install** 설치하다 **steep** 너무 비싼 **ease** 덜어주다 **concerns** 걱정, 우려

13.

What are the speakers discussing?
(A) The rent for office space
(B) Office renovations
(C) A cleaning service
(D) A written contract

화자들은 무엇을 논의하고 있는가?
(A) 사무 공간 임차료
(B) 사무실 개조
(C) 청소 서비스
(D) 서면 계약서

해설 여자의 첫 대사에서 벽 제거, 바닥 설치, 가구 설치 견적에 대해서 대화를 시작했으므로 renovations(개조 공사)가 대화의 주제인 것을 알 수 있다.

14.

Why does the man say, "Commercial Interiors quoted me eight thousand for the same job"?
(A) To double check a price quote
(B) To ask for the woman's opinion
(C) To show that he understands a process
(D) To attempt to get a discount

남자가 "커머셜 인테리어즈는 같은 일을 하는 데 견적이 8천 유로라고 했어요"라고 말한 의도는 무엇인가?
(A) 견적을 다시 확인하기 위해
(B) 여자의 의견을 물어보기 위해
(C) 자신이 과정을 이해하고 있다는 것을 보여주기 위해
(D) 할인을 받으려고 하기 위해

해설 여자가 견적으로 1만 유로를 제시했고, 남자가 그것이 너무 비싸다(steep)고 하면서 다른 업체가 8천 유로라고 했다는 말로, 가격 협상을 통해 가격을 낮추려는 의도임을 알 수 있다. 따라서 정답은 (D)이다.

어휘 **double check** 다시 한 번 확인하다, 재확인하다

15.

Why are the man's concerns eased?
(A) A service has a guarantee.
(B) A task will be performed urgently.
(C) A new employee will be hired.
(D) A product will cost less than expected.

남자의 걱정이 덜어진 이유는?
(A) 품질 보증을 제공한다.
(B) 임무가 급하게 수행될 것이다.
(C) 신입 직원이 채용될 것이다.
(D) 제품 가격이 예상보다 덜 비쌀 것이다.

해설 여자의 we offer a three year guarantee(3년 품질 보증을 제공한다)는 말에 남자가 안도한다고 했으므로 정답은 (A)이다.

[16-18]

M-Cn	Alicia, did you hear the news? We are going to get a new computerized method of controlling stock. We will be able to keep track of what we have very efficiently.
W-Br	Fantastic, **16we've needed a new inventory management system here in the sales division.** We can work with the retail locations to keep our products in stock.
M-Cn	Right. **17And you know the managers of those stores, don't you? Weren't you retail coordinator?**
W-Br	**I think there are new people in the stores now.**
M-Cn	Oh, okay. **18I'll go down to see Shirley and ask her to set up a meeting with our store managers.**
W-Br	That sounds great; they can see the new system then.

남: 알리시아, 소식 들었어요? 새로운 재고 관리 전산화 방식을 도입할 예정이에요. 우리 재고를 매우 효과적으로 파악할 수 있을 거예요.
여: 너무 잘됐어요, 여기 우리 영업부에 새로운 재고 관리 시스템이 필요했잖아요. 소매점들과 일하면서 우리 제품의 재고가 계속 유지되도록 할 수 있으니까요.
남: 맞아요. 그 매장들 관리자들을 아시죠? 당신이 소매점 관리 담당자이지 않았나요?
여: 지금은 매장에 새로운 사람들이 있는 것 같아요.
남: 아 알겠어요. 셜리에게 가서 매장 관리자들과의 회의를 잡아달라고 요청할게요.
여: 좋은 생각이에요, 그러면 그들이 새 시스템을 볼 수 있으니깐요.

어휘 computerized 컴퓨터화된 keep track of ~에 대해 계속 파악하고 있다, ~을 추적하다 retail 소매(의) in stock 재고가 있는 coordinator 관리자

16.

What department do the speakers most likely work in?
(A) Accounting
(B) Marketing
(C) Technical Support
(D) Sales

화자들은 어느 부서에서 일하겠는가?
(A) 회계
(B) 마케팅
(C) 기술지원
(D) 영업

해설 장소를 알려주는 키워드 here 다음에 the sales division(영업부)라고 했으므로 정답은 (D)이다.

17.

What does the woman mean when she says, "I think there are new people in the stores now"?
(A) She does not feel comfortable speaking to new people.
(B) She is worried that there will be a problem with staff.
(C) She does not know the current store managers.
(D) She is excited to work with new people in her store.

여자가 "지금은 매장에 새로운 사람들이 있는 것 같아요"라고 말한 의도는 무엇인가?
(A) 새로운 사람들과 이야기하는 것이 편하지 않다.
(B) 직원들과 문제가 있을 것을 걱정한다.
(C) 현재 매장 관리자들을 알지 못한다.
(D) 자신의 매장에서 새로운 사람들과 일하게 되어 기쁘다.

해설 여자가 과거에 소매점 관리 담당자였기 때문에 매장 관리자들을 잘 알지 않냐고 묻는 남자의 말에 여자가 이제는 새 관리자들이 있다고 했으니 현재의 관리자들은 잘 모른다는 의미이다.

18.

What will the man probably do next?
(A) Consult with a coworker
(B) Install a new system
(C) Arrange a board meeting
(D) Visit a company Web site

남자는 다음에 무엇을 할 것인가?
(A) 동료와 상의하기
(B) 새 시스템 설치하기
(C) 이사회 회의 준비하기
(D) 회사 웹사이트 방문하기

해설 미래 행위를 나타내는 표현 I'll 뒤에 동료인 Shirley에게 요청해서 회의 일정을 잡는다고 했으므로 동료와 상의한다는 (A)가 남자가 다음에 할 행동이다.

어휘 consult 상의하다, 상담하다 coworker 동료 (직원) board meeting 이사회 (회의)

Paraphrasing

see Shirley and ask her ➜ Consult with a coworker

[19-21]

W-Am Hello, I saw this advertisement outside for piano lessons and I want to join.
M-Cn Fantastic. Have you ever played the piano before?
W-Am Um, 19I took private music lessons for a few months in middle school.
M-Cn In that case, maybe you should sign up for our beginner class so you can relearn some basics. The new term starts on Monday.
W-Am Okay.
M-Cn 20,21By the way, we're running a special discount right now. If you sign up for three months, you get 20 percent off the normal price.
W-Am 21Sure, put me down for that. How much is it in total?
M-Cn Your discounted price is $120. And your first class will be next Monday at 6 P.M.

여: 안녕하세요, 피아노 레슨 광고를 밖에서 봤는데 등록하고 싶어요.
남: 잘됐네요. 전에 피아노를 친 적이 있나요?
여: 음, 중학교 때 몇 달간 음악 레슨을 받았어요.
남: 그렇다면, 기초반에 신청을 해야 할 것 같아요. 그래야 기초를 다시 배울 수 있으니깐요. 월요일에 새 과정이 시작됩니다.
여: 알겠어요.
남: 그런데, 지금 특별 할인을 하고 있어요. 3개월 등록을 하시면, 정상가에서 20퍼센트 할인을 받으실 수 있어요.
여: 네, 그것에 등록해 주세요. 총 얼마인가요?
남: 할인된 가격은 120달러예요. 그리고 첫 수업은 다음 주 월요일 오후 6시입니다.

어휘 sign up for ~을 신청하다 normal price 정상가 put A down for ~의 명단에 A의 이름을 등록하다

19.

What does the woman say she did in middle school?
(A) Joined a school orchestra
(B) Took music lessons
(C) Worked at a discount store
(D) Took part in a performance

여자는 중학교 때 무엇을 했다고 말하는가?
(A) 학교 오케스트라에 참여했다
(B) 음악 레슨을 받았다
(C) 할인 매장에서 일했다
(D) 공연에 참가했다

해설 여자의 대사 속 middle school에 주목한다. I took private music lessons(음악 레슨을 받았어요)라고 했으므로 (B)가 정답이다.

20.

What does the man offer the woman?
(A) A private lesson
(B) A case for a musical instrument
(C) A special class discount
(D) An online instructional video

남자가 여자에게 제의하는 것은?
(A) 개인 교습
(B) 악기 케이스
(C) 특별 할인 강습
(D) 온라인 교육 비디오

해설 남자가 a special discount(특별 할인)이 있다고 알려주고 있으므로 (C)가 정답이다.

21.

What does the woman imply when she says, "put me down for that"?
(A) She will sign up for three months of classes.
(B) Some music lessons are too expensive.
(C) She wants to get private music lessons.
(D) Her music classes have been too difficult so far.

여자가 "그것에 등록해 주세요"라고 말한 의도는 무엇인가?
(A) 3개월치 강습을 등록할 것이다.
(B) 일부 강습료가 너무 비싸다.
(C) 개인 교습을 받기를 원한다.
(D) 지금까지 음악 수업이 너무 어려웠다.

해설 석 달 등록을 하면 20% 할인받는다는 남자의 말에 여자가 좋다고(Sure) 하면서 그것에 자신을 등록해달라고(put me down for that) 했으므로, 석 달 치 강습에 등록하겠다는 말이다.

[22-24]

M-Cn Anushka, did Ms. Haskin contact you to speak about her ideas for our upcoming seminar at Villawood Hotel?
W-Am Yes, she did. For a slide show, 22all we need to do is add a projector, cables, and a screen to our rental equipment list. We can use the laptops that we already ordered.
M-Cn Good. 23Have you added the new equipment to our list at A/V Rentals?
W-Am No. The manager is out of the office now. 24I'll contact him via e-mail now.

남: 아누슈카, 하스킨 씨가 빌라우드 호텔에서 곧 있을 세미나에 대한 그녀의 아이디어에 대해 이야기하기 위해 당신에게 연락했나요?
여: 네, 했어요. 슬라이드 쇼에 대해서는, 우리는 임대 장비 목록에 영사기, 케이블 그리고 스크린만 추가하면 돼요. 이미 주문한 노트북 컴퓨터를 사용할 수 있어요.
남: 잘됐군요. A/V 렌탈즈의 목록에 새 장비를 추가했나요?
여: 아니요. 관리자가 지금 사무실에 없어요. 지금 이메일로 그에게 연락할게요.

어휘 upcoming 곧 있을 equipment 장비, 기기 via ~을 통해서

129

22.

What will the woman add to the order?

(A) Display equipment
(B) Extra seats
(C) More computers
(D) Laser pointers

여자가 주문에 추가할 것은?
(A) 디스플레이 장비
(B) 추가 의자들
(C) 더 많은 컴퓨터들
(D) 레이저 포인터들

해설 여자가 a projector, cables, and a screen(영사기, 케이블, 스크린)을 추가(add)해야 한다는 말에서 (A)가 정답인 것을 알 수 있다.

Paraphrasing
a projector, cables, and a screen
→ Display equipment

23.

Why does the woman say, "The manager is out of the office now"?

(A) To say why the new order has not been made
(B) To ask for an extension of time to finish a task
(C) To show why it is difficult to contact A/V Rentals
(D) To offer a new time to call an equipment supplier

여자는 왜 "관리자가 지금 사무실에 없어요"라고 말하는가?
(A) 왜 새로운 주문을 하지 않았는지 말하기 위해
(B) 업무를 끝마치기 위한 시간 연장을 요청하기 위해
(C) 왜 A/V 렌탈즈에 연락하는 것이 힘든지를 보여주기 위해
(D) 장비 업체에 전화해 새로운 시간을 제의하기 위해

해설 목록에 새 장비를 추가했는지 묻는 남자의 말에 여자가 아니라고(No) 했고, 뒤이어 그쪽 관리자가 사무실에 없다고 했으므로 장비를 추가로 주문하지 못한 이유를 설명하려는 의도임을 알 수 있다.

어휘 extension (기간의) 연장

24.

What will the woman most likely do next?

(A) Visit a supplier's office
(B) Make some slides
(C) Lead a seminar
(D) Send an e-mail

여자는 다음에 무엇을 할 것인가?
(A) 공급업체 사무실 방문하기
(B) 슬라이드 만들기
(C) 세미나 진행하기
(D) 이메일 보내기

해설 미래 행위를 나타내는 표현 I'll 뒤에 contact him via e-mail (이메일을 통해서 그에게 연락하다)고 했으니 이메일을 보내는 것이 다음 행동인 것을 알 수 있다.

[25-27]

M-Au Hello, Ms. Davis. This is Mike calling from the Interior Decorators. There's a slight problem with the office space. **25**We can't get the plants you wanted because they are out of stock.

W-Br Oh, that's a shame. Can they be replaced with something else, such as rock decorations or vases?

M-Au I suppose that's possible but the deadline for the project is tomorrow and there isn't enough time to get those types of materials. **26,27**How about we use different plants?

W-Br **27**Okay, that seems fair. I guess we have no choice to consider the deadline.

M-Au I'll send you the list of plants that we can purchase at the moment. I want you to check your e-mail in 5 minutes.

W-Br Sure, I'll see what I can choose.

남: 안녕하세요, 데이비스 씨. 인테리어 데코레이터즈의 마이크입니다. 사무실 공간에 경미한 문제가 있습니다. 당신이 원했던 식물들이 품절되어서 살 수가 없습니다.
여: 아, 유감이네요. 돌 장식이나 꽃병 같은 다른 것으로 대체할 수 있나요?
남: 가능은 하겠지만 프로젝트 마감일이 내일이라 그런 종류의 자재를 구할 시간이 충분하지 않습니다. 다른 식물들을 사용하는 게 어떻습니까?
여: 알겠어요, 괜찮을 것 같아요. 마감일을 고려할 수 밖에 없을 것 같네요.
남: 현재 구매할 수 있는 식물 목록을 보내드릴게요. 5분 후에 이메일을 확인해 주셨으면 해요.
여: 네, 무엇을 선택할 수 있는지 볼게요.

어휘 slight 약간의, 경미한 out of stock 재고가 떨어진, 품절된
have no choice to ~할 수 밖에 없다

25.

Why does the man say there is a problem?
(A) A space has not been cleaned.
(B) They ordered too many materials.
(C) The needed plants are unavailable.
(D) They are waiting for the workers to leave.

남자는 왜 문제가 있다고 말하는가?
(A) 공간이 청소되어 있지 않다.
(B) 너무 많은 자재를 주문했다.
(C) 필요한 식물들을 구할 수 없다.
(D) 직원들이 퇴근하기를 기다리고 있다.

해설 문제점을 알려주는 표현인 problem, can't를 사용하여, 원하는 물품이 품절되었다(out of stock), 즉 구할 수 없는 상황임을 알리고 있으므로 (C)가 정답이다.

Paraphrasing
out of stock → unavailable

130

26.
What does the man suggest as a solution?
(A) Using different decorations
(B) Ordering new office equipment
(C) Talking directly to a designer
(D) Calling a different store

남자는 해결책으로 무엇을 제안하는가?
(A) 다른 장식품 사용하기
(B) 새 사무실 장비 주문하기
(C) 디자이너와 직접 이야기하기
(D) 다른 매장에 전화하기

해설 제안/추천 시 사용되는 표현인 How about 뒤에 use different plants(다른 식물들을 사용하자)고 했으므로 다른 장식품을 사용한다는 (A)가 정답이다.

Paraphrasing
plants → decorations

27.
Why does the woman say, "Okay, that seems fair"?
(A) To ask for advice
(B) To accept a solution
(C) To offer her services
(D) To give a different idea

여자가 "알겠어요, 괜찮은 것 같아요"라고 말한 의도는 무엇인가?
(A) 조언을 구하기 위해
(B) 해결책을 받아들이기 위해
(C) 서비스를 제공하기 위해
(D) 다른 아이디어를 주기 위해

해설 다른 식물을 이용하자(use different plants)는 남자의 말에 여자가 마감일을 고려하여 그러자고 수락하고 있으므로 (B)가 정답이다.

[28-30] three speakers

W-Am **28**You have to see the new parking garage being built. It's really close to the west entrance of the office.

M-Cn Yeah. It's unbelievable! **29**Those spaces would be perfect for rainy days and they're so close to the building.

W-Br Do you know who will get those new parking spots when they're finished?

M-Cn I heard that they will go to Accounting.

W-Am Their offices are right by the west entrance, I guess.

M-Cn Yeah, still, wouldn't it be nice to have a new parking space?

W-Br It would. **30**We're going to add more people to the staff soon, so we need more parking.

W-Am That's a good point.

여1: 지어지고 있는 새로운 주차장을 봐야 해요. 사무실 서쪽 입구와 정말 가까워요.
남: 맞아요. 정말 놀라워요! 그 공간들은 비 오는 날에 완벽할 거예요. 그리고 건물에서 아주 가까워요.
여2: 새로운 주차장이 완성되면 누가 사용하게 되는지 아세요?
남: 회계 부서로 갈 거라고 들었어요.
여1: 그들 사무실이 서쪽 입구 바로 옆이잖아요.
남: 네, 그래도, 새 주차장을 가지면 좋지 않을까요?
여2: 좋지요. 곧 더 많은 직원들을 추가할 예정이라, 주차장이 더 필요해요.
여1: 좋은 지적이에요.

어휘 parking garage 주차장 entrance 입구 unbelievable 믿을 수 없는 parking spot 주차 공간

28.
What is the conversation mainly about?
(A) An enlargement of office space
(B) A move into a new market
(C) A new parking lot
(D) A change in company leadership

대화는 주로 무엇에 관한 것인가?
(A) 사무실 공간 확장
(B) 새로운 시장으로의 이동
(C) 새 주차장
(D) 회사 경영진 변경

해설 첫 번째 여자의 첫 대사에서 the new parking garage(새 주차장)에 대해서 얘기를 꺼냈고 그것에 대한 대화를 계속하고 있으므로 주제는 주차장이다.

어휘 enlargement 확장, 확대

Paraphrasing
parking garage → parking lot

29.
Why does the man say, "It's unbelievable"?
(A) He feels frustrated.
(B) He is very enthusiastic.
(C) He disagrees with what the woman said.
(D) He is trying to get more information.

남자가 "정말 놀라워요"라고 말한 의도는 무엇인가?
(A) 남자는 짜증스럽게 여기고 있다.
(B) 남자는 매우 열광적이다.
(C) 남자는 여자가 한 말에 동의하지 않는다.
(D) 남자는 더 많은 정보를 얻으려고 한다.

해설 '정말 놀랍다'는 말에 이어, 주차장이 비 올 때 완벽하고 건물에 매우 가깝다는 말에서 새 주차장에 대해서 매우 좋은 감정을 가지고 있음을 알 수 있다. 따라서 정답은 (B)이다.

어휘 frustrated 불만스러워 하는 enthusiastic 열광적인, 열렬한

30.

What do the women imply about the company?
(A) It will hire new employees.
(B) It is in a bad financial situation.
(C) It will move to a new location.
(D) It has grown large very fast.

여자들이 회사에 대해 암시하는 것은?
(A) 신입 직원을 고용할 것이다.
(B) 재정 상황이 좋지 않다.
(C) 새로운 장소로 옮겨갈 것이다.
(D) 매우 빠르게 크게 성장했다.

해설 두 번째 여자가 더 많은 직원들을 추가할(add more people to the staff) 거라고 했고 첫 번째 여자가 이에 동의하고 있으므로 회사가 신입 직원을 채용할 것임을 알 수 있다.

Paraphrasing
add more people to the staff → hire new employees

UNIT 8

전략 1
본책 p. 128

프렌들리 슈퍼마켓	
10달러 할인	20달러 할인
30달러 이상 구매시	60달러 이상 구매시
	유효기간 3월 20일

남: 제 구매품에 대해 사용하고 싶은 쿠폰이 있어요.
여: 어디 봅시다… 오늘 총액이 58달러입니다. 총액이 60달러를 넘는 경우에만 20달러까지 할인을 받을 수 있습니다. 가격을 올리기 위해 다른 것을 구매하시겠어요?
남: 다른 건 필요하지 않아요.

Q 시각정보에 의하면, 남자는 구매품에 대해 얼마나 할인을 받겠는가?
(A) 10달러
(B) 20달러

전략 2

손님	불만사항
1. 데이브 고어	나쁜 서비스
2. 하비 딘	지연
3. 제시카 리	더러운 좌석
4. 조시 그랩	짐 분실

남: 최근에 불만 사항들이 많이 들어오고 있어요. 지금 이 사례들 중 하나를 처리 중에 있어요.
여: 알겠어요. 이건 뭐가 문제인가요?
남: 이 고객은 굉장히 기분 나빠 하셨어요. 새 원피스를 입고 있었는데 저희 택시 중 하나를 탔을 때 얼룩이 졌답니다.

Q 시각정보에 의하면, 화자들은 어떤 고객에 대해 논의하고 있는가?
(A) 데이브 고어
(B) 제시카 리

MODEL TEST
본책 p. 129

1. (B)   **2.** (C)

1. conversation+sign

M-Cn Hello, I'm Mac Miller with Kwik Delivery. I have never been to this building before. Do you need to get any information from me?

W-Am Yes. Um, just show me a photo ID and I will make a copy of it. Where are you going to in the building?

M-Cn Okay, it's uh, **1**the third level of the building. I have to take these documents to a Mr. Anil.

W-Am No problem. Here's your temporary visitor's badge and you need to return it to me when you're on the way out.

남: 안녕하세요, 저는 퀵 배달의 맥 밀러입니다. 이 건물에 전에 온 적이 없어요. 제 정보를 받으셔야 하나요?
여: 네. 음, 사진이 붙은 신분증을 보여주시면 복사를 할 겁니다. 건물에 있는 어디를 가세요?
남: 네, 아, 건물의 3층이요. 이 서류를 아닐 씨에게 가져다 드려야 합니다.
여: 문제 없어요. 여기 임시 방문객 배지에요. 나가시는 길에 저에게 돌려주셔야 합니다.

어휘 temporary 임시의 on the way out 나가는[떠나는] 길에

Building Directory	
Ground Level	Doctor Jon Li
Level Two	VACANT
1Level Three	Hanimax Financial
Level Four	INC Insurance Ltd.
Level Five	Havac Construction

건물 안내	
1층	의사 존 리
2층	비었음
3층	하니맥스 금융
4층	INC 보험
5층	하박 건설

Look at the graphic. Where most likely will some documents be taken to?
(A) A clinic
(B) A finance company
(C) An insurance office
(D) A construction firm

시각정보에 의하면, 서류들은 어디로 가져가게 될 것 같은가?
(A) 병원
(B) 금융회사
(C) 보험회사
(D) 건설회사

해설 Building Directory(건물 안내)를 보고 documents (서류)를 가져가야 하는 곳을 찾는 문제이다. 보기 구성이 표의 우측 칸에 해당한다. 그러면 나머지 정보에서 정답의 핵심 정보가 거론되는 것이 일반적이므로 좌측 칸인 Level(층)에 주목해야 한다. 남자가 the third level of the building(건물의 3층)이라는 핵심 정보를 거론했다. 표에서 3층에 해당하는 우측 칸에 Hanimax Financial이라는 금융회사가 있는 것을 알 수 있다. 따라서 정답은 (B)이다.

2. conversation+price list

M-Au Hello, can you repair my boots for me please? I am going on a hiking trip to Big Forest National Park this weekend and I will need them then. Uh, how much do you think it will cost to have them fixed?

W-Am Um, let me see. Oh, **²for those boots it will be fifteen dollars.**

M-Au Really? I was looking at your prices and it says that a basic repair is nine dollars.

W-Am Sure, but that's for boots made of fabric.

남: 안녕하세요, 제 부츠를 수선해줄 수 있나요? 이번 주말에 빅 포레스트 국립 공원으로 하이킹을 갈 건데 그때 필요해요. 아, 수선하는 데 얼마인가요?
여: 음, 어디 봅시다, 아, 그 부츠는 15달러예요.
남: 정말이요? 가격표를 봤는데 기본 수선은 9달러라고 나와 있던데요.
여: 네, 근데 그건 천으로 만들어진 부츠 가격이에요.

어휘 say ~라고 쓰여 있다 be made of ~로 구성되다 fabric 천 synthetics 합성섬유 leather 가죽 rubber 고무

Mirror Finish Shoe Repair	
Material	Cost
Fabric	$9.00
Synthetics	$12.00
²Leather	$15.00
Rubber	$16.00

미러 피니쉬 신발 수리	
소재	가격
천	9달러
합성섬유	12달러
가죽	15달러
고무	16달러

Look at the graphic. What are the boots made of?
(A) Fabric
(B) Synthetics
(C) Leather
(D) Rubber

시각정보에 의하면, 부츠의 소재는 무엇인가?
(A) 천
(B) 합성섬유
(C) 가죽
(D) 고무

해설 Shoe repair(신발 수리)에 대한 정보를 보고 부츠의 소재가 무엇인지 맞추는 문제이다. 보기 구성이 표의 좌측 칸과 동일하므로, 나머지 정보인 Cost(가격)에 주목한다. 여자가 fifteen dollars(15달러)라는 핵심 정보를 거론했다. 표에서 15달러에 해당하는 것은 Leather(가죽)라고 나와 있으므로 정답은 (C)이다.

PRACTICE TEST

본책 p. 131

1. (D)	2. (C)	3. (A)	4. (D)	5. (D)
6. (C)	7. (C)	8. (B)	9. (B)	10. (A)
11. (C)	12. (C)	13. (D)	14. (D)	15. (D)
16. (A)	17. (A)	18. (B)		

[1-3] conversation+floor plan

W-Br Hi, I am looking to reserve a space in the upcoming Bread and Cake show. **¹I think it will help advertise my bakery.**

M-Cn Yes, our annual Bread and Cake Show has really helped many businesses. Now, how about a "Red" stall?

W-Br I like the size of those stalls, but **²I would prefer one of the locations next to the entrance.** I think people will stop there while coming and going. Uh, what do I need to finalize my reservation?

M-Cn **³Please give me your business registration number**, it's just a small legal requirement.

여: 안녕하세요, 곧 있을 브레드 앤 케이크 박람회에 공간을 예약하고 싶어요. 제 제과점을 광고하는 데 도움이 될 거 같아요.
남: 네, 우리 연례 브레드 앤 케이크 박람회는 많은 업체들에 정말 도움이 되었어요. 자, "빨강" 가판대는 어떠세요?
여: 그 가판대의 크기는 좋지만 출입구 옆 자리 중 한 곳이면 좋겠어요. 사람들이 들어오고 나가면서 거기에 멈출 것 같아요. 아, 제 예약을 확정짓는 데 무엇이 필요한가요?
남: 사업자 등록 번호를 주세요, 그저 사소한 법률적 요건이에요.

어휘 stall 가판대 finalize 마무리짓다 registration 등록 legal 법률과 관련된 requirement 필요한 것

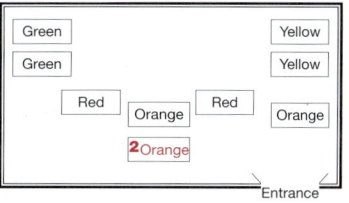

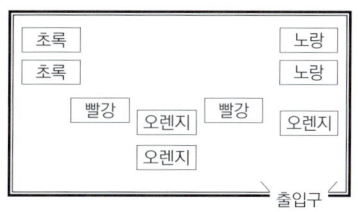

1.

What most likely is the woman's job?
(A) Sales clerk
(B) Bank teller
(C) Painter
(D) Baker

여자의 직업은 무엇이겠는가?
(A) 점원
(B) 은행 출납 직원
(C) 도장공
(D) 제빵사

해설 my bakery(내 제과점)이라는 여자의 첫 번째 말에서 여자가 제빵사인 것을 알 수 있다.

2.

Look at the graphic. What type of booth does the woman reserve?
(A) Green
(B) Yellow
(C) Orange
(D) Red

시각정보에 의하면, 여자는 어떤 종류의 부스를 예약하는가?
(A) 초록색
(B) 노랑
(C) 오렌지
(D) 빨강

해설 여자가 I would prefer one of the locations next to the entrance(출입구 옆 자리 중 한 곳이면 좋겠어요)라고 했으므로 orange를 선택한 것을 알 수 있다.

3.

What requirement does the man mention?
(A) A business number must be provided.
(B) Safety standards must be met.
(C) A permit needs to be obtained.
(D) A menu needs to be submitted.

남자가 언급하는 요건은?
(A) 사업자 번호를 제공해야 한다.
(B) 안전 기준을 충족해야 한다.
(C) 허가증을 받아야 한다.
(D) 메뉴를 제출해야 한다.

해설 마지막 대사에서 남자가 Please give me your business registration number(사업자 등록 번호를 주세요)라고 했으므로 그것이 요건인 것을 알 수 있다. 정답은 (A)이다.

[4-6] conversation + schedule

W-Am Pieter, I see you posted the timetable for the sales seminar on the company Web site. Uh, have you spoken to Avi Mendel? When I saw him in Paris last week, he said his speech and demonstration will last for three hours.

M-Cn Okay. Well, that's not really a problem. ⁴I will just change the order of our last two presenters. It won't really matter if Avi wants to have a longer session, because there will be no one waiting to speak after him and he can go over time.

W-Am Sounds good. ⁵Do you want me to e-mail Avi Mendel? I was going to message him this morning anyway.

M-Cn No, but thanks for the offer. ⁶I'll send the new schedule to all seminar attendees via e-mail, so everyone can see the changes I have made.

여: 피어터, 당신이 회사 웹사이트에 영업 세미나 일정표를 게시했던데요. 아비 멘델과 이야기해봤나요? 지난주에 파리에서 그를 봤을 때, 그의 연설과 시연 발표가 3시간 동안 계속될 거라고 말했어요.
남: 그렇군요. 그건 별로 문제될 게 없어요. 마지막 두 발표자의 순서를 바꾸기만 하면 돼요. 아비가 수업을 더 오래 하기를 원해도 문제가 되지 않을 거예요. 그의 뒤에 연설을 하기 위해 기다리는 사람이 없어서 시간을 초과해도 되니까요.
여: 잘됐네요. 제가 아비 멘델에게 이메일을 보낼까요? 어차피 오늘 아침에 그에게 메시지를 보낼 예정이었어요.
남: 괜찮아요, 하지만 제의 고마워요. 모든 세미나 참석자들에게 이메일로 새 일정을 보낼 거예요. 그래야 모든 사람들이 제가 변경한 것들을 볼 수 있으니까요.

어휘 post 게시하다, 공고하다 demonstration 시연 last 계속되다, 지속되다 order 순서 go over ~을 넘다, 초과하다 anyway 어차피, 어쨌든 attendee 참석자

Seminar Timetable	
Name	Time
Hiroki Masushi	9:00–10:30
Jeffrey Blunt	10:35–12:00
Avi Mendel	1:30–3:00
⁴Sven Hath	3:05–5:00

세미나 시간표	
이름	시간
히로키 마수시	9:00–10:30
제프리 블런트	10:35–12:00
아비 멘델	1:30–3:00
스벤 하쓰	3:05–5:00

4.

Look at the graphic. Who will present at 1:30?
(A) Hiroki Masushi
(B) Jeffrey Blunt
(C) Avi Mendel
(D) Sven Hath

시각 정보에 의하면, 1시 30분에 누가 발표할 것인가?
(A) 히로키 마수시
(B) 제프리 블런트
(C) 아비 멘델
(D) 스벤 하쓰

해설 Seminar Timetable(세미나 일정표)를 보고 발표자를 맞추는 문제이다. 질문에서 묻는 1시 30분의 현재 발표자 Avi Mendel은 절대 정답이 아니다. 발표 순서를 묻는 경우 순서를 바꾸는 경우가 많으며, 그럴 경우 '바꾸다'를 뜻하는 동사(change, trade, swap, reverse 등)와 서수(first, second, third, last)에 주목해야 한다. I will just change the order of our last two presenters(마지막 두 발표자의 순서를 바꾸기만 하면 됩니다)라고 했으므로 1시 30분 발표자는 Sven Hath가 된다.

5.

What does the woman offer to do?
(A) Find a convention venue
(B) Revise a presentation
(C) Send an invitation
(D) E-mail a presenter

여자가 제의하는 것은?
(A) 컨벤션 장소 찾기
(B) 발표 수정하기
(C) 초대장 보내기
(D) 발표자에게 이메일 보내기

해설 제의 시 사용되는 표현인 Do you want me to 뒤에 발표자 중 한 명인 Avi Mendel에게 e-mail한다고 했으므로 정답은 (D)이다.

어휘 **venue** (행사) 장소

6.

What will the man do with a revised schedule?
(A) Show it to a manager for approval
(B) Upload it to a Web site
(C) Send it to all participants
(D) Post it on a notice board

남자는 수정된 일정표로 무엇을 할 것인가?
(A) 승인을 위해 관리자에게 보여주기
(B) 웹사이트에 업로드하기
(C) 모든 참가자들에게 보내기
(D) 게시판에 게시하기

해설 미래 행위를 나타내는 표현 I'll 뒤에 send the new schedule to all seminar attendees via e-mail(모든 세미나 참석자들에게 이메일로 새 일정을 보낼 거예요)라고 했으므로 정답은 (C)이다.

Paraphrasing

attendees → participants

[7-9] conversation + list

W-Br Wow, I've had such a great time here at the new product exhibition. **7**Too bad that it's close to closing time. I think we have time for one more exhibit before the exhibition closes for the day. What do you think we should look at?

M-Cn **8,9**Let's see the Outdoor Tech. exhibit. I heard they have the new P-92 backpack on display. **8**I would like to stock it in our store.

W-Br **8**Yes, that would be perfect for our store. We can talk to their representative about it. First though, can we go back to the Snowline exhibit quickly? I want to see their sleeping bags again.

M-Cn I took a lot of photos. I will send them to you.

여: 와우, 여기 새 제품 전시회에서 정말 좋은 시간을 보냈어요. 폐장 시간이 가까워져서 아쉬워요. 오늘 전시회가 문을 닫기 전에 전시회를 한 군데 더 볼 수 있는 시간은 있을 것 같아요. 무엇을 보면 좋을까요?

남: 아웃도어 테크 전시회를 봅시다. 그들이 새로운 P-92 배낭을 전시해 뒀다고 들었어요. 우리 매장에 그것을 들여놓고 싶어요.

여: 네, 우리 매장에 딱 맞을 것 같아요. 그것에 대해 그쪽 직원과 이야기할 수 있겠네요. 하지만 먼저, 스노우라인 전시회에 잠시 돌아갈 수 있을까요? 침낭들을 다시 보고 싶어서요.

남: 제가 사진을 많이 찍었어요. 당신에게 보내줄게요.

어휘 **exhibition** 전시회 **exhibit** 전시회; 전시하다 **backpack** 배낭 **stock** (가게 등에) 상품을 갖추다, 들여놓다 **representative** 직원, 대표자 **sleeping bag** 슬리핑 백

Exhibit #	Corporation
36	Hikers Inc.
937	Outdoor Tech.
38	Thermal Rest
39	Snowline

전시번호	회사
36	하이커스사
37	아웃도어 테크
38	터말 레스트
39	스노우라인

7.

Why most likely are the speakers unable to visit all the exhibits?
(A) They will meet clients.
(B) They need to go back to work.
(C) The exhibition will close soon.
(D) They have to take a train.

화자들은 왜 모든 전시회를 방문할 수 없을 것 같은가?
(A) 고객들을 만날 것이다.
(B) 회사로 돌아가야 한다.
(C) 전시회가 곧 문을 닫을 것이다.
(D) 기차를 타야 한다.

해설 첫 대사에서 여자가 it's close to closing time(폐장 시간이 가까워요)라고 했으므로 모든 전시회에 못 가는 이유가 전시회가 곧 문을 닫기 때문임을 알 수 있다.

8.

Why do the speakers want to see the P-92 backpack?
(A) To buy it as a gift
(B) To sell it in a store
(C) To take photographs
(D) To check its design

화자들이 P-92 배낭을 보고 싶어 하는 이유는?
(A) 선물로 사기 위해
(B) 가게에서 팔기 위해
(C) 사진을 찍기 위해
(D) 디자인을 확인하기 위해

해설 고유명사 P-92 backpack이 언급된 부분에 주목한다. 남자가 I would like to stock it in our store(우리 매장에 그것을 들여놓고 싶어요)라고 했고, 여자도 이에 동의하고 있으므로 매장에서 그 물건을 팔고 싶다는 (B)가 정답이다.

9.

Look at the graphic. Which exhibit will the speakers visit next?
(A) 36
(B) 37
(C) 38
(D) 39

시각정보에 의하면, 화자들은 다음에 어떤 전시회를 방문할 것인가?
(A) 36
(B) 37
(C) 38
(D) 39

해설 Exhibit #(전시번호)와 Corporation(회사)를 보고 다음에 방문할 전시회를 맞추는 문제이다. 보기 구성이 표의 좌측 칸과 동일하므로, 나머지 정보인 Corporation(회사)에 주목한다. 남자가 Outdoor Tech.라는 핵심 정보를 거론했다. 표에서 Outdoor Tech.에 해당하는 것은 37로 나와 있으므로 정답은 (B)이다.

[10-12] conversation+map

M-Cn You're here first again, Sally! How come you're able to get here so early, I mean, **10**our houses are in North Chesterfield.

W-Am Which subway line do you take to get here?

M-Cn I usually use Line 9. My friend told me it was the quickest line to work.

W-Am Well, there's your problem.

M-Cn Really? What's wrong with Line 9?

W-Am Line 9 makes too many stops. **11**Line 5 does not go through Central Station, where there are a lot of people changing trains. It is quicker.

M-Cn Ah, that makes sense. I might try taking that line, then.

W-Am It's a good idea. **12**We can come to work together sometime and I will show you the right station exit to take.

남: 또 제일 먼저 왔네요, 샐리! 어떻게 그렇게 일찍 도착할 수 있죠? 내 말은, 우리 둘 다 집이 노스 체스터필드에 있잖아요.
여: 여기 올 때 어떤 지하철 노선을 타세요?
남: 보통 9번 노선을 이용해요. 제 친구가 그게 회사로 가는 가장 빠른 노선이라고 말했어요.
여: 음, 그게 문제예요.
남: 정말이요? 9번 노선에 무슨 문제가 있죠?
여: 9번 노선은 너무 많이 정차해요. 5번 노선은 많은 사람들이 기차를 갈아타는 중앙역을 통과하지 않아요. 더 빠르죠.
남: 아, 말이 되네요. 그럼 그 노선을 이용해봐야 할 것 같네요.
여: 좋은 생각이에요. 언젠가 같이 출근해서 이용할 올바른 역 출구가 어디인지 보여드릴게요.

어휘 make sense 타당하다, 말이 되다

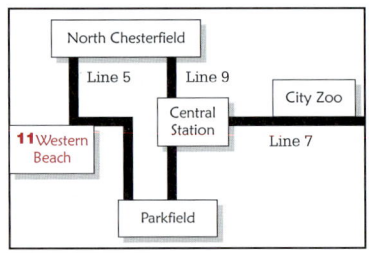

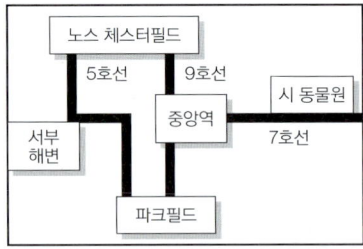

10.

What do the speakers have in common?
(A) They live nearby.
(B) They use a transfer station.
(C) They drive to work.
(D) They meet a lot of people at work.

화자들은 어떤 공통점을 가지고 있는가?
(A) 사는 곳이 가깝다.
(B) 환승역을 이용한다.
(C) 자가용으로 출근한다.
(D) 직장에서 많은 사람들을 만난다.

해설 남자의 our houses are in North Chesterfield(우리 둘 다 집은 노스 체스터필드에 있잖아요)라는 말에서 두 화자가 같은 동네에 거주하고 있다는 공통점이 있다는 것을 알 수 있다.

어휘 transfer station 환승역

Paraphrasing

our houses are in North Chesterfield
→ They live nearby.

11.

Look at the graphic. What station does the woman pass on her way to work?
(A) North Chesterfield
(B) City Zoo
(C) Western Beach
(D) Parkfield

시각정보에 의하면, 여자가 출근 길에 통과하는 역은?
(A) 노스 체스터필드
(B) 시 동물원
(C) 서부 해변
(D) 파크필드

해설 map(지도)을 보고 여자가 통과하는 곳을 맞추는 문제이다. Line 5(5번 노선)에 대해서 여자가 언급하고 있고, 지도에서 5번 노선에는 Western Beach 역이 있으므로 정답은 (C)이다.

12.

What does the woman offer to do for the man?
(A) Go on a business trip
(B) Give him a ride to work
(C) Accompany him on his commute
(D) Help him with his project

여자가 남자에게 제의하는 것은?
(A) 출장 가기
(B) 그를 차로 회사까지 데려다 주기
(C) 그와 통근 길 동행하기
(D) 그의 프로젝트 도와주기

해설 제의 시 사용되는 표현인 We can 뒤에 come to work together(같이 출근하자)고 했으므로 출근에 동행한다는 (C)가 정답이다.

Paraphrasing

come to work together
→ Accompany him on his commute

[13-15] conversation+calendar

M-Au Hello, I would like to make a time to bring my car in for an oil change. I can come in at eight o'clock on Wednesday morning.

W-Br Sorry, **13**we open at 9:00 A.M., so we'll be closed at that time. However, our mechanic has some work scheduled for the morning of the 29th of April. I think he will be able to fit you in then.

M-Au **14**The 29th is fine with me.

W-Br Okay. I will schedule you for 9:30 A.M., but **15**please come at 9:00 or so. We offer a free car inspection to all new customers and you will need time for that.

남: 안녕하세요, 오일 교체를 위해 차를 가지고 갈 시간을 정하고 싶은데요. 수요일 아침 8시에 갈 수 있어요.
여: 죄송하지만 오전 9시에 문을 열기 때문에 그 때는 문이 닫혀 있을 거예요. 하지만, 저희 정비공이 4월 29일 아침에는 작업 일정이 있어요. 그 시간에 당신을 넣어드릴 수 있을 겁니다.
남: 29일 좋습니다.
여: 네, 오전 9시 30분으로 일정을 잡아드릴게요, 하지만 9시쯤에 와주세요. 모든 고객들에게 무료 자동차 점검을 제공하니 그것을 할 시간이 필요하실 겁니다.

어휘 mechanic 정비공 fit in 끼워 넣다 inspection 점검

April	
Monday	25
Tuesday	26
Wednesday	27
Thursday	28
14Friday	29

4월	
월요일	25
화요일	26
수요일	27
목요일	28
금요일	29

13.

What does the woman say about the garage?
(A) It is offering a discounted service.
(B) It is looking for new mechanics.
(C) It has a lot of cars that need work.
(D) It commonly opens at 9:00 A.M.

여자가 정비소에 대해 말하는 것은?
(A) 서비스 할인을 제공하고 있다.
(B) 새로운 정비공을 찾고 있다.
(C) 작업이 필요한 차들이 많다.
(D) 보통 오전 9시에 문을 연다.

해설 여자가 we open at 9:00 A.M.이라고 했으므로 정답은 (D)이다.

14.

Look at the graphic. On what day will the man visit the garage?
(A) Tuesday
(B) Wednesday
(C) Thursday
(D) Friday

시각정보에 의하면, 남자는 무슨 요일에 정비소를 방문할 것인가?
(A) 화요일
(B) 수요일
(C) 목요일
(D) 금요일

해설 달력을 보고 정비소 방문 요일을 맞추는 문제이다. The 29th is fine with me라고 29일이 좋다고 남자가 말했고, 일정 표에서 29일은 금요일로 나와 있다. 따라서 정답은 (D)이다.

15.

Why does the woman ask the man to arrive early?
(A) For a free consultation
(B) For a car registration process
(C) For a test drive
(D) For a complimentary checkup

여자가 남자에게 일찍 오라고 요청하는 이유는?
(A) 무료 상담을 위해
(B) 자동차 등록 절차를 위해
(C) 시운전을 위해
(D) 무료 점검을 위해

해설 마지막 대사에서 여자가 We offer a free car inspection(무료 자동차 점검을 제공해요)라고 했고 그것을 할 시간이 필요하다고 했으므로 정답은 (D)이다.

Paraphrasing
a free car inspection → a complimentary checkup

[16-18] conversation+card

M-Au	I just reviewed the company's customer service inbox. It doesn't look good so far this month.
W-Br	Yes, I've noticed a trend among the recent complaints.
M-Au	Oh really. What's that? I must not have been looking too closely. **16,17**The one that stood out was the complaint about impolite staff at the check-in counter, and a delayed flight.
W-Br	Well, I researched each customer's travel history and it appears that they all seem to have originated from the same airport, Denver City Airport, on various dates.
M-Au	Thanks for doing that, we ought to investigate our airline's current operations at that airport to see how we can improve.
W-Br	Right. **18**I can assemble a quality control team to do a site visit.

남: 회사의 고객 서비스 수신함을 방금 검토했어요. 이번 달에 현재까지는 좋아 보이지 않네요.
여: 네, 저는 최근 불만들의 동향을 알고 있어요.
남: 아 그래요. 그게 뭐죠? 제가 그다지 면밀히 보지 않았나 보군요. 눈에 띈 것은 무례한 체크인 카운터 직원과 비행기 지연에 대한 불만이었어요.
여: 음, 고객의 여행 이력을 일일이 조사해보니 그 모두가 다른 날짜에 같은 공항인 덴버 시 공항에서 비롯된 것으로 보여요.
남: 그렇게 해줘서 고마워요. 개선 방법을 알아보기 위해 공항에서 우리 항공사의 현재 운영에 대해 조사를 해야겠어요.
여: 맞아요. 현장 방문을 위해 품질 관리팀을 구성할게요.

어휘 so far 현재까지 notice 인지하다 complaint 불만 closely 면밀하게 stand out 두드러지다 appear ~인 것 같다 originate from ~에서 비롯되다 ought to ~해야 한다 investigate 조사하다 assemble 모으다

Name	Comment
1. **17**James Bose	Flight delay and rude staff
2. Jason Raskin	Dirty facilities
3. Brian Yoler	Unable to check-in
4. Nabil Siddiqi	No wifi signal

이름	내용
1. 제임스 보스	비행기 지연과 무례한 직원
2. 제이슨 라스킨	지저분한 시설
3. 브라이언 욜러	체크인 불가
4. 나빌 시디키	와이파이 사용 불가

16.

Where do the speakers most likely work?
(A) At an airline
(B) At a production plant
(C) At a research center
(D) At a security office

화자들은 어디서 일하겠는가?
(A) 항공사
(B) 생산공장
(C) 연구센터
(D) 보안사무실

해설 남자의 두 번째 대사 속 check-in counter, and a delayed flight(체크인 카운터, 지연된 비행기)라는 말에서 항공사에서 근무하는 직원들인 것을 알 수 있다.

17.

Look at the graphic. Which customer are the speakers discussing?
(A) James Bose
(B) Jason Raskin
(C) Brian Yoler
(D) Nabil Siddiqi

시각정보에 의하면, 화자들은 어떤 고객에 대해 논의하고 있는가?
(A) 제임스 보스
(B) 제이슨 라스킨
(C) 브라이언 욜러
(D) 나빌 시디끼

해설 Name(이름)과 Comment(내용)를 보고 논의하는 고객명을 맞추는 문제이다. 보기 구성이 표의 좌측 칸과 동일하므로, 나머지 정보인 Comment(내용)에 주목한다. 남자가 두 번째 대사에서 impolite staff, a delayed flight라는 핵심 정보를 거론했다. 표에서 이에 해당하는 칸에 James Bose라고 나와 있으므로 정답은 (A)이다. 대화의 impolite가 표에서는 rude로 표현되었다.

18.

What will the speakers do next?
(A) Refund customers' tickets
(B) Plan a site visit
(C) Employ new employees
(D) Organize training programs

화자들은 다음에 무엇을 할 것인가?
(A) 고객 표 환불하기
(B) 현장 방문 계획하기
(C) 신입 사원들 채용하기
(D) 교육 프로그램 준비하기

해설 미래 행위를 나타내는 표현 I can을 사용하여, assemble a quality control team to do a site visit(현장 방문을 위해 품질 관리팀을 구성한다)라고 했으므로 (B)가 정답이다.

PART 3 ACTUAL TEST
본책 p. 134

32. (C)	33. (B)	34. (D)	35. (B)	36. (C)
37. (D)	38. (D)	39. (A)	40. (B)	41. (D)
42. (A)	43. (B)	44. (B)	45. (B)	46. (A)
47. (B)	48. (B)	49. (A)	50. (D)	51. (B)
52. (C)	53. (B)	54. (B)	55. (D)	56. (C)
57. (C)	58. (D)	59. (B)	60. (B)	61. (B)
62. (B)	63. (B)	64. (D)	65. (B)	66. (D)
67. (C)	68. (A)	69. (C)	70. (A)	

[32-34]

W-Am Hello, you've reached the customer service desk at Woody's Electronics. What can I do for you today?

M-Au Hi, this is Francisco. I received a 48-inch TV as a Christmas present a little over a year ago and recently it stopped working. ³²Is there some sort of warranty still available to cover the costs of fixing it?

W-Am Well, that depends on whether or not you purchased the extended warranty since ³³the standard warranty was valid for 1 year. If you give me the serial number and date of purchase, ³⁴I can look it up in our customer database.

여: 안녕하세요, 우디즈 전자 고객서비스 데스크로 연락 주셨습니다. 오늘 무엇을 도와드릴까요?

남: 안녕하세요, 저는 프란시스코라고 합니다. 크리스마스 선물로 48인치 TV를 받은 지 1년이 좀 넘었는데 최근에 작동을 하지 않아요. 수리 비용을 처리하는 데 이용할 수 있는 품질보증 같은 것이 있나요?

여: 음, 일반 품질보증은 1년간 유효하기 때문에 연장된 품질보증을 구매하셨는지 여부에 따라 다릅니다. 일련번호와 구매 일자를 저에게 알려주신다면 고객 데이터베이스에서 찾아 볼 수 있습니다.

어휘 reach 연락하다 warranty (품질 등의) 보증(서) cover (비용을) 대다 depend on ~에 달려 있다 extended 연장한 valid for ~동안 유효한 look up 찾아보다

32.

What does the man inquire about?
(A) The cost of a new TV
(B) The location of a customer service office
(C) The availability of a warranty
(D) The man's e-mail address

남자가 문의하는 것은?
(A) 새 TV 가격
(B) 고객서비스 사무실 위치
(C) 보증서 이용 가능성
(D) 남자의 이메일 주소

해설 남자의 Is there some sort of warranty(품질보증 같은 것이 있나요?)라는 말에서 보증서를 이용할 수 있는지 여부에 대해서 묻는 것임을 알 수 있다.

33.

What does the woman mention about the standard warranty?
(A) It is still valid.
(B) It expired after 1 year.
(C) It is possible to renew it.
(D) It does not apply to a certain model.

여자가 일반 품질보증에 대해 언급하는 것은?
(A) 아직 유효하다.
(B) 1년 후에 만료됐다.
(C) 갱신할 수 있다.
(D) 특정 제품에는 적용되지 않는다.

해설 여자의 대사 속 standard warranty에 주목한다. valid for 1 year(1년간 유효하다)라는 말에서 구입 후 1년 후에 만기가 됨을 알 수 있다.

어휘 expire 만료되다

Paraphrasing
was valid for 1 year → expired after 1 year

34.

What does the woman offer to do?
(A) Reset a password
(B) Explain a refund policy
(C) Contact a repairman
(D) Look up some information

여자가 제의하는 것은?
(A) 비밀번호 재설정하기
(B) 환불 정책 설명하기
(C) 수리기사에게 연락하기
(D) 정보 찾아보기

해설 제의 시 사용되는 표현인 I can 뒤에 look it up in our customer database(고객 데이터베이스에서 찾는다)라고 했으므로 정보를 찾는 것으로 도와준다는 말임을 알 수 있다.

어휘 reset 재설정하다 refund 환불 policy 정책, 방침

Paraphrasing
look it up in our customer database
→ Look up some information

[35-37]

M-Cn 35How are we going with the change to the new line of products?

W-Br We have received most of the new stock, but I am a bit concerned about the new line of merchandise from Toyco. 36The shipment from Toyco hasn't gotten here yet. I called the delivery company yesterday and they told me it should arrive this afternoon. Until then, I can't finish making our new store displays.

M-Cn That's not good. 37I want to have a sale to celebrate a new product launch next week.

W-Br I think I should contact Toyco Manufacturing directly to find out what happened to our shipment.

남: 새로운 제품들로 바꾸는 것은 어떻게 되어 가고 있나요?
여: 새 물건 대부분을 받았지만, 토이코의 새 상품이 좀 걱정이 돼요. 토이코 선적물이 아직 도착하지 않았어요. 어제 배송 회사에 전화를 했는데 오늘 오후에 도착할 거라고 말했어요. 그때까지는, 새로운 매장 진열을 마칠 수가 없어요.
남: 그러면 안 되는데요. 다음 주에 새 제품 출시를 축하하기 위해 할인 행사를 하고 싶거든요.
여: 우리 선적물에 무슨 일이 생겼는지 알아보기 위해 토이코 사에 곧장 연락을 해야 할 것 같아요.

어휘 line (상품의) 종류 stock 재고 launch 출시(하다) directly 곧장, 바로 find out 알아보다

35.

What are the speakers discussing?
(A) Moving to the new premises
(B) Updating store products
(C) Renovating a warehouse
(D) Hiring temporary workers

화자들은 무엇에 대해 논의하고 있는가?
(A) 새 건물로 이사하기
(B) 매장 제품 업데이트하기
(C) 창고 개조하기
(D) 임시 직원 고용하기

해설 주제 언급 시 사용되는 표현인 How ... going with A?(A는 어때요?)를 사용하여, the change to the new line of products(새로운 제품들로 바꾸는 것)을 주제로 꺼내고 있으므로 정답은 (B)이다.

Paraphrasing
the change to the new line of products
→ Updating products

36.

What problem does the woman describe?
(A) An employee was late for work.
(B) A work schedule has been changed.
(C) Some products have not arrived.
(D) A contract will soon be renewed.

여자는 어떤 문제에 대해 말하는가?
(A) 직원 한 명의 출근이 늦었다.
(B) 작업 일정이 바뀌었다.
(C) 일부 제품들이 도착하지 않았다.
(D) 계약이 곧 갱신될 것이다.

해설 문제점 / 걱정거리 언급 시 사용되는 표현인 not을 사용하여, 선적물이 아직 도착하지 않았다(The shipment ~ hasn't gotten here yet)는 말에서 (C)가 답인 것을 알 수 있다.

Paraphrasing
The shipment ~ hasn't gotten here yet.
→ Some products have not arrived.

37.

What does the man want to schedule for next week?
(A) A staff training session
(B) An opening ceremony
(C) A job interview
(D) A sales event

남자가 다음 주로 일정을 잡고 싶어 하는 것은?
(A) 직원 교육
(B) 개업식
(C) 취업 면접
(D) 할인 행사

해설 남자의 대사 속 next week에 주목한다. 할인 행사를 한다(have a sale)는 말에서 (D)가 답인 것을 알 수 있다.

[38-40]

W-Am Shane, weren't we supposed to have an interview with the city mayor tomorrow? **38**I think my article on the urban renewal project is very important for our daily paper.

M-Au I know, but his secretary called and said that his schedule has changed. He has to attend an international conference in New York and visit urban planners there, so **39**he can't make it for an interview tomorrow.

W-Am That's a pity. I really wanted to write an article about that. Besides the mayor, is there anyone else who can talk to me about the project?

M-Au **40**I'm trying to get someone from the city committee to give you details.

여: 쉐인, 우리가 내일 시장님과 인터뷰를 하기로 되어 있지 않나요? 도시 재개발 프로젝트에 관한 제 기사가 우리 일간 신문에 매우 중요하다고 생각해요.

남: 알아요, 근데 시장님 비서가 전화해서 일정이 바뀌었다고 했어요. 시장님이 뉴욕에서 있는 국제 컨퍼런스에 참석하고 거기서 도시 설계자들을 방문해야 해서 내일 인터뷰에 오실 수가 없대요.

여: 유감이네요. 그것에 관한 기사를 꼭 쓰고 싶었는데요. 시장님 외에, 그 프로젝트에 관해 저에게 이야기해줄 다른 사람이 있나요?

남: 시 위원회에서 당신에게 세부 사항을 알려줄 사람을 찾고 있는 중이에요.

어휘 be supposed to ~하기로 되어 있다 urban 도시의 renewal 재개발 make it ~에 가다, 시간 맞춰 가다 besides ~외에 committee 위원회

38.

Where do the speakers most likely work?
(A) At a government office
(B) At a construction company
(C) At a television station
(D) At a newspaper

화자들은 어디에서 일하겠는가?
(A) 관공서
(B) 건설 회사
(C) 텔레비전 방송국
(D) 신문사

해설 my article(제 기사), our daily paper(우리 일간 신문)라는 말에서 신문사가 화자들의 직장임을 알 수 있다. Times, Daily, Chronicle, Tribune, Gazette 등 신문사를 지칭하는 말을 꼭 알아두자.

39.

Why is the woman disappointed?
(A) An interview has been canceled.
(B) A printer is not working well.
(C) A report has wrong information.
(D) A worker will be transferred.

여자는 왜 실망하고 있는가?
(A) 인터뷰가 취소되었다.
(B) 프린터가 잘 작동되지 않는다.
(C) 보고서에 잘못된 정보가 있다.
(D) 직원이 전근 갈 것이다.

해설 시장이 인터뷰에 올 수 없다(he can't make it for an interview tomorrow)는 말에 유감(That's a pity)이라고 실망의 표현을 했으므로 여자가 실망한 이유는 인터뷰가 취소되었기 때문이다.

어휘 cancel 취소하다 transfer 전근시키다

40.

What does the man say he will do?
(A) Meet an event planner
(B) Find a replacement
(C) Reserve accommodations
(D) Print out an article

남자는 무엇을 할 거라고 말하는가?
(A) 행사 기획자 만나기
(B) 대신할 사람 찾기
(C) 숙박 시설 예약하기
(D) 기사 출력하기

해설 남자가 마지막 대사에서 trying to get someone(누군가를 찾고 있는 중)이라고 했으므로 인터뷰를 대신해 줄 사람을 찾는다는 것을 알 수 있다.

[41-43]

W-Br Welcome to Current Affairs Night on Channel 9. I'm Shania Smith, **41**here with Mark Stein, head reviewer at *Modern Gadget* magazine. What do you have for us tonight, Mark?

M-Au Well, Shania, I have the new Handtech P8 smartphone that was released last week.

W-Br **42**Can you give our viewers a quick report? What would you tell people interested in buying this phone?

M-Au I would tell them "don't make an expensive mistake." **43**This phone is very good, but it costs almost twice as much as other phones that have similar levels of performance.

여: 환영합니다, 채널 9의 커런트 어페어즈 나이트입니다. 저는 샤니아 스미스이고, 〈모던 가젯〉지의 수석 논평가인 마크 스타인 씨가 나와 계십니다. 오늘 밤은 어떤 소식을 가지고 오셨나요, 마크?

남: 음, 샤니아, 지난 주에 출시된 새로운 핸드테크 P8 스마트폰 소식이 있습니다.

여: 우리 시청자들에게 짧게 이야기해주시겠습니까? 이 전화기를 사고 싶어 하는 사람들에게 뭐라고 말하겠습니까?

남: 그들에게 "괜히 돈 나갈 실수를 하지 마세요"라고 말하겠습니다. 이 전화기는 매우 좋지만 비슷한 수준의 성능을 가진 다른 전화기들보다 거의 두 배 비쌉니다.

어휘 release 출시하다, 공개하다 viewer 시청자 performance 성능

41.
What type of business does the man work for?
(A) A cellphone manufacturer
(B) A government office
(C) An engineering firm
(D) A magazine company

남자가 근무하는 업체의 종류는?
(A) 핸드폰 제조사
(B) 관공서
(C) 기계공학 회사
(D) 잡지사

해설 여자가 남자를 head reviewer at ~ magazine(~ 잡지의 수석 논평가)라고 소개했으므로 남자는 잡지사에서 근무한다는 것을 알 수 있다. 따라서 정답은 (D)이다.

42.
What does the woman ask the man to do?
(A) Provide a short review
(B) Conduct a demonstration
(C) Promote a publication
(D) Take calls from audiences

여자가 남자에게 요청하는 것은?
(A) 짧은 논평 해주기
(B) 시연하기
(C) 출판물 홍보하기
(D) 시청자들 전화 받기

해설 요청 시 사용되는 표현인 Can you 뒤에, 시청자들에게 짧게 이야기해주세요(give our viewers a quick report)라고 요청하고 있으므로 정답은 (A)이다.

Paraphrasing
give ~ a quick report → Provide a short review

43.
Why does the man say, "don't make an expensive mistake"?
(A) To show people that he sometimes makes errors
(B) To dissuade people from buying a product
(C) To tell viewers where to buy a product cheap
(D) To make listeners buy his publication

남자가 "괜히 돈 나갈 실수를 하지 마세요"라고 말한 의도는 무엇인가?
(A) 자신도 가끔 실수를 한다는 것을 사람들에게 보여주기 위해
(B) 제품을 사지 않도록 사람들을 설득하기 위해
(C) 제품을 어디에서 싸게 살 수 있는지 시청자들에게 말해주기 위해
(D) 청취자들이 자신의 출판물을 사도록 만들기 위해

해설 이 말에 이어, 앞에서 언급한 제품이 유사 제품에 비해 비싸다고 했으므로 제품을 사지 않도록 설득하기 위한 의도임을 알 수 있다.

어휘 dissuade A from -ing A에게 ~하지 않도록 설득하다

[44-46]

W-Br Hi, my name is Madeline Chen. **44I am calling to ask about my driver's license.** I put in an application for it through your Web site two weeks ago, but I haven't heard anything back about it yet.

M-Cn Ms. Chen, let me check our records. Ah, I see. **45It appears that we need another form from you**—proof of residency, to be exact.

W-Br I see. Do you think I should go to the West Johnstown office to submit it today?

M-Cn Yes, it'll help complete the process quickly. **46I'll leave a comment on your digital records so the officer at West Johnstown can see it when you get there.**

여: 안녕하세요, 제 이름은 매들린 첸입니다. 제 운전 면허증에 대해 물어보기 위해 전화 드립니다. 2주 전에 웹사이트를 통해 신청서를 제출했는데, 아직 그것에 관해 아무 답신이 없어서요.
남: 첸 씨, 저희 기록을 확인해보겠습니다. 아, 알겠어요. 귀하로부터 서류가 하나 더 필요한 것 같습니다; 정확하게 말하자면, 거주 증명서입니다.
여: 그렇군요. 웨스트 존스타운 지사에 가서 오늘 그것을 제출해야 할까요?
남: 네, 그렇게 하면 절차를 빨리 끝내는 데 도움이 될 겁니다. 귀하가 갔을 때 웨스트 존스타운에 있는 담당자가 알아볼 수 있도록 디지털 기록에 언급을 해두겠습니다.

어휘 put in 신청하다, 제출하다 appear ~인 것 같다 to be exact 정확하게 말하자면 complete 완료하다, 끝마치다 process 절차, 과정 officer 공무원

44.
What type of organization is the woman calling?
(A) A consulting firm
(B) A license bureau
(C) A real estate agency
(D) A printing shop

여자는 어떤 종류의 기관에 전화를 하고 있는가?
(A) 컨설팅 회사
(B) 면허국
(C) 부동산 중개소
(D) 인쇄소

해설 여자의 I am calling to ask about my driver's license(제 운전 면허증에 대해 물어보기 위해 전화 드립니다)라는 말에서 면허 관련 업무를 담당하는 기관에 전화하고 있다는 것을 알 수 있다.

45.
What problem does the man mention?
(A) An address needs to be updated.
(B) A document package is incomplete.
(C) A photograph is missing from a form.
(D) An identification number is not recorded.

142

남자는 어떤 문제를 언급하는가?
(A) 주소를 최신 것으로 갱신해야 한다.
(B) 필요한 서류가 불충분하다.
(C) 사진이 양식에서 빠져 있다.
(D) 신분증 번호가 기록되어 있지 않다.

해설 we need another form from you(귀하로부터 서류가 하나 더 필요합니다)라는 말에서 서류 부족이 문제인 것을 알 수 있다. 결국, 필요 서류가 완벽하지 못한 것이므로 정답은 (B)이다.

46.
What does the man say he will do?
(A) Make a note on a computer file
(B) Have a meeting with drivers
(C) Make a call to his coworker
(D) Visit one of his branch offices

남자는 무엇을 할 거라고 말하는가?
(A) 컴퓨터 파일에 메모 남기기
(B) 운전자들과 회의하기
(C) 동료에게 전화하기
(D) 지사 중 한 곳 방문하기

해설 미래 행위를 나타내는 표현 I'll 뒤에 leave a comment on your digital records(디지털 기록에 언급을 해두겠습니다)라고 했으므로 메모를 남긴다는 (A)가 답이다.

Paraphrasing
leave a comment on your digital records
→ Make a note on a computer file

[47-49]

W-Am	Hello. ⁴⁷The light fixture in my bathroom is not working properly. I need a replacement light bulb, can you recommend one for me?
M-Au	Sure, I think the NRG-Saver is the best model we have. It costs more than our other offerings, but ⁴⁸it's a very green option. It saves energy, so it helps to cut down on electricity usage.
W-Am	Excellent. I think it's important to save resources and help the environment. Let me take that one.
M-Au	Great. ⁴⁹I will give you this booklet with other products in it. If you need other lighting fixtures, you can look in here.

여: 안녕하세요. 제 욕실에 있는 조명 기구가 제대로 작동하지 않아요. 교체 전구가 필요한데, 하나 추천해주시겠어요?
남: 물론이죠, NRG-세이버가 저희에게 있는 최고의 모델이라고 생각해요. 다른 물건들보다 좀 비싸지만, 매우 친환경 사양이에요. 에너지를 절약해, 전기 사용량을 줄이는 데 도움이 됩니다.
여: 아주 좋네요. 자원을 아끼고 환경에 도움을 주는 것은 중요하다고 생각해요. 그걸로 하나 할게요.
남: 알겠습니다. 다른 제품이 들어 있는 이 소책자를 드릴게요. 다른 조명 기구가 필요하시면, 여기에서 보실 수 있어요.

어휘 light fixture 조명 기구 light bulb 전구 green 환경 친화적인 cut down on ~을 줄이다 usage 사용(량) resources 자원 booklet 소책자

47.
What is the woman planning to do?
(A) Buy a new sink
(B) Change a light bulb
(C) Select floor tiles
(D) Pay for utilities

여자는 무엇을 할 계획인가?
(A) 새 싱크대 사기
(B) 전구 바꾸기
(C) 바닥 타일 선택하기
(D) 공공요금 내기

해설 교체 전구가 필요하다(I need a replacement lighting bulb)라는 여자의 말에서 여자가 전구를 교체할 것임을 알 수 있다.

어휘 utilities 공공 요금[시설]

48.
What does the woman like about a product?
(A) Its durability
(B) Its free installation
(C) Its excellent brand name
(D) Its environmental friendliness

여자는 제품의 어떤 점을 마음에 들어 하는가?
(A) 내구성
(B) 무료 설치
(C) 뛰어난 상표명
(D) 환경 친화성

해설 매우 친환경 사양(it's a very green option)이라는 남자의 말에 여자가 Excellent라는 말로 공감하고 있으므로 여자는 제품이 환경 친화적인 것을 좋아한다는 것을 알 수 있다.

어휘 durability 내구성 installation 설치

49.
What does the man offer the woman?
(A) A catalog
(B) An additional cable
(C) A store credit
(D) A discount coupon

남자가 여자에게 제공하는 것은?
(A) 카탈로그
(B) 추가 전선
(C) 적립금
(D) 할인 쿠폰

해설 제의 시 사용되는 표현인 I will give you 뒤에 booklet(소책자)을 거론했으므로 이와 비슷한 의미의 (A) A catalog가 정답이다.

Paraphrasing
booklet → catalog

[50-52] three speakers

M-Cn	Excuse me, ⁵⁰we're trying to find the orientation session for new staff. Is this the correct room?
W-Am	It sure is. Could you please tell me your names so I can see if your names are on the registration sheet?
M-Cn	Sure. My name is Jerry Knox. I signed up online last week.
M-Au	⁵¹I'm Harold Murray. Jerry just told me about the orientation, so I didn't actually register. Is it still possible for me to participate?
W-Am	That's no problem. I just need to see your employee ID card.
M-Cn	Oh, okay… here it is. By the way, will there be any beverages available for us?
W-Am	Yes, ⁵²there'll be coffee, juice and other drinks near the rear entrance. You should go inside. The session is about to start.

남1: 실례합니다, 신입 사원 오리엔테이션 하는 곳을 찾고 있어요. 여기가 맞는 방인가요?
여: 맞아요. 등록 서류에 이름이 있는지 찾아볼 수 있도록 이름을 말씀해 주시겠어요?
남1: 물론입니다. 제 이름은 제리 녹스입니다. 지난주에 온라인으로 등록했어요.
남2: 저는 해롤드 머레이입니다. 제리가 오리엔테이션에 대해 방금 이야기해줘서, 실은 저는 등록을 하지 않았어요. 그래도 참가할 수 있을까요?
여: 문제 없어요. 사원증을 보여주시기만 하면 됩니다.
남1: 아, 알겠어요… 여기 있습니다. 그런데, 저희가 마실 수 있는 음료가 있나요?
여: 네, 뒷문 근처에 커피, 주스 그리고 다른 음료들이 있어요. 입장하셔야 해요. 오리엔테이션이 곧 시작합니다.

어휘 **sign up** 등록[신청]하다(register) **participate** 참가하다 **be about to** 막 ~하려고 하다

50.
What type of event is being held?
(A) A recruitment seminar
(B) A retirement party
(C) A business meeting
(D) A staff orientation

어떤 종류의 행사가 열리고 있는가?
(A) 채용 세미나
(B) 은퇴 파티
(C) 업무 회의
(D) 직원 오리엔테이션

해설 첫 번째 남자가 the orientation session for new staff(신입 사원을 위한 오리엔테이션)을 찾고 있다는 말에서 어떤 행사가 열리고 있는지를 알 수 있다.

51.
Why is Harold Murray concerned?
(A) He misplaced his briefcase.
(B) He did not sign up ahead of time.
(C) He forgot to send a file.
(D) He did not bring his employee ID.

해롤드 머레이가 걱정하는 이유는?
(A) 서류가방을 찾지 못했다.
(B) 미리 등록하지 않았다.
(C) 파일 보내는 것을 깜빡했다.
(D) 사원증을 가지고 오지 않았다.

해설 두 번째 남자가 자신을 Harold Murray라고 밝히면서, 등록하지 않았다(I didn't actually register)는 문제점을 밝히고 있으므로 (B)가 정답이다.

어휘 **misplace** 잘못 두다, 둔 곳을 잊다 **ahead of time** 미리

52.
What does the woman say is near the rear entrance?
(A) A list of guest speakers
(B) Some product information
(C) Some different drinks
(D) A registration sheet

여자는 뒷문 근처에 무엇이 있다고 말하는가?
(A) 초청 연사 목록
(B) 제품 정보
(C) 몇몇 다른 음료
(D) 등록 서류

해설 여자의 대사에서 the rear entrance에 주목한다. 마지막 대사에서 coffee, juice and other drinks가 있다고 했으므로 정답은 (C)이다.

[53-55]

W-Am	Gary, good to see you.
M-Cn	Oh, hello, Wendy. I wanted to speak to you. I heard you are opening a shop. ⁵³I'm really interested in opening my own store as well.
W-Am	Well, I'm very happy. It's what I have always wanted to do. I never had the money I needed in the past, but recently I took a finance class.
M-Cn	Was it useful?
W-Am	Absolutely. ⁵⁴There's a weekly class at the Union Mutual Investments banking office downtown. You could attend.
M-Cn	I guess. ⁵⁵But, I don't know much about money and the language they use confuses me sometimes.
W-Am	Oh, I found it quite easy. Anything I didn't understand was explained to me in easy terms.

M-Cn Well, that sounds okay. I might just attend those classes.

여: 게리, 만나서 반가워요.
남: 아, 안녕하세요, 웬디. 당신과 이야기하고 싶었어요. 가게를 연다고 들었어요. 저도 제 가게를 여는 것에 관심이 많아요.
여: 음, 너무 행복해요. 항상 원해왔던 일이거든요. 과거에는 필요한 돈이 없었지만 최근에 재무 강좌를 들었어요.
남: 도움이 됐나요?
여: 물론이죠. 시내에 있는 유니온 상호 투자 은행에서 주 1회 강좌가 있어요. 당신도 참석할 수 있어요.
남: 그래도 되겠지만, 저는 돈에 대해 잘 알지 못하는데다 그들이 사용하는 언어가 가끔 혼란스러워서요.
여: 아, 그건 아주 쉬운 것 같아요. 제가 이해할 수 없었던 것은 어떤 것이든 쉬운 용어로 설명해줬거든요.
남: 음, 그거 괜찮은 것 같군요. 저도 그 강좌에 참석할 수 있을 것 같네요.

어휘 **confuse** 혼란스럽게 만들다 **term** 용어

53.

What does the man say he would like to do?
(A) Attend a finance class
(B) Buy a new computer
(C) Go abroad for study
(D) Start a business

남자는 무엇을 하고 싶다고 말하는가?
(A) 재무 강좌에 참석
(B) 새 컴퓨터 구매
(C) 해외 유학
(D) 창업

해설 제 가게를 여는 것에 관심이 많아요(I'm really interested in opening my own store)라는 남자의 말에서 남자가 창업을 하고 싶어 한다는 것을 알 수 있으므로 (D)가 정답이다.

54.

What does the woman recommend?
(A) Doing research on the Internet
(B) Taking a class at a bank
(C) Depositing some money beforehand
(D) Moving into a house downtown

여자는 무엇을 추천하는가?
(A) 인터넷에서 조사하기
(B) 은행에서 강좌 듣기
(C) 돈을 미리 예금하기
(D) 시내에 있는 집으로 이사 가기

해설 재무 강좌(finance class)에 대한 얘기를 꺼내며 당신도 참석할 수 있어요(You can attend)라는 여자의 말에서 여자가 강좌를 추천하고 있음을 알 수 있다.

55.

What is the man concerned about?
(A) An application for a loan
(B) A class schedule
(C) The cost of tuition fees
(D) Difficult financial terms

남자는 무엇에 대해 걱정하는가?
(A) 대출 신청
(B) 강좌 일정
(C) 수업료
(D) 어려운 경제 용어

해설 문제점/걱정거리 언급 시 사용되는 표현인 But, not을 사용하여, 경제 강좌에서 사용되는 언어가 혼란스럽다고 말하고 있으므로, 경제 용어(terms)의 어려움에 대해 걱정하고 있음을 알 수 있다.

Paraphrasing
the language → terms

[56-58] three speakers

W-Am Hello, John and Will. I wanted to discuss the current state of our Web site with you both. I am starting to become a little concerned.
M-Cn Oh? What are you worried about?
W-Am 56The Web site is getting quite old. A lot of things have changed in our company since we built the Web site, but it hasn't been fully updated to reflect those changes.
M-Au 57John, you're in charge of Web site maintenance.
M-Cn 57I have been maintaining the Web site, but I think we need to make an entirely new one.
W-Am I agree. 58I would like you to think of what our new Web site will need and make a report for me, please.

여: 안녕하세요, 존과 윌. 우리 웹사이트의 현재 상태에 대해 두 분과 의논하고 싶었어요. 조금 걱정이 되기 시작해서요.
남1: 네? 무엇을 걱정하세요?
여: 웹사이트가 상당히 오래됐어요. 웹사이트를 만든 이후로 회사에 많은 것들이 바뀌었어요. 그런데 그 변화들을 반영할 만큼 충분히 업데이트가 되지 않았어요.
남2: 존, 당신이 웹사이트 관리 담당이잖아요.
남1: 제가 웹사이트를 관리해왔지만, 저도 완전히 새 것으로 만들어야 한다고 생각해요.
여: 맞아요. 두 분이 우리 새 웹사이트에 무엇이 필요한지에 대해 생각해보고 보고서를 만들어 주셨으면 좋겠어요.

어휘 **state** 상태 **maintain** 유지[관리]하다 **entirely** 완전히

56.

What problem are the speakers discussing?
(A) An ordering system is too slow.
(B) A progress report is not ready.
(C) A homepage is outdated.
(D) A computer network is down.

화자들은 어떤 문제에 대해 대화하고 있는가?
(A) 주문 시스템이 너무 느리다.
(B) 경과 보고서가 준비되지 않았다.
(C) 홈페이지가 노후됐다.
(D) 컴퓨터 네트워크가 다운되었다.

해설 대화의 주제가 되는 문제점을 찾는 문제로, The Web site is getting quite old(웹사이트가 상당히 오래됐어요)라는 여자의 말에서 바로 문제점을 알 수 있다. old를 outdated로 바꿔 표현한 (C)가 정답이다.

Paraphrasing
The Web site is getting quite old.
→ A homepage is outdated.

57.

What does the man mean when he says, "John, you're in charge of Web site maintenance"?
(A) He does not have time to assist John.
(B) He thinks John should negotiate a discount on a repair.
(C) He wants John to solve an ongoing problem.
(D) He believes John has performed his duties successfully.

남자가 "존, 당신이 웹사이트 관리 담당이잖아요"라고 말한 의도는 무엇인가?
(A) 그는 존을 도와줄 시간이 없다.
(B) 존이 수리비 할인을 협상해야 한다고 생각한다.
(C) 그는 존이 진행 중인 문제를 해결하기를 원한다.
(D) 그는 존이 업무를 성공적으로 수행했다고 생각한다.

해설 여자가 웹사이트의 노후화라는 문제점을 제기한 것에 대해 남자가 대답하는 말로, 이 문제를 해결할 사람은 웹사이트 관리 담당인 존이라는 의미이므로 (C)가 정답이다.

어휘 ongoing 진행 중인

58.

What does the woman say she needs?
(A) Technical assistance
(B) A list of design requirements
(C) Some legal advice
(D) A new Web site plan

여자는 무엇이 필요하다고 말하는가?
(A) 기술 지원
(B) 디자인 요건 목록
(C) 법률 상담
(D) 새로운 웹사이트 계획안

해설 마지막에 여자가 think of what our new Web site will need(새 웹사이트에 무엇이 필요한지에 대해 생각해 달라)라는 말에서 (D)가 정답인 것을 알 수 있다.

[59-61]

W-Br	Hi, ⁵⁹I'd like to ask about your prices for transporting freight internationally. I need to send some things to Toronto in Canada in a few months.
M-Au	Okay, but can you be more specific about them?
W-Br	I am an artist and the town of Toronto asked me to make public artworks. I have several artworks to be transported. ⁶⁰The problem is that they're huge. Do you think you can tell me how much it'll cost to ship them?
M-Au	Well, ⁶¹I need to know the size and weight of each item. That way, I can give you an estimate for transportation. ⁶¹Could you e-mail me the information?

여: 안녕하세요, 해외로 화물을 운반하는 비용에 대해 물어보고 싶어요. 몇 달 후에 캐나다의 토론토로 물건들을 보내야 해서요.
남: 네, 그런데 그것들에 대해 더 구체적으로 말씀해주시겠어요?
여: 저는 미술가인데 토론토 시에서 저에게 공공 예술 작품을 만들어 달라고 요청했어요. 예술 작품 몇 점을 수송해야 하는데 문제는 그것들이 매우 크다는 거예요. 그것들을 보내는 데 얼마가 들지 알려주실 수 있나요?
남: 음, 각 물품의 크기와 무게를 알아야 합니다. 그래야, 운송비 견적을 내드릴 수 있어요. 그 정보를 이메일로 보내주시겠어요?

어휘 transport 수송하다 freight 화물 internationally 국제간에 specific 구체적인 huge 거대한 estimate 견적

59.

Where most likely does the man work?
(A) At a law firm
(B) At a shipping company
(C) At a bus company
(D) At an art museum

남자는 어디에서 일하겠는가?
(A) 법률 회사
(B) 배송 회사
(C) 버스 회사
(D) 미술관

해설 여자가 남자에게 화물 운반 비용(prices for transporting freight)을 묻는 대사에서 남자가 배송 업체 직원인 것을 알 수 있다.

60.

What does the woman say about the items?
(A) They are antique.
(B) They are very large.
(C) They are highly valuable.
(D) They are easily moved.

146

여자는 물품에 대해 무엇이라고 말하는가?
(A) 골동품이다.
(B) 매우 크다.
(C) 매우 귀중하다.
(D) 쉽게 옮길 수 있다.

해설 보내는 물품이 매우 크다(huge)고 했으므로 크다는 뜻이 들어간 (B)가 정답이다.

Paraphrasing
huge → very large

61.

What information does the man request?
(A) The date of departure
(B) The details about some items
(C) The price of some goods
(D) A list of new books

남자가 요청하는 정보는?
(A) 출발 날짜
(B) 물품의 세부사항
(C) 제품 가격
(D) 신간 목록

해설 남자가 the size and weight of each item(각 물품의 크기와 무게)를 요청했고, 그것은 물품의 세부사항(The details about some items)에 해당하므로 (B)가 정답이다.

[62-64] conversation+review

M-Cn Janet, have you read the review of the hotel in *International Traveler* magazine? Five stars for our rooms! The customer service also got a good rating. **62**As the general manager, I am very happy that the hotel got such good ratings.

W-Am I did see that review. Renovating the rooms last year was the right thing to do. It is paying off now.

M-Cn Right, it is. I was a bit worried to see some lower ratings, though. The cost rating was not so good, and **63**I was shocked to see a one-star rating. I think we will have to address that issue so that we get better reviews in the future.

W-Am You're right. I have thought about that and **64**if we get a new chef and kitchen workers, we can change that rating.

남: 자넷, 〈국제 여행자들〉 잡지에 실린 호텔 평가를 읽었어요? 우리 객실에 별이 다섯 개예요! 고객 서비스도 좋은 등급을 받았어요. 총괄 매니저로서, 호텔이 그렇게 좋은 등급을 받아서 아주 기뻐요.

여: 그 평가를 봤어요. 작년에 객실을 개조한 것이 잘 한 일이었어요. 이제 보상을 받는 것 같아요.

남: 맞아요. 하지만 몇 개의 낮은 등급을 보게 되어 좀 걱정이 됐어요. 가격 등급이 아주 좋지가 않았고, 별 한 개 등급을 보게 되어 충격이었어요. 앞으로 더 나은 평가를 받기 위해 그 문제를 해결해야 할 것 같아요.

여: 당신 말이 맞아요. 그것에 대해 생각을 해봤는데 새로운 주방장과 주방 직원들을 들이면, 그 등급을 바꿀 수 있어요.

어휘 **rating** 등급, 평가 **pay off** 보상받다, 성과를 올리다 **address** 해결하다

Hotel Performance	
Rooms	☆☆☆☆☆
63Restaurants	☆
Costs	☆☆☆
Customer Service	☆☆☆☆

호텔 평가	
객실	☆☆☆☆☆
식당	☆
가격	☆☆☆
고객 서비스	☆☆☆☆

62.

Who most likely is the man?
(A) A receptionist
(B) A hotel manager
(C) A magazine journalist
(D) A restaurant server

남자는 누구이겠는가?
(A) 접수 직원
(B) 호텔 매니저
(C) 잡지 기자
(D) 식당 종업원

해설 화자/청자를 알려주는 자격의 전치사 as(~로서)를 사용해서 남자가 본인을 총괄 매니저(the general manager)라고 했으므로 정답은 (B)이다.

63.

Look at the graphic. What area does the man want the hotel to improve in?
(A) Rooms
(B) Restaurants
(C) Costs
(D) Customer Service

시각정보에 의하면, 남자는 호텔이 어떤 부분을 개선하기를 원하는가?
(A) 객실
(B) 식당
(C) 가격
(D) 고객 서비스

해설 평가(review)를 보고 개선해야 하는 항목을 맞추는 문제이다. 별 한 개 등급(a one-star rating)을 해결해야(address) 한다고 했는데, 시각 정보에서 별 한 개는 식당(Restaurants)에 해당한다.

64.

What does the woman recommend doing?
(A) Building a parking lot
(B) Changing room decor
(C) Cutting prices for rooms
(D) Hiring new employees

여자는 무엇을 할 것을 추천하는가?
(A) 주차장 만들기
(B) 객실 장식 바꾸기
(C) 객실 가격 낮추기
(D) 신입 직원 채용하기

해설 제안 시 사용하는 표현 if를 사용하여, 여자는 새로운 요리사와 주방 직원들을 들여서 문제를 해결하자고 제안했다. 새로 사람을 들이는 것은 직원을 채용하는 것이므로 정답은 (D)가 된다.

Paraphrasing
get a new chef and kitchen workers
→ Hiring new employees

[65-67] conversation + weather forecast

M-Au Trisha, ⁶⁵how are preparations for the marathon coming along? Will you still hold it on Saturday?
W-Br At this stage, yes, I will.
M-Au This weather forecast says it may rain on Saturday.
W-Br Oh, really? I didn't know. I should've checked that earlier, but I was hectic. I'm sure no one wants to run in the rain. I suppose I could change the day…
M-Au ⁶⁶Friday and Sunday look like the rain will stay away.
W-Br Yeah, but ⁶⁶the annual city festival is on the twenty-first, so I want to avoid that day. I think it would be best to move the marathon to the other dry day. ⁶⁷I'll call the runners up to let them know.

남: 트리샤, 마라톤 준비가 어떻게 되어 가고 있어요? 여전히 토요일에 개최하나요?
여: 현시점에서는요, 네, 그럴 거예요.
남: 이 일기 예보에 토요일에 비가 올지도 모른다고 나와 있어요.
여: 아, 정말이요? 몰랐어요. 더 일찍 확인을 했었어야 했는데, 몹시 바빴어요. 빗속에서 뛰고 싶은 사람은 없을 게 분명해요. 요일을 바꿀 수 있을 것 같은데요…
남: 금요일과 일요일은 비가 오지 않는 것 같아요.
여: 네, 하지만 연례 도시 축제가 21일에 있어서, 그 날은 피하고 싶어요. 마라톤을 비가 오지 않는 나머지 날로 옮기는 게 가장 좋을 것 같아요. 제가 주자들에게 전화를 해서 알릴게요.

어휘 preparation 준비 come along 되어 가다 at this stage 현시점에서, 지금 현재 should have p.p. ~했었어야 했는데 hectic 몹시 바쁜

Thursday 20	Friday 21	Saturday 22	⁶⁶Sunday 23
Showers	Sunny with Wind	Showers	Cloudy

목요일 20	금요일 21	토요일 22	일요일 23
소나기	맑음/바람	소나기	구름

65.

What is the woman responsible for?
(A) Hiring a catering company
(B) Arranging a sports contest
(C) Booking entertainment
(D) Planning a company dinner

여자는 무엇을 책임지고 있는가?
(A) 행사음식 업체 고용하기
(B) 스포츠 시합 준비하기
(C) 오락거리 예약하기
(D) 회식 계획하기

해설 남자가 여자에게 마라톤 준비 상태(how are preparations for the marathon coming along?)를 묻는 질문에서 여자가 스포츠 경기 준비를 맡고 있는 것을 알 수 있다.

Paraphrasing
marathon → sports contest

66.

Look at the graphic. When will the event most likely be held?
(A) On Thursday
(B) On Friday
(C) On Saturday
(D) On Sunday

시각정보에 의하면, 행사는 언제 열릴 것 같은가?
(A) 목요일   (B) 금요일
(C) 토요일   (D) 일요일

해설 weather forecast(일기예보)를 보고 행사가 열리는 요일을 맞추는 문제이다. 일기예보 문제는 날씨 상태에 주목해야 한다. 축제가 21일에 있어서 그 날은 피하고, 비가 오지 않는 나머지 날로 하고 싶다고 했다. 그래픽에서 21일을 제외하고 비가 오지 않는 날은 23일, 즉 일요일이므로 정답은 (D)이다.

67.

What does the woman say she will do next?
(A) Make an announcement
(B) Enter a competition
(C) Make telephone calls
(D) Reserve a local venue

여자는 다음에 무엇을 할 거라고 말하는가?
(A) 발표하기
(B) 시합에 나가기
(C) 전화 걸기
(D) 지역 장소 예약하기

해설 미래 행위를 나타내는 표현 I'll 뒤에 주자들에게 전화를 한다(I'll call the runners up)고 했으므로 정답은 (C)이다.

Paraphrasing
  call ~ up → Make telephone calls

[68-70] conversation + invoice

W-Br **68**Thank you for calling Online All The Time! Maria speaking, how can I help you today?

M-Cn This is John Grimsby. I was just looking over the fees on this month's bill before I pay it. **69**It says I used excess data, but I didn't use my computer at all. I was on holiday.

W-Br Okay, I will have a look at our records. Yeah, I see. That charge was made in error. Let me remove it for you. When you pay online, the total will be reduced.

M-Cn Great, I appreciate your help.

W-Br Before you hang up, John, **70**can you hang on for a minute? I see your contract ends next month. **70**If you agree to use our service for the next three years, I can give you a twenty-five percent discount.

여: 온라인 올 더 타임에 전화주셔서 감사합니다. 저는 마리아입니다, 오늘 무엇을 도와드릴까요?
남: 저는 존 그림즈비입니다. 이번 달 청구서의 요금을 지불하기 전에 훑어보고 있었어요. 데이터를 초과해서 사용했다고 나와 있는데, 제 컴퓨터를 전혀 사용하지 않았어요, 휴가 중이었거든요.
여: 네, 기록을 한번 보겠습니다. 아, 알겠습니다. 그 요금은 잘못 청구되었습니다. 삭제하도록 하겠습니다. 온라인으로 지불하실 때, 총액이 줄어들 겁니다.
남: 잘됐네요, 도와주셔서 감사합니다.
여: 전화를 끊기 전에, 존, 잠시 기다려주시겠어요? 다음 달에 고객님의 계약이 끝나는데요. 저희 서비스를 앞으로 3년간 사용하는 데 동의하시면, 25퍼센트 할인을 해드릴 수 있습니다.

어휘 **excess** 초과한 **in error** 잘못하여 **hang up** 전화를 끊다

Account:	John Grimsby
Fee	
Monthly Internet Charge	$22.00
Line Rental	$7.00
69Excess Data Use	$10.00

계정:	존 그림즈비
요금	
월 인터넷 요금	22달러
회선 사용료	7달러
초과 데이터 사용	10달러

68.
What kind of business does the woman work for?
(A) An Internet service provider
(B) A home appliance store
(C) A travel agency
(D) A car rental company

여자는 어떤 종류의 업체에서 일하는가?
(A) 인터넷 서비스 제공업체
(B) 가전제품 매장
(C) 여행사
(D) 렌터카 회사

해설 Online 업체에 전화주셔서 감사하다는 여자의 말에서 여자가 인터넷 업체에 종사한다는 것을 알 수 있다.

69.
Look at the graphic. What amount will be taken off the man's bill?
(A) $22.00
(B) $7.00
(C) $10.00
(D) $39.00

시각정보에 의하면, 남자의 청구서에서 얼마가 빠지겠는가?
(A) 22달러
(B) 7달러
(C) 10달러
(D) 39달러

해설 bill(청구서)을 보고 빠질 금액을 맞추는 문제이다. 즉, 오류 정보를 골라내는 문제이므로 문제를 제기한 항목이 정답이 된다. 남자가 excess data(초과 데이터)를 안 썼다는 핵심 정보를 거론했는데, 시각정보에서 이에 해당하는 액수가 10달러이므로 (C)가 정답이다.

70.
Why does the woman ask the man to wait?
(A) To offer him discounted services
(B) To have him pay his bill with a credit card
(C) To ask him to complete a customer survey
(D) To transfer him to a manager

여자가 남자에게 기다리라고 요청하는 이유는?
(A) 그에게 서비스 할인을 제공하기 위해
(B) 청구서를 신용카드로 지불하게 하기 위해
(C) 고객 설문 조사를 해달라고 요청하기 위해
(D) 그를 관리자에게 전화 연결시켜 주기 위해

해설 여자가 마지막 대사에서 전화 상의 대기(hang on)를 요청했고, 뒤이어 할인(discount)해 준다고 했으므로 정답은 (A)이다.

PART 4

UNIT 1

전략 1
본책 p. 142

안녕하세요, 이 메시지는 마이클 창을 위한 것입니다. 제 이름은 실비아이고 저는 A1 치과의 트루비 박사님 비서입니다. 내일 저녁 6시 30분 약속을 상기 시켜드리기 위해 전화 드렸습니다. … 만일 질문이 있으시다면, 저희는 오늘 밤 7시 30분까지 그리고 내일 오전 10시 이후에 있습니다. 감사합니다, 내일 저녁 6시 30분에 뵙겠습니다.

Q1. 화자가 전화를 하는 이유는?
- 약속에 대해 상기시키기 위해

Q2. 화자는 누구인가?
- 비서

전략 2

브라운 실내 디자인에 전화 주셔서 감사합니다. 영업시간 이후에 전화를 주셨습니다. 직원과 통화하기를 원하신다면 영업 시간인 월요일부터 금요일 오전 10시부터 밤 9시까지, 토요일은 오전 10시부터 밤 11시 사이에 전화를 다시 주십시오. 일요일은 문을 닫습니다. 저희는 파인애플 거리 815번지 식료품 가게 옆에 위치해 있습니다. 오셔서 멋진 가정용 장식품들을 둘러보세요.

Q1. 전화를 건 사람은 어떤 업체에 연락했는가?
- 실내 장식점

Q2. 매장은 무슨 요일에 문을 닫는가?
- 일요일

MODEL TEST
본책 p. 143

1. (B) **2.** (C) **3.** (A)

[1-2] recorded message

M-Cn **1**Thank you for calling the Playhouse Queen. As a community theater, Playhouse Queen strives to make an environment that is welcoming to all. **1**Here is the schedule of today's performances. **2**At 2 P.M. today, the One-World Productions is hosting their community show. This multicultural performance is open to all local residents, and admission is free. It is open seating so you should adjust your arrival accordingly to get the best seats available. At 6 P.M. there will be a final performance by local musicians. For more information, please press 1 now or visit our Web site at www.playhousequeen.com.

극장 퀸에 전화 주셔서 감사합니다. 지역 사회 극장으로서, 극장 퀸은 모두에게 따뜻한 환경을 만들고자 노력하고 있습니다. 여기 오늘 공연 일정이 있습니다. 오늘 오후 2시에 원 월드 프로덕션즈가 공동체 공연을 주최할 겁니다. 이 다문화 공연은 모든 지역 주민들에게 열려 있고, 입장료는 무료입니다. 자유석이기에 가장 좋은 자리를 얻으시려면 그에 맞게 도착시간을 조절하셔야 합니다. 오후 6시에 지역 음악가들에 의한 마지막 공연이 있습니다. 더 많은 정보를 원하시면, 지금 1번을 누르시거나 저희 웹사이트 www.playhousequeen.com을 방문해 주십시오.

어휘 **playhouse** 극장(theater) **community** 지역 사회, 공동체 **strive to** ~하도록 애쓰다 **performance** 공연 **host** 주최하다 **multicultural** 다문화의 **resident** 주민, 거주자

1.

What is the message about?
(A) Children's books
(B) Theater events
(C) Museum exhibits
(D) Street performances

무엇에 관한 메시지인가?
(A) 아동용 도서
(B) 극장 행사
(C) 박물관 전시회
(D) 길거리 공연

해설 주제를 묻는 질문이다. 첫 문장에서 극장(Playhouse)이라고 밝히고, 공연 일정 (schedule … performances)을 알려준다고 했으므로 정답은 (B)이다.

Paraphrasing
performances → events

2.

What will take place at 2 o'clock?
(A) A reception
(B) A presentation
(C) A community show
(D) An autograph signing

2시에는 무슨 일이 있을 것인가?
(A) 환영회
(B) 발표
(C) 공동체 공연
(D) 사인회

해설 시간 표현 at 2 o'clock에 주목한다. 오후 2시에(At 2 P.M.)에 community show가 있다고 했으므로 정답은 (C)이다.

[3] telephone message+receipt

W-Am Hello, this is Pat McClanahan from Johnson and Finklestein. I'm calling about the food order we made for our "Last Day of the Year" get-together. We have the sandwiches, the cake, and the snacks, **3**but I can't find cookies anywhere. Don't worry about delivering them. We have plenty to eat here and we don't need the extras. **3**What I would like is a refund of the money we paid for cookies, please. Just send it to the bank account we paid with. Thanks and Happy New Year!

안녕하세요, 저는 존슨 앤 핀클레스테인의 팻 맥클라나한입니다. '종무식' 모임을 위해 주문한 음식에 관해 전화 드립니다. 샌드위치, 케이크 그리고 스낵은 받았지만, 쿠키를 어디서도 찾을 수가 없습니다. 그것들은 배달하지 않으셔도 괜찮습니다. 여기에 먹을 것이 많으니 추가 음식은 필요하지 않습니다. 제가 원하는 것은 쿠키에 지불했던 돈을 환불받는 겁니다. 우리가 지불했던 은행계좌로 보내주시면 됩니다. 감사드리고 새해 복 많이 받으세요.

어휘 get-together 모임, 파티 plenty 충분, 많음 refund 환불

Receipt

Sandwiches $200
3Cookies $120
Cake $250
Snacks $400

영수증

샌드위치 200달러
쿠키 120달러
케이크 250달러
스낵 400달러

Look at the graphic. How much money will the speaker be refunded?
(A) $120
(B) $200
(C) $250
(D) $400

시각정보에 의하면 화자는 얼마를 환불받게 될 것인가?
(A) 120달러
(B) 200달러
(C) 250달러
(D) 400달러

해설 receipt(영수증)을 보고 환급받는 금액을 맞추는 문제이다. 보기 구성이 시각정보의 우측 칸과 동일하므로, 나머지 정보인 좌측 내역에 주목한다. 화자가 cookies(쿠키)에 대한 돈을 환불받고 싶다고 했는데 영수증에서 이에 해당하는 항목이 120달러로 나와 있으므로 정답은 (A)이다.

PRACTICE TEST

본책 p. 145

1. (D)	2. (B)	3. (D)	4. (C)	5. (D)
6. (B)	7. (B)	8. (A)	9. (D)	10. (D)
11. (C)	12. (A)	13. (B)	14. (A)	15. (C)
16. (A)	17. (C)	18. (D)	19. (A)	20. (B)
21. (D)	22. (A)	23. (D)	24. (A)	25. (C)
26. (B)	27. (A)	28. (A)	29. (C)	30. (D)

[1-3] telephone message

M-Au Susan, good to see you. I have just come from city hall; a council member there told me that there are going to be new regulations for all new bridges built in the city. They will need to be able to withstand greater loads, so **1**we will need to use more materials when we build the new Solnet River bridge. That means more trucks, workers, and equipment than we had originally planned for will be required. Thankfully it's still early days. **2**There's enough time for civil engineers to change the bridge design and **3**I have a copy of the new regulations that I have just downloaded; I will include them in an e-mail to you later this morning so you can see for yourself.

수잔, 만나서 반갑습니다. 시청에서 막 오는 길인데, 거기 의회의 한 분이 우리 시에 지어지는 모든 새로운 다리들에 새로운 규정들이 생길 거라고 말했습니다. 더 큰 무게를 견딜 수 있어야 할 거라서, 새 솔네트강 다리를 건설할 때 더 많은 자재를 사용해야 할 것 같습니다. 그 말은 우리가 원래 계획했던 것보다 더 많은 트럭과, 인부, 장비가 필요할 거라는 말이죠. 다행스럽게도, 아직 초기라서요. 토목기사들이 다리 설계를 바꿀 시간이 충분히 있고 저에게 막 다운로드 한 새로운 규정들 사본이 있으니 이따 오전에 당신에게 보낼 이메일에 그것들을 첨부시켜서 직접 보실 수 있게 하겠습니다.

어휘 council (지방 자치 단체의) 의회 council member 위원 regulations 규정 withstand 견디다 greater ~보다 큰 load 무게, 하중 material 재료, 자재 civil engineer 토목기사

1.
Where does the speaker most likely work?
(A) At a travel agency
(B) At a pharmaceutical company
(C) At a city council
(D) At a construction company

화자는 어디에서 일할 것 같은가?
(A) 여행사
(B) 제약회사
(C) 시의회
(D) 건설회사

해설 우리가 다리를 건설한다(we build the ... bridge)는 말에서 화자가 건설업체에 근무하는 것을 알 수 있다.

어휘 pharmaceutical 제약의

2.
What does the speaker say about the design?
(A) It has been approved.
(B) It should be revised.
(C) It is scheduled to be discussed at a city council meeting.
(D) It will be created by a famous architect.

화자는 설계에 대해 무엇이라고 말하는가?
(A) 승인되었다.
(B) 수정되어야 한다.
(C) 시 의회 모임 때 논의될 예정이다.
(D) 유명한 건축가가 만들 것이다.

해설 design이 키워드이다. 토목기사들이 다리 설계를 바꾼다(civil engineers to change the bridge design)는 말에서 디자인 수정(revise)이 있을 것임을 알 수 있다.

Paraphrasing
change → revise

3.

What information will the speaker provide in his e-mail?
(A) The cost of a new project
(B) The name of a project manager
(C) A list of required materials
(D) New government rules

화자는 이메일에 어떤 정보를 제공할 것인가?
(A) 새로운 프로젝트 비용
(B) 프로젝트 관리자 이름
(C) 필수 자재 목록
(D) 새로운 정부 규정

해설 e-mail이 포함된 문장 앞뒤에 주목한다. 새로운 규정들 사본이 있고, 그것을 이메일에 포함시킨다고 했으므로 정답은 (D)가 된다.

Paraphrasing
regulations → rules

[4-6] recorded message

M-Cn ⁴You have reached Pacific City Telecom. Pacific City Telecom: Your Internet, telephone, and cable TV specialist. Our operators are currently busy with other clients. To hear a list of frequently asked questions and answers, please press 1. ⁵To talk to a customer service agent, please press 2. To sign up for a service, please press three. If you live in Twin Pines, ⁶please be advised that cables are being upgraded on Tuesday. You may experience a brief loss of cable TV, Internet, and phone services. Thank you for your patience in this matter.

퍼시픽 시티 텔레콤에 전화 주셨습니다. 퍼시픽 시티 텔레콤은 인터넷, 전화, 케이블 TV 서비스 전문업체입니다. 저희 교환원이 현재 다른 고객 응대로 바쁩니다. 자주 묻는 질문과 답변 목록을 들으시려면 1번을 눌러주십시오. 고객 서비스 직원과 통화하시려면 2번을 눌러주십시오. 서비스에 가입하시려면 3번을 눌러주십시오. 트윈 파인즈에 거주하신다면, 케이블이 화요일에 업데이트된다는 것을 숙지해 주십시오. 케이블 TV, 인터넷, 전화 서비스가 잠시 중단될 수도 있습니다. 이 점 양해해 주셔서 감사합니다.

어휘 specialist 전문가 operator 교환원 currently 현재는, 지금은 frequently 자주, 빈번히 press 누르다 brief 잠시 동안의, 짧은

4.

What type of business is the information about?
(A) A delivery service
(B) A software firm
(C) A telecommunications company
(D) An electricity company

정보는 어떤 업체에 관한 것인가?
(A) 배달 회사
(B) 소프트웨어 회사
(C) 통신 회사
(D) 전기 회사

해설 ARS에 빈출하는 'You have reached+업체/개인'을 사용하여 Telecom이라고 했으므로 정답은 통신 회사라는 (C)이다.

5.

Why would a listener press 2?
(A) To hear the message again
(B) To make an appointment for repairs
(C) To leave a message
(D) To talk to a staff member

청자들은 왜 2번을 누르겠는가?
(A) 메시지를 다시 듣기 위해
(B) 수리 예약을 잡기 위해
(C) 메시지를 남기기 위해
(D) 직원과 통화하기 위해

해설 press 2라는 표현에 주목한다. To talk to a customer service agent(고객 서비스 직원과 통화하기 위해서)라고 했으므로 정답은 (D)이다.

Paraphrasing
a customer service agent → a staff member

6.

When will some listeners experience loss of services?
(A) Monday
(B) Tuesday
(C) Wednesday
(D) Thursday

일부 청자들은 언제 서비스 중단을 경험할 것인가?
(A) 월요일
(B) 화요일
(C) 수요일
(D) 목요일

해설 담화에서 loss of services가 언급되는 부분에서 요일에 주목한다. 화요일(Tuesday)이라고 밝히고 있으므로 (B)가 정답이다.

[7-9] telephone message

W-Br Hello, Mr. Brown. This is Patricia from the Lakewood store. **7**We just got our shipment of new clothing for the summer, but there's something I wanted to ask you. We received all the shirts, pants, and shoes that we ordered, **8**but there were also about a dozen extra boxes of accessories that were not included on the list. As far as I know, our store only sells clothing items. Are we going to expand our item selection or did we receive these by mistake? The delivery staff will be back by five o'clock … and it's already three. **9**Please call me back and let me know as soon as possible. Thanks.

안녕하세요, 브라운 씨. 저는 레이크우드 매장의 패트리시아입니다. 여름철 신상 의류 선적품을 막 받았는데, 여쭤보고 싶은 게 있습니다. 저희가 주문한 모든 셔츠와 바지, 신발은 받았지만, 목록에 포함되지 않았던 액세서리 약 12상자도 추가로 있었습니다. 제가 알기로는, 저희 매장은 의류 제품만 판매합니다. 제품 종류를 늘릴 예정인가요 아니면 실수로 받은 건가요? 배달 직원이 5시까지 돌아올 겁니다 … 그리고 이미 3시입니다. 가능한 빨리 저에게 회신 전화하여 알려주십시오. 감사합니다.

어휘 expand 확장[확대]하다 selection 선택한 것들, 모음

7.

Where does the speaker work?
(A) At a café
(B) At a clothing shop
(C) At a packing company
(D) At a delivery firm

화자는 어디에서 일하는가?
(A) 카페
(B) 의류 매장
(C) 포장 회사
(D) 택배 회사

해설 신상 의류 선적품(our shipment of new clothing)을 막 받았다는 말에서 의류점에서 근무하는 것을 알 수 있다.

8.

What problem does the speaker describe?
(A) Unexpected packages were delivered.
(B) A fee was not paid.
(C) Some items are missing.
(D) A sales event was delayed.

화자는 어떤 문제를 말하는가?
(A) 예상치 못한 소포들이 배달되었다.
(B) 요금이 지불되지 않았다.
(C) 몇 가지 물품이 분실되었다.
(D) 할인 행사가 연기되었다.

해설 문제점 언급 시 사용되는 표현인 but, not을 사용하여 목록에 없는 액세서리들이 왔다는 말에서 예상치 못한 물건이 배송되었음을 알 수 있으므로 정답은 (A)이다.

9.

What is the listener asked to do?
(A) Display some items
(B) Sign an invoice
(C) Check the inventory
(D) Contact the caller quickly

청자가 요청받는 것은?
(A) 물건 진열하기
(B) 거래내역서에 서명하기
(C) 재고 정리하기
(D) 발신인에게 빨리 연락하기

해설 요청/조언 시 사용되는 표현인 Please 뒤에, 가급적 빨리 회신 전화를 달라(call me back as soon as possible)고 했으므로 빨리 연락달라는 (D)가 정답이다.

어휘 invoice 송장; 거래 내역서 inventory 재고

Paraphrasing

Please call me back … as soon as possible
→ Contact the caller quickly

[10-12] telephone message

M-Au Heinrich, this is Harish calling from the marketing team. **10**One of my recent hires is having a software issue. When he tries to open any program on his computer, it shuts down immediately. He is doing his work using his own laptop computer. Still, we have a lot going on right now. **10,11**It's a busy week, so anything you could do for us would be welcome. If you are not available, **12**could you send one of your team members? I think it would be a good chance for members of our teams to meet each other and work together to solve a problem.

하인리히, 저는 마케팅 팀의 해리쉬입니다. 최근 고용된 신입 사원 중 한 명에게 소프트웨어 문제가 생겼습니다. 그의 컴퓨터에서 프로그램을 열고 하면, 바로 정지됩니다. 그는 본인의 노트북 컴퓨터를 사용해서 작업을 하고 있습니다. 하지만, 우리가 지금 진행하고 있는 일이 많습니다. 바쁜 주라, 뭐든 저희를 위해 해줄 수 있는 게 있다면 좋겠습니다. 당신이 시간이 없다면, 팀원 중 한 명을 보내주실 수 있을까요? 우리 팀원들이 서로 만나 문제를 해결하기 위해 같이 일할 수 있는 좋은 기회라고 생각합니다.

어휘 hire 신입 사원 issue 문제 shut down (기계가) 멈추다 immediately 즉시 still 하지만 go on 일어나다, 벌어지다

10.

Why is the man calling?
(A) To ask for information
(B) To issue an apology
(C) To show his appreciation
(D) To request assistance

남자가 전화하는 이유는?
(A) 정보를 요청하기 위해
(B) 사과를 하기 위해
(C) 감사를 표하기 위해
(D) 도움을 요청하기 위해

해설 전화로 문제점을 알리고 해결책을 요청하는 내용은 Part 4의 빈출 유형이다. a software issue라는 문제를 알리고 도움을 청하고 있으므로 정답은 (D)이다.

11.

What does the speaker mean when he says, "we have a lot going on right now"?
(A) The speaker understands if there is a delay.
(B) The speaker needs to leave the office soon.
(C) The speaker would like help right away.
(D) The speaker does not know what to do next.

화자가 "우리가 지금 진행하고 있는 일이 많습니다"라고 말한 의도는 무엇인가?
(A) 화자는 지연이 있더라도 이해한다.
(B) 화자는 사무실에서 곧 나가야 한다.
(C) 화자는 즉각적인 도움을 원한다.
(D) 화자는 다음에 무엇을 해야 할지 모른다.

해설 의도를 묻는 말 뒤에 바쁜 주라 뭐든 해달라고 했으므로 즉각적인 도움을 원한다는 의미임을 알 수 있다. 정답은 (C)이다.

12.

What does the speaker suggest?
(A) Sending another person
(B) Pausing other work
(C) Bringing a certain tool
(D) Providing a new piece of equipment

화자가 제안하는 것은?
(A) 다른 사람 보내기
(B) 다른 일 중단하기
(C) 특정 연장 가지고 오기
(D) 새 장비 제공하기

해설 요청/조언 시 사용되는 표현인 could you 뒤에, 팀원 중 한 명을 보내달라(send one of your team members)고 했으므로 다른 사람을 보내달라는 (A)가 정답이다.

Paraphrasing
one of your team members → another person

[13-15] telephone message

M-Cn Hello, Jane—I'm calling regarding the order form we got from last week. **13**The Personnel Department decided to hire three more employees this quarter so we need more office supplies. Fortunately, the only urgent items are the computers since they won't be very productive without their own workstations. Before you place these orders though, **14**be sure to check the warehouse inventory to make sure we aren't wasting money by purchasing unnecessary items. **15**As a manager, I need to sign off on the final form we submit to Accounting. So, let me know if we need to make any changes to the order form.

안녕하세요, 제인, 지난주에 받았던 주문서에 관해 전화 드립니다. 인사부서가 이번 분기에 직원을 세 명 더 채용하기로 결정해서 사무용품이 더 필요합니다. 다행스럽게도, 급한 물품은 컴퓨터뿐인데, 본인의 작업대가 없으면 생산성을 높일 수 없으니까요. 하지만 이 주문들을 하기 전에, 불필요한 물품을 사는 것에 돈을 낭비하지 않도록 하기 위해 창고 재고품을 꼭 확인해 주십시오. 관리자로서, 제가 회계 부서에 제출할 최종 양식을 승인하는 서명을 해야 합니다. 그러니, 주문서에 변경을 해야 한다면 저에게 연락을 주십시오.

어휘 regarding ~에 관하여 hire 채용하다 quarter 분기 office supplies 사무용품 productive 생산적인 sign off on ~을 승인하다

13.

Which department needs to order more supplies?
(A) Sales
(B) Personnel
(C) Marketing
(D) Accounting

어느 부서가 비품을 더 주문해야 하는가?
(A) 영업
(B) 인사
(C) 마케팅
(D) 회계

해설 인사부(The Personnel Department)에서 신입 직원 채용으로 사무용품이 더 필요하다고 말하고 있으므로 (B)가 정답이다. 정관사 the는 '그'라는 뜻 이외에, 'our'라는 의미로 사용되는 경우가 있으므로, 전화를 하는 caller가 인사부 소속이라는 것도 파악할 수 있어야 한다.

14.

What does the speaker anticipate may happen?
(A) The order may need to be reduced.
(B) Some items may be added to a list.
(C) The costs of an order may exceed a budget.
(D) The delivery may be late.

화자는 어떤 일이 일어날 수도 있다고 예상하는가?
(A) 주문이 줄어들 수도 있다.
(B) 몇몇 물품들이 목록에 추가될 수도 있다.
(C) 주문 비용이 예산을 초과할 수도 있다.
(D) 배달이 늦을 수도 있다.

해설 불필요한 물품을 사지 않도록 재고를 확인해 달라는 말에서 남아있는 재고가 있으면 주문을 줄일 수도 있다는 말임을 알 수 있다. 따라서 정답은 (A)이다.

15.

What is the listener asked to do after she checks the inventory?
(A) Request more funding
(B) Cancel an order
(C) Get in touch with her manager
(D) Confirm the shipping address

청자가 재고 확인 후에 요청받는 것은?
(A) 자금을 더 요청하기
(B) 주문 취소하기
(C) 관리자에게 연락하기
(D) 배송 주소 확인하기

해설 메시지 마지막 두 문장에서 관리자로서(As a manager) 서명을 해야 하니 알려달라(let me know)고 했으므로 연락 달라는 (C)가 정답이다.

Paraphrasing
let me know → Get in touch with

[16-18] telephone message

W-Am Angela, it's Amira Wassim from the planning department. I wanted to discuss the meeting room bookings you have requested for this year. **16,17**It's a huge amount of time you want the meeting rooms for and it will leave others without meeting space, so your bookings will be hard to approve. Maybe you could reconsider that request a little? **17**I know there will be a lot of meetings, but maybe you could look into alternatives. Can you come to my office after lunch to discuss this matter, please? **18**Bring your proposed meeting timetable with you if you could, so I can see exactly why you need so many bookings.

안젤라, 저는 기획 부서의 아미라 와심입니다. 요청하신 올해 회의실 예약에 대해 의논 드리고 싶습니다. 회의실을 원하신 시간이 너무 많아 다른 사람들에게 회의 공간이 남지 않을 것 같아서 귀하의 예약을 승인하기가 어렵겠습니다. 그 요청을 좀 더 재해해보실 수 있지 않을까요? 회의가 많을 것이라는 것을 알지만, 대안을 알아보셔야 될 것 같습니다. 이 문제를 논의하기 위해 점심식사 이후에 제 사무실로 와 주시겠습니까? 가능하다면 계획된 회의 일정 시간표를 가지고 와 주십시오, 그래야 당신이 왜 그렇게 많은 예약이 필요한지 정확히 알 수 있으니까요.

어휘 **leave** (어떤 결과를) 남기다 **look into** ~을 조사하다, 살펴보다
alternative 대안

16.

What problem with booking requests does the speaker mention?
(A) There were too many.
(B) They had a lot of errors.
(C) There was no explanation.
(D) They were sent to the wrong person.

화자는 예약 요청의 문제가 무엇이라고 말하는가?
(A) 너무 많았다.
(B) 오류가 많았다.
(C) 설명이 없었다.
(D) 엉뚱한 사람에게 보내졌다.

해설 회의실을 원하는 시간이 너무 많다(a huge amount of time)는 말에서 회의실 예약 요청이 너무 많다는 것을 알 수 있으므로 정답은 (A)이다.

17.

Why does the speaker say, "Maybe you could reconsider that request a little"?
(A) To persuade the listener to join a team
(B) To advise the listener to use different equipment
(C) To suggest making a revision
(D) To propose changes to the meeting agenda

화자가 "그 요청을 좀 더 재고해보실 수 있지 않을까요"라고 말한 의도는 무엇인가?
(A) 청자에게 팀에 합류할 것을 설득하기 위해
(B) 청자에게 다른 장비를 사용할 것을 권고하기 위해
(C) 수정하라고 제안하기 위해
(D) 회의 안건 변경을 제안하기 위해

해설 회의실 사용 요청이 너무 많아서 승인하기가 어려우니, 그것에 대해서 재고해달라고 했으므로 회의실 사용 요청을 수정해달라는 의도임을 알 수 있다.

어휘 **make a revision** 수정하다 **agenda** 안건

18.

What does the speaker ask the listener to bring to her?
(A) A sales report
(B) A client's details
(C) An e-mail address
(D) A meeting plan

화자가 청자에게 가지고 오라고 요청하는 것은?
(A) 매출 보고서
(B) 고객 세부사항
(C) 이메일 주소
(D) 회의 계획

해설 뭔가를 요청/조언할 때는 '(Please) 명령문'의 형태를 취한다는 것을 알아두자. 여기서는 명령문 형태로 meeting timetable(회의 일정 시간표)를 가져오라고 했으므로 정답은 (D)가 된다.

Paraphrasing
meeting timetable → meeting plan

[19-21] recorded message

W-Br This is an automated message from the P&P Manufacturing to all employees. You are warned that Typhoon Gloria is approaching. **19**P&P manufacturing will not open on Wednesday, and all employees should stay home. Please do not come to the P&P Manufacturing facility as it will be closed to all individuals for the duration of the storm. **20**The State Emergency Service has issued a warning for rain, wind, and floods by midnight. **21**All employees are advised to stay indoors with a supply of fresh water, food, and a battery-operated radio for emergency broadcasts. Please stay safe.

P&P 제조에서 모든 직원들에게 남기는 자동 메시지입니다. 태풍 글로리아가 오고 있다는 것을 여러분에게 경고 드립니다. P&P 제조는 수요일에 문을 열지 않을 것이므로, 모든 직원들은 집에 머무르시기 바랍니다. P&P 제조는 폭풍이 치는 동안에는 모든 사람들에게 폐쇄되기 때문에 회사에 오시면 안 됩니다. 주 재난청이 자정까지 비, 바람, 홍수 경보를 발령했습니다. 모든 직원들은 물과 음식, 긴급 방송을 위해 건전지로 작동되는 라디오를 가지고 실내에 머무를 것을 권고드립니다. 안전하게 계십시오.

어휘 warn 경고하다 individual 개인 duration (지속되는) 기간
issue a warning 경보를 발령하다 be advised to ~하라는 권고를 받다

19.

What is the main purpose of the message?
(A) To inform workers that a factory is closed
(B) To tell clients when they can come to a facility
(C) To advise employees to discuss their tasks with a manager
(D) To encourage repair crews to work harder

메시지의 주 목적은 무엇인가?
(A) 직원들에게 공장이 폐쇄된다는 것을 알리기 위해
(B) 고객들에게 언제 시설에 올 수 있는지 말해주기 위해
(C) 직원들이 업무를 관리자와 의논할 것을 권고하기 위해
(D) 수리작업반이 더 열심히 일하도록 독려하기 위해

해설 초반에 자동 메시지(automated message)라고 하면서 회사가 일시적으로 문을 닫는다는 안내를 하고 있다.

20.

What is expected to happen by midnight?
(A) New equipment will be purchased.
(B) Flooding will occur.
(C) Traffic will be slow.
(D) Power outages may occur.

자정까지 무슨 일이 일어날 것으로 예상되는가?
(A) 새 장비가 구매될 것이다.
(B) 홍수가 있을 것이다.
(C) 교통이 정체될 것이다.
(D) 정전이 일어날 수도 있다.

해설 시간 표현 by midnight이 키워드이다. rain, wind and floods (비, 바람, 홍수) 경보를 발령한다는 말에서 홍수가 발생할 것을 알 수 있다.

어휘 flooding 홍수 power outage 정전

21.

What are listeners reminded to do?
(A) Leave work early
(B) Use public transportation
(C) Bring umbrellas
(D) Remain indoors

청자들이 조언받는 것은?
(A) 일찍 퇴근하기
(B) 대중 교통 이용하기
(C) 우산 가져가기
(D) 실내에 머무르기

해설 요청 / 조언 시 사용되는 표현인 be advised to를 사용하여 실내에 머무르라(stay indoors)고 했으므로 정답은 (D)이다.

Paraphrasing
stay indoors → Remain indoors

[22-24] telephone message

M-Au Hello, Rosie? This is Ken Abernathy. Look, it was wonderful to be able to catch up with you last week at the dinner Pham hosted. **22**Remember we spoke about the advertising company that you were using? I was wondering if you had their e-mail address. I lost the card you gave me. **23**You said they always get really good results for you. I think you said that they had increased sales of your company's products by over 30%. That's an impressive level of performance. Anyway, as you know, **24**I have started a new business, and sales are a bit slow. I need to speak to them as soon as possible. If you could call me back with that information when you get this message, I would be very grateful.

안녕하세요, 로지? 저는 캔 애버내시입니다. 지난주 팸이 주최한 저녁 식사에서 못다한 이야기를 할 수 있어서 좋았습니다. 당신이 이용했던 광고 회사에 대해 이야기한 거 기억하세요? 이메일 주소를 가지고 계신지 궁금해서요, 주신 명함을 잃어버렸습니다. 그들이 항상 정말 좋은 결과를 낸다고 말씀하셨잖아요. 회사의 제품 매출을 30퍼센트 이상 올렸다고 말씀하신 것 같아요. 그건 인상적인 성과입니다. 어쨌든, 알다시피, 제가 새로운 사업을 시작했는데, 매출이 다소 부진합니다. 가급적 빨리 그들과 이야기할 필요가 있을 것 같습니다. 이 메시지를 받으시고 그 정보로 저에게 회신 전화 주시면, 정말 감사하겠습니다.

어휘 catch up with 뒤떨어진 일을 만회하다, 따라잡다
performance 성과 grateful 감사하는

22.

What most likely is the purpose of the call?
(A) To get an e-mail address
(B) To arrange a meeting time
(C) To talk about a joint project
(D) To ask about test results

전화의 목적은 무엇인가?
(A) 이메일 주소를 받기 위해
(B) 회의 시간을 잡기 위해
(C) 공동 프로젝트에 대해 이야기하기 위해
(D) 테스트 결과에 대해 물어보기 위해

해설 I was wondering... (~이 궁금해요)은 전화 용건을 밝힐 때 자주 등장하는 표현이다. 이메일 주소를 언급하고 있으므로 (A)가 정답이다.

23.

What does the speaker mention about an advertising company?
(A) The business is very well known.
(B) The business is unconventional.
(C) The business offers good deals.
(D) The business is very effective.

화자가 광고 회사에 대해 언급하는 것은?
(A) 업체가 매우 유명하다.
(B) 업체가 독특하다.
(C) 업체가 좋은 가격을 제공한다.
(D) 업체가 아주 실력이 좋다.

해설 항상 좋은 결과를 낸다(they always get really good results)는 말에서 그 업체가 실력이 좋다는 것을 알 수 있으므로 정답은 (D)이다.

어휘 unconventional 독특한

24.

What does the speaker imply when he says, "I need to speak to them as soon as possible"?
(A) He has products that need to be advertised.
(B) He would like to expand his business overseas.
(C) He is planning to launch a new marketing campaign.
(D) He wants to change a contract.

화자가 "가급적 빨리 그들과 이야기할 필요가 있을 것 같습니다"라고 말한 의도는 무엇인가?
(A) 광고해야 할 제품들이 있다.
(B) 사업을 해외로 확장하고 싶어 한다.
(C) 새로운 마케팅 캠페인을 시작할 계획이다.
(D) 계약을 수정하고 싶어 한다.

해설 새 사업을 시작했는데 매출이 부진하다는 말을 한 직후에 그곳과 연락을 해야 한다고 했으므로, 그 업체를 이용해서 광고를 하고 싶다는 말임을 알 수 있다. 따라서 정답은 (A)이다.

[25-27] telephone message + catalogue

W-Br Hello, this is Susan Borodin from A1 Computer Rental. You ordered five desktop computers. **25**I'm sorry to say that we only have four desktops available right now, as there was an error in our inventory system. **26**You could rent one of our other computers for one hundred and fifty dollars a month, though. They are much newer and more powerful than the desktops, and come with a lot of extra software. I am very sorry about this but there's nothing we can do about it. Once you have had time to think it over, **27**please get back to me at 321-9025. Thanks.

안녕하세요, 저는 A1 컴퓨터 대여의 수잔 보로딘입니다. 고객님께서는 데스크톱 컴퓨터를 5대 주문하셨습니다. 죄송하지만 저희 재고 시스템에 오류가 있어, 현재 이용 가능한 데스크톱 컴퓨터가 4대밖에 없습니다. 하지만 한 달에 150달러로 다른 컴퓨터 중 한 대를 임대하실 수 있습니다. 데스크톱 컴퓨터보다 훨씬 더 신형이고 더 강력하며, 추가 소프트웨어가 많이 딸려 있습니다. 이렇게 되어 정말 죄송하지만 저희도 어떻게 할 수가 없습니다. 생각해보실 시간을 가지신 후, 321-9025로 저에게 회신 전화 주십시오. 감사합니다.

어휘 available 이용 가능한 inventory 재고 (목록) come with ~이 딸려 있다 think over ~을 심사숙고하다 get back to ~에게 나중에 다시 연락하다

A1 Computer Rental	
Desktop computer	$100 per month
26Laptop computer	$150 per month
Projector	$200 per month
Printer / Copier	$250 per month

A1 컴퓨터 대여	
데스크톱 컴퓨터	한 달 100달러
노트북 컴퓨터	한 달 150달러
영사기	한 달 200달러
프린터/복사기	한 달 250달러

25.

What problem does the speaker mention?
(A) An item will be available next week.
(B) A system has been upgraded.
(C) A product is unavailable for rent.
(D) An order form contains an error.

화자는 무슨 문제를 언급하는가?
(A) 물품이 다음 주에 이용 가능할 것이다.
(B) 시스템이 업그레이드됐다.
(C) 제품을 대여할 수가 없다.
(D) 주문서에 오류가 있다.

해설 문제점 언급 시 사용되는 표현인 I'm sorry to say를 사용하여 물건이 부족하다는 말에서 대여가 불가능하다(unavailable for rent)는 (C)가 답인 것을 알 수 있다.

26.

Look at the graphic. What item does the speaker recommend ordering?
(A) The Desktop computer
(B) The Laptop computer
(C) The Projector
(D) The Printer / Copier

시각정보에 의하면, 화자는 어떤 물품을 주문할 것을 추천하는가?
(A) 데스크톱 컴퓨터
(B) 노트북 컴퓨터
(C) 영사기
(D) 프린터/복사기

해설 카탈로그(catalogue)를 보고 추천 품목을 맞추는 문제이다. 보기 구성이 물품이므로 카탈로그에서 나머지 정보인 가격에 주목한다. 한 달에 150달러짜리를 언급하고 있으므로 추천하는 것은 노트북 컴퓨터이다.

27.

What does the speaker ask the listener to do?
(A) Return a call
(B) Speak to a supervisor
(C) Mail a package of documents
(D) Stop by a store

화자가 청자에게 요청하는 것은?
(A) 회신 전화하기
(B) 관리자와 이야기하기
(C) 우편으로 서류집 발송하기
(D) 매장에 들르기

해설 요청/조언 시 사용되는 표현인 please 뒤에, 회신 전화번호를 언급했으므로 정답은 (A)이다.

Paraphrasing
　　get back to me → Return a call

[28-30] recorded message + map

M-Cn **28**Thank you for calling Williamstown Gas Company. We are experiencing high demand across the town at the moment. However, **29**residents of Williamstown Heights are without gas at this time due to storm damage. Please be patient and wait for repairs to be completed if you are an affected resident. Repairs are expected to be done by the end of the day. No operators are currently available to take your call. **30**Please check our Web site to see when conditions will return to normal. We apologize for the gas outages and would like to assure our customers that we are working to repair all damage.

윌리엄스타운 가스 회사에 전화 주셔서 감사합니다. 지금 도시 전역에서 수요가 많습니다. 하지만, 윌리엄스타운 하이츠의 주민들은 폭풍 피해 때문에 지금 가스를 사용하지 못하고 있습니다. 피해를 입은 주민이시라면, 인내심을 가지고 복구가 끝나기를 기다려주십시오. 오늘 안으로 복구가 끝날 것으로 예상됩니다. 현재 전화를 받을 수 있는 교환원이 없습니다. 언제 상황이 정상으로 돌아오는지 알아보기 위해 저희 웹사이트를 확인해 주십시오. 가스 공급 중단에 대해 사과 드리고 저희는 모든 피해를 복구하기 위해 작업 중이라는 점을 고객님들께 분명히 말씀드리는 바입니다.

어휘 **high demand** 많은 수요 **resident** 주민 **affected** 영향을 받은, 피해를 입은 **assure** 장담하다, 확인하다

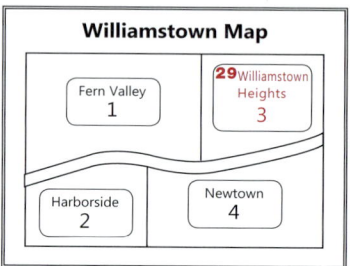

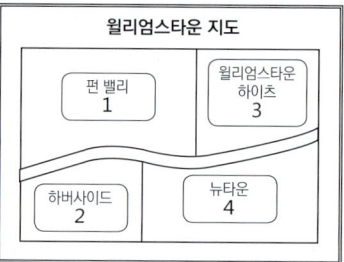

28.

What type of business is the information about?
(A) A gas company
(B) A real estate agency
(C) A power company
(D) A phone repair shop

어떤 업체에 대한 정보인가?
(A) 가스 회사
(B) 부동산 중개업소
(C) 전기 회사
(D) 전화기 수리점

해설 ARS에 자주 등장하는 'Thank you for calling + 업체/개인'을 사용하여 가스 회사라고 밝히고 있다.

29.

Look at the graphic. What number shows the area that has losses of services?
(A) 1
(B) 2
(C) 3
(D) 4

시각정보에 의하면, 어떤 숫자가 서비스가 중단된 지역을 나타내는가?
(A) 1
(B) 2
(C) 3
(D) 4

해설 Williamstown Heights에서 가스가 없다(without gas)고 했으므로 그곳 가스 서비스가 중단된 것임을 알 수 있다. 지도에서 이곳에 해당하는 숫자가 3이므로 정답은 (C)이다.

30.
What are listeners asked to do?
(A) Call back later
(B) Remain in their homes
(C) Avoid using stoves
(D) Look at a company Web site

청자들이 요청받는 것은?
(A) 나중에 다시 전화하기
(B) 집에 머물기
(C) 가스레인지 사용하지 않기
(D) 회사 웹사이트 보기

해설 요청 / 조언 시 사용되는 표현인 Please 뒤에, 웹사이트를 확인하라(check our Web Site)고 했으므로 정답은 (D)이다.

Paraphrasing
check our Web Site → Look at a company Web site

UNIT 2

전략 1   본책 p. 148

격주 직원 회의에 오신 것을 환영합니다. 여러분에게 말씀드릴 중요한 소식이 있습니다. 아시다시피 저는 10년 넘게 월-E 주식회사의 인사부장이었습니다. 새로운 일자리 기회를 위해 2주 후에 회사를 떠나게 된다는 소식을 알려드리고자 합니다. 너무 걱정하지는 마세요. 이 소식만 있는 것은 아닙니다. 회사에서 이 방에 있는 여러분 중 한 명을 새로운 인사부장으로 승진시킬 계획입니다.

Q1. 발표의 목적은 무엇인가?
- 개인적인 결정을 알리기 위해

Q2. 화자가 "이 소식만 있는 것은 아닙니다"라고 말한 의도는 무엇인가?
- 긍정적인 것을 강조하고 있다.

전략 2

직원 여러분께 알립니다. 새로운 소방 안전 지침을 충족시키기 위해, 우리 사무실의 자동 방수 소화 장치를 교체해야 합니다. 예정 시간은 목요일 오전입니다. 절차 때문에, 작업이 끝날 때까지 사무실을 폐쇄해야 합니다. 빨라도 사무실에 1시 이후에나 출근해 주세요.

Q1. 안내방송이 나오는 장소는?
- 사무실

Q2. 화자가 청자들에게 요청하는 것은?
- 늦게 출근하기

MODEL TEST   본책 p. 149

1. (B)   **2.** (C)   **3.** (D)   **4.** (A)

[1-2] excerpt from a meeting

M-Cn **1,2**Our meeting today will teach our tech support department about our company's new file sharing system. I'll start off by giving you a general overview of the changes to the system. Next, we'll watch a video introducing the features of the new system. Most of our meeting, though, will be spent demonstrating the program and having you test it out yourselves. As we only have 70 minutes today, I'd like you to wait until we have completed the agenda before asking any questions.

오늘 회의에서 회사의 새로운 파일 공유 시스템에 대해 기술지원 부서를 교육할 겁니다. 시스템 변경의 전반적인 개요를 제시하는 것으로 시작하겠습니다. 다음은, 새로운 시스템의 기능을 소개하는 영상을 볼 겁니다. 하지만 회의 대부분은 프로그램을 시연하고 여러분들이 직접 테스트를 하도록 하는 데 할애할 겁니다. 오늘 70분밖에 주어지지 않았기 때문에, 안건을 끝낼 때까지 질문하는 것을 기다려 주셨으면 합니다.

어휘 share 공유하다 start off ~하기 시작하다 overview 개요 feature 기능 agenda 회의 안건

1.
What is the purpose of the meeting?
(A) To congratulate employees for their work
(B) To introduce a new computer system
(C) To review sales projections
(D) To go over the details of a new contract

회의의 목적은 무엇인가?
(A) 직원들의 일을 축하하기 위해
(B) 새 컴퓨터 시스템을 소개하기 위해
(C) 매출 예상치를 검토하기 위해
(D) 새 계약서의 세부사항을 검토하기 위해

해설 도입부에서 새로운 파일 공유 시스템(new file sharing system)에 대해서 교육하겠다는 말에서 새 시스템을 소개하는 것이 목적이라는 것을 알 수 있다.

2.
Who most likely are the listeners?
(A) Product developers
(B) Laboratory trainees
(C) Computer technicians
(D) New employees

청자들은 누구일 것 같은가?
(A) 제품 개발자들
(B) 실험실 교육생들
(C) 컴퓨터 기술자들
(D) 신입 사원들

159

해설 화자/청자를 알려주는 표현 our를 사용하여 우리 기술지원 부서(our tech support department)라는 표현에서 청자가 이 부서 소속의 기술자들인 것을 알 수 있다.

[3-4] announcement

W-Br As you know, local elections will be held on Thursday. I know that in the past our company has taken local election day as a holiday, but this year we are just too busy. However, you have all been working very hard lately and you deserve a holiday. ³I would like you to set a date after this month for a personal holiday and submit it to the personnel department. So that work goes on like normal, ⁴only two people can take a vacation on any one day. I will have Jane in personnel make a holiday schedule.

여러분이 아시다시피, 지역 선거가 목요일에 실시됩니다. 지금까지 우리 회사는 지역 선거일을 휴일로 해왔다는 것을 알고 있지만, 올해는 회사가 너무 바쁩니다. 하지만, 여러분 모두가 최근 매우 열심히 일해왔고 휴가를 받을 자격이 있습니다. 여러분이 이번 달 이후로 개인 휴가 날짜를 정해서 인사 부서에 제출해주시길 바랍니다. 일이 정상적으로 진행되도록 하루에 두 명만 휴가를 낼 수 있습니다. 인사 부서의 제인이 휴가 일정을 만들도록 하겠습니다.

어휘 election 선거 in the past 이전에, 지금까지 deserve ~을 받을 만하다, 누릴 자격이 있다 set a date 날짜를 정하다

3.
What are listeners asked to do?
(A) Vote in an election
(B) Attend a training session
(C) Work overtime for a week
(D) Choose a day for a break

청자들이 요청받은 것은?
(A) 선거에서 투표하기
(B) 교육에 참석하기
(C) 일주일 동안 초과근무하기
(D) 휴가 날짜 정하기

해설 요청/조언 시 사용되는 표현인 I would like you to 뒤에, 개인 휴가 날짜를 정하라(set a date)고 했으므로 휴가 날짜를 정하라는 (D)가 정답이다.

Paraphrasing
set a date … for a personal holiday
→ Choose a day for a break

4.
What special feature is mentioned about personal holidays?
(A) They can be taken by a limited number of staff.
(B) They will not be paid vacations.
(C) They will be used by the hardest working employees.
(D) They must be taken within one month.

개인 휴가에 대해 어떤 특징이 언급되는가?
(A) 한정된 숫자의 직원만 갈 수 있다.
(B) 무급 휴가일 것이다.
(C) 가장 열심히 일한 직원들이 사용할 것이다.
(D) 한달 안에 사용되어야 한다.

해설 정상적으로 일이 진행되도록 하루에 두 명만(only two people) 휴가를 낼 수 있다는 말에서, 한정된 숫자의 인원만이 휴가를 낼 수 있음을 알 수 있다. 따라서 정답은 (A)이다.

PRACTICE TEST

1. (B)	2. (B)	3. (D)	4. (B)	5. (D)
6. (C)	7. (C)	8. (B)	9. (D)	10. (C)
11. (D)	12. (D)	13. (C)	14. (A)	15. (D)
16. (D)	17. (B)	18. (C)	19. (D)	20. (C)
21. (B)	22. (A)	23. (D)	24. (D)	25. (D)
26. (D)	27. (A)	28. (C)	29. (A)	30. (C)

[1-3] announcement

W-Am Good evening staff members. As you are aware, ¹we here at Bexton Inc. will have new fingerprint readers installed in the office this week. Please go to the reception area to have your fingerprint scanned before Friday. Once your fingerprint is registered, ²you can use it to access every Bexton office in the country. ³There is a lot of data on the new security system on the company home page that you'll need to look at. Please check that soon. If anyone has any other questions, please speak to your team leader or someone from the security team. Thank you.

안녕하세요 직원 여러분. 아시다시피, 우리 벡스턴 주식회사에서는 이번 주 사무실에 새로운 지문인식기를 설치할 겁니다. 금요일 전까지 안내대로 가서 지문을 스캔 받아 주세요. 여러분의 지문이 등록되면, 전국에 있는 모든 벡스턴 사무실에 출입하는 데 사용할 수 있습니다. 여러분이 보셔야 할 새로운 보안 시스템에 대한 많은 자료가 회사 홈페이지에 나와 있습니다. 빠른 시일 내에 확인해주시기 바랍니다. 다른 질문이 있으시다면, 여러분의 팀장이나 보안팀 직원과 의논해주십시오. 감사합니다.

어휘 aware 알고 있는 fingerprint 지문 install 설치하다 reception area 접수처, 안내대 register 등록하다 security 보안, 안전

1.

What will happen this week?
(A) A sales event will take place.
(B) Some new equipment will be set up.
(C) A workshop will be held.
(D) A repairperson will visit the office.

이번 주에 무슨 일이 일어날 것인가?
(A) 할인 행사가 있을 것이다.
(B) 새 장비가 설치될 것이다.
(C) 워크숍이 열릴 것이다.
(D) 수리공이 사무실을 방문할 것이다.

해설 시간 표현 this week가 키워드이다. have new fingerprint readers installed(새로운 지문인식기를 설치하다)라고 했으므로 새 장비를 설치한다는 (B)가 정답이다.

Paraphrasing
have new fingerprint readers installed
→ Some new equipment will be set up

2.

What is mentioned about registered fingerprints?
(A) They cannot be copied.
(B) They can be used to access many locations.
(C) They must be used with a code.
(D) They must be changed every month.

등록된 지문에 대해 언급되는 것은?
(A) 복제가 불가능하다.
(B) 많은 장소에 출입하는 데 사용할 수 있다.
(C) 비밀번호와 함께 사용해야 한다.
(D) 매달 변경해야 한다.

해설 등록된 지문을 이용해 전국에 있는 모든 사무실에 출입할 수 있다(access every Bexton office in the country)고 했으므로 (B)가 정답이다.

Paraphrasing
access every Bexton office in the country
→ access many locations

3.

What are listeners requested to do?
(A) Read their contracts in detail
(B) Have all of their work done fast
(C) Attend a group discussion
(D) Visit a Web site in the near future

청자들이 요청받는 것은?
(A) 계약서 상세히 읽기
(B) 모든 일을 빨리 끝내기
(C) 그룹 토론에 참여하기
(D) 빠른 시일 내에 웹사이트를 방문하기

해설 요청/조언 시 사용되는 표현인 Please를 사용하여 홈페이지에 정보가 많으니 빠른 시일 내에 확인하라고 했으므로 웹사이트를 방문하라는 (D)가 답이다.

Paraphrasing
the company home page → a Web site
soon → in the near future

[4-6] excerpt from a meeting

M-Cn Finally, please note that there will be some repair work done around our office this week. **4A work crew is going to be repainting the surface of the employee parking lot in the parking garage tomorrow.** Because of this, no one will be allowed to park there for the next few days. **5I suggest you take public transportation for the rest of the week.** If that's not an option for you, you can park along Hudson Avenue but you'll have to pay the parking fee yourself. **6I'm sorry for not telling you sooner**, and I appreciate your understanding.

마지막으로, 이번 주에 사무실에서 수리 작업이 있을 것임을 알아두세요. 작업반이 내일 주차장에 직원 주차공간의 표면을 다시 페인트칠 할 예정입니다. 이런 이유로, 앞으로 며칠간 아무도 거기에 주차를 하지 못합니다. 주중 나머지 기간 동안 대중교통을 이용할 것을 제안 드립니다. 그렇게 할 수 없다면, 허드슨가에 주차할 수 있지만 여러분이 직접 주차비를 내야 합니다. 더 일찍 말씀드리지 못해서 죄송합니다, 이해해주시면 감사하겠습니다.

어휘 note 주의[주목]하다 work crew 작업반 surface 표면 parking lot 주차 구역 public transportation 대중교통

4.

According to the speaker, what will take place tomorrow?
(A) Internet service repairs
(B) Maintenance on facilities
(C) A marketing conference
(D) A meeting with potential clients

화자에 의하면, 내일 무슨 일이 일어날 것인가?
(A) 인터넷 서비스 수리
(B) 시설 유지 보수 작업
(C) 마케팅 컨퍼런스
(D) 잠재 고객들과의 만남

해설 시간 표현 tomorrow가 키워드이다. 주차장 수리(repainting ~ parking garage)가 있다고 했으니 시설관리 작업을 하는 것이다.

어휘 maintenance 유지 보수 공사 potential client 잠재 고객

Paraphrasing
repainting the surface of the employee parking lot
→ Maintenance on facilities

5.
What does the speaker suggest the listeners do?
(A) Reschedule an appointment
(B) Buy a parking pass
(C) Work from home
(D) Take public transportation

화자가 청자들에게 제안하는 것은?
(A) 약속 다시 잡기
(B) 주차권 구입하기
(C) 재택근무하기
(D) 대중교통 이용하기

해설 요청/조언 시 사용되는 표현인 I suggest 뒤에 대중교통을 이용하라(take public transportation)고 조언하고 있다.

6.
Why does the speaker apologize?
(A) He cannot locate an important file.
(B) He did not attend a meeting.
(C) He did not notify a repair schedule earlier.
(D) He cannot finish a project on time.

화자가 사과하는 이유는?
(A) 중요한 서류를 찾을 수가 없다.
(B) 회의에 참석하지 않았다.
(C) 수리 일정을 더 일찍 알리지 않았다.
(D) 프로젝트를 제시간에 끝낼 수가 없다.

해설 사과 시 사용하는 표현 I'm sorry for 뒤에, 일찍 말하지 않은 것(not telling you sooner)에 대해 사과한다고 했으므로 정답은 (C)이다.

Paraphrasing
not telling you sooner → did not notify ... earlier

[7-9] announcement

> W-Br Thank you, everyone, for coming on such short notice. I have an important announcement to make. 7I'm extremely pleased to say that we have acquired Merrill Comics Unlimited. They will now be a new part of our family. We are very lucky to be able to work with their talented artistic department and learn from their years of experience in the business. This is truly a treat. 8From our market research, we predict that this merger will allow us to take over almost 70% of the market, making us the leader in the comics industry. 9I encourage everyone in the company to take a moment to introduce yourselves to the new team and to familiarize yourselves with the products they offer, if you haven't already.

> 갑작스런 요청에도 와주신 여러분 모두에게 감사드립니다. 중대 발표를 할 것이 있습니다. 메릴 코믹스 사를 인수했다는 것을 말씀드리게 되어 매우 기쁩니다. 이제 그들은 우리 가족의 새 일원이 되었습니다. 재능이 있는 예술 부서와 일하면서 업계에서의 수년 간의 경험을 통해 배울 수 있게 되어 매우 행운입니다. 이것은 정말로 선물입니다. 시장 조사를 통해, 이 합병으로 우리가 시장의 거의 70퍼센트를 장악하게 되어 만화 산업에서 우리가 선두주자가 될 것으로 전망하고 있습니다. 아직 하지 못했다면 회사 전 직원이 새로운 팀에게 자기를 소개할 시간을 잠시 갖고, 그들이 제공하는 제품에 익숙해질 것을 권해 드립니다.

어휘 on short notice 갑자기 extremely 매우 acquire 인수하다 treat 선물 merger 합병 take over 장악하다 familiarize 익숙해지게 하다

7.
What is the purpose of the announcement?
(A) To discuss a company bankruptcy
(B) To go over new company policies
(C) To explain a recent acquisition
(D) To review a company's budget

발표의 목적은 무엇인가?
(A) 회사 파산을 의논하기 위해
(B) 새로운 회사 정책들을 검토하기 위해
(C) 최근 인수를 알려주기 위해
(D) 회사 예산을 검토하기 위해

해설 주제 전달 시 사용되는 표현 I'm (extremely) pleased to say that을 사용하여 회사를 인수했다(have acquired)고 했으므로 정답은 (C)이다.

어휘 bankruptcy 파산 go over ~을 검토하다 policy 정책, 방침 acquisition 인수

8.
What is expected to happen after the event?
(A) The company will make a substantial profit.
(B) The company can expand its market share.
(C) The company will hire more people.
(D) The company can build a new facility.

사건 후 어떤 일이 일어날 것으로 예상되는가?
(A) 회사가 상당한 수익을 얻을 것이다.
(B) 회사가 시장 점유율을 늘릴 수 있다.
(C) 회사가 더 많은 사람들을 고용할 것이다.
(D) 회사가 새 시설을 건설할 수 있다.

해설 업계에서 70%의 시장을 장악하게 될 것이라는 것은 시장 점유율(market share)이 늘어난다는 말이므로 (B)가 정답이다.

어휘 substantial 상당한 expand 확장하다, 늘리다 market share 시장 점유율 facility 시설, 설비

9.
What does the speaker ask the listeners to do?
(A) Join the new team
(B) Conduct market research
(C) Check a work schedule
(D) Meet new coworkers

화자가 청자들에게 요청하는 것은?
(A) 새 팀에 합류하기
(B) 시장 조사하기
(C) 작업 일정 확인하기
(D) 새로운 동료들 만나기

해설 요청/조언 시 사용되는 표현인 I encourage를 사용하여 새로운 팀에게 자신을 소개하라고 했으므로 새로운 동료들과 만나라는 (D)가 정답이다.

Paraphrasing

introduce yourselves to the new team
→ Meet new coworkers

[10-12] excerpt from a meeting

M-Au The last thing we need to speak about is how much we are paying to distribute our monthly newsletter. **10**Quick City Couriers currently distributes our newsletter and they are very fast. Still, that speed comes at a price. If we used another delivery service, it would cost about the same, **11**because most of the newsletter recipients are based internationally, so I started thinking. **12**We don't need to use a costly courier company. I ran the numbers and if we use the standard postage service it will save us a significant amount of money. Also, the standard post service would only take a few days longer for the materials to be delivered.

마지막으로 우리가 의논해야 할 것은 월간 소식지를 배포하기 위해 얼마를 지불하고 있는가입니다. 퀵 시티 택배사가 현재 우리 소식지를 배포하고 있고 그들은 매우 빠릅니다. 그럼에도 불구하고, 그 빠른 속도에는 상당한 비용이 듭니다. 다른 택배 회사를 이용한다 해도, 비용은 거의 비슷할 겁니다, 왜냐하면 대부분의 소식지 수령인들이 해외에 기반을 두고 있기 때문입니다. 그래서 생각을 해봤습니다. 많은 비용이 드는 택배 회사를 이용할 필요가 없습니다. 제가 계산을 해봤는데 일반 우편 서비스를 이용한다면 상당히 많은 돈을 절약할 수 있을 겁니다. 또한, 일반 우편 서비스는 배달되는 데 겨우 며칠이 더 걸릴 뿐입니다.

어휘 **distribute** 배포하다 **at a price** 상당한 비용을 들여 **recipient** 수령인 **costly** 많은 비용이 드는 **run the numbers** 계산하다

10.
What does the speaker say about Quick City Couriers?
(A) The business is expanding its services.
(B) The company will purchase new delivery trucks.
(C) They deliver a publication rapidly.
(D) There are more fee options now.

화자는 퀵 시티 택배사에 대해 무엇이라고 말하는가?
(A) 업체가 서비스를 확장하고 있다.
(B) 회사에서 새 배달 트럭들을 구매할 것이다.
(C) 간행물을 신속히 배달한다.
(D) 이제 더 많은 요금 옵션이 있다.

해설 고유명사 Quick City Couriers가 키워드이다. 매우 빠르다(very fast)고 했으므로 (C)가 정답이다.

어휘 **publication** 간행물

Paraphrasing

distribute our newsletter/ fast
→ deliver a publication/ rapidly

11.
What does the speaker mention about the magazine's subscribers?
(A) They are using digital devices.
(B) They want different articles.
(C) They are cancelling subscriptions.
(D) They live overseas.

화자가 잡지 구독자들에 대해 언급하는 것은?
(A) 디지털 기기를 사용한다.
(B) 다른 기사들을 원한다.
(C) 구독을 취소한다.
(D) 해외에 산다.

해설 고객들이 해외에 기반을 두고 있다(based internationally)고 했으므로 해외에 있다는 뜻의 (D)가 정답이다.

Paraphrasing

based internationally → live overseas

12.
Why does the speaker say, "so I started thinking"?
(A) To suggest a marketing plan for distribution overseas
(B) To provide a reason for cancelling a subscription
(C) To show excitement about expanding business
(D) To introduce a cost-cutting idea

화자가 "그래서 생각을 해봤습니다"라고 말한 이유는 무엇인가?
(A) 해외 유통을 위한 마케팅 계획을 제안하기 위해
(B) 구독 취소에 대한 이유를 제공하기 위해
(C) 사업 확장에 대한 흥분을 표현하기 위해
(D) 비용 절감 아이디어를 소개하기 위해

해설 의도를 묻는 말 뒤에 택배회사 대신 일반 우편 서비스를 이용하면 비용 절감이 크다(save us a significant amount of money)는 말을 이어가고 있으므로 정답은 (D)이다.

어휘 **cost-cutting** 비용을 절감하는

[13-15] excerpt from a meeting

M-Cn **13**Thank you all for coming to the weekly store staff meeting. To start with, I have to say what a wonderful job you have all done lately under difficult circumstances. **14**Please understand that I have found two new workers to help out during this busy season. Now, I know many of you have had difficulties lately. Hopefully, all of our burdens will be reduced a bit with some help around the store. For the final thing, we need to have the store cleaned up. **15What I would like you to do is to talk among yourselves and decide who will clean which part of the store.** Once you've done that, you can fill in the chart I have posted on the wall.

주간 매장 직원 회의에 와주신 모든 분들께 감사드립니다. 우선, 어려운 상황 속에서도 최근 여러분이 일을 너무 잘해 주셨다고 말하고 싶습니다. 이 바쁜 시즌 동안 일을 도와줄 신입 직원 두 명을 찾았다는 것을 알려 드립니다. 자, 최근에 많은 분들이 어려움을 겪고 있다는 것을 알고 있습니다. 매장에서의 도움으로 우리의 모든 짐이 조금 줄어들기를 바랍니다. 마지막으로, 매장 청소를 해야 합니다. 여러분들이 해줬으면 하는 것은 서로 의논해서 매장의 어떤 부분을 누가 청소할 건지 결정해주는 겁니다. 그게 끝나면, 벽에 붙여둔 차트를 작성하시면 됩니다.

어휘 staff meeting 직원 회의 to start with 우선 circumstance 상황 hopefully 바라건대 burden 짐, 부담 fill in 작성하다 post 게시하다

13.

Who most likely are the listeners?
(A) Make-up artists
(B) Computer technicians
(C) Store workers
(D) Construction workers

청자들은 누구일 것 같은가?
(A) 메이크업 아티스트들
(B) 컴퓨터 기술자들
(C) 매장 직원들
(D) 공사 인부들

해설 화자/청자/모임 장소를 알려주는 표현 'Thank you all for coming to+모임/장소'를 사용하여, 매장 직원 회의(store staff meeting)라고 밝히고 있으므로 청자들이 매장 직원들(Store workers)인 것을 알 수 있다.

Paraphrasing
store staff → Store workers

14.

What did the speaker recently do?
(A) He hired new employees.
(B) He gathered some feedback from customers.
(C) He opened a new department.
(D) He cleaned a warehouse.

화자는 최근에 무엇을 했는가?
(A) 신입 직원들을 채용했다.
(B) 손님들로부터 의견을 모았다.
(C) 새 부서를 개설했다.
(D) 창고를 청소했다.

해설 최근 행적에 관해 알려줄 때 사용하는 표현 new를 사용하여 신입 직원 두 명을 찾았다(found two new workers)는 말에서 새로 직원을 뽑은 것을 알 수 있다. 따라서 정답은 (A)이다.

Paraphrasing
found two new workers → hired new employees

15.

What task does the speaker assign to the listeners?
(A) Rearranging display areas
(B) Training new workers
(C) Changing a work schedule
(D) Making a cleaning plan

화자가 청자들에게 배정하는 임무는?
(A) 진열 구역 재배치하기
(B) 신입 직원들 교육하기
(C) 근무 일정 바꾸기
(D) 청소 계획 세우기

해설 후반부에 매장의 어느 구역을 청소할지 직원들끼리 정하라는 말에서 청소 계획을 세우라는 (D)가 직원들에게 주어진 임무인 것을 알 수 있다.

[16-18] excerpt from a meeting

W-Am First up today, **16I would like to give you an update on our new grocery home delivery service. 17The new food delivery service was going to be ready by the end of this month, but at this stage, that may have been an optimistic goal.** Our special delivery containers for cold and frozen products are still being made and the new fleet of trucks needs to be painted in company colors. **18I am planning a new schedule for the unveiling of the new service and after the meeting I will upload it to our site on the Internet** so you can see it for yourselves.

오늘 먼저, 여러분에게 우리 회사의 새로운 식료품 가정 배달 서비스에 대한 최신 정보를 드리고 싶습니다. 새로운 식품 배달 서비스가 이번 달 말까지 준비될 예정이었습니다만, 지금 단계에서는, 그것이 낙관적인 목표였는지도 모르겠습니다. 냉장 냉동 제품을 위한 특수 배달 용기가 아직 제작 중에 있고 새 트럭들을 회사 색으로 칠해야 합니다. 새로운 서비스를 발표할 일정을 새로 계획하고 있으며 회의 후에 여러분이 직접 볼 수 있도록 인터넷 사이트에 올리겠습니다.

어휘 first up 우선 stage 단계 fleet (한 기관이 소유한 전체 버스·트럭의) 무리 unveil 발표하다

16.

Where does the speaker most likely work?
(A) At an Internet company
(B) At a local restaurant
(C) At a hardware store
(D) At a supermarket

화자는 어디에서 일하겠는가?
(A) 인터넷 회사
(B) 지역 식당
(C) 철물점
(D) 슈퍼마켓

해설 식료품 가정 배달 서비스(grocery home delivery service)라는 말에서 식료품 가게나 슈퍼마켓이 화자의 근무처인 것을 알 수 있다.

17.

What does the speaker mean when she says, "that may have been an optimistic goal"?
(A) A new product line will not be available.
(B) A service will not be ready in time.
(C) A new manager will take over a project.
(D) A goal has been achieved.

화자가 "그것이 낙관적인 목표였는지도 모르겠습니다"라고 말한 의도는 무엇인가?
(A) 신제품이 이용 가능하지 않을 것이다.
(B) 서비스가 제시간에 준비되지 않을 것이다.
(C) 새 관리자가 프로젝트를 인계받을 것이다.
(D) 목표가 성취되었다.

해설 배달 서비스가 준비 예정이었다는 말에 의도를 묻는 이 말을 덧붙였으므로 예정된 서비스가 아직 준비되지 않았음을 알 수 있다. 정답은 (B)가 된다. 뒤에서는 구체적으로 어떤 준비가 안 되었는지를 설명하고 있다.

어휘 take over 인계받다, 인수하다

18.

What will the speaker do after the discussion?
(A) Deliver a package
(B) Review a report
(C) Update a Web site
(D) Unload a truck

화자는 논의 후에 무엇을 할 것인가?
(A) 소포 배달하기
(B) 보고서 검토하기
(C) 웹사이트 업데이트하기
(D) 트럭에서 짐 내리기

해설 회의 후(after the meeting)에 인터넷 사이트에 올리겠다(upload)고 했으므로 (C)가 정답이다.

Paraphrasing
　upload it to our site on the Internet
　→ Update a Web site

[19-21] announcement

W-Br　Hello, everyone. Most of you know that **19**we have had troubles with our company's e-mail server. There have been problems with sending and receiving e-mails. It turns out that the problem is being caused by our firewall program. Luckily, the company that manages our firewall, Han PC Security, has an office close to us in Houston. **20,21**One of their technicians, Leonard Taylor, is visiting our office to help us update our system. He is only going to stay with us for two days, so be sure to talk to him as soon as possible if you'd like some assistance. He'll be using Melody Price's desk, so stop by her office if you want to meet with him. Mr. Taylor will now briefly introduce himself.

안녕하세요, 여러분. 회사 이메일 서버에 문제가 있다는 것을 여러분 대부분이 알고 있을 겁니다. 이메일을 주고받는 데 문제가 있었습니다. 문제는 방화벽 프로그램으로 인한 것으로 밝혀졌습니다. 다행스럽게도, 방화벽을 관리하는 회사인 한 PC 시큐리티 사가 휴스턴에 저희와 가까운 곳에 사무실이 있습니다. 기술자 중 한 명인, 레너드 테일러 씨가 시스템을 업데이트하는 것을 돕기 위해 저희 사무실을 방문할 겁니다. 그는 이틀 동안만 있을 예정이니, 도움이 필요하다면 가능한 빨리 반드시 그와 의논해주세요. 그는 멜로디 프라이스의 책상을 사용하니, 그를 만나고 싶다면 그녀의 사무실로 들러 주십시오. 이제 테일러 씨가 간단히 본인 소개를 하겠습니다.

어휘 turn out ~인 것으로 드러나다[밝혀지다] firewall 방화벽 manage 관리하다 assistance 도움, 지원 briefly 간단히

19.

What is the problem mentioned by the speaker?
(A) A technician is leaving the company.
(B) A company database has been hacked.
(C) An office computer is down.
(D) An e-mail system is malfunctioning.

어떤 문제가 화자에 의해 언급되는가?
(A) 기술자가 회사를 그만둔다.
(B) 회사 데이터베이스가 해킹당했다.
(C) 사무실 컴퓨터가 다운되었다.
(D) 이메일 시스템이 오작동한다.

해설 문제점 언급 시 사용되는 표현인 troubles를 사용해서 이메일 서버(e-mail server)에 문제가 있음을 밝히고 있으므로 정답은 (D)이다.

어휘 malfunction 제대로 작동하지 않다

Paraphrasing
　troubles with ~ e-mail server
　→ An e-mail system is malfunctioning.

20.

What work will Mr. Taylor do for the company?
(A) Removing old office furniture
(B) Training staff on using a service
(C) Installing new software
(D) Distributing new manuals

테일러 씨는 회사를 위해 어떤 일을 할 것인가?
(A) 오래된 사무 가구 치우기
(B) 서비스 이용에 관해 직원들 교육하기
(C) 새 소프트웨어 설치하기
(D) 새 설명서 배포하기

165

해설 고유명사 Mr. Taylor가 키워드이다. 시스템을 업데이트하는 것(update our system)을 돕기 위해 온다고 했으므로 새 소프트웨어를 설치한다는 (C)가 정답이다.

Paraphrasing
update our system → Installing new software

21.
Who is Leonard Taylor?
(A) A secretary
(B) A computer technician
(C) A maintenance worker
(D) A security guard

레너드 테일러는 누구인가?
(A) 비서
(B) 컴퓨터 기술자
(C) 유지보수 직원
(D) 보안 요원

해설 Leonard Taylor라는 이름 앞에 기술자(one of their technicians)라고 밝히고 있다.

[22-24] announcement

M-Au Good morning everyone, welcome to our monthly staff meeting. I have called you here today to tell you our latest company news. As some of you may already know, 22we are about to embark on an exciting new project. Consumers have reacted well to our new product lines and we have had such a good year. Company sales figures are up. 23Accordingly, we are going to open ten new stores across the country and we would like you, some of our most experienced staff, to help establish them. 24I would like you all to speak with your team members to see who wants to make the move to a new location with you.

안녕하세요 여러분, 월례 직원 회의에 오신 것을 환영합니다. 최근 회사 소식을 전하기 위해 여러분을 오늘 여기에 모이도록 했습니다. 여러분 중 몇몇은 이미 아시다시피, 우리 회사는 흥미로운 신규 프로젝트를 착수하려고 하고 있습니다. 소비자들이 우리 신제품에 좋은 반응을 보여서 우리는 매우 좋은 한 해를 보냈습니다. 회사 매출액이 증가했습니다. 그래서, 전국에 10개의 새로운 매장을 열 계획인데, 우리 회사에서 가장 경험이 많은 직원인 여러분이 기반을 잡는 것을 도와주셨으면 합니다. 여러분 모두 각자 팀원들과 의논해서 누가 여러분과 함께 새로운 곳으로 가기를 원하는지 알아봐 주셨으면 합니다.

어휘 be about to 막 ~하려고 하다 embark on ~에 착수하다 consumer 소비자 react 반응을 보이다 sales figures 매출액 accordingly 그래서 establish 설립하다, 기반을 잡다

22.
What is the purpose of the announcement?
(A) To discuss a new project
(B) To present sales projections
(C) To introduce new employees
(D) To announce pay raises

발표의 목적은 무엇인가?
(A) 새 프로젝트에 대해 의논하기 위해
(B) 예상 매출을 보여주기 위해
(C) 신입 직원들을 소개하기 위해
(D) 급여 인상을 알리기 위해

해설 신규 프로젝트(new project)를 시작하려 한다는 말에서 이것을 소개하는 것이 발표의 목적인 것을 알 수 있다.

23.
Why does the speaker say, "Company sales figures are up"?
(A) To ask for more hard effort
(B) To suggest revising a marketing plan
(C) To introduce a new summer sales event
(D) To show the need for new retail outlets

화자가 "회사 매출액이 증가했습니다"라고 말한 의도는 무엇인가?
(A) 더 열심히 일할 것을 요청하기 위해
(B) 마케팅 계획의 수정을 제안하기 위해
(C) 새로운 여름 할인 행사를 소개하기 위해
(D) 새로운 소매점들의 필요성을 보여주기 위해

해설 의도를 묻는 말 뒤에 새로운 매장들을 열 것이라고 했으므로, 결국 뒤의 말을 꺼내기 위한 것임을 알 수 있다. 따라서 정답은 (D)이다.

어휘 retail outlet 소매점

24.
What does the speaker ask the listeners to do?
(A) Change their working hours
(B) Work together more closely
(C) Provide direct feedback
(D) Talk to their teams

화자가 청자들에게 요청하는 것은?
(A) 근무시간 변경하기
(B) 더 밀접하게 협력하기
(C) 직접적인 피드백 제공하기
(D) 팀과 얘기하기

해설 요청/조언 시 사용되는 표현인 I would like you to 뒤에, 팀원들과 얘기해 보라(speak with your team members)고 했으므로 (D)가 정답이다.

Paraphrasing
speak with → Talk to

[25-27] excerpt from a meeting + chart

W-Am First on our agenda, I want to talk about our recent focus group feedback. **25**We conducted focus groups with passengers getting off all of our train services at Grand Central Station last month. It's fairly obvious that we're failing our customers in one specific area. Something needs to be done. I want you to go away from this meeting and **26**talk to your teams about how we can address the issue that our customers have identified as our weakest point. **27**During next week's meeting I will create a list of suggestions from your teams and we can use it as the basis of making an action plan.

첫 안건으로, 테스트 그룹의 최근 피드백에 대해 의논하고 싶습니다. 지난 달 그랜드 센트럴역에서 우리의 모든 열차편에서 내리는 승객들로 테스트 그룹을 시행했습니다. 한 특정 항목에서 고객들을 실망시키고 있다는 것이 아주 명백합니다. 조치가 필요합니다. 저는 여러분이 이 회의에서 나가서 고객들이 우리의 가장 큰 취약점이라고 밝힌 문제를 어떻게 해결할 수 있을지에 대해 팀과 의논하셨으면 좋겠습니다. 다음 주 회의에서, 여러분 팀에서 나온 제안들의 목록을 만들어 실천방안을 만드는 기반으로 그것을 사용할 겁니다.

어휘 focus group 테스트 그룹(test group) obvious 명백한 fail 실망시키다 specific 특정한 address 처리하다 identify as ~라고 밝히다

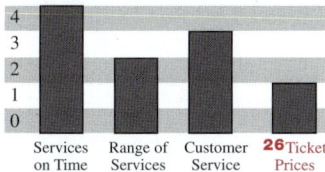

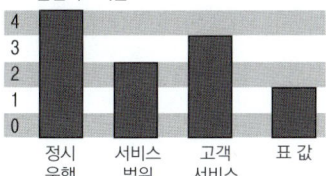

25.

Where does the speaker most likely work?
(A) At a market research company
(B) At a government agency
(C) At a movie theater
(D) At a railway company

화자는 어디에서 일하겠는가?
(A) 시장 조사 회사
(B) 정부 기관
(C) 영화관
(D) 철도 회사

해설 근무처를 알려주는 표현 our를 사용하여 우리의 모든 열차편(our train services)이라는 말에서 철도 회사가 화자의 근무처인 것을 알 수 있다.

26.

Look at the graphic. What does the speaker want the listeners to discuss?
(A) Services on Time
(B) Range of Services
(C) Customer Service
(D) Ticket Prices

시각정보에 의하면, 화자는 청자들이 무엇에 대해 의논하기를 원하는가?
(A) 정시 서비스
(B) 서비스 범위
(C) 고객 서비스
(D) 표 값

해설 만족도에 대한 조사를 보고 논의할 사항을 맞추는 문제이다. 문제점을 논의하는 내용이 나오고, 주로 가장 주된 문제점이나 두 번째 문제점이 정답으로 등장한다. 고객들이 가장 취약한 점(our weakest point)이라고 밝힌 문제의 해결 방안에 대해서 의논해보라고 했는데, 표에서 이에 해당하는 것은 표 값임을 알 수 있다.

27.

What will the speaker do in next week's meeting?
(A) Make a list
(B) Invite a speaker
(C) Deliver a presentation
(D) Give out awards

화자는 다음 주 회의에서 무엇을 할 것인가?
(A) 목록 만들기
(B) 연설자 초대하기
(C) 발표하기
(D) 상 주기

해설 next week's meeting이 키워드이다. 제안들의 목록을 만든다(create a list)고 했으므로 정답은 (A)이다.

Paraphrasing
create a list → Make a list

[28-30] announcement + floor plan

M-Au Good afternoon, everyone. **29**We here at Star One Manufacturing will begin making a new line of products in Production Room 2 from next Monday. **28**We have arranged for workers from our Detroit plant to come here on Friday and show you all the procedures for making new products and for packing them for shipping. **30**All company employees must attend this manufacturing demonstration at 10:30 on Friday morning in the space next to Production Room 1. Those workers who cannot come to the demonstration should

167

speak to their floor manager by Thursday. Thank you for your cooperation.

안녕하세요, 여러분. 많은 분들이 아시다시피, 우리 스타원 제조에서는 다음 주 월요일부터 제2생산실에서 신제품을 만들기 시작할 겁니다. 금요일에 디트로이트 공장에서 직원들이 이곳으로 와서 신제품을 만들고 배송을 위해 포장하는 모든 과정을 여러분에게 보여주도록 조치했습니다. 모든 직원들은 제1생산실 옆 장소에서 금요일 오전 10시 30분에 있을 이 제조 시연에 참석해야 합니다. 시연에 올 수 없는 직원들은 현장관리자에게 목요일까지 말해야 합니다. 협조에 감사드립니다.

어휘 **arrange for A to do** A가 ~하도록 조치하다 **procedure** 절차, (진행) 과정 **pack** 포장하다 **demonstration** 시연

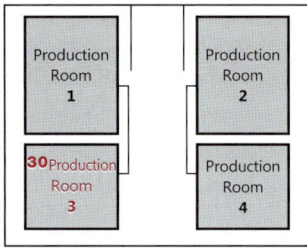

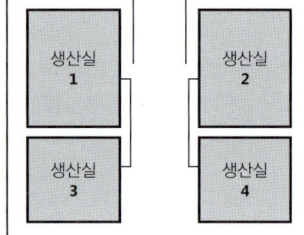

28.
What is the purpose of the announcement?
(A) To ask employees to gather in a certain room now
(B) To remind staff members to work safely
(C) To give employees notice of a presentation
(D) To warn employees of a new work policy

안내의 목적은 무엇인가?
(A) 직원들에게 지금 특정 방에 모일 것을 요청하기 위해
(B) 직원들에게 안전하게 작업할 것을 상기시키기 위해
(C) 직원들에게 발표 공지를 하기 위해
(D) 새로운 작업 규정에 대해 직원들에게 주의를 주기 위해

해설 신제품 제조를 시작한다는 것과 그것을 만드는 과정에 대한 시연을 준비했다는 말에서 안내의 목적을 알 수 있다. 정답은 (C)이다.

29.
On what day will new products start to be made?
(A) Monday
(B) Thursday
(C) Friday
(D) Saturday

신제품들은 어느 요일에 생산이 시작될 예정인가?
(A) 월요일
(B) 목요일
(C) 금요일
(D) 토요일

해설 다음 주 월요일부터(from next Monday) 제조를 시작한다고 밝히고 있다.

30.
Look at the graphic. What number shows where workers will attend a training seminar?
(A) 1
(B) 2
(C) 3
(D) 4

시각정보에 의하면, 어느 숫자가 직원들이 교육세미나에 참석하는 장소를 나타내는가?
(A) 1
(B) 2
(C) 3
(D) 4

해설 평면도(floor plan)를 보고 교육이 열리는 곳을 맞추는 문제이다. 제1생산실 옆 장소에서(in the space next to Production Room 1)라고 했으므로 3번 장소가 교육이 있는 장소가 된다. 참고로, 2번 장소는 통로를 기준으로 맞은편(opposite)에 있다.

UNIT 3

전략 1 본책 p. 154

모든 승객분들께 알려드립니다. 3시 15분에 포틀랜드로 출발하는 XS 고속 열차가 예상치 못한 엔진 수리로 지연되겠습니다. XS는 4시에 탑승 준비가 되고 그 후 10분 뒤에 출발하겠습니다. 이로 인해 불편을 끼쳐드리게 되어 죄송합니다.

Q1. 이 안내방송이 이루어지고 있는 곳은?
- 기차역

Q2. 화자가 사과하는 이유는?
- 시간 지연 때문에

전략 2

스타원 슈퍼마켓 고객 여러분, 안녕하십니까. 이번 주 저희 가게의 1주년 기념을 맞아 많은 품목에 대해 할인을 해드리고 있습니다. 가게 문을 곧 닫습니다. 가시기 전에, 저희가 지금 심야 할인을 진행하고 있다는 것을 기억해 주세요. 세일 상품들에 대해 추가 25퍼센트 할인을 받을 수 있지만, 앞으로 30분간만입니다.

Q1. 가게는 무엇을 축하하고 있나?
- 기념일

Q2. 화자가 청자들에게 권하는 것은?
- 할인 제품 사기

MODEL TEST

본책 p. 155

1. (B) **2.** (A) **3.** (A) **4.** (D)

[1-2] announcement

W-Am ¹Attention passengers boarding Flight 815 to Chicago. ²Due to some heavy snowfall, there will be an unexpected delay of about one hour. All passengers scheduled for flight 815 are welcome to wait in the VIP lounge until the plane arrives. To access the lounge, you will need to show your boarding pass. We ask that all passengers please stay at the gate or in the lounge in case further updates are announced. Thank you for your understanding.

시카고 행 815편 항공기에 탑승하실 승객들께 알려드립니다. 폭설로 인하여, 한 시간 가량 예상치 못하게 지연되었습니다. 815편으로 일정 잡히신 모든 승객들은 비행기가 도착할 때까지 VIP 라운지에서 기다려 주십시오. 라운지를 이용하시기 위해서는 탑승권을 보여주셔야 합니다. 다음 방송이 나오는 경우에 대비해 탑승구 또는 라운지에 머물러 계실 것을 요청 드립니다. 이해해 주셔서 감사합니다.

어휘 **board** 탑승하다 **due to** ~때문에 **snowfall** 폭설 **unexpected** 예상치 못한 **delay** 지연 **access** ~의 이용권을 얻다, 접근하다 **boarding pass** 탑승권 **gate** 탑승구 **in case** 만일의 경우에 대비하여 **update** 최신 정보

1.
Where is this announcement being made?
(A) At a public library
(B) At an airport
(C) At a bus terminal
(D) At a train station

안내방송이 나오고 있는 장소는?
(A) 공공 도서관
(B) 공항
(C) 버스 터미널
(D) 기차역

해설 boarding Flight 815(815편 항공기 탑승)이라는 말에서 안내방송이 나오고 있는 곳이 공항이라는 것을 알 수 있다.

2.
What is causing a delay?
(A) Bad weather conditions
(B) Mechanical problems
(C) Lost luggage
(D) Late passengers

지연의 원인이 되는 것은?
(A) 악천후
(B) 기계 결함
(C) 분실 수하물
(D) 늦은 승객들

해설 원인/이유 언급 시 사용되는 표현인 Due to 뒤에 heavy snowfall(폭설)을 지연 이유로 밝히고 있다. 폭풍(storm) / 폭우(heavy rain) / 폭설(heavy snowfall) / 비(rain) / 소나기(shower)는 bad[poor] weather conditions(악천후)로 바꿔 출제된다는 것을 꼭 알아두자.

Paraphrasing
heavy snowfall → Bad weather conditions

[3-4] announcement

M-Au Good evening shoppers. ³Please be advised that New World Grocery will close at 10:00 P.M., in thirty minutes. Before you leave, you can drop by the bakery section to take advantage of our sale and buy our featured whole wheat bread for just two dollars and fifty cents. That's right shoppers; there are big discounts available in the bakery section department right now. Thank you all for shopping with New World Grocery today. ⁴At this time, we ask that you make your final product selections.

안녕하세요, 쇼핑객 여러분. 뉴 월드 식료품점이 30분 후인 밤 10시에 문을 닫는다는 것을 알려드립니다. 떠나시기 전에, 제과 코너에 들러서 할인을 이용하여 단돈 2달러 50센트에 저희 특별 통밀빵을 구매하십시오. 맞습니다 쇼핑객 여러분, 지금 제과 코너에서 큰 할인을 하고 있습니다. 오늘 뉴 월드 식료품점에서 쇼핑해 주신 모든 분들께 감사 드립니다. 이제 마지막 물건 선택을 해주십시오.

어휘 **advise** 알리다 **whole wheat bread** 통밀빵 **department** 코너, 매장(section) **take advantage of** ~을 이용[활용]하다

3.
What is the purpose of the announcement?
(A) To announce a closing time
(B) To ask shoppers for some feedback
(C) To notify customers of upcoming events
(D) To inform people of a new product

안내방송의 목적은 무엇인가?
(A) 폐점 시간을 알리기 위해
(B) 쇼핑객들에게 피드백을 요청하기 위해
(C) 고객들에게 곧 있을 행사를 알리기 위해
(D) 사람들에게 신제품을 알리기 위해

해설 초반에 식료품점의 폐점 시간(close at 10:00 P.M.)을 공지하고 있다. note[be advised, be aware] that(~을 알아주세요)는 중요한 공지나 당부 사항을 전달할 때 사용하는 표현이다.

어휘 **feedback** 피드백, 의견 **upcoming** 곧 있을, 다가오는

4.
What are listeners asked to do?
(A) Return shopping carts
(B) Wait in a single line
(C) Mind the wet floor
(D) Choose items

청자들은 무엇을 할 것을 요청 받는가?
(A) 쇼핑 카트 반납하기
(B) 한 줄로 서서 기다리기
(C) 젖은 바닥 조심하기
(D) 물품 선택하기

해설 요청/조언 시 사용되는 표현인 ask를 사용하여 마지막 물건을 선택하라고 했으므로 (D)가 정답이다.

Paraphrasing
make your final product selections → Choose items

PRACTICE TEST
본책 p. 157

1. (A)	2. (D)	3. (D)	4. (D)	5. (C)
6. (C)	7. (D)	8. (B)	9. (A)	10. (D)
11. (B)	12. (A)	13. (D)	14. (A)	15. (B)
16. (D)	17. (C)	18. (C)	19. (C)	20. (B)
21. (B)	22. (C)	23. (C)	24. (D)	25. (C)
26. (D)	27. (C)	28. (D)	29. (B)	30. (A)

[1-3] announcement

M-Au ¹This is your captain speaking. We here in the cockpit thank you for having flown with Pacific Air this evening. We are currently on our final approach to Beijing International Airport. ²Please note that we will be arriving at Terminal 3, instead of Terminal 2 as originally planned. For those of you transferring to another airline, ³we advise you to speak to representatives of Beijing Airport who can help you find your airline check-in counter. Once again, thank you for flying Pacific Air and you have a pleasant day.

저는 기장입니다. 여기 조정석 직원들은 오늘 저녁 퍼시픽 에어를 이용해 주신 것에 감사드립니다. 우리는 현재 베이징 국제 공항에 최종 진입을 하고 있습니다. 원래 계획된 제2터미널 대신에 제3터미널에 도착한다는 것에 유의해주십시오. 다른 항공편으로 갈아타실 분들은, 여러분의 항공사 수속 카운터 찾는 것을 도울 베이징 공항 직원과 이야기할 것을 권해 드립니다. 다시 한번 퍼시픽 에어를 이용해주셔서 감사드리고 즐거운 하루 보내십시오.

어휘 cockpit 조정석 note 유의[주의]하다 as planned 계획대로 transfer 갈아타다 representative 직원

1.
Who most likely is the speaker?
(A) An airplane pilot
(B) A travel agent
(C) A hotel receptionist
(D) A restaurant chef

화자는 누구이겠는가?
(A) 비행기 조종사
(B) 여행사 직원
(C) 호텔 접수 직원
(D) 식당 요리사

해설 자신을 소개할 때 사용하는 표현 'This is + 신분'을 사용하여 자신을 captain(항공기의 기장)이라고 했으므로 화자는 pilot(기장)임을 알 수 있다. 참고로, captain은 배의 선장, 스포츠 팀의 주장이라는 뜻도 있지만 토익에서는 항공기의 기장으로 주로 사용된다는 것을 알아두자.

2.
According to the speaker, what has changed?
(A) A weather forecast
(B) A baggage claim carousel
(C) A connecting flight time
(D) An arrival terminal

화자에 따르면, 무엇이 변경되었는가?
(A) 일기 예보
(B) 수하물 컨베이어 벨트
(C) 연결편 항공기 시간
(D) 도착 터미널

해설 원래 예정되었던 제2터미널 대신 제3터미널에 도착한다는 점에 유의하라면서, 도착 Terminal(터미널)의 변경을 알려주고 있다.

어휘 carousel 수하물 컨베이어

3.
What are the listeners advised to do?
(A) Use an executive lounge
(B) Log onto a Web site
(C) Have tickets reissued
(D) Talk to airport staff

청자들이 권고 받는 것은?
(A) VIP 고객 라운지 이용하기
(B) 웹사이트 로그인하기
(C) 표 재발급 받기
(D) 공항 직원과 이야기하기

해설 요청/조언 시 사용되는 표현인 advise를 사용하여 베이징 항공사 직원과 얘기하라(speak to representatives of Beijing Airport)고 했으므로 정답은 (D)이다.

어휘 executive lounge VIP 고객 라운지 reissue 재발급하다

Paraphrasing
speak to representatives of ... Airport → Talk to airport staff

[4-6] announcement

W-Am Good morning shoppers and ⁴welcome to Zenith Supermarket, saving you money every day. ⁵I would just like to remind all customers that Zenith Supermarket is proud to announce the addition of a fruit and vegetables section to our store. This fresh produce comes from the local farms. Stop by today and get the very best deals on a wide range of fruits and vegetables. ⁶Don't forget to complete an entry into our new competition to win a year's supply of fruit and vegetables.

안녕하세요 쇼핑객 여러분, 매일 여러분의 돈을 절약해주는 제니스 슈퍼마켓에 오신 것을 환영합니다. 저희 제니스 슈퍼마켓 매장에 과일과 채소 코너가 추가되었다는 안내를 모든 고객 여러분들께 상기시켜 드리고 싶습니다. 이 신선한 농산물은 지역 농가에서 옵니다. 오늘 들러서 매우 다양한 과일과 채소를 아주 저렴한 가격에 구매하십시오. 1년 간 과일과 채소를 받을 수 있는 새로운 경연 대회에 응모권을 써내는 것을 잊지 마십시오.

어휘 addition 추가 produce 농산물 come from ~에서 나오다[생산되다] a wide range of 매우 다양한 complete 작성하다 entry 출품작, 응모권 competition (경연) 대회, 시합

4.

Where is the announcement most likely being made?
(A) At a farm
(B) At a post office
(C) At a hardware store
(D) At a supermarket

안내방송은 어디에서 이루어지고 있겠는가?
(A) 농장
(B) 우체국
(C) 철물점
(D) 슈퍼마켓

해설 장소를 알려주는 표현 welcome to 뒤에, Supermarket (슈퍼마켓)이라고 장소를 밝히고 있다.

5.

What is the business now offering?
(A) Baked goods
(B) Electronics
(C) Fresh produce
(D) Cleaning products

상점에서는 이제 무엇을 제공하는가?
(A) 제과류
(B) 전자제품
(C) 신선한 농산물
(D) 청소용품

해설 질문 속 now는 최근 변경사항을 물을 때 사용되는 경우가 많으며, 대화나 담화에서는 대체로 now, new(ly), recent(ly), just, change, add, additional, addition 등을 이용해서 언급된다. 여기서는 addition을 이용해서, 과일 채소 코너 추가(addition of a fruit and vegetables section)를 알리고 있다. 과일과 채소는 농산물이므로 (C)가 정답이다.

Paraphrasing
    fruit and vegetables → produce

6.

Why are customers asked to fill in a form?
(A) To register for a card
(B) To get a parking pass
(C) To enter a competition
(D) To order a birthday cake

고객들이 양식을 작성하도록 요청받는 이유는?
(A) 카드 신청을 하기 위해
(B) 주차권을 받기 위해
(C) 경연 대회에 참여하기 위해
(D) 생일 케이크를 주문하기 위해

해설 요청/조언 시 사용되는 표현인 Don't forget to를 사용하여 경연 대회(competition)에 응모권을 써내라는 말에서 정답이 (C)인 것을 알 수 있다.

어휘 fill in ~을 작성하다

[7-9] announcement

M-Cn May I have your attention please? ⁷Please be aware that due to a mechanical failure, the 8:30 P.M. bus to Baytown has been cancelled. All passengers with a ticket for the 8:30 P.M. bus to Baytown will receive coupons that will allow them to take a cab to their final destination. ⁸Please visit the customer service desk and present your bus ticket to receive cab coupons. Finally, would the owner of the white sedan, registration number JDW-592, which was parked in a handicapped space beside the entrance, please go to the information booth? ⁹We have important information about your vehicle.

주목해주십시오. 베이타운으로 가는 밤 8시 30분 버스가 기계 고장으로 운행이 취소되었다는 것을 알려드립니다. 베이타운으로 가는 밤 8시 30분 버스표를 가진 모든 승객들은 최종 목적지까지 택시를 타고 갈 수 있는 쿠폰을 받게 됩니다. 고객 서비스 데스크를 방문하셔서 택시 쿠폰을 받기 위해 표를 보여주시기 바랍니다. 마지막으로, 입구 옆 장애인 전용 주차 공간에 주차된 차량 등록 번호 JDW-592, 흰색 세단 차주는 안내 부스로 가주시기 바랍니다. 차량에 대한 중요한 정보를 가지고 있습니다.

어휘 mechanical 기계적인 registration number 차량 등록 번호 handicapped 장애가 있는

7.

Why will a bus service be cancelled this evening?
(A) Some passengers changed their reservations.
(B) A bus terminal is closing early for renovations.
(C) A snowstorm is predicted for tonight.
(D) A bus is broken down.

오늘 저녁 버스 운행이 취소되는 이유는?
(A) 몇몇 승객들이 예약을 변경했다.
(B) 버스 터미널이 개조공사로 일찍 문을 닫는다.
(C) 오늘 밤 눈보라가 예보되었다.
(D) 버스가 고장이다.

171

해설 원인/이유 언급 시 사용되는 표현인 due to 뒤에 mechanical failure(기계 고장)를 취소 이유로 밝히고 있다. 결국, 고장이라는 의미이므로 정답은 (D)이다.

Paraphrasing

mechanical failure ➜ broken down

8.
What will passengers receive for the inconvenience?
(A) Free accommodation
(B) Taxi vouchers
(C) A full refund
(D) A parking permit

승객들은 불편을 겪은 것에 대해 무엇을 받게 되는가?
(A) 무료 숙박
(B) 택시 쿠폰
(C) 전액 환불
(D) 주차 허가증

해설 받거나(receive, get) 제공하는 것(provide, give, offer)에 주목한다. 택시 쿠폰을 받게 된다(receive cab coupons)고 했으므로 정답은 (B)이다.

어휘 voucher 쿠폰, 상품권

Paraphrasing

cab coupons → Taxi vouchers

9.
According to the announcement, why should a listener go to the information booth?
(A) To get news about a car
(B) To collect reserved tickets
(C) To pick up a lost item
(D) To pay a parking fine

안내방송에 따르면, 한 청자는 왜 안내 부스로 가야 하는가?
(A) 차에 관한 소식을 듣기 위해
(B) 예약된 표를 받기 위해
(C) 분실물을 찾으러 가기 위해
(D) 주차 위반 벌금을 내기 위해

해설 information booth가 키워드이다. 차에 대한 중요한 정보(important information about your vehicle)를 가지고 있다고 했으므로 차에 대한 소식을 가지고 있다는 (A)가 정답이다.

Paraphrasing

information about your vehicle → news about a car

[10-12] announcement

M-Au **10**Welcome to the premiere of my latest movie, *Harvesting Neptune's Bounty*. I'm sorry for not starting on time. As you will be aware, **11**many train services were cancelled today. I'm glad we are all here now. The film you are about to see is about traditional fishermen on the island of Debu in the Pacific. **12**It was not easy to make! I had to travel to Debu and obtain permission from the government to film. Then I had to learn to sail a traditional Debu boat to catch fish. And that was just the beginning! **12**Anyway, you will see the struggles I encountered in the film; please enjoy it.

저의 최신 영화 〈넵튠의 풍요로움 수확하기〉 개봉에 오신 것을 환영합니다. 제시간에 시작하지 못해서 죄송합니다. 아시다시피, 오늘 기차 운행이 많이 취소되었습니다. 이제 여기 모두 모이게 되어 기쁩니다. 여러분들이 이제 보시게 될 영화는 태평양에 있는 데부섬의 전통적인 어부에 관한 것입니다. 영화를 만드는 것은 쉽지 않았습니다. 데부를 여행해야 했고 정부로부터 촬영 허가를 받아야 했습니다. 그리고 나서는 고기를 잡기 위해 전통 데부 선박으로 항해하는 것을 배워야 했습니다. 그리고 이건 단지 시작에 불과했습니다! 어쨌든, 영화에서 제가 직면했던 어려움을 보실 수 있을 겁니다. 재미있게 봐주십시오.

어휘 premiere 영화의 개봉, 연극의 초연 Neptune 바다, 대양 bounty 풍부함 struggle 고투, 노력 encounter 직면하다

10.
Who most likely is the speaker?
(A) A train conductor
(B) A journalist
(C) A film director
(D) A traveler

화자는 누구이겠는가?
(A) 기차 차장
(B) 기자
(C) 영화 감독
(D) 여행자

해설 저의 최신 영화(my latest movie)라는 말에서 화자가 영화 감독인 것을 알 수 있다.

11.
What caused the delay?
(A) A lack of parking spaces
(B) Transportation problems
(C) Scheduling conflicts
(D) A special permit

지연의 원인은 무엇인가?
(A) 주차공간 부족
(B) 교통편 문제
(C) 일정 겹침
(D) 특별 허가증

해설 정시에 시작하지 못한 것을 사과하면서, 많은 기차 운행이 취소되었다고 했으므로 그것이 지연의 원인인 것을 알 수 있다. 열차 운행(train services)을 교통편(Transportation)으로 바꿔 표현한 (B)가 정답이다.

어휘 conflict 상충

12.

Why does the speaker say, "And that was just the beginning"?

(A) To emphasize how much work has been put into a film
(B) To show that making a movie takes a lot of time to complete
(C) To help the audience to understand a scene in the film
(D) To tell the audience that the movie will begin soon

화자가 "그리고 이건 단지 시작에 불과했습니다!"라고 말한 의도는 무엇인가?
(A) 영화에 얼마나 많은 노력이 들어갔는지를 강조하기 위해
(B) 영화 제작은 완성하는 데 시간이 많이 걸린다는 것을 보여주기 위해
(C) 청중들이 영화 장면을 이해하도록 돕기 위해
(D) 청중들에게 영화가 곧 시작한다고 말해주기 위해

해설 화자는 앞에서 영화 제작 과정의 힘든 점을 나열하고 있다. 그리고, 의도를 묻는 말 뒤에도 자신이 직면했던 어려움을 영화에서 보게 될 거라고 했으므로 영화 제작이 얼마나 힘들었는지를 말하려는 의도임을 알 수 있다. 따라서 정답은 (A)이다.

[13-15] announcement

W-Am Hello, everyone. **13**I'm glad to see such a large crowd here at Trentham Performing Arts Center for *The Joy of Spring*, the new composition by composer Ethan Wilde. **14**While Mr. Wilde is very well known for writing somber musical compositions, such as *The Leaves of Autumn*, his latest piece is a joyous celebration of new life sung by famed soprano, Antonella Luciano. Now, before we get started, if you drove tonight, **15**please remember to keep your tickets. When you leave after the performance you can show your tickets to the parking attendant and you will not be charged for the time you have parked at our venue tonight.

안녕하세요, 여러분. 작곡가 이든 와일드의 신작인 〈봄의 환희〉를 듣기 위해 여기 트렌덤 공연 예술 센터에서 이렇게 많은 사람들을 만나뵙게 되어 기쁩니다. 와일드 씨는 〈가을 낙엽〉과 같은 우울한 음악을 쓰는 것으로 매우 유명하신데 반하여, 그의 최신작은 유명한 소프라노 안토넬라 루치아노에 의해 불려진 새로운 인생의 즐거운 축하연입니다. 자, 시작하기 전에, 오늘 밤 운전을 하고 오셨다면, 표를 잘 보관하시기 바랍니다. 공연 후 떠나실 때, 주차 요원에게 표를 보여주시면 오늘 밤 공연장에 주차한 시간 동안에 대해서는 요금이 청구되지 않을 겁니다.

어휘 composition 작품, 작곡 composer 작곡가 while ~에 반하여, 반면 somber 우울한, 침울한 famed 유명한 attendant 종업원, 안내원 venue 장소

13.

Where is the announcement being made?
(A) In a music school
(B) In a department store
(C) In a stadium
(D) In an art center

안내방송은 어디에서 나오고 있는가?
(A) 음악 학교
(B) 백화점
(C) 경기장
(D) 예술 센터

해설 초반에 here 뒤에 at ... Arts Center(예술 센터)라고 장소를 밝히고 있다.

14.

What is Ethan Wilde famous for?
(A) His music writing
(B) His novels
(C) His sculptures
(D) His production skills

이든 와일드는 무엇으로 유명한가?
(A) 작곡
(B) 소설
(C) 조각품
(D) 연출 기술

해설 고유명사 Ethan Wilde와 유명한(famous, well known, popular, noted, notable)에 주목한다. 우울한 음악을 쓰는 것(writing somber musical compositions)으로 유명하다는 말에서 음악 작곡으로 유명하다는 것을 알 수 있다.

15.

What are the listeners asked to do?
(A) Pick up pamphlets at the information desk
(B) Retain their tickets for free parking
(C) Avoid taking pictures during the performance
(D) Check a theater program for future events

청자들이 요청받는 것은?
(A) 안내 데스크에서 팸플릿 가져 가기
(B) 무료 주차를 위해 표 가지고 있기
(C) 공연 중 사진 찍지 않기
(D) 극장 프로그램에서 향후 행사 확인하기

해설 요청/조언 시 사용되는 표현인 please, remember를 사용하여 표를 가지고 있으라고 했으므로 정답은 (B)이다.

Paraphrasing

keep → Retain

[16-18] announcement

W-Br Attention all passengers for Rian Airlines Flight 582 to Hong Kong. We're sorry to report that your flight will be delayed for up to two hours. **16**All travelers who will be connecting to another plane in Hong Kong are asked to come to the Rian Airlines information desk so our representatives can help you reschedule your connecting flights. **17**Our flight has been delayed due to a faulty airspeed indicator. **18**While we hope to have the repair completed as quickly as possible, we appreciate your patience in this matter.

홍콩으로 가는 라이언 항공사 582편의 모든 승객 여러분께 안내 말씀드립니다. 저희 비행기가 최대 2시간까지 지연된다는 것을 알려드리게 되어 죄송합니다. 홍콩에서 다른 비행기로 연결되는 모든 여행객들은 저희 직원들이 연결편 일정 변경을 도와드릴 수 있도록 라이언 항공사 안내 데스크로 와 주실 것을 요청드립니다. 저희 비행기는 비행 속도계 결함으로 인해 지연되고 있습니다. 가능한 조속히 수리가 완료되기를 바라며, 이 일에 대한 여러분의 양해에 감사드립니다.

어휘 up to ~까지 connecting flight 연결 비행편 faulty 결함이 있는 airspeed indicator 비행 속도계

16.
According to the speaker, why should listeners visit the information desk?
(A) To wait for an alternate form of transportation
(B) To receive updates on the status of their flight
(C) To find out about a city tour
(D) To reserve connecting flights

화자에 따르면, 청자들은 왜 안내 데스크를 방문해야 하는가?
(A) 대체 교통편을 기다리기 위해
(B) 비행기 상황에 관한 최신 정보를 받기 위해
(C) 시내 관광에 대해 알아보기 위해
(D) 비행기 연결편을 예약하기 위해

해설 information desk가 키워드이다. 연결편 일정 변경(reschedule your connecting flights)을 도와줄 수 있다고 했으므로 연결편 예약을 위해서는 (D)가 정답이다.

17.
According to the speaker, what is the reason for the delay?
(A) There is a lot of snow on a runway.
(B) The flight is overbooked.
(C) A device is not working properly.
(D) Many people are waiting at security check points.

화자에 따르면, 지연의 이유는 무엇인가?
(A) 활주로에 많은 눈이 내렸다.
(B) 비행기가 초과 예약되었다.
(C) 장치가 제대로 작동하지 않는다.
(D) 많은 사람이 보안 검색대에서 기다리고 있다.

해설 원인/이유 언급 시 사용되는 표현인 due to 뒤에 faulty airspeed indicator(비행 속도계 결함)를 지연 이유로 밝히고 있다. 따라서 장비 고장이라는 (C)가 정답이다.

어휘 runway 활주로 overbook 초과 예약하다 security check point (공항의) 보안 검색대

Paraphrasing
faulty airspeed indicator
→ A device is not working properly.

18.
What does the speaker mean when she says, "we appreciate your patience in this matter"?
(A) Passengers have arrived early.
(B) Some repairs might not work.
(C) There might be a long wait.
(D) Compensation will not be offered.

화자가 "이 일에 대한 여러분의 양해에 감사드립니다"라고 말한 의도는 무엇인가?
(A) 승객들이 일찍 도착했다.
(B) 수리가 되지 않을 수도 있다.
(C) 오래 기다릴 수도 있다.
(D) 보상이 제공되지 않을 것이다.

해설 의도를 묻는 말에 앞서, 조속히 수리가 완료되기를 바란다는 말에서 수리를 마칠 때까지 기다림이 길어질 수도 있음을 알 수 있다. 정답은 (C)이다.

어휘 compensation 보상

[19-21] announcement

W-Am Before we close today, **19**I would like to remind all Central City Library patrons that the annual library flea market will be held next Sunday, November 11, here at Central City Library. **20**The library has many old novels and nonfiction texts that must be sold. All items will be cheap, as they are very well used indeed! Starting at 10:00 A.M., the library staff, and volunteers from city hall will set stalls at the flea market as well as make some beverages for customers. **21**We will be serving tea and coffee to keep you warm in the cool autumn weather we are having. I hope to see Central City Library patrons here to take advantage of our low prices on our old novels and text books. See you all on Sunday!

오늘 문을 닫기 전에, 여기 센트럴 시립 도서관에서 연례 도서관 벼룩시장이 11월 11일 다음 주 일요일에 열린다는 것을 모든 센트럴 시립 도서관 고객 여러분에게 알려드리고 싶습니다. 도서관에는 판매해야 하는 오래된 소설과 논픽션 교재들이 많이 있습니다. 사실 모든 물품들은 많이 사용되었기 때문에 저렴할 겁니다. 오전 10시부터 도서관 직원과 시청에서 온 자원 봉사자들이 벼룩 시장 가판대를 설치하고 고객들을 위해 음료수를 만들 겁니다. 지금의 서늘한 가을 날씨에 몸을 따뜻하게 해줄 차와 커피를 제공할 겁니다. 오래된 소설과 교재를 저렴한 가격으로 이용하기 위해 센트럴 시립 도서관 고객들을 여기에서 볼 수 있기를 바랍니다. 여러분 모두 일요일에 뵙겠습니다.

어휘 **patron** 고객 **flea market** 벼룩시장 **stall** 가판대, 좌판

19.
What is the purpose of the announcement?
(A) To notify visitors of a new library service
(B) To advertise a new library service
(C) To announce an upcoming event
(D) To tell people about an author talk

안내방송의 목적은 무엇인가?
(A) 새 도서관 서비스를 방문객들에게 알리기 위해
(B) 새로운 도서관 서비스를 광고하기 위해
(C) 곧 있을 행사를 공지하기 위해
(D) 저자 강연에 관해 사람들에게 말해주기 위해

해설 주제 언급 시 사용되는 표현 I would like to remind를 사용하여 벼룩시장(flea market)이라는 행사(event)를 알려주고 있다.

Paraphrasing
annual library flea market → upcoming event

20.
What will happen on November 11?
(A) A library will be cleaned.
(B) A book sale will take place.
(C) A children's book reading will be held.
(D) A famous writer will give a speech.

11월 11일에 어떤 일이 일어날 것인가?
(A) 도서관을 청소할 것이다.
(B) 도서 판매가 있을 것이다.
(C) 아동용 도서 낭독회가 있을 것이다.
(D) 유명한 작가가 연설을 할 것이다.

해설 시간 표현 November 11이 키워드이다. 벼룩 시장에서 오래된 책을 싼 가격에 판다고 했으므로 도서 판매 행사가 있다는 (B)가 정답이다.

21.
What does the speaker say will be distributed?
(A) Newsletters
(B) Hot drinks
(C) Bookmarks
(D) Gift bags

화자는 무엇을 나눠줄 거라고 말하는가?
(A) 소식지
(B) 뜨거운 음료
(C) 책갈피
(D) 선물 가방

해설 몸을 따뜻하게 해줄 차와 커피를 제공할 것(serving tea and coffee to keep you warm)이라는 말에서 뜨거운 음료를 제공할 것임을 알 수 있다.

Paraphrasing
tea and coffee to keep you warm → Hot drinks

[22-24] announcement

W-Br Good evening customers. 22Thank you for shopping at Outdoor Life Outlet Store. We're now having a spring sale. We're selling tents, sleeping bags and folding chairs at a huge 40% off for today only. We have everything you need for a weekend in the great outdoors, right here in store. But don't delay if you can; 23these bargains are available for a short time only. When our stock is gone, it's gone for good. 24If you're willing to give us your advice on the ways to upgrade our customer service, please fill out a customer comment card and drop off at the checkout counter. You can receive a discount coupon for future purchases.

안녕하세요, 고객 여러분. 아웃도어 라이프 아울렛 매장에서 쇼핑해 주셔서 감사드립니다. 저희는 현재 봄 할인을 하고 있습니다. 오늘만 텐트, 침낭, 그리고 접이식 의자를 엄청난 40퍼센트 할인가에 팔고 있습니다. 확 트인 야외에서의 주말을 위해 필요한 모든 것이 바로 이 매장에 있습니다. 하지만 가급적 지체하지 마세요, 이 할인은 짧은 시간 동안만 합니다. 재고가 떨어지면, 영원히 없습니다. 고객 서비스를 업그레이드할 방법에 대해 조언해 주실 의향이 있으시면, 고객 의견 카드를 작성해서 계산대에 주십시오. 향후 구매에 사용할 수 있는 할인 쿠폰을 받으실 수 있습니다.

어휘 **folding chair** 접이식 의자 **stock** 재고(품) **for good** 영원히 **fill out** ~을 작성하다 **drop off** 물건을 맡기다, 가져다 주다 **checkout counter** 계산대

22.
Where most likely is the announcement being made?
(A) At a car dealership
(B) At a stationery store
(C) At a camping store
(D) At a furniture store

안내방송은 어디에서 나오고 있겠는가?
(A) 자동차 대리점
(B) 문구점
(C) 캠핑 용품점
(D) 가구점

해설 Outdoor Life Outlet Store와 tents, sleeping bags, folding chairs 등의 말에서 캠핑 용품을 파는 곳이라는 것을 알 수 있다.

23.
What does the speaker mean when she says, "don't delay if you can"?
(A) Shoppers can receive a free gift with purchases.
(B) Store delivery vehicles are waiting outside.
(C) Customers should make purchases soon.
(D) A customer wants to try some merchandise.

화자가 "가급적 지체하지 마세요"라고 말한 의도는 무엇인가?
(A) 쇼핑객들이 구매를 하면 사은품을 받을 수 있다
(B) 매장 배달 차량들이 밖에서 기다리고 있다.
(C) 손님들은 곧 구매를 해야 한다.
(D) 손님 한 명이 제품을 사용해보고자 한다.

해설 지체 말라고 한 뒤에, 할인은 짧은 시간 동안만 한다고 했으므로 서둘러서 구매를 하라는 의도인 것을 알 수 있다.

24.

What does the speaker encourage the listeners to do?
(A) Join a membership program
(B) Sign up for classes
(C) Visit a Web site
(D) Provide suggestions

화자가 청자들에게 권고하는 것은?
(A) 회원 프로그램에 가입하기
(B) 강좌 등록하기
(C) 웹사이트 방문하기
(D) 제안 사항 제공하기

해설 서비스 업그레이드 방법에 대해 조언(your advice)해달라고 했으므로, 의견이나 제안을 해달라는 뜻이다.

Paraphrasing

give us your advice → Provide suggestions

[25-27] announcement + brochure

M-Cn Good morning everyone, this is the Western Rail Express to Portland. **25**We would like to ask everyone to please refrain from changing seats before **27**our train attendants come around to check your tickets. **26**We expect that our journey will take us four hours today and we expect to arrive in Portland at around 10:00 A.M. You will see a screen on the back of the seat in front of you; this is the Western Rail Entertainment system, rates for system use are written next to the screens. To use the system, simply put in your credit card number and you will be billed automatically. Thank you for traveling with us.

안녕하세요 여러분, 포틀랜드행 웨스턴 레일 익스프레스입니다. 기차 승무원이 표를 확인하기 위해 돌아다니기 전에 좌석을 바꾸는 것을 삼가해 주실 것을 모든 분들께 부탁드리고 싶습니다. 오늘 여행은 4시간이 걸릴 것으로 예상하고 있어 포틀랜드에 오전 10시경에 도착할 것으로 예상됩니다. 여러분의 앞 좌석 뒤에 있는 스크린이 보이실 겁니다, 이것은 웨스턴 레일 오락 시스템이며, 시스템 이용 요금은 화면 옆에 적혀 있습니다. 시스템을 이용하시려면, 신용카드 번호만 입력하시면 자동으로 청구될 겁니다. 이용해 주셔서 감사합니다.

어휘 refrain from ~을 삼가다 come around 돌아다니다 bill 청구하다 automatically 자동으로

Western Rail Entertainment System

1 hour	$5.00
2 hours	$9.00
3 hours	$12.00
264 hours	$14.00

웨스턴 열차 오락 시스템

1시간	5달러
2시간	9달러
3시간	12달러
4시간	14달러

25.

What does the speaker request that passengers do?
(A) Not use the dining car
(B) Move seats into an upright position
(C) Remain seated
(D) Raise all window blinds

화자가 승객들에게 요청하는 것은?
(A) 식당칸 이용하지 않기
(B) 의자 똑바로 세우기
(C) 좌석에 머물러 있기
(D) 모든 창문 블라인드 올리기

해설 요청/조언 시 사용되는 표현인 ask, please를 사용하여 좌석을 바꾸는 것을 삼가해 달라(refrain from changing seats)고 했으므로, 본인 좌석에 머물러 있을 것을 당부하고 있음을 알 수 있다.

Paraphrasing

refrain from changing seats → Remain seated

26.

Look at the graphic. How much does use of the Entertainment System cost for the duration of the journey?
(A) $5.00
(B) $9.00
(C) $12.00
(D) $14.00

시각정보에 의하면, 여행 기간 동안 오락 시스템 이용에 드는 비용은 얼마인가?
(A) 5달러
(B) 9달러
(C) 12달러
(D) 14달러

해설 안내서(brochure)를 보고 오락 시스템 이용 비용을 맞추는 문제이다. 선택지 구성이 표의 우측 칸과 동일하므로, 나머지 정보인 시간에 주목한다. 목적지까지 4시간이 걸린다고 했는데, 안내서에 4시간에 대한 가격은 14달러라고 나와 있으므로 정답은 (D)이다.

27.

What does the speaker say train attendants will do later?
(A) Provide coffee
(B) Clean seats
(C) Check tickets
(D) Take meal orders

화자는 기차 승무원이 나중에 무엇을 할 거라고 말하는가?
(A) 커피 제공하기
(B) 좌석 청소하기
(C) 표 확인하기
(D) 식사 주문 받기

해설 train attendants에 주목한다. 표를 검사한다(check your tickets)고 했으므로 (C)가 정답이다.

[28-30] announcement + sign

W-Am Hello everyone, I'm pleased to see you here at the first Smithfield Community Fun Run. **28**I see you all wearing your fun run T-shirts, provided by Shane's Sportswear. Before you begin, **29**I apologize that our 7 kilometer run is not being offered today. Due to road maintenance, we were unable to use the planned route. Please enjoy the 5 kilometer run, though. Finally, **30**I would like to remind you to take care of your wallets and cell phones. Either leave them with a friend or family member, or use one of our free lockers beside the check-in desk. Good luck everyone, and have a great run today.

안녕하세요 여러분, 여기 제1회 스미스필드 지역 달리기 대회에서 여러분을 뵐 수 있어서 기쁩니다. 여러분 모두가 쉐인즈 스포츠웨어에서 제공한 달리기 대회 티셔츠를 입고 계시는 것이 보입니다. 시작하기 전에, 오늘 7킬로미터 달리기 코스가 제공되지 않는 것에 대해 사과 드립니다. 도로 유지 보수 때문에, 계획된 코스를 사용할 수 없었습니다. 하지만 5킬로미터 달리기를 즐겨 주시기 바랍니다. 마지막으로, 지갑과 휴대전화를 잘 보관하시라고 다시 한번 알려드리고 싶습니다. 친구나 가족에게 맡기거나, 체크인 데스크 옆에 있는 무료 물품 보관함 중 한 곳을 이용해주시기 바랍니다. 여러분 모두 행운을 빕니다, 오늘 즐겁게 달리십시오.

어휘 **fun run** 달리기[마라톤] 대회 **maintenance** 유지 보수, 관리 **either A or B** A나 B 둘 중 하나

Smithfield Community Fun Run	
Kangaroo	5 kilometers
29 Koala	**7 kilometers**
Wombat	10 kilometers
Platypus	15 kilometers

스미스필드 지역 달리기 대회	
캥거루	5킬로미터
코알라	7킬로미터
웜뱃	10킬로미터
오리너구리	15킬로미터

28.

What is Shane's Sportswear providing?
(A) Information booklets
(B) Cold drinks
(C) Route maps
(D) Clothing

쉐인즈 스포츠웨어가 제공하는 것은?
(A) 안내 소책자
(B) 차가운 음료
(C) 노선도
(D) 의류

해설 고유명사 Shane's Sportswear에 주목한다. 티셔츠(T-shirts)를 제공했다고 했으므로 제공품은 의류(Clothing)이다.

Paraphrasing
T-shirts → Clothing

29.

Look at the graphic. Which route is closed?
(A) The Kangaroo course
(B) The Koala course
(C) The Wombat course
(D) The Platypus course

시각정보에 의하면, 어떤 노선이 폐쇄되는가?
(A) 캥거루 코스
(B) 코알라 코스
(C) 웜뱃 코스
(D) 오리너구리 코스

해설 7킬로미터 코스가 제공되지 않는다고 했으므로 이것이 폐쇄되는(closed) 노선이다. 7킬로미터는 코알라 코스라고 나와 있으므로 (B)가 정답이다.

30.

What are the participants reminded to do?
(A) Look after their valuables
(B) Drink water frequently
(C) Wear protective gear
(D) Volunteer for a future event

참가자들이 조언받는 것은?
(A) 귀중품 챙기기
(B) 물 자주 마시기
(C) 보호장비 착용하기
(D) 앞으로 있을 행사에 자원하기

해설 요청/조언 시 사용되는 표현인 remind를 사용하여 지갑과 휴대전화를 잘 보관하라는 말에서 귀중품을 챙기라는 (A)가 조언 사항인 것을 알 수 있다.

어휘 valuables 귀중품

Paraphrasing

take care of your wallets and cell phones
→ Look after their valuables

UNIT 4

전략 1   본책 p. 160

이 채용팀 회의에 와주신 것에 감사 드립니다. 내일 아침 10시에 있는 하계 인턴을 위한 면접 과정에 대해서 말씀드리겠습니다. 각자가 30분 정도 지원자와 면접을 합니다. … 다음 주까지는 최종 결정을 할 수 있을 겁니다.

Q1. 담화의 목적은 무엇인가?
- 면접 절차를 설명하기 위해서

Q2. 담화는 누구를 대상으로 하는가?
- 채용 위원들

전략 2

프로젝트	비용
공원	5백만 달러
정수 처리장	7백만 달러
레크리에이션 센터	1천만 달러
새 시청	1천2백만 달러

시장으로서, 여러분, 대중들과 기자들에게 댄빌 레크리에이션 센터 프로젝트에 대해 이야기하고 싶습니다. … 이제, 새 시설의 제안도를 선보이기 전에, 센터의 역사에 대한 개요를 전해드리겠습니다.

Q1. 시각정보를 참고해, 선택된 프로젝트는 비용이 얼마나 들 것인가?
- 1천만 달러

Q2. 화자는 다음에 무엇을 할 것인가?
- 역사에 대해 설명

MODEL TEST   본책 p. 161

1. (C)   2. (C)   3. (A)   4. (B)

[1-2] talk

M-Cn **1Hello everyone, welcome to the second annual South African Medical Seminar.** In opening this seminar, I must thank all of you who have come to us from other parts of South Africa, as well as our international guests from the rest of the world. During the seminar, we will see not only many exhibitors demonstrating a range of medical products but also many medical professionals explaining the work they have done in the field over the past year. **2For now, we will watch a short video from the President of South Africa welcoming us to Johannesburg.**

안녕하세요 여러분, 제2회 연례 남아프리카 의료 세미나에 오신 걸 환영합니다. 이 세미나를 시작하면서, 남아프리카의 다른 지역에서뿐만 아니라 나머지 전 세계 지역에서 오신 해외 방문객 모두께 감사 드리고 싶습니다. 세미나 동안, 다양한 의료 제품을 시연할 많은 출품자들뿐만 아니라 지난 한 해 동안 그 분야에서 해 온 일을 설명할 전문 의료진들 또한 만나실 수 있을 겁니다. 우선은 요하네스버그에 오신 것을 환영하는 남아프리카 공화국 대통령의 짧은 영상을 보겠습니다.

어휘 annual 연례의 medical 의학[의료]의 not only A but also B A뿐만 아니라 B도 exhibitor 출품자 demonstrate 시연하다

1.

What is the main purpose of the talk?
(A) To describe a product
(B) To introduce a speaker
(C) To open a seminar
(D) To explain new guidelines

담화의 주된 목적은 무엇인가?
(A) 제품을 설명하기 위해
(B) 연설자를 소개하기 위해
(C) 세미나를 시작하기 위해
(D) 새 지침을 설명하기 위해

해설 초반에 세미나에 온 것을 환영한다는 말에서 세미나를 시작하는 것이 담화의 목적임을 알 수 있다.

2.

What will the audience members probably do next?
(A) See a presentation
(B) Listen to a speaker
(C) Watch a video
(D) Show their merchandise

청중은 다음에 무엇을 할 것 같은가?
(A) 발표 보기
(B) 연설자 강연 듣기
(C) 영상 보기
(D) 제품 보여주기

해설 do next 질문에 대한 정답의 힌트로 사용되는 표현 now를 사용하여 짧은 영상을 보겠다(watch a short video)고 밝히고 있다.

[3-4] talk

W-Am **3And now, before we present this year's Pullman Prize, allow me to introduce you to its recipient.** Arnold Tomlinson has been a Faydark Associates employee for fifteen years now. He started right out of college, working in the sales department, where his dedication was obvious. After three years in sales, he was promoted to department leader, where he served diligently for four more years. Finally, he became the leader of International Marketing division, where he still works today. ⁴Because of Mr. Tomlinson, Faydark has grown to become an internationally recognized name. Let's all give a round of applause.

그럼 이제, 올해의 풀먼상을 시상하기 전에 수상자를 소개하겠습니다. 아놀드 톰린슨은 15년 동안 페이닥 어소시에이츠 직원이었습니다. 대학을 갓 졸업한 후 판매 부서에서 일을 시작했고 그곳에서 헌신을 다했습니다. 판매 부서에서 3년을 일한 후, 부서장으로 진급되었고, 4년을 더 성실히 근무했습니다. 마침내, 국제 마케팅 부서장이 되었고, 그곳에서 여전히 근무하고 계십니다. 톰린슨 씨 덕분에, 페이닥이 성장해서 국제적으로 인정받는 이름이 되었습니다. 큰 박수 부탁 드립니다.

어휘 **present** 주다 **recipient** 수령자 **dedication** 헌신 **diligently** 성실히 **applause** 박수

3.

Where is the talk taking place?
(A) At an awards ceremony
(B) At a company anniversary
(C) At a client presentation
(D) At a department meeting

담화가 이루어지고 있는 곳은?
(A) 시상식
(B) 창립 기념식
(C) 고객 발표
(D) 부서 회의

해설 Pullman Prize(풀먼상)을 수여한다(present)라는 말에서 담화 장소가 시상식임을 알 수 있다.

4.

What is said about Mr. Tomlinson?
(A) He has traveled extensively.
(B) He has increased the company's reputation.
(C) He works at the company headquarters.
(D) He studied marketing in university.

톰린슨 씨에 대해 언급된 것은?
(A) 전 세계를 두루 돌아다녔다.
(B) 회사의 명성을 높였다.
(C) 본사에서 근무한다.
(D) 대학에서 마케팅을 공부했다.

해설 고유명사 Mr. Tomlinson이 키워드이다. 톰린슨 씨 덕분에 회사가 국제적으로 인정받게 되었다고 했으므로 회사의 명성을 높였다는 (B)가 정답이다.

어휘 **headquarters** 본사

Paraphrasing
become an internationally recognized name
→ has increased the company's reputation

PRACTICE TEST
본책 p. 163

1. (D)	2. (C)	3. (C)	4. (D)	5. (B)
6. (B)	7. (A)	8. (B)	9. (D)	10. (C)
11. (A)	12. (B)	13. (D)	14. (B)	15. (C)
16. (B)	17. (C)	18. (B)	19. (C)	20. (D)
21. (D)	22. (C)	23. (A)	24. (D)	25. (B)
26. (C)	27. (A)	28. (B)	29. (B)	30. (A)

[1-3] announcement

M-Cn I am happy to see so many of you here at the Management Seminar for Modern Menswear Stores. ¹As store managers, you are responsible for hiring and training new staff, but as I am sure you are aware, it can be difficult to keep staff from leaving your store. ²Today, we will look at ways for you to keep staff numbers constant in your stores by stopping your employees from resigning from their position. First up today, I will offer you some general guidelines, and then we will break apart to work in groups with our guest instructors. Finally, if you would like to know more about maintaining your employees, ³I have some pamphlets containing more information available for free.

현대 남성복점들을 위한 이곳 관리 세미나에서 이렇게 많은 분들을 보게 되어서 기쁩니다. 매장 관리자들로서, 여러분은 신입 직원의 채용 및 교육을 책임지고 있습니다. 하지만 여러분이 알고 계시듯이, 직원이 매장을 그만두지 않게 하는 것은 어려울 수 있습니다. 오늘, 우리는 직원들이 일을 그만두지 않도록 함으로써 매장 내 직원 수를 일정하게 유지하는 방법을 살펴보겠습니다. 오늘 먼저, 제가 보편적인 지침을 알려드릴 것이고, 그리고 나서 나누어져서 객원 강사들과 함께 그룹으로 진행하겠습니다. 마지막으로, 직원 유지에 대해서 더 알고 싶으시면, 무료로 이용 가능한 더 많은 정보가 담긴 팸플릿이 저에게 좀 있습니다.

어휘 **management** 관리, 경영 **menswear** 남성복 **be aware** ~을 알다 **keep[stop] A from** A가 ~하지 못하게 하다 **constant** 변함 없는 **resign from** 사임하다 **general** 일반적인 **guideline** 안내, 지침 **break apart** 분리하다, 나누다 **maintain** 유지하다

1.

Who most likely are the listeners?
(A) Fashion designers
(B) Language instructors
(C) Advertising experts
(D) Store managers

청자들은 누구일 것 같은가?
(A) 패션 디자이너들
(B) 어학 강사들
(C) 광고 전문가들
(D) 매장 관리자들

해설 화자/청자를 알려주는 표현 as(~로서) 이하를 통해 청자들이 매장 관리자들(store managers)인 것을 알 수 있다.

2.

What is the speaker mainly discussing?
(A) Methods of advertising
(B) Identifying problems
(C) Retaining employees
(D) Boosting sales

화자는 무엇에 대해서 말하고 있는가?
(A) 광고 방법   (B) 문제점 알아보기
(C) 직원 유지하기 (D) 매출 높이기

해설 today는 주제를 거론하거나 do next[first]에 대한 답을 줄 때 사용된다는 것을 알아두자. 직원 수를 일정하게 유지하는 방법에 대해서 살펴본다고 했으므로 정답은 (C)가 된다.

어휘 retain 계속 유지하다 boost 증대시키다

Paraphrasing
keep staff numbers constant, stopping your employees resigning → Retaining employees

3.

According to the speaker, what should listeners do if they want more information?
(A) Speak to an expert
(B) Call a phone hotline
(C) Take a booklet
(D) Visit a homepage

화자에 따르면, 청자들은 추가 정보를 원하는 경우 어떻게 해야 하는가?
(A) 전문가와 대화하기
(B) 직통 전화로 전화하기
(C) 소책자 가져가기
(D) 홈페이지 방문하기

해설 추가 정보는 후반부를 주목한다. more information이 팸플릿 속에 있다고 했는데, 팸플릿에 해당하는 것은 (C)의 booklet(소책자)이다.

Paraphrasing
pamphlets → booklet

[4-6] talk

W-Br Good evening and welcome to the special effects workshop. ⁴Our special guest lecturer tonight needs no introduction. ⁵James Newland is a world renowned special effects artist in the film industry. Along with Jan Seine and Wendy Tang, he is leading the industry. James joins us this evening after the acclaimed movie *No Return*. ⁶He is planning to work on another movie next year and it can also be a very challenging task for him. Tonight, his lecture will be a great introduction to special effects, designed for those who are looking to start a career in this field. Now, let's welcome James Newland to the stage.

안녕하세요, 특수 효과 워크숍에 오신 것을 환영합니다. 오늘 밤 특별 객원 강연자는 소개가 필요 없습니다. 제임스 뉴랜드는 영화 업계에서 세계적으로 유명한 특수 효과 아티스트입니다. 얀 센, 웬디 탱과 함께, 그는 업계를 이끌고 있습니다. 제임스는 호평을 받고 있는 영화 <노 리턴> 후에 오늘 저녁 저희와 함께하십니다. 내년에 그는 다른 영화 작업을 할 계획이며, 그에게 그것은 매우 도전적인 과제가 될 것입니다. 오늘 밤, 그의 강연은 특수 효과에 대한 매우 좋은 소개가 될 것이며, 이 분야에서 경력을 시작하려는 분들을 위해 기획된 것입니다. 자, 제임스 뉴랜드를 무대로 환영합시다.

어휘 special effects 특수 효과 world renowned 세계적으로 유명한 lead 이끌다 acclaimed 호평을 받고 있는 challenging 도전적인, 힘든 introduction 소개, 도입

4.

What is the purpose of the speech?
(A) To express appreciation
(B) To introduce the showing of a film
(C) To publicize a new movie
(D) To introduce a speaker

연설의 목적은 무엇인가?
(A) 감사를 표하기 위해
(B) 영화 상영을 소개하기 위해
(C) 새 영화를 홍보하기 위해
(D) 연사를 소개하기 위해

해설 도입부에서 객원 강연자가 유명해서 소개가 따로 필요 없다는 말로 시작하면서 연사를 소개하고 있으므로 정답은 (D)이다.

Paraphrasing
guest lecturer → speaker

5.

What industry does James Newland work in?
(A) Radio broadcasting
(B) Special effects
(C) Newspaper publishing
(D) Event planning

제임스 뉴랜드는 어느 분야에서 근무하는가?
(A) 라디오 방송
(B) 특수 효과
(C) 신문 출판
(D) 행사 기획

해설 고유명사 James Newland가 키워드이다. 세계적으로 유명한 특수 효과 아티스트(world renowned special effects artist)라는 말에서 근무 분야를 알 수 있다.

6.

What does the speaker say will happen next year?
(A) A new movie will be released.
(B) He will start a new project.
(C) A renovated movie theater will open.
(D) He will attend a conference.

화자는 내년에 무슨 일이 있을 거라고 말하는가?
(A) 새 영화가 개봉될 것이다.
(B) 그가 새 프로젝트를 시작할 것이다.
(C) 개조된 영화관이 문을 열 것이다.
(D) 그가 컨퍼런스에 참가할 것이다.

해설 시간 표현 next year가 키워드이다. 내년에 다른 영화 작업(work on another movie)을 한다는 말에서 새 프로젝트를 하게 됨을 알 수 있다.

Paraphrasing
work on another movie → start a new project

[7-9] talk

W-Am Good afternoon. ⁷I'm Nina Fey, head of the city council. I've invited you to this press conference today to explain how we will use the leftover funds in the city's budget for this year. After researching the costs of projects we have planned, we concluded the best way to use the money is for one project. ⁸We will soon begin construction of a swimming pool at the community center. A lot of people were hoping for a new library, but, um, that will have to wait until next year. ⁹Now, I can answer any questions you have about the city's funds or the project's schedule.

안녕하세요. 저는 시의회 의장인 니나 페이입니다. 올해 시 예산에서 남은 자금을 어떻게 사용할지에 대해 설명하기 위해 오늘 이 기자 회견에 여러분을 초대했습니다. 우리가 계획했던 프로젝트들의 비용을 조사한 후, 돈을 가장 잘 사용할 수 있는 방법은 한가지 프로젝트를 하는 것이라고 결론 지었습니다. 주민 센터에 수영장 공사를 곧 시작할 겁니다. 많은 사람들이 새 도서관을 원했지만, 음, 그것은 내년까지 기다려야 합니다. 자, 시 자금이나 프로젝트 일정에 대한 질문에 답을 해드리겠습니다.

어휘 council (지방) 의회 press conference 기자 회견 leftover 쓰고 남은 (것) fund 자금 budget 예산(안) construction 건설, 공사

7.

Who most likely is the speaker?
(A) A city official
(B) A television journalist
(C) A financial expert
(D) A company president

화자는 누구이겠는가?
(A) 시 공무원
(B) TV 기자
(C) 재무 전문가
(D) 회사 사장

해설 화자가 본인을 시의회 의장(head of the city council)이라고 소개했으므로 화자는 시 공무원이다. 시의회(city council) 위원(member)이나 시장(mayor)은 대개 공무원(official)으로 바꿔 출제된다.

8.

What did the city decide to do?
(A) Postpone a project
(B) Build a swimming pool
(C) Host a fundraising event
(D) Open a new library

시는 무엇을 하기로 결정했는가?
(A) 프로젝트 연기하기
(B) 수영장 건설하기
(C) 모금 행사 주최하기
(D) 새로운 도서관 열기

해설 수영장 건설을 시작한다(begin construction of a swimming pool)고 밝히고 있다.

어휘 fundraising event 모금 행사

9.

What will the speaker do next?
(A) Go to a construction site
(B) Discuss next year's budget
(C) Meet with the mayor
(D) Respond to some questions

화자는 다음에 무엇을 할 것인가?
(A) 공사 현장에 가기
(B) 내년 예산 논의하기
(C) 시장 만나기
(D) 질문에 답하기

해설 do next 질문에 대한 정답의 힌트로 사용되는 표현 Now를 사용하여 질문에 답하겠다(answer any questions)고 밝히고 있다.

Paraphrasing
answer → Respond to

[10-12] introduction

W-Br Today's corporate workshop will be focused on team building. Our guest speaker today is Jenny Chen. ¹⁰Jenny is going to tell us mainly about working together with other people effectively. She wrote a book aimed at providing ways to avoid conflict with those we work with and tips on how to get along with them at work. These are described in detail in her book that is on the best-seller list. I know many of you have questions about the topic she raises, but ¹¹,¹²let's enjoy a lecture from Jenny first and then we will have a question and answer period. Over to you, Jenny.

오늘 회사 워크숍은 팀워크 구축에 초점을 맞출 겁니다. 오늘 초대 연사는 제니 첸입니다. 제니는 다른 사람들과 함께 효율적으로 일하는 것에 대해 주로 이야기를 할 예정입니다. 그녀는 함께 일하는 사람들과의 충돌을 피하는 방법과 회사에서 그들과 잘 어울리는 방법에 대해 조언을 해주는 것

181

을 목표로 한 책을 썼습니다. 그것은 베스트셀러 목록에 올라 있는 그녀의 책에 상세하게 기술되어 있습니다. 많은 분들이 그녀가 제기한 주제에 대해 질문이 많겠지만 먼저 제니의 강연을 즐기고 나서 질의응답 시간을 갖도록 하겠습니다. 당신에게 넘깁니다, 제니.

어휘 team building 팀워크 구축 aimed at ~을 목표로 한 conflict 충돌 get along with ~와 잘 지내다 raise 제기[언급]하다 in detail 상세하게, 자세히

10.
What will Jenny Chen talk about?
(A) A method of managing team members
(B) Meeting the requirements for promotion
(C) A way to cooperate with others
(D) Improving networking skills

제니 첸은 무엇에 관해 이야기할 것인가?
(A) 팀원들을 관리하는 방법
(B) 승진을 위한 자격 요건 충족하기
(C) 다른 사람들과 협동하는 방법
(D) 인적 네트워크 형성 기술 향상시키기

해설 고유명사 Jenny Chen이 키워드이다. 다른 사람들과 함께 효율적으로 일하는 것(working together with other people effectively)에 대해서 말하겠다고 했으므로 협동하는 방법을 말해준다는 (C)가 정답이다.

Paraphrasing
working together with other people effectively
→ cooperate with others

11.
What will happen after the talk?
(A) Audience questions will be answered.
(B) A short film will be shown.
(C) Refreshments will be available.
(D) The president will make an announcement.

연설 후에 무슨 일이 일어날 것인가?
(A) 청중의 질문에 대한 답변이 있을 것이다.
(B) 단편 영화가 상영될 것이다.
(C) 다과가 제공될 것이다.
(D) 사장이 발표를 할 것이다.

해설 질의응답 시간을 갖는다(have a question and answer period)고 했으므로 정답은 (A)이다.

Paraphrasing
have a question and answer period
→ Audience questions will be answered.

12.
Why does the speaker say, "Over to you, Jenny"?
(A) He plans to walk across the stage to a speaker.
(B) He is encouraging the guest to speak.
(C) He is unsure what the speaker will talk about.
(D) He is uncertain whether the speaker has a microphone.

화자가 "당신에게 넘깁니다, 제니"라고 말한 의도는 무엇인가?
(A) 무대를 가로질러 화자에게 걸어갈 계획이다.
(B) 초대 손님에게 연설할 것을 권하고 있다.
(C) 연사가 무엇에 관해 말할지 확신이 없다.
(D) 연사가 마이크를 가지고 있는지 여부를 확실히 모른다.

해설 제니의 강연을 즐기자고 말한 후에 제니에게 '당신에게 넘긴다'고 했으므로, 제니에게 이어서 강연해달라고 요청한다고 볼 수 있다.

[13-15] talk

M-Cn ¹³Today's lesson focuses on creating a fitness routine, so today we will learn about a mobile phone software program called First Steps. ¹⁴First Steps is made to help people begin an exercise program for the first time. The benefit of it is that it can be a useful tool for anyone at any level of physical fitness. Once you master the basic exercise planning tools in this program, you can move onto more advanced software that helps you work toward specific athletic goals, such as running in a marathon. For now, we will begin by checking the relationship between diet and exercise. ¹⁵Look back at the material from yesterday's lesson about eating healthy foods.

오늘 수업은 체력단련 일정을 만드는 것에 중점을 둘 겁니다, 그래서 오늘 퍼스트 스텝스라고 불리는 휴대폰 소프트웨어 프로그램에 대해 배울 겁니다. 퍼스트 스텝스는 처음으로 운동 프로그램을 시작하는 사람들을 돕기 위해 만들어졌습니다. 그것의 장점은 어떤 체력을 가진 사람에게도 유용한 도구가 될 수 있다는 겁니다. 이 프로그램에서 기초 운동 계획 도구를 숙달하면, 마라톤 경주와 같은 구체적인 운동 목표를 달성하기 위해 운동하는데 도움이 되는 더 상급 소프트웨어로 옮겨갈 수 있습니다. 지금은, 식이요법과 운동 사이의 관련성을 알아보는 것으로 시작할 겁니다. 건강한 음식을 먹는 것에 대한 어제 수업 자료를 다시 봐주세요.

어휘 benefit 혜택, 장점 specific 구체적인 such as ~와 같은 relationship 관련성

13.
What is the talk mainly about?
(A) A famous athlete
(B) An exercise class
(C) A healthy diet
(D) A cellphone application

담화는 주로 무엇에 관한 것인가?
(A) 유명한 운동선수
(B) 운동 수업
(C) 건강한 식단
(D) 휴대폰 앱

해설 휴대폰 소프트웨어 프로그램(a mobile phone software program)에 대해 배우겠다는 말에서 (D)가 정답인 것을 알 수 있다.

Paraphrasing
a mobile phone software program
→ A cellphone application

14.

What does the speaker mention about First Steps?
(A) It helps people to train for marathons.
(B) It allows users to make a general fitness program.
(C) It is intended for professional athletes.
(D) It teaches people how to eat healthier meals.

화자는 퍼스트 스텝스에 대해 무엇이라고 말하는가?
(A) 사람들이 마라톤 훈련하는 것을 돕는다.
(B) 사용자들이 일반적인 신체단련 프로그램을 만들도록 해준다.
(C) 프로 운동선수들을 위한 것이다.
(D) 사람들에게 어떻게 더 건강한 식사를 할 수 있는지 가르친다.

해설 First Steps에 대한 사실이나 특징에 주목하라. 처음으로 운동 프로그램을 시작하는 사람들을 돕고, 어떤 체력의 사람에게도 유용하다고 했으므로 (B)가 정답이다.

15.

What will the listeners do next?
(A) Set up a goal
(B) Buy computer software
(C) Look at handouts
(D) Run a race

청자들은 다음에 무엇을 할 것인가?
(A) 목표 설정하기
(B) 컴퓨터 프로그램 사기
(C) 유인물 보기
(D) 경주하기

해설 do next에 대한 정답은 지문의 후반부에서 주로 언급된다. 여기서도 마지막 문장의 어제 수업 자료를 다시 봐달라(Look back at the material)는 말에서 청자들의 다음 행동을 유추할 수 있다.

어휘 **hand out** 유인물

Paraphrasing
material ➜ handouts

[16-18] speech

M-Au It is with great pleasure that ¹⁶,¹⁷I accept the title of "Top Seller" of Flint and Smythe Realty. This acknowledgement is much, much more than just a piece of paper, as it represents eleven months of very hard work. When we were tasked with breaking the previous company sales record for properties sold in a year, I was unsure that we could do it. After a record number of sales this year though, the answer is clear: "Yes, we can do anything together!" ¹⁸The members of my sales division gave it their all, and we have come out on top. Through the dedication and effort of those in my sales division, we set a new record for property sales and set an example for other salespeople companywide. Thank you.

플린트 앤 스미스 부동산의 '최고 판매원'이라는 직함을 받게 되어 굉장히 기쁩니다. 이 감사장은 단지 한 장의 종이 그 이상입니다. 그것은 11개월 간의 노력을 보여주는 것이기 때문입니다. 한 해에 팔린 부동산에 대한 회사의 이전 판매 기록을 깨라는 임무가 주어졌을 때, 우리가 할 수 있을지 확신이 없었습니다. 하지만 올해 기록적인 판매 수치 달성 후에, 답은 분명했습니다. "네, 우리는 함께라면 뭐든 할 수 있습니다!" 우리 영업 부서 직원들은 전력을 다했고 우리는 일등을 차지했습니다. 우리 영업 부서 직원들의 헌신과 노력을 통해, 부동산 판매에 신기록을 세웠고 회사 전체 다른 영업직원들에게 본보기가 되었습니다. 감사합니다.

어휘 **title** 직함, 칭호 **acknowledgement** 감사, 답례품 **represent** 나타내다 **task A with** A에게 ~을 과제로 맡기다 **give it one's all** 전력을 다하다 **come out on top** 이기다 **dedication** 헌신 **set a new record** 신기록을 세우다 **set an example** 본보기가 되다 **companywide** 회사 전반에 걸쳐서

16.

What is the purpose of the speech?
(A) To set a sales goal for next year
(B) To show that he is thankful for a certificate
(C) To encourage listeners to enter a contest
(D) To introduce a new member of staff

연설의 목적은 무엇인가?
(A) 내년도 판매 목표를 세우기 위해
(B) 증서에 대한 감사를 나타내기 위해
(C) 경연에 참가하라고 청자들을 독려하기 위해
(D) 신입직원을 소개하기 위해

해설 최고 판매원이라는 직함과 함께 감사장(acknowledgement)이 매우 뜻 깊다는 말에서 감사를 표하고 있음을 알 수 있다.

어휘 **certificate** 수여장, 증서

Paraphrasing
acknowledgement ➜ certificate

17.

What most likely is the speaker's job?
(A) Researcher
(B) Office Manager
(C) Real Estate Agent
(D) Architect

화자의 직업은 무엇이겠는가?
(A) 연구원
(B) 사무실 관리자
(C) 부동산 중개인
(D) 건축가

해설 업체명 Realty(부동산)에서 화자는 부동산 중개업자(real estate agent, realtor)인 것을 알 수 있다.

18.

What does the speaker imply when he says, "Yes, we can do anything together"?
(A) He wants to begin a project immediately.
(B) He is acknowledging the hard work of others.
(C) He likes to meet with his coworkers.
(D) He thinks people could have contributed more.

화자가 "네, 우리는 함께라면 뭐든 할 수 있습니다"라고 말한 의도는 무엇인가?
(A) 즉시 프로젝트를 시작하기를 원한다.
(B) 다른 사람들의 노고를 인정해주고 있다.
(C) 동료들을 만나고 싶어 한다.
(D) 사람들이 더 많이 기여할 수도 있었다고 생각한다.

해설 의도를 묻는 말 뒤에 부서 사람들의 헌신과 노력에 대해서 말을 이어가고 있으므로 동료들의 노고를 인정해주고자 꺼낸 말이라는 것을 알 수 있다. 따라서 정답은 (B)가 된다.

[19-21] introduction

M-Cn Our speaker tonight is one of the most accomplished businessmen in the city. Rising from his first business, City Sandwich Express, Christian Revalto has built an empire of eateries around Melbourne, including Australian Soups and The Hole in the Wall, and is one of Melbourne's most famous restaurant owners. ¹⁹While Mr. Revalto has recently toured the world, gaining inspiration for the food he loves to cook, he is here tonight for an important announcement. ²⁰Opening in Melbourne this week is his new vegetarian restaurant, ²¹Garden Palace, featuring delicious dishes such as carrot walnut salad and beetroot pie, made with ingredients from Mr. Revalto's own farm.

오늘 밤 연설자는 우리 시에서 가장 역량이 뛰어난 사업가들 중 한 분입니다. 첫 번째 사업체인 시티 샌드위치 익스프레스로부터 성장해서, 크리스천 레발토 씨는 오스트레일리안 수프와 더 홀 인 더 월을 포함해 멜버른 곳곳에 식당 제국을 세웠고, 멜버른에서 가장 유명한 요식업자들 중 한 분이십니다. 레발토 씨는 최근에 전세계를 여행하면서, 그가 요리하고 싶어 하는 음식에 대한 영감을 얻었고, 오늘 밤 중요한 발표를 위해 여기에 오셨습니다. 이번 주 멜버른에서 개장하는 새로운 채식 식당인 가든 팰리스는 레발토 씨 소유의 농장에서 나온 재료로 만든 당근 호두 샐러드와 비트 파이 같은 맛있는 요리들을 특징으로 합니다.

어휘 **accomplished** 기량이 뛰어난 **rise from** ~에서 일어나다 **eatery** 식당 **gain** 얻게 되다 **inspiration** 영감 **dish** 요리 **beetroot** (채소) 비트 **ingredient** 재료

19.

What has Christian Revalto recently done?
(A) Moved to a new city
(B) Opened a sandwich shop
(C) Travelled overseas
(D) Hired a famous chef

크리스천 레발토는 최근에 무엇을 했는가?
(A) 새 도시로 이사 갔다.
(B) 샌드위치 가게를 개점했다.
(C) 해외 여행을 했다.
(D) 유명한 요리사를 채용했다.

해설 최근 행적을 묻는 경우, just, now, recent(ly), new(ly)가 키워드가 된다. 전세계를 여행했다(toured the world)는 말에서 해외 여행을 한 것을 알 수 있다.

Paraphrasing
toured the world → Travelled overseas

20.

What does the speaker say is opening this week?
(A) A Chinese restaurant
(B) A steakhouse restaurant
(C) A sandwich shop
(D) A vegetarian restaurant

화자는 이번 주에 무엇이 문을 연다고 말하는가?
(A) 중식당
(B) 스테이크 전문 식당
(C) 샌드위치 가게
(D) 채식 식당

해설 시간 표현 this week에 주목한다. 새로운 채식 식당(new vegetarian restaurant)이 문을 연다고 밝히고 있다.

21.

What does the speaker say about Garden Palace?
(A) They are conveniently located.
(B) They provide delivery services.
(C) They are very popular.
(D) They grow vegetables.

화자가 가든 팰리스에 대해 말하는 것은?
(A) 편리한 곳에 위치해 있다.
(B) 배달 서비스를 제공한다.
(C) 매우 인기가 있다.
(D) 채소를 재배한다.

해설 Garden Palace에 대한 사실이나 특징에 주목한다. 레발토 씨의 농장에서 채소를 받는데, 그 농장과 Garden Palace의 소유주는 레발토 씨로 동일 인물이다. 결국, 식당에서 채소를 재배하는 것이므로 (D)가 정답이다.

[22-24] announcement

W-Am I want to thank you all for joining us today at our 4th anniversary celebration. My name is Nancy Delano, CEO and founder of Delano Corporation. ²²,²³Only four years ago, I started my urban planning company with just six people. Today, there are more than two hundred people on my staff. They're some of the most talented people in this industry. Thanks to their skills and dedication, our work in redeveloping downtown areas throughout our state has been hugely successful. To show them my appreciation, 24I will be offering all employees a yearly performance-based bonus. I want to reward everyone for their hard work and encourage them to improve more.

오늘 4주년 축하행사에 여러분 모두 참석해주신 것에 감사드리고 싶습니다. 제 이름은 낸시 델라노이고, 델라노 사의 최고 경영자이자 창립자입니다. 불과 4년 전에, 저는 겨우 여섯 명과 함께 저의 도시 계획 회사를 시작했습니다. 오늘날, 우리 직원은 2백 명이 넘습니다. 그들은 이 업계에서 가장 재능이 있는 사람들입니다. 그들의 기술과 헌신 덕분에, 우리 주 각지에서 도심 지역을 재개발하는 일은 큰 성공을 거두었습니다. 그들에게 감사를 표하기 위해, 모든 직원들에게 연례 성과급을 제공할 겁니다. 모든 직원들의 노고에 대해 포상하고 더 향상되도록 격려하고 싶습니다.

어휘 urban 도시의 thanks to ~덕분에, 때문에 dedication 헌신 hugely 대단히, 매우 performance-based bonus 성과급 reward 보답[보상]하다 encourage 격려하다

22.

What type of company is Delano Corporation?
(A) Building construction
(B) Online media
(C) Urban planning
(D) Transportation

델라노 사는 어떤 종류의 회사인가?
(A) 건축 공사
(B) 온라인 미디어
(C) 도시 계획
(D) 교통

해설 고유명사 Delano Corporation에 주목한다. 저의 도시 계획 회사(my urban planning company)라고 화자가 회사 종류를 밝혔다.

23.

What does the speaker imply when she says, "Today, there are more than two hundred people on my staff"?
(A) A business has become larger in a short time.
(B) A new department will be introduced.
(C) Some employees will be laid off.
(D) A new office space will soon be needed.

화자가 "오늘날, 우리 직원은 2백 명이 넘습니다"라고 말한 의도는 무엇인가?
(A) 업체가 단기간에 커졌다.
(B) 새 부서가 소개될 것이다.
(C) 몇몇 직원들이 해고될 것이다.
(D) 곧 새 사무실 공간이 필요해질 것이다.

해설 겨우 4년 전에 시작했는데, 현재 200명의 직원이 있다고 했으니 빠르게 성장했다는 것을 강조하는 말이라는 것을 짐작할 수 있다.

어휘 lay off 정리해고하다

24.

What is being announced?
(A) An investment opportunity for staff
(B) The introduction of a new product
(C) A list of complaints from customers
(D) An extra year-end payment for staff

무엇이 발표되고 있는가?
(A) 직원들을 위한 투자 기회
(B) 신제품 소개
(C) 고객 불만 목록
(D) 직원을 위한 연말 보너스 지급

해설 보너스(bonus)를 제공한다고 했으므로 추가로 돈을 지급(extra payment)한다는 (D)가 정답이다.

Paraphrasing
a yearly performance-based bonus
→ An extra year-end payment

[25-27] talk+schedule

W-Br 25It's nice to see so many people here today to see our business leaders give us speeches and presentations on their keys to success. We'll get started soon, but first, a couple of things. 26The presenters today ask that you do not use phones, cameras, microphones, or other devices while they are speaking. However, you may take notes in notebooks. Now, something has just come up due to the weather. 27The first speaker will now be the last speaker of the day. I was told that there have been flight delays due to the heavy snow in the capital city.

비즈니스 리더들께서 각자의 성공 비결에 관한 연설과 발표를 하는 것을 보기 위해 이렇게 많은 분들이 오늘 여기에 오신 것을 보니 좋습니다. 곧 시작하지만, 먼저 몇 가지 알려드리겠습니다. 오늘 발표자들이 연설하는 동안 전화, 카메라, 마이크 또는 다른 장치를 사용하지 말아달라고 요청했습니다. 하지만 공책에 필기를 하시는 것은 가능합니다. 자, 날씨 때문에 문제가 생겼습니다. 첫 번째 연설자가 이제는 오늘의 마지막 연설자가 될 겁니다. 수도에 내린 폭설 때문에 연착된 항공편이 있다고 합니다.

어휘 presenter 발표자 device 장치 come up 생기다, 발생하다 capital city 수도

Schedule	
Speaker	**Time**
27Mr. Donaldson	9:00-10:30
Ms. Schmidt	10:35-12:00
Lunch	12:00-2:00
Ms. Hamada	2:00-3:30
Mr. Tallib	3:35-5:00

185

일정	
연설자	시간
도널드슨 씨	9:00 – 10:30
슈미츠 씨	10:35 – 12:00
점심	12:00 – 2:00
하마다 씨	2:00 – 3:30
탈리브 씨	3:35 – 5:00

25.
Where most likely is the speaker?
(A) At a client meeting
(B) At a lecture series
(C) At an airport
(D) At a television studio

화자는 어디에 있겠는가?
(A) 고객 회의
(B) 강연회
(C) 공항
(D) 텔레비전 스튜디오

해설 첫 문장에서 비즈니스 리더들의 연설과 발표들(speeches and presentations)이 있다는 말에서 강연회가 열리는 것을 알 수 있다.

26.
What are listeners asked to do?
(A) Complete some feedback
(B) Think of questions to ask the speakers
(C) Not record the speakers
(D) Remain silent during speeches

청자들이 요청받는 것은?
(A) 피드백 작성하기
(B) 연설자들에게 물어볼 질문 생각하기
(C) 연설자들을 녹음하지 않기
(D) 연설 동안 조용히 하기

해설 요청/조언 시 사용되는 표현인 ask를 사용하여 전화, 카메라, 마이크 또는 다른 장치를 사용하지 말아 달라고 했으므로 강연을 녹음 또는 녹화하지 말라는 요청이다.

27.
Look at the graphic. Who will be the final presenter?
(A) Mr. Donaldson
(B) Ms. Schmidt
(C) Ms. Hamada
(D) Mr. Tallib

시각정보에 의하면, 누가 마지막 발표자가 될 것인가?
(A) 도널드슨 씨
(B) 슈미츠 씨
(C) 하마다 씨
(D) 탈리브 씨

해설 프로그램 일정(Schedule)을 보고 최종 발표자를 맞추는 문제이다. 첫 연설자가 마지막 연설자가 된다고 했는데, 일정표에서 첫 연설자가 Mr. Donaldson으로 나와 있으므로 (A)가 정답이다.

[28-30] speech + list

M-Cn **28**I am so grateful to receive the award for best actor for my role in the movie *A Quiet Neighbor*. To be honest, winning this was a little unexpected considering that all the nominees are very talented actors. Tom Jackson is one of my favorite performers. I thought his work in *Two Loves, One Life* was very well done. And also, **29**I can't overlook Gabby Newville and her excellent performance in *Breaking Away*. She is, in fact, the other nominee I want to work with most in the future. Last, but not least, I have to thank my director Harold Landers for motivating me to give a great performance. **30**Let's give them all a big hand too!

영화 〈조용한 이웃〉에서의 제 배역으로 주연상을 받게 되어 매우 감사합니다. 솔직히, 이 수상은 모든 수상 후보들이 매우 재능 있는 배우들이라는 것을 감안하면 좀 예상치 못한 것입니다. 톰 잭슨은 제가 가장 좋아하는 배우 중 한 분입니다. 〈두 개의 사랑, 한번의 삶〉에서의 그의 연기는 아주 좋았다고 생각합니다. 또한, 〈브레이킹 어웨이〉에서의 개비 뉴빌과 그녀의 훌륭한 연기를 간과할 수 없습니다. 그녀는 사실 제가 앞으로 가장 함께 작업하고 싶은 또 한 명의 후보입니다. 마지막으로, 특히, 좋은 연기를 할 수 있게 저에게 용기를 주신 해럴드 랜더즈 감독에게 감사드려야 합니다. 그 분들 모두에게도 큰 박수를 보내주십시오!

어휘 grateful 감사하는 considering 감안하면 nominee 후보 overlook 간과하다 last, but not least 마지막으로 (말하지만 역시 중요한)

Director	Harold Landers
Producer	Ivan Decker
Writer	Rick Keller
29Lead Actor	Gabby Newville

감독	해럴드 랜더즈
제작	이반 데커
작가	릭 켈러
주연	개비 뉴빌

28.
Where most likely is the speech taking place?
(A) At a movie set
(B) At an awards ceremony
(C) At a lecture hall
(D) At an amusement park

연설은 어디에서 일어나고 있겠는가?
(A) 영화 세트장
(B) 시상식
(C) 강의실
(D) 놀이공원

해설 상을 받는다(receive the award)는 말에서 시상식에 있음을 알 수 있다.

29.
Look at the graphic. Which nominee does the speaker want to work with the most?
(A) A director
(B) A lead actor
(C) A producer
(D) A writer

시각정보에 의하면, 화자가 가장 함께 작업을 해보고 싶어 하는 수상 후보자는?
(A) 감독
(B) 주연
(C) 제작
(D) 작가

해설 개비 뉴빌을 언급한 후 가장 함께 작업을 해보고 싶다고 했다. 시각정보에서 개비 뉴빌은 주연 리스트에 있으므로 (B)가 정답이다.

30.
What does the speaker encourage listeners to do?
(A) Applaud some nominees
(B) Receive a prize
(C) Choose their favorite film
(D) See a movie

화자가 청자들에게 권하는 것은?
(A) 일부 후보들에게 박수 보내기
(B) 수상하기
(C) 가장 좋아하는 영화 선택하기
(D) 영화 보기

해설 마지막 문장에서 큰 박수를 보내자고 청중에게 제안하고 있다. 따라서 정답은 (A)이다.

어휘 **applaud** 박수 갈채를 하다

Paraphrasing
give ... a big hand → Applaud

UNIT 5

전략 1   본책 p. 166

오늘 지역 뉴스입니다. 도시 교통부 관계자가 현재의 지하철 시스템에 새로운 노선 하나를 추가하겠다는 계획을 발표했습니다. 이미 4개의 노선이 있지만, 새로운 노선은 도시 외곽지역과 도심을 연결할 것입니다. … 그 동안에, 교외 통근자들은 이웃들과 카풀을 할 것을 권장해 드립니다.

Q1. 보도의 주제는?
- 새 지하철 노선

Q2. 통근자들에게 권장하는 것은?
- 차 함께 타기

전략 2

시티 라이프의 월요일 편에 오신 것을 환영합니다. 저는 진행자인 피터 브라운입니다. 오늘은 소규모 사업을 시작하는 데 관심이 있으신 분들을 위해 가능한 자금 조달 방법에 대해 다루겠습니다. … 그래서 내일은 여러분들이 필요한 자금을 받으실 수 있도록 탄탄한 사업 계획을 세우는 방법에 대해 집중적으로 이야기하겠습니다.

Q1. 화자는 누구일 것 같은가?
- 라디오 방송 진행자

Q2. 내일 다룰 것은?
- 사업 계획 세우기

MODEL TEST   본책 p. 167

1. (C)   **2.** (C)   **3.** (C)   **4.** (D)

[1-2] introduction

W-Am **1**Welcome to Channel 5 Television's "The City Tonight." I'm Rose Jefferson. Tonight we have Amy Heller here to speak to us about motivation. At the beginning of this year, Ms. Heller started to give speeches to thousands of people at a time, and these motivation seminars are only growing in popularity. Tonight we will hear what you can expect if you attend one of Ms. Heller's events. Further, **2**I would like you to send texts to the number on your screen and join the conversation with us.

채널 5 텔레비전의 '더 시티 투나잇'에 오신 것을 환영합니다. 저는 로즈 제퍼슨입니다. 오늘 밤 동기 부여에 관해 이야기하기 위해 에이미 헬러 씨가 나오셨습니다. 올해 초에, 헬러 씨는 한번에 수 천명의 사람들에게 연설을 시작했고, 이 동기부여 세미나는 인기가 높아지고 있습니다. 오늘 밤에는 헬러 씨의 행사 중 한 곳에 참석하면 어떤 얘기를 들을 수 있는지에 대해 들을 겁니다. 뿐만 아니라, 화면에 있는 전화번호로 문자를 보내 저희와의 대화에 합류해주십시오.

어휘 **motivation** 동기 부여 **at a time** 한번에 **grow in popularity** 인기가 상승하다 **further** 뿐만 아니라

1.
Where does the speaker most likely work?
(A) At a telephone company
(B) At a fitness center
(C) At a television station
(D) At a newspaper

화자가 일하는 곳은?
(A) 전화 회사
(B) 헬스클럽
(C) 텔레비전 방송국
(D) 신문사

해설 장소를 알려주는 표현 Welcome to 뒤에, Channel과 Television이라는 말에서 TV 방송국이 화자의 근무처임을 알 수 있다.

2.
What are listeners encouraged to do?
(A) Read a magazine article
(B) Make a donation
(C) Send text messages
(D) Stay for a book signing

청자들에게 권장하는 것은?
(A) 잡지 기사 읽기
(B) 기부하기
(C) 문자 메시지 보내기
(D) 책 사인회를 위해 남아 있기

해설 요청/조언 시 사용되는 표현인 I would like you to 뒤에 문자를 보내라(send texts)고 했으므로 (C)가 정답이다.

[3-4] news report

> M-Cn I'm Jared Grotto, here with a look at today's business news. ³The auto industry announced a sudden increase in car sales this month. Analysts say this was due to several auto manufacturers releasing new models earlier in the month. The new designs were created based on customer demands of better gasoline usage and lower cost. According to these numbers, ⁴we should expect to see car sales continue to remain high for several months.
>
> 오늘의 비즈니스 뉴스의 자레드 그로토입니다. 자동차 업계는 이번 달 자동차 판매량이 갑작스레 증가했다고 발표했습니다. 분석가들은 이번 달 초에 여러 자동차 제조업체들이 새로운 모델을 내놓았기 때문이라고 합니다. 새 디자인들은 더 뛰어난 연비와 더 저렴한 가격에 대한 고객들의 요구에 기초를 두고 만들어졌습니다. 이 수치에 의하면, 차 판매량은 몇 달간 계속 높을 것으로 예상됩니다.

어휘 manufacturer 제조업자, 제조업체 release 출시하다
demand 요구

3.
What is the main topic of this report?
(A) Worsening traffic conditions
(B) Modern car design theory
(C) An increase in automobile sales
(D) The high price of gasoline

보도의 주제는?
(A) 교통 상황 악화
(B) 현대적인 자동차 디자인 이론
(C) 차량 판매의 증가
(D) 높은 휘발유 가격

해설 뉴스는 주제 언급 시, '회사/정부/공무원+announced/revealed ~' 형태를 자주 사용한다. 이 표현 뒤에 자동차 매출 증가(increase in car sales)를 언급했으므로 정답은 (C)이다.

4.
What most likely will happen for several months?
(A) New designs will be released.
(B) The auto industry will have low sales figures.
(C) Consumers will drive more often.
(D) Many new cars will be sold.

몇 달간 일어날 것 같은 일은?
(A) 새로운 디자인들이 출시될 것이다.
(B) 자동차 업계가 매출액이 저조할 것이다.
(C) 소비자들이 더 자주 운전을 할 것이다.
(D) 새 차들이 많이 팔릴 것이다.

해설 시간 표현 several months가 키워드이다. 차 판매량이 계속 높을(remain high) 것이라는 말에서 차가 많이 팔릴 것이라는 (D)가 정답임을 알 수 있다.

PRACTICE TEST
본책 p. 169

1. (A)	2. (B)	3. (D)	4. (B)	5. (A)
6. (B)	7. (A)	8. (A)	9. (B)	10. (D)
11. (D)	12. (D)	13. (B)	14. (B)	15. (A)
16. (A)	17. (D)	18. (D)	19. (C)	20. (C)
21. (A)	22. (B)	23. (A)	24. (A)	25. (B)
26. (C)	27. (B)	28. (C)	29. (A)	30. (C)

[1-3] news report

> M-Au You're back with "Weekly Update", here on Lifestyle TV. A report issued by the Mind and Body Institute this week has some interesting data about your health. ¹The new findings suggest that even small amounts of activity can have a huge positive impact on your health. ²Dr. Julius Stecher, one of the lead scientists behind the report recommends that individuals do their best to be active on a daily basis, even if it is only for a short period of time. For anyone wanting to get more information, ³be sure to visit "Weekly Update" online to see all of the interviews with Dr. Strecher filmed by our health report team or watch the health report here on Lifestyle TV later this evening.
>
> 다시 이곳 라이프스타일 TV의 〈주간 업데이트〉입니다. 이번 주에 마인드 앤 바디 협회가 발행한 보고서에 건강에 대한 흥미로운 내용이 있습니다. 적은 양의 활동도 건강에 매우 큰 긍정적인 영향을 줄 수 있다고 새 연구 결과들은 시사합니다. 그 보고서를 작성한 수석 과학자 중 한 분인 줄리어스 스테처 박사는 짧은 기간 동안일지라도 매일 활동적이 되도록 최선을 다하라고 권고합니다. 추가 정보를 얻고 싶으신 분은, 온라인상에서 〈주간 업데이트〉를 방문하셔서 저희 건강 전담 보도팀이 촬영한 스테처 박사와의 모든 인터뷰를 시청하시거나, 또는 오늘 저녁에 이곳 라이프스타일 TV에서 건강 관련 보도를 시청하세요.

어휘 issue 발행하다 findings 조사[연구] 결과들 suggest 시사[암시]하다 positive 긍정적인 impact 영향 individual 개개인 active 활동적인 on a daily basis 매일 even if 심지어 ~라도 film 촬영하다

1.
What is the news report about?
(A) Exercise research
(B) Having a healthy diet
(C) Methods of weight loss
(D) A new type of medicine

뉴스는 무엇에 대한 것인가?
(A) 운동에 관한 연구
(B) 건강 식단 갖기
(C) 체중 감량법
(D) 새로운 형태의 약물

해설 도입부에서 활동이 건강에 긍정적인 영향을 준다는 보고서 얘기를 하고 있으므로 뉴스의 주제는 운동에 대한 것이다. 따라서 정답은 (A)이다.

2.
What does Julius Stecher recommend that people do?
(A) Take diet supplement pills
(B) Work out every day
(C) Record their calories
(D) Eat less starchy foods

줄리어스 스테처가 사람들에게 추천하는 것은?
(A) 다이어트 보조제 먹기
(B) 매일 운동하기
(C) 칼로리 기록하기
(D) 탄수화물 섭취량 줄이기

해설 고유명사 Julius Stecher와 조언·충고(recommend) 사항에 주목한다. 매일 활동적이 되라(be active on a daily basis)는 말에서 권고사항이 매일 운동하는 것임을 알 수 있다. 따라서 정답은 (B)이다.

어휘 supplement 보조제 work out 운동하다 starchy 탄수화물이 많은

Paraphrasing
be active on a daily basis → Work out every day

3.
According to the speaker, what can listeners do on a Web site?
(A) See a list of current shows
(B) Apply for a position
(C) Respond to a survey
(D) Watch videos

화자에 따르면, 청자들은 웹사이트에서 무엇을 할 수 있는가?
(A) 현재 프로그램 목록 보기
(B) 일자리 지원하기
(C) 설문에 응답하기
(D) 영상 보기

해설 Web site, online, Internet site, homepage, webpage 등의 표현에 주목한다. 담화에서는 online을 사용하여, 스테처 박사와의 모든 인터뷰를 볼 수 있다고 했으므로 영상을 본다는 (D)가 웹사이트에서 할 수 있는 것이다.

[4-6] news broadcast

> W-Am Traffic information here on JBS radio. Now, we have a big road warning going out to those of you drivers on this lovely Saturday morning. ⁴Newtown mall is having its grand opening today after being under construction for the last year. ⁵All motorists are advised to avoid the road leading to the new shopping facility, as a lot of people are expected to attend the opening. Traffic is also held up on Elmtree Boulevard with a delivery truck blocking one lane; we recommend you to take Daffodil Street instead. ⁶Stay tuned now for Roy Johnson with the latest weather reports.

여기는 JBS 라디오 교통 방송입니다. 자, 즐거운 토요일 아침에 운전자들에게 보내는 긴급한 도로 경보가 들어왔습니다. 뉴타운 몰이 작년 한 해 공사를 한 후 오늘 개장을 합니다. 많은 사람들이 개장에 참석할 것으로 예상되기 때문에 모든 운전자들은 새로운 쇼핑 시설로 이어지는 도로를 피하실 것을 권고 드립니다. 또한 한 차선을 막고 있는 배달 트럭 때문에 엘름트리 가에서 교통이 정체되고 있습니다. 대신에 대퍼딜 도로를 이용하실 것을 추천 드립니다. 이제 로이 존슨의 최신 일기예보를 듣기 위해 채널을 고정해 주십시오.

어휘 under construction 공사 중인 motorist 운전자 lead to ~로 이어지다 hold up 지연시키다 block 막다 lane 차선 stay tuned 계속 채널을 고정하다

4.
What does the speaker say is opening today?
(A) A council building
(B) A shopping center
(C) A city park
(D) A new school gymnasium

화자는 오늘 무엇이 개장한다고 말하는가?
(A) 의회 건물
(B) 쇼핑센터
(C) 도시 공원
(D) 새로운 학교 체육관

해설 opening에 주목한다. mall이 개장한다고 했는데, 쇼핑몰과 쇼핑센터는 같은 뜻이므로 정답은 (B)이다.

어휘 gymnasium 체육관

Paraphrasing
mall → shopping center

5.

What does the speaker suggest doing?
(A) Avoiding a certain road
(B) Using public transportation
(C) Visiting a shopping mall
(D) Leaving home early

화자가 제안하는 것은?
(A) 특정 도로 피하기
(B) 대중 교통 이용하기
(C) 쇼핑몰 방문하기
(D) 집에서 일찍 출발하기

해설 요청/조언 시 사용되는 표현인 be advised to를 사용하여 특정 도로를 피하라(avoid the road)고 했으므로 정답은 (A)이다.

6.

What will listeners hear next?
(A) Music
(B) Weather updates
(C) Local news
(D) A talk show

청자들은 다음에 무엇을 듣게 될 것인가?
(A) 음악
(B) 일기예보
(C) 지역 뉴스
(D) 토크쇼

해설 hear next 질문에 대한 정답의 힌트로 사용되는 표현 now를 사용하여 일기예보가 이어진다고 했으므로 정답은 (B)이다.

어휘 update 최신정보

Paraphrasing

the latest weather reports → Weather updates

[7-9] news report

M-Au Turning to a story about our city now. ⁷Tom Jefferies, the city council member in charge of transportation, has stated that construction of the proposed Boxer Street Bus Terminal will be carried out early next year. Not only will the new terminal accommodate more buses than other bus terminals around the city, ⁸it will also feature a very large new parking lot. Planners hope that city workers will drive to the new terminal and take buses into the city from there, helping to ease congestion on crowded city roads. ⁹Mia Stone, head of the Jonestown Commuters Association, has put her full support behind the project, saying that all city workers are happy with the decision.

이제 우리 시 소식으로 돌아가서, 교통을 담당하는 시의원인 톰 제프리스 씨가 복서 가 버스 터미널 공사 안건이 내년 초에 시행될 것이라고 공표했습니다. 새 터미널은 시내 전역의 다른 버스 터미널보다 더 많은 버스를 수용하게 될 뿐만 아니라 매우 큰 새 주차장도 두게 될 겁니다. 도시 계획 설계자들은 복잡한 시내 도로의 정체를 완화하는 데 도움이 될 수 있도록 도시 근로자들이 새 터미널까지 운전해 가서 거기에서 도시로 들어가는 버스를 타기를 바라고 있습니다. 존스타운 통근자 협회장인 미아 스톤 씨는 모든 도시 근로자들이 그 결정에 기뻐한다고 말하면서 그 프로젝트에 전적인 지지를 보냈습니다.

어휘 in charge of ~의 책임을 맡고 있는 state 공표하다 carry out 수행[이행]하다 accommodate 수용하다 feature 특별히 포함하다, 특징으로 삼다 not only A (but) also B A뿐만 아니라 B도 ease 완화하다 congestion 혼잡 full support 전적인 지지

7.

According to the news report, what will happen early next year?
(A) A bus terminal will be built.
(B) Parking fees will be charged.
(C) A city hall will be relocated.
(D) An election will take place.

뉴스 보도에 따르면, 내년 초에 어떤 일이 일어날 것인가?
(A) 버스 터미널이 지어질 것이다.
(B) 주차비가 부과될 것이다.
(C) 시청이 이전될 것이다.
(D) 선거가 있을 것이다.

해설 시간 표현 early next year가 키워드이다. 버스 터미널 공사가 시행될 것이라는 말에서 (A)가 정답인 것을 알 수 있다.

8.

What benefit to city workers does the speaker mention?
(A) More parking space
(B) Increased bus services
(C) Reduced waiting times
(D) Low ticket prices

화자는 도시 근로자에게 가는 어떤 혜택을 언급하는가?
(A) 주차 공간 증가
(B) 버스 운행 증편
(C) 대기 시간 감소
(D) 표 값 인하

해설 매우 큰 새 주차장(a very large new parking lot)이 특징이라고 했으므로 그것이 도시 근로자들에게 주어지는 혜택이다. 결국, 주차 공간이 더 생기게 되는 것이므로 정답은 (A)이다.

9.

Who does the speaker say is pleased with the news?
(A) Construction workers
(B) Local commuters
(C) City planners
(D) Newspaper journalists

화자는 누가 이 소식에 기뻐한다고 말하는가?
(A) 공사 인부들
(B) 지역 통근자들
(C) 도시 계획 설계자들
(D) 신문 기자들

해설 통근자 협회를 대표하는 협회장이 전적인 지지를 보낸다고 했고, 구체적으로는 도시 근로자들이 기뻐(happy)한다고 했으므로, 결국, 도시 통근자가 기뻐하는 것으로 볼 수 있다.

[10-12] radio broadcast

W-Br Vera Whitely here with your local news on WBXY, Newtown's news leader. Here's one for all you sports fans. The Newtown Newts, **10our local baseball team, is celebrating the opening of their new stadium on Smythe Street later today** with a family barbeque and a demonstration baseball game. **11I would recommend that you take the bus, as traffic is going to be very heavy due to repairs being made to Johnston Street.** **12It has been six months since they started working on it, but we still haven't received any news of that.** It's inconvenient at the moment, but I am sure we will all enjoy driving in the city once again when the Johnston Street bypass is complete. Stay tuned for Hernando Gonzales now, with your sports results.

뉴타운의 뉴스 선두주자, WBXY 지역 뉴스의 베라 화이틀리입니다. 모든 스포츠 팬들을 위한 소식입니다. 우리 지역 야구팀인 뉴타운 뉴츠가 오늘 스미스 가에 있는 새 경기장의 개장을 축하하며, 가족 바비큐와 야구 시범 경기를 갖습니다. 존스톤 가에서 진행되고 있는 보수공사 때문에 교통이 매우 혼잡할 듯하니 버스를 탈 것을 추천 드립니다. 공사 작업을 시작한 지 6개월이 되었지만, 아직 그것에 관한 소식을 받은 것이 없습니다. 당장은 불편하지만, 존스톤 가 우회도로가 완공되면 우리 모두 다시 한번 도시를 운전하는 것을 즐기게 될 거라 확신합니다. 이제 에르난도 곤잘레스의 스포츠 결과를 듣기 위해 계속 청취해 주세요.

어휘 demonstration 시범 heavy (교통 혼잡이) 격심한 bypass 우회도로 stay tuned 계속 청취하다

10.

What does the speaker say is opening today?
(A) A new road
(B) A soccer field
(C) A city park
(D) A baseball stadium

화자는 오늘 무엇이 개장한다고 말하는가?
(A) 새 도로
(B) 축구 경기장
(C) 시립 공원
(D) 야구 경기장

해설 opening이 키워드이다. 지역 야구팀(baseball team)의 새 경기장(new stadium)이 개장한다고 했으므로, 결국, 야구장이 개장한다는 것을 알 수 있다.

11.

What does the speaker recommend doing?
(A) Using a freeway
(B) Getting out of the city
(C) Staying at home
(D) Using public transportation

화자가 청자들에게 추천하는 것은?
(A) 고속도로 이용하기
(B) 도시 벗어나기
(C) 집에 머무르기
(D) 대중 교통 이용하기

해설 요청/조언 시 사용되는 표현인 recommend를 사용하여 버스를 이용하라고 하고 있다. 버스는 대중 교통에 해당하므로 정답은 (D)이다.

Paraphrasing
take the bus → Using public transportation

12.

What does the speaker mean when she says, "we still haven't received any news of that"?
(A) An event will take place as scheduled.
(B) Listeners are waiting for sports results.
(C) People in the city are worried about traffic jams.
(D) Roadwork has lasted longer than expected.

화자가 "아직 그것에 관한 소식을 받은 것이 없습니다"라고 말한 의도는 무엇인가?
(A) 행사가 일정대로 열릴 것이다.
(B) 청자들이 스포츠 결과를 기다리고 있다.
(C) 도시 사람들이 교통체증을 걱정하고 있다.
(D) 도로 공사가 예상보다 더 오래 지속되고 있다.

해설 보수공사 때문에 도로가 혼잡하다고 한 뒤, 공사를 시작한 지 6개월이 되었는데 그동안 아무 소식이 없다고 말하고 있다. 공사가 너무 오래 걸리는 것 같다는 의미라고 볼 수 있으므로 (D)가 정답이다.

어휘 roadwork 도로 공사

[13-15] broadcast

M-Cn Welcome back to "Money Matters", **13the podcast for those in corporate accounting positions.** As accounting staff, we often need to develop investment strategies. **14Today I will be discussing Vikram Chowdry's new article, *Advanced Investment Planning*.** I will discuss some of the tips in the article. Hopefully, some of you can use them in your work. Before we get started today, though, **15I just want to remind everyone to support the show by following the link to our online mall,** where you can buy mugs, mouse pads, pens and more.

> 다시, 기업 회계직에 종사하시는 분들을 위한 팟캐스트, 〈머니 매터즈〉입니다. 회사 직원으로서, 우리는 종종 투자 전략을 개발해야 합니다. 오늘 저는 비크람 차우드리의 새로운 기사, 〈고급 투자 계획〉에 대해서 말씀드리겠습니다. 기사에 실린 조언 몇 가지를 말씀드리겠습니다. 여러분의 일에 그것들을 사용하실 수 있기를 바랍니다. 하지만 오늘 시작하기 전에, 저희 온라인 몰로 이어지는 링크를 따라가는 것으로 여러분 모두가 이 방송을 후원해주셨으면 합니다. 온라인 몰에서 머그잔, 마우스 패드, 펜 등을 구매하실 수 있습니다.

어휘 podcast 팟캐스트 corporate 기업의 advanced 고급의 hopefully 바라건대 support 후원하다

13.

Who is the intended audience of the podcast?
(A) Dental care professionals
(B) Company accountants
(C) Business travelers
(D) Web designers

팟캐스트가 대상으로 하는 청자는 누구인가?
(A) 치아 관리 전문가들
(B) 회사 회계 직원들
(C) 출장 여행객들
(D) 웹 디자이너들

해설 방송 처음에서 기업 회계직에 종사하시는 분(corporate accounting positions)들을 위한 팟캐스트라고 했으므로 대상으로 하는 청자는 회계 직원들이다.

14.

What will the speaker discuss on today's show?
(A) Using finance software
(B) Money management plans
(C) Customer data analysis
(D) Giving effective presentations

화자가 오늘 방송에서 다룰 것은?
(A) 재정 프로그램 사용법
(B) 금전 관리 계획
(C) 고객 자료 분석
(D) 효율적인 발표하기

해설 〈고급 투자 계획〉에 대해서 말한다고 했으므로 결국 방송 이름처럼 금전 관리 방법을 다룬다는 (B)가 정답이다.

15.

What does the speaker ask the listeners to do?
(A) Visit an online store
(B) Leave comments on a Web page
(C) Advertise their own products
(D) Join an Internet discussion group

화자가 청자들에게 요청하는 것은?
(A) 온라인 매장 방문하기
(B) 웹페이지에 의견 남기기
(C) 청자들 자신의 제품을 광고하기
(D) 인터넷 토론 그룹에 참가하기

해설 요청/조언 시 사용되는 표현인 remind를 사용하여 온라인 몰에 가서 물건을 사라고 요청하고 있으므로 정답은 (A)이다.

Paraphrasing
following the link to our online mall
→ Visit an online store

[16-18] news report

> W-Br This is Mikaela Paton, live on JBC, Orange County's number one radio station. I'm coming to you from Lakeside Mall where Yellow Submarine, ¹⁶the newest takeout sandwich shop in Orange County has opened. The new store is having a huge event this morning. ¹⁷They give you a free giant cookie with every turkey and ham sandwich. ¹⁸You will need to act quickly, though! There are only one thousand cookies available, and you don't have much time left. Even if you miss out on a free cookie, come on down for some family fun. There is a free jumping castle, face painting, and raffles with prizes for all the family. This has been Mikaela Paton reporting from Lakeside Mall.
>
> 오렌지 카운티 최고의 라디오 방송국인 JBC에서 생중계하는 미카엘라 패튼입니다. 레이크사이드 몰에서 전해 드립니다. 이곳은 오렌지 카운티에서 가장 최신 테이크아웃 샌드위치 매장인 옐로우 서브마린이 막 문을 연 곳입니다. 새 매장은 오늘 아침 대대적인 행사를 하고 있습니다. 칠면조 햄 샌드위치를 사면 거대한 쿠키를 무료로 드립니다. 하지만 빨리 서두르셔야 합니다! 받을 수 있는 쿠키는 천 개밖에 되지 않는데, 시간이 많이 남지 않았습니다. 무료 쿠키를 놓치시더라도, 가족 놀이 축제를 위해 오십시오. 모든 가족들을 위한 무료 점핑 캐슬, 페이스 페인팅 그리고 경품 추첨이 있습니다. 레이크사이드 몰에서 미카엘라 패튼이 전해드렸습니다.

어휘 takeout 포장해 가는 음식 turkey 칠면조 고기 miss out on ~을 놓치다 raffle 복권, 경품 추첨

16.

What type of business is being discussed?
(A) A sandwich shop
(B) A radio station
(C) A toy store
(D) An amusement park

어떤 종류의 업체가 언급되고 있는가?
(A) 샌드위치 가게
(B) 라디오 방송국
(C) 장난감 가게
(D) 놀이 공원

해설 샌드위치 매장의 개장을 생방송으로 방송하고 있다. 어떤 시설이든 개장(opening)은 뉴스의 단골 주제라는 것을 알아두자.

17.

What will some customers receive this morning?
(A) A meal voucher
(B) A beverage
(C) A miniature
(D) A baked good

일부 고객들은 오늘 아침에 무엇을 받게 되는가?
(A) 식사 쿠폰
(B) 음료
(C) 축소 모형
(D) 제과류

해설 주는 것(give, provide, offer), 받는 것(receive, get, pick up, there are), 할인(discount, sale, off, marked down), 무료(free, complimentary)의 대상에 주목한다. 여기서는 give, free를 사용하여 쿠키를 준다고 했는데, 쿠키는 제과류에 해당되므로 (D)가 정답이다.

어휘 voucher 쿠폰, 상품권

Paraphrasing

cookie ➔ baked good

18.

Why does the speaker say, "you don't have much time left"?
(A) To show everyone how much fun people are having
(B) To express surprise at how fast the day has gone
(C) To inform people that a store will soon be closed
(D) To warn that free gifts will soon be gone

화자가 "시간이 많이 남지 않았습니다"라고 말한 의도는 무엇인가?
(A) 사람들이 얼마나 재미있어 하는지 모두에게 보여주기 위해
(B) 하루가 얼마나 빨리 지나가는지에 놀라움을 표하기 위해
(C) 가게가 곧 문을 닫는다는 것을 사람들에게 알리기 위해
(D) 무료 선물이 곧 없어진다는 것을 알려주기 위해

해설 앞에서 무료로 주는 선물이 겨우 천 개밖에 없으니 빨리 서둘러야 한다고 했으므로, 결국, 시간이 많지 않다는 것은 무료 선물이 곧 없어진다는 것을 알려주는 것이다. 따라서 정답은 (D)가 된다.

[19-21] broadcast

W-Am This is Sara Hudson on Magic 104.3 with Staying Well, **19**your weekly guide to eating properly and exercising. I have exciting news tonight for my listeners. **20**All of my shows have been uploaded on our Web site for your portable media players. To access any of my shows for free, just go to www.magic104.3.com and look for the Being Well icon to click. While you're there, you can also find the latest news. I always like to read your messages online as well, so remember, I am always available at Sara@Magic104.3.com. **21**Now, Francisco Alvarez, our exercise consultant, is here to tell us all about basic exercises.

매직 104.3의 사라 허드슨입니다. 제대로 먹고 운동하는 것에 관한 주간 가이드인 〈건강하게 지내기〉입니다. 오늘 밤 청취자들에게 흥분되는 소식이 있습니다. 제 프로 모두가 휴대용 미디어 플레이어용으로 웹사이트에 업로드되었습니다. 무료로 제 프로에 접속하시려면, www.magic104.3.com으로 가서 '건강하기' 아이콘을 찾아 클릭하시면 됩니다. 거기에서, 최신 뉴스도 찾으실 수 있습니다. 저는 항상 온라인으로 여러분의 메시지를 읽는 것도 좋아합니다, 그러니 Sara@Magic104.3.com에서 항상 저를 만날 수 있다는 것을 기억해주십시오. 이제, 저희 운동 컨설턴트인 프랜시스코 알바레즈 씨가 기본 운동들에 대해 말해주기 위해 나오셨습니다.

어휘 show 방송 프로그램 portable 휴대용의 access 접근[이용]하다

19.

What is the main topic of the radio show?
(A) Sports
(B) Cars
(C) Health
(D) Finances

라디오 방송의 주제는 무엇인가?
(A) 스포츠
(B) 차
(C) 건강
(D) 재정

해설 eating properly and exercising(제대로 먹고 운동하기)라는 말에서 건강에 관한 방송임을 알 수 있다.

20.

What can the listeners do on the Web site?
(A) Purchase DVDs
(B) Receive a voucher
(C) Access the host's shows
(D) Contact the radio station

청자들은 웹사이트에서 무엇을 할 수 있는가?
(A) DVD 구매하기
(B) 쿠폰 받기
(C) 진행자의 프로에 접속하기
(D) 라디오 방송국에 연락하기

해설 Web site / online / Internet site / homepage / webpage / www. 등에 주목한다. 화자가 진행하는 프로가 모두 업로드되었다고 하면서, 사이트에서 무료로 접속하는 방법을 알려주고 있으므로 (C)가 정답이다.

21.

What will the listeners hear first?
(A) Exercise tips
(B) An advertisement
(C) A traffic report
(D) Sports results

청자들은 무엇을 먼저 듣게 될 것인가?
(A) 운동 조언
(B) 광고
(C) 교통방송
(D) 스포츠 결과

해설 hear first 질문에는 담화의 마지막 문장을 주목하며, Now라는 키워드를 사용하는 경우가 많다. 운동 컨설턴트가 기본 운동(basic exercises)에 대해서 알려준다고 했으므로 운동에 대한 조언을 준다는 (A)가 정답이다.

[22-24] news report

M-Au Hello, and welcome. This is Dan Janssen from RND News. I'm happy to be here at the A-mart shop in Times Square, where ²²they will be unveiling the brand new Uberlon cell phone. ²⁴As you can see, the line stretches around the block with some people arriving as early as six in the morning! As you may have heard, ²³the new version of the Uberlon has upgraded the camera with HD video. This will be the first cell phone with this capability, ²³and many reviewers have already posted rave reviews of the cellphone on their Web sites. ²⁴Despite the high price tag, demand seems to be sky-high.

안녕하세요, 환영합니다. 저는 RND 뉴스의 댄 얀센입니다. 저는 타임즈 광장의 이곳 A-마트 매장에 오게 되어 기쁩니다. 이곳에서 새로운 유베론 휴대 전화를 공개할 겁니다. 보시다시피, 일찌감치 아침 6시부터 도착한 사람들로 블록을 돌아서 줄이 이어져 있습니다. 들어보셨을지도 모르지만, 유베론의 새 버전은 HD 비디오가 있는 카메라로 업그레이드 되었습니다. 이런 기능을 가진 최초의 휴대 전화이고, 많은 평론가들이 이미 그들의 웹사이트에 이 휴대 전화에 대해 극찬을 했습니다. 높은 가격에도 불구하고, 수요가 매우 많은 것 같습니다.

어휘 unveil 공개하다 rave 극찬 price tag 가격표 sky-high 아주 높은

22.
According to the speaker, what is happening today?
(A) A new car service is starting.
(B) A new item is available for sale.
(C) The phone company is hiring new workers.
(D) A special discount is being announced.

화자에 따르면, 오늘 어떤 일이 일어나는가?
(A) 새로운 자동차 서비스가 시작된다.
(B) 신제품이 판매된다.
(C) 전화 회사가 신입 직원들을 채용한다.
(D) 특별 할인을 발표할 것이다.

해설 신상 휴대폰을 공개한다(unveiling the brand new ... cell phone)고 했으므로 신제품이 출시된다는 것을 알 수 있다.

Paraphrasing
they will be unveiling the brand new ... cell phone
→ A new item is available for sale.

23.
According to the speaker, what feature of the Uberlon is most attractive?
(A) Its moving image capability
(B) Its new speaker system
(C) Its design and size
(D) Its reasonable price

화자에 의하면, 유베론의 어떤 기능이 가장 매력적인가?
(A) 동영상 기능
(B) 새 스피커 시스템
(C) 디자인과 크기
(D) 합리적인 가격

해설 제품의 장점에 주목한다. HD 비디오가 있는 카메라로 업그레이드 되었는데, 그것이 최초(first)이며 많은 평론가들의 극찬(rave reviews)을 받았다고 했다. 비디오 카메라로는 동영상을 찍게 되므로 정답은 (A)이다.

24.
What does the speaker mean when he says, "demand seems to be sky-high"?
(A) People are willing to pay for a certain product.
(B) Some customers will be put on a waiting list.
(C) A product's release was delayed.
(D) Deliveries should be made more quickly.

화자가 "수요가 매우 많은 것 같습니다"라고 말한 의도는 무엇인가?
(A) 사람들이 특정 상품에 기꺼이 돈을 낼 것이다.
(B) 몇몇 손님들은 대기 명단에 올려질 것이다.
(C) 제품 출시가 지연되었다.
(D) 배달이 더 빨리 이루어져야 한다.

해설 가격은 높지만, 사람들이 오전 6시부터 줄을 서서 기다리고 있다고 했으므로 결국 물건을 사려는 소비자가 많다는 의미이다. 따라서 정답은 (A)이다.

어휘 release (제품) 출시

[25-27] weather report + forecast

M-Cn The weather forecast for the start of the week in Georgetown now. ²⁵The chilly weather we've been having is staying with us today, as the temperatures remain well below freezing. Tuesday will see clouds moving in from the south, and the temperature will rise above freezing for the first time in a week. ²⁶It looks like we will see snow on the shortest day of the year. You can expect to see at least four inches of snow, possibly more. Temperatures are set to fall back down below freezing on Thursday. ²⁷ I'll hand you over to Maddie Green now with the traffic updates.

이제 조지타운의 한 주의 시작을 위한 일기예보입니다. 지금까지의 쌀쌀한 날씨가 오늘도 계속되며, 기온은 계속 영하에 머물겠습니다. 화요일에는 남쪽에서 들어오는 구름을 볼 수 있고 기온은 일주일 만에 처음으로 영상으로 오르겠습니다. 일년 중 해가 가장 짧은 날에 눈을 보게 될 것 같습니다. 최소 4인치의 눈이 내릴 것으로 예상되며, 그 이상이 될 수도 있겠습니다. 기온은 목요일에 영하로 다시 내려갈 전망입니다. 이제 최신 교통 소식을 전하는 마디 그린에게 넘기겠습니다.

어휘 chilly 쌀쌀한 below freezing 영하의 the shortest day of the year 일년 중 해가 가장 짧은 날 be set to ~하도록 예정되어 있다 update 최신 소식

25.
What does the speaker say about the recent weather?
(A) It has closed down a local airport.
(B) It has been cold.
(C) It has been windy and rainy.
(D) It has been good for sports.

화자는 최근 날씨에 대해 무엇이라고 말하는가?
(A) 지역 공항을 폐쇄시켰다.
(B) 추웠다.
(C) 바람 불고 비가 왔다.
(D) 운동하기에 좋았다.

해설 chilly weather(쌀쌀한 날씨)라는 말에서 날씨가 춥다는 것을 알 수 있다.

Paraphrasing
  chilly → cold

26.
Look at the graphic. What day will be the shortest day of the year?
(A) Monday
(B) Tuesday
(C) Wednesday
(D) Thursday

시각정보에 의하면, 일년 중 해가 가장 짧은 날은 언제인가?
(A) 월요일
(B) 화요일
(C) 수요일
(D) 목요일

해설 일기예보(forecast)를 보고 요일을 맞추는 문제이다. 선택지 구성이 요일이므로 담화와 시각정보에서는 요일이 아닌 날씨에 주목해야 한다. 일년 중 해가 가장 짧은 날에 눈(snow)이 온다고 했는데, 시각정보에서 눈이 오는 날은 수요일이다.

27.
What will listeners hear about next?
(A) A music show
(B) Traffic information
(C) A public service announcement
(D) Headline news

청자들은 다음에 무엇을 듣게 되는가?
(A) 음악 방송
(B) 교통 정보
(C) 공공 서비스 방송
(D) 헤드라인 뉴스

해설 hear about next 질문에는 담화의 마지막 문장을 주목한다. 최신 교통 소식(traffic updates)이 나온다고 했으므로 정답은 (B)이다.

[28-30] radio broadcast + graph

W-Am **28**Thanks for listening to WBBK. Now, here's "What Happening Around Pinegrove." Last year, the mayor asked for submissions for architects to create a design for the new Opera House downtown. Four architects made proposals for the Opera House, and local citizens were asked to choose the one they like the most. Well, **29**yesterday was the last day of voting, and one artist got the most votes. Unfortunately, the winner, Victoria Chang, had to pull out of the contest due to personal matters. **30**That means that the architect that finished second has been chosen to design the new building. To find out more about the lucky architect, just visit www.thepinest.com. Now back to today's news updates.

WBBK를 청취해 주셔서 감사합니다. 자, 지금은 〈파인그로브 동향〉입니다. 작년에, 시장이 건축가들에게 시내에 새 오페라 하우스의 설계를 만들어 제출해 줄 것을 요청했습니다. 네 명의 건축가들이 오페라 하우스를 위한 제안서를 만들었고, 지역 시민들에게 가장 마음에 드는 것을 선택해달라고 요청드렸습니다. 음, 어제가 투표의 마지막 날이었고 한 명의 예술가가 가장 많은 표를 받았습니다. 유감스럽게도, 우승자인 빅토리아 장이 개인적인 사정으로 콘테스트에서 빠져야 했습니다. 그것은 2등을 차지한 건축가가 새 건물을 설계하도록 선정되었다는 의미입니다. 행운의 건축가에 대해 더 알고 싶으시면, www.thepinest.com을 방문해주세요. 오늘의 뉴스 업데이트로 돌아갑니다.

어휘 submission 제출 pull out 손을 떼다, 철수하다 finish second 2등이 되다

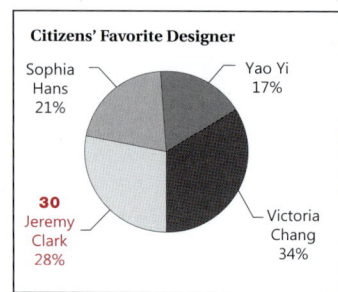

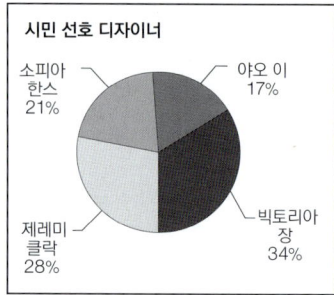

28.
What is most likely the speaker's job?
(A) An architect
(B) An opera singer
(C) A radio host
(D) A teacher

화자의 직업은 무엇이겠는가?
(A) 건축가
(B) 오페라 가수
(C) 라디오 진행자
(D) 교사

해설 방송국명을 지칭하는 WBBK와 함께 청취해 주셔서 감사하다고 했으므로 화자는 방송 프로그램의 진행자(host)임을 알 수 있다.

29.
What does the speaker say happened yesterday?
(A) A contest was concluded.
(B) A budget was given.
(C) A new building was opened.
(D) A design was completed.

화자는 어제 무슨 일이 있었다고 말하는가?
(A) 콘테스트가 종결되었다.
(B) 예산이 주어졌다.
(C) 새 건물이 문을 열었다.
(D) 디자인이 완성되었다.

해설 시간 표현 yesterday가 키워드이다. 어제가 투표 마지막 날(the last day of voting)이었다는 말에서 디자인 경연대회(contest)가 끝났다는 것을 알 수 있다.

30.
Look at the graphic. Who will create the Opera House design?
(A) Sophia Hans
(B) Yao Yi
(C) Jeremy Clark
(D) Victoria Chang

시각정보에 의하면, 누가 오페라 하우스를 설계하겠는가?
(A) 소피아 한스
(B) 야오 이
(C) 제레미 클락
(D) 빅토리아 장

해설 2등을 차지한 건축가가 새 건물을 설계하도록 선정되었다고 했는데, 그래프에서 두 번째로 높은 퍼센트를 차지한 사람은 제레미 클락이다.

UNIT 6

전략 1   본책 p. 172

다음 출장을 기대하고 계세요? 단테 고객들은 그렇습니다, 왜냐하면 해외 어디를 가시던 저희 호텔을 찾으실 수 있기 때문입니다. 저희는 75개국 이상에 접근이 편리한 곳에 위치해 있습니다. 단테 호텔은 우수한 고객 서비스로 유명합니다. 머무시는 동안 필요한 모든 것을 제공합니다.

Q1. 어떤 업체가 광고되고 있는가?
- 호텔 체인

Q2. 업체는 어떤 장점을 가지고 있는가?
- 해외에 지점이 많다.

전략 2

안녕하세요, 저는 마크 다니엘스로, 수상작인 〈더 리셉션〉의 연출자이자 작가입니다. 이번 주는 브라이튼의 제10회 연례 영화제라서 모든 공연표에 대해 할인해드리기로 결정했습니다. … 이 특별 패키지 표는 이번 주에 한해 저희 웹사이트 www.brightontheater.com에서 구매 가능합니다.

Q1. 화자는 어떤 제의를 언급하는가?
- 더 낮은 가격

Q2. 청자들이 웹사이트에서 할 수 있는 것은?
- 표 구매하기

MODEL TEST   본책 p. 173

1. (B)   2. (B)   3. (A)   4. (B)

[1-2] advertisement

M-Cn Are you trying to find an interesting job? Do you enjoy speaking to strangers? **¹If that's the case, we are sure you'd make a great addition to our Pavillon servers.** We plan to open a new eatery in downtown Denver and we need experienced, sociable, and friendly waitstaff. In Pavillon, **²we have a wide selection of food from several continents.** We prefer candidates with previous experience as servers. After being hired, we provide training for all new employees. If it sounds interesting, please visit our Web site at www.pavillon.com to fill out an application. We hope to hear from you soon.

흥미로운 일을 찾고 있나요? 낯선 사람들과 이야기하는 것을 즐기시나요? 그렇다면, 파빌론의 종업원들에게 큰 힘이 되실 겁니다. 저희는 덴버 시내에 새 식당을 여는데, 경험 있고 사교적이며 친절한 웨이터가 필요합니다. 파빌론에서는 여러 대륙의 다양한 음식을 선보입니다. 웨이터 경력을 가진 지원자를 우대합니다. 고용된 후에는, 모든 신규 직원들을 위한 교육을 제공합니다. 관심이 있으시면, 저희 웹사이트 www.pavillon.com을 방문하여 지원서를 작성해 주세요. 빨리 연락 주시기 바랍니다.

어휘 eatery 식당 sociable 사교적인 continent 대륙 candidate 지원자, 후보자 fill out ~을 작성하다 application 지원서

1.
What positions are being advertised?
(A) Hotel staff
(B) Waitstaff
(C) Chefs
(D) Cashiers

광고되고 있는 직책은?
(A) 호텔 직원
(B) 종업원
(C) 주방장
(D) 계산대 직원

해설 servers, waitstaff을 모집한다고 직접적으로 언급했으므로 비교적 쉽게 정답을 찾을 수 있다.

2.
What is mentioned about the business?
(A) It is endorsed by celebrities.
(B) It serves many countries' food.
(C) It has competitive prices.
(D) It is conveniently located.

업체에 대해서 언급된 것은?
(A) 유명인들에 의해 홍보된다.
(B) 여러 나라의 음식을 제공한다.
(C) 가격이 경쟁력이 있다.
(D) 편리한 곳에 위치해 있다.

해설 여러 대륙의 다양한 요리(a wide selection of food from several continents)를 제공한다고 했으므로 (B)가 정답이다.

Paraphrasing
a wide selection of food from several continents
→ many countries' food

[3-4] advertisement

W-Br Do your washing machine and refrigerator keep depressing you? Maybe it is time to buy a new one! J's Warehouse can help. There is a huge selection of the most popular household appliances items ranging from computers to high-definition televisions. **³And for this week only, you can get 30% off** on everything in our store. **⁴For a list of all our locations in your neighborhood, pick up your smartphone and visit our Web site at www.jswarehouse.com.**

세탁기와 냉장고가 계속 당신을 우울하게 만드나요? 그렇다면 새 것을 살 때입니다! J's 웨어하우스가 도와드릴 수 있습니다. 컴퓨터에서 고화질 텔레비전에 이르기까지 가장 인기 있는 가전제품의 선택의 폭이 매우 넓습니다. 이번 주에 한해, 매장의 전 품목에 대해 30% 할인받을 수 있습니다. 근처에 있는 저희 모든 매장의 위치에 대한 목록을 원하시면, 스마트 폰을 들고 저희 웹사이트인 www.jswarehouse.com을 방문하세요.

어휘 depress 낙담시키다 range 범위에 이르다 high-definition 고화질의 neighborhood 이웃

3.
What is J's Warehouse offering now?
(A) A special discount
(B) Free installation
(C) A two-year warranty
(D) Free promotional items

J's 웨어하우스가 현재 제공하고 있는 것은?
(A) 특별 할인
(B) 무료 설치
(C) 2년 보증
(D) 무료 판촉물

해설 30% 할인(30% off)을 받을 수 있다는 말에서 할인(discount)을 제공하고 있다는 것을 알 수 있다.

Paraphrasing
30% off → discount

4.
What does the speaker say is available on a Web site?
(A) A price list
(B) A list of locations
(C) Discount coupons
(D) A schedule of events

화자는 웹사이트에서 무엇을 얻을 수 있다고 말하는가?
(A) 가격 목록
(B) 위치 목록
(C) 할인 쿠폰
(D) 행사 일정표

해설 Web site가 키워드이다. 모든 매장의 위치 목록(a list of all our locations)을 구할 수 있다고 했으므로 정답은 (B)이다.

PRACTICE TEST

본책 p. 175

1. (D)	2. (C)	3. (C)	4. (D)	5. (B)
6. (D)	7. (C)	8. (C)	9. (D)	10. (C)
11. (C)	12. (C)	13. (C)	14. (B)	15. (D)
16. (C)	17. (A)	18. (D)	19. (B)	20. (C)
21. (D)	22. (A)	23. (D)	24. (C)	25. (A)
26. (A)	27. (D)	28. (A)	29. (D)	30. (D)

[1-3] advertisement

W-Am Do you take trips often? Do you want to save money on airfares, hotels, and car rentals? Travel Buddy is here for you! ¹Travel Buddy is a new service helping you to make all of your travel arrangements. ²Travel Buddy is not only convenient, but also reasonable! We guarantee you the cheapest prices available. Find a better deal? We'll match it! ³Check our Web site today to see the package tours we're now offering.

여행을 자주 가시나요? 항공료, 호텔과 자동차 대여에 사용하는 돈을 절약하고 싶으신가요? 트래블 버디가 여러분을 위해 여기 있습니다! 트래블 버디는 여러분의 모든 여행 준비를 돕는 새로운 서비스 업체입니다. 트래블 버디는 편리할 뿐 아니라 가격이 합리적이기도 합니다! 가장 싼 가격을 보장합니다. 더 나은 가격을 찾고 계시나요? 그것에 맞춰드리겠습니다. 현재 제공하고 있는 패키지 투어를 보기 위해 오늘 저희 웹사이트를 확인해주십시오.

어휘 arrangement 준비 airfare 항공료 reasonable (가격이) 적당한 guarantee 보장[약속]하다 deal 거래 package tour 패키지 여행

1.
What is being advertised?
(A) A dry cleaning service
(B) A car rental agency
(C) A computer program
(D) A travel agency

무엇이 광고되고 있는가?
(A) 드라이 클리닝 서비스
(B) 자동차 대여점
(C) 컴퓨터 프로그램
(D) 여행사

해설 여행 준비(travel arrangements)를 돕는 서비스를 제공한다는 말에서 여행사 광고인 것을 알 수 있다.

2.
What does the speaker emphasize about a business?
(A) It has branch offices overseas.
(B) It has airline partners.
(C) It has low prices.
(D) It only takes credit cards.

화자가 업체에 대해 강조하는 것은?
(A) 해외에 지사들이 있다.
(B) 협력 항공사들이 있다.
(C) 가격이 저렴하다.
(D) 신용 카드만 받는다.

해설 가격이 합리적(reasonable)이라는 말은 가격이 저렴하다는 것이므로 (C)가 정답이다.

Paraphrasing
reasonable → low prices

3.
What does the speaker say can be found on the Web site?
(A) Links to airline Web sites
(B) Membership application forms
(C) Travel packages
(D) Terms and conditions

화자는 웹사이트에서 무엇을 찾을 수 있다고 말하는가?
(A) 항공사 웹사이트들 링크
(B) 회원 신청 양식
(C) 패키지 여행
(D) 약관

해설 Web site가 키워드이다. 웹사이트에서 package tours를 확인할 수 있다고 밝히고 있다.

어휘 terms and conditions 약관, 계약 조건

[4-6] advertisement

M-Cn When you're driving, you need to keep your family safe. ⁴One of the best ways to do that is to use the best car tires possible. At Racetech Rubber, we know how tires keep you safe on the road and we understand that sometimes budgets can be limited. That's why ⁵we have come up with our new product the "Family Driver," an inexpensive tire that meets all of the safety requirements of the National Automotive Association's tire safety guidelines. Get in quickly for your new Family Driver tires, because ⁶for this month only, we are offering one free tire with every four tires purchased.

운전을 하실 때, 가족을 안전하게 보호해야 합니다. 그렇게 하는 최선의 방법은 가능한 최고의 자동차 타이어를 사용하는 것입니다. 저희 레이스텍 러버는 타이어가 도로에서 여러분을 안전하게 보호하는 방법을 알고 있고 때로는 예산이 제한적일 수 있다는 것도 알고 있습니다. 그래서 저희는 국

내 자동차 협회의 타이어 안전 지침의 안전 요건을 모두 충족하는 저렴한 타이어인 신제품 '패밀리 드라이버'를 내놓았습니다. 새 패밀리 드라이버 타이어를 구입하시려면 서두르십시오, 왜냐하면 이번 달에 한해 타이어를 4개 구매하시면 하나를 무료로 드리기 때문입니다.

어휘 limited 제한된 come up with ~을 내놓다 inexpensive 비싸지 않은, 저렴한 safety requirement 안전 요건

4.

What products does the company sell?
(A) Safety gear
(B) Delivery trucks
(C) Engine oil
(D) Car tires

이 회사는 어떤 제품을 파는가?
(A) 안전 장비
(B) 배달 트럭
(C) 엔진 오일
(D) 자동차 타이어

해설 초반에 car tires에 대해 설명하는 말에서 타이어를 판매하는 업체임을 바로 알 수 있다.

5.

What does the speaker say about the products?
(A) They are only for families.
(B) They are affordable.
(C) They last long.
(D) They received good reviews.

화자가 제품에 대해 말하는 것은?
(A) 가족용이다.
(B) 저렴하다.
(C) 오래 간다.
(D) 좋은 평가를 받았다.

해설 inexpensive(비싸지 않는)라고 했으므로 가격이 저렴하다는 뜻의 (B)가 정답이다.

Paraphrasing
　　inexpensive → affordable

6.

What is being offered for free this month?
(A) Car insurance
(B) Free installation
(C) An extended warranty
(D) An extra product

이번 달에 무엇이 무료로 제공되는가?
(A) 차 보험
(B) 무료 설치
(C) 연장된 품질 보증
(D) 추가 제품

해설 free와 this month가 키워드이다. 한 개의 무료 타이어(one free tire)를 제공한다는 말에서 추가 제품을 준다는 것을 알 수 있다.

[7-9] advertisement

W-Br **7Blue Chip Law Office has been protecting companies' rights for over two decades.** Our specialty is handling legal matters for small- and medium- to large-sized companies. **8Ms. Anil Gupta has joined the firm as our newest attorney.** We are happy to announce that Blue Chip Law will now offer even better services to clients with the addition of Ms. Gupta. **9Find out more about our firm, or book a consultation with Ms. Gupta, by going to www.bluechiplawoffice.com online.**

블루 칩 법률 사무소는 20년 이상 회사들의 권리를 지켜왔습니다. 저희 전문은 중소기업에서 대기업까지를 대상으로 법률 문제를 처리하는 것입니다. 아닐 굽타 씨가 신입 변호사로 회사에 합류했습니다. 굽타 씨의 합류로 이제 블루 칩 법률 사무소는 고객들에게 훨씬 더 나은 서비스를 제공할 것임을 알려드리게 되어 기쁩니다. 온라인에서 www.bluechiplawoffice.com으로 가서 저희 회사에 대해 더 자세하게 알아보시거나, 굽타 씨와의 상담을 예약하십시오.

어휘 protect 보호하다, 지키다 specialty 전문 legal 법률의 small- and medium-sized company 중소기업 large-sized company 대기업 attorney 변호사 even (비교급 강조) 훨씬

7.

What type of law service does Blue Chip Law Office provide?
(A) Medical
(B) Property
(C) Corporate
(D) Contract

블루 칩 법률 사무소는 어떤 법률 서비스를 제공하는가?
(A) 의료
(B) 부동산
(C) 기업
(D) 계약

해설 회사들의 권리를 지켜왔다(has been protecting companies' rights)는 말에서 기업에 대한 법률 서비스를 제공하는 것을 알 수 있다.

8.

What has the business recently done?
(A) It has started a new branch.
(B) It has redesigned a homepage.
(C) It has hired a new lawyer.
(D) It has gained a famous client.

업체는 최근에 무엇을 했는가?
(A) 새 지사를 열었다.
(B) 홈페이지를 다시 만들었다.
(C) 신입 변호사를 채용했다.
(D) 유명한 고객을 확보했다.

해설 최근 행적을 묻는 경우, just, now, recent(ly), new(ly)가 키워드가 된다. 여기서는 newest를 사용하여 신입 변호사가 들어왔다고 했으므로 (C)가 정답이다.

Paraphrasing
attorney → lawyer

9.
Where can listeners find out more about the business?
(A) In a booklet
(B) At a seminar
(C) In a magazine
(D) On a Web site

청자들은 어디에서 이 업체에 대해 더 알아볼 수 있는가?
(A) 소책자
(B) 세미나
(C) 잡지
(D) 웹사이트

해설 추가 정보를 얻는 방법은 담화의 후반부를 주목한다. 온라인상의 특정 웹사이트 주소로 가라고 했으므로 정답은 (D)이다.

[10-12] advertisement

M-Au ¹⁰Still squeezing fresh orange juice by hand? You could do that. Or, you could use the new Quik Juice from Matthews Electronics! The Quik Juice takes whole oranges and turns them into fresh orange juice within seconds. And not just orange juice! The Quik Juice will take a wide range of fruit and turn it into fresh, healthy juice. You see, ¹¹when you drink juice from the store, it can lack essential vitamins and minerals that are only found in fresh juice. ¹²Visit the Matthews Electronics Web site today to read articles about the health benefits of fresh juice written by leading doctors to see why you should choose the Quik Juice.

아직도 손으로 신선한 오렌지 주스를 짜고 계신가요? 그렇게 하실 수도 있습니다. 아니면, 매튜스 전자에서 나온 새로운 퀵 주스를 사용할 수도 있습니다! 퀵 주스는 오렌지를 통째로 넣어 몇 초 안에 신선한 오렌지 주스로 만들어줍니다. 게다가 오렌지 주스만이 아닙니다! 퀵 주스는 다양한 과일들을 신선하고 건강한 주스로 만들어줍니다. 가게에서 산 주스를 마시면, 신선한 주스에서만 찾을 수 있는 필수 비타민과 미네랄이 부족할 수 있습니다. 오늘 매튜스 전자 웹사이트를 방문하셔서 선도적인 의사들이 신선한 주스의 건강상 이점에 관해 쓴 기사들을 읽어보시고 여러분들이 왜 퀵 주스를 선택해야 하는지를 알아보십시오.

어휘 turn A into B A를 B로 바꾸다 a wide range of 다양한 lack 부족하다 essential 필수적인 health benefit 건강상 이점 leading 선도적인

10.
What does the speaker imply when he says, "You could do that"?
(A) He trusts the people around him.
(B) A task is especially easy to do.
(C) There is a better way.
(D) He is worried about a solution.

화자가 "그렇게 하실 수도 있습니다"라고 말하는 의미는 무엇인가?
(A) 주변 사람들을 신뢰한다.
(B) 특히 하기 쉬운 일이다.
(C) 더 좋은 방법이 있다.
(D) 해결책에 대해 걱정한다.

해설 의도를 묻는 말 직후에, 신제품인 Quik Juice를 사용할 수 있다는 대안을 제시하고 있는 것으로 보아, 더 나은 방법이 있다는 (C)가 정답이다.

11.
According to the advertisement, what is the problem with store bought juice?
(A) It is expensive.
(B) It goes bad quickly.
(C) It lacks nutrients.
(D) It contains sugar.

광고에 의하면, 가게에서 산 주스의 문제는 무엇인가?
(A) 비싸다.
(B) 빨리 상한다.
(C) 영양소가 부족하다.
(D) 설탕이 들어 있다.

해설 문제점(problem)과 store bought juice에 주목한다. 비타민과 미네랄이 부족할 수 있다는 말에서 영양분이 부족하다는 것을 유추할 수 있다.

어휘 nutrient 영양소

Paraphrasing
essential vitamins and minerals → nutrients

12.
Why does the speaker encourage listeners to visit a Web site?
(A) To complete a questionnaire
(B) To get a discount coupon
(C) To find additional information
(D) To see a list of retail outlets

화자가 청자들에게 웹사이트를 방문하라고 권하는 이유는?
(A) 설문지를 작성하기 위해
(B) 할인 쿠폰을 받기 위해
(C) 추가 정보를 찾기 위해
(D) 소매점 목록을 보기 위해

해설 웹사이트에서 신선한 주스의 건강상 이점에 관한 기사를 읽을 수 있다고 했는데, 즉 이 말은 좋은 추가 정보를 얻을 수 있다는 뜻이므로 정답은 (C)이다.

어휘 retail outlet 소매점

Paraphrasing
> read articles about the health benefits of fresh juice
> → find additional information

[13-15] advertisement

> **W-Am** Tired of making dirty-looking photocopies? Then, **13you need the new Panatech ZR-15 photocopier.** Unlike other machines, **14the ZR-15 uses a new type of computer program.** It makes a digital image map to make sure that documents are not blurry, and to make sharper, better looking images in copied documents. Visit any Panatech store, or any store that sells Panatech products today, and see the difference with your own eyes! **15In-store demonstrations are available all this week in selected locations.** Our trained staff members will show you the new machine and answer any questions you have!
>
> 지저분하게 보이는 복사를 하는 게 지력이 나세요? 그렇다면, 새로운 파나텍 ZR-15 복사기가 필요합니다. 다른 기기와 다르게, ZR-15는 새로운 종류의 컴퓨터 프로그램을 사용합니다. 그것은 서류가 흐릿하지 않도록 하고 복사 문서에 더 선명하고 더 나아 보이는 이미지를 만들기 위해 디지털 이미지 맵을 만듭니다. 패나텍 매장이나 패나텍 제품을 파는 매장 어디든지 오늘 방문하셔서, 차이점을 눈으로 직접 확인하십시오! 선정된 매장에서 이번 주 내내 매장 내 시연을 이용하실 수 있습니다. 숙달된 직원이 새 기기를 보여드리고 여러분의 질문에 답해드릴 겁니다.

어휘 unlike ~와는 달리 blurry 흐릿한 sharp 선명한 in-store 매장 내의 demonstration 시연, 설명 trained 숙달된

13.
What product is being advertised?
(A) An external hard drive
(B) A digital camera
(C) A copy machine
(D) A printer

어떤 제품이 광고되고 있는가?
(A) 외장 하드 드라이브
(B) 디지털 카메라
(C) 복사기
(D) 프린터

해설 광고하는 제품명에 복사기(photocopier)가 언급되고 있다.

Paraphrasing
> photocopier → copy machine

14.
What does the speaker say is unique to the product?
(A) It does not make loud noises.
(B) It uses new software.
(C) It is multifunctional.
(D) It is advertised on TV.

화자는 제품의 어떤 점이 독특하다고 말하는가?
(A) 큰 소음이 나지 않는다.
(B) 새로운 소프트웨어를 사용한다.
(C) 다기능이다.
(D) TV에서 광고하고 있다.

해설 제품의 장점에 주목한다. 새로운 종류의 컴퓨터 프로그램(new type of computer program)을 사용한다고 했으므로 (B)가 정답이다.

Paraphrasing
> computer program → software

15.
What does the speaker say interested listeners should do?
(A) Extend a warranty
(B) Call up for a free product catalog
(C) Visit a Web site for details
(D) Attend a shop presentation

관심있는 청자들은 어떻게 해야 한다고 화자는 말하는가?
(A) 보증 기간 연장하기
(B) 전화해서 무료 제품 카탈로그 요청하기
(C) 자세한 정보를 위해 웹사이트 방문하기
(D) 매장 프레젠테이션 참여하기

해설 매장 내 시연(In-store demonstrations)을 이용할 수 있다고 했으므로, 그것을 이용하라, 즉 그것에 참여하라는 말임을 알 수 있다.

어휘 extend 연장하다 warranty 보증 (기간)

Paraphrasing
> demonstration → presentation

[16-18] advertisement

> **W-Br** **16The common cold. We've all had one at least once** and we know the symptoms—a runny nose, a sore body, and headaches. **17While many colds are quite minor, something that many people don't understand is that left untreated, a cold can lead to additional, more severe conditions.** **18While your body will often be able to fight off a cold, there are no guarantees.** Halifax Pharmaceuticals' Cold Stop is a new type of medication that fights the root cause of the cold, a virus, rather than just treating the symptoms. Speak to your family doctor today to see if Cold Stop is right for you and your family.
>
> 감기. 우리 모두가 적어도 한 번은 걸려본 적이 있고 콧물, 몸살, 두통 등의 증상도 알고 있습니다. 많은 감기가 아주 경미한 반면, 많은 사람들이 모르는 것은 치료받지 않고 두면 추가로 더 심각한 상태로 갈 수 있다는 것입니다. 당신의 몸은 보통 감기와 싸워 물리칠 수 있지만, 보장은 없습니다. 핼리팩스 제약회사의 콜드 스톱은 단지 증상을 치료하기보다 감기 바이러스의 근본 원인을 퇴치하는 새로운 종류의 약입니다. 콜드 스톱이 여러분과 여러분의 가족에게 맞는지 알아보기 위해 오늘 주치의와 의논하십시오.

어휘 **symptom** 증상 **runny nose** 콧물 **sore** 아픈 **minor** 사소한 **untreated** 치료를 받지 않은 **lead to** ~ 결과를 초래하다 **fight off** ~와 싸워 물리치다 **root cause** 근본 원인

16.

What does the speaker indicate about the common cold?
(A) It is easy to get rid of.
(B) It is dangerous for some people.
(C) It is familiar to everyone.
(D) It is a very serious disease.

화자가 감기에 대해 말하는 것은?
(A) 물리치기 쉽다.
(B) 어떤 사람들에게는 위험하다.
(C) 누구에게나 익숙하다.
(D) 아주 심각한 병이다.

해설 우리 모두가 적어도 한 번은 감기에 걸려본 적이 있고 증상도 알고 있다는 말에서 감기는 모든 사람이 잘 알고 있는 익숙한 것이라고 할 수 있다. 따라서 정답은 (C)이다.

17.

According to the advertisement, how can the common cold be harmful?
(A) By causing other serious conditions
(B) By remaining in the body for a long period
(C) By permanently damaging the throat
(D) By hiding other body diseases

광고에 따르면, 감기는 어떻게 해로울 수 있는가?
(A) 다른 심각한 질환을 야기하는 것으로
(B) 오랫동안 몸에 남아 있는 것으로
(C) 목에 영구적으로 손상을 입히는 것으로
(D) 다른 신체 질병을 숨기는 것으로

해설 추가로 더 심각한 상태(additional, more severe conditions)로 갈 수 있다는 말에서 다른 심각한 질환을 일으킬 수 있다는 (A)가 정답이다.

18.

What does the speaker imply when she says, "there are no guarantees"?
(A) It is hard to know when a cold will strike.
(B) Medical treatments can be expensive.
(C) Home remedies are not always effective.
(D) A cold may not go away easily.

화자가 "보장은 없습니다"라고 말한 의도는 무엇인가?
(A) 감기가 언제 발생할지 알기 어렵다.
(B) 의학적 치료는 비용이 많이 들 수 있다.
(C) 민간요법이 항상 효과가 있는 것은 아니다.
(D) 감기가 쉽게 낫지 않을 수도 있다.

해설 보통은 몸이 감기와 싸워 물리칠 수 있지만 보장은 할 수 없다고 했으므로, 감기가 쉽게 낫지 않는 경우도 있다는 의미임을 알 수 있다.

어휘 **remedy** 치료

[19-21] advertisement

M-Cn Do you want to get away from it all? Feel like swimming, surfing, and snorkeling in some of the clearest water on earth? [19]It sounds like you need to visit us here at Paradise Cove Resort on beautiful Senju Island. Book now and take advantage of our special vehicle rental program. [20]When you book a stay of 5 nights or more, we offer you a 50% discount on rentals of all of our vehicles. We even offer educational programs for your children while you sit by the pool and relax. We know you'll just love your stay at Paradise Cove, but don't just take our word for it! [21]Tune in to BCN Television tonight at 8:30 and see Paradise Cove for yourself, as the team from *Summer Getaway* shows you everything we have to offer.

모든 것으로부터 벗어나고 싶으신가요? 세상에서 가장 깨끗한 물에서 수영, 서핑 그리고 스노클링을 하고 싶으신가요? 아름다운 센쥬 섬에 있는 여기 파라다이스 코브 리조트에 방문하셔야 할 것 같습니다. 지금 예약하여 저희의 특별 차량 대여 프로그램을 이용하십시오. 5박 이상을 예약하시면, 저희 모든 차량 대여에 대해 50퍼센트 할인해 드립니다. 여러분이 수영장 옆에 앉아 쉴 때 아이들을 위한 교육 프로그램도 제공합니다. 파라다이스 코브에 머무는 것을 좋아하게 되실 거라고 확신하지만, 제 말만 듣고 그대로 믿지는 마십시오. 오늘 밤 8시 30분에 BCN 텔레비전에서 파라다이스 코브를 직접 보십시오, 〈여름 휴가〉 팀이 저희가 제공하는 모든 것을 보여드릴 것입니다.

어휘 **get away** 탈출하다, 벗어나다 **take one's word** ~의 말을 그대로 받아들이다[믿다]

19.

What is being advertised?
(A) A shopping mall
(B) A holiday resort
(C) An apartment complex
(D) A fitness center

무엇이 광고되고 있는가?
(A) 쇼핑몰
(B) 휴가 리조트
(C) 아파트 단지
(D) 헬스 클럽

해설 광고하는 것이 resort임을 밝히고 있다.

20.

According to the speaker, what special option is available?
(A) Private swimming pools
(B) Discounted rooms
(C) Rental car deals
(D) No cancellation fees

화자에 따르면, 어떤 특별 옵션이 이용 가능한가?
(A) 전용 수영장
(B) 객실 할인
(C) 렌터카 할인
(D) 취소 수수료 면제

해설 특징/장점에 주목한다. 차량 대여(rentals of ... vehicles)에 대해 50% 할인(50% discount)해 준다고 했으므로 정답은 (C)이다.

21.

What will happen tonight?
(A) A swimming class will begin.
(B) A dance performance will be held.
(C) A new hotel will be opened.
(D) A TV show will feature a resort.

오늘 밤 무슨 일이 있을 것인가?
(A) 수영 강습이 시작될 것이다.
(B) 댄스 공연이 있을 것이다.
(C) 새 호텔이 문을 열 것이다.
(D) TV 프로그램에서 리조트를 다룰 것이다.

해설 시간 표현인 tonight에 주목한다. 한 방송에서 광고하고 있는 리조트를 보여준다고 했으므로 정답은 (D)이다.

[22-24] advertisement

M-Au Here at Apex Properties, our goal is to put you into a home that's right for you. ²²Whether you're looking for a rental property or a house to buy, Apex is working for you. But that's not all. ²³Apex also has a variety of holiday rental properties available for short-term leases, as well as farms and commercial properties. Our consultants are waiting to help you with city permits, property tax matters, and planning permission. ²⁴Stop by our agency today to see our most up-to-date list of houses and apartments that you can rent or buy. Apex Properties: We're working for you!

저희 에이펙스 부동산의 목표는 여러분에게 적합한 집을 찾아드리는 겁니다. 임대 부동산을 찾고 계시든지 아니면 구입할 주택을 찾고 계시든지, 에이펙스는 여러분을 위해 일합니다. 하지만 그게 다가 아닙니다. 에이펙스는 단기 임대를 위한 다양한 휴가 임대 부동산에 농장과 상업용 부동산도 있습니다. 저희 컨설턴트들이 시 허가증, 재산세 문제와 건축 허가와 관련하여 여러분을 돕기 위해 대기하고 있습니다. 오늘 저희 중개소에 들르셔서 임대나 구매 가능한 주택 및 아파트의 가장 최신 목록을 보십시오. 에이펙스 부동산: 저희는 여러분을 위해서 일합니다!

어휘 property 부동산, 건물, 재산 short-term 단기의 lease 임대차 계약 commercial 상업적인 permit 허가증

22.

What type of business is Apex Properties?
(A) A real estate agency
(B) An advertising firm
(C) An agricultural supplies company
(D) A moving company

에이펙스 부동산은 어떤 종류의 업체인가?
(A) 부동산 중개업체
(B) 광고 회사
(C) 농업용품 회사
(D) 이삿짐 업체

해설 임대 부동산 또는 구입할 주택(rental property or a house to buy)을 찾는 것을 도와준다는 말에서 부동산 중개업체 광고임을 알 수 있다.

어휘 agricultural 농업의

23.

What does the speaker mean when he says, "But that's not all?"
(A) The agency has many other office locations.
(B) The agency has a lot of staff members.
(C) The agency has access to a large database.
(D) The agency has a wide variety of offerings.

화자가 "하지만 그게 다가 아닙니다"라고 말한 의도는 무엇인가?
(A) 이 업체는 많은 다른 지점들을 두고 있다.
(B) 이 업체에는 많은 직원들이 있다.
(C) 이 업체는 대형 데이터베이스에 접속이 된다.
(D) 이 업체가 제공하는 것들은 매우 다양하다.

해설 '그게 다가 아니다'라고 말한 후에 실제로 다른 종류의 부동산들도 제시하고 있으므로, 이 업체에서 제공하는 것들이 매우 다양하다는 의미임을 알 수 있다.

24.

Why does the speaker encourage listeners to visit in person?
(A) To put their name on a waiting list
(B) To sign up for a competition
(C) To view an updated list
(D) To arrange for a house inspection

화자는 왜 청자들에게 직접 방문하라고 권하는가?
(A) 대기자 명단에 이름을 올리기 위해
(B) 대회에 참가 신청을 하기 위해
(C) 최신 목록을 보기 위해
(D) 주택 점검 일정을 잡기 위해

해설 임대나 구매 가능한 주택 및 아파트의 최신 목록을 보러(see our most up-to-date list) 중개업체에 들르라고 했으므로 (C)가 정답이다.

Paraphrasing

see our most up-to-date list → view an updated list

203

[25-27] advertisement + list

W-Am Bright Star Electronic Books: the future of reading! 25Bright Star Electronic Books use new Real Paper technology, for that real paper feel. Turn the pages, just like a traditional book, but with the benefits of changeable text. We are proud to announce the release of our first color model. 26Our device with the smallest amount of storage now comes with a full color screen and for the same price as the older black and white model. The vivid colors and sharp contrast of the new model will make people become an electronic book reader! 27Visit us on the Internet today at www.brightstar123.com to enter a contest to win your very own BS-100 as a prize.

브라이트 스타 전자책: 독서의 미래! 브라이트 스타 전자책은 진짜 종이 느낌을 위해 새로운 리얼 페이퍼 기술을 사용합니다. 페이지를 넘겨보세요, 종래의 책처럼요, 하지만 글자를 변경할 수 있는 이점이 있습니다. 최초의 컬러 모델 출시를 발표하게 되어 자랑스럽습니다. 저장 용량이 가장 작은 기기가 이제 풀 컬러 화면으로 나오고 이전 흑백 모델과 같은 가격입니다. 새 모델의 선명한 색과 뚜렷한 콘트라스트는 사람들을 전자책 독자로 만들 겁니다! 오늘 인터넷에서 www.brightstar123.com을 방문하고 대회에 응모하여 여러분만의 BS-100을 상품으로 받아가세요.

어휘 **text** 본문, 글, 문서 **release** 출시 **vivid** 선명한 **sharp** 뚜렷한 **contrast** 콘트라스트, 대조, 명암

Bright Star Electronic Books	
Name	Storage
26BS-100	16 GB
BS-200	32 GB
BS-300	64 GB
BS-400	128 GB

브라이트 스타 전자책	
이름	저장 용량
BS-100	16 GB
BS-200	32 GB
BS-300	64 GB
BS-400	128 GB

25.
What is mentioned as a notable feature of Bright Star Electronic Books?
(A) The feel of their pages
(B) Their low price
(C) The lightweight covers
(D) Their large size

브라이트 스타 전자책의 주목할 만한 기능으로 언급되는 것은?
(A) 페이지 느낌
(B) 저렴한 가격
(C) 가벼운 표지
(D) 큰 사이즈

해설 페이지를 넘길 때 진짜 종이 느낌(real paper feel)이 난다는 것을 강조하고 있으므로 정답은 (A)이다.

어휘 **lightweight** 가벼운

26.
Look at the graphic. Which electronic book now has a color screen?
(A) BS-100
(B) BS-200
(C) BS-300
(D) BS-400

시각정보에 의하면, 어느 전자책이 이제 컬러 화면을 가지고 있는가?
(A) BS-100
(B) BS-200
(C) BS-300
(D) BS-400

해설 저장 용량이 가장 작은(with our smallest amount of storage) 장치가 풀 컬러 화면이라고 했는데, 목록에서 저장 용량이 가장 작은 것은 16GB를 가진 BS-100이다.

27.
What can visitors to the Bright Star Web site do?
(A) Talk to customer representatives
(B) Get a free book as a gift
(C) Upgrade their software
(D) Enter a competition

브라이트 스타 웹사이트 방문자들은 무엇을 할 수 있는가?
(A) 고객 서비스 직원과 이야기하기
(B) 선물로 무료 책 받기
(C) 소프트웨어 업그레이드하기
(D) 대회에 참가하기

해설 Web site, Internet site, homepage, webpage, www~, online, log on 등의 표현에 주목한다. 대회에 응모하여 상품으로 받는다(win ... as a prize)라고 했으므로, (D)가 정답임을 알 수 있다.

어휘 **representative** 담당 직원

[28-30] advertisement + receipt

W-Br Here at the Anime Stop, we have a sale on all of our DVDs with the release of the new film from Yuroshi Entertainment, *Night Stalkers*. 28Save on all of last year's films with a five percent discount, get a 10 percent discount on all older films and get a twenty-five percent discount on all of our comic books and action figures. Visit our help desk on the way out for a special offer. 30Show your receipt to one of our help desk staff today and receive a discount coupon for 29*Dragon Flight*, the exciting new film that will be for sale in store next week.

우리 애니메 스톱에서는, 유로시 엔터테인먼트의 새 영화 〈나이트 스토커〉의 출시와 함께 모든 DVD를 할인 판매합니다. 작년 영화는 모두 5퍼센트 할인, 더 오래된 영화는 10퍼센트 할인 그리고 모든 만화책과 캐릭터 인형은 25퍼센트 할인을 받으십시오. 나가시는 길에 특가를 위해 안내 데스크를 방문해주십시오. 오늘 안내 데스크의 직원 중 한 명에게 영수증을 보여주시고, 다음 주 매장에서 판매할 예정인 흥미로운 새 영화 〈드래곤 플라이트〉의 할인 쿠폰을 받으십시오.

어휘 release 출시 action figure 영웅이나 캐릭터 인형 special offer 할인 특가

The Anime Stop	
Film: *The Flying Princess*	$35.00
285% Savings	$1.75
TOTAL	$33.25

애니메 스톱	
영화: 〈날으는 공주〉	35달러
5% 할인	1.75달러
총액	33.25달러

28.
Look at the graphic. When was *The Flying Princess* released?
(A) One year ago
(B) Two years ago
(C) Three years ago
(D) Four years ago

시각정보에 의하면, 〈플라잉 프린세스〉는 언제 출시되었는가?
(A) 1년 전
(B) 2년 전
(C) 3년 전
(D) 4년 전

해설 receipt(영수증)을 보고 출시 시기를 맞추는 문제이다. 두 번째 칸에 5% 할인한다고 되어 있는데, 담화에서 작년 영화들(last year's films)을 5% 할인한다고 했으므로 *The Flying Princess*의 출시 시기는 1년 전임을 알 수 있다.

29.
What is suggested about *Dragon Flight*?
(A) It lowered its price.
(B) It is featured in a magazine.
(C) It is very popular.
(D) It will be available soon.

〈드래곤 플라이트〉에 대해 암시된 것은?
(A) 가격을 낮췄다.
(B) 잡지에 실렸다.
(C) 매우 인기가 있다.
(D) 곧 구입 가능할 것이다.

해설 고유명사 *Dragon Flight*에 주목한다. 다음 주에 판매 예정(will be for sale ... next week)이라는 말에서 곧 구입할 수 있다는 것을 알 수 있다.

30.
What can visitors to the help desk receive?
(A) A store magazine
(B) An author's autograph
(C) A promotional gift
(D) A discount voucher

안내 데스크에 간 방문객들은 무엇을 받을 수 있는가?
(A) 매장 잡지
(B) 저자 사인
(C) 사은품
(D) 할인 쿠폰

해설 help desk에 주목한다. 안내 데스크에서 할인 쿠폰(a discount coupon)을 받을 수 있다고 했으므로 정답은 (D)이다.

Paraphrasing
a discount coupon → A discount voucher

UNIT 7

전략 1 본책 p. 178

모든 사람들이 따라올 수 있도록 여기서 견학을 잠깐 멈추겠습니다. 초콜릿 공장을 견학하는 동안, 기본 혼합물이 초콜릿 액체 형태로 어떻게 만들어지는지 보셨습니다. 이 방에서 여러분은 특별한 재료들을 어떻게 추가하는지 보게 됩니다. 예를 들어, 땅콩, 사탕, 그리고 기타 토핑 재료들이 어떻게 초콜릿과 함께 안에서 혼합되는지를요.

Q1. 담화가 이루어지고 있는 곳은?
- 공장

Q2. 시연하고 있는 것은?
- 재료 추가 방법

전략 2

여러분 모두를 이 갤럭시 우주 박물관에 모시게 되어 기쁩니다. 우리 7시 견학은 약 한 시간 가량 걸리며, 잠시 후에 시작됩니다. 견학 도중 언제든지 사진 찍으셔도 되지만 마시거나 먹는 행위는 금지됩니다. 견학이 끝난 후, 최종적으로 박물관과 선물 가게를 둘러볼 개인 시간을 한 시간 드리겠습니다.

Q1. 화자가 제안하는 것은?
- 사진 찍기

Q2. 청자들은 견학 후에 무엇을 할 것인가?
- 직접 박물관 둘러보기

MODEL TEST 본책 p. 179

| 1. (B) | 2. (D) | 3. (D) | 4. (C) |

[1-2] tour information

> M-Au **1**Up next is the hall of classics, containing some of the most iconic statues ever produced. Please make sure that you do not touch any of the exhibits, as they are priceless. To your left you will see *The Soldier*, Armando Rodriguez's masterpiece. Everyone wants to know who the model was. It was his close friend, Jose Toreador. If you want to find out more about his sculptures, **2**look for the book *Rodriguez's Passion*, which has photos of Toreador in it, in the gift shop.
>
> 다음은 클래식 홀로, 안에는 현재까지 만들어진 것 중 가장 상징적인 조각상 몇 점이 있습니다. 매우 귀중한 것이기 때문에 어떤 전시물도 손대지 말아 주십시오. 왼쪽으로 아르만도 로드리게즈의 걸작인 〈더 솔저〉를 보실 수 있습니다. 모두 모델이 누구였는지 알고 싶어 하십니다. 그의 가까운 친구 호세 토레아도르였습니다. 그의 조각상에 대해 더 알고 싶으면, 선물 가게에서 토레아도르 사진이 있는 책 〈로드리게즈의 열정〉을 찾아주십시오.

어휘 iconic 상징이 되는 statue 조각상(sculpture) exhibit 전시(물) priceless 대단히 귀중한 masterpiece 걸작품 gift shop 선물 가게

1.
Where does the speaker most likely work?
(A) At a book shop
(B) At a sculpture gallery
(C) At a research library
(D) At a publishing company

화자는 어디에서 일할 것 같은가?
(A) 서점
(B) 조각 전시관
(C) 연구 도서관
(D) 출판사

해설 첫 문장에서 조각상들(statues)이 있는 홀로 이동한다는 말에서 화자는 조각을 전시하는 박물관(museum)이나 전시관(gallery)에서 근무하는 안내원(guide)이라는 것을 알 수 있다.

2.
What is contained in *Rodriguez's Passion*?
(A) Postcards
(B) Prints
(C) Sketches
(D) Photographs

〈로드리게즈의 열정〉에는 무엇이 들어 있는가?
(A) 엽서
(B) 출력물
(C) 스케치
(D) 사진

해설 고유명사(*Rodriguez's Passion*)에 주목한다. 사진들(photos)이 들어 있다고 했으므로 (D)가 정답이다.

어휘 print 출력물

[3-4] tour information

> W-Am Hello! I'm Arianne, the park ranger who will be taking your group around all of the wonderful sights, here at Three Mountains National Park. I'm sure you're excited about this hiking tour. **3**The park has never been logged or farmed. It is as wild today as it's ever been. We will end our walk today at McKenzie River. **4**You are welcome to cool off with a dip in the water. Lastly, please do not litter! You must carry all rubbish back to the visitor's center.
>
> 안녕하세요! 저는 아리안느이고, 이곳 쓰리 마운틴즈 국립 공원에서 모든 아름다운 명소로 여러분 그룹을 모시고 갈 공원 경비원입니다. 이번 하이킹 투어에 기대가 많으실 겁니다. 이 공원은 단 한번도 벌목되거나 경작된 적이 없습니다. 이곳은 항상 그래왔듯이 자연 그대로입니다. 오늘 우리 하이킹은 맥켄지 강에서 끝날 겁니다. 더위를 식히기 위해 물에 들어가셔도 좋습니다. 마지막으로, 쓰레기를 버리지 마십시오! 모든 쓰레기를 방문객 센터로 다시 가지고 오셔야 합니다.

어휘 sights 명소 log 벌목하다 farm 경작하다 wild 자연 그대로의 ever 항상, 언제나 cool off 식히다 dip 물에 잠겨 들어가기, 헤엄치기 rubbish 쓰레기(litter, trash)

3.
According to the speaker, what is exciting about the national park?
(A) It is famous throughout the world.
(B) It has many types of wild animals.
(C) It is located close to a city.
(D) It is untouched wilderness.

화자에 따르면, 국립 공원에 대해 어떤 점이 기대되는가?
(A) 전세계적으로 유명하다.
(B) 많은 종류의 야생 동물들이 있다.
(C) 도시 근처에 위치해 있다.
(D) 본래 그대로의 자연이다.

해설 excited라는 말 뒤에서 국립공원이 자연 그대로(wild)라고 강조하고 있다. 따라서 정답은 (D)이다.

어휘 wilderness 광야

4.
What does the speaker recommend doing after the tour?
(A) Taking a rest
(B) Feeding some animals
(C) Going swimming
(D) Setting up camp

화자는 투어 후에 무엇을 할 것을 추천하는가?
(A) 휴식하기
(B) 동물 먹이 주기
(C) 수영 가기
(D) 캠프 설치하기

해설 요청/조언 시 사용되는 표현인 be welcome to를 사용하여 물에 들어가도 된다고 했으므로 물과 관련된 (C)가 정답이다.

Paraphrasing

a dip in the water → swimming

PRACTICE TEST
본책 p. 181

1. (B)	2. (B)	3. (D)	4. (B)	5. (B)
6. (D)	7. (C)	8. (A)	9. (C)	10. (B)
11. (B)	12. (C)	13. (A)	14. (B)	15. (B)
16. (D)	17. (D)	18. (D)	19. (B)	20. (B)
21. (B)	22. (D)	23. (C)	24. (C)	25. (D)
26. (C)	27. (B)	28. (B)	29. (C)	30. (D)

[1-3] tour information

M-Au ¹I hope you have enjoyed exploring our exhibit of clothing and masks from Kenya, worn by traditional dancers, with me. ²You can learn more about these beautiful objects if you like, by speaking to one of their makers, who will be meeting people in conference room 1 at 3:00 P.M. He has come all the way from Kenya, so it is a rare opportunity. Finally, I would recommend our display of South American Art in the room opposite the exit and beside the staircase. ³It will return to Argentina within one week, so this is your last chance to see this wonderful collection of artworks by modern South American artists.

저와 함께한, 케냐의 전통 무용수들이 입었던 옷과 가면 전시 관람이 즐거웠기를 바랍니다. 원하시면 이 아름다운 물품들에 대해서 더 배우실 수 있습니다. 원하는 분은 제작자 한 분과 대화를 할 수 있으며, 오후 3시에 1번 회의실에서 사람들과 만날 겁니다. 그분은 케냐에서 이곳까지 먼 길을 오셨고, 아주 드문 기회입니다. 마지막으로, 출구 맞은편 계단 옆방에서 열리는 남미 미술 전시를 추천하겠습니다. 그것은 1주일 내에 아르헨티나로 되돌아가니, 현대 남미 예술가들의 이 훌륭한 예술품 소장품을 보는 마지막 기회입니다.

어휘 explore 탐사하다 maker 만드는 사람 all the way from ~에서 ~까지 쭉 rare 희귀한 staircase 계단 artwork 예술품

1.

What did the listeners see on the tour?
(A) Musical instruments
(B) Costumes
(C) Homewares
(D) Illustrations

청자들은 관람에서 무엇을 보았는가?
(A) 악기들
(B) 의상들
(C) 가정용품들
(D) 삽화들

해설 도입부에서 옷과 가면 전시 관람(exploring our exhibit of clothing and masks)이 즐거웠기를 바란다는 말에서 의상(Costumes)을 본 것을 알 수 있다.

어휘 costume 의상, 복장

Paraphrasing

clothing and masks → Costumes

2.

What does the speaker recommend listeners do to learn more about the exhibit?
(A) Listen to a radio show
(B) Meet an artist
(C) Download a video
(D) Read a brochure

전시회에 대해서 더 알기 위해서 화자가 청자들에게 추천하는 것은?
(A) 라디오 방송 듣기
(B) 예술가 만나기
(C) 비디오 다운받기
(D) 팸플릿 읽기

해설 더 배우기 위해서, 전통 무용수들이 입었던 옷과 가면을 만드는 분(makers)을 만나라고 조언하고 있으므로 예술가를 만나라는 (B)가 정답이다.

3.

What will happen within a week?
(A) A facility will reopen.
(B) A new guide will begin work.
(C) An art class will be offered.
(D) Some artworks will leave a museum.

1주일 내에 무슨 일이 있을 것인가?
(A) 시설이 재개장할 것이다.
(B) 새 가이드가 일을 시작할 것이다.
(C) 미술 수업이 제공될 것이다.
(D) 일부 예술품이 박물관을 떠날 것이다.

해설 시간 표현 within a week가 키워드이다. 예술품이 돌아간다(return)고 했으므로 떠난다는 (D)가 답이다.

Paraphrasing

return to → leave

[4-6] talk

W-Br Hi everyone and welcome to the Molly Brown House. My name is Eva May. ⁴In just a few minutes, I'll be showing you around this beautiful house. ⁵This house was owned by Molly Brown, an important woman in history. Until 1970, the house was not occupied and was scheduled to be torn down. However, thanks to the efforts of people in the community it was saved. Antique furniture and photos can be found throughout the house. If you are interested, ⁶you can purchase postcards and books about Ms. Brown's life at the gift shop on the first floor. All proceeds go to the preservation of her house for future generations.

안녕하세요 여러분, 몰리 브라운 하우스에 오신 걸 환영합니다. 저는 에바 메이입니다. 잠시 후에 이 아름다운 집을 안내해드리겠습니다. 이 집은 역사상 중요한 여성인 몰리 브라운이 소유했습니다. 1970년까지, 집은 비어 있었고 헐릴 예정이었습니다. 하지만, 지역민들의 노력 덕분으로 지켜질 수 있었습니다. 고가구와 사진들을 집안 곳곳에서 발견하실 수 있습니다. 관심이 있으시면, 1층에 있는 선물 가게에서 브라운 여사의 일생에 관한 엽서와 책들을 구매하실 수 있습니다. 모든 수익은 후손들을 위하여 집을 보존하는 데 사용됩니다.

어휘 own 소유하다 occupied 사용 중인 tear down (건물 등을) 헐다 thanks to ~의 덕택으로 save 지키다 antique furniture 골동품 가구 throughout 도처에 proceeds 수익 preservation 보존 future generations 후손들

4.

What is the speaker about to do?
(A) Divide listeners into a few groups
(B) Begin a tour of a property
(C) Introduce safety guidelines
(D) Distribute some souvenirs

화자는 막 무엇을 하려고 하는가?
(A) 청자들을 몇 개의 그룹으로 나누기
(B) 건물 투어 시작하기
(C) 안전 규정 소개하기
(D) 기념품 나눠주기

해설 be about to do 질문은 do first[next] 질문처럼 담화 초반과 마지막을 주목해야 한다. 초반에 In just a few minutes(잠시 후에)라는 말 직후에 집을 구경시켜 주겠다는 말에서 투어를 시작할 것임을 알 수 있으므로 정답은 (B)이다.

어휘 distribute 나누어 주다

Paraphrasing
  showing you around this beautiful house
  → a tour of a property

5.

Why is the building important?
(A) It is the oldest in the area.
(B) It was the home of a famous person.
(C) It was used as a hospital.
(D) It has state-of-the-art appliances.

이 건물이 중요한 이유는?
(A) 지역에서 가장 오래되었다.
(B) 유명한 사람의 집이었다.
(C) 병원으로 사용되었다.
(D) 최첨단 전자제품들이 있다.

해설 역사상 중요한 여성(important woman in history)의 집이었다는 말에서 유명한 사람의 집이었다는 것을 알 수 있다.

어휘 state-of-the-art 최첨단의

6.

What can be found on the first floor?
(A) A public library
(B) A furniture store
(C) A waiting room
(D) A gift shop

1층에서 찾을 수 있는 것은?
(A) 공립도서관
(B) 가구 매장
(C) 대기실
(D) 선물 가게

해설 장소 표현 first floor가 키워드이다. 1층에 선물 가게(gift shop)가 있다고 했으므로 정답은 (D)이다.

[7-9] announcement

W-Am Good morning. ⁷We'll start the tour of the Santa Fe Caverns in just a moment. ⁸But before we begin our tour I need to go over a few safety tips and guidelines to keep us safe while we are in the Nature Preserve. Please watch your step because the ground is moist and usually slippery. Also, when we make our way into the caves, please go slowly as it is very steep. ⁹And finally flash photography is not allowed anywhere inside. As you may know, there are plenty of bats living here so the light from your camera may startle them. Thank you for your cooperation. Now, let's start our tour just outside the main entrance.

안녕하세요. 잠시 후에 산타 페 동굴 투어를 시작하겠습니다. 하지만 관광을 시작하기 전에 우리가 자연 보호구역 안에 있는 동안 우리를 안전하게 지켜줄 몇 가지 안전 정보와 지침을 살펴보겠습니다. 땅이 축축하고 대개 미끄럽기 때문에 발걸음을 조심하십시오. 또한, 동굴 안으로 들어가실 때는 아주 가파르니 천천히 가세요. 그리고 마지막으로 플래시를 사용한 사진촬영은 내부 어디에서도 허용되지 않습니다. 아시다시피, 여기에 많은 박쥐들이 살고 있어 카메라 불빛이 그것들을 놀라게 할 수도 있습니다. 협조에 감사 드립니다. 이제 바로 정문 밖에서 투어를 시작하도록 합시다.

어휘 in a moment 곧 go over 검토하다 tip 정보, 조언 moist 축축한 slippery 미끄러운 make one's way 나아가다 cave 동굴(cavern) steep 가파른, 경사가 급한 plenty of 많은 bat 박쥐 startle 깜짝 놀라게 하다 cooperation 협조, 협력 main entrance 정문

7.

Who most likely is the speaker?
(A) A photographer
(B) A factory manager
(C) A tour guide
(D) A forest ranger

화자는 누구일 것 같은가?
(A) 사진사
(B) 공장장
(C) 관광 가이드
(D) 삼림 감시원

해설 초반에 동굴 투어(the tour of the ~ Caverns)를 시작한다는 말에서 화자가 관광 가이드임을 알 수 있다.

어휘 ranger 공원 경비원

8.
Where can you hear this announcement?
(A) At a nature preserve
(B) At a professional conference
(C) At a photo shop
(D) At a city zoo

이 안내는 어디에서 들을 수 있는가?
(A) 자연 보호구역
(B) 전문가 컨퍼런스
(C) 사진관
(D) 시립 동물원

해설 동굴(Caverns, cave)과 자연 보호구역(Nature Preserve)이라고 장소를 밝히고 있으므로 정답은 (A)이다.

9.
What does the speaker say is prohibited?
(A) Taking some plant samples
(B) Eating food and beverages
(C) Taking flash photography
(D) Making a loud noise

금지되는 것이라고 화자가 말하는 것은?
(A) 식물 표본 채집하기
(B) 음식과 음료수 먹기
(C) 플래시를 사용한 사진 찍기
(D) 큰 소음 내기

해설 요청/조언 시 사용되는 표현인 not allowed를 사용하여 플래시를 사용한 사진촬영(flash photography)이 허용되지 않는다고 했으므로 정답은 (C)이다.

[10-12] tour information

W-Br We will enter the roasting room in just a moment, ¹⁰where you can see our different types of beans being roasted. Here we take beans from our farmers around the world and we turn them into the coffee that you drink every day. ¹¹The smell in there is quite amazing. I am sure you will not want to leave. You can get more information about the coffees you will see in ¹²the handbooks I gave you earlier. You can enjoy free samples and choose coffee and tea to take home in our café. Please note that we have moved our café recently. It is now on the first floor.

잠시 후에 우리는 로스팅 룸에 들어갈 것이고, 그곳에서 여러분은 볶아지고 있는 다른 종류의 원두들을 볼 수 있겠습니다. 여기에서 세계 각지 농부들로부터 원두를 받아 여러분이 매일 마시는 커피로 만들어집니다. 그 안은 냄새가 상당히 좋습니다. 나가고 싶으실 겁니다. 여러분이 보시게 될 커피에 대한 더 많은 정보는 이전에 드린 안내서에서 얻으실 수 있습니다. 저희 카페에서 무료 샘플을 즐기실 수 있으며 집에 가져가실 커피와 차를 선택하실 수 있습니다. 저희가 최근에 카페를 옮겼다는 것에 유의하세요. 이제 1층에 있습니다.

어휘 roast 굽다, 볶다 handbook 안내서

10.
What will the listeners do in the roasting room?
(A) Watch coffee drinks being made
(B) Look at coffee beans being prepared
(C) See a film about coffee farming
(D) Speak to an expert about types of coffee

청자들은 로스팅 룸에서 무엇을 할 것인가?
(A) 커피 음료가 만들어지는 것 보기
(B) 커피 원두가 준비되는 것 보기
(C) 커피 농사에 대한 영화 보기
(D) 커피 종류에 대해 전문가와 이야기하기

해설 장소 표현 roasting room에 주목한다. 로스팅 룸에서 원두(beans)가 볶아지고 커피로 만들어지는 과정을 본다고 했으므로 커피가 준비되는 과정을 보게 되는 것이다. 따라서 정답은 (B)이다.

어휘 expert 전문가

11.
What does the speaker imply when she says, "I am sure you will not want to leave"?
(A) The listeners should stay in the room for a long time.
(B) The listeners will enjoy the smell.
(C) The listeners will meet several farmers.
(D) The listeners will be very comfortable.

화자가 "나가고 싶으실 겁니다"라고 말한 의도는 무엇인가?
(A) 청자들은 오랫동안 방에 있어야 한다.
(B) 청자들은 냄새를 즐길 것이다.
(C) 청자들은 몇몇 농부들을 만날 것이다.
(D) 청자들은 아주 편안할 것이다.

해설 '냄새가 상당히 좋습니다'라고 한 직후에 그 방에서 나가기 싫을 거라는 말에서 냄새가 매우 좋다는 것을 한 번 더 강조하는 의미임을 알 수 있다. 결국, 청자들이 냄새를 즐길 거라는 말이므로 정답은 (B)이다.

12.
What has been provided to the listeners?
(A) A complimentary barista apron
(B) A bag of coffee beans
(C) An instruction book
(D) A free cup of coffee

209

청자들에게 제공된 것은?
(A) 무료 바리스타 앞치마
(B) 커피 원두 한 봉지
(C) 안내서
(D) 무료 커피 한 잔

해설 provide, offer, give나 get, receive 등에 주목한다. 여기서는 give를 사용해서 제공한 것이 handbooks임을 알려주고 있다. 따라서 정답은 같은 의미의 (C)이다.

어휘 complimentary 무료의

Paraphrasing
handbook → instruction book

[13-15] talk

M-Cn If you look to the left of the vehicle now, **13you will see the famous Sharpton giant sheep statue**. And beyond it, you can see the village of Sharpton. Although wheat grows here now, **14Sharpton used to be famous for its sheep farms; it once produced the most fleece in the world.** Sharpton wool was known across the globe for its high quality. **15Next, we will stop at a local café for some coffee, tea, and light refreshments.** And then I will give you thirty minutes of free time to allow you to look around the giant sheep park.

지금 차량 왼쪽으로 보시면, 유명한 샤프톤의 거대 양 조각상이 보일 겁니다. 그리고 그 너머로, 샤프톤 마을을 볼 수 있습니다. 현재는 여기에 밀이 자라고 있지만, 샤프톤은 양 목장으로 유명했습니다. 그곳에서 한때 전세계 대부분의 양털을 생산했습니다. 샤프톤 양모는 전세계에서 고품질로 알려졌습니다. 다음은, 커피, 차 그리고 간단한 다과를 위해 지역 카페에 들르겠습니다. 그리고 나서 거대한 양 공원을 둘러볼 수 있도록 30분 정도 자유시간을 드리겠습니다.

어휘 wheat 밀 used to ~였다 once 한때 fleece 양털(wool) known for ~로 알려진 across the globe 전세계에서

13.

Why has the tour bus stopped?
(A) To show a tour group a monument
(B) To shop for souvenirs at a store
(C) To allow passengers to have a meal
(D) To refill the vehicle with fuel

투어 버스는 왜 멈췄는가?
(A) 관광객들에게 기념물을 보여주기 위해
(B) 상점에서 기념품을 쇼핑하기 위해
(C) 승객들이 식사를 할 수 있게 하기 위해
(D) 차에 주유를 하기 위해

해설 지역에서 유명한 거대 양 조각상(famous Sharpton giant sheep statue)을 보라고 하고 있는데, 야외 조각상은 기념물(monument)에 해당하므로 정답은 (A)이다.

Paraphrasing
statue → monument

14.

According to the speaker, why is Sharpton historically important?
(A) It was home to many well-known people.
(B) It produced a large amount of wool.
(C) It used to be a famous tourist destination.
(D) It has some ancient buildings.

화자에 따르면, 샤프톤은 왜 역사적으로 중요한가?
(A) 많은 유명인들의 고향이었다.
(B) 많은 양의 양모가 생산되었다.
(C) 유명한 관광지였다.
(D) 오래된 건물들이 있다.

해설 한때 전세계 대부분의 양털을 생산했다(once produced the most fleece in the world)는 말에서 양털을 많이 생산했다는 것을 알 수 있다. 따라서 정답은 (B)이다.

15.

What will the tour group do next?
(A) Get on an airplane
(B) Take a coffee break
(C) Stop by a clothing shop
(D) Visit a local museum

투어 단체는 다음에 무엇을 할 것인가?
(A) 비행기 타기
(B) 커피 휴식 시간 갖기
(C) 옷 가게 들르기
(D) 지역 박물관 방문하기

해설 질문 속 next가 언급되는 마지막 부분에 주목한다. 커피나 차를 마시기 위해 카페에 들른다(stop at a local café)고 했으므로 휴식 시간을 갖는다는 (B)가 다음 행동이다.

Paraphrasing
stop at a café → Take a coffee break

[16-18] tour information

W-Am OK travelers, we are now at Downtown Danbury. **16At 1 P.M. we are going to eat lunch at the famous steakhouse.** It is currently twelve thirty, so you will have half an hour of free time to explore the heart of Danbury. **17For those of you looking for something special to take home with you, Danbury Gifts offers some great deals on souvenirs.** It's just down the street to your left. To help you find Danbury Gifts and many other stores, not to mention finding your way back to meet at the bus at 1 P.M., **18I will give you maps showing you the streets in the local area.**

자 여행자 여러분, 다운타운 댄버리에 도착했습니다. 오후 1시에 유명한 스테이크 전문식당에서 점심을 먹을 예정입니다. 현재 12시 30분이니, 댄버리 중심부를 살펴볼 30분의 자유시간이 있습니다. 집에 가져갈 특별한 것을 찾고 있는 분들은, 댄버리 기프츠에서 기념품에 대해 많은 할인을 제공하고 있습니다. 길 아래 왼쪽편에 있습니다. 오후 1시에 버스에서 만

나기 위해 돌아오는 길을 찾는 것은 말할 것도 없고, 댄버리 기프츠와 많은 다른 상점들을 찾는 데 도움을 드리기 위해, 현지 지역의 거리를 보여주는 지도를 드리겠습니다.

어휘 souvenir 기념품, 선물 not to mention ~은 말할 것도 없이, 물론이고

16.

What will the listeners do at 1 o'clock?
(A) Visit an art gallery
(B) See a ballet recital
(C) Take a boat ride
(D) Have a meal

청자들은 1시에 무엇을 할 것인가?
(A) 미술관 방문하기
(B) 발레 발표회 보기
(C) 보트 타기
(D) 식사하기

해설 1 o'clock, 1 P.M., At 1 등의 표현에 주목한다. 1시에 점심을 먹는다고 했으므로 식사한다는 (D)가 정답이다.

17.

Why does the speaker say, "Danbury Gifts offers some great deals on souvenirs"?
(A) To demonstrate that she knows the local area well
(B) To show that the town is popular with shoppers
(C) To give an example of a place listeners can go
(D) To encourage the listeners to shop there

화자는 왜 "댄버리 기프츠에서 기념품에 대해 많은 할인을 제공하고 있습니다"라고 말하는가?
(A) 그녀가 현지 지역을 잘 안다는 것을 보여주기 위해
(B) 이 고장이 쇼핑객들에게 인기가 있다는 것을 보여주기 위해
(C) 청자들이 갈 수 있는 장소의 예를 들기 위해
(D) 청자들에게 거기에서 쇼핑할 것을 권하기 위해

해설 의도를 묻는 말에 앞서, 집에 가져갈 특별한 것을 찾고 있는 사람들에게 정보를 주겠다고 했으므로, 특정 가게에서 쇼핑을 하도록 권유하는 말임을 알 수 있다.

18.

What does the speaker say she will do next?
(A) Make a telephone call
(B) Speak to a restaurant manager
(C) Give away bottles of water
(D) Hand out maps

화자는 다음에 무엇을 할 거라고 말하는가?
(A) 전화 걸기
(B) 식당 매니저와 이야기하기
(C) 물 나눠주기
(D) 지도 나눠주기

해설 do next 질문이 나오면 마지막 부분을 주목한다. 지도를 주겠다(give you maps)고 했으므로 정답은 (D)이다.

Paraphrasing
give you maps → Hand out maps

[19-21] tour information

M-Cn 19Welcome to the Global Bicycles factory here in Taipei. We will be looking around the main factory today, to see how our bicycles are made. We will start in the carbon fiber frame production facility, and we will then move on to see our state-of-the-art bicycle assembly area. After that, 20we will be joined by Stephen Chang, one of the main bicycle creators at Global Bicycles. Stephen will tell us how he designs new products and we may even get to see some of the new bicycles coming out later this year. First, though, 21please follow me to the protective gear room, where I will give you all safety goggles and hearing protectors. You must wear these protective items to stay safe; the factory can be dangerous.

여기 타이베이에 있는 글로벌 자전거 공장에 오신 것을 환영합니다. 우리 자전거가 어떻게 만들어지는지 보기 위해 오늘 주공장을 둘러볼 겁니다. 탄소 섬유 프레임 생산 시설에서 출발하여, 그 다음 최첨단 자전거 조립 구역을 보기 위해 이동할 겁니다. 그 후에, 글로벌 자전거에서 핵심 자전거 제작자들 중 한 분인 스티븐 장이 합류할 겁니다. 스티븐은 신제품을 어떻게 디자인하는지에 대해 우리에게 말해줄 것이고 올해 말에 출시되는 자전거 신제품 몇 개를 볼 수 있을지도 모릅니다. 하지만 먼저, 저를 따라 보호장비실로 오시면, 보안경과 청각 보호기를 드리겠습니다. 안전을 위해 이 보호용품을 반드시 착용해야 합니다, 공장은 위험할 수도 있으니까요.

어휘 state-of-the-art 최첨단 기술을 이용한, 최신의 come out 출시되다 hearing protector 청각 보호기

19.

What product will listeners learn about on the tour?
(A) Semiconductors
(B) Bicycles
(C) Tents
(D) Treadmills

투어에서 청자들은 어떤 제품에 대해 알게 될 것인가?
(A) 반도체
(B) 자전거
(C) 텐트
(D) 러닝머신

해설 자전거 공장(Bicycles factory)에 온 것을 환영한다는 말에서 자전거에 대해 알게 될 것임을 알 수 있다.

어휘 semiconductor 반도체 treadmill 러닝머신

20.

Who is Stephen Chang?
(A) A company publicist
(B) A bicycle designer
(C) A corporation owner
(D) An architect

스티븐 장은 누구인가?
(A) 회사 홍보 담당자
(B) 자전거 디자이너
(C) 회사 소유주
(D) 건축가

해설 고유명사 Stephen Chang이 키워드이다. 핵심 자전거 제작자들 중 한 분(one of the main bicycle creators)이라는 말에서 자전거 디자이너라는 것을 알 수 있다.

21.

What does the speaker mention about the tour?
(A) It will not last very long.
(B) Safety gear must be worn.
(C) It takes place once a day.
(D) All visitors must have ID displayed.

화자가 투어에 대해 말하는 것은?
(A) 그렇게 오래 걸리지 않을 것이다.
(B) 안전 장비를 착용해야 한다.
(C) 하루에 한 번씩 열린다.
(D) 모든 방문객들은 신분증을 보이도록 해야 한다.

해설 보호장비(protective gear)를 착용해야 한다고 했으므로 (B)가 정답이다.

Paraphrasing
protective gear → Safety gear

[22-24] tour information

W-Am Next up is the Hall of Industry, ²²with many exhibits of technology from the Victorian era. To our right we can see the Smithwick steam boat, named after its inventor, Andrew Smithwick. It seems so unlikely to be true that you cannot believe it, ²³but Smithwick was only twenty-three when he designed this boat. He went on to design many other ships and machines in the Victorian era, including the Smithwick Bridge, a suspension bridge that is still used today. ²⁴You can see more about the designing and building of this world-renowned bridge in the documentary *Smithwick and the Modern World*, available here in our gift shop.

다음은 산업관으로 빅토리아 시대의 많은 기술 전시품이 있습니다. 오른쪽에 스미스윅 기선을 볼 수 있는데, 발명가 앤드류 스미스윅의 이름을 딴 것입니다. 너무 사실 같지 않아서 믿을 수 없겠지만, 스미스윅이 이 배를 디자인했을 때가 불과 23살이었습니다. 그는 빅토리아 시대에 계속해서 많은 다른 배들과 기계들을 디자인했습니다. 오늘날에도 사용되고 있는 현수교인 스미스윅 다리를 포함해서요. 여기 저희 선물가게에서 이용 가능한 다큐멘터리 <스미스윅과 현대 사회>에서 이 세계적으로 유명한 다리의 디자인과 건설에 대해 더 많이 보실 수 있습니다.

어휘 era 시대 name after ~의 이름을 따서 명명하다 suspension bridge 현수교

22.

Where does the speaker most likely work?
(A) At a factory
(B) At a design firm
(C) At a port
(D) At a technology museum

화자는 어디에서 일할 것 같은가?
(A) 공장
(B) 디자인 회사
(C) 부두
(D) 기술 박물관

해설 기술 전시품이 많다(many exhibits of technology)는 말에서 담화 장소가 기술 박물관이라는 것을 알 수 있다.

23.

What does the speaker imply when she says, "It seems so unlikely to be true that you cannot believe it"?
(A) She is eager to explain why she visited a facility.
(B) She wants to show how complex a machine was.
(C) She will say something that is very surprising.
(D) She just found out about a historical fact.

화자가 "너무 사실 같지 않아서 믿을 수 없겠지만"이라고 말한 의미는 무엇인가?
(A) 그녀는 시설을 방문한 이유를 설명하고 싶어 한다.
(B) 기계가 얼마나 복잡했는지 보여주고 싶어 한다.
(C) 매우 놀라운 것을 말할 것이다.
(D) 그녀는 역사적인 사실에 대해 막 알게 되었다.

해설 믿기 어렵다고 말한 직후에, 배를 디자인한 나이가 매우 어리다고 했으므로 결국, 놀랍거나 믿기 어려운 사실을 말하려고 이 말을 했음을 알 수 있다.

24.

What is described in *Smithwick and the Modern World*?
(A) The personal life of a famous inventor
(B) The reason for which a building was created
(C) The history of a famous structure
(D) The oldest building in the city

<스미스윅과 현대 사회>에 무엇이 설명되어 있는가?
(A) 유명한 발명가의 사생활
(B) 건물이 만들어진 이유
(C) 유명한 건축물의 역사
(D) 도시에서 가장 오래된 건물

해설 고유명사 *Smithwick and the Modern World*에 주목한다. 유명한 다리의 디자인과 건설에 대해 더 알 수 있다고 했는데, 다리는 건축물이고 오래된 다리에 대한 내용이니 역사적인 것이다. 따라서 정답은 (C)이다.

Paraphrasing
world-renowned bridge → famous structure

[25-27] talk + map

W-Br Hi everyone, welcome to Hillsdale National Forest. I'm Susan, and ²⁵I'll be showing you around on our network of cycling paths this morning. First we'll cycle down to South Meadow and then we'll take Newt Path. ²⁶I'm afraid heavy rains have washed out the last part of Newt Path, so we will have to turn left, to the north and go to the Hilltop Lookout on Chipmunk Path. We will have a meal at the Hilltop Lookout and return here to the park entrance via Eagle Path and Frog Path. ²⁷Remember too that it might rain later today, so you should probably have a raincoat and towel with you just in case that happens.

안녕하세요, 여러분, 힐스데일 국유림에 오신 것을 환영합니다. 저는 수잔이고 오늘 오전에 자전거 도로망을 따라 여러분을 안내해 드리겠습니다. 먼저, 남쪽 습지로 자전거를 타고 내려간 후 도롱뇽 길을 이용할 겁니다. 유감스럽게도 폭우로 도롱뇽 길의 마지막 부분이 유실되었습니다, 그래서 우리는 북쪽으로 좌회전을 해서 얼룩 다람쥐 길을 따라 언덕 꼭대기 망루로 갈 겁니다. 언덕 꼭대기 망루에서 식사를 하고 독수리 길과 개구리 길을 경유해서 여기 공원 입구로 돌아올 겁니다. 오늘 늦게 비가 올지도 모르니, 만일의 경우에 대비해서 비옷과 수건을 가지고 가셔야 한다는 것도 잊지 마십시오.

어휘 cycle 자전거를 타다 wash out 물에 씻기다[씻겨 없어지다]

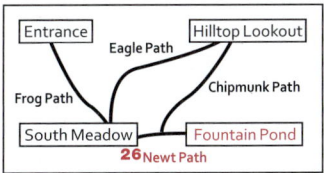

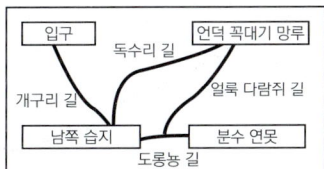

25.
Who most likely are the listeners?
(A) Campers
(B) Horse riders
(C) Hikers
(D) Bike riders

청자들은 누구일 것 같은가?
(A) 야영객
(B) 말 타는 사람들
(C) 도보 여행자
(D) 자전거 타는 사람들

해설 자전거 길(cycling paths)에서 자전거로 이동한다(cycle)고 했으므로 청자들은 자전거 타는 사람들임을 알 수 있다.

26.
Look at the graphic. Where will the listeners be unable to go today?
(A) The Hilltop Lookout
(B) The South Meadow
(C) The Fountain Pond
(D) The Park Entrance

시각정보에 의하면, 청자들은 오늘 어디에 갈 수가 없는가?
(A) 언덕 꼭대기 망루
(B) 남쪽 습지
(C) 분수 연못
(D) 공원 입구

해설 국유림 지도를 보고 이용하지 못하는 곳을 선택하는 문제이다. 도롱뇽 길(Newt Path)의 마지막 부분이 씻겨 없어졌다고 했으므로 그 길의 끝에 있는 연못 분수(Fountain Pond)에 갈 수 없다는 것을 알 수 있다.

27.
What does the speaker encourage the listeners to do?
(A) Bring bicycle tools with them
(B) Prepare for wet weather
(C) Meet at the park entrance
(D) Take a camera with them

화자가 청자들에게 권하는 것은?
(A) 자전거 연장을 가지고 가기
(B) 비 오는 날씨에 대비하기
(C) 공원 입구에서 만나기
(D) 카메라 가지고 가기

해설 요청/조언 시 사용되는 표현인 Remember를 사용하여 비(rain)에 대한 대비를 하라고 했으므로 (B)가 정답이다.

Paraphrasing
rain → wet weather

[28-30] announcement + brochure

M-Au Hi, everybody. Today will be our final day here in London. Even though we've all checked out of our hotel rooms, ²⁸you can keep your luggage here at the hotel. Just take your bags over to the customer service desk. Now, our flight departs six hours from now, ²⁹which gives us about four hours to do some sightseeing. I've arranged a guided tour that will take up all that time. It should be a great way to end our visit here, and I'm sure you'll have a good time. Before we leave the hotel, please form a line so **30**I can hand each of you your tour tickets. You'll need these to ride the bus and enter the places we'll visit.

안녕하세요, 여러분. 오늘이 이곳 런던에서의 마지막 날입니다. 호텔 객실은 체크아웃을 했지만, 여기 호텔에 짐을 보관할 수 있습니다. 가방을 고객 서비스 데스크로 가지고 가시면 됩니다. 자, 우리 비행기가 지금부터 6시간 후에 출발하므로, 관광을 할 시간이 4시간 정도 있습니다. 제가 가이드 딸린 투어를 준비했는데 그 시간을 다 쓰게 될 겁니다. 우리의 런던 방문을 마무리할 수 있는 아주 좋은 방법이 될 것이고, 여러분이 좋은 시간을 보낼 거라고 확신합니다. 호텔을 나가기 전에, 여러분 각자에게 투어 티켓을 드릴 수 있도록 줄을 서 주십시오. 버스를 타고 방문할 곳에 들어가기 위해 이것이 필요할 겁니다.

어휘 arrange 준비하다, 마련하다 take up (시간·공간을) 차지하다, 쓰다

London City Tours	
Tour Name	Time
Full City Tour	8 hours
Royal Palace Tour	6 hours
29City Parks Tour	4 hours
Museum Tour	2 hours

런던 시내 관광	
투어명	시간
전체 시내 투어	8시간
왕궁 투어	6시간
시 공원 투어	4시간
박물관 투어	2시간

28.

What does the speaker request that the listeners do?
(A) Download an application
(B) Leave their bags at the hotel
(C) Return to their hotel rooms
(D) Confirm their departure times

화자가 청자들에게 요청하는 것은?
(A) 앱 다운로드하기
(B) 호텔에 가방 두기
(C) 호텔 방으로 돌아가기
(D) 출발시간 확인하기

해설 호텔에 짐을 보관(keep your luggage ... at the hotel)할 수 있으니, 그렇게 하라고 요청하고 있다. 정답은 (B)이다.

Paraphrasing
keep your luggage → Leave their bags

29.
Look at the graphic. Which tour will the listeners take?
(A) Full City Tour
(B) Royal Palace Tour
(C) City Parks Tour
(D) Museum Tour

시각정보에 의하면, 청자들은 어떤 투어를 하게 될 것인가?
(A) 시내 전체 투어
(B) 왕궁 투어
(C) 시 공원 투어
(D) 박물관 투어

해설 투어 안내책자를 보고 어떤 투어를 하는지 맞추는 문제이다. 투어에 4시간을 다 쓰게 될 거라고 했는데, 안내책자에서 4시간에 해당하는 것은 시 공원 투어이다.

30.
What does the speaker say he will do next?
(A) Collect room keys
(B) Explain a tour schedule
(C) Provide flight information
(D) Hand out tickets

화자는 다음에 무엇을 할 거라고 말하는가?
(A) 객실 열쇠 수거하기
(B) 투어 일정 설명하기
(C) 비행기 정보 제공하기
(D) 티켓 나누어 주기

해설 담화 후반부를 주목한다. 투어 티켓(tour tickets)을 나누어 준다고 했으므로 정답은 (D)이다.

PART 4 ACTUAL TEST

본책 p. 184

71. (C)	72. (D)	73. (D)	74. (C)	75. (C)
76. (A)	77. (C)	78. (A)	79. (D)	80. (A)
81. (A)	82. (C)	83. (D)	84. (A)	85. (C)
86. (B)	87. (B)	88. (B)	89. (D)	90. (C)
91. (A)	92. (C)	93. (A)	94. (B)	95. (D)
96. (B)	97. (C)	98. (A)	99. (C)	100. (D)

[71-73] advertisement

M-Au **71**People who hire Johnson's Yard Services are not just paying for a lawn care service. They are buying the satisfaction that comes with properly cared for lawns and gardens. Unlike our competitors, **72**we offer same day service. If you need help today, call us before noon, and we'll be there within hours. Call now! **73**If you are one of the first twenty-five callers, you will receive a free book of coupons. You can use the coupons to get a discount, whenever you call for our top class services.

214

존슨 정원 서비스를 고용하는 분들은 단지 잔디 관리 서비스에 대해서만 돈을 지불하는 것이 아닙니다. 제대로 관리된 잔디와 정원이 수반되는 만족감을 구매하시는 겁니다. 다른 경쟁업체와 달리, 저희는 당일 서비스를 제공합니다. 오늘 도움이 필요하시다면, 정오 전에 전화주시면, 몇 시간 내에 도착할 겁니다. 지금 전화주십시오! 전화를 건 첫 25명 중 한 분이 되시면, 무료 쿠폰북을 받게 되십니다. 저희의 최고 서비스를 받으실 때마다, 쿠폰을 사용하여 가격 할인을 받으실 수 있습니다.

어휘 pay for ~에 대한 값을 치르다 satisfaction 만족 properly 제대로 care for ~을 돌보다 competitor 경쟁업체 caller 전화를 건 사람

71.

What is being advertised?
(A) A car cleaning business
(B) A plumbing company
(C) A lawn care business
(D) A travel agency

광고되고 있는 것은?
(A) 세차 업체
(B) 배관 회사
(C) 잔디 관리 업체
(D) 여행사

해설 광고하는 것을 묻는 질문은 초반을 주목한다. 업체명(Johnson's Yard Services)에서 정원(yard, garden) 관리 업체인 것을 알 수 있고, 그 안에는 잔디 관리가 포함되므로 결국 잔디 관리 업체 광고임을 알 수 있다.

72.

According to the advertisement, what is special about Johnson's?
(A) It offers a lot of services.
(B) It has moved into a new city.
(C) It plans to hire new employees.
(D) It provides rapid service.

광고에 따르면, 존슨 업체는 무엇이 특별한가?
(A) 많은 서비스를 제공한다.
(B) 새로운 도시로 이전했다.
(C) 신입직원을 채용할 계획이다.
(D) 신속한 서비스를 제공한다.

해설 경쟁업체들과는 달리 당일 서비스(same day service)를 제공한다고 했다. 즉, 신속한 서비스를 제공한다는 뜻이므로 정답은 (D)이다.

Paraphrasing
same day service → rapid service

73.

What is offered to the first 25 callers?
(A) A free trial period
(B) A lawn mower
(C) A free consultation
(D) A discount voucher booklet

전화를 건 첫 25명에게 제공되는 것은?
(A) 무료 체험 기간
(B) 잔디 깎는 기계
(C) 무료 상담
(D) 할인 쿠폰북

해설 first 25 callers가 키워드이다. 할인 받을 수 있는(to get a discount) 무료 쿠폰북(a free book of coupons)을 준다고 했으므로 동일한 뜻의 (D)가 답이다.

어휘 trial 사용, 시험 booklet 소책자

Paraphrasing
book of coupons → voucher booklet

[74-76] telephone message

W-Br This is a message for Hassan Obeid. **74**It's Shirley Jones from the Green Valley Medical Center calling. You are scheduled to see Dr. Braithwaite at 9:00 A.M. this Saturday, but I am afraid we accidently booked two people on the same time slot. **75**Could you come in at 11:00 A.M. this Saturday, instead? Also, please remember that **76**the Green Valley Medical Center Car Parking Lot has recently been expanded, so feel free to drive here. With the expansion, we can now provide free parking for all our patients.

이 메시지는 하산 오베이드를 위한 것입니다. 저는 그린 밸리 의학 센터의 설리 존스입니다. 이번 주 토요일 오전 9시에 브레이드웨이트 박사님의 진료를 받기로 예정되어 있으신데, 죄송스럽게도 저희가 실수로 같은 시간대에 두 분을 예약했습니다. 대신에 이번 주 토요일 오전 11시에 와 주실 수 있으십니까? 또한, 그린 밸리 의학 센터 주차장이 최근에 확장되었으니, 병원에 오실 때 차를 가지고 오셔도 됩니다. 확장으로, 모든 환자분께 이제 무료 주차를 제공할 수 있게 되었습니다.

어휘 accidently 실수로 book 예약하다 time slot 시간대 expand 확대하다, 확장하다 expansion 확장

74.

Where does the speaker work?
(A) At a post office
(B) At a city hall
(C) At a medical clinic
(D) At a pharmacy

화자는 어디에서 일하는가?
(A) 우체국
(B) 시청
(C) 병원
(D) 약국

해설 자신을 의학 센터(Medical Center)로부터 전화드리는(calling) 사람이라고 소개했으므로 화자는 병원(hospital, medical clinic/center, health center)에서 근무한다는 것을 알 수 있다.

어휘 medical clinic 의원, 병원

75.

Why is the speaker calling?
(A) To tell the listener to come early
(B) To check a patient's medical history
(C) To change a schedule
(D) To give directions

화자는 왜 전화하는가?
(A) 청자에게 일찍 오라고 말하기 위해
(B) 환자 병력을 확인하기 위해
(C) 일정을 변경하기 위해
(D) 길 안내를 하기 위해

해설 실수로 같은 시간에 중복 예약을 받았고, 그래서 다른 시간에 올 수 있는지를 묻는 말에서 환자에게 사과하거나 문제를 알리거나 일정 변경을 하는 것이 전화 용건이라는 것을 알 수 있다. 따라서 정답은 (C)이다.

어휘 medical history 병력 directions 길 안내

76.

What does the speaker say has recently changed?
(A) The size of a parking lot
(B) A reservation system
(C) An office's location
(D) A doctor's consulting fees

화자는 최근에 무엇이 바뀌었다고 말하는가?
(A) 주차장의 크기
(B) 예약 시스템
(C) 사무실 위치
(D) 의사 진료비

해설 최근 행적에 관해 알려줄 때 사용하는 표현 recently를 사용하여 주차장이 확장되었다(expanded)고 했으므로 주차장의 크기가 변경되었다는 것을 알 수 있다.

[77-79] news report

M-Cn Thomas the Tech Guy here with WFBC, your news source. **77,78**I want to talk to you today about the Orion 6, the newest tablet… nobody can stop talking about it. **78**You will notice right away that the design has been updated from the Orion 5. It's much slimmer—now only one centimeter thick. It's much lighter, as well, weighing less than a pound. The tablet has a new processor that is much faster than the Orion 5. **79**But I think viewers will appreciate this the most: the newly designed operating system. The visual interface is so simplified that even a toddler could use it. The Orion 6 gets two thumbs up from Thomas the Tech Guy!

여러분의 소식통인 WFBC의 토마스 더 테크 가이입니다. 오늘은 최신 태블릿 오리온 6에 대해 이야기하고 싶습니다… 사람들이 그에 대한 이야기를 멈추지 못합니다. 디자인은 오리온 5에서 업데이트된 것이라는 것을 바로 알아차리실 겁니다. 훨씬 더 얇은데, 이제 두께가 불과 1센티미터밖에 되지 않습니다. 또한 훨씬 더 가벼워서, 무게가 1파운드도 안 됩니다. 이 태블릿은 오리온 5보다 훨씬 빠른 새로운 프로세서를 가지고 있습니다. 하지만 시청자들이 가장 높이 평가할 것은 새로이 디자인된 운영 체제일 것 같습니다. 시각 인터페이스가 유아도 사용할 수 있을 만큼 간소화 되었습니다. 오리온 6는 토마스 더 테크 가이로부터 최고라는 평가를 받습니다!

어휘 appreciate 평가하다 simplified 쉽게 한, 간소화 한 toddler 유아

77.

What is the purpose of this news report?
(A) To discuss the role of electronics in everyday life
(B) To explain the difficulty of using new technology
(C) To talk about a new device
(D) To dissuade the audience from buying a product

뉴스 보도의 목적은 무엇인가?
(A) 일상생활에서 전자제품의 역할을 논의하기 위해
(B) 새로운 기술을 사용하는 어려움을 설명하기 위해
(C) 새로운 기기에 대해 이야기하기 위해
(D) 청중들이 어떤 제품을 구입하는 것을 만류하기 위해

해설 목적을 묻는 질문은 초반을 주목한다. 최신 태블릿(newest tablet)을 소개하고 있으므로 주제는 신상품에 대한 것이다. 따라서 정답은 (C)이다.

Paraphrasing
newest tablet → new device

78.

What does the speaker imply when he says, "nobody can stop talking about it"?
(A) A product is very popular.
(B) People noticed some problems with a product.
(C) Most consumers do not know much about a device.
(D) A product drew people's attention mostly from radio ads.

화자가 "사람들이 그에 대한 이야기를 멈추지 못합니다"라고 말한 의도는 무엇인가?
(A) 제품이 아주 인기가 많다.
(B) 사람들이 제품의 몇 가지 문제를 알아차렸다.
(C) 대부분의 소비자들은 기기에 대해 아는 것이 많지 않다.
(D) 제품은 주로 라디오 광고를 통해 사람들의 관심을 끌었다.

해설 신제품을 소개한 뒤에, 사람들이 그것에 대해 말하는 것을 멈추지 못한다고 했다. 그 뒤에 이 제품의 장점만을 나열하고 있으므로 제품이 인기가 있어서 사람들이 계속 그것에 관해서 말하고 있다는 의미임을 알 수 있다.

79.

According to the speaker, which feature of the Orion 6 is most attractive?
(A) The fast processor
(B) The slim design
(C) The light weight
(D) The operating system

화자에 의하면, 오리온 6의 어떤 기능이 가장 매력적인가?
(A) 빠른 프로세서
(B) 얇은 디자인
(C) 가벼운 무게
(D) 운영 체제

해설 most attractive라는 최상급 표현에 주목한다. 담화에서도 최상급 표현(the most)을 사용하여 새로이 디자인된 운영 체제를 시청자들이 가장 높이 평가할(appreciate this the most) 것 같다고 했으므로 (D)가 정답이다.

[80-82] announcement

> W-Br Good evening everyone. My name is Jean Pierre, the owner here at Les Champs-Élysées. As you can see, 80we have no electricity. I think the wind must have knocked a tree over onto electricity lines nearby. We can still cook your meals, as our stoves run on gas. Our waiters will bring around some candles so you can see. For your own safety, 81please sit still and do not move around the restaurant. You might bump into each other if you do. To make up for the inconvenience, 82we will take ten percent off the cost of your bills tonight. Sorry for the inconvenience. Hopefully, the electricity will come back on soon.
>
> 안녕하세요 여러분. 저는 여기 레 샹젤리제 소유주인 진 피어입니다. 보시다시피, 전기가 끊겼습니다. 바람 때문에 나무가 근처에 있는 전선 위로 넘어진 것 같습니다. 레인지는 가스로 작동되기 때문에 여러분의 식사를 요리해드릴 수는 있습니다. 여러분이 보실 수 있도록, 저희 종업원들이 초를 가져다 드릴 겁니다. 안전을 위해, 가만히 앉아 계시고 식당을 돌아다니시지 마십시오. 그렇게 하시면 서로 부딪힐 수 있습니다. 불편함을 보상해드리기 위해, 오늘 밤 계산서에서 10퍼센트 할인을 해드리겠습니다. 불편을 드려 죄송합니다. 전기가 빨리 다시 들어오길 바랍니다.

어휘 knock over 치어 넘어뜨리다 bump into ~와 부딪히다 make up for ~을 보상하다 inconvenience 불편

80.
What problem does the speaker mention?
(A) The power is out.
(B) A car is blocking an exit.
(C) The cash register is broken.
(D) Bad weather is expected.

화자가 언급하는 문제는?
(A) 전기가 끊겼다.
(B) 차 한 대가 출구를 막고 있다.
(C) 금전 등록기가 고장이다.
(D) 나쁜 날씨가 예상된다.

해설 문제점 언급 시 사용되는 표현인 no를 사용하여 전기가 나갔다(no electricity)고 했으므로 정답은 (A)이다.

어휘 out 꺼져, 다하여

Paraphrasing
no electricity → The power is out.

81.
What are listeners asked to do?
(A) Stay seated
(B) Pay with cash
(C) Leave a diner
(D) Move away from windows

청자들이 요청받는 것은?
(A) 자리에 앉아 있기
(B) 현금으로 지불하기
(C) 식당 떠나기
(D) 창문에서 떨어지기

해설 요청/조언 시 사용되는 표현인 Please를 사용하여 가만히 앉아 있으라(sit still)고 했으므로 정답은 (A)이다.

Paraphrasing
sit still → Stay seated

82.
What does the speaker offer the listeners?
(A) A parking pass
(B) A drink refill
(C) A discount
(D) A free dessert

화자가 청자들에게 제의하는 것은?
(A) 주차권
(B) 음료수 리필
(C) 할인
(D) 무료 디저트

해설 10퍼센트 할인(ten percent off) 해주겠다고 했으므로 할인(discount)이라는 말의 (C)가 정답이다.

Paraphrasing
off → discount

[83-85] excerpt from a meeting

> M-Cn 83I am sure you saw the article about the new employee task administration program in the company newsletter. It is a new program that will be available on the company network for all employees to download to their computers. It will keep track of everyone's work and it will warn users when a work deadline is approaching. It will be very helpful. 84Marine LeFons from the IT department will show us how to use it next Tuesday in the main meeting room, so I expect to see you all there. Uh, 85if you will be out of the office testing the new TRV5, you will have a chance to see Marine later in the week.
>
> 사보에서 새로운 직원 업무 관리 프로그램에 대한 기사를 보셨을 겁니다. 전직원이 컴퓨터에 다운로드 받을 수 있도록 회사 네트워크에서 이용 가능하게 될 새 프로그램입니다. 모두의 업무를 파악하여 업무 마감일이 다가

오면 사용자에게 알려줄 겁니다. 이 프로그램은 매우 유용할 겁니다. IT 부서의 마린 르폰스가 다음 주 화요일에 주 회의실에서 그것을 어떻게 사용하는지 보여줄 겁니다, 그러니 여러분 모두 거기에서 뵙기를 바랍니다. 아, 신제품 TRV5를 테스트하기 위해 사무실을 비우신다면, 주중 후반에 마린을 만날 기회가 있을 겁니다.

어휘 **keep track of** ~에 대해 계속 파악하고 있다 **warn** 경고하다, 알려주다 **approach** 다가오다

83.

What is the speaker mainly discussing?
(A) A revised meeting schedule
(B) A plan to install new company computers
(C) A new inventory control system
(D) A work management program

화자는 주로 무엇에 대해 말하고 있는가?
(A) 수정된 회의 일정
(B) 새로운 회사 컴퓨터 설치 계획
(C) 새로운 재고 관리 시스템
(D) 업무 관리 프로그램

해설 새로운 직원 업무 관리 프로그램(new employee task administration program)에 대해서 설명하고 있으므로 정답은 (D)이다.

어휘 **revised** 수정된 **inventory** 재고

Paraphrasing

task administration program
→ A work management program

84.

What does the speaker say will take place at the company next Tuesday?
(A) A demonstration
(B) A customer survey
(C) A retirement party
(D) Routine maintenance

화자는 다음 주 화요일에 회사에서 무슨 일이 있을 거라고 말하는가?
(A) 시연 발표
(B) 고객 설문조사
(C) 은퇴 파티
(D) 정기 점검

해설 시간 표현 next Tuesday가 키워드이다. 사용법(how to use)을 알려준다고 했으므로 시연(demonstration), 발표(presentation), 교육(training)에 해당한다. 따라서 정답은 (A)이다.

85.

Why will some staffs not be available next Tuesday?
(A) They will be attending a seminar.
(B) They will be going away on vacation.
(C) They will be conducting a test.
(D) They will be meeting with potential clients.

몇몇 직원들은 왜 다음 주 화요일에 시간이 없는가?
(A) 세미나에 참가할 것이다.
(B) 휴가를 갈 것이다.
(C) 테스트를 할 것이다.
(D) 잠재 고객과 만날 것이다.

해설 담화에서 사무실에 없다(out of the office)는 표현이 질문에서는 시간이 안 된다(not available)로 Paraphrasing되었다. 신제품을 테스트한다(testing the new TRV5)고 했으므로 테스트를 수행한다는 (C)가 정답이다.

어휘 **go away on vacation** 휴가를 가다 **conduct a test** 테스트를 하다

[86-88] telephone message

W-Am Hello Ari, it's Gwendolyn. I'm still out of the office. 86 I'm just taking a break here at the Hernandez Center between conference sessions. Can I ask you a favor, please? 87 I was expecting Mary to e-mail me a report earlier today and I still don't have it. Can you speak to her? She's had enough time to do it. Anyway, aside from that I am enjoying my time here and I am learning a lot. I've got great ideas how to promote our products efficiently. 88 My flight is on Sunday, so I will see you Monday morning. See you then.

안녕하세요 아리, 저는 그웬돌린입니다. 제가 아직 사무실 밖입니다. 여기 에르난데스 센터에서 컨퍼런스 사이에 잠시 쉬고 있습니다. 부탁을 드려도 될까요? 메리가 오늘 일찍 저에게 보고서를 이메일로 보내줄 거라고 예상하고 있었는데 아직 못 받았습니다. 그녀에게 이야기해줄 수 있을까요? 그녀는 그것을 할 시간이 충분히 있었습니다. 어쨌든, 그것을 제외하고는 여기에서의 시간을 즐기고 있고 많은 것을 배우고 있습니다. 우리 제품을 어떻게 효율적으로 홍보할지 좋은 아이디어가 있습니다. 제 비행기가 일요일이니, 월요일 아침에 보게 될 겁니다. 그때 뵙겠습니다.

어휘 **aside from** ~을 제외하고 **promote** 홍보하다 **efficiently** 효율[효과]적으로

86.

Where is the woman calling from?
(A) A client meeting
(B) A conference
(C) A head office
(D) A trade show

여자는 어디에서 전화하는가?
(A) 고객 회의
(B) 컨퍼런스
(C) 본사
(D) 무역 박람회

해설 여자가 컨퍼런스(conference sessions) 사이에 휴식을 취하면서 전화를 하고 있다고 밝히고 있으므로 (B)가 정답이다.

87.

What does the speaker mean when she says, "She's had enough time to do it"?
(A) A staff member has been absent.
(B) A task should be finished.
(C) A piece of work was very difficult.
(D) A period of work was not specified.

화자가 "그녀는 그것을 할 시간이 충분히 있었습니다"라고 말한 의도는 무엇인가?
(A) 직원이 결근했다.
(B) 업무가 끝났어야 한다.
(C) 일이 아주 힘들었다.
(D) 작업 기간이 명시되지 않았다.

해설 충분한 시간이 있었고, 그래서 Mary에게서 보고서를 받을 것으로 예상했었다는 말에서 보고서 작성이 끝났어야 한다는 것을 알 수 있다. 보고서 작성은 업무(task)에 해당하므로 정답은 (B)이다.

88.

What most likely will happen on Monday?
(A) The speaker will make a marketing report.
(B) The speaker will return to work.
(C) The speaker will turn in vacation leave request.
(D) The speaker will attend a board meeting.

월요일에 어떤 일이 일어날 것인가?
(A) 화자가 마케팅 보고서를 작성할 것이다.
(B) 화자가 회사로 돌아올 것이다.
(C) 화자가 휴가신청서를 제출할 것이다.
(D) 화자가 이사회 회의에 참석할 것이다.

해설 시간 표현 Monday가 키워드이다. 월요일에 보자고 했으므로 화자는 출장에서 돌아와 월요일에 다시 출근한다는 것을 알 수 있다. 따라서 정답은 (B)이다.

어휘 turn ~을 제출하다

[89-91] introduction

M-Au It's wonderful to see you here at the Georgetown Green Energy forum. First up tonight, we will hear from a very interesting presenter, Mr. Roger Harcourt. **89Roger is the CEO of Hyperglide Automotive**, a local manufacturer of electric vehicles. We all know air pollution has been a problem for us in Georgetown in the last few years. Many people would like to see a cleaner, greener Georgetown. Tonight, **90Roger will provide us with some of his ideas as to how we can make an electric vehicle friendly city. 91We understand that some of you would like to ask Roger questions, but please wait until after the speech.** Roger will answer all of your questions. Now, ladies and gentlemen, please give Roger Harcourt a very warm welcome!

여기 조지타운 청정 에너지 포럼에서 뵙게 되어 기쁩니다. 오늘 밤 먼저, 매우 흥미로운 발표자인 로저 하코트 씨의 말을 들어보도록 하겠습니다. 로저는 지역 전기차 제조업체인 하이퍼글라이드 자동차의 최고 경영자입니다. 지난 몇 년간 조지타운에서 대기 오염이 문제였다는 것을 우리 모두가 알고 있습니다. 많은 사람들이 더 깨끗하고, 더 환경친화적인 조지타운을 보고 싶어 합니다. 오늘 밤, 로저는 우리가 어떻게 전기차 친화적인 도시를 만들 수 있을지에 관해 그의 아이디어를 제공할 겁니다. 몇몇 분들이 로저에게 질문을 하고 싶겠지만, 연설이 끝난 후까지 기다려주시기 바랍니다. 로저가 모든 질문에 답을 할 것입니다. 이제, 신사 숙녀 여러분, 로저 하코트 씨를 따뜻하게 맞아주십시오.

어휘 first up 우선, 먼저 manufacturer 제조업체 electric vehicle 전기차 air pollution 대기 오염 green 환경친화적인 as to ~에 관하여 friendly ~ 친화적인

89.

What industry does Roger Harcourt work in?
(A) The cosmetics industry
(B) The outdoor equipment industry
(C) The food industry
(D) The automotive industry

로저 하코트는 어떤 업계에서 일하는가?
(A) 화장품 업계
(B) 아웃도어 장비 업계
(C) 식품 업계
(D) 자동차 업계

해설 고유명사 Roger Harcourt가 키워드이다. 자동차(Automotive) 회사의 최고 경영자라고 했으므로 자동차 업계 종사자임을 알 수 있다. 자동차 공장이나 업체 등장 시 사용되는 표현 car, vehicle, auto(s), motor(s), automobile, automotive를 꼭 알아두자.

90.

What will Roger Harcourt discuss?
(A) Methods of designing cars
(B) Alternative fuel sources
(C) Redesigning a city for new vehicles
(D) Generating electricity from the wind

로저 하코트는 무엇에 대해 논의할 것인가?
(A) 자동차를 디자인하는 방법
(B) 대체 연료 공급원
(C) 새 차량들을 위한 도시 재설계하기
(D) 바람으로 전기 생산하기

해설 전기차 친화적인 도시(electric vehicle friendly city) 만들기에 대해서 말한다고 했는데, 결국, 새로운 차량에 맞게 도시를 재구성한다는 것이므로 정답은 (C)이다.

어휘 alternative fuel 대체 연료 generate 발생시키다, 만들어 내다

Paraphrasing

make an electric vehicle friendly city
→ Redesigning a city for new vehicles

91.

What does the speaker request that listeners do?
(A) Keep questions until later
(B) Remain seated after Roger has spoken
(C) Turn off all mobile phones
(D) Participate in a reception later in the evening

화자가 청자들에게 요청하는 것은?
(A) 나중에 질문하기
(B) 로저 연설 후 자리에 앉아 있기
(C) 모든 휴대전화 끄기
(D) 이따 저녁에 환영회에 참석하기

해설 요청/조언 시 사용되는 표현인 please를 사용하여 나중에 질문하라(wait until after the speech)고 요청하고 있으므로 나중까지 질문을 간직하고 있으라는 (A)가 정답이다.

[92-94] excerpt from a meeting

W-Am **92**Are you ready to start the programming staff meeting? Okay, lately you've been putting in a lot of overtime to help us meet our deadlines for our new software. **93**To decrease your workloads, I've hired three new developers. I know you were expecting more. Unfortunately, that's all we can afford with our current hiring budget. In any case, they will begin working next week. To make them familiar with the job, **94**I would like some of you to mentor the new staff for a couple of days. I will contact you by e-mail regarding which of you I want to do this. If you have any questions or concerns, please mention them now.

프로그래밍 직원 회의를 시작할 준비가 되셨나요? 자, 최근에 새로운 소프트웨어의 마감일을 맞추는 것을 돕기 위해 잔업을 많이 해왔습니다. 여러분의 업무량을 줄이기 위해, 세 명의 신입 개발자를 채용했습니다. 더 많은 기대를 했다는 것을 압니다. 유감스럽게도, 현재 채용 예산으로 할 수 있는 것은 그게 다입니다. 어쨌든, 그들은 다음 주에 일을 시작합니다. 그들이 일에 익숙해지도록 하기 위해, 여러분 중 몇 분이 며칠간 신입 직원들에게 도움과 조언을 해주셨으면 합니다. 어떤 분이 이것을 해주셨으면 하는지에 대해 이메일로 연락 드리겠습니다. 질문이나 의견이 있다면, 지금 말씀해 주십시오.

어휘 put in overtime 잔업을 하다 meet one's deadline 마감일을 맞추다 decrease 줄이다 workload 업무량 afford ~할 여유가 되다 in any case 어쨌든 mentor 도움과 조언을 주다 regarding ~에 관하여

92.

Who most likely are the listeners?
(A) Hiring managers
(B) Marketing directors
(C) Computer programmers
(D) Budget planners

청자들은 누구일 것 같은가?
(A) 인사 관리자들
(B) 마케팅 관리자들
(C) 컴퓨터 프로그래머들
(D) 예산 기획자들

해설 첫 문장에서 프로그래밍 직원 회의(programming staff meeting)를 시작한다는 말에서 청자들이 프로그래머들인 것을 알 수 있다.

93.

What does the speaker mean when she says, "I know you were expecting more"?
(A) She is aware of the listeners' worries.
(B) She wants to apologize for a mistake.
(C) She is recruiting more experienced programmer.
(D) She thinks the listeners want to work on more projects.

화자가 "더 많은 기대를 했다는 것을 압니다"라고 말한 의도는 무엇인가?
(A) 청자들의 걱정을 알고 있다.
(B) 실수에 대해 사과하고 싶어 한다.
(C) 더 경력이 있는 프로그래머를 채용할 것이다.
(D) 청자들이 더 많은 프로젝트 작업을 원한다고 생각한다.

해설 업무량을 줄이기 위해 3명의 개발자를 뽑았는데, 예산상 그렇게밖에 안 되었다는 말에서 일손 부족에 대한 우려를 나타내는 것을 알 수 있다. 따라서 청자들의 우려에 대해 알고 있다는 (A)가 답이다.

94.

What task does the speaker assign to the listeners?
(A) Meeting with a client
(B) Counseling new workers
(C) Working extra hours
(D) Developing a new program

화자는 청자들에게 어떤 업무를 배정하는가?
(A) 고객과 만나기
(B) 신입 직원에게 조언하기
(C) 잔업하기
(D) 새 프로그램 개발하기

해설 신입 직원들에게 도움과 조언을 해달라(mentor the new staff)고 했으므로, 조언한다는 뜻의 counsel이 들어간 (B)가 정답이다.

Paraphrasing
mentor the new staff → Counseling new workers

[95-97] tour information + floor plan

M-Cn You have been a wonderful group. **95**Thank you for joining me to view the collection of pencil and charcoal sketches in our City Museum of Art. **96**To learn more about the sketches, you can visit the audio-visual room here on the first floor to watch a short video. The guided tour ends now, but **97you should feel free to tour the museum's second floor where the Modern Sculpture exhibit is on display until tomorrow. It is very easy to find, as it is directly next to the stairs** taking you to the second floor. Once again, thank you all very much and have a lovely day.

여러분은 훌륭한 그룹이었습니다. 저희 시립 미술관에 연필화와 목탄화 컬렉션을 보기 위해 저와 함께 해주셔서 감사합니다. 스케치에 관해 더 많이 알고 싶으시다면, 짧은 비디오를 보기 위해 여기 1층에 있는 시청각실을 방문하시면 됩니다. 안내원이 함께 하는 투어는 지금 끝나지만, 내일까지 현대 조각품 전시회가 진행되고 있는 박물관의 2층을 자유로이 둘러보십시오. 매우 찾기 쉽습니다, 2층으로 가는 계단 바로 옆에 있기 때문입니다. 다시 한번 여러분 모두에게 감사드리고 좋은 하루 보내십시오.

어휘 view 보다 audio-visual room 시청각실 feel free to do 부담없이 ~하다 directly next to ~바로 옆에

City Museum of Art — Floor 2

Renoir Gallery		Pissaro Gallery
Cafeteria		
Museum Staircase	**97Monet Gallery**	Degas Gallery

시립 미술관 — 2층

르누아르 전시관		피사로 전시관
구내식당		
미술관 계단	모네 전시관	드가 전시관

95.
What did the listeners see on the tour?
(A) Fabrics
(B) Engravings
(C) Sculptures
(D) Drawings

청자들은 투어에서 무엇을 봤는가?
(A) 직물
(B) 판화
(C) 조각품
(D) 그림(소묘)

해설 sketches를 봤다는 말에서 선으로 그린 그림인 Drawings를 봤다는 것을 알 수 있다.

Paraphrasing
sketches ➜ Drawings

96.
What does the speaker recommend listeners do to learn more about the exhibit?
(A) Read a pamphlet
(B) View a video
(C) Use an audio player
(D) Visit an Internet site

전시에 대해 더 많이 알기 위해 화자가 청자들에게 추천하는 것은?
(A) 팸플릿 읽기
(B) 비디오 시청하기
(C) 오디오 플레이어 사용하기
(D) 인터넷 사이트 방문하기

해설 전시회에 대해 더 알고 싶으면 짧은 비디오를 보라(watch a short video)고 조언하고 있다.

97.
Look at the graphic. In which room is the Modern Sculpture exhibit?
(A) Renoir Gallery
(B) Pissaro Gallery
(C) Monet Gallery
(D) Degas Gallery

시각정보에 의하면, 어느 방에 현대 조각품 전시회가 있는가?
(A) 르누아르 전시관
(B) 피사로 전시관
(C) 모네 전시관
(D) 드가 전시관

해설 평면도(floor plan)를 보고 특정 전시회가 있는 곳을 맞추는 문제이다. 현대 조각품 전시회는 계단 바로 옆(directly next to the stairs)에 있다고 했는데, 평면도에서 계단 옆에는 모네 전시관이 있는 것을 알 수 있다. 정답은 (C)가 된다.

[98-100] recorded message + map

W-Br Thank you for calling Batesburg Water Corporation. All of our call center staff are currently helping other clients. **98To notify us of a change of your home address, please check our Internet site at www.batesburgwater.com.** There, you can fill out the information form and make sure that your water service is not interrupted after your move. Also, **99please note that we will be replacing the water pipes in the Maplewood neighborhood next week. So residents of the area should be advised that water service may be suspended. 100The work should last only one day.** Please continue to hold, and a representative will speak with you shortly.

베이츠버그 수도 회사에 연락 주셔서 감사합니다. 모든 콜센터 직원들이 현재 다른 고객을 응대하고 있습니다. 집 주소 변경을 알려주시려면, 저희 인터넷 사이트 www.batesburgwater.com에서 확인해 주십시오. 거기에서 정보 서식을 작성하여 이사 후에 수돗물 공급이 중단되지 않도록 해주십시오. 또한, 다음 주에 메이플우드 지역에 수도관이 교체된다는 것을 알려 드립니다. 그러니 그 지역 주민들은 수돗물 공급이 중단될 수도 있다는 것을 숙지하셔야 합니다. 작업은 하루 동안만 지속됩니다. 끊지 않고 기다리시면, 곧 직원과 통화가 되실 겁니다.

어휘 interrupted 중단된 be advised that ~임을 숙지하다
suspend 중단하다 representative 직원

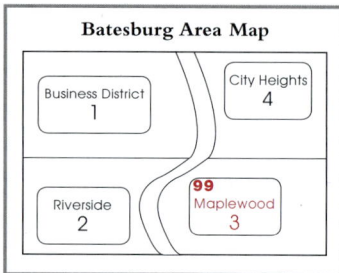

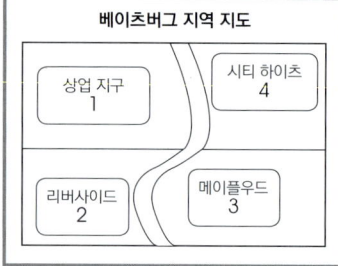

98.

Why should listeners visit a Web site?
(A) To indicate a change in home address
(B) To receive a discount on a monthly bill
(C) To confirm a moving reservation
(D) To make a complaint about water service

청자들이 웹사이트를 방문해야 하는 이유는?
(A) 집 주소 변경을 알리기 위해
(B) 월별 청구서에 대해 할인을 받기 위해
(C) 이사 예약을 확인하기 위해
(D) 수돗물 서비스에 대해 불만을 제기하기 위해

해설 Web site가 키워드이다. 집 주소 변경(a change of your home address)을 알리려면 인터넷 사이트를 확인하라(check our Internet site)고 했으므로 정답은 (A)이다.

99.

Look at the graphic. What number shows the area that will have water suspensions?
(A) 1
(B) 2
(C) 3
(D) 4

시각정보에 의하면, 어떤 번호가 수돗물 공급 중단 지역을 나타내는가?
(A) 1
(B) 2
(C) 3
(D) 4

해설 지역 지도(Map)를 보고 수가 중단되는 곳을 맞추는 문제이다. Maplewood 지역의 수도관 교체로 수도 서비스가 중단(suspended)될 수 있다고 했다. 지도에서 Maplewood는 3번이므로 정답은 (C)이다.

100.

What is suggested about the repairs to the water pipes?
(A) They do not affect water service.
(B) They are done the same time each year.
(C) They will improve the water pressure.
(D) They will not take long to complete.

수도관 수리에 대해 언급되는 것은?
(A) 수돗물 공급에 영향을 주지 않는다.
(B) 매년 같은 시기에 행해진다.
(C) 수압을 개선할 것이다.
(D) 끝내는 데 오래 걸리지 않을 것이다.

해설 작업 기간이 하루 동안만(only one day)이라는 것을 강조하고 있으므로 작업이 오래 걸리지 않는다는 (D)가 정답이다.

FINAL TEST

본책 p. 188

1. (D)	2. (B)	3. (B)	4. (C)	5. (A)
6. (A)	7. (B)	8. (A)	9. (A)	10. (C)
11. (B)	12. (C)	13. (A)	14. (A)	15. (B)
16. (C)	17. (B)	18. (B)	19. (A)	20. (A)
21. (C)	22. (A)	23. (B)	24. (B)	25. (C)
26. (C)	27. (C)	28. (B)	29. (A)	30. (B)
31. (A)	32. (B)	33. (C)	34. (A)	35. (B)
36. (C)	37. (A)	38. (B)	39. (D)	40. (D)
41. (C)	42. (C)	43. (A)	44. (D)	45. (B)
46. (C)	47. (B)	48. (D)	49. (B)	50. (D)
51. (B)	52. (D)	53. (C)	54. (B)	55. (D)
56. (B)	57. (C)	58. (C)	59. (C)	60. (B)
61. (D)	62. (B)	63. (D)	64. (C)	65. (D)
66. (A)	67. (D)	68. (B)	69. (C)	70. (D)
71. (A)	72. (D)	73. (A)	74. (D)	75. (C)
76. (A)	77. (D)	78. (C)	79. (D)	80. (A)
81. (D)	82. (A)	83. (C)	84. (B)	85. (D)
86. (D)	87. (B)	88. (A)	89. (B)	90. (D)
91. (D)	92. (A)	93. (B)	94. (D)	95. (B)
96. (D)	97. (C)	98. (D)	99. (B)	100. (A)

1.

(A) A man is putting on a safety helmet.
(B) A man is driving through a parking garage.
(C) A man is chaining a bicycle to a fence.
(D) A man is cycling in the city.

(A) 남자가 안전모를 착용하는 동작을 하고 있다.
(B) 남자가 차를 운전하여 주차장을 지나가고 있다.
(C) 남자가 자전거를 울타리에 사슬로 매고 있다.
(D) 남자가 도시에서 자전거를 타고 있다.

해설 (A) 동작·상태 혼동: 안전모를 착용한 상태이므로 wear, have sth on을 사용해야 한다.
(B) 없는 사물: 사진에 없는 단어(parking garage)를 언급해서 오답이다. 도로에 주차구획 표시가 있는 곳은 parking area라고 한다.
(C) 동사 오류: 사슬로 묶는 모습이 아니다.
(D) 정답: 자전거를 타는 모습을 잘 묘사하고 있다.

어휘 **put on** ~을 입다[착용하다] **parking garage** 주차장 **chain** 사슬로 묶다 **cycle** 자전거를 타다

2.

(A) She is buttoning a shirt.
(B) She is operating a sewing machine.
(C) She is taking a measurement.
(D) She is folding some clothes.

(A) 여자가 셔츠의 단추를 잠그고 있다.
(B) 여자가 재봉틀을 작동하고 있다.
(C) 여자가 측정을 하고 있다.
(D) 여자가 옷을 개고 있다.

해설 (A) 동사 오류: 단추를 잠그는 동작은 없다.
(B) 정답: 재봉틀을 이용하는 모습을 잘 묘사하고 있다.
(C) 동사 오류: 측정하는 동작은 없다.
(D) 동사 오류: 옷을 개는 동작은 없다.

어휘 **button** 단추를 잠그다 **operate** 작동시키다 **sewing machine** 재봉틀 **take a measurement** 측정하다 **fold** 접다, 개다

3.

(A) One of the men is emptying a box.
(B) One man is helping the other load a piece of furniture.
(C) A mover is parking a truck.
(D) A worker is wheeling a cart to move a couch.

(A) 남자들 중 한 명이 상자를 비우고 있다.
(B) 남자 한 명이 다른 사람이 가구 싣는 것을 돕고 있다.
(C) 운반꾼 한 명이 트럭을 주차시키고 있다.
(D) 일꾼 한 명이 소파를 옮기기 위해서 수레를 밀고 있다.

해설 (A) 동사 오류: 비우는 동작은 없다.
(B) 정답: 가구를 옮기는 모습을 잘 묘사하고 있다.
(C) 동사 오류: 주차시키는 동작은 없다.
(D) 없는 사물: 사진에 없는 단어(cart)를 언급해서 오답이다.

어휘 **empty** 비우다 **load** (짐 등을) 싣다 **wheel** (바퀴 달린 것을) 밀다 **couch** 소파(sofa)

4.

(A) A vehicle is being driven into a garage.
(B) Shrubs are being cut.
(C) A car has been parked in a driveway.
(D) The house is shading a car.

(A) 차 한 대가 차고 안으로 이동하고 있다.
(B) 덤불들이 잘려지고 있다.
(C) 차 한 대가 진입로에 주차되어 있다.
(D) 집이 차에 그늘을 드리우고 있다.

해설 (A) 동작·상태 혼동: 차는 움직이지 않고 이미 주차되어 있는 상태이다.
(B) 동사 오류: 덤불을 자르는 동작을 하는 사람이 없다.
(C) 정답: 진입로에 주차되어 있는 차를 잘 묘사하고 있다.
(D) 사실 오류: 집의 그늘이 차를 덮고 있지 않다.

어휘 **garage** 차고 **shrub** 덤불 **driveway** 진입로 **shade** 그늘지게 하다

5.

(A) A fence surrounds a fountain.
(B) Water is overflowing from a river bank.
(C) The fountain has been turned off.
(D) Some trees are being trimmed in a park.

(A) 울타리가 분수를 에워싸고 있다.
(B) 물이 강둑에서 흘러넘치고 있다.
(C) 분수가 꺼져 있다.
(D) 공원에 있는 몇몇 나무들이 다듬어지고 있다.

해설 (A) 정답: 분수대 둘레로 울타리가 있는 모습을 잘 묘사하고 있다.
(B) 없는 어휘: 사진에 없는 단어(river)를 언급해서 오답이다.
(C) 상태 오류: 분수대는 켜져(be turned on) 있는 상태이며, 물을 뿜고(springing water) 있다.
(D) 동사 오류: 나무를 다듬는 동작을 하는 사람이 보이지 않는다.

어휘 **surround** 에워싸다 **fountain** 분수 **overflow** 넘치다 **bank** 둑 **trim** 다듬다

6.

(A) A man is distributing some documents.
(B) An employee is making copies.
(C) One of the men is jotting something down.
(D) The women are chatting with each other.

(A) 한 남자가 서류를 나누어주고 있다.
(B) 직원 한 명이 복사를 하고 있다.
(C) 남자들 중 한 명이 뭔가를 적고 있다.
(D) 여자들이 서로 얘기를 나누고 있다.

해설 (A) 정답: 서류를 나누어주는 모습을 잘 묘사하고 있다.
(B) 동사 오류: 복사를 하는 동작은 없다.
(C) 동사 오류: 적는(writing, taking notes, jotting down) 동작은 없고, 남자가 펜을 잡고만 있다.
(D) 동사 오류: 여자들이 얘기를 나누는 모습이 아니다.

어휘 **distribute** 나누어주다 **make a copy** 복사하다 **jot down** 쓰다, 적다 **chat** 담소를 나누다

7.

Where did Mr. Donners start his own business?
(A) Are they selling bags?
(B) In a small shop in Berlin.
(C) About ten years ago.

도너스 씨는 어디에서 자기 사업을 시작했어요?
(A) 그들은 가방을 판매하고 있나요?
(B) 베를린에 있는 작은 상점에서요.
(C) 약 10년 전에요.

해설 (A) 연상 어휘: 의미상 연결이 가능한 단어(business/selling)로 혼동시키는 오답이다.
(B) 정답: Where 질문에 'in+장소(~에/에서)'로 적절하게 답변했다.
(C) 의문사 오류: 때를 묻는 When 질문에 어울리는 대답이다.

어휘 **start one's own business** 개인 사업을 시작하다

8.

Who called the manager about these boxes?
(A) Jason sent a text message.
(B) Every hour on the hour.
(C) Does she have management experience?

누가 이 상자들에 대해서 관리자에게 전화했어요?
(A) 제이슨이 문자 메시지를 보냈어요.
(B) 매시 정각에요.
(C) 그녀는 관리 경험이 있나요?

해설 (A) 정답: Who 질문에 이름(Jason)으로 적절하게 답변했다.
(B) 의문사 오류: 빈도를 묻는 How often 질문에 어울리는 대답이다.
(C) 유사 발음: 부분적으로 발음이 같은 단어(manager/management)를 사용한 오답이다.

어휘 **text message** 문자 메시지 **every hour on the hour** 매시 정각에

9.

When can I expect to get a response from the head office?
(A) By the end of the day.
(B) A pile of papers.
(C) Yes, I'm expecting him.

언제 본사로부터 응답을 받을 것으로 예상하나요?
(A) 오늘 중에요.
(B) 한 뭉치의 서류들이요.
(C) 네, 저는 그를 기다리고 있어요.

해설 (A) 정답: When 질문에 'by+때(~까지)'로 적절하게 답변했다.
(B) 의문사 오류: What 질문에 어울리는 대답이다.
(C) Yes/No 불가 오류: 의문사 질문에는 Yes/No로 대답이 불가하다.

어휘 **response** 응답 **head office** 본사

10.

Why don't we send a whole team out to the trade expo?

(A) They used to work in Sales.
(B) Wait, I'm almost ready too.
(C) That's a great idea.

무역 박람회에 팀 전체를 보내는 것이 어때요?
(A) 그들은 판매팀에서 일했었어요.
(B) 잠깐만요, 저도 거의 다 준비됐어요.
(C) 그거 아주 좋은 생각이네요.

해설 (A) 연상 어휘: 의미상 연결이 가능한 단어(trade/Sales)로 혼동시키는 오답이다.
(B) 관련없는 대답: 질문과 상관없는 대답이다.
(C) 정답: 팀 전체를 보내자는 제안(Why don't we…?)을 수락(great idea)하는 적절한 답변이다.

어휘 **whole** 전체의 **trade expo** 무역 박람회 **used to** ~했었다

11.

Do you have time to discuss price quotes from our contractors?

(A) I'd rather e-mail them the coupons.
(B) My schedule is full until next Tuesday.
(C) They visited their site.

도급업자들로부터 온 견적에 대해서 논의할 시간이 있나요?
(A) 그들에게 이메일로 쿠폰을 보내는 게 낫겠어요.
(B) 제 일정은 다음 주 화요일까지 차 있어요.
(C) 그들은 현장을 방문했어요.

해설 (A) 연상 어휘: 의미상 연결이 가능한 단어(price/coupons)로 혼동시키는 오답이다.
(B) 정답: 논의할 시간이 있는지 묻는 말에, 다음 주 화요일 이후에나 시간이 된다는 적절한 답변이다.
(C) 관련없는 대답: 질문과 상관없는 대답이다.

어휘 **price quote** 견적 **contractor** 도급업자 **would rather** ~하는 게 낫다

12.

Don't you need a card to use the company photocopier?

(A) I'll accompany my colleague.
(B) She's getting her photo ID this afternoon.
(C) Yes, but I left mine at home.

회사 복사기를 사용하기 위해서 카드가 필요하지 않나요?
(A) 저는 동료와 동행할 거예요.
(B) 그녀는 오늘 오후에 사진이 달린 신분증을 받을 거예요.
(C) 네, 하지만 저는 제 것을 집에 두고 왔어요.

해설 (A) 유사 발음: 부분적으로 발음이 같은 단어(company/accompany)를 사용한 오답이다.
(B) 대명사 불일치: 질문과 상관없이 he, his, him, she, her로 대답은 불가하다.
(C) 정답: 카드가 필요하다는 말에는 동의(Yes)하고, 자신의 것은 집에 두고 왔다고 덧붙이는 적절한 답변이다.

어휘 **accompany** 동행하다 **colleague** 동료

13.

We have a journalist covering our summer festival, don't we?

(A) Yes, she's taking some pictures there.
(B) Donations won't be enough to cover the cost.
(C) Didn't he go swimming last week?

여름 축제에 관한 기사를 쓰고 있는 기자가 있죠?
(A) 네, 그녀는 그곳에서 사진을 찍고 있어요.
(B) 기부금은 그 비용을 충당하기에 충분하지 않을 거예요.
(C) 그는 지난주에 수영하러 가지 않았나요?

해설 (A) 정답: 축제를 취재하는 기자가 있다고 수긍(Yes)한 뒤, 현재 축제 현장에서 사진을 찍고 있다는 근황을 덧붙이는 적절한 답변이다.
(B) 어휘 반복: 질문에 나온 다의어(cover)를 반복 사용한 오답이다. cover가 질문에서는 '기사를 쓰다'라는 뜻으로, 선택지에서는 '경비를 대다'라는 뜻으로 쓰였다.
(C) 관련없는 대답: 질문과 상관없는 대답이다.

어휘 **journalist** 기자 **cover** 기사를 쓰다; 경비를 대다 **donation** 기부(금)

14.

Who's responsible for scheduling patients' appointments?

(A) Alisha at the reception desk does all the scheduling.
(B) Thank you for being so patient.
(C) Is this your first visit to our clinic?

환자 예약 일정을 잡는 것은 누구 담당이에요?
(A) 접수처의 알리샤가 모든 일정 관련 업무를 해요.
(B) 잘 참아주셔서 감사해요.
(C) 이번이 우리 병원에 처음 오신 건가요?

해설 (A) 정답: Who 질문에 이름(Alisha)으로 적절하게 답변했다.
(B) 어휘 반복·다의어: patient가 질문에서는 '환자'라는 뜻으로, 선택지에서는 '인내심 있는'이라는 뜻으로 쓰였다.
(C) 연상 어휘: 의미상 연결이 가능한 단어(patients/clinic)로 혼동시키는 오답이다.

어휘 **be responsible for** ~에 책임이 있다 **patient** 환자; 인내심 있는 **appointment** 예약, 약속

15.

Should I take copies of the sales report to the management meeting or e-mail it to participants beforehand?

(A) There was a five percent increase.
(B) I'm sure everyone will bring their own tablet computers.
(C) Please look at the last page.

경영진 회의에 매출 보고서 사본을 가져가야 하나요, 아니면 그 전에 참가자들에게 그것을 이메일로 보내야 하나요?
(A) 5퍼센트의 증가가 있었어요.
(B) 분명히 모두가 개인 태블릿 컴퓨터를 가져올 거예요.
(C) 마지막 장을 봐주세요.

해설 (A) 연상 어휘: 의미상 연결이 가능한 단어(sales/increase)로 혼동시키는 오답이다.
(B) 정답: A or B 선택에서 B를 우회적으로 선택하는 답변으로, 모두 개인 태블릿을 가져올 것이니 출력본이 아닌 이메일로 보내라는 뜻이다.
(C) 연상 어휘: 의미상 연결이 가능한 단어(report/last page)로 혼동시키는 오답이다.

어휘 management meeting 경영진 회의 beforehand 사전에

16.
Have you learned how to evaluate employees' performances?
(A) It was a wonderful play.
(B) Please be sure to submit it by Monday.
(C) Yes, I've received details from Personnel.

직원의 업무 성과를 평가하는 방법을 배우셨나요?
(A) 아주 대단한 연극이었어요.
(B) 월요일까지 그것을 제출해주세요.
(C) 네, 인사과로부터 세부지침을 받았어요.

해설 (A) 연상 어휘: 질문의 performance를 '공연'이라는 뜻으로 해석하여 play(연극)를 연상하게 한 오답이다.
(B) 관련없는 대답: 질문과 상관없는 대답이다.
(C) 정답: 평가 방법을 배웠냐는 질문에 대해 이를 수긍(Yes)한 뒤, 인사과에서 평가 관련 세부사항을 받았다고 덧붙이는 적절한 답변이다.

어휘 evaluate 평가하다 performance 업무 성과

17.
How long is the bus trip to Shanghai?
(A) There's heavy traffic on the highway.
(B) You'll have enough time to watch a movie online.
(C) At the ticket office.

상하이까지 버스 여행은 얼마나 오래 걸리죠?
(A) 고속도로에 교통 정체가 심해요.
(B) 온라인으로 영화 한 편을 볼 시간은 충분할 거예요.
(C) 매표소에서요.

해설 (A) 연상 어휘: 의미상 연결이 가능한 단어(bus/heavy traffic)로 혼동시키는 오답이다.
(B) 정답: How long 질문에 시간으로 답하는 대신 뭔가를 다 할 만큼의 충분한 시간이 있다고 우회적으로 알려주는 적절한 답변이다.
(C) 의문사 오류: 장소·위치를 묻는 Where 질문에 어울리는 대답이다.

어휘 heavy traffic 교통 혼잡

18.
Could you transport those boxes down to the loading dock?
(A) I didn't arrange the boss's transportation.
(B) Absolutely, I'll go get a cart.
(C) It's right by the parking garage.

하역장으로 저 상자들을 옮겨주시겠어요?
(A) 저는 상사의 교통편을 마련하지 않았어요.
(B) 물론이죠, 가서 수레를 가져올게요.
(C) 그것은 주차장 바로 옆에 있어요.

해설 (A) 유사 발음: 부분적으로 발음이 같은 단어(transport/transportation, boxes/boss)를 사용한 오답이다.
(B) 정답: 상자들을 옮겨 달라는 요청(Could you…?)에 대해 이를 수락(Absolutely)한 후, 상자를 옮길 수레를 가져오겠다고 덧붙이는 적절한 답변이다.
(C) 관련없는 대답: 질문과 상관없는 대답이다.

어휘 transport 옮기다 loading dock 하역장 arrange transportation 교통편을 마련하다

19.
These shoes aren't as light as I thought they would be.
(A) Why don't you return them?
(B) Some of their customers prefer leather.
(C) It depends on the weight of the luggage.

이 신발들은 생각했던 것만큼 가볍지 않네요.
(A) 반품하는 것이 어때요?
(B) 일부 고객들은 가죽을 선호해요.
(C) 그것은 짐 무게에 따라 달라요.

해설 (A) 정답: 신발이 가볍지 않다는 문제 제기에 대해 반품이라는 해결책을 제안하는 적절한 답변이다.
(B) 연상 어휘: 의미상 연결이 가능한 단어(shoes/leather)로 혼동시키는 오답이다.
(C) 연상 어휘: 의미상 연결이 가능한 단어(light/weight)로 혼동시키는 오답이다.

어휘 leather 가죽 depend on ~에 따라 다르다 weight 무게

20.
You can drop off your car for repairs the day after tomorrow.
(A) Can the work be done faster than that?
(B) He drove me there.
(C) The building materials were delivered late.

수리를 위해 모레 차를 맡기시면 되요.
(A) 작업을 그것보다 빨리 끝낼 수 있을까요?
(B) 그가 차로 그곳까지 데려다 주었어요.
(C) 건설 자재들이 늦게 배달되었어요.

해설 (A) 정답: 특정일에 차를 정비소로 가져오면 된다는 안내에 더 빨리 가능한지 반문하는 적절한 답변이다.
(B) 대명사 불일치: 질문과 상관없이 he, his, him, she, her로 대답은 불가하다.
(C) 관련없는 대답: 질문과 상관없는 대답이다.

어휘 drop off 맡기다 the day after tomorrow 모레 building materials 건설 자재

21.
You only have two-bedroom apartments available now, right?
(A) Just take this with you.
(B) Sure, I'll pay the deposit.
(C) No, we do have one studio left.

현재 침실 두 개짜리 아파트만 이용 가능하죠?
(A) 그냥 이것을 가져가세요.
(B) 네, 계약금을 낼게요.
(C) 아뇨, 원룸 아파트 하나가 남아 있어요.

해설 (A) 관련없는 대답: 질문과 상관없는 대답이다.
(B) 연상 어휘: 의미상 연결이 가능한 단어(two-bedroom apartments/deposit)로 혼동시키는 오답이다.
(C) 정답: 침실 두 개짜리 아파트만 남아 있다는 말에 대해 부정(No)한 뒤, 원룸 아파트도 있다고 덧붙이는 적절한 답변이다.

어휘 **deposit** 보증금, 착수금 **studio** 원룸 아파트(studio apartment)

22.
Why was the production of the mobile phone discontinued?
(A) It had a battery problem.
(B) Okay, set the alarm.
(C) Just last month.

휴대폰 생산은 왜 중단되었어요?
(A) 배터리 문제가 있었어요.
(B) 좋아요, 알람을 설정하세요.
(C) 불과 지난달이요.

해설 (A) 정답: Why 질문에 '배터리 문제(battery problem)'라는 이유를 든 적절한 답변이다.
(B) Yes/No 불가: 의문사 질문에는 Yes, No, Sure, Okay로 대답이 불가하다.
(C) 의문사 오류: 'last+시점'은 과거 시제의 When 질문에 어울리는 대답이다.

어휘 **discontinue** 중단하다

23.
But I thought you liked working here.
(A) I think it's Sally's job.
(B) I've always wanted to start my own business.
(C) I heard he's a great speaker.

하지만 당신이 이곳에서 일하는 것을 좋아하는 줄 알았어요.
(A) 그건 샐리의 일이라고 생각해요.
(B) 저는 늘 제 사업을 시작하고 싶었어요.
(C) 그가 훌륭한 연사라고 들었어요.

해설 (A) 연상 어휘: 의미상 연결이 가능한 단어(working/job)로 혼동시키는 오답이다.
(B) 정답: 상대방이 알고 있는 것과 달리 개인 사업이 오랜 바람이라고 밝히는 적절한 답변이다.
(C) 대명사 불일치: 질문과 상관없이 he, his, him, she, her로 대답은 불가하다.

어휘 **start one's own business** 개인 사업을 시작하다

24.
Have you double checked my travel itinerary?
(A) Non-refundable tickets, only if they're cheaper.
(B) Sorry, I was about to do it.
(C) I took the direct flight back to Zürich.

제 여행 일정표를 재확인하셨나요?
(A) 가격이 더 싼 경우에만 환불 불가 표들이요.
(B) 죄송해요, 막 하려던 참이었어요.
(C) 저는 취리히로 돌아가는 직항편을 탔어요.

해설 (A) 연상 어휘: 의미상 연결이 가능한 단어(travel/tickets)로 혼동시키는 오답이다.
(B) 정답: 확인하지 못했다고 사과(Sorry)한 뒤, 막 하려는 참이라고 덧붙이는 적절한 답변이다.
(C) 연상 어휘: 의미상 연결이 가능한 단어(travel/flight)로 혼동시키는 오답이다.

어휘 **double check** 재확인하다 **itinerary** 여행 일정표 **non-refundable** 환불이 안 되는 **be about to** 막 ~하려던 참이다

25.
What did you tell your replacement about the busy work hours?
(A) The device works well so far.
(B) Some other parts.
(C) She knows what to do.

후임자에게 바쁜 시간대에 대해서 뭐라고 말했어요?
(A) 그 기기는 지금까지는 잘 작동해요.
(B) 몇 개의 다른 부품들이요.
(C) 그녀는 무엇을 해야 하는지 알아요.

해설 (A) 연상 어휘: 의미상 연결이 가능한 단어(replacement/work well)로 혼동시키는 오답이다.
(B) 연상 어휘: 질문의 replacement에서 교체 부품(replacement parts)을 연상하게 한 오답이다.
(C) 정답: 후임자에게 바쁜 영업 시간에 대해서 무슨 얘기를 했느냐는 질문에 대해 후임자가 이미 잘 알고 있다는 적절한 답변이다.

어휘 **replacement** 대신할 사람, 후임자 **part** 부품

26.
Wasn't the design of the cover page supposed to be mailed to the client yesterday?
(A) Sure, I'll ship them by express mail.
(B) I suppose it's on page two.
(C) It's still undergoing revision.

표지 디자인을 어제 고객에게 우편으로 보낼 예정이지 않았나요?
(A) 물론이죠, 속달로 그것들을 보낼게요.
(B) 그것은 2페이지에 있을 거예요.
(C) 여전히 수정 중에 있어요.

해설 (A) 시제 오류: 어제 보낼 예정이었다는 말에 Sure라고 수긍한 뒤, 앞으로 보내겠다는 미래 시제가 이어지는 것이 맞지 않다.
(B) 유사 발음: 부분적으로 발음이 같은 단어(supposed/suppose)를 사용한 오답이다.
(C) 정답: 어제 보낼 예정이었지만 현재 수정 중이라서 못 보냈다는 적절한 답변이다.

어휘 **ship** 발송하다 **undergo revision** 수정 중인

27.

What did Mr. Martinez say about the architectural plan?
(A) I think it was about a year.
(B) Several architects have joined that firm.
(C) He was worried about the new building regulations.

마티네즈 씨가 건축 설계도에 대해서 뭐라고 하셨어요?
(A) 약 1년 정도였다고 생각해요.
(B) 여러 건축가들이 그 회사에 입사했어요.
(C) 그는 새 건축 규정에 대해서 걱정했어요.

해설 (A) 의문사 오류: 기간을 묻는 How long 질문에 어울리는 대답이다.
(B) 유사 발음: 부분적으로 발음이 같은 단어(architectural/architect)를 사용한 오답이다.
(C) 정답: 건축 설계도에 대한 의견(What A say about…?)을 묻는 질문에, 설계에 영향을 주는 새 건축 규정에 관한 우려를 표현하는 적절한 답변이다.

어휘 architectural plan 건축 설계도 architect 건축가 regulation 규정

28.

Why can't I log onto your online shop?
(A) No, only for online purchases.
(B) Why don't you check your ID and password first?
(C) At a location downtown.

온라인 매장에 왜 로그인할 수 없나요?
(A) 아뇨, 단지 온라인 구매품을 위해서만요.
(B) 먼저 ID와 비번을 확인해보시겠어요?
(C) 시내 지점에서요.

해설 (A) 어휘 반복: 질문에 나온 단어(online)를 반복 사용한 오답이다.
(B) 정답: Why 질문 속 문제점에 ID와 비번을 확인해보라는 해결 방법을 제시하는 적절한 답변이다.
(C) 관련없는 대답: 장소·위치를 묻는 Where 질문에 어울리는 대답이다.

어휘 log on(to) 로그인하다 purchase 구매품

29.

How did the interior decorator choose the antique furniture?
(A) Old-fashioned styles are popular these days.
(B) We need to add a sofa in the center.
(C) Over the weekend.

실내 장식가는 어떻게 그 골동품 가구를 선택하게 되었나요?
(A) 요즘에는 옛날 스타일이 인기가 있어서요.
(B) 중앙에 소파 하나를 추가해야 해요.
(C) 주말 동안이요.

해설 (A) 정답: 어떻게 특정 가구를 선택하게 되었는지, 즉 선택하게 된 이유를 묻는 질문이므로 옛날 스타일이 인기라는 이유를 든 적절한 답변이다.
(B) 연상 어휘: 의미상 연결이 가능한 단어(furniture/sofa)로 혼동시키는 오답이다.
(C) 의문사 오류: 'over+시간'은 때를 묻는 When 질문에 어울리는 대답이다.

어휘 antique 골동품인 old-fashioned 옛날식의

30.

Would you like your purchases gift-wrapped or shall I just put them separately in the shopping bags?
(A) Thirty-five dollars per item.
(B) They don't need to be wrapped up.
(C) That looks really good on you.

구매품들을 선물 포장하기를 원하세요, 아니면 그냥 개별적으로 쇼핑백에 넣을까요?
(A) 개당 35달러입니다.
(B) 포장은 필요 없어요.
(C) 그것은 당신에게 정말 잘 어울리네요.

해설 (A) 관련없는 대답: 값을 묻는 How much 질문에 어울리는 대답이다.
(B) 정답: 포장이 필요 없다고 했으므로 개별적으로 쇼핑백에 넣어달라는 뜻이다.
(C) 관련없는 대답: 질문과 상관없는 대답이다.

어휘 gift-wrap 선물 포장하다 wrap (up) 포장하다

31.

Is the new piece of equipment as easy to use as we were told?
(A) Yes, and it's much faster than the previous one.
(B) The fitness center is well equipped.
(C) I'm not sure where we bought it.

우리가 들은 대로 새 장비는 사용이 쉽나요?
(A) 네, 그리고 이전보다 훨씬 더 빨라요.
(B) 그 헬스클럽은 장비가 잘 갖추어져 있어요.
(C) 그것을 어디에서 샀는지 잘 모르겠어요.

해설 (A) 정답: 새 장비가 사용이 쉽다고 긍정(Yes)으로 답한 뒤, 더 빠르다는 정보를 덧붙이는 적절한 답변이다.
(B) 유사 발음: 부분적으로 발음이 같은 단어(equipment/equipped)를 사용한 오답이다.
(C) 관련없는 대답: 질문과 상관없는 대답이다.

어휘 previous 이전의 well equipped 잘 갖추어진

[32-34]

W-Br Hi, **32Last night I saw an advertisement online for memberships to your club.** You're offering a good deal to new members. Can you tell me what other benefits members get?

M-Cn Sure. When you become a member of Penn Tennis Club, you get your own locker and a sports bag. You also get free parking. **33The thing that makes us better than other clubs is our veteran coaches**, all of whom have been with us for many years. If you have any weaknesses, they can help you improve your game.

W-Br That sounds wonderful. **34I am planning on entering a tournament in April.** It would be good to work with a coach to work on my game.

여: 안녕하세요, 어젯밤에 그곳 클럽 회원에 대해 온라인에서 광고를 봤습니다. 신입 회원에게 좋은 가격을 제공하고 있다고요. 회원들에게 주어지는 다른 혜택에 대해 말해줄 수 있나요?

남: 물론이죠. 펜 테니스 클럽의 회원이 되시면, 개인 사물함과 스포츠 가방을 받으십니다. 또한 무료 주차도 됩니다. 우리 클럽이 다른 클럽들보다 더 뛰어난 점은 노련한 코치들로, 모두 수년간 우리 클럽과 함께 해왔습니다. 취약한 부분이 있다면, 코치들이 경기 역량을 개선하는 데 도움을 드릴 수 있습니다.

여: 그거 정말 좋네요. 저는 4월에 대회에 나갈 계획이에요. 제 경기를 연습하는 데 코치와 함께 한다면 좋겠군요.

어휘 benefit 혜택 veteran 노련한 weakness 약점 improve 개선하다, 향상시키다 game 경기 방식[역량] tournament 대회

32.

How did the woman hear about Penn Tennis Club?
(A) From a magazine article
(B) From an Internet advertisement
(C) From a brochure
(D) From a friend

여자는 펜 테니스 클럽에 대해 어떻게 듣게 되었는가?
(A) 잡지 기사에서
(B) 인터넷 광고에서
(C) 안내책자에서
(D) 친구에게서

해설 어떤 업체를 알게 되는 방식으로 광고(ad)를 통해/ 기사(article)를 읽고/ 회사 웹사이트에서/ 회보(memo)를 통해/ 친구나 동료의 추천 등이 가장 많이 나온다. 여기서는 온라인에서 광고(an advertisement online)를 봤다는 여자의 말에서 정답이 (B)인 것을 알 수 있다.

33.

According to the man, how is Penn Tennis Club different from others?
(A) It has many tennis courts.
(B) It stays open late.
(C) It has experienced trainers.
(D) It sells equipment at a discount.

남자에 의하면, 펜 테니스 클럽은 다른 곳들과 어떻게 다른가?
(A) 많은 테니스 코트장을 가지고 있다.
(B) 늦게까지 문을 연다.
(C) 경험이 많은 트레이너들이 있다.
(D) 장비를 할인해서 판다.

해설 이 클럽의 장점으로 veteran coaches(노련한 코치들)를 언급한 것에서 정답이 (C)인 것을 알 수 있다.

Paraphrasing
veteran coaches → experienced trainers

34.

What will the woman do in April?
(A) Take part in a sports competition
(B) Begin working in a new location
(C) Meet a famous tennis player
(D) Teach a fitness class

여자는 4월에 무엇을 할 것인가?
(A) 스포츠 대회에 참가하기
(B) 새로운 곳에서 일 시작하기
(C) 유명한 테니스 선수 만나기
(D) 헬스 강습하기

해설 시간 표현 April에 주목한다. 대회에 나간다(entering a tournament)는 여자의 말에서 여자가 대회에 참가할 거라는 것을 알 수 있다.

Paraphrasing
entering a tournament
→ Take part in a sports competition

[35-37]

W-Am Excuse me. **35Could you give me directions to the closest bus stop, please?**

M-Au Of course. Go to the end of this block. Turn left at the intersection and walk for about three minutes. You will see a bus stop there.

W-Am Do you know if I can get to the State Gallery from there? **36There is a display of Picasso paintings this month.**

M-Au You could. Still, traffic will be heavy at this time of the day. **37Why don't you walk there?** It's not that far from here and I'm going past there. I will show you the way if you like.

여: 실례합니다. 가장 가까운 버스 정류장으로 가는 길을 알려주시겠어요?
남: 물론이죠. 이 블록 끝까지 가세요. 교차로에서 좌회전해서 약 3분 정도 걸어가세요. 거기에 버스 정류장이 보일 겁니다.
여: 그곳에서 주립 미술관으로 갈 수 있는지 아세요? 이번 달에 피카소 그림 전시회가 있어서요.
남: 갈 수 있어요. 하지만, 하루 중 이맘때는 교통 체증이 심할 겁니다. 거기까지 걸어가는 게 어떠세요? 여기에서 그렇게 멀지 않고 제가 거기를 지나갑니다. 원하신다면 길을 안내해 드릴게요.

어휘 directions 길 안내 intersection 교차로 still 그러나

35.
Why is the woman speaking to the man?
(A) To invite him to a party
(B) To get directions to a place
(C) To purchase a map from the man
(D) To show the man around the city

여자가 남자와 대화하는 이유는?
(A) 남자를 파티에 초대하기 위해
(B) 특정 장소로 가는 길 안내를 받기 위해
(C) 남자로부터 지도를 구매하기 위해
(D) 남자에게 도시를 구경시켜 주기 위해

해설 첫 대사에서 여자가 남자에게 길 안내(give me directions to the closest bus stop)를 요청하는 말에서 대화하는 이유를 알 수 있다.

36.
What event is the woman planning to attend?
(A) A music performance
(B) A charity event
(C) An art exhibition
(D) A book signing

여자는 어떤 행사에 참석할 계획인가?
(A) 음악 공연
(B) 자선 행사
(C) 미술 전시회
(D) 책 사인회

해설 피카소 그림 전시회(a display of Picasso paintings)가 있다는 말에서 미술 전시회가 있다는 것을 알 수 있다.

37.
What does the man advise the woman to do?
(A) Reach her destination on foot
(B) Use a mobile application
(C) Wait for the next bus
(D) Check ticket availability

남자가 여자에게 조언하는 것은?
(A) 목적지까지 걸어서 도착하기
(B) 모바일 앱 사용하기
(C) 다음 버스 기다리기
(D) 표가 있는지 확인하기

해설 조언 시 사용하는 표현 Why don't you를 사용해서, 걸어가라고(walk there) 말해주고 있다.

어휘 on foot 도보로 application 애플리케이션, 앱

Paraphrasing
walk there → Reach her destination on foot

[38-40]

M-Cn Hello, Sophie. Is that a sketchbook? I didn't know you were artistic.
W-Br Oh, hi, Johann. Yes, I usually spend most of my free time drawing. **38**The ultimate goal is to hold an exhibition of my work one day.
M-Cn That's amazing! Oh, **39**my uncle owns a small art gallery here in the city. Uh, I guess I could have a talk with him for you, to see if he's interested in holding an exhibit there.
W-Br I would really appreciate that! But, **40**can you just tell me where his gallery is located? That way, I can go there and show him my art work to find out if he likes it first.
M-Cn Of course. Here's his business card. You can find an address there.

남: 안녕하세요, 소피. 그거 스케치북인가요? 당신이 그림에 소질이 있는지 몰랐어요.
여: 아, 안녕하세요, 요한. 네, 보통 제 여유 시간의 대부분을 그림 그리는 데 써요. 최종 목표는 언젠가 제 작품 전시회를 여는 거예요.
남: 대단하네요! 아, 제 삼촌이 여기 이 도시에 작은 미술관을 소유하고 있어요. 어, 당신을 위해 삼촌과 얘기해볼 수도 있을 것 같은데요, 삼촌이 거기에서 전시회 여는 것에 관심이 있는지 알아보기 위해서요.
여: 그러면 너무 감사하죠! 하지만, 그냥 삼촌네 미술관이 어디에 있는지 말해줄 수 있어요? 그러면 제가 가서 제 미술 작품을 보여드리고 좋아하시는지를 먼저 알아볼 수 있으니까요.
남: 물론이죠. 여기 그의 명함이에요. 거기에서 주소를 찾으실 수 있을 거예요.

어휘 artistic 예술적 감각이 있는, 그림에 소질이 있는 ultimate 궁극[최종]적인 exhibition 전시회 one day 언젠가 amazing 대단한 find out 알아보다

38.
What goal does the woman have?
(A) To establish an art school
(B) To have an art exhibition
(C) To learn a musical instrument
(D) To make a short film

여자는 어떤 목표를 가지고 있는가?
(A) 미술 학교를 설립하는 것
(B) 미술 전시회를 하는 것
(C) 악기를 배우는 것
(D) 단편 영화를 만드는 것

해설 여자가 최종 목표(ultimate goal)는 hold an exhibition(전시회를 여는 것)이라고 언급하고 있으므로 정답은 (B)이다.

어휘 **short film** 단편 영화

39.

What does the man offer to do for the woman?
(A) Book an admission ticket
(B) Create an advertisement
(C) Buy her some stationery
(D) Speak to a relative of his

남자가 여자를 위해 제의하는 것은?
(A) 입장권 예약하기
(B) 광고 제작하기
(C) 여자에게 문구류 사주기
(D) 자신의 친척과 이야기하기

해설 삼촌에게 말해본다(have a talk with him)고 했으므로 친척(relative)과 이야기한다는 (D)가 정답이다. relative는 '친척'이라는 뜻보다 '가족'이라는 뜻의 정답으로 더 많이 출제된다는 것도 기억해두자

Paraphrasing
uncle → relative

40.

What information does the woman ask for?
(A) A work schedule
(B) A cell phone number
(C) A credit card number
(D) A business address

여자는 어떤 정보를 요청하는가?
(A) 작업 일정
(B) 휴대전화 번호
(C) 신용카드 번호
(D) 업체 주소

해설 요청 시 사용되는 표현인 can you just tell me 뒤에, 갤러리의 위치(where his gallery is located)를 묻는 말에서 요청사항이 주소(address)인 것을 알 수 있다.

[41-43] three speakers

W-Am	Hello, Tanya. **41**Is everything ready for the conference with the representatives from Global Co.?
W-Br	Not yet. I can't turn on the projector. **42**Can you please give our repair technician a call?
W-Am	Okay, I'll do that right now. Oh, hi, Marty? I'm in conference room 4. Look, the projector here is out of order. Do you think you can help us to fix it?
M-Cn	Really? It wasn't working yesterday either. Uh, **43**you will need to take it away for now and use another one.
W-Am	Another one? This is the only projector we have.
M-Cn	Oh, I actually bought a new one last week. It's still in its box. Let me bring it to you now. Just a minute, please.

여1: 안녕하세요, 타냐. 글로벌 사의 직원들과 하는 회의 준비가 다 되었나요?
여2: 아직이요. 영사기를 켤 수가 없어요. 우리 수리 기사에게 전화해 주시겠어요?
여1: 알겠어요, 지금 바로 할게요. 아, 안녕하세요, 마티? 제가 회의실 4호에 있는데요, 여기 영사기가 고장이에요. 수리하는 것을 도와주실 수 있을까요?
남: 그래요? 어제도 작동하지 않았는데요. 어, 우선은 그것을 치우고 다른 것을 사용하셔야 할 거예요.
여1: 다른 것이요? 이게 우리가 가진 유일한 영사기인데요.
남: 아, 실은 지난주에 새 것을 샀어요. 아직 상자에 들어 있어요. 지금 가져다 드릴게요. 잠시만요.

어휘 **out of order** 고장 난 **take away** 제거하다, 치우다 **for now** 우선은

41.

What are the women trying to do?
(A) Watch a documentary
(B) Install a new phone system
(C) Prepare for a client meeting
(D) Make some presentation slides

여자들은 무엇을 하려고 하는가?
(A) 다큐멘터리 시청하기
(B) 새 전화 시스템 설치하기
(C) 고객 회의 준비하기
(D) 발표 슬라이드 만들기

해설 특정 회사 직원과의 회의(conference) 준비가 되었냐는 질문에서 meeting 준비를 하고 있는 것을 알 수 있으므로 (C)가 정답이다.

Paraphrasing
conference → meeting

42.

Who is the man?
(A) A marketing expert
(B) A regional director
(C) A repair technician
(D) A plant supervisor

남자는 누구인가?
(A) 마케팅 전문가
(B) 지사장
(C) 수리 기사
(D) 공장 감독관

해설 두 번째 여자가 수리 기사에게 전화해달라(give our repair technician a call)고 요청하자 첫 번째 여자가 그러겠다고 답한 뒤, 남자와 대화하는 내용이 나오므로 남자가 바로 수리 기사임을 알 수 있다.

43.

What does the man instruct the women to do?

(A) Make use of another device
(B) Have a machine repaired
(C) Set up an appointment
(D) Review a budget report

남자가 여자들에게 지시하는 것은?
(A) 다른 장치 사용하기
(B) 기계 수리 받기
(C) 약속 잡기
(D) 예산 보고서 검토하기

해설 지시사항 전달 시 사용하는 표현인 you will need to 뒤에, 다른 것을 사용하라(use another one)고 했으므로 (A)가 정답이다.

[44-46]

M-Au Hello, Ms. Hashimoto. **44**I wanted to speak to you about our line of soft drinks. I have a graph of company profits here.

W-Br Okay, Michael. Are there some improvements?

M-Au I'm sorry to say, but no. **45**Our soft drinks just aren't making a profit right now. They're actually costing us money. Our TV advertising campaign hasn't been a success.

W-Br I see. Well, maybe we could think about a new marketing strategy. Something Internet-based, maybe?

M-Au **46**I was thinking about contacting popular bloggers. We could offer them our product and ask them to write a journal about it. When someone who actually tried the product says good things about it, it'll be more persuasive.

W-Br That's true. Let's make a list of the Web sites we should contact.

남: 안녕하세요, 하시모토 씨. 우리 청량 음료에 대해 당신과 이야기하고 싶었어요. 여기 회사 수익 그래프를 가지고 있는데요.
여: 네, 마이클. 개선이 좀 됐나요?
남: 유감스럽게도, 아니요. 우리 청량 음료가 현재 수익을 못 내고 있어요. 실은 비용이 더 들고 있어요. 텔레비전 광고가 성공적이지 않았어요.
여: 그렇군요. 음, 새로운 마케팅 전략에 대해 생각해볼 수 있을 것 같아요. 이를테면 인터넷을 기반으로 하는 것 같은 거요?
남: 유명한 블로거들에게 연락을 하는 것에 대해 생각해 봤어요. 우리 제품을 제공하고 그것에 대해 글을 써달라고 요청할 수 있을 것 같아요. 실제로 제품을 마셔본 사람이 그것에 대해 좋게 말해주면, 더 설득력이 있을 거예요.
여: 맞아요. 우리가 연락해야 할 웹사이트들의 목록을 만들어요.

어휘 improvement 개선, 호전 make a profit 이익을 내다
success 성공, 성과 persuasive 설득력이 있는

44.

What product are the speakers discussing?

(A) Office furniture
(B) Electronics
(C) Women's clothing
(D) Soft drinks

화자들은 어떤 제품에 대해 논의하고 있는가?
(A) 사무용 가구
(B) 전자제품
(C) 여성복
(D) 청량 음료

해설 대화의 주제 언급 시 사용되는 표현인 I wanted to speak to you about 뒤에 청량 음료(soft drinks)를 언급하고 있다.

45.

According to the man, what information was disappointing?

(A) Some employees have resigned.
(B) A product is unprofitable.
(C) Some branch offices are closing down.
(D) A sales report is delayed.

남자에 의하면, 어떤 정보가 실망스러운가?
(A) 몇몇 직원들이 사직했다.
(B) 제품이 수익을 못 내고 있다.
(C) 몇몇 지사들이 문을 닫을 것이다.
(D) 매출 보고서가 늦어지고 있다.

해설 남자의 대사 중 부정적인 것에 주목한다. 수익을 못 내고 있다(aren't making a profit)고 했는데 그것은 (B)의 unprofitable(수익을 못 내는)과 같은 의미이다.

Paraphrasing

not making a profit → unprofitable

46.

What does the man suggest doing?

(A) Using new distributors
(B) Revising a formula
(C) Placing an online advertisement
(D) Entering new markets

남자는 무엇을 할 것을 제안하는가?
(A) 새 유통업체 이용하기
(B) 제조법 수정하기
(C) 온라인 광고하기
(D) 새 시장에 진입하기

해설 유명한 블로거들에게 연락해서(contacting popular bloggers) 글을 써달라고 요청하자(ask them to write a journal)고 했으므로 남자가 제안하는 것이 온라인 광고임을 알 수 있다.

어휘 distributor 유통업체 formula 제조법; 처방

[47-49]

W-Br	Hello, Ivan. **47**Are you glad to be back from the medical seminar?
M-Cn	Yes, and I'm filled with new knowledge!
W-Br	Oh, good. What did you learn?
M-Cn	There was a great presenter from Australia, **48**Dr. Bruce Johnston. He recommended that we send our doctors to a surgical training program in Sydney to learn innovative techniques.
W-Br	It would be good for building our surgical capabilities.
M-Cn	Right, and regular seminars are held for the attendees who have completed the program.
W-Br	That's great. But, I'm worried that we might be short-staffed.
M-Cn	I know, it's an important consideration. **49**I need to see how I could change our work schedule around to cover the shortage.

여: 안녕하세요, 이반. 의학 세미나에서 돌아오니 좋나요?
남: 네, 그리고 저는 새로운 지식으로 가득 찼어요!
여: 아, 잘됐네요. 무엇을 배우셨어요?
남: 호주에서 온 훌륭한 발표자가 있었는데, 브루스 존스톤 박사예요. 획기적인 기술들을 배우기 위해 우리가 의사들을 시드니에 있는 외과 수련 프로그램에 보내야 한다고 추천했어요.
여: 우리의 수술 능력을 쌓는 데 좋을 것 같아요.
남: 맞아요, 그리고 프로그램을 수료한 참가자들을 위해 정기적인 세미나가 열려요.
여: 그거 잘됐군요. 하지만 일손이 부족할까 봐 걱정이 돼요.
남: 맞아요, 그건 중요한 고려 사항이에요. 일손 부족을 메우기 위해 근무 일정을 어떻게 바꿀 수 있는지 알아봐야겠어요.

어휘 surgical 외과의, 수술의 capability 능력 short-staffed 일손이 부족한 consideration 고려 사항

47.
What type of business do the speakers work for?
(A) An accounting firm
(B) A hospital
(C) A bookstore
(D) A construction company

화자들은 어떤 업체에서 일하는가?
(A) 회계 법인
(B) 병원
(C) 서점
(D) 건설회사

해설 여자가 남자에게 의학 세미나(medical seminar)에서 돌아왔냐고 묻는 말에서 화자들의 직장이 병원이라는 것을 알 수 있다.

48.
What did Bruce Johnston suggest?
(A) Setting up video conferencing
(B) Going abroad to see historic sites
(C) Getting in touch with participants
(D) Educating staff on new medical techniques

브루스 존스톤이 제안한 것은?
(A) 화상 회의 시스템 설치하기
(B) 유적지를 보기 위해 해외로 나가기
(C) 참가자들과 연락하기
(D) 직원들에게 새로운 의료 기술 교육하기

해설 고유명사 Bruce Johnston에 주목한다. 이 이름이 거론된 뒤에, 그가 의사들을 외과 수련 프로그램에 보내야 한다(send our doctors to a surgical training program)고 했으므로 교육을 시키자는 (D)가 정답이다.

49.
What does the man say he will do?
(A) Find a place to stay
(B) Look at staff work schedules
(C) Speak to a coworker
(D) Read training materials

남자는 무엇을 할 거라고 말하는가?
(A) 머물 장소 찾기
(B) 직원 근무 일정 보기
(C) 동료와 이야기하기
(D) 교육 자료 읽기

해설 미래 행위를 나타내는 표현 I need to를 사용하여, 근무 일정을 어떻게 바꿀 수 있는지 알아본다(see how I could change our work schedule)고 했으므로 미래 행위는 근무 일정을 보는 것이다. 따라서 정답은 (B)이다.

[50-52]

M-Cn	Emma, Wayne Roberts sent me an e-mail just now. He saw the progress on his new building and he is very happy. Uh, he wants to install LED lighting, though. **50**He thinks it's much more energy-efficient than the fluorescent lighting.
W-Am	Okay. Do you have the LED lights ready for our workers?
M-Cn	The thing is, they had to be specially ordered. The lighting company has assured me that they will be ready by next Tuesday.
W-Am	Our agreement is very specific about the construction deadline.
M-Cn	**51**Oh, that's right. Okay, **51,52**I'll write a revised contract for Mr. Roberts to sign.

남: 엠마, 웨인 로버츠가 방금 저에게 이메일을 보냈어요. 새 건물의 진행 상황을 봤는데 매우 만족한대요. 어, 그런데 그가 LED 조명을 설치하고 싶어 해요. 형광 조명보다 훨씬 더 에너지 효율이 좋은 것 같대요.
여: 알겠어요. 우리 작업자들을 위해 LED 조명이 준비됐어요?
남: 실은, 그것들을 특별 주문해야 했어요. 조명 회사가 다음 주 화요일까지는 준비가 될 거라고 장담했어요.
여: 우리 계약서에 공사 기한에 대해 매우 구체적으로 나와 있어요.
남: 아, 맞아요. 알겠어요, 로버츠 씨가 서명하도록 수정된 계약서를 작성할게요.

어휘 progress 진행 lighting 조명 the thing is 실은, 문제는 assure 단언하다 specific 구체적인, 명확한

50.

What does a client like about his preferred lighting fixtures?
(A) Their brightness
(B) Their appearance
(C) Their cost
(D) Their energy efficiency

고객은 자신이 선호하는 조명 기구의 어떤 점을 마음에 들어 하는가?
(A) 밝기
(B) 외형
(C) 가격
(D) 에너지 효율성

해설 고객인 Wayne Roberts가 LED 조명을 설치하고 싶어 하는 이유가 형광 조명보다 훨씬 더 에너지 효율이 좋아서(much more energy-efficient)라고 했으므로 LED 조명의 에너지 효율성이 높은 것을 마음에 들어 한다는 것을 알 수 있다.

어휘 lighting fixture 조명 기구

51.

Why does the woman say, "Our agreement is very specific about the construction deadline"?
(A) She is surprised that the job will finish soon.
(B) She is concerned about breaking a contract.
(C) She will read through a report.
(D) She thinks technical terms are hard to understand.

여자가 "우리 계약서에 공사 기한에 대해 매우 구체적으로 나와 있어요"라고 말한 의도는 무엇인가?
(A) 일이 곧 끝난다는 것에 놀라고 있다.
(B) 계약이 깨질 것을 걱정한다.
(C) 보고서를 꼼꼼히 읽을 것이다.
(D) 전문 용어가 이해하기 어렵다고 생각한다.

해설 계약서에 공사 기한이 매우 구체적으로 나와 있다는 여자의 말에, 남자가 바로 계약서를 수정하겠다고 한 것으로 보아, 법률 문제에 대해서 확실하게 해서 문제가 생기는 것을 방지하겠다는 의도인 것을 알 수 있다. 따라서, 계약을 어기는 것에 대해 걱정한다는 (B)가 정답이다.

52.

What does the man say he will do?
(A) Travel to a worksite
(B) Set up a meeting with a client
(C) Hire new suppliers
(D) Make a new contract

남자는 무엇을 할 거라고 말하는가?
(A) 작업현장에 가기
(B) 고객과의 회의 일정 잡기
(C) 새로운 공급업체 고용하기
(D) 계약서 새로 만들기

해설 미래 행위를 나타내는 표현 I'll 뒤에 수정된 계약서를 작성한다(write a revised contract)고 했으므로 정답은 (D)이다.

어휘 worksite 일터, 공사현장

Paraphrasing
write a revised contract → Make a new contract

[53-55] three speakers

M-Cn Wendy, Gabrielle. So good to see you both again. 53I was wondering if I would run into you at this conference.
W-Am Hello, Ethan. It's been a while. I think the last time we saw you was at the last one of these seminars. It's good to be here. We have been so busy.
M-Cn I was told you're managing a new research team at your company.
W-Br That's right. 54Wendy and I have been working together to build a new team.
M-Cn Fantastic. I'm happy to hear that you've been given more responsibilities. Earlier this year I did the same. 55I was responsible for recruiting people to form a whole new team.

남: 웬디, 가브리엘. 다시 뵙게 되어 기뻐요. 이 컨퍼런스에서 우연히 마주치지 않을까 했어요.
여1: 안녕하세요, 이든. 오랜만이네요. 우리가 마지막으로 만난 게 이런 세미나 중 마지막 세미나였던 것 같아요. 여기 오게 되어 좋아요, 저희는 매우 바빴어요.
남: 회사에서 새로운 연구팀을 관리하신다고 들었어요.
여2: 맞아요. 웬디와 제가 새로운 팀을 만들기 위해 공동 작업하고 있어요.
남: 너무 잘됐어요. 더 많은 책무를 맡으셨다고 하니 기뻐요. 올해 초에 저도 같은 일을 했어요. 완전히 새로운 팀을 만들기 위해 사람들을 채용하는 일을 담당했어요.

어휘 run into 우연히 만나다[마주치다] recruit 채용하다 whole 완전히

53.

Where are the speakers?
(A) At a staff dinner
(B) At an office complex
(C) At a seminar
(D) At a corporate retreat

화자들은 어디에 있는가?
(A) 직원 회식
(B) 사무실 단지
(C) 세미나
(D) 회사 단합대회

해설 남자가 at this conference(이 컨퍼런스에서)라고 했고, 첫 번째 여자가 these seminars(이런 세미나)라고 한 것에서 화자들이 seminar에 있다는 것을 알 수 있다.

54.

What project are the women working on?
(A) Renovating a convention center
(B) Creating a new department
(C) Designing new company uniforms
(D) Getting ready to move to a new location

여자들은 어떤 프로젝트를 하고 있는가?
(A) 컨벤션 센터 개조하기
(B) 새 부서 만들기
(C) 새 회사 유니폼 디자인하기
(D) 새로운 장소로 이전하기 위해 준비하기

해설 두 번째 여자가 새로운 팀을 만들기(build a new team) 위해 공동 작업(working together) 중이라고 했으므로 정답은 (B)이다. department, division, team, group은 동의어로 출제된다는 것을 기억해두자.

55.

What does the man say he was in charge of?
(A) Building a company Web site
(B) Updating a staff training manual
(C) Developing new company products
(D) Hiring new staff members

남자는 무엇을 담당했다고 말하는가?
(A) 회사 웹사이트 만들기
(B) 직원 교육 매뉴얼 업데이트하기
(C) 회사 신제품 개발하기
(D) 신입 직원 채용하기

해설 남자가 채용을 담당했다(I was responsible for recruiting people)는 말에서 정답이 (D)인 것을 알 수 있다. 대화의 was responsible for를 질문에서는 was in charge of로 바꿔 표현하고 있다.

Paraphrasing
recruiting people → Hiring new staff members

[56-58]

M-Au Ah, Chloe. **56 I was just wondering if you could take a look at the revised sales brochure.** It will be printed later today.

W-Am John sent me a copy this morning. I think it's fine. It does not need any further revisions.

M-Au What a relief! I think we're ready to make a sales presentation to our clients. **57 I will reserve hotel rooms and airplane tickets for us today.**

W-Am Oh, you can go ahead and book for yourself alone. I need to take care of some business at our Lakewood plant. You may have to travel by yourself.

M-Au You know the clients better than me. **58 I have never made a sales presentation alone.**

W-Am I trust you. You'll do fine.

남: 아, 클로이. 수정된 판매 안내책자를 봐줄 수 있는지 궁금해서요. 오늘 늦게 인쇄를 할 거예요.
여: 존이 오늘 아침에 한 부 보내줬어요. 괜찮은 것 같아요. 추가 수정이 필요하진 않아요.
남: 다행이에요! 고객들에게 제품 안내 발표를 할 준비가 된 것 같아요. 우리 호텔 방과 비행기 표를 오늘 예약할게요.
여: 아, 당신 것만 예약하세요. 저는 레이크우드 공장에 일을 처리해야 해요. 혼자서 출장을 가셔야 할지도 몰라요.
남: 저보다 당신이 그 고객들을 더 잘 알잖아요. 혼자서 제품 안내 발표를 한 적이 없어요.
여: 당신을 믿어요. 잘할 거예요.

어휘 revised 수정된 relief 안도, 안심 sales presentation 제품 안내 발표

56.

What does the man ask the woman to do?
(A) Write a report
(B) Review a booklet
(C) Help him book flights
(D) Call a customer

남자는 여자에게 무엇을 할 것을 요청하는가?
(A) 보고서 작성하기
(B) 책자 검토하기
(C) 비행기 예약 돕기
(D) 고객에게 전화하기

해설 남자가 첫 대사에서 I was wondering을 사용해 요청하고 있다. 수정된 판매 안내책자를 봐줄 수 있는지(could take a look at the revised sales brochure) 묻는 것은 책자를 검토해 달라는 요청이므로 (B)가 정답이다.

Paraphrasing
take a look at the revised sales brochure
→ Review a booklet

235

57.

What does the man plan to do today?
(A) Book a meeting room
(B) Sort out some documents
(C) Make travel arrangements
(D) Attend a conference

남자는 오늘 무엇을 할 계획인가?
(A) 회의실 예약하기
(B) 서류 정리하기
(C) 출장 준비하기
(D) 컨퍼런스 참석하기

해설 남자의 대사에서 시간 표현 today가 언급된 부분에 주목한다. 호텔 방과 비행기 표를 예약한다(reserve hotel rooms and airplane tickets)는 말에서 출장 준비를 한다는 것을 알 수 있다.

Paraphrasing
reserve hotel rooms and airplane tickets
→ Make travel arrangements

58.

Why does the man say, "You know the clients better than me"?
(A) To ask the woman for more information
(B) To demonstrate that he is ready for an assignment
(C) To express worries about working by himself
(D) To show his appreciation for the woman's help

남자가 "저보다 당신이 그 고객들을 더 잘 알잖아요"라고 말한 의도는 무엇인가?
(A) 여자에게 더 많은 정보를 요청하기 위해
(B) 자신이 업무에 대해 준비가 되었다는 것을 보여주기 위해
(C) 혼자 일하는 것에 대한 걱정을 나타내기 위해
(D) 여자의 도움에 대해 감사를 표하기 위해

해설 남자에게 혼자 출장을 가라는 여자의 말에 응답하는 말이므로, 혼자 출장 가는 것에 대한 걱정을 나타내는 말이라고 볼 수 있다.

[59-61]

M-Au Jennifer, I heard some bad news about our package shipments. Apparently, our customers have not been receiving their packages on time.

W-Br That's right. ⁵⁹The problem is people who are not home. Our package carriers cannot just leave packages outside, can they?

M-Au Right. But we need to figure out how to fix this problem.

W-Br I think we can make sure people will be home before we try to deliver packages to them. ⁶⁰Why not have our package carriers call or text people before they leave our warehouse? That way, they will know which packages they can deliver every day.

M-Au That sounds great. ⁶¹Let's meet after lunch today to make the changes to our company regulations.

W-Br Great, see you then.

남: 제니퍼, 택배 배송에 관한 안 좋은 소식을 들었어요. 듣자 하니 고객들이 택배를 제시간에 받지 못하고 있는 것 같은데요.
여: 맞아요. 문제는 집에 없는 사람들이에요. 택배 배달원이 그냥 밖에 택배를 두고 올 수는 없잖아요?
남: 맞아요. 하지만 이 문제를 어떻게 해결할지 생각해봐야 해요.
여: 택배를 배달하기 전에 사람들이 집에 있는지 확인해보면 될 것 같아요. 택배 배달원들이 창고를 출발하기 전에 사람들에게 전화하거나 문자를 하도록 하는 게 어떨까요? 그러면 매일 어떤 택배를 배달할 수 있는지 알 수 있으니깐요.
남: 아주 좋은 것 같아요. 오늘 점심 식사 후에 만나서 회사 규정을 수정합시다.
여: 좋아요, 그때 봐요.

어휘 **apparently** 듣자 하니 **carrier** 배달원 **regulation** 규정

59.

According to the woman, what caused some deliveries to be late?
(A) Some invoices have incorrect addresses.
(B) Navigation software is not working properly.
(C) Recipients are away from their places.
(D) A truck driver has been sick for a week.

여자에 의하면, 무엇이 배달 지연을 야기했는가?
(A) 몇몇 송장의 주소가 잘못되었다.
(B) 내비게이션 소프트웨어가 제대로 작동하지 않는다.
(C) 수령인들이 집에 있지 않다.
(D) 트럭 운전 기사가 일주일 동안 아팠다.

해설 여자는 집에 없는 사람들(people who are not home)이 문제라고 말했는데, 그 말은 택배 수령자(recipient)가 집에 없는 것을 뜻하므로 정답은 (C)가 된다.

어휘 **navigation** 항해; 내비게이션 기술

Paraphrasing
people who are not home
→ Recipients are away from their places.

60.

What does the woman suggest to solve a problem?
(A) Upgrading an ordering system
(B) Contacting customers before deliveries
(C) Expanding storage spaces
(D) Purchasing new packing equipment

문제를 해결하기 위해 여자가 제안하는 것은?
(A) 주문 시스템 업그레이드하기
(B) 배달 전에 고객들에게 연락하기
(C) 저장 공간 확장하기
(D) 새 포장 기구 구매하기

해설 여자는 배달원이 창고를 출발하기 전에 사람들에게 전화하거나 문자를 하도록 하자(call or text)고 제안하고 있으므로 (B)가 제안사항임을 알 수 있다.

236

Paraphrasing

call or text → Contact

61.

What do the speakers agree to do that afternoon?
(A) Try a new restaurant
(B) Meet with potential clients
(C) Distribute pamphlets
(D) Change company rules

화자들이 오후에 하기로 동의하는 것은?
(A) 새 식당 가보기
(B) 잠재 고객들 만나기
(C) 팸플릿 배포하기
(D) 회사 규정 바꾸기

해설 남자가 점심 식사 후에 만나서 회사 규정을 수정하자(make the changes to our company regulations)고 제안했고, 여자가 Great라고 이를 수락하고 있으므로 (D)가 정답이다. 대화의 after lunch가 질문에서는 afternoon으로 바꿔 표현되었다.

어휘 **potential client** 잠재 고객

Paraphrasing

regulations → rules

[62-64] conversation + schedule

W-Am	Western Busways, what can I help you with?
M-Cn	Uh, hi. **64**I want to take a bus to Mainwarring this Friday, but I could not buy a ticket on the Internet. It said to call this number.
W-Am	Ah, I see. **62**I'm afraid our homepage is not working properly this week, so we have to make bookings over the phone instead. We're very sorry for the inconvenience. You can collect your ticket at the bus terminal. What time do you want to leave on Friday?
M-Cn	**63**Any bus leaving after midday is good for me. **64**I'm planning to lead a morning conference with some of my company's department heads.

여: 웨스턴 버스웨이즈입니다. 무엇을 도와드릴까요?
남: 아, 안녕하세요. 이번 주 금요일에 메인워링으로 가는 버스를 타고 싶은데 인터넷으로 표를 살 수가 없었어요. 이 번호로 전화하라고 나와 있어서요.
여: 아, 그렇군요. 죄송하지만 저희 홈페이지가 이번 주에 제대로 작동하지 않아서, 대신 전화로 예약을 해야 합니다. 불편을 드려 매우 죄송합니다. 버스 터미널에서 표를 찾으시면 됩니다. 금요일 몇 시에 출발하기를 원하십니까?
남: 정오 후에 떠나는 버스면 아무거나 괜찮아요. 저는 회사 부서장들과 하는 오전 컨퍼런스를 이끌 계획이라서요.

어휘 **collect** 가지러 가다 **midday** 정오

Queenstown to Mainwarring		
Bus Number	Leaving	Arriving
117	6:30 A.M.	11:30 A.M.
137	9:00 A.M.	2:00 P.M.
157	11:30 A.M.	4:30 P.M.
63177	3:00 P.M.	8:00 P.M.

퀸즈타운 출발 메인워링 행		
버스 번호	출발	도착
117	오전 6:30	오전 11:30
137	오전 9:00	오후 2:00
157	오전 11:30	오후 4:30
177	오후 3:00	오후 8:00

62.

Why does the woman apologize?
(A) She cannot find the man's payment details.
(B) A bus trip cannot be reserved on a Web site.
(C) There are no tickets left on a performance.
(D) All services have been cancelled due to bad weather.

여자는 왜 사과하는가?
(A) 남자의 지불 정보를 찾을 수가 없다.
(B) 버스 여행이 웹사이트에서 예약되지 않는다.
(C) 남아 있는 공연 표가 없다.
(D) 기상 악화로 모든 운행이 취소되었다.

해설 I'm afraid에 이어서 홈페이지가 제대로 작동하지 않아(our homepage is not working properly) 전화로 예약해야 한다(make bookings over the phone)고 하고 있으므로 정답은 (B)이다.

63.

Look at the graphic. What bus will the man most likely take?
(A) 117
(B) 137
(C) 157
(D) 177

시각정보를 참고해, 남자는 어느 버스를 탈 것 같은가?
(A) 117
(B) 137
(C) 157
(D) 177

해설 bus schedule(버스 시간표)을 보고 버스 번호를 고르는 문제이다. 선택지 구성이 버스 번호이므로 시각정보에서 버스 번호 이외의 정보, 즉 출발 및 도착 시간에 주목해서 대화를 듣는다. 남자는 정오(midday) 이후에 출발하는 아무 버스나 좋다고 했는데, 버스 시간표에서 이에 해당하는 것은 오후 3시에 출발하는 177번 버스이다.

237

64.

What does the man say he will do on Friday morning?
(A) Interview some candidates
(B) Take part in a conference call
(C) Lead a company seminar
(D) Meet with his financial adviser

남자는 금요일 아침에 무엇을 할 것인가?
(A) 지원자 면접하기
(B) 전화 회의 참여하기
(C) 회사 세미나 이끌기
(D) 재정 고문과 만나기

해설 시간 표현 Friday morning에 주목한다. 오전 컨퍼런스를 이끈다(lead a morning conference)는 말에서 정답이 (C)인 것을 알 수 있다. conference라는 말 때문에 (B)의 conference call(전화 회의)를 선택하는 함정에 빠지지 않도록 주의한다.

[65-67] conversation + table

M-Au	Hey, Mai. We're pretty much ready for the company awards dinner. Um, ⁶⁵last night, Mr. Hillier told me that the event will definitely be held on December 22nd at 6:00 P.M. That means we can go ahead and plan everything else.
W-Br	Good. Now, we need to reserve a place for the event. Here's a list of preferred restaurants.
M-Au	Oh, I love the food at Seoul Nights, but we only have 60 people coming. ⁶⁶Let's book the smallest restaurant. The money we save from the choice of venue can be used for something else.
W-Br	I agree. ⁶⁷I'm thinking of giving gifts to employees who attend that night. I should use some of that money to buy them.

남: 안녕하세요, 마이. 회사 시상식 만찬이 거의 준비됐어요. 음, 어젯밤 힐리어 씨가 행사가 12월 22일 오후 6시에 확실히 열릴 거라고 말했어요. 그 말은 우리가 일을 진행시켜서 그밖에 나머지 것도 모두 계획할 수 있다는 의미예요.
여: 잘됐어요. 이제, 행사 장소를 예약해야 해요. 여기 선호되는 식당 목록이에요.
남: 아, 서울 나이츠의 음식을 정말 좋아하지만, 우리는 올 사람이 60명 밖에 되지 않아요. 가장 작은 식당을 예약합시다. 장소 선정에서 절약한 돈은 다른 곳에 사용할 수 있으니까요.
여: 동의해요. 그날 저녁에 참석하는 직원들에게 선물을 줄 생각이에요. 선물을 사는 데 그 돈을 좀 쓰면 될 것 같아요.

어휘 definitely 분명히 preferred 우선의, 선호되는

Local Restaurant	
Restaurant	Seating Capability
⁶⁶Thai Garden	70
Seoul Nights	80
Japan Express	90
The Peking Duck	100

지역 식당	
식당	좌석수
타이 가든	70
서울 나이츠	80
재팬 익스프레스	90
더 베이징 덕	100

65.

What information about the awards dinner did the man receive yesterday?
(A) The dress code for attendees
(B) The planned menu
(C) The number of nominees
(D) The date of an event

남자는 어제 시상식 만찬에 대해 어떤 정보를 받았는가?
(A) 참가자들의 복장 규정
(B) 예정된 메뉴
(C) 후보자 수
(D) 행사 날짜

해설 대화의 last night이 질문에서는 yesterday로 표현되고 있음을 알아야 한다. last night이 언급된 부분에서 행사 날짜에 대한 정보를 받았음을 알 수 있다.

어휘 dress code 복장 규정 nominee 후보자

66.

Look at the graphic. Which restaurant will the speakers choose?
(A) Thai Garden
(B) Seoul Nights
(C) Japan Express
(D) The Peking Duck

시각정보를 참고해, 화자들은 어떤 식당을 선택할 것인가?
(A) 타이 가든
(B) 서울 나이츠
(C) 재팬 익스프레스
(D) 더 베이징 덕

해설 선택지 구성이 식당 이름이므로 시각정보에서 이를 제외한 나머지 정보인 좌석수에 주목한다. 남자가 가장 작은 식당을 예약하자(book the smallest restaurant)고 했고 여자가 이에 동의하고 있으므로 좌석수가 가장 적은 타이 가든을 선택할 것임을 알 수 있다.

67.

What does the woman say she will take care of?
(A) Decorations
(B) Invitations
(C) A seating chart
(D) Presents

여자는 무엇을 맡을 거라고 말하는가?
(A) 장식
(B) 초대장
(C) 좌석 배치도
(D) 선물

해설 마지막 대사에서 여자가 직원들에게 줄 선물을 사겠다고 했으므로 정답은 (D)이다.

Paraphrasing
gifts → Presents

[68-70] conversation + invoice

W-Am	Hi, Mr. Schmidt. You came here to pick up the personalized items you ordered, right?
M-Cn	That's right. I'm glad they're ready in time for my company's 10th anniversary. **68**I will give my employees some of these things with the company logo on them as a gift.
W-Am	Sounds good. I hope your workers like their gift. Okay, this is what you owe.
M-Cn	Ah, you may have made a mistake. I ordered three items, not four. **69**I don't think this charge for key rings should be on the bill.
W-Am	Huh? Oh, I'm sorry. That's a computer error. **70**I'll make a new one while my staff here boxes all of this up for you.
M-Cn	Great. Thanks.

여: 안녕하세요, 슈미트 씨. 주문하신 맞춤 물품을 찾으러 오셨죠?
남: 맞아요. 우리 회사의 창립 10주년에 맞춰 준비가 되어서 다행이에요. 위에 회사 로고가 있는 이것들을 직원들에게 선물로 줄 겁니다.
여: 좋네요. 직원들이 선물을 좋아하길 바랄게요. 자, 이게 내셔야 할 금액입니다.
남: 아, 실수를 하신 것 같아요. 저는 세 가지 품목을 주문했어요, 네 가지가 아니라요. 이 열쇠고리 대금은 청구서에 있으면 안 될 것 같은데요.
여: 네? 아, 죄송해요. 컴퓨터 오류예요. 우리 직원이 이것 모두를 박스에 포장하는 동안 새 것을 만들어 드릴게요.
남: 알겠어요. 감사합니다.

어휘 **personalized** 개인이 원하는 대로 할 수 있는, 맞춤의 **owe** 빚지고 있다 **box up** 상자에 채우다

Invoice	
Product	Price
10 Coffee Mugs	$100
20 Diaries	$200
6950 Key rings	$300
100 Calendars	$500
Overall Amount	**$1,100**

거래내역서	
상품	가격
10 커피 머그잔	100달러
20 수첩	200달러
50 열쇠고리	300달러
100 달력	500달러
총액	**1,100달러**

68.

What does the man say he will do with the personalized items?
(A) Hand them out at a trade show
(B) Provide them to workers
(C) Make donations to charity
(D) Put them in the supply cabinet

남자는 맞춤 물품으로 무엇을 할 거라고 말하는가?
(A) 무역 박람회에서 나누어 주기
(B) 직원들에게 제공하기
(C) 자선단체에 기부하기
(D) 비품 캐비닛 안에 두기

해설 남자는 선물로(as a gift) 직원들에게 준다(give my employees)고 했으므로 정답은 (B)이다.

Paraphrasing
give my employees → Provide them to workers

69.

Look at the graphic. Which amount will be removed from the invoice?
(A) $100
(B) $200
(C) $300
(D) $500

시각정보를 참고해, 거래내역서에서 얼마가 빠지겠는가?
(A) 100달러
(B) 200달러
(C) 300달러
(D) 500달러

해설 거래내역서(invoice)를 보고 빠지는 금액을 맞추는 문제이다. 보기 구성이 금액이므로 그래픽에서 나머지 정보인 제품(product)에 주목한다. 열쇠고리들(key rings)이 거래내역서에 있어서는 안 된다는 말에 여자가 사과를 하고 컴퓨터 오류라고 하고 있으므로 열쇠고리 가격이 빠져야 한다. 시각정보에서 열쇠고리 가격이 300달러라고 나와 있으므로 (C)가 정답이다.

70.

What does the woman say her staff will do?
(A) Put a label on some merchandise
(B) Look up a product online
(C) Prepare a store membership card
(D) Package some items

여자는 가게 직원이 무엇을 할 거라고 말하는가?
(A) 제품에 라벨 붙이기
(B) 온라인으로 제품 찾기
(C) 가게 회원 카드 준비하기
(D) 물품 포장하기

해설 직원이 물품을 상자에 넣는(boxes up) 동안 새로운 청구서를 만들어주겠다고 했으므로 포장한다(package)는 말이 있는 (D)가 정답이다.

Paraphrasing
box up → Package

[71-73] broadcast

M-Cn Turning now to city news. **71Last night, Wentworth Stadium closed its doors before renovations begin next week.** The stadium is scheduled to reopen next summer. Dynamic Construction has been chosen for the job. **72Because Dynamic Construction has renovated sporting venues in many major cities across the nation, they are thought to have the know-how to do large jobs like this.** In modernizing Wentworth Stadium, **73the mayor hopes to attract the upcoming National Championships to the city.** She expects that the event will bring more visitors into the city and boost the economy.

이제 시 소식입니다. 어젯밤, 웬트워드 경기장이 다음 주 개조 공사를 시작하기 전에 문을 닫았습니다. 경기장은 내년 여름에 재개장을 할 예정입니다. 다이내믹 건설이 이 일에 선정되었습니다. 다이내믹 건설은 전국의 많은 주요 도시에서 경기장을 개조했기 때문에, 이런 큰 일을 해낼 수 있는 노하우를 가졌다고 여겨지고 있습니다. 웬트워드 경기장을 현대화한 후에, 시장은 우리 시에서 전국 선수권대회를 유치하기를 바라고 있습니다. 시장은 행사로 인해 더 많은 방문객이 도시를 찾아오고 경기가 부양될 것으로 기대하고 있습니다.

어휘 renovation 개조 modernize 현대화하다 attract 유치하다
boost 신장시키다

71.

What happened yesterday?
(A) An arena temporarily shut down.
(B) A city festival started.
(C) A baseball match was broadcast.
(D) An old building was demolished.

어제 어떤 일이 있었는가?
(A) 경기장이 임시로 문을 닫았다.
(B) 도시 축제가 시작되었다.
(C) 야구 경기가 중계되었다.
(D) 오래된 건물이 철거되었다.

해설 시간 표현 yesterday가 키워드이다. 담화에서는 어젯밤(Last night)으로 표현되었다. 경기장이 개조 공사를 위해 문을 닫았다는 말에서 일시적으로 문을 닫았다는 것을 알 수 있다.

어휘 shut down 문을 닫다 demolish 철거하다

Paraphrasing
Wentworth Stadium closed its doors before renovations begin next week.
→ An arena temporarily shut down.

72.

Why does the speaker say Dynamic Construction was selected?
(A) It has experience working with the city government.
(B) It was the lowest bidder for the contract.
(C) It is the biggest local construction company.
(D) It has worked on many sporting facilities.

화자는 다이내믹 건설이 선정된 이유가 무엇이라고 말하는가?
(A) 시 정부와 일한 경험이 있다.
(B) 계약에 가장 낮은 가격을 제시한 업체이다.
(C) 지역에서 가장 큰 건설 회사이다.
(D) 많은 스포츠 시설을 작업했다.

해설 고유명사 Dynamic Construction이 키워드이다. 많은 도시에서 경기장을 개조했다는 말에서 많은 스포츠 시설 작업을 했다는 (D)가 선정된 이유라는 것을 알 수 있다.

어휘 bidder 입찰업체

Paraphrasing
renovated sporting venues in many major cities
→ worked on many sporting facilities

73.

What is the city hoping to do?
(A) Host a major event
(B) Hire another construction firm
(C) Open several new facilities
(D) Rebuild a city hall

시에서는 무엇을 하기를 바라고 있는가?
(A) 큰 행사 주최하기
(B) 다른 건설사 고용하기
(C) 새로운 시설 여러 곳 열기
(D) 시청 다시 짓기

해설 city와 hope to/wish to에 주목한다. 전국 선수권대회를 유치하기를 바란다는 말에서 큰 행사를 열고자 한다는 (A)가 희망사항이라는 것을 알 수 있다.

Paraphrasing
attract the National Championships
→ Host a major event

[74-76] telephone message

W-Am Marius? **74**This is Consuela, your supervisor at the Café. Uh, I have a favor to ask. Can you open the café for me tomorrow, please? **75**There's a technician coming to fix the coffee machine at 9:00 A.M. I wish I could be there, but I have to take my daughter to the dentist. I'd be very grateful if you could do this for me. **76**I will let you get paid for overtime work. Can you please call me back or send me a text when you get this message? Thank you.

마리우스? 저는 카페 관리자인 콘수엘라입니다. 아, 부탁드릴 것이 있습니다. 내일 저 대신 카페 문을 열어 주시겠습니까? 오전 9시에 커피 기계를 고치기 위해 기술자가 오기로 했습니다. 제가 갈 수 있으면 좋겠지만, 제 딸을 치과에 데리고 가야 합니다. 제 대신 그렇게 해주시면 정말 감사하겠습니다. 초과 근무에 대한 수당을 드리겠습니다. 이 메시지를 받으시면 저에게 회신 전화주시거나 문자를 보내주시겠습니까? 감사합니다.

어휘 grateful 고마워하는, 감사하는 overtime work 초과 근무

74.
What kind of business does the speaker manage?
(A) A stationery store
(B) A dentist's office
(C) A hardware store
(D) A coffee shop

화자는 어떤 종류의 업체를 관리하는가?
(A) 문구점
(B) 치과
(C) 철물점
(D) 커피숍

해설 화자가 자신을 카페 관리자(your supervisor at the Café)라고 말했고, 커피 기계(coffee machine) 수리에 관해서 언급한 것에서 화자가 커피 숍을 관리한다는 것을 알 수 있다.

75.
Why should the listener come to work early tomorrow?
(A) To arrange tables for a party
(B) To cover for a sick coworker
(C) To meet a repairperson
(D) To clean the store

청자는 왜 내일 일찍 출근해야 하는가?
(A) 파티를 위해 테이블을 배치하기 위해
(B) 아픈 동료를 대신하기 위해
(C) 수리기사를 만나기 위해
(D) 매장을 청소하기 위해

해설 내일 오전 9시에 커피 기계를 수리하러 기술자(technician)가 오는데, 청자에게 그곳에 와달라고 요청하는 말에서 청자가 수리기사를 만나기 위해서 일찍 출근해야 하는 것을 알 수 있다.

Paraphrasing
technician ➜ repairperson

76.
What does the speaker offer the listener?
(A) Overtime pay
(B) A paid vacation
(C) A free meal
(D) A ride to work

화자가 청자에게 제의하는 것은?
(A) 초과 근무 수당
(B) 유급 휴가
(C) 무료 식사
(D) 직장까지 차 태워주기

해설 초과 근무 수당을 받도록(get paid for overtime work) 해주겠다고 했으므로 제의하는 것은 (A)이다.

Paraphrasing
get paid for overtime work ➜ Overtime pay

[77-79] advertisement

M-Au Spring's almost here, and you know what that means! People will be getting out into the great outdoors. This weekend, **77,78**Bob's Tent City is discounting all new tents. We here at Bob's Tent City want you to enjoy this camping season in one of our quality tents. Come in on Saturday and Sunday to get a bargain on any new tent, as well as discounts on hundreds of other outdoor products. If you don't have time to come by one of our stores, **79**you can also purchase all of our new camping equipment at a discounted price on our Web site www.bobstentcity.com.

봄이 다가오고 있습니다, 여러분은 이게 무슨 의미인지 알고 계십니다! 사람들은 확 트인 야외로 나갈 겁니다. 이번 주말, 밥스 텐트 시티가 모든 텐트 신제품을 할인해 드립니다. 저희 밥스 텐트 시티는 여러분이 품질이 좋은 저희 텐트 중 하나에서 이 캠핑 시즌을 즐기시길 바랍니다. 텐트 신제품뿐만 아니라 수백 개의 다른 야외 용품들에 할인을 받기 위해 토요일과 일요일에 오십시오. 저희 매장 중 한 곳에 오실 시간이 없으시다면, 모든 캠핑 장비 신제품을 할인된 가격으로 웹사이트 www.bobstentcity.com에서 구매하실 수도 있습니다.

어휘 quality 고급의, 양질의 bargain 싸게 산 물건, 특가품, 떨이 as well as ~에 더하여, 게다가

77.
What is the advertisement mainly about?
(A) A finance course
(B) A new store opening
(C) A repair service
(D) A product promotion

광고는 주로 무엇에 관한 것인가?
(A) 금융 강좌
(B) 새 매장 개업
(C) 수리 서비스
(D) 제품 홍보

해설 초반에 모든 텐트 신제품을 할인한다(discounting all new tents)는 말에서 제품 할인 홍보에 주안점을 두고 있는 것을 알 수 있다. 따라서 정답은 (D)이다.

78.
What type of business is being advertised?
(A) A hotel chain
(B) A real estate agency
(C) A camping store
(D) A car manufacturing factory

어떤 업체가 홍보되고 있는가?
(A) 호텔 체인
(B) 부동산
(C) 캠핑용품점
(D) 자동차 제조 공장

해설 tent(텐트), camping season(캠핑 시즌), outdoor products(야외 용품), camping equipment(캠핑 장비)를 구매할 수 있다는 말에서 캠핑용품점 광고인 것을 알 수 있다.

79.
According to the speaker, what can listeners do on a Web site?
(A) Download a list of events
(B) Check directions to a store
(C) Apply for a store card
(D) Buy new merchandise

화자에 따르면, 청자들은 웹사이트에서 무엇을 할 수 있는가?
(A) 행사 목록 다운받기
(B) 매장으로 가는 길 확인하기
(C) 매장 카드 신청하기
(D) 신제품 구매하기

해설 Web site가 키워드이다. 웹사이트에서 모든 캠핑 장비 신제품을 구매할 수 있다(purchase all of our new camping equipment)고 했으므로 정답은 (D)이다.

Paraphrasing
purchase all of our new camping equipment
→ Buy new merchandise

[80-82] broadcast

W-Am Welcome to this new podcast, *Movements in Marketing*. I'm your host, Malissa Stewards. I have been working for a multinational marketing company for over fifteen years and ⁸⁰written many books related to marketing. Some of these have been translated into international languages as well. ⁸¹Now… coming up with a successful advertising campaign can be very difficult, but I disagree with that. Developing a successful advertising strategy just requires a little thought and creativity. ⁸²By following the five rules I am about to share with you, you too can be a marketing leader.

새로운 팟캐스트 〈마케팅 동향〉에 오신 것을 환영합니다. 저는 진행자인 멜리사 스튜어즈입니다. 저는 다국적 마케팅 회사에서 15년 넘게 일해왔고 마케팅 관련 책을 많이 썼습니다. 이 중 몇 권은 다른 나라 언어로 번역이 되기도 했습니다. 자, 성공적인 광고를 생각해내는 것은 매우 어려울 수 있습니다. 하지만 저는 그것에 동의하지 않습니다. 성공적인 광고 전략을 개발하는 것은 약간의 생각과 창의력만이 필요합니다. 제가 이제 막 여러분과 공유할 다섯 가지의 규칙을 따르면, 여러분도 마케팅 리더가 될 수 있습니다.

어휘 movement 동향 multinational 다국적의 related to ~와 관련된 translate 번역하다 come up with ~을 생각해내다 disagree 동의하지 않다 require 요구하다 be about to 막 ~하려는 참이다

80.
Why is the speaker qualified to host the show?
(A) She has published several books.
(B) She used to be a famous TV show host.
(C) She teaches marketing at a university.
(D) She started his own company.

화자는 왜 프로그램을 진행할 자격이 되는가?
(A) 여러 권의 책을 출판했다.
(B) 유명한 텔레비전 프로그램 진행자였다.
(C) 대학에서 마케팅을 가르친다.
(D) 자신의 회사를 창업했다.

해설 화자는 자신을 마케팅 프로그램의 진행자라고 밝히고 나서, 마케팅 회사에서 15년 이상 일한 경력과 마케팅 책을 많이 저술했다고 했다. 즉, 그것은 관련 업계에서의 오랜 경력과 여러 권의 책을 출판한 것이 프로그램을 진행할 만한 자격 요건임을 청자들에게 간접적으로 설명하는 것이라고 볼 수 있다. 따라서 정답은 (A)이다.

Paraphrasing
written many books → published several books

81.
Why does the speaker say, "coming up with a successful advertising campaign can be very difficult"?
(A) To praise one of his mentors
(B) To recommend the listeners to take marketing classes
(C) To demonstrate his knowledge
(D) To recognize a common point of view

화자가 "성공적인 광고를 생각해내는 것은 매우 어려울 수 있습니다"라고 말한 의도는 무엇인가?
(A) 자신의 멘토 중 한 명을 칭찬하기 위해
(B) 청자들에게 마케팅 강좌를 들을 것을 추천하기 위해
(C) 자신의 지식을 보여주기 위해
(D) 일반적인 관점을 인정하기 위해

242

해설 의도를 묻는 말 직후에 화자는 자신은 그것에 동의하지 않는다고 했다. 그것은 결국 다른 사람들이 동의하는 것, 즉, 일반적인 생각이나 관점을 일단 인정하고 나서 그것이 틀릴 수도 있다는 본론을 꺼내기 위한 의도라고 볼 수 있으므로 정답은 (D)가 된다.

82.

What will the speaker most likely do next?
(A) Provide specific information
(B) Introduce his latest publication
(C) Invite guest speakers
(D) Distribute handouts

화자는 다음에 무엇을 할 것 같은가?
(A) 구체적인 정보 제공하기
(B) 자신의 신간 소개하기
(C) 초청 연사들 초대하기
(D) 인쇄물 나눠주기

해설 이제 막 공유할 다섯 가지의 규칙들이 있다는 말에서 다음 행동은 구체적인 정보를 주는 것임을 알 수 있다.

Paraphrasing
the five rules I am about to share
→ Provide specific information

[83-85] excerpt from a meeting

M-Br Good to see you all here at the monthly staff meeting. First up, 83I want you to finish the questionnaire sheets that you were given last week by Friday. We need your help to select some new products. Moving on, 84our FastShred 2036 got an excellent review in *Business Weekly*. I was very happy that the reviewer said good things about our product. Now, 85I am sorry I wasn't here at the office early this week, there um, there was a situation at our San Diego branch. I will be available the rest of this week, though, so feel free to stop by my office.

여기 월별 직원 회의에서 여러분 모두를 뵙게 되어 기쁩니다. 먼저, 지난주에 받으신 설문지 작성을 금요일까지 끝내주세요. 신제품 몇 개를 선택하는 데 여러분의 도움이 필요합니다. 다음으로, 우리의 패스트쉬레드 2036이 〈비즈니스 위클리〉에서 훌륭한 평가를 받았습니다. 평론가가 우리 제품에 대해 좋은 말을 해주어 매우 기뻤습니다. 자, 제가 이번 주 초에 사무실에 없어서 죄송합니다, 음, 샌디에이고 지사에 문제가 있었습니다. 하지만 이번 주 남은 기간은 제가 시간이 있으니, 제 사무실에 언제든 들러주세요.

어휘 questionnaire 설문지 reviewer 평론가

83.

What does the speaker remind the listeners to do by Friday?
(A) Submit a travel request
(B) Write a quarterly report
(C) Complete a survey form
(D) Install a computer program

화자가 청자들에게 금요일까지 하라고 상기시키는 것은?
(A) 출장 요청서 제출하기
(B) 분기별 보고서 작성하기
(C) 설문지 작성하기
(D) 컴퓨터 프로그램 설치하기

해설 시간 표현 Friday가 키워드이다. 요청·조언 시 사용되는 표현인 I want you to를 사용하여 설문지 작성을 끝내달라고 요청하는 말에서 (C)가 정답인 것을 알 수 있다.

Paraphrasing
finish the questionnaire sheets
→ Complete a survey form

84.

What good news does the speaker mention?
(A) Employees will get pay raises.
(B) A product got a good review.
(C) A new office will be ready soon.
(D) A team achieved a sales goal.

화자는 어떤 좋은 소식을 언급하는가?
(A) 직원들이 급여 인상을 받을 것이다.
(B) 제품이 좋은 평가를 받았다.
(C) 새 사무실이 곧 준비될 것이다.
(D) 팀이 매출 목표를 달성했다.

해설 훌륭한 평가(an excellent review)를 받은 것은 좋은 소식에 해당된다. 따라서 비슷한 뜻의 (B)가 정답이다.

Paraphrasing
an excellent review → a good review

85.

Why does the speaker say, "there was a situation at our San Diego branch"?
(A) To change a delivery time
(B) To seek a coworker's assistance
(C) To express concern about a tight deadline
(D) To give an explanation for an absence

화자가 "샌디에이고 지사에 문제가 있었습니다"라고 말한 의도는 무엇인가?
(A) 배달 시간을 수정하기 위해
(B) 동료의 도움을 요청하기 위해
(C) 빠듯한 마감일에 대해 우려를 표하기 위해
(D) 부재의 이유를 설명하기 위해

해설 화자 본인이 주 초에 사무실에 없었던 것에 대해 사과하면서 그 이유로 타 지사에서 문제가 생긴 것을 언급하고 있다. 결국, 부재의 이유를 설명하는 것이므로 정답은 (D)이다.

[86-88] telephone message

W-Br Hi, Satomi. It's Hee-Jeong. **86I'm calling about Jeremy's retirement party.** His retirement is next week and we need to start planning properly. We should carefully think about the venue and the number of people coming. **87We also have to make sure people keep the secret. I mean, We don't want to forget what happened last time.** Anyway, **88I am going to go out for coffee this afternoon.** There's a new coffee shop that has opened up in my neighborhood. They are supposed to have really good cakes. I will try them today and if they're good, maybe we could order a cake for the party. Talk to you soon.

안녕하세요, 사토미. 희정입니다. 제러미의 은퇴 파티에 관해 전화 드려요. 그의 은퇴가 다음 주라 제대로 계획을 시작해야 해요. 장소와 참석자 수에 대해 신중히 생각해야 할 것 같아요. 또한 사람들이 반드시 비밀을 지키도록 해야 해요. 그러니까, 우리는 지난번에 어떤 일이 있었는지 잊으면 안 돼요. 어쨌든, 저는 오늘 오후에 커피를 마시러 갈 예정이에요. 저희 동네에 문을 연 새 커피숍이 있어요. 정말 맛있는 케익을 판다고 해요. 오늘 먹어보고 맛이 있으면 파티를 위한 케익을 주문할 수 있을지도 몰라요. 곧 얘기해요.

어휘 carefully 신중히 properly 제대로 venue 장소 be supposed to ~하기로 되어 있다

86.
What is the message mainly about?
(A) Arranging a business trip
(B) Making baked goods
(C) Looking for a job opening
(D) Preparing a retirement party

메시지는 주로 무엇에 관한 것인가?
(A) 출장 준비하기
(B) 제과류 만들기
(C) 일자리 찾기
(D) 은퇴 파티 준비하기

해설 전화 용건을 밝힐 때 사용하는 표현 I'm calling about 뒤에 은퇴 파티(retirement party)를 거론하고 있으므로 정답은 (D)이다.

87.
What does the speaker imply when she says, "We don't want to forget what happened last time"?
(A) She prefers not to have a party at work.
(B) She would like to avoid making the same error.
(C) She believes that a task is impossible.
(D) She thinks not many people can come.

화자가 "우리는 지난번에 어떤 일이 있었는지 잊으면 안 돼요"라고 말한 의도는 무엇인가?
(A) 회사에서 파티하는 것을 선호하지 않는다.
(B) 같은 실수를 하는 것을 피하고 싶어한다.
(C) 그녀는 어떤 업무가 불가능하다고 여긴다.
(D) 올 수 있는 사람이 많지 않다고 생각한다.

해설 반드시 비밀을 유지해야 한다는 말 뒤에 이 말을 언급하는 것으로 보아, 지난번에 비밀이 지켜지지 않은 실수를 상기시키며 이번에는 비밀을 잘 유지해서 성공적인 서프라이즈 파티로 하자는 의미임을 짐작할 수 있다. 결론적으로, 실수 재발을 피하고 싶다는 (B)가 정답이다.

88.
What is the speaker going to do today?
(A) Go to a café
(B) Buy some presents
(C) Gathering with friends
(D) Stop by a clothing store

화자는 오늘 무엇을 할 예정인가?
(A) 카페에 가기
(B) 선물 사기
(C) 친구와 만나기
(D) 옷 가게 들르기

해설 질문의 today(오늘)는 담화에서 언급한 this afternoon(오늘 오후)에 해당한다. 커피를 마시러 외출한다(go out for coffee)고 했으므로 카페에 갈 것임을 알 수 있다.

[89-91] talk

W-Am Good morning everyone, **89I'm happy to see new company members here at the Smith Holdings Staff Training Center.** My name is Sylvia Quan and I will be leading your training. As students in our program, you will learn the things you need to know to work effectively at Smith Holdings. It will involve a lot of hands-on experiences as well. Before we start today, **90I recommend that you have your ID around your neck at all times while you're at the center.** It's for security purposes. Now, first up this morning, **91we are going to have coffee with all of the staff trainers to get to know each other.**

안녕하세요 여러분. 여기 스미스 홀딩스 직원 교육 센터에서 신입 직원들을 보게 되어 기쁩니다. 제 이름은 실비아 콴이고 여러분의 교육을 이끌 겁니다. 우리 프로그램의 학생으로서, 스미스 홀딩스에서 효율적으로 일하기 위해 알아야 하는 것들에 대해 배우실 겁니다. 많은 현장 경험도 포함됩니다. 오늘 시작하기 전에, 여러분이 센터에 계시는 동안에는 항상 목에 신분증을 착용하실 것을 권해 드립니다. 보안 목적입니다. 자, 오늘 아침 가장 먼저, 서로 친해지기 위해 교육 담당자 모두와 커피를 마실 예정입니다.

어휘 effectively 효과적으로 hands-on experience 현장 경험, 실무 체험 at all times 항상, 언제나

89.

What is the purpose of the talk?
(A) To introduce company hires
(B) To greet new trainees
(C) To announce a business acquisition
(D) To promote a new facility

담화의 목적은 무엇인가?
(A) 회사 신입사원들을 소개하기 위해
(B) 새로운 연수생을 환영하기 위해
(C) 기업 인수를 발표하기 위해
(D) 새 시설을 홍보하기 위해

해설 교육 센터에서 신입 사원을 환영한다고 했으므로 신입 교육생(new trainees)을 환영(greet)하는 것이 담화의 목적임을 알 수 있다.

어휘 greet 맞다, 환영하다 trainee 연수생 acquisition 인수

90.

What does the speaker recommend the listeners do?
(A) Provide feedback on classes
(B) Wear identification at all times
(C) Bring their own laptop computers
(D) Take some elective courses

화자가 청자들에게 추천하는 것은?
(A) 강의에 관한 피드백 제공하기
(B) 항상 신분증 착용하기
(C) 본인 노트북 컴퓨터 가져오기
(D) 몇 가지 선택 과목 듣기

해설 요청/조언 시 사용되는 표현인 recommend를 사용하여 항상 신분증을 착용하라(have your ID around your neck at all times)고 했으므로 (B)가 정답이다.

Paraphrasing
have your ID around your neck → Wear identification

91.

What will the listeners do next?
(A) Read through training materials
(B) Look at employee manuals
(C) Join a factory tour
(D) Meet other trainers

청자들은 다음에 무엇을 할 것인가?
(A) 교육 자료 꼼꼼히 읽기
(B) 직원 수칙서 보기
(C) 공장 견학 합류하기
(D) 다른 교육 담당자와 만나기

해설 교육 담당자(trainers)들과 커피를 마시는 시간을 갖는다는 말에서 교육 담당자들을 만나는 것이 다음에 할 일인 것을 알 수 있다.

Paraphrasing
have coffee with all of the staff trainers → Meet other trainers

[92-94] talk

W-Br   Hello, thank you for visiting our booth at the Small Goods Trade Show! Do you need a better way to get your products in packages and ready for sale? 92I'd like to tell you all about our newest packing machines. Instead of employing workers to wrap your goods, use our fully-automatic machine. 93Our packaging machine can help your business by saving precious time and reducing labor costs. 94Please look at the monitor behind me. You will see James Hayden, head of marketing at Global Octagon, speak about our wonderful new product.

안녕하세요, 스몰 굿즈 무역 박람회에서 저희 부스에 방문해주셔서 감사드립니다! 귀하의 제품을 포장지에 넣어 판매 준비를 하는 데 더 좋은 방법이 필요하신가요? 여러분 모두에게 저희 최신 포장 기계에 대해 말씀드리고 싶습니다. 제품을 포장하기 위해 직원을 채용하는 대신, 저희의 완전 자동화 기계를 사용해보세요. 저희 포장 기계는 귀사가 소중한 시간을 절약하고 인건비를 줄이는 데 도움을 드릴 수 있습니다. 제 뒤에 있는 화면을 봐주십시오. 글로벌 옥타곤의 마케팅 부장인 제임스 헤이든이 저희의 멋진 신제품에 대해 이야기하는 것을 보게 되실 겁니다.

어휘 wrap 포장하다 precious 귀한, 소중한 reduce 줄이다 labor cost 인건비

92.

What product is the speaker selling?
(A) Packing machines
(B) Company uniforms
(C) Office chairs
(D) Computer printers

화자는 어떤 제품을 판매하고 있는가?
(A) 포장 기계
(B) 회사 유니폼
(C) 사무실 의자
(D) 컴퓨터 프린터

해설 저희 최신 포장 기계(our newest packing machines)라는 말에서 화자가 일하는 업체가 포장 기계를 판매하는 업체인 것을 알 수 있다.

93.

What does the speaker say the product will help avoid?
(A) Delaying production
(B) Wasting time and money
(C) Collecting data individually
(D) Receiving customer complaints

화자는 제품이 무엇을 방지하는 데 도움을 준다고 말하는가?
(A) 생산 지연
(B) 시간과 돈 낭비
(C) 개별적인 자료 수집
(D) 고객 불평 접수

해설 시간을 절약하고 인건비를 줄이는 데 도움을 준다고 했으므로 시간과 돈 낭비를 줄인다는 (B)가 정답이다.

94.

What will the speaker do next?
(A) Give out free samples
(B) Present test results
(C) Get contact information
(D) Show a video

화자는 다음에 무엇을 할 것인가?
(A) 무료 샘플 나눠주기
(B) 테스트 결과 보여주기
(C) 연락처 받기
(D) 영상 보여주기

해설 화면(monitor)을 봐달라는 말 뒤에 신제품 소개가 나온다고 했으므로 영상을 보여줄 것임을 알 수 있다. 따라서 정답은 (D)이다.

[95-97] excerpt from a meeting + diagrams

M-Cn 95I appreciate you taking the time to help me plan Ardmore Hospital's medical seminar. 96We expect to have some of the world's most well-known doctors in attendance. All of our planned presentations are full, and many of our smaller talks will soon be filled up as well. The most important panel discussion will be presented by James Muvaney, Amanda Scahill, and Pravana Kumesh. It will be held in room 205. It will be important for the three panel members to sit at a single table at the front of the room. 97The audience can be seated in a "U" shape around them. That way all of the audience will be able to see them as they speak.

아드모어 병원의 의학 세미나를 계획하는 것을 돕는 데 시간을 내주셔서 감사 드립니다. 세계적으로 가장 유명한 의사들이 참석할 것으로 예상합니다. 저희가 계획했던 발표들은 모두 자리가 찼고, 작은 강연들도 곧 다 찰 겁니다. 가장 중요한 공개 토론은 제임스 무베니, 아만다 스캐힐 그리고 프라바나 쿠메시에 의해 진행될 겁니다. 그것은 205호에서 열릴 겁니다. 세 명의 패널이 회의실 앞쪽에 있는 탁자 하나에 앉는 것이 중요합니다. 청중들은 그들 주변에 U자 모양으로 앉으면 됩니다. 그래야, 모든 청중들이 그들이 말할 때 볼 수 있습니다.

어휘 in attendance 참석한 full 꽉 차서 panel discussion 공개 토론회

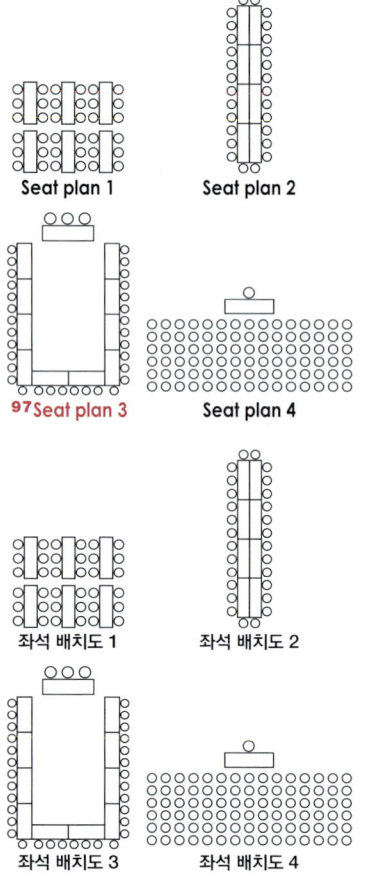

95.

What kind of event is being organized?
(A) A product demonstration
(B) A medical conference
(C) An awards ceremony
(D) A cooking workshop

어떤 종류의 행사가 준비되고 있는가?
(A) 제품 시연
(B) 의학 컨퍼런스
(C) 시상식
(D) 요리 강습회

해설 의학 세미나(medical seminar) 준비라는 말에서 의학 컨퍼런스(medical conference)를 준비하고 있는 것을 알 수 있다.

96.

Why is the speaker expecting attendance to be high?
(A) Free accommodation is provided.
(B) The latest medical equipment will be presented.
(C) The seminar location is central to many hospitals.
(D) Some famous people will be speaking.

화자는 왜 참석률이 높을 것으로 예상하는가?
(A) 무료 숙박이 제공된다.
(B) 최신 의료 기구가 소개될 것이다.
(C) 세미나 장소가 많은 병원들의 중심에 있다.
(D) 몇몇 유명한 사람들이 연설을 할 것이다.

해설 유명한 의사들(well-known doctors)이 참석할 것이라는 말 뒤에 강연이 모두 다 찰 거라고 덧붙이고 있으므로 유명 연사들 덕분에 참석률이 높을 것으로 예상하고 있다는 것을 알 수 있다.

Paraphrasing
well-known doctors ➔ famous people

Employee: Shanika O'Neal
Company Number: 621

99 Building Number: 953
Office Number: 845
Extension: 679

직원: 샤니카 오닐
회사 번호: 621

건물 번호: 953
사무실 번호: 845
내선 번호: 679

97.
Look at the graphic. Which seat plan will be used in room 205?
(A) Seat plan 1
(B) Seat plan 2
(C) Seat plan 3
(D) Seat plan 4

시각정보를 참고해, 205호에는 어떤 좌석 배치도가 사용될 것인가?
(A) 좌석 배치도 1
(B) 좌석 배치도 2
(C) 좌석 배치도 3
(D) 좌석 배치도 4

해설 좌석 배치 설명을 듣고 좌석 배치도를 고르는 문제이다. '세 명의 패널이 회의실 앞쪽에 있는 탁자 하나에 앉고, 청중들은 그들 주변에 U자 모양으로 앉는다'라고 했는데, 이 설명에 부합하는 배치도는 Seat plan 3이다.

98.
Which department is the speaker calling?
(A) Purchasing
(B) Sales
(C) Customer Service
(D) Administration

화자는 어느 부서에 전화하고 있는가?
(A) 구매부   (B) 판매부
(C) 고객 서비스 부서   (D) 총무부

해설 전화를 받는 사람이 누구인지 묻는 질문이다. 'This message is for + 전화 받는 사람'을 이용해서 전화를 받는 사람이 총무부서장(chief company administrator)이라고 했으므로 그 사람의 근무처가 총무부임을 알 수 있다.

[98-100] telephone message + identification badge

W-Am Hello, this is Shanika O'Neal. **98**This message is for Andrew Chambers, the chief company administrator. Uh, I've been here at the company for a year now. The thing is, **99**I have just been assigned to a new team in another building. One of my coworkers told me that I'll have to renew my company ID card to access the building. I would like to get another card later today if possible, so I can enter my new building on Monday without a problem. **100**Please e-mail me at soneal@netmail.com when you get this message.

안녕하세요, 저는 샤니카 오닐입니다. 이 메시지는 총무부서장인 앤드류 챔버스를 위한 메시지입니다. 아, 제가 회사에서 일한 지 이제 일 년이 되었습니다. 문제는, 제가 다른 건물에 있는 새로운 팀으로 막 배정되었다는 것입니다. 제가 그 건물을 이용하기 위해서는 회사 신분증을 갱신해야 할 것이라고 동료 중 한 명이 말했습니다. 가능하다면, 오늘 다른 카드를 받고 싶습니다. 그래야 월요일에 문제 없이 새 건물에 들어갈 수 있으니까요. 이 메시지를 받으시면 soneal@netmail.com으로 이메일 주십시오.

어휘 administrator 총무부 관리자 the thing is (~의) 문제는 assign 배정하다, 파견하다 renew 갱신하다 access 접근하다

99.
Look at the graphic. What information does the speaker say needs to be changed?
(A) 621   (B) 953
(C) 845   (D) 679

시각정보를 참고해, 화자는 어떤 정보가 변경되어야 한다고 말하는가?
(A) 621   (B) 953
(C) 845   (D) 679

해설 신분증(identification badge)을 보고 변경해야 할 정보를 고르는 문제이다. 다른 건물로 배정된다는 말에서 건물 정보(Building Number)의 변경이 필요한 것을 알 수 있다. 신분증에서 Building Number가 953이라고 나와 있으므로 정답은 (B)이다.

100.
What does the speaker ask the listener to do?
(A) Send an e-mail
(B) Make a phone call
(C) Visit her office
(D) Make an announcement

화자가 청자에게 요청하는 것은?
(A) 이메일 보내기
(B) 전화 걸기
(C) 자신의 사무실 방문하기
(D) 공지하기

해설 요청/조언 시 사용되는 표현인 Please를 사용하여 이메일을 달라고 했으므로 정답은 (A)이다.

YBM 왕초보 LC+RC 합본

초보자를 위한 맞춤 학습서
YBM ENGLISH Basics (LC+RC)

- 400점 목표 대비 합본서
- 가장 쉽고 빠르게 대학 영어와 토익의 기초 완성
  LC, RC 각 12개 UNIT 구성
- 청취, 문법, 독해 및 어휘에 이르기까지 원스톱 대비서
- UNIT별 미니 테스트 수록
  본책 맨 뒷부분에 복습용 또는 단원 테스트용 가능한 미니 테스트 수록
- 다양하게 활용 가능한 부가 학습 자료 무료 제공

▶14,000원, 본책(LC 105P + RC 113P)

**영어와 토익의 기초 필수학습 포인트 제시!
청취, 문법, 독해 및 어휘에 이르기까지 원스톱 대비서!**

대학 (교양강좌 / 학과수업 / 어학원 강좌) 교재 채택 시 제공 사항

 강의용 PDF 파일

 강의용 PPT 자료 (LC 음원 플레이 가능)

 MP3 무료 제공 (www.ybmbooks.com 다운로드) / LC 전체와 RC 어휘

 모의토익 무료 지원 (500부 이상 사용 시), 중간고사 / 기말고사 제공

 분권 (LC, RC 중 한 파트만 사용시) 지역 담당자에게 문의

YBM
전략 토익
LC

토익은 토익에게!

토익의 페이스메이커 YBM이
이름을 걸고 만든 진짜 토익 전략서!

신토익 최신 경향을 반영한
알짜 정보 수록!

시험에 나오는 핵심 전략만으로
고득점 획득 가능!

MP3 음원 다운로드
www.ybmbooks.com